Jahrbuch Junger Zivilrechtswissenschaftler 2015

Netzwerke im Privatrecht

Für Sebastian,

mit großem Dank für viele
bereichernde Diskussionen!

Linda

Jahrbuch Junger Zivilrechtswissenschaftler 2015
Netzwerke im Privatrecht

Marburger Tagung
2.–5. September 2015

Für die Gesellschaft Junger Zivilrechtswissenschaftler e. V.
herausgegeben von

Anne-Christin Mittwoch
Verena Klappstein
Andreas Botthof
Stephan Bühner
Pia Figge
Fabian Schirmer
Alexander Stöhr
Reinmar Wolff

Bibliografische Information der Deutschen Nationalbibliothek | Die Deutsche Nationalbibliothek verzeichnet diese Publikation in der Deutschen Nationalbibliografie; detaillierte bibliografische Daten sind im Internet über www.dnb.de abrufbar.

ISBN 978-3-415-05728-9

© 2016 Richard Boorberg Verlag

Das Werk einschließlich aller seiner Teile ist urheberrechtlich geschützt. Jede Verwertung, die nicht ausdrücklich vom Urheberrechtsgesetz zugelassen ist, bedarf der vorherigen Zustimmung des Verlages. Dies gilt insbesondere für Vervielfältigungen, Bearbeitungen, Übersetzungen, Mikroverfilmungen und die Einspeicherung und Verarbeitung in elektronischen Systemen.

Titelfoto: © RBV | Satz: Thomas Schäfer, www.schaefer-buchsatz.de | Druck und Bindung: CPI books GmbH, Birkstraße 10, 25917 Leck

Richard Boorberg Verlag GmbH & Co KG | Scharrstraße 2 | 70563 Stuttgart
Stuttgart | München | Hannover | Berlin | Weimar | Dresden
www.boorberg.de

Vorwort

Netzwerke im Privatrecht – unter diesem Generalthema stand die 26. Jahrestagung der Gesellschaft Junger Zivilrechtswissenschaftler e. V., die vom 2. bis 5. September 2015 an der Philipps-Universität Marburg stattfand. In einer globalisierten Welt, in der Austauschbeziehungen in vielfältiger Weise auch über Landesgrenzen hinweg zentral sind, tragen Netzwerke entscheidend zum Gelingen von Unternehmungen, zur Förderung der Rechtssicherheit und nicht zuletzt zum Wirtschaftswachstum bei. Doch nicht nur Unternehmer, auch Verbraucher sind – katalysiert durch die technischen Möglichkeiten des Internets – zunehmend in (sozialen) Netzwerken organisiert. Unsere Gesellschaft ist zu einer „Netzwerkgesellschaft" geworden. Dies wirft zahlreiche privatrechtliche Fragen auf, ohne dass unsere privatrechtlichen Kodifikationen den Begriff des Netzwerks auch nur aufgreifen würden.

Netzwerke im Privatrecht bestehen in vielfältiger Hinsicht: Ganz offensichtlich zunächst als Vertragsnetze, also vertragliche Beziehungen mit mehr als nur zwei Vertragspartnern. Der einmalige Austauschvertrag, der den Regelungen der nationalen Vertragsrechtskodifikationen zugrunde liegt, wird der ihm zugedachten Leitbildfunktion in der komplexen Wirklichkeit moderner Transaktionen nicht mehr immer gerecht. Gerade in wirtschaftlich zentralen Bereichen wie dem privaten Baurecht oder im Bereich längerfristiger Vertragsbeziehungen wie etwa bei Lieferketten entstehen komplexe vertragsrechtliche Gebilde, die mit den Vorschriften über einmalige Austauschverträge kaum zu fassen sind.

Auch im Handels- und Gesellschaftsrecht nehmen Netzwerke eine zentrale Stellung ein: Die Gesellschaft an sich ist bereits ein Vertragsnetz zwischen den einzelnen Gesellschaftern, die den Zweck ihrer Unternehmung durch einen *nexus of contracts* zu erreichen suchen. In Zeiten zunehmender transnationaler Vernetzung verspricht ein Blick ins Konzernrecht ein spannendes, weil noch weitgehend unerforschtes Betätigungsfeld. Auch rechtshistorisch eröffnen sich hochinteressante Perspektiven auf Netzwerke im Handel, Bank- und Versicherungswesen, gerade vor dem Hintergrund (noch) weitgehend fehlender grenzübergreifender Regelungen. Letztlich sind Begriff und Phänomen des Netzwerks aus rechtlicher Perspektive überhaupt erst zu erfassen und seine Funktionsweise und Auswirkungen zu untersuchen. Die historische Perspektive liefert insoweit wichtige Erkenntnisse für die Gegenwart, die nationale Perspektive verspricht dasselbe für die internationale.

Im Kapitalmarktrecht scheinen *Crowdfunding* bzw. *Crowdinvesting* als Netzwerkinstrumente der Unternehmensfinanzierung derzeit das Mittel der Wahl, wenn es um die Sammlung von Finanzierungsbeiträgen einer Vielzahl von Personen zur Erreichung eines gemeinsamen Ziels geht. Spezifische Regelungen des *Crowdfunding* fehlen derzeit noch weitgehend. Auch das Familienrecht beruht auf einer Vielzahl personaler Verbindungen, die sich ständig erweitern und verschieben. Hiervon zeugen Begriffe wie Multipolarität, Segmentierung und Pluralisierung des Familienrechts. Ist das Familienrecht gegenwärtig weniger dazu berufen, die Familiengemeinschaft zu schützen, sondern muss es vielmehr verstärkt klagbare Einzelinteressen innerhalb von Familiennetzwerken ausgleichen?

Letztlich stellen Netzwerke im Privatrecht die Privatrechtswissenschaft vor einen ganzen Strauß von Problemen samt ihrer Schnittstellen zur Sozialwissenschaft und Ökonomie. Diesen widmeten sich insgesamt 14 Referentinnen und Referenten aus ganz unterschiedlichen Perspektiven. Ihre Beiträge, die in diesem Band versammelt sind, lieferten die Grundlage für spannende Diskussionen und einen fruchtbaren Meinungsaustausch, der die Teilnehmerinnen und Teilnehmer der Tagung in ganz unterschiedliche Netzwerke führte, und dabei stets die Querbezüge zwischen den verschiedenen Rechtsordnungen im Blick behielt. Dafür möchten wir allen Referentinnen und Referenten, aber auch den Tagungsteilnehmerinnen und Teilnehmern ganz herzlich danken.

Unser herzlicher Dank gilt auch Herrn Prodekan Professor Dr. *Michael Kling* für sein freundliches und engagiertes Grußwort anlässlich des Eröffnungsabends in der Alten Aula der Philipps-Universität Marburg sowie in ganz besonderem Maße Herrn Präsidenten des Oberlandesgerichts Frankfurt am Main Dr. *Roman Poseck* für seine ebenfalls sehr engagierte und hochinteressante Festrede zu den Zukunftsfragen der Ziviljustiz. Weiterhin möchten wir Herrn Staatssekretär im Hessischen Ministerium der Justiz *Thomas Metz* sowie Herrn Rechtsanwalt Dr. *Torsten Lörcher* von der Sozietät CMS Hasche Sigle dafür danken, dass sie die Jahrestagung mit ihren Tischreden am Donnerstagabend und am Galaabend bereichert haben.

Eine Tagung in dieser Größenordnung wäre ohne die Unterstützung zahlreicher Förderer nicht durchführbar gewesen. Ihnen allen sei an dieser Stelle ein ganz besonderer Dank für die wertvolle Unterstützung ausgesprochen. In diesem Jahr ist dabei besonders die großzügige Unterstützung durch die Sozietät CMS Hasche Sigle hervorzuheben, die die Marburger Tagung als Hauptsponsor gefördert und den Galaabend im Fürstensaal des Marburger Landgrafenschlosses ermöglicht hat. Ebenso möchten wir uns bei der Marburger Juristischen Gesellschaft für ihre wertvolle Unterstützung bedanken. Daneben bedanken wir uns herzlich bei der Deutschen Notarrechtlichen Vereinigung e. V., der Hanns Martin Schleyer-Stiftung, dem Ursula-Kuhlmann-Fonds der Philipps-Universität Marburg sowie bei der Volksbank Mittelhessen.

Schließlich gilt unser herzliches Dankeschön den wissenschaftlichen Verlagen, die unsere Tagungen größtenteils die vergangenen Jahre hindurch und einige bereits seit Gründung der Gesellschaft im Jahr 1990 kontinuierlich gefördert haben. Hier gilt unser besonderer Dank dem Verlag C. H. Beck und Herrn Professor Dr. *Klaus Weber* sowie Frau *Bärbel Smakman* für die Einladung zum Empfang am Eröffnungsabend. Ebenso danken wir dem Richard Boorberg Verlag und Herrn Dr. *Arnd-Christian Kulow*, welche die Gesellschaft Junger Zivilrechtswissenschaftler seit vielen Jahren – weit über den bloßen Druck des Tagungsbandes hinausgehend – in vielfältiger Weise unterstützen. Ebenfalls danken wir den Verlagen Nomos, Gieseking, Duncker & Humblot, Mohr Siebeck und Springer.

Zu guter Letzt gebührt ein herzlicher Dank dem Marburger Organisationsteam, das mit viel Tatkraft und Teamgeist die Planung und Durchführung der Jahrestagung 2015 ermöglicht hat. Das Team bestand aus Dr. *Andreas Botthof, Stephan Bühner, Pia Figge,* Dr. *Verena Klappstein M.A., LL.M.,* Dr. *Anne-Christin Mittwoch, Fabian Schirmer,* Dr. *Alexander Stöhr* und Dr. *Reinmar Wolff.* Unverzichtbar für das Gelingen der Tagung war die Unterstützung durch weitere wissenschaftliche Mitarbeiterinnen und Mitarbeiter sowie studentische Hilfskräfte: *Corrado Becker, Natascha Chorongiewski, Cathleen Cronau, Pascale Fett, Lukas Friedrich, Anne-Catherine Groß, Vanessa Hager, Maximilian Horn, Florian Kreuter, Laura Mahnkopf* und *Natascha Witzl.* Nicht erst im Rahmen der Organisation und Durchführung der Marburger Tagung ist einmal mehr deutlich geworden, dass die Gesellschaft Junger Zivilrechtswissenschaftler e. V. inzwischen weit mehr ist als ein Verein mit an die 300 Mitgliedern, der vor allem durch das Ausrichten seiner Jahrestagungen bekannt ist. Sie ist selbst zu einem dichten Netzwerk von Nachwuchswissenschaftlerinnen und Nachwuchswissenschaftlern aus Deutschland, Österreich und der Schweiz geworden, das weit über den Austausch und die Diskussion von Forschungsergebnissen hinausgeht. Es bleibt zu hoffen, dass dieses Netzwerk noch lange weiterbesteht und nicht vergessen wird, wie wichtig und wie gewinnbringend dieses auch im persönlichen Sinne ist.

Die 27. Jahrestagung wird vom 14. bis 17. September 2016 in München stattfinden und unter dem Generalthema „Die Entwicklung europäischer Privatrechtsmethode in näherer Zukunft" stehen.

Marburg, im November 2015

Anne-Christin Mittwoch
Andreas Botthof
Stephan Bühner
Pia Figge
Verena Klappstein
Fabian Schirmer
Alexander Stöhr
Reinmar Wolff

Inhaltsverzeichnis

Begriff und Probleme des Vertragsnetzwerks am Beispiel von Zuliefernetzen
Fernanda L. Bremenkamp 11

Nutzungsersatz innerhalb der Lieferkette – Störungen im Vertragsnetzwerk?
Robert Magnus 41

Der Binnendurchgriff im Franchisesystem
Nina Marie Güttler 69

Einfluss der ökonomischen Praxis auf das Recht: Fernhandelsnetzwerke im klassischen römischen Recht
Susanne Heinemeyer 93

Die berufliche Zusammenarbeit von Rechtsanwälten
Christian Deckenbrock 119

Rangverhältnisse im „Netzwerk" unter Sicherungsgebern
Johannes Wühl 157

Das allgemeine Persönlichkeitsrecht in sozialen Netzwerken
Sophie Victoria Knebel 189

Die Auswirkung von Vertragsnetzen auf Dritte
Patrick Meier 221

Netzsperren im Privatrecht: Ausweitungen der Störerhaftung und ihre Auswirkungen in digitalen Netzwerken
Linda Kuschel 261

Der (gesetzliche) Vertragsübergang in Netzwerken – dargestellt anhand urheberrechtlicher Lizenzketten
Patrick Zurth 295

IT-Kreativität in Netzwerken: die Open-Source-Software
Elena Dubovitskaya 329

Familienmitglieder als gemeinsam vorgehende Rechtsträger?
Sixtus-Ferdinand Kraus 355

Kollektivschäden am Kapitalmarkt: Analyse und Regulierungskonzepte
Marius Rothermund 385

Stakeholderinteressen zwischen interner und externer Corporate Governance
Christoph Andreas Weber 419

Begriff und Probleme des Vertragsnetzwerks am Beispiel von Zuliefernetzen

Fernanda L. Bremenkamp*

Inhalt

A.	Einführung	12
B.	**Begriff des Vertragsnetzwerks am Beispiel von Zuliefernetzen**	13
I.	Zuliefernetze	13
II.	Netzwerkbegriff in den Wirtschaftswissenschaften	15
	1. Merkmale im Einzelnen	16
	2. Chancen und Risiken von Netzwerken	17
III.	Juristischer Netzwerkbegriff	18
	1. Bisher entwickelte Netzwerkbegriffe	18
	2. Stellungnahme und eigener Definitionsansatz	21
IV.	Zwischenergebnis	22
C.	**Netzspezifische Probleme bei Zuliefernetzen**	24
I.	Problemkreise und Meinungsstand	24
	1. Problemkreise	24
	2. Lösungsmodelle	24
	a) Eigenes Recht für Vertragsnetze und Netzwerkbeziehungen	24
	b) Anwendung des herkömmlichen Schuldrechts ohne Modifikation	26
	c) Einpassung in die bestehende Dogmatik	26
II.	Erstbemusterungsklausel	26
	1. Ausgangsfall: Wechsel des Sublieferanten	28
	a) Wirkung der Netzinteressen im Verhältnis A-Z1	29
	b) Wirkung der Netzinteressen im Verhältnis Z1-S1	30
	c) Binnendurchgriff: Schadensersatzansprüche des Z2 gegen Z1?	32
	2. Abwandlung 1: Wechsel des Sublieferanten aufgrund von Qualitätsproblemen	33
	3. Abwandlung 2: Wechsel des Sublieferanten auf Wunsch des Herstellers A	33
	4. Zwischenergebnis	36
III.	Dual Sourcing	36
	1. Wirken sich Netzinteressen auf die Zulässigkeit der Weitergabe geistigen Eigentums eines Zulieferers an einen weiteren Zulieferer aus?	37

---

* B. Sc., Humboldt-Universität zu Berlin.

2. Informationspflichten zwischen den Zulieferern? 39
  3. Gleichbehandlungspflichten des Herstellers? 39
  4. Zwischenergebnis 40

D. Fazit 40

A. Einführung

Seit *Coase* und *Williamson* unterscheiden Wirtschaftswissenschaftler zwischen „Markt" und „Hierarchie".[1] In der modernen ökonomischen Realität gibt es aber auch dazwischen situierte überbetriebliche Organisationsformen – etwa Franchising, Joint-Ventures oder auch Vertriebs- und Produktionsnetzwerke.[2] Diese lassen sich weder der einen noch der anderen Kategorie zuordnen. Einerseits bilden die Akteure keine einheitlichen Unternehmen und rechtliche Einheit, sondern behalten ihre rechtliche Autonomie. Andererseits sind die Kooperationsformen auch nicht ohne Weiteres der Kategorie „Markt" zuzuordnen, da eine (oft sogar hierarchische) organisatorische Verbundenheit besteht und ihre Beziehung nicht (nur) durch den Preiswettbewerb auf dem Markt gesteuert wird.[3] Die Schwierigkeit der Einordung hat zu einer steten Diskussion und Erforschung des Netzwerk-Phänomens in den Wirtschaftswissenschaften geführt.[4] Die Problematik spiegelt sich aber auch im Vertragsrecht wider, wo weder das Modell des bilateralen Vertrags noch das der Gesellschaft die rechtlichen Fragestellungen vollumfänglich erfassen.[5]

---

1 *Coase*, Economica 4 (1937), 386 ff.; *Williamson*, Markets and hierarchies, analysis and antitrust implications, 1975. Unterscheidung im Zusammenhang mit der Entwicklung der Transaktionskostentheorie. „Hierarchie" bezeichnet dabei die Organisation der Produktion innerhalb eines Unternehmens, also starke vertikale Integration. „Markt" ist Synonym für den Fremdbezug unter Wettbewerbsbedingungen auf den relevanten Märkten.
2 Vgl. dazu *Powell*, Organizational Behavior, 1990, 295, 297.
3 Vgl. dazu auch *Cafaggi*, ERCL 2008, 493; *Glückler/Németh/Melot de Beauregard*, DB 2011, 2701.
4 Etwa *Männel*, Netzwerke in der Zulieferindustrie, 1996; *Kirchner*, in: Ott/Schäfer, Ökonomische Analyse des Unternehmensrechts, 1993, S. 196 f.; *Williamson*, The economic institutions of capitalism, 2. Aufl. 1985; zum Teil wird die Diskussion auch unter dem Begriff Heterarchie geführt, vgl.: *Miura*, in: Bevir, Encyclopedia of Governance, 2007, S. 410: „A governance mechanism that is neither hierarchy nor market (anarchy) is usually called network. It is described as horizontal and nonhierarchical, but its basic organizing principle can more positively and appropriately be called heterarchy. [...] In a heterarchy a unit can rule, or be ruled by, others depending on circumstances, and hence, no one unit dominates the rest."
5 Dazu B.III.

B. Begriff des Vertragsnetzwerks am Beispiel von Zuliefernetzen

Zahlreiche Autoren führen Zuliefernetze (oft ist die Rede von Just-in-time-Produktion) als eines der klassischen Beispiele der Netzwerkproblematik an.[6] Diese Einordnung ist aber nicht so eindeutig, wie es auf den ersten Blick erscheint.[7]

I. Zuliefernetze

Produktions- bzw. Zuliefernetze sind Ausdruck der strategischen Entscheidung der herstellenden Unternehmen, sich auf ihre Kernkompetenzen zu konzentrieren und sonstige, periphere Aktivitäten an Dritte auszulagern (sog. Out-Sourcing-Entscheidung).[8]

Nach einer Studie des Fraunhofer-Instituts lag 2003 die Fertigungstiefe bei Unternehmen der Automobilindustrie bei ca. 30 %, d. h. 70 % der Produktion wurde von externen Unternehmen geleistet.[9] Der aktuelle VDA-Jahresbericht (2015) beziffert die mittlere Fertigungstiefe mit 25 % und stellt die Bedeutung einer engen Zusammenarbeit zwischen Zulieferern und Herstellern heraus.[10] Extremes Beispiel für die Netzwerkproduktion ist der Smart Fortwo mit einer Fertigungstiefe von nur 10 %, d. h. 90 % der Produktion werden von den Zulieferern übernommen – am Werk werden nur noch die kurzfristig (just in time) gelieferten Module zusammengebaut, was an einem Werktag möglich ist.[11]

Kennzeichnend für diese Produktionsform ist die besonders enge Zusammenarbeit zwischen Zulieferern und Herstellern nach den Konzepten just in time und just in sequence. Das heißt, die von den Zulieferern hergestellten Komponenten werden dem Endhersteller direkt an das Band geliefert, wo die Teile zum fertigen Endprodukt zusammengefügt werden. Merkmale sind dabei eine „integrierte Informationsverarbeitung", „Fertigungssegmentierung" und „produktionssynchrone Beschaffung".[12] Just in sequence geht

---

6 Vgl. nur *Amstutz*, KritV 2006, 105, 124; *Cafaggi*, ERCL 2008, 493, 496, *Larenz/Wolf*, Allgemeiner Teil des Bürgerlichen Rechts, 9. Aufl. 2004, § 23 Rn. 131; *Powell*, Organizational Behavior, 1990, 295, 297; *Wolf*, KritV 2006, 253.
7 Krebs et al. schließen hierarchische Netzwerke wie Franchising und Zulieferverträge aus ihrer Definition aus: *Krebs/Aedtner/Schultes*, KSzW 2015, 50, 60.
8 Vgl. *Joppert Swensson*, EUI MWP 2012/28, 1, 1 f.; *Glückler/Németh/Melot de Beauregard*, DB 2011, 2701.
9 *Kinkel/Lay*, in: Fraunhofer Institut für Systemtechnik, PI-Mitteilung, 2003, S. 1, 5.
10 VDA, Jahresbericht 2015, 60, abrufbar unter https://www.vda.de/de/services/Publikationen/jahresbericht-2015.html, zuletzt aufgerufen am 3.8.2015.
11 *Sydow/Möllering*, Produktion in Netzwerken, 2. Aufl. 2009, S. 1 f.; https://www.smart.com/at/de/index/smartville-hambach.html, zuletzt aufgerufen am 14.1.2015.
12 Gabler Wirtschaftslexikon, 18. Aufl. 2014, S. 1727.

noch einen Schritt weiter: Zusätzlich zur produktionssynchronen Anlieferung werden die Teile so vorsortiert, wie sie am Band einzubauen sind – auch wenn auf einem Band hintereinander verschiedene Modelle oder Modellvarianten produziert werden. Bekannt für diese Produktionsstrategie ist beispielsweise die Porsche AG.[13] Die Just-in-time-Strategie verlangt neben der besonders engen Zusammenarbeit zwischen Zulieferer und Hersteller auch die Einbindung des (System-)Zulieferers in die Produktions- und Entwicklungsprozesse des Herstellers durch Vereinbarung spezieller Qualitätssicherungs- und/oder Produktionssysteme.[14] Wichtig ist dabei ein ständiger Informationsaustausch und gegenseitige Anzeige von Änderungen im Produktionsprozess. Bei just in sequence ist zusätzlich eine „vollständige Synchronisation der Distributions- und Produktionsprozesse des Lieferanten mit dem Produktionsablauf beim beschaffenden Unternehmen" erforderlich.[15]

Unternehmen, die just in time produzieren, nutzen daher in der Regel integrierte Informationsverarbeitungssysteme.[16] Unter Automobilherstellern ist es üblich, ein „Supplier Portal" zur Verfügung zu stellen, über das der Austausch von Geschäftsdaten – etwa Lieferabrufe, Transportdaten etc. – vollzogen wird. Beispiele sind das Daimler Supplier Portal und das VW Group Supply Portal.[17]

Verträge zwischen den Herstellern und Zulieferern werden teilweise auf die Dauer des Produktionszyklus bzw. für die Dauer der Entwicklung und Produktion eines bestimmten Modells geschlossen, oft aber auch unbefristet. So entstehen langfristige Vertragsbeziehungen, die neben kauf- und werkvertraglichen Elementen auch Kooperation bei Forschung und Entwicklung sowie die Übernahme von Dokumentations- und Kontrollpflichten durch den Zulieferer im Rahmen der Qualitätssicherung vorsehen können.[18]

---

13 *Porsche Consulting*, Typisch Porsche – Kein Teil zu viel, abrufbar unter: http://www.porsche consulting.com/filestore.aspx/Typisch-Porsche-Kein-Teil-zu-viel.pdf?pool=pco&type=down load&id=magazin-issue10-leipzig&lang=de&filetype=default&version=cf32ee74-1f30-4f8e-8829-11d764eb38c8, zuletzt aufgerufen am 3.8.2015.

14 Z. B. Implementierung des World Class Manufacturing (WCM) Programms bei der Fiat Chrysler Gruppe: *Netland*, The World Class Manufacturing programme at Chrysler, Fiat & Co., 2013 (http://better-operations.com/2013/05/22/world-class-manufacturing-at-chrysler-and-fiat/, zuletzt aufgerufen am 5.8.2015).

15 *Wellbrock*, Innovative Supply-Chain-Management-Konzepte, 2015, S. 103 f.

16 Auch „Electronic Data Interchange" (EDI), vgl. *Nagel/Riess/Theis*, DB 1989, 1505.

17 Für die VW AG vgl. *Donath*, Volkswagen will über B2B-Portal 50 Milliarden Euro umsetzen, 2001, abrufbar unter: http://www.golem.de/0111/17052.htm, zuletzt aufgerufen am 5.8.2015 und http://www.vwgroupsupply.com, zuletzt aufgerufen am 5.8.2015; Daimler Portal unter https://daimler.portal.covisint.com, zuletzt aufgerufen am 5.8.2015.

18 Vgl. *Wellenhofer-Klein*, Zulieferverträge im Privat- und Wirtschaftsrecht, 1999, S. 52 ff.; *König/Beimborn*, in: Stanovska-Slabeva, The Digital Economy – Anspruch und Wirklichkeit, 2004, S. 199, 209.

In der Automobilindustrie ist die Produktionsstruktur stern- bzw. pyramidenförmig.[19] Der Automobilhersteller bzw. Assembler ist im Zentrum des Netzwerks und hat direkte vertragliche Beziehungen vor allem zu den sogenannten Systemzulieferern, die bei Forschung und Entwicklung mitwirken und meist ganze Module oder Komplettteile liefern. Die Systemzulieferer bündeln ihrerseits die Beziehungen zu den Sublieferanten (im Verhältnis zum Assembler 2-tier), die Modul- oder Komponentenzulieferer sind. Modul- und Komponentenzulieferer werden regelmäßig von Auftragsfertigern (auch „verlängerte Werkbank") oder Herstellern von Standardteilen (bspw. Schrauben) beliefert.[20] Der Automobilhersteller nimmt in solchen „fokalen Produktionsnetzwerken" die Position des Fokals oder Kernpunktes ein, der die (rechtlich selbstständigen) Zulieferunternehmen koordiniert.[21] Er hat als Koordinator ein Interesse daran, die Anzahl der zu koordinierenden Netzteilnehmer gering zu halten, auch um das Volumen der notwendigen Überwachung im Rahmen der Qualitätssicherung zu reduzieren. Vielfach wirkt er deshalb darauf hin, dass die Systemzulieferer von einem Pool von Sublieferanten beliefert werden und einige Zulieferer von denselben Sublieferanten beziehen.

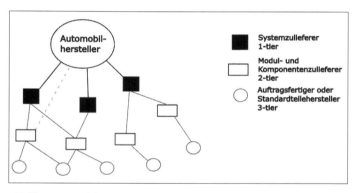

Abbildung 1: Produktionsnetzwerk in der Automobilindustrie

II. Netzwerkbegriff in den Wirtschaftswissenschaften

Ökonomisch betrachtet entstehen hierarchische Netzwerkstrukturen, wenn sich Unternehmen auf dem Markt dazu entschließen zu kooperieren, ohne dabei auf eine (gesellschaftsrechtliche) Organisationsform zurückzugreifen. Sie sind gewissermaßen Hybride zwischen den beiden Polen Markt und Hierarchie.

---
19 Vgl. auch *Wellenhofer*, KritV 2006, 187.
20 Zu den Zulieferertypen: *Saxinger*, Zulieferverträge im deutschen Recht, 1993, S. 45.
21 *Dillerup/Stoi*, Unternehmensführung, 4. Aufl. 2013, S. 492.

Das kommt auch in der klassischen Definition von *Sydow* zum Ausdruck. Danach sind „Unternehmungsnetzwerke [...] eine auf die Realisierung von Wettbewerbsvorteilen zielende Organisationsform ökonomischer Aktivitäten [...], die sich durch komplex-reziproke, eher kooperative denn kompetitive und relativ stabile Beziehungen zwischen rechtlich selbstständigen, wirtschaftlich jedoch zumeist abhängigen Unternehmungen auszeichnet."[22]

Netzwerkmodelle entspringen zwar dem Gedanken der Kooperationstheorie, orientieren sich aber nicht an bilateralen Beziehungen, sondern untersuchen „Systeme mehrerer Akteure, die durch verschiedenartige Beziehungen miteinander verbunden sind".[23] *Powell* fasst die netzwerkartige Struktur als eine Kombination aus lateralen oder horizontalen Austauschbeziehungen, ineinandergreifenden Ressourcenströmen und wechselseitigen Kommunikationswegen zusammen.[24]

1. Merkmale im Einzelnen

Ein zentrales Merkmal der betriebswirtschaftlichen Definition ist die rechtliche Selbstständigkeit der beteiligten Unternehmen. Damit wird vor allem der Konzern von der Definition ausgeschlossen. Ein Unternehmungsnetzwerk setzt (potentiellen) Wettbewerb zwischen den Netzwerkteilnehmern voraus, was innerhalb einer rechtlichen Einheit nicht möglich ist. Die Unternehmen tragen die Verantwortung für Kosten und Gewinne bzw. Verluste. Wirtschaftliche Selbstständigkeit ist aber nicht erforderlich.[25]

Gemeinsames Ziel der Kooperationsgemeinschaft ist die Realisierung von Wettbewerbsvorteilen gegenüber anderen Marktteilnehmern. In der Regel sind das vor allem Effizienzgewinne, beispielsweise durch die Nutzung von Skaleneffekten.[26]

Weiteres Kennzeichen ist eine besondere Vernetzung der Netzwerkteilnehmer. *Männel* identifiziert vier zentrale Merkmale für die Verflechtung der Unternehmen, die es den beteiligten Unternehmen erlaubt, nicht nur über eigene Ressourcen, sondern auch über die Ressourcen anderer Netzteilnehmer zu verfügen.[27] Eine solche Intensivierung der Beziehungen zwischen den Unternehmen ist auf verschiedenen Ebenen möglich. Auf personeller Ebene einerseits durch Personalpooling, Doppelmandate der Auf-

---

22 *Sydow*, Strategische Netzwerke, 1992, S. 79.
23 *Männel* (Fn. 4), S. 25 f. mwN.
24 „Lateral or horizontal patterns of exchange, interdependent flows of resources, and reciprocal lines of communication", *Powell*, Organizational Behavior, 1990, 295, 296.
25 Vgl. *Männel* (Fn. 4), S. 26 ff., 55.
26 So *Martinek*, in: Martinek/Semler/Habermeier u. a., Handbuch des Vertriebsrechts, 3. Aufl. 2010, § 1 Rn. 24.
27 *Männel* (Fn. 4), S. 154 f.

sichtsratsmitglieder[28] oder Personalentsendung[29]. Das kann zu der Verfestigung einer Vertrauensbeziehung zwischen den Netzwerkpartnern beitragen.[30] Verflechtungen können andererseits auf der *Ebene des Kapitals* bestehen. Ein Beispiel sind die japanischen Keiretsus in der Automobilindustrie, bei denen die Netzwerkstruktur durch „kapitalmäßige Überkreuzbeteiligungen" abgesichert und verfestigt wird.[31] Weitere Möglichkeiten sind Verflechtungen durch die Einrichtung *informationstechnischer Kommunikationssysteme* sowie durch die *gemeinsame Nutzung von Sachmitteln*, z. B. Laboratorien für Forschung und Entwicklung oder Werkstoffe, die vom Hersteller zur Verfügung gestellt werden.[32]

2. Chancen und Risiken von Netzwerken

Kooperationen zwischen rechtlich selbstständigen Unternehmen sind sinnvoll, wenn beispielsweise durch die gemeinsame Nutzung von Ressourcen der Zugang zu Ressourcen erweitert werden kann und die Transaktionskosten geringer sind als die Kosten der Eigenproduktion. Durch Kooperation lassen sich zudem die strategische Flexibilität steigern sowie Risiken und Kosten diversifizieren. Sie ermöglicht auch die Konzentration auf die eigenen Kernkompetenzen.[33]

Zwischenbetriebliche Kooperation setzt häufig die Öffnung der internen Anwendungssysteme und Datenbanken für die Geschäftspartner, die Einräumung von Lizenzen oder Weitergabe produktionstechnischer Informationen voraus. In diesem Zusammenhang gehen die Beteiligten das Risiko der versehentlichen oder absichtlichen Modifikation von Daten sowie der unbefugten Verwendung und Weitergabe von Know-how ein.[34] Risiken stellen darüber hinaus auch die hohen spezifischen Anfangsinvestitionen bei Einrichtung der Kooperation dar, die sich bei frühzeitiger Auflösung nicht amortisieren. Nachteile sind weiterhin die Einbuße strategischer Autonomie und auch die erschwerte Zurechnung von Verantwortlichkeiten.[35]

---

28 Z. B. Berthold Huber, stellvertretender Vorsitzender im Aufsichtsrat der Volkswagen AG ist auch Aufsichtsratsmitglied u. a. bei der Siemens AG. Vgl. Volkswagen AG, Geschäftsbericht 2014, 71 abrufbar unter: http://www.volkswagenag.com/content/vwcorp/info_center/de/publications/2015/03/Y_2014_d.bin.html/binarystorageitem/file/GB+2014_d.pdf, zuletzt aufgerufen am 28.10.2015.

29 Vgl. zur Entsendung von „Resident Engineers" für die Zusammenarbeit im Rahmen von Forschung und Entwicklung: *Dölle*, Lieferantenmanagement in der Automobilindustrie, 2013, S. 86.

30 *Männel* (Fn. 4), S. 155 ff.

31 *Männel* (Fn. 4), S. 164 ff.

32 Zum Informationsaustausch in der Zulieferbeziehung vgl. unter B.I. und bei *Nagel/Riess/Theis*, DB 1989, 1505.

33 *Sydow/Möllering* (Fn. 11), S. 17; *Dillerup/Stoi* (Fn. 21), S. 480 f.

34 *König/Beimborn* (Fn. 18), S. 201 f.

35 *Sydow/Möllering* (Fn. 11), S. 17.

Den Risiken lässt sich vor allem durch den Aufbau einer Vertrauensbeziehung zwischen den Kooperationspartnern und durch Kontrollmechanismen entgegenwirken.[36] So erklären sich unter anderem die Tendenz zu langfristigen Geschäftsbeziehungen und die Notwendigkeit eines ständigen und kontinuierlichen Informationsflusses in der Zulieferindustrie.[37]

III. Juristischer Netzwerkbegriff

Der juristische Netzwerkbegriff ist wenig klar konturiert. Seit den 1980er Jahren[38] und der viel zitierten Feststellung *Buxbaums* „Network is not a legal concept"[39] sind Vertragsnetze in der rechtswissenschaftlichen Diskussion. Eine einheitliche Tendenz oder auch nur überwiegende Meinung zur Definition des Netzwerks im rechtlichen Bereich lässt sich aber noch heute schwer herauskristallisieren. Vielfach wird die Idee der Vertragsnetze wie bereits bei *Buxbaum* als bedeutungslos für die rechtliche Behandlung angesehen.[40]

1. Bisher entwickelte Netzwerkbegriffe

Ausgangspunkt der Diskussionen in Deutschland war die Untersuchung von *Möschel* zu mehrgliedrigen Zahlungsnetzwerken. Für (bargeldlose) Zahlungssysteme stellt er fest, „daß die Einzelverträge in ihrer wechselseitigen Aufeinanderbezogenheit ein System konstituieren mit dem einheitlichen Zweck der Zahlungsdurchführung, ohne daß dies ein gemeinsamer im Sinne eines Gesellschaftsvertrages wäre".[41]

Rohe hebt ebenfalls die Bedeutung eines „partielle[n], einheitliche[n] – von allen Parteien zu realisiernde[n] Vertragszweck[s]" hervor.[42] In Bezug auf hierarchische Netzwerke führt er weiter aus: „Wie dezentrale Netzverträge setzen hierarchische Netzverträge voraus, daß alle Beteiligten vom wirtschaftlichen Ergebnis der Sekundärtransaktionen profitieren können."[43]

Teubner entscheidet sich für die rechtliche Untersuchung von Netzwerken, die der betriebswirtschaftlichen Definition *Sydows* entsprechen, also Unternehmungsnetzwerken.[44] Damit ordnet er implizit Netzwerke, die dieser wirtschaftlichen Definition entsprechen, auch als Netzwerke im juristi-

---

36 *König/Beimborn* (Fn. 18), S. 199, 203 ff.
37 Siehe oben unter B. I.
38 In Deutschland wohl zuerst *Möschel*, AcP 186 (1986), 187 ff. (zum bargeldlosen Zahlungsverkehr).
39 *Buxbaum*, JITE 149 (1993), 698, 704.
40 *Zimmer*, in: Immenga/Mestmäcker/Bach, Wettbewerbsrecht, 5. Aufl. 2014, 307–309, Rn. 308; *Canaris*, Handelsrecht, 24. Aufl. 2006, S. 285 und 302.
41 *Möschel*, AcP 186 (1986), 187, 222.
42 *Rohe*, Netzverträge, 1998, S. 65.
43 *Rohe* (Fn. 42), S. 497.
44 Zur Definition Sydows siehe oben unter B.II.; *Teubner*, Netzwerk als Vertragsverbund, 2004, S. 34.

schen Sinne ein. Er identifiziert als wichtiges Merkmal die „Doppelorientierung" im Netz[45]: „Diese für Hybride typische Kombination aus festen und losen Kopplungen wird mit Hilfe der Doppelorientierung vollzogen. Ein und dieselbe Handlung wird gleichzeitig der Individualorientierung der Netzknoten und der Kollektivorientierung des Netzes ausgesetzt und mit der zugleich belastenden und entlastenden Anforderung versehen, situativ einen Ausgleich zu finden."[46] Ökonomisch ausgedrückt: „Alle Transaktionen sind sowohl auf den Profit des Netzwerks als auch auf den des individuellen Akteurs ausgerichtet."[47]

Heermann wählt als Merkmale einerseits Mehrseitigkeit, d. h. Aneinanderreihung zweiseitiger Vertragsverhältnisse, andererseits das Vorliegen eines Verbundzwecks, also den inhaltlichen Bezug auf ein gemeinsames Projekt, und schließlich das Merkmal der wirtschaftlichen Einheit, d. h. eine enge, rechtlich relevante Kooperationsbeziehung.[48]

Wolf definiert Netzverträge in dem von *Larenz* begründeten Lehrbuch zum bürgerlichen Recht als „Verträge […], die von einer Person zusammengestellt werden, um zumeist als Unternehmer durch die Koordination der verschiedenen Vertragsleistungen einen bestimmten einheitlichen wirtschaftlichen Erfolg zu erzielen. Dabei steht eine Person, die Vertragsbeziehungen zu allen anderen unterhält, als Verwalter des Vertragssystems in der Mitte, während die übrigen Vertragsbeteiligten nicht untereinander vertraglich verbunden sind."[49] Diese Definition zielt auf zentralisierte und hierarchische Netzwerke ab. Sie ist also eigentlich nicht weit genug, um sämtliche rechtlich relevanten Ausprägungen zu erfassen. Es kommt dabei aber zum Ausdruck, dass hierarchische Netzwerke, wie sie in Zulieferbeziehungen auftreten, rechtlich relevant sein sollen.

Grundmann sieht als kennzeichnend an, „dass eine Mehrheit von Verträgen aus Sicht der Parteien dergestalt miteinander verknüpft erscheint, dass die Verträge nur im Verbund den von allen Beteiligten gewünschten Erfolg gewährleisten. Charakteristisch ist also, dass die Parteien diese Verträge jedenfalls in diesem Umfang bewusst verknüpfen, obwohl sie gerade nicht alle untereinander Verträge abschließen."[50] Für *Grundmann* ist somit auch die Verknüpfung der Verträge durch den gemeinsamen Netzzweck ein entscheidendes Merkmal.

Cafaggi geht von der organisationstheoretischen Definition aus und beschreibt Netzwerke schlicht als hybride Organisationsformen zwischen

---

45 Gemeint ist letztlich auch der Netzzweck.
46 *Teubner* (Fn. 44), S. 112.
47 *Teubner*, in: Amstutz, Die vernetzte Wirtschaft, 2004, S. 11, 29.
48 *Heermann*, KritV 2006, 173, 177.
49 *Larenz/Wolf* (Fn. 6), § 23 Rn. 130.
50 *Grundmann*, AcP 207 (2007), 718, 720; *ders.*, in: Cafaggi, Contractual networks, inter-firm cooperation and economic growth, 2011, S. 111.

Markt und Hierarchie.[51] Er untersucht dabei gleichermaßen Netzverträge und Netze aus bilateralen aber verknüpften Verträgen.[52]

Joppert Swensson definiert Netzwerke als „collaborative structure, governed through a multilateral contract, a set of bilateral linked contracts and/or a new entity (a corporation, association, foundation etc.) in which two or more enterprises participate without being incorporated into it."[53] Netzwerke in diesem Sinne sind also einerseits kooperative Strukturen, die durch einen multilateralen Vertrag gesteuert werden oder andererseits eine Reihe von bilateralen Verträgen, die miteinander verknüpft sind.

Für *Martinek* entsteht ein Netzwerk, wenn „horizontale und vertikale Strukturen zusammen[treffen]".[54] Letztlich geht auch er von der wirtschaftswissenschaftlichen Definition aus und filtert als Spezifikum für Netzwerke heraus, „dass diese mehr sind als die Summe ihrer Einzelverträge" und jedenfalls eine „gemeinsame Wertschöpfung" der Kooperation zugrunde liegen soll.[55]

Malzer unterscheidet für seine Untersuchung zwischen Vertragsverbünden, Vertragssystemen und Vertragsnetzen. In Vertragsverbünden wirke das eine Vertragsverhältnis aufgrund einer Vertragsverbindung direkt auf das andere ein. Das Vertragssystem hingegen sei ein „System von Verträgen [...], die zueinander in einem gewissen Zweckzusammenhang stehen, wodurch das System nach außen hin eindeutig abgegrenzt werden kann". Unmittelbare Interdependenzen wie im Vertragsverbund lägen aber nicht vor. Vertragsnetze seien gegenüber Vertragsverbünden loser geknüpft. Im Hinblick auf Zuliefernetze stellt *Malzer* fest: „Bezieht ein Zulieferer etwa Einzelteile von einem Sublieferanten, baut sie in Kraftfahrzeuge des Herstellers ein, die dieser über Absatzmittler unter Beteiligung einer Hausbank an den Endkunden absetzt, so bildet diese Absatzkette ein vertragliches Netzwerk, ohne jedoch in ihrer Gänze ein Vertragssystem zu bilden. Denn spätestens an der Schnittstelle zum Endkunden endet das System ‚Kfz-Produktion und Absatz' an der Endverbrauchergrenze." Die hier untersuchten Zuliefernetze ordnet er mithin als Vertragsnetze und nicht Vertragssysteme ein.[56]

Krebs/Aedtner/Schultes schließlich erarbeiten explizit eine juristische Definition des Phänomens Unternehmensnetzwerk, ebenfalls ausgehend von der wirtschaftswissenschaftlichen Begrifflichkeit. Zur Feststellung, ob

---

51 „Contractual networks are hybrid forms of organisations located between markets and hierarchies" *Cafaggi*, ERCL 2008, 493, 495.
52 Mit Netzverträgen sind dabei Verträge gemeint, die horizontale Netzwerke zwischen Unternehmen regeln und steuern. Der italienische Gesetzgeber hat diese Verträge mit dem Gesetz L. 9 aprile 2009, n. 33 geregelt.
53 *Joppert Swensson*, EUI MWP 2012/28, 1, 9.
54 *Martinek* (Fn. 26), § 1 Rn. 26.
55 *Martinek* (Fn. 26), § 1 Rn. 24.
56 *Malzer*, Vertragsverbünde und Vertragssysteme, 2013, S. 25 ff.

Unternehmensnetzwerke ein juristisches Institut sind, setzen sie das Vorliegen „netzwerkspezifischer konstitutiver Probleme" voraus und kommen zu dem Ergebnis, Unternehmensnetzwerke ließen sich als „jede rechtlich freiwillige, auf einen ökonomischen und legalen Netzzweck ausgerichtete Verbindung von mindestens drei rechtlich selbstständigen Unternehmen, die einen netzspezifischen Organisationsbedarf hervorruft", juristisch definieren. „Die Netzwerkunternehmen tauschen zumindest partiell ihre wirtschaftliche Unabhängigkeit gegen die Koordinierung ihrer wirtschaftlichen Tätigkeit mittels abgestimmter Verhaltensweisen, Vereinbarungen oder der Gründung einer Gesellschaft, um durch die Bündelung von Ressourcen den Netzzweck zu realisieren."[57] Besonders ambivalentes Kriterium ist dabei das „netzspezifische Organisationsproblem", d. h. „eine flexible Organisationsstruktur, die sich Änderungen und einer Vielzahl von parallelen Aktivitäten anpasst".[58] Auf der Grundlage dieses Merkmals schließen *Krebs et al.* sämtliche hierarchisch aufgebauten Netzwerke wie etwa Franchising- und Zuliefernetze von der Definition aus.[59] Jedenfalls für Zuliefernetze scheint das problematisch, wenn auch hier netzspezifische Probleme auftreten können, was zu untersuchen bleibt.

2. Stellungnahme und eigener Definitionsansatz

Die Definitionsansätze lassen sich zwei verschiedenen Gruppen zuordnen. Die erste Gruppe verfolgt einen vermehrt wirtschaftlichen Ansatz und bezieht sich auf die Kriterien des ökonomischen Begriffs. Hierzu sind vor allem die Ansätze von *Teubner, Martinek, Cafaggi* und *Krebs/Aedtner/ Schultes* zu zählen. Die andere Gruppe versucht, unabhängig von der wirtschaftlichen Definition, Kriterien für eine juristische Definition herauszubilden. Vor allem bei *Möschel, Rohe, Heermann* und *Grundmann* wird dabei dem „gemeinsamen Netzzweck" besondere Bedeutung eingeräumt.

Das Vorliegen eines Netzzwecks ist der rote Faden, der sich in fast allen Ansätzen wiederfindet. Er unterscheidet Vertragsnetze von der bloßen Aneinanderreihung isolierter Verträge. Hieran werden von *Cafaggi* auch die rechtlichen Besonderheiten im Netzwerk angeknüpft, beispielsweise gesteigerte Treue- und Informationspflichten der Netzmitglieder.[60]

Während *Krebs/Aedtner/Schultes* mangels Vorliegen eines netzspezifischen Organisationsproblems hierarchische Netzwerke nicht als Vertragsnetze ansehen, zählen *Cafaggi* und *Joppert Svensson* neben verknüpften bilateralen Verträgen auch gesellschaftsrechtliche Netzwerkstrukturen

---

57 *Krebs/Aedtner/Schultes*, KSzW 2015, 50, 59
58 *Krebs/Aedtner/Schultes*, KSzW 2015, 50, 60.
59 Vgl. *Krebs/Aedtner/Schultes*, KSzW 2015, 50, 60 f., unter Zugeständnis gemeinsamer „Berührungspunkte" und „Teilprobleme".
60 *Cafaggi*, in: ders., Contractual networks, inter-firm cooperation and economic growth, 2011, S. 1, 11.

dazu. Der Netzzweck ist aber vom Gesellschaftszweck nach § 705 BGB abzugrenzen. Die Unternehmen im Netzwerk fördern nicht primär den gemeinsamen Zweck, sondern handeln in erster Linie nach ihren individuellen wirtschaftlichen Interessen. Sie verpflichten sich gerade nicht zur gemeinsamen Zweckverfolgung und machen den gemeinsamen Zweck nicht zum Vertragsinhalt.[61]

Für die Definition von Vertragsnetzen lässt sich noch von einer weiteren Perspektive ausgehen, nämlich von der des ‚Netzproblems'.[62] Der Ursprung der Netzwerkdiskussion liegt in der Feststellung, dass sich die rechtlichen Problemstellungen bei Netzwerken mit dem am Leitbild des bilateralen Vertrags orientierten Vertragsrecht nicht zufriedenstellend bewältigen lassen und sich das Netzwerkphänomen weder der Kategorie der Gesellschaft noch der des Vertrags zuordnen lässt.[63] Das ist das eigentliche Netzproblem und entscheidendes Abgrenzungskriterium gegenüber anderen Organisationsformen.

IV. Zwischenergebnis

Die eingangs beschriebenen Zulieferbeziehungen in der Automobilindustrie erfüllen klar die Kriterien der wirtschaftswissenschaftlichen Definition, die geradezu auf hierarchische Netzwerke zugeschnitten scheint. Die Zusammenarbeit zwischen den rechtlich selbstständigen Zulieferern und dem Hersteller zielt auf die Steigerung der Produktionseffizienz und damit der Wettbewerbsfähigkeit ab, wobei die Unternehmen vor allem bei der Just-in-time-Produktion durch zahlreiche Verflechtungen informationeller, personeller und auch institutioneller Natur miteinander vernetzt sind.

Für die juristische Einordnung stellt sich zunächst die Frage nach dem Netzzweck im Zuliefernetzwerk. Die Netzteilnehmer in einem Produktionsnetzwerk haben die gemeinsame Ratio, durch die Kooperation Effizienzgewinne zu erzielen und die Wettbewerbsfähigkeit des gemeinsam gefertigten Produktes zu verbessern. Die Erzielung von Kooperationsvorteilen ist für die Netzteilnehmer sekundärer Zweck, primär verfolgen die Hersteller wie auch die Zulieferer ihre eigenen Gewinnerzielungsinteressen, die mit dem Kooperationszweck in der Regel gleichlaufen. Der Netzzweck wird aber nicht Inhalt des Vertrags.[64] Sähe man in dem Kooperationszweck einen Gesellschaftszweck, so würde es für den Gesellschaftsvertrag i. S. d. § 705 BGB doch an einer Einigung fehlen. Die einzelnen Netzteilnehmer kommen

---

61 Vgl. *Grundmann*, AcP 207 (2007), 718, 727 f.; *Handschin*, in: Amstutz, Die vernetzte Wirtschaft, 2004, S. 107, 109.

62 Mit ähnlichem Ansatz *Krebs/Aedtner/Schultes*, KSzW 2015, 50, 57.

63 Vgl. z. B. *Cafaggi* (Fn. 59), S. 9; *Teubner* (Fn. 47), S. 15, 22; *ders.*, ZHR 168 (2004), 78, 82; *ders.*, in: Augsberg, Ungewissheit als Chance, 2009, S. 109, 122; *Martinek* (Fn. 26), § 1 Rn. 15.

64 *Grundmann*, AcP 207 (2007), 718, 728; vgl. auch *Wellenhofer-Klein* (Fn. 18), S. 177; *Männel* (Fn. 4), S. 235.

oftmals nicht miteinander in Berührung und auch für die Annahme einer konkludenten Vereinbarung fehlt es an dem gemeinsamen Zweckförderungswillen.

Anderer Ansicht ist *Kulms*, jedenfalls für das Verhältnis zwischen Systemzulieferern und Automobilhersteller, das sich durch eine besonders enge Kooperation auszeichnet. Er sieht darin eine gesellschaftsähnliche, in Einzelfällen sogar gesellschaftliche Beziehung. Es solle das Recht der Innengesellschaft Anwendung finden: „In der Automobilindustrie sind die Systemzulieferer faktisch am wirtschaftlichen Erfolg des Automobilherstellers beteiligt, ohne daß ausdrücklich ein fester Ausgleich vereinbart wird. [...] Systemlieferant und Hersteller verbindet der gemeinsame Zweck, ein technisch ausgeformtes und in Verbindung mit dem Endprodukt konkurrenzfähiges Zulieferteil zu entwickeln und gewinnbringend abzusetzen."[65] Hiergegen spricht aber einerseits, dass das Zuliefernetz nicht auf die Beziehung zwischen Systemzulieferern und Hersteller beschränkt ist, sondern auch zahlreiche miteinander vernetzte Subzulieferer umfasst, die so keine Berücksichtigung fänden. Andererseits haben sich die Parteien bewusst für die Anwendung des Vertragsrechts und gegen eine gesellschaftsrechtliche Organisationsform entschieden. Der Grundsatz der Privatautonomie ist ein grundlegendes Prinzip des Vertragsrechts und darf nicht ohne Weiteres übergangen werden.[66] Wie sich im Folgenden zeigen wird, ist das Gesellschaftsrecht darüber hinaus nicht immer geeignet, die bei Zulieferverträgen auftretenden Fragestellungen zu lösen.

Weiteres zentrales Kriterium ist das Auftreten netzspezifischer rechtlicher Probleme. Von dieser These gehen auch *Krebs / Aedtner / Schultes* aus, kommen dabei aber zu dem Ergebnis, dass hierarchische Netzwerke und damit auch Zuliefernetze nicht als Vertragsnetze einzuordnen seien. Im Folgenden soll daher anhand von zwei für Zulieferbeziehungen typischen Fallgestaltungen geprüft werden, inwieweit sich durch die Aufgabe der vertikal integrierten Produktion netzspezifische Probleme ergeben.[67]

---

65 *Kulms*, Schuldrechtliche Organisationsverträge in der Unternehmenskooperation, 2000, S. 248; so bereits *Engel*, RabelsZ 1993, 556, 561, der das Netzproblem bei Zulieferverträgen über das Gesellschaftsrecht lösen möchte.
66 So auch *Grundmann*, AcP 207 (2007), 718, 727 f.
67 Vgl. *Malzer* (Fn. 56), S. 340 f.

C. Netzspezifische Probleme bei Zuliefernetzen
I. Problemkreise und Meinungsstand
1. Problemkreise

Die Schwierigkeit, Netzwerke in die herkömmlichen rechtlichen Kategorien einzuordnen, wirkt sich auch auf die Frage der anzuwendenden rechtlichen Regeln aus.

Die zentralen Fragestellungen bei Vertragsnetzen lassen sich auf die innere Verbundenheit der Netzteilnehmer zurückführen.[68] Eine wichtige Frage ist, ob sich aus dem Netzzweck eine Haftung im Netz auch außerhalb der Vertragsverbindungen, also ein Haftungsdurchgriff, ableiten lässt. Eine andere Gruppe von Problemen bezieht sich auf eine Veränderung der vertraglichen Rechte und Pflichten innerhalb der einzelnen Vertragsverhältnisse. Zu denken ist an die Weitergabe von Vorteilen im Netz (sog. profit-sharing), an veränderte Kündigungsbestimmungen oder auch an das Durchgreifen von Einwendungen aus anderen Vertragsverhältnissen sowie besondere Rücksichtnahme-, Treue- und Informationspflichten.[69]

Das Außenverhältnis – also mögliche Haftungsdurchgriffe Dritter auf die einzelnen Netzmitglieder – ist bei Produktionsnetzwerken weniger interessant. Hier wird zutreffend ein Haftungsdurchgriff abgelehnt[70]: Im Zuliefernetzwerk ist der Hersteller der Einzige, der vertragliche Beziehungen mit den Abnehmern unterhält und nach außen auftritt. Als Systemzentrale hat er den besseren Überblick über das Ausmaß des Schadens und das Verschulden. Das passt auch zur Wertungsentscheidung des Gesetzgebers in § 478 BGB für den Fall, dass der (End-)Abnehmer ein Verbraucher ist.[71]

2. Lösungsmodelle

Ausgangspunkt der vorliegenden Untersuchung ist nicht zuletzt, ob sich für auftretende netzspezifische Probleme in Zulieferbeziehungen eine dogmatisch schlüssige Lösung finden lässt und wie eine solche aussehen könnte. Diese Frage stellt sich vor dem Hintergrund verschiedener, in der Netzwerkdebatte verfolgter Lösungsmodelle.

a) Eigenes Recht für Vertragsnetze und Netzwerkbeziehungen

Teilweise wird die Herausbildung eines neuen Vertrags(-organisations)-rechts für Vertragsnetze und Netzwerkbeziehungen favorisiert.

---

68 Durch den Netzzweck, vgl. oben unter B. III.
69 Vgl. zu den Problemkreisen *Grundmann* (Fn. 50), S. 115; *ders.*, AcP 207 (2007), 718, 724; *Cafaggi*, ERCL 2008, 493, 519 f.
70 *Rohe* (Fn. 42), S. 389; *Lange*, Das Recht der Netzwerke, 1998, S. 106; *Grundmann* (Fn. 50), S. 129.
71 Vgl. *Grundmann* (Fn. 50), S. 129.

Ausgangspunkt sind wiederum die Untersuchungen von *Möschel* zu mehrgliedrigen Zahlungsnetzwerken. Er schlägt unter anderem vor, die zivilrechtliche Dogmatik durch die „neue dogmatische Kategorie des Verbund- oder Netzvertrags zu ergänzen".[72] Diese Idee führt *Rohe* weiter und fingiert bei netzwerkartigen Strukturen den Abschluss eines Netzvertrags durch Beitritt zum Netz und Doppelverpflichtung.[73] Gegen die Fiktion des Abschlusses eines Netzvertrages spricht vor allem die Privatautonomie als grundlegendes Prinzip des Privatrechts. Die Parteien wollen „getrennte Kassen" und kommen teilweise (an den jeweiligen Enden eines *Sterns* beispielsweise) gar nicht miteinander in Berührung.[74]

Teubner befürwortet eine eigene rechtliche Regelung für Phänomene wie just in time, Gironetze und Transportnetze, wie sie in § 311 Abs. 3 BGB für die Sachwalterhaftung und in § 358 BGB für verbundene Verträge getroffen wurde.[75] Er fordert die Herausbildung eines eigenes „Vertragsorganisationsrechts", um die mit Vertragsnetzen einhergehenden Problematiken zu bewältigen.[76] Lösungen gewinnt er dabei oftmals durch situationsbezogene Anpassung des Vertragsrechts.

Eine ähnliche Vision verfolgt auch *Lange* für Zulieferverträge und Vertriebsnetze. Er kommt für die hierarchischen Netzwerke zu dem Schluss, eine „Weiterentwicklung des Rechts der Dauerschuldverhältnisse" im Zusammenspiel mit einer situativen Anpassung der Rechtsfolgen verhelfe zu einer Lösung.[77] Zwar illustriert *Lange* seine Ideen anhand von Beispielsfällen, entwickelt für diese aber keine konkreten Lösungen.[78]

Ähnlich sehen es *Amstutz* und *Cafaggi*. *Amstutz* traut der herkömmlichen Rechtsdogmatik die Lösung der mit Vertragsnetzen einhergehenden Problemstellungen nicht zu. Er plädiert deshalb für neue Regeln, für deren Entwicklung er das aus dem Internationalen Privatrecht bekannte Kollisionsrecht fruchtbar machen möchte.[79] *Cafaggi* schlägt vor, im Rahmen der Harmonisierung des Europäischen Vertragsrechts die Netzwerkproblematik durch separate Prinzipien zu berücksichtigen.[80] Eine mögliche Antwort läge insbesondere in einer hervorgehobenen Rolle der Generalklauseln.[81]

---

72 *Möschel*, AcP 186 (1986), 187, 235.
73 Diese Idee führt *Rohe* weiter und fingiert bei netzwerkartigen Strukturen den Abschluss eines Netzvertrags durch Beitritt zum Netz und Doppelverpflichtung; *Rohe* (Fn. 42), S. 492.
74 *Grundmann*, in: FS Hopt, 2010, S. 61, 79.
75 *Teubner* (Fn. 62), S. 118 f.
76 *Teubner* (Fn. 44), S. 101.
77 *Lange* (Fn. 70), S. 633 Rn. 1448 ff.
78 *Lange* (Fn. 70), S. 214 ff.
79 Bezogen auf das schweizerische Recht, vgl. *Amstutz*, KritV 2006, 105, 126.
80 *Cafaggi*, ERCL 2008, 493, 501
81 *Cafaggi*, ERCL 2008, 493, 503; *Grundmann*, AcP 207 (2007), 718, 732.

b) Anwendung des herkömmlichen Schuldrechts ohne Modifikation

Das Netzwerk-Phänomen findet in vielen klassischen Lehrbüchern und Handbüchern keine Erwähnung.[82] Gegen eine Berücksichtigung der Vertragsnetze sprechen sich *Canaris*[83] – explizit für Franchise- und Vertragshändlerverträge – und *Oechsler*[84] mit dem Argument der Relativität der Schuldverhältnisse aus. In dem von *Larenz* begründeten Lehrbuch nahm zwar zunächst *Wolf* zu der Problematik Stellung[85], in der aktuellen, von *Neuner* weitergeführten Auflage wurde dieser Abschnitt aber wieder herausgenommen.[86]

c) Einpassung in die bestehende Dogmatik

Viele Autoren, die sich eingehender mit der Netzwerkproblematik beschäftigen, kommen zu dem Ergebnis, dass es besonderer Regeln zur Lösung der auftretenden Probleme bedarf. Dieser Idee folgt im Ansatz auch *Grundmann*, möchte diese Sonderregeln aber auf die anerkannten dogmatischen Strukturen, Wertungsentscheidungen des Gesetzgebers und richterrechtlich entwickelte Prinzipien stützen.[87] Auf ähnliche Weise geht auch *Malzer* bei der Erarbeitung einer eigenen Dogmatik für das Recht der Vertragsnetze vor.[88]

Die Ansätze von *Grundmann* und *Malzer* versprechen ein Lösungsmodell, das nicht von der Rechtsunsicherheit situativer Anpassung geprägt ist und auf der herkömmlichen Dogmatik basiert. Ob die Anwendung des klassischen Schuldrechts eine interessengerechte Lösung netzspezifischer Probleme bei Zulieferverträgen zu liefern vermag oder sich Sonderregeln aus der herkömmlichen Dogmatik entwickeln lassen, soll im Folgenden anhand von zwei Problemkonstellationen im Bereich der Zuliefernetze analysiert werden.

II. Erstbemusterungsklausel

Verträge zwischen Herstellern und Zulieferern sehen vielfach Erstbemusterungsklauseln vor. Die Erstbemusterung ist ein Verfahren, bei dem die von den Systemzulieferern und ihren Sublieferanten produzierten Zulieferteile anhand eines unter Produktionsbedingungen hergestellten Erstmusters vom

---

82 Geprüft für *Büchel/v. Rechenberg*, Kölner Handbuch Handels- und Gesellschaftsrecht, 3. Aufl. 2015; *Medicus/Lorenz*, Schuldrecht I, 21. Aufl. 2015; *dies.*, Schuldrecht II, 17. Aufl. 2014; *Looschelders*, Schuldrecht AT, 11. Aufl. 2013; *ders.*, Schuldrecht BT, 10. Aufl. 2015.
83 *Canaris* (Fn. 40), § 17 Rn. 13; § 18 Rn. 20.
84 *Oechsler*, Gerechtigkeit im modernen Austauschvertrag, 1997, S. 374 f.
85 *Larenz/Wolf* (Fn. 6), § 23 Rn. 130.
86 *Wolf/Neuner*, Allgemeiner Teil des Bürgerlichen Rechts, 10. Aufl. 2012.
87 *Grundmann*, 732.
88 *Malzer* (Fn. 56), S. 335.

Hersteller geprüft werden.[89] Der Hersteller kann auf diese Weise auch darüber entscheiden, ob er einen Sublieferanten für die Teilnahme am Produktionssystem freigibt.

Eine Erstbemusterungsklausel in der Automobilindustrie kann beispielsweise folgendermaßen lauten:

> „**1. Einleitung**
> *Gemäß ISO/TS 16949 ist vom Lieferanten ein PPF-Verfahren zur Serienfreigabe durchzuführen. Soweit sich aus dem Folgenden nichts anderes ergibt, richten sich die Anforderungen an dieses Verfahren nach VDA-Band 2 in der jeweils aktuellen Ausgabe. Im Einzelfall kann mit den abnehmenden D-Standorten ein anderes Verfahren abgestimmt werden. [...]*
>
> **4. Auslöser für das PPF-Verfahren**
> *Sämtliche Änderungen am Produktionsprozess und Produkt sind den für die Serienfreigabe zuständigen Mitarbeitern der abnehmenden D-Standorte anzuzeigen. Soweit nichts anderes vereinbart, ist entsprechend der nachfolgenden Matrix zu verfahren.*
>
> *[...] Auslöser [...]*
> *Änderung von Lieferanten der zweiten Stufe (D 2nd-tier). Bei Teilen mit besonderen Merkmalen (DS, DZ) besteht o. g. Verpflichtung bis zum merkmalverantwortlichen Lieferanten.*"[90]

Auch nach der VDA-Band 2 ist ein möglicher Auslöser für die Bemusterung ein Wechsel des Sublieferanten beim Zulieferer.[91] Denn die Qualität der zugelieferten Komponente und die Stabilität des Produktionsprozesses beim Zulieferer können für die Qualität des Endprodukts wesentlich sein. Nicht selten empfiehlt der Hersteller bestimmte Sublieferanten, die er bereits auditiert hat, oder gibt dem Zulieferer den Sublieferanten vor. So spart sich der Hersteller eine eingehendere Prüfung des Sublieferanten und hält sein Netzwerk klein und übersichtlich. Er behält die Kontrolle über die Qualität und reduziert seinen Prüfungsaufwand. Obwohl sich der Hersteller die Prüfung und Zulassung der Sublieferanten vorbehält, besteht keine Vertragsbeziehung zwischen Hersteller und Sublieferant.

Hier zeichnet sich das Problem hierarchischer Vertragsnetze ab: Die hierarchische Struktur ähnelt der eines Konzerns und die Wahl der Zulieferer wird nicht (nur) von kompetitiven Märkten bestimmt.[92]

---

89 Vgl. *Merz*, Qualitätssicherungsvereinbarungen, 1992, S. 99 f.
90 *Daimler AG*, Mercedes-Benz Special Terms 2012 – 13/17, Dezember 2011, Qualität, 1 f. (http://engp-download.daimler.com/docmaster/de/index.html) (geprüft am 26.8.2015).
91 Vgl. die Auslösematrix in: *VDA*, Band 2: Qualitätsmanagement in der Automobilindustrie, 5. Aufl. 2012, S. 35.
92 *Teubner* (Fn. 47), S. 15.

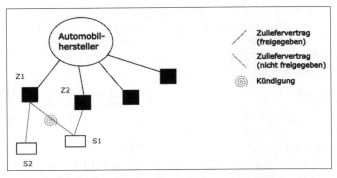

Abbildung 2: Fallbeispiel 1 – Erstbemusterungsproblematik

1. Ausgangsfall: Wechsel des Sublieferanten

Innerhalb der Lieferkette A-Z1-S1 entscheidet sich der Zulieferer Z1, ein komplexes Bauteil für sein Produkt nicht mehr von dem vom Automobilhersteller (A) empfohlenen Sublieferanten S1 zu beziehen, weil ihm von S2 ein besserer Preis bei gleicher Qualität angeboten wird, und kündigt den Liefervertrag mit S1 fristgerecht. Diesen Wechsel des Sublieferanten zeigt er A nicht an – aus seiner Sicht wäre A ohnehin zur Freigabe verpflichtet, da S2 in gleicher Qualität produziert.

S1, der erhebliche Investitionen in seine Produktionsanlagen getätigt hat, beliefert auch andere Zulieferer des Herstellers mit komplexen Bauteilen. Bei einem Abbruch der Zulieferbeziehung zu Z1 müsste er Insolvenz anmelden und könnte daher auch den weiteren Zulieferer Z2 nicht mehr beliefern. Z2, der mit S1 technisch eng zusammenarbeitet und S1 auch in die Produktentwicklung einbezogen hatte,[93] könnte diesen Ausfall nicht zeitnah durch Aufbau eines neuen Sublieferanten auffangen.

A hat nicht nur ein Interesse an gleichbleibender Qualität, sondern auch daran, dass bei einem einmal für eine Produktserie eingerichteten Produktionssystem möglichst wenige Änderungen in der Zulieferstruktur erfolgen, die mit neuem Zertifizierungs- und Prüfungsaufwand[94] einhergehen. Darüber hinaus verfolgt A als Systemzentrale auch das übergeordnete Interesse eines funktionierenden Gesamtsystems: Der freigegebene Sublieferant S1 ist nicht ohne Weiteres auswechselbar, weil dadurch die Belieferung eines

---

93 „Ein solches technisch begründetes Näheverhältnis [kann] beispielswese zwischen den Lieferanten von Bremsen einerseits und Fahrzeugachsen andererseits bestehen." *Merz* (Fn. 88), S. 94 f.

94 Vgl. zu den Prüfungspflichten *Gaiser*, Die rechtliche Problematik der Erstbemusterungspraxis in der Automobilindustrie, 1997; zum Ablauf der Bemusterung *VDA*, Band 2: Qualitätsmanagement in der Automobilindustrie, 5. Aufl. 2012, S. 13.

anderen Zulieferers (Z2) gefährdet würde. Die Frage ist, ob dieses übergeordnete Interesse rechtlich relevant ist.

a) Wirkung der Netzinteressen im Verhältnis A-Z1

Das herkömmliche Vertragsrecht folgt dem Grundsatz der Relativität der Schuldverhältnisse und sieht ein Vorgehen entlang der Kette vor. In diesem Verhältnis hat Z1 zwar gegen die Pflicht zur Anzeige des beabsichtigten Wechsels des Sublieferanten verstoßen. Dieser Pflichtverstoß wäre aber folgenlos, wenn A die Freigabe des neuen Sublieferanten S2 nicht hätte verweigern können. Das wäre der Fall, wenn die Freigabeklausel ausschließlich das Interesse des A an gleichbleibender Qualität sichern soll: Produziert S2 in gleicher Qualität, gäbe es für A keinen Grund, dessen Freigabe zu verweigern, sondern A wäre nach Treu und Glauben, § 242 BGB, verpflichtet, S2 als Sublieferanten freizugeben. Denn es ist legitim, dass Z1 Preisvorteile erzielen möchte; allein die Kosten einer erneuten Erstbemusterung, die A im Eigeninteresse vorsieht, würden die Ablehnung eines neuen Sublieferanten wohl nicht rechtfertigen.

Diese Lösung berücksichtigt aber nicht, dass der Zuliefervertrag zwischen A und Z1 in ein Gefüge von Zulieferverträgen eingegliedert ist, die miteinander verwoben sind. A ist die Zentrale des Netzwerks, der die einzelnen Zulieferbeziehungen (vor allem mit den Systemzulieferern Zn) koordiniert. Übergeordnetes Interesse des A ist die Gewährleistung der Effizienz des Produktionssystems. Er hat sich im Rahmen der betriebswirtschaftlichen Strategieentscheidung gegen eine hierarchische Organisationsform und für die Auslagerung einzelner Produktionsschritte entschieden. Die Zulieferunternehmen wiederum geben unternehmerische Entscheidungsfreiheit zugunsten einer zentralen Organisation auf. Diese beherrschende Position des A gegenüber seinen Zulieferern verpflichtet ihn in besonderem Maß zur Rücksichtnahme auf deren Interessen und zur Wahrung von Treu und Glauben.[95] Die Freigabeentscheidung ist eine Ermessensentscheidung des Herstellers. Da A eine ordnende Rolle in dem Zuliefernetzwerk übernimmt, muss er bei der Freigabeentscheidung zumindest das Recht haben, das Netzinteresse zu berücksichtigen. Vor dem Hintergrund dieser Überlegungen erscheint es im Zuliefernetz nicht interessengerecht, den Hersteller zur Freigabe eines Sublieferanten S2 zu verpflichten, der in gleicher Qualität produziert, wenn der Wechsel des Sublieferanten andere Zulieferer im System vor Probleme stellen und zu Lieferengpässen führen würde. A könnte in diesem Fall einer berechtigten Verweigerung der Freigabe des S2 den Weiterbezug von S1 verlangen, im Rahmen der Pflicht des Z1 zur Erfüllung der vertraglichen Pflichten (Belieferung nur durch freigegebene Sublieferanten). Zu

---

95 So auch OLG Stuttgart, NJW-RR 1990, 491, 492 für das Vertriebsnetz; für das Zuliefernetz *Wellenhofer-Klein* (Fn. 18), S. 164 f.; *Lange* (Fn. 69), S. 121 f.

prüfen wäre, ob A im Gegenzug Z1 eine Ausgleichszahlung oder Preisanpassung zu gewähren hätte.

b) Wirkung der Netzinteressen im Verhältnis Z1-S1

Können sich diese Netzinteressen des Herstellers bereits auf die Wirksamkeit der Kündigung des Liefervertrags mit S1 auswirken? Dieser Liefervertrag ist ein Dauerschuldverhältnis[96]. Die ordentliche Kündigung könnte aufgrund einer immanenten Kündigungsschranke unwirksam sein und sich aus der Annahme einer Sonderverbindung im Vertragsnetz ergeben.

Es ist zunächst die Berücksichtigung der Netzwerkstruktur durch analoge Anwendung des Gesellschafts- oder Konzernrechts denkbar. Bei der BGB-Gesellschaft ist die Hinauskündigung eines Gesellschafters durch einen anderen Gesellschafter nicht möglich, § 714 BGB sieht lediglich ein gemeinsames Ausschließungsrecht vor. Diese Norm spiegelt die Interessen im Zuliefernetz aber nicht sehr gut wider: In der GbR sind die Gesellschafter gleichberechtigte Partner, die Träger eines Gesamthandvermögens sind und Entscheidungen im Rahmen von Gesellschafterversammlungen treffen. Das Zuliefernetzwerk hingegen ist ein hierarchisches Netzwerk, in dem die einzelnen Unternehmen grundsätzlich selbstständig sind und sich nur nach Maßgabe von Einzelverträgen zur Kooperation verpflichten. Gegen eine Vergleichbarkeit spricht auch der privatrechtliche Grundsatz der Vertragsfreiheit: Die Parteien haben bewusst eine Kooperationsform gewählt, in der die Beteiligten ihre rechtliche Selbstständigkeit behalten und keine Einheit in Form einer Gesellschaft bilden.[97]

Eher der hierarchischen Struktur des Zuliefernetzwerks entspricht das Konzernrecht.[98] Bei Abschluss eines Beherrschungsvertrags steht dem herrschenden Unternehmen im Konzern gem. § 323 Abs. 1 S. 1 AktG ein Weisungsrecht zu und trifft das beherrschte Unternehmen korrespondierend eine Folgepflicht aus § 323 Abs. 1 S. 2 i. V. m. § 308 Abs. 2 S. 1 AktG. Für einen solchen Unternehmensvertrag sind aber Hauptversammlungs- bzw. Gesellschafterbeschlüsse mit qualifizierter Mehrheit erforderlich. Die Folgepflicht setzt auch voraus, dass die Konzernmutter für ihre Verpflichtung zum Verlustausgleich hinreichend solvent ist.[99] Außerhalb eines Beherrschungsvertrags kann die Konzernmutter grundsätzlich nur ihre Gesellschafterrechte wahrnehmen – die sie im Zuliefernetzwerk gerade nicht hat – und nicht unmittelbar in die laufende Geschäftsführung eingreifen.

---

[96] Zum Dauerschuldcharakter von Lieferverträgen siehe *Merz* (Fn. 88), S. 94 f.; *Saxinger* (Fn. 20), S. 96 ff.; *Wellenhofer-Klein* (Fn. 18), S. 92 f.

[97] Vgl. dazu *Grundmann*, [Fn. 62], S. 727 f.; *Malzer* (Fn. 56), S. 387 ff.

[98] Ein Konzern ist der Zusammenschluss mehrerer rechtlich unabhängiger Unternehmen, wobei es ein herrschendes Unternehmen gibt, das die einheitliche Leitung des Konzerns übernimmt und ein oder mehrere wirtschaftlich und finanziell abhängige Unternehmen; § 18 AktG.

[99] Emmerich/Habersack/*Habersack*, AktG, 7. Aufl. 2013, § 323 Rn. 6.

Diese strengen Voraussetzungen, an die das Weisungsrecht der Hauptgesellschaft auch im Konzern gebunden ist, sprechen gegen eine Übertragbarkeit auf Zuliefernetze, wo die Beteiligten nur durch Einzelverträge verknüpft sind. Im Übrigen würde auch im Konzern eine entgegenstehende Weisung der Konzernmutter die Wirksamkeit einer Kündigung der Konzerntochter gegenüber einer anderen Konzerngesellschaft nicht berühren, sondern zu Schadensersatzansprüchen der Konzernmutter führen.[100] Auch dieser Gesichtspunkt hilft daher nicht weiter.

Das Erfordernis der Freigabe eines Sublieferantenwechsels durch A könnte in entsprechender Anwendung des § 328 Abs. 1 BGB (Vertrag zugunsten Dritter) auch im Verhältnis Z1 und S1 wirken und der Wirksamkeit der Kündigung entgegenstehen. Die Verweigerung der Freigabe durch A ist für S1, den Dritten, vorteilhaft und resultiert aus einer Vertragsklausel zwischen A und Z1. Die Verabredung des Erstbemusterungsrechts schützt allerdings unmittelbar die Interessen des A und wirkt sich nur mittelbar zugunsten des betroffenen Sublieferanten aus. Da dem Sublieferanten kein eigenes Recht eingeräumt wird, kann die Verweigerung der Freigabe sich nicht über § 328 Abs. 1 BGB auf die Kündigung auswirken.

Der Vertrag mit Schutzwirkung zugunsten Dritter (VSD) dient der Ausdehnung der Schutzwirkung eines Vertragsverhältnisses auf Dritte im Rahmen von Sekundäransprüchen, um die es bei der Frage der Wirksamkeit der Kündigung des Liefervertrags durch Z1 nicht geht.

Die Kündigung gegenüber S1 fällt letztlich in den Bereich dessen eigenen unternehmerischen Risikos. Dass S1 Teil eines Netzwerks ist, ist kein hinreichender Grund, ihn vom Preiswettbewerb auszunehmen. Da Z1 keine beherrschende Stellung hat, kann S1 ihm nicht das Netzinteresse entgegenhalten. Auch hätte er im Rahmen der Vertragsverhandlungen mit Z1 Kündigungserschwernisse aushandeln können. Gegen eine unberechtigte Kündigung könnte sich S1 wehren und die weitere Abnahme seiner Bauteile durchsetzen, notfalls stünden ihm Schadensersatzansprüche gegen Z1 zu. Im Kettenverhältnis macht die Berücksichtigung des Netzwerkcharakters über die Interessen des Herstellers hinaus wenig Sinn, da die wirkungsvolle Lösung vertragsrechtlich unproblematisch entlang der Kette möglich ist, wie es auch die gesetzgeberischen Wertungsentscheidungen in §§ 676b, 676c und 478 BGB vorsehen.[101] Ebenso wenig lässt sich aus den Interessen des Zulieferers Z2, mit dem Z1 überhaupt nicht in Vertragsbeziehung steht, die Unwirksamkeit der Kündigung des Liefervertrags mit S1 herleiten. Diese Interessen lassen sich besser über die Systemzentrale, mit der Z1 vertraglich verbunden ist, schützen.

---

100 MüKoAktG/*Altmeppen*, 3. Aufl. 2010, § 308 Rn. 64; Emmerich/Habersack/*Emmerich*, AktG, 7. Aufl. 2013, § 308 Rn. 68.
101 Vgl. dazu *Grundmann* (Fn. 50), S. 127 ff.

c) **Binnendurchgriff: Schadensersatzansprüche des Z2 gegen Z1?**

Die Netzinteressen könnten sich aber im Rahmen von Sekundäransprüchen auswirken und dem betroffenen Zulieferer Z2 einen Binnendurchgriff auf Z1 ermöglichen, mit dem er nicht vertraglich verbunden ist.

Die zwischen A und Z1 vereinbarte Erstbemusterungsklausel könnte ein Schuldverhältnis mit Schutzwirkung zugunsten Dritter, namentlich zugunsten von Z2, begründen.[102] Die Erstbemusterung schützt das Interesse des A an der Absicherung einer leistungsfähigen und qualitativen Belieferung. Hierzu zählt auch die Erhaltung der Leistungsfähigkeit der anderen Zulieferer. Neben persönlichen Fürsorgepflichten – Verantwortlichkeit des Gläubigers für „Wohl und Wehe" – genügen auch rechtliche Schutzpflichten.[103] Aufgrund seiner aus der Netzkontrolle resultierenden Rücksichtnahmepflichten gegenüber den Netzteilnehmern (insbesondere den mit ihm vertraglich verbundenen Zulieferern) hat A ein Einbeziehungsinteresse hinsichtlich des Z2. Der VSD setzt weiter voraus, dass der Dritte „eine unmittelbare, direkte Berührung"[104] mit dem Schuldverhältnis hat. Die Auswirkungen auf Z2 sind aber nur ein Reflex der Freigabeentscheidung und damit mittelbar. Auch wirkt sich die Freigabeentscheidung des A für Sublieferanten des Z1 nicht typischerweise auch auf Z2 aus, sondern nur in der gegebenen Sondersituation (gemeinsamer Sublieferant, Existenzgefährdung des S1 durch Abbruch der Lieferbeziehung zu Z1). Nicht erfüllt ist also das Kriterium der Leistungsnähe.

Malzer schlägt als dogmatisch schlüssige Lösung von Problemen im Netzwerk die Ausweitung des VSD vor.[105] Das Kriterium der Leistungsnähe soll dahin modifiziert werden, dass an seiner Stelle als Sonderverbindung zwischen Schuldner und Drittem die Zugehörigkeit zu dem gleichen Netzwerk ausreicht, wobei nur der für den Schuldner überschaubare Personenkreis berücksichtigt wird (Erkennbarkeit); das Kriterium der Schutzbedürftigkeit will *Malzer* durch ein für Besonderheiten des Einzelfalls offenes Wertungskriterium ersetzen.[106]

Die Ausweitung des Kriteriums der Leistungsnähe – statt unmittelbarer Auswirkungen sollen netztypische genügen – bildet den Gegenpol zur Ordnungsverantwortung des Herstellers: A vereinbart typischerweise mit allen Zulieferern ähnliche Erstbemusterungsklauseln. Z1 und Z2 sitzen quasi „im gleichen Boot", Z1 wäre im umgekehrten Fall (Kündigung des S1 durch Z2) negativ betroffen. Im nächsten Schritt stellt sich die Frage der Pflichtverlet-

---

102 Der Grundsatz der Drittschadensliquidation kann vorliegend mangels Zufälligkeit der Schadensverlagerung zwischen A und Z2 nicht zum Ansatz gebracht werden.
103 Vgl. MüKoBGB/*Gottwald*, 6. Aufl. 2012, § 328 Rn. 179.
104 OLG Hamm, MDR 1999, 556, 557; OLG Celle, BKR 2007, 294, 295.
105 Für eine unveränderte Anwendung der Rechtsfigur auf Zulieferverhältnisse, *Lange* (Fn. 70), S. 200.
106 *Malzer* (Fn. 56), S. 373 ff.

zung des Z1 im Verhältnis zu Z2. Es könnte eine Rücksichtnahmepflicht des Z1 gegenüber anderen, von seinen Entscheidungen reflexartig betroffenen, Netzteilnehmern bestehen, die durch den Wechsel des Sublieferanten verletzt würde.[107]

Zum Tragen kommen könnte eine solche Rücksichtnahmepflicht, wenn Z1 sich über die Entscheidung des A, die Freigabe des neuen Sublieferanten zu verweigern, hinwegsetzen sollte. Denn dann werden die Interessen des Z2 nicht bereits über die Verweigerung der Freigabe durch A geschützt. Zwar verletzt Z1 ggf. seine vertraglichen Pflichten gegenüber A; A hat aber jedenfalls keinen unmittelbaren Schaden, da Lieferschwierigkeiten zunächst Z2 beheben muss. Es entspräche demnach der Interessenlage im Netz, Z2 über den VSD einen Schadensersatzanspruch einzuräumen, jedenfalls subsidiär zur vorrangigen Verpflichtung des Herstellers A, Erfüllung oder Naturalrestitution von Z1 zu verlangen.

Wellenhofer will bei Netzstörungen einen deliktischen Anspruch aus § 826 BGB zugestehen.[108] Das Vertragsrecht passt hier aber besser, da es offener für Anpassungen ist und die Ausdehnung der Figur des VSD sich besser in die Dogmatik des BGB einfügt.[109]

2. Abwandlung 1: Wechsel des Sublieferanten aufgrund von Qualitätsproblemen

Entschließt sich Z1, anders als im Ausgangsfall, aufgrund nachhaltiger Schlechtlieferung zur Kündigung, ändert sich die Sachlage. In diesem Fall ist es im Interesse des Herstellers A und des gesamten Netzes, dass der Sublieferant ausgewechselt wird. A wird zur Freigabe des S2 verpflichtet sein, und es liegt im unternehmerischen Risiko des Z2, die Kooperation mit S1 eingegangen zu sein. Netzeffekte kommen dann kaum zum Tragen.

3. Abwandlung 2: Wechsel des Sublieferanten auf Wunsch des Herstellers A

Der Automobilhersteller A zieht die Freigabe des Sublieferanten S1 gegenüber Z1 zurück, da A S2 für leistungsfähiger hält und als Sublieferanten für weitere Zulieferer aufbauen möchte. Z1 sieht sich gezwungen, dem Sublieferanten S1 fristgerecht zu kündigen, um seine Zulieferbeziehung zu A nicht zu gefährden.

---

107 Für besondere Treue- und Rücksichtnahmepflichten im Netz etwa *Wellenhofer-Klein* (Fn. 18), S. 185; *Cafaggi*, (Fn. 69), 503.
108 Für den Fall des Franchisenetzwerks: *Wellenhofer*, KritV 2006, 187, 204 ff.
109 Auf dogmatisch schlüssige Weise kann so *Teubners* Forderung nach einer Haftung zwischen nicht vertraglich verbundenen Netzteilnehmern erfüllt werden, *Teubner* (Fn. 62), S. 128.

Einerseits wirft dieser Fall (analog zu einem Fall des OLG Stuttgart[110]) die Frage auf, ob S1 ein Direktanspruch auf Schadensersatz gegen den Automobilhersteller A zusteht. Parallel dazu kommen aber auch, wie im Ausgangsfall, Schadensersatzansprüche des mit S1 kooperierenden Zulieferers Z2 in Betracht.

Für die Schadensersatzansprüche gegen den Automobilhersteller gilt Folgendes: Das *OLG Stuttgart* gestand dem gekündigten Vertragshändler einen Schadensersatzanspruch gegen den Hersteller zu, auch ohne eine vertragliche Verbindung. Der Anspruch wurde aus einer zwischen dem Vertragshändler und dem Hersteller bestehenden Sonderverbindung abgeleitet: „Es ist [...] nicht zu übersehen, daß die Kl. in ihrer Eigenschaft als B-Händler ein Bestandteil des von der Bekl. zu 2 begründeten, organisierten und beherrschten Vertriebssystems ist. [...] Der Fiat-B-Händler ist daher von den Maßnahmen, Entscheidungen und Entschlüssen der Bekl. zu 2 zumindest im gleichen, wenn nicht im stärkeren Maß abhängig als von denen des mit ihm unmittelbar vertraglich verbundenen A-Händlers. Diese beherrschende Stellung der Bekl. zu 2 auch gegenüber dem B-Vertragshändler verpflichtet sie auch diesem gegenüber in besonderem Maße zur Wahrung von Treu und Glauben sowie zu besonderer Treue und Rücksicht auf dessen berechtigte Belange und Interessen."[111] Das Gericht sah darin eine Sorgfaltspflichtverletzung, dass der vom Hersteller als Muster vorgegebene B-Händler-Vertrag eine zu kurze Kündigungsfrist vorsah und dem gekündigten Vertragshändler auf diese Weise eine „nachhaltige Beeinträchtigung des geschäftlichen Rufs [...], ihrer geschäftlichen Beziehungen und insbesondere ihrer Beziehungen zu ihren Kunden"[112] entstanden waren.

Teubner sieht in diesem Urteil seine Theorie des Vertragsverbunds bestätigt, da die von ihm herausgearbeiteten Kriterien vorlägen: „wechselseitige Verweisung der Verträge aufeinander", „Zweckverknüpfung", „Kooperation".[113] Eine gesteigerte Treue- und Rücksichtnahmepflicht des Herstellers lässt sich aber auch ohne diese Theorie begründen. Der Hersteller fungiert als „Zentrale" des Zuliefernetzwerks und hat aufgrund seiner Verhandlungsmacht eine herrschende Funktion inne.[114] Zum Ausgleich seiner rechtlich überlegenen und beherrschenden Position trifft ihn eine besondere Ver-

---

110 Der Sachverhalt ist einem Fall nachgebildet, den das OLG Stuttgart zu entscheiden hatte: Dabei wird innerhalb eines Kfz-Vertriebssystems ein B-Vertragshändler, der nur mit dem A-Vertragshändler vertraglich verbunden ist, von dem A-Vertragshändler auf Druck des Herstellers (Fiat) gekündigt, ohne dass der A-Vertragshändler kündigen wollte, OLG Stuttgart, NJW-RR 1990, 491 ff.
111 OLG Stuttgart, NJW-RR 1990, 491, 492.
112 OLG Stuttgart, NJW-RR 1990, 491, 492.
113 *Teubner* (Fn. 44), S. 203.
114 Vgl. z. B. *Rohe* (Fn. 42), S. 389.

antwortung.¹¹⁵ Eine Haftung des Herstellers lässt sich mit der Verletzung dieser gesteigerten Treue- und Rücksichtnahmepflichten gegenüber den abhängigen Netzteilnehmern begründen.

Dabei muss man nicht so weit gehen, mit *Nagel* Just-in-time-Systeme als (faktische) Konzerne zu behandeln,¹¹⁶ zumal der BGH den Anwendungsbereich des Konzernrechts eng fasst. Ein beherrschender Einfluss im Sinne des § 17 AktG muss „gesellschaftsrechtlich begründet", d. h. an Beteiligungsrechte geknüpft sein.¹¹⁷ Zudem sind im Just-in-time-System die Beteiligten primär ihren eigenen Gewinnerzielungsinteressen verpflichtet und nicht der gemeinsamen Organisation oder dem gemeinsamen Zweck.¹¹⁸ Die Parteien haben sich privatautonom gegen die Organisationsform des Konzerns und für die vertragliche Organisation entschieden und diesem Parteiwillen ist Rechnung zu tragen.¹¹⁹

Bei ordentlicher Kündigung kann S1 keine Schadensersatzansprüche gegen Z1 geltend machen, es fällt wiederum in den Bereich seines unternehmerischen Risikos, im Rahmen der Vertragsverhandlungen entsprechende Kündigungserschwernisse durchzusetzen.

Der Entzug der Freigabe eines Sublieferanten durch den Hersteller A aus Gründen der Umstrukturierung muss im Verhältnis zu Z1 (und auch Z2) keine Pflichtverletzung darstellen, insbesondere wenn A den erhöhten Aufwand für den Aufbau des neuen Sublieferanten ausgleicht.

Freilich dürfte auch S1 erhebliche Investitionen getätigt haben, um sich als Sublieferant im Netz (jedenfalls für die Dauer einer Produktserie) zu qualifizieren. Im Unterschied zum Ausgangsfall soll S1 nicht auf Initiative seines Vertragspartners Z1 ausgewechselt werden, sondern auf Hinwirken des Herstellers A, der so von seiner beherrschenden Stellung Gebrauch macht. Schadensersatzansprüche des S1 müssten sich daher gegen A richten. A und S1 sind zwar nicht vertraglich verbunden, die Einflussnahme des Herstellers auf die Auswahl des S1 als Sublieferant durch Z1 begründet aber eine Sonderverbindung: Über die Empfehlung von S1 als Sublieferant für Z1 hat A die Investitionen des S1 mitveranlasst. Diese Empfehlung dürfte unter wiederum modifizierter Anwendung des VSD drittschützend wirken und zu Rücksichtnahmepflichten des A gegenüber S1 führen. Durch das Hinwirken auf eine Kündigung aus Gründen, die nicht in der Sphäre des S1 liegen, würde A diese Rücksichtnahmepflichten verletzen und dürfte verpflichtet sein, die vergeblichen Aufwendungen des S1 ganz oder teil-

---

115 Ähnlich *Wellenhofer-Klein* (Fn. 18), S. 164 f.; *Lange* (Fn. 69), S. 121 f.; *Cafaggi*, ERCL 2008, 493, 503; *Kulms* (Fn. 64), S. 254.
116 *Nagel/Riess/Theis*, DB 1989, 1505, 1508; *Nagel*, DB 1988, 2291, 2293 f.; mit Vergleich zur kombinierten Beherrschung *Soudry/Löb*, GWR 2011, 127, 130.
117 BGHZ 90, 381, 395; 121, 137, 145.
118 *Teubner* (Fn. 44), S. 93; *ders.* (Fn. 47), S. 23.
119 Vgl. auch *Malzer* (Fn. 56), S. 417 ff.; *Wellenhofer-Klein* (Fn. 18), S. 410 f.

weise auszugleichen. S1 muss sich auch nicht entgegenhalten lassen, sich nicht ausreichend gegen eine Kündigung seines Liefervertrags mit Z1 abgesichert zu haben: Der Auslöser für die Kündigungsentscheidung liegt nicht bei seinem Vertragspartner Z1, sondern bei dessen Vertragspartner A.

4. Zwischenergebnis

Die Erstbemusterungspraxis bei Zulieferbeziehungen in der Automobilindustrie führt in einigen Konstellationen zu Interessenkonflikten, deren gerechte Lösung die Berücksichtigung von netzspezifischen Interessen notwendig macht. Diese Interessen können beispielsweise, wie im Ausgangsfall, die Belieferung zweier Systemzulieferer durch denselben Sublieferanten betreffen, oder etwa Bedeutung entfalten, wenn der Hersteller von seiner Organisationsherrschaft im Netz Gebrauch macht. Für die Berücksichtigung der Netzinteressen lässt sich in einzelnen Fällen der Vertrag mit Schutzwirkung zugunsten Dritter in modifizierter Form nutzbar machen.

III. Dual Sourcing

Eine weitere Problemkonstellation hängt mit der Beschaffungsstrategie des Dual Sourcing (auch Zweiquellenbezug) zusammen. Dabei bezieht ein Hersteller das gleiche Zulieferteil von zwei unterschiedlichen Zulieferern. Auf diese Weise lässt sich das Ausfallrisiko bei komplexen Bauteilen senken und der Wettbewerb zwischen den Zulieferern erhalten.[120] Die Bezugsquoten können dabei unterschiedlich sein und in manchen Fällen arbeitet nur einer der Zulieferer just in time mit dem Hersteller zusammen. Insbesondere bei komplexen Bauteilen, die mit hohem Forschungs- und Entwicklungseinsatz verbunden sind, kann der Hersteller daran interessiert sein, das von einem Zulieferer erarbeitete Know-how (insbesondere: Verfahrens-IP)[121] auch dem zweiten Zulieferer zugänglich zu machen.

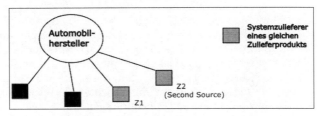

Abbildung 3: Fallbeispiel 2 – Dual Sourcing

---

120 In der Automobilindustrie ist eine Dual-Source-Strategie – auch aufgrund des hohen Preisdrucks – gerade bei wichtigen Komponenten durchaus üblich, vgl. *Wannenwetsch*, Integrierte Materialwirtschaft, Logistik und Beschaffung, 5. Aufl. 2014, S. 174.

121 Das bei Zulieferverträgen relevante Know-how unterfällt in Produkt-IP und Verfahrens-IP. Über das Produkt-IP verfügt grundsätzlich der Hersteller und über das Verfahrens-IP der Zulieferer.

Im Fallbeispiel bezieht der Automobilhersteller A das gleiche Komplettteil bei Z1 und Z2. Dazu wurden längerfristige Lieferverträge (für die Dauer der Produktion der Serie) mit Quotenregelung abgeschlossen – von Z1 bezieht A 60% des Auftragsvolumens und von Z2 als Second Source 40%. Die Qualität des von Z1 gefertigten Produkts ist stabiler als die von Z2, dessen Fehlerquote höher ist. A will deshalb Z1 zur Überlassung des produktionsspezifischen Know-hows (Verfahrens-IP) verpflichten, um es an die Second Source Z2 weiterzugeben.[122]

1. Wirken sich Netzinteressen auf die Zulässigkeit der Weitergabe geistigen Eigentums eines Zulieferers an einen weiteren Zulieferer aus?

Ist keine vertragliche Regelung getroffen, können sich Geheimhaltungspflichten aus der vertraglichen Treuepflicht ergeben, die bei einer engen geschäftlichen Kooperation – wie zwischen Zulieferer und Hersteller bei der Just-in-time-Produktion – gesteigert ist.[123] Gesetzliche Verschwiegenheitspflichten für Arbeitnehmer und im Betrieb Beschäftige enthalten die §§ 17 ff. UWG. Diese Regeln sind strafbewehrt und als solche aufgrund des strafrechtlichen Analogieverbotes nicht auf die Beziehung zwischen Hersteller und Zulieferer übertragbar. Ein Verstoß gegen diese Vorschriften erfüllt regelmäßig aber auch den Unlauterkeitstatbestand des § 3 UWG; weiterhin kann eine Weitergabe von Unternehmensgeheimnissen eine Verletzung des Rechts am eingerichteten und ausgeübten Gewerbebetrieb darstellen und eine Schadensersatzpflicht gemäß § 823 Abs. 1 BGB oder § 826 BGB begründen.[124] In der Regel enthalten Zulieferverträge aber auch wechselseitige Geheimhaltungsverpflichtungen.

Legitim ist jedenfalls eine Vereinbarung (auch formularmäßig), wonach der Zulieferer verpflichtet ist, das für das Komplettteil relevante spezifische Verfahrens-IP dem Hersteller zugänglich zu machen, wenn er selbst als Zulieferer ausfällt.[125] Da der Hersteller das Komplettteil nicht selbst herstellen möchte, ist mindestens ein einfaches, übertragbares Nutzungsrecht für die Dauer der Produktserie erforderlich. Die Frage ist, ob er ein solches Nutzungsrecht auch dann beanspruchen kann, wenn er es einsetzen will, um das Verfahren der Second Source (Z2) zu verbessern, insbesondere dessen Fehlerquote zu senken.

Ohne entsprechende vertragliche Vereinbarung könnte sich ein dahingehender Anspruch aus dem übergeordneten Netzinteresse ableiten lassen,

---

122 Solche Regelungen sind durchaus üblich, weil der Hersteller so Abhängigkeiten von seinen Zulieferern entgegenwirken möchte; vgl. *Wellenhofer-Klein*, BB 1999, 1121.
123 So *Rohe* (Fn. 42), S. 406.
124 *Koehler/Hasselblatt*, in: Götting/Nordemann, UWG, 2. Aufl. 2013, Vorbemerkungen zu §§ 17 bis 19 Rn. 8; *Lange* (Fn. 69), S. 215.
125 Vgl. *Wellenhofer-Klein*, (Fn. 122), 1122.

durch Kooperation Effizienzgewinne zu erzielen und die Wettbewerbsfähigkeit des gemeinsam gefertigten Produktes zu verbessern; beim Dual-Sourcing geht es dem Hersteller darüber hinaus um Versorgungssicherheit. Zu berücksichtigen ist auch, dass die Entwicklung spezifischen Verfahrens-IP Teil der (geschuldeten) Leistung eines Zulieferers ist, ihn nämlich in die Lage versetzt, vertragsgerechte Produkte zu liefern; dabei wirkt der Hersteller nicht selten mit. Auf der anderen Seite ist Verfahrens-IP eine Kernkompetenz hoch spezialisierter Zulieferer, die ihren Gewinn durch das von ihnen erworbene Spezialwissen erzielen. Bei Weitergabe an ein Konkurrenzunternehmen würde dem Zulieferer eine Schlüsselkompetenz, die ein Alleinstellungsmerkmal sein kann, entzogen.[126] Das Interesse des Zulieferers an der Geheimhaltung seines Verfahrens-IP erschöpft sich auch nicht in der konkreten Produktserie, sondern er wird dieses Verfahrens-IP auch für andere Produkte nutzbar zu machen versuchen: Es stärkt also auch seine Wettbewerbsposition bei anderen Produktausschreibungen. Vor diesem Hintergrund lässt sich eine Verpflichtung zur Einräumung von Nutzungsrechten an eigenem Verfahrens-IP nicht mit einem übergeordneten Netzinteresse begründen.

Bei formularmäßiger Vereinbarung von Nutzungsrechten, deren Zulässigkeit sich an § 307 BGB zu messen hat, gelten ähnliche Erwägungen. Wegen der Bedeutung des eigenen geschützten Verfahrens-IP für den Zulieferer dürfte jedenfalls die Vereinbarung eines unentgeltlichen Nutzungsrechts als unangemessene Benachteiligung anzusehen sein. Das gilt umso mehr, als zwischen dem Hersteller und dem Zulieferer zukünftig ein Wettbewerbsverhältnis entstehen könnte.[127] Vor allem ist Verfahrens-IP häufig nicht oder nur teilweise schutzfähig. Der Zulieferer ist an der Anmeldung von Schutzrechten nur bedingt interessiert, weil er damit zugleich sein Verfahrens-IP offenlegt und dessen Umgehung provoziert. Dem Hersteller einmal zugänglich gemachtes Verfahrens-IP befindet sich nicht mehr in der Kontrolle des Zulieferers. Deshalb dürften auch entgeltliche Übertragungsklauseln AGB-rechtlich problematisch sein.

Gerade wegen der Bedeutung des Verfahrens-IP für Zulieferer und Hersteller werden entsprechende Vertragsbestimmungen aber gewöhnlich individuell ausgehandelt. Damit entfällt der Schutz des § 307 BGB und bleibt nur eine Inhaltskontrolle nach § 242 BGB. Gegen eine solche Inhaltskontrolle spricht bereits, dass es sich bei den Zulieferern um Kaufleute handelt, die ihr eigenes unternehmerisches Risiko tragen und nach der gesetzgeberischen Wertung weniger schutzbedürftig sind. Gerade beim Dual-Sourcing ist darüber hinaus zu berücksichtigen, dass die Vereinbarung einer Abnahmequote dem Zulieferer eine gewisse Sicherheit gewährt; in diese Richtung

---

126 Zu der Problematik vgl. *Nagel*, DB 1988, 2291, 2292.
127 *Schmidt*, NJW 1991, 144, 151.

wirkt auch das übergeordnete Netzinteresse. Ein Ausgleich nach Treu und Glauben ist deshalb nur in Fällen denkbar, in denen der Hersteller seine Verhandlungsmacht in krasser Weise ausnutzt und den Zulieferer in eine ausweglose Position bringt, etwa, wenn der Zulieferer im Vertrauen auf den Vertragsabschluss bereits hohe Investitionen getätigt hat.

2. Informationspflichten zwischen den Zulieferern?

Erst recht nicht lassen sich aus dem übergeordneten Netzinteresse unmittelbare Verpflichtungen der Zulieferer zum Austausch produktspezifischen Verfahrens-IP ableiten.

Diskutiert werden Informationspflichten für den Fall, dass ein Zulieferer vorhersehbar nicht in der Lage ist, seine Lieferverpflichtung vollständig zu erfüllen.[128] Dann wird der Hersteller auch weitere Komplettteile in geringerem Umfang abrufen. Beim Dual-Sourcing stellt sich diese Problematik aber gerade nicht, da im Gegenteil die eine Quelle von einem teilweisen Ausfall der anderen Quelle profitiert.

3. Gleichbehandlungspflichten des Herstellers?

Eine Rolle spielt hingegen die Frage nach Gleichbehandlungspflichten gerade beim Dual-Sourcing.

Kulms betrachtet die Beziehung zwischen dem Hersteller und allen Systemzulieferern bei der Just-in-time-Produktion als gesellschaftlich oder jedenfalls gesellschaftsähnlich.[129] In diesem Fall wäre jedenfalls die willkürliche Ungleichbehandlung von Zulieferern ausgeschlossen. Gegen diesen Ansatz spricht aber, dass ein Gesellschaftsvertrag den Abschlusswillen und Zweckförderungswillen der Beteiligten voraussetzt und sich die Parteien privatautonom gegen diese Organisationsform entschieden haben.[130] Auch beim Dual-Sourcing gilt nichts anderes: Eine unmittelbare Kooperation der beiden Quellen ist in aller Regel nicht vereinbart.

Wellenhofer macht eine Gleichbehandlungspflicht an der Treuepflicht der Systemzentrale fest, diese verbiete eine willkürliche Ungleichbehandlung der Netzmitglieder.[131] *Teubner* nimmt Gleichbehandlungspflichten des Herstellers in Vertriebs- und Franchisenetzwerken an. Diese seien notwendig, um die Koordinationsrechte der Systemzentrale zu kompensieren.[132]

Eine allgemeine Gleichbehandlungspflicht des Herstellers im Zuliefernetzwerk lässt sich dagegen nur schwer begründen.[133] Gerade bei den Vertragsverhandlungen (sowohl zu Beginn als auch im Verlauf der Vertragsbe-

---

128 Vgl. *Merz* (Fn. 88), S. 95 f., der allerdings Zulieferer unterschiedlicher Bauteile im Auge hat.
129 *Kulms* (Fn. 64), S. 248.
130 Siehe schon bei B. III.
131 *Wellenhofer*, (Fn. 108), 197.
132 *Teubner*, ZHR 168 (2004), 78, 88 f.
133 Tendenziell gegen Gleichbehandlungspflichten auch *Grundmann* (Fn. 50), S. 156.

ziehung) gehört es zur unternehmerischen Freiheit und dem damit einhergehenden Risiko der Zulieferer, die Vertragsbedingungen zu ihren Gunsten auszuhandeln. Die Verhandlungssituationen und die Zulieferer werden auch nur selten vergleichbar sein, was Voraussetzung einer Gleichbehandlungspflicht wäre. Denkbar ist allenfalls ein Willkürverbot, wonach der Hersteller beim Dual-Sourcing beispielsweise nicht einen Zulieferer vor Absatzschwankungen warnen dürfte, ohne den anderen ebenfalls zu informieren. In diesem Fall wäre aber die Annahme einer Gleichbehandlungspflicht überflüssig: Eine Pflicht, auch den Second-Source-Zulieferer zu warnen, ergibt sich schon aus der allgemeinen vertraglichen Treue- und Warnpflicht des Herstellers gegenüber den ihm vertraglich verbundenen Zulieferern und nicht erst aus dem Netzzweck.

4. Zwischenergebnis

Beim Dual-Sourcing können Netzinteressen im Einzelfall in Interessenabwägungen einfließen. Zur Lösung von Interessenkonflikten genügt aber das klassische Vertragsrecht.

D. Fazit

Zuliefernetze sind Vertragsnetzwerke im juristischen Sinne. Entscheidend für die Einordnung ist einerseits das Vorliegen eines Netzzwecks, der neben die Einzelinteressen der Netzteilnehmer tritt, und andererseits das Auftreten netzspezifischer Probleme. Erst wenn sich Fragestellungen ergeben, die sich nicht ohne Weiteres durch das bilateral orientierte klassische Schuldrecht lösen lassen, ist eine Berücksichtigung von Netzwerkinteressen erforderlich. Im Zuliefernetz treten solche Probleme in einzelnen Fällen auf, wie sich vor allem am Beispiel der Erstbemusterung gezeigt hat. Weitere Fälle sind denkbar, beispielsweise bei Reputationsverlusten infolge eines Produktrückrufs.

Angemessene Lösungen lassen sich teilweise unter Weiterentwicklung der hergebrachten Rechtsinstitute, insbesondere des Vertrags mit Schutzwirkung zugunsten Dritter, finden. Der Rückgriff auf ein eigenes Recht für Vertragsnetzwerke als solcher ist aber nicht erforderlich.

Nutzungsersatz innerhalb der Lieferkette – Störungen im Vertragsnetzwerk?

Robert Magnus[*]

Inhalt

A. Einführung 41

B. Nutzungsersatz bei Nacherfüllung und Widerruf 43
I. Definition der Nutzung 43
II. Nutzungsersatz und Nacherfüllung 44
III. Nutzungsersatz und Widerruf 46

C. Konsequenzen im Rahmen einer Lieferkette 48
I. Nacherfüllung 48
II. Widerruf 50

D. Reichweite des Ausschlusses von Nutzungsersatz in § 474 Abs. 5 S. 1 BGB 51
I. Kein umfassender Ausschluss von Wert- und Schadensersatzansprüchen 51
II. Wertersatzansprüche neben § 474 Abs. 5 S. 1 BGB 53
 1. Rückgriff auf die Wertungen des EBV 53
 2. Fallgruppen des § 346 Abs. 2 S. 1 Nr. 2 BGB 54
 3. Fälle des § 346 Abs. 2 S. 1 Nr. 3 BGB 55
III. Schadensersatzansprüche neben § 474 Abs. 5 S. 1 BGB 57

E. Der Umfang der Wertersatzpflicht in § 357 Abs. 7 BGB 59
I. Fehlende oder nicht ordnungsgemäße Widerrufsbelehrung ... 59
II. Wertersatz für Wertverluste der Ware 61
III. Analoge Anwendung der §§ 346 Abs. 4, 280 ff. BGB und § 346 Abs. 2 S. 1 Nr. 2 BGB 63

F. Lösungsansätze für das Problem der Lieferkette 64
I. Lösungsmöglichkeiten 64
II. Zusammentreffen von mangelhafter Ware und Widerruf 66

G. Zusammenfassung der Ergebnisse 67

A. Einführung

In einem auf Arbeitsteilung ausgerichteten Wirtschaftssystem haben Produkte oft eine lange Reise hinter sich, bis sie bei ihrem jeweiligen Endab-

---

[*] Dr. iur. Ruprecht-Karls-Universität Heidelberg.

nehmer landen. Lieferketten, die vom Hersteller über viele Zwischenhändler hin zum Verbraucher führen, sind ein ganz alltägliches Phänomen und inzwischen eher die Regel als eine Ausnahme. Damit verbunden ist ein relativ kompliziertes Netzwerk hintereinandergeschalteter Verträge, das einer sorgfältigen Abstimmung bedarf.

In dieses Netzwerk greift ein weiteres Phänomen ein, das in der juristischen Diskussion der letzten Jahre einen durchaus prominenten Platz besetzt hat, nämlich der Verbraucherschutz. Zahlreiche Richtlinien haben sich zum Ziel gesetzt, die Stellung des Endabnehmers, soweit es sich bei ihm um einen Verbraucher handelt, zu verbessern. Das wichtigste Beispiel hierfür ist nach wie vor die Verbrauchsgüterkaufrichtlinie 1999/44/EG (VGK-RL),[1] die auch durch die neue Verbraucherrechterichtlinie 2011/83/EU[2] weitgehend unberührt geblieben ist.

Ändert sich durch gesetzliche Regelungen und eine sehr verbraucherfreundliche Rechtsprechung des EuGH und des BGH etwas am Kopf der Lieferkette, so führt das grds. auch in den dahinter folgenden Gliedern zu Veränderungen. Sowohl der europäische als auch der deutsche Gesetzgeber haben sich dieser Problematik im Rahmen der Verbrauchsgüterkaufrichtlinie bzw. ihrer Umsetzung in das deutsche Recht angenommen – durch eine eigenständige, aber leider nur sehr kursorische Regelung des Unternehmerregresses (Art. 4 Richtlinie 1999/44/EG; § 478 f. BGB).

Eine der aufsehenerregendsten und am häufigsten besprochenen zivilrechtlichen Entscheidungen der letzten Jahre war das Urteil des EuGH in der Rechtssache Quelle.[3] In dieser Entscheidung hatte der EuGH bekanntlich bestimmt, dass Art. 3 der VGK-RL verhindere, dass bei der Nacherfüllung vom Verbraucher Wertersatz für die verbliebene Nutzung des vertragswidrigen Verbrauchsguts verlangt werden könne.[4] Der deutsche Gesetzgeber hat diese europäischen Vorgaben in § 474 Abs. 5 S. 1 BGB umgesetzt, sich dabei aber auf das von der Verbrauchsgüterkaufrichtlinie erfasste Verhältnis Unternehmer – Verbraucher beschränkt. Eine Erstreckung auch auf das Verhältnis zwischen zwei Unternehmern wurde, wie bereits zuvor durch den BGH,[5] ausdrücklich abgelehnt. Der hierdurch entstehende Widerspruch zur Rechtslage nach einem Rücktritt ist nach Ansicht des BGH hinzunehmen.[6]

---

1 Richtlinie 1999/44/EG des Europäischen Parlaments und des Rates vom 25. Mai 1999 zu bestimmten Aspekten des Verbrauchsgüterkaufs und der Garantien für Verbraucher, ABl. Nr. L 171, S. 12.
2 Richtlinie 2011/83/EU des Europäischen Parlaments und des Rates vom 25. Oktober 2011 über die Rechte der Verbraucher, zur Abänderung der Richtlinie 93/13/EWG und der Richtlinie 1999/44/EG sowie zur Aufhebung der Richtlinie 85/577/EWG, ABl. EU L 304/64.
3 EuGH NJW 2008, 1433 (Quelle).
4 EuGH NJW 2008, 1433, 1434 f. (Quelle).
5 BGH NJW 2009, 427, 429.
6 BGH NJW 2010, 148; dazu *Höpfner*, NJW 2010, 127.

Dass diese Rechtslage eher unglückliche Konsequenzen für die Rückgriffsansprüche im Rahmen einer Lieferkette hat, ist unschwer zu erkennen.

Auch eine weitere Entwicklung des Nutzungsersatzrechts wurde in Luxemburg angestoßen. Ausgangspunkt war hier die Entscheidung des EuGH zu Nutzungsersatzansprüchen nach Widerruf eines Fernabsatzvertrages in der Rechtssache *Messner*.[7] Aufgrund der grds. vollharmonisierenden Verbraucherrechterichtlinie, die 2014 auch in Deutschland umgesetzt wurde, sind die hier entwickelten Grundsätze inzwischen europaweit verbindlicher Standard.[8] Anders als im Rahmen der Nacherfüllung ist eine Wertersatzpflicht für die gezogenen Nutzungen insoweit grds. zulässig, unterliegt allerdings bestimmten Voraussetzungen.[9]

Da bereits vor den neueren europäischen Entwicklungen das Nutzungsersatzrecht im BGB keinesfalls stimmig war, ist nunmehr ein äußerst unübersichtlicher Flickenteppich entstanden, dessen Verknüpfungen mehr als brüchig erscheinen. Die wenig geglückten Nahtstellen treten im Zusammenhang mit Lieferketten besonders deutlich hervor.

Im Rahmen dieser Abhandlung möchte ich daher zunächst noch einmal die Ausgangssituation im BGB im Hinblick auf Nutzungsersatz bei Nacherfüllung, Rücktritt und Widerruf ins Gedächtnis rufen (B.) und anschließend auf die Auswirkungen im Rahmen einer Lieferkette eingehen (C.). Die Konsequenzen hängen dabei auch von der Reichweite des Ausschlusses von Nutzungsersatz durch § 474 Abs. 5 S. 1 BGB (D.) bzw. von dem Wertersatzanspruch in § 357 Abs. 7 BGB ab (E.), die im Folgenden ebenfalls genauer zu betrachten sind. Abschließend werden dann mögliche Lösungsansätze für das Problem der Lieferketten diskutiert (F.) und die Ergebnisse in Thesenform zusammengefasst (G.).

B. Nutzungsersatz bei Nacherfüllung und Widerruf

I. Definition der Nutzung

Nach einem Rücktritt vom Kaufvertrag muss der Käufer gezogene Nutzungen herausgeben oder für die Nutzung der Kaufsache gem. § 346 Abs. 1, Abs. 2 S. 1 Nr. 1 BGB Wertersatz leisten.[10] Der Begriff der Nutzung umfasst

---

[7] EuGH NJW 2009, 3015 (Messner).
[8] Vgl. Art. 4 der Richtlinie 2011/83/EU vom 25. Oktober 2011 über die Rechte der Verbraucher, zur Abänderung der Richtlinie 93/13/EWG und der Richtlinie 1999/44/EG sowie zur Aufhebung der Richtlinie 85/577/EWG, ABlEU L 304/64.
[9] Art. 14 Abs. 2 Richtlinie 2011/83/EU vom 25. Oktober 2011 über die Rechte der Verbraucher, zur Abänderung der Richtlinie 93/13/EWG und der Richtlinie 1999/44/EG sowie zur Aufhebung der Richtlinie 85/577/EWG, ABlEU L 304/64.
[10] MüKoBGB/*Gaier*, 6. Aufl. 2012, § 346 Rn. 23; Staudinger/*Kaiser*, BGB, 2012, § 346 Rn. 242; s. a. zur Rechtfertigung eines Unterschieds zum Schadensersatzrecht *Höpfner*, NJW 2010, 127.

gem. § 100 BGB Gebrauchsvorteile und Früchte einer Sache oder eines Rechts.[11]

Gebrauchsvorteile werden grds. danach berechnet, wie viel von der üblicherweise möglichen Nutzungsdauer einer Sache beim Käufer verstrichen ist, und diese Zeit wird dann prozentual in das Verhältnis zum Gesamtwert der Sache gesetzt. Nutzt der Käufer eine Sache, deren Gesamthaltbarkeit 5 Jahre beträgt, für ein Jahr und hat die Sache einen Gesamtwert von 1000 €, so beträgt der Gebrauchsvorteil 200 €. Für Kraftfahrzeuge gilt nach vielfach vertretener Ansicht die Formel: Bruttokaufpreis multipliziert mit der zurückgelegten Fahrstrecke geteilt durch die voraussichtliche Gesamtlaufleistung.[12] Ist hingegen die voraussichtliche Nutzbarkeit der Sache, wie etwa bei einem Grundstück, unbegrenzt, so wird stattdessen auf den objektiven Mietwert der Sache zurückgegriffen.[13]

Zu beachten ist allerdings, dass die im Folgenden zu behandelnden Vorschriften über den Nutzungsersatz nach dem Willen des deutschen Gesetzgebers europäische Vorgaben der VGK-RL und der Verbraucherrechterichtlinie umsetzen sollen. Inwieweit diesen Richtlinien ein eigenes, möglicherweise von § 100 BGB abweichendes Verständnis des Begriffs der Nutzung entnommen werden kann, ist unklar. In der Quelle-Entscheidung bezieht sich der EuGH zwar mehrmals auf den auch in der Vorlagefrage verwendeten Begriff der Nutzung, erläutert diesen aber nicht weiter.[14] Aus der Antwort des EuGH kann jedoch abgeleitet werden, dass auch nach seinem Verständnis die Nutzung Gebrauchsvorteile erfasst. Art. 14 Abs. 2 Verbraucherrechterichtlinie spricht hingegen nur von dem Wertverlust, der durch den Umgang mit der Ware herbeigeführt wurde (s.a. B.III.). Den Begriff der Nutzung verwendet die Verbraucherrechterichtlinie nicht. Zwischen dem Wertverlust durch Abnutzung und dem Gebrauchsvorteil als Nutzungsgewinn besteht aber oft eine gewisse Parallelität, mitunter sogar Deckungsgleichheit. Auch die Verbraucherrechterichtlinie enthält daher zumindest mittelbar Vorgaben für den Bereich des Nutzungsersatzes, ohne jedoch den Nutzungsbegriff zu präzisieren.

II. Nutzungsersatz und Nacherfüllung

Ob hingegen auch dann Nutzungsersatz zu zahlen ist, wenn der Käufer im Rahmen einer Nacherfüllung eine neue Kaufsache erhält und die bisher genutzte mangelhafte Sache im Gegenzug nach § 439 Abs. 4 BGB zurückgeben muss, war lange Zeit sehr umstritten. Der Wortlaut des § 439 Abs. 4

---

11 Siehe für weitere Einzelheiten etwa MüKoBGB/*Gaier* (Fn. 10), § 346 Rn. 25.
12 MüKoBGB/*Gaier* (Fn. 10), § 346 Rn. 27.
13 MüKoBGB/*Gaier* (Fn. 10), § 346 Rn. 28; BeckOK/*Fritzsche*, BGB, 36. Ed. 2015, § 100 Rn. 10; siehe aber auch *Martens,* AcP 210 (2010), 689, 695 ff.
14 EuGH NJW 2008, 1433 (Quelle).

BGB scheint für eine solche Ersatzpflicht zu sprechen. In den Gesetzesmaterialien findet sich zudem folgende Formulierung:

„Deshalb muss der Käufer, dem der Verkäufer eine neue Sache zu liefern und der die zunächst gelieferte fehlerhafte Sache zurückzugeben hat, gemäß §§ 439 Abs. 4, 346 Abs. 1 RE auch die Nutzungen, also gemäß § 100 auch die Gebrauchsvorteile, herausgeben. Das rechtfertigt sich daraus, dass der Käufer mit der Nachlieferung eine neue Sache erhält und nicht einzusehen ist, dass er die zurückzugebende Sache in dem Zeitraum davor unentgeltlich nutzen können soll und so noch Vorteile aus der Mangelhaftigkeit ziehen können soll."[15]

Gleichwohl lehnte eine starke Ansicht in der Literatur eine Nutzungsersatzpflicht bei einer zur Mängelbeseitigung erfolgten Nachlieferung ab.[16] Der BGH bejahte wiederum andererseits im Grundsatz eine solche Ersatzpflicht, legte jedoch die Frage, ob dadurch im Anwendungsbereich der Verbrauchsgüterkaufrichtlinie gegen Art. 3 VGK-RL verstoßen werde, dem EuGH vor.[17] Diese Vorlage führte zur eingangs erwähnten Quelle-Entscheidung. Der EuGH verwarf die Nutzungsersatzpflicht als richtlinienwidrig und verkündete, dass „(die) vom Gemeinschaftsgesetzgeber gewollte Garantie der Unentgeltlichkeit bedeutet, dass jede finanzielle Forderung des Verkäufers im Rahmen der Erfüllung seiner Verbindlichkeiten zur Herstellung des vertragsgemäßen Zustands des Verbrauchsguts [...] ausgeschlossen ist."[18]

In der Folgeentscheidung aus dem Jahre 2008 kam der BGH aufgrund einer richtlinienkonformen Auslegung der §§ 439 Abs. 4, 346 Abs. 1 BGB zunächst zu dem Ergebnis, dass zumindest in Verbraucher/Unternehmer-Konstellationen keine Wertersatzpflicht bestehe.[19] Für das Verhältnis zwischen zwei Unternehmern bleibe es hingegen grds. bei der Wertersatzpflicht.[20] Er führte hierzu aus:

„Hingegen bleibt es in Fällen, in denen kein Verbrauchsgüterkauf i. S. des § 474 Abs. 1 S. 1 BGB vorliegt, bei der uneingeschränkten Anwendung des § 439 Abs. 4 BGB. Eine Ausdehnung der teleologischen Reduktion des § 439 Abs. 4 BGB auch auf solche Fälle widerspräche dem Wortlaut und

---

15 BT-Drs. 14/6040, S. 232 f.
16 MüKoBGB/*Lorenz*, 5. Aufl. 2008, Vor § 474 Rn. 19; *Büdenbender*, in: AnwKomm-BGB, 2005, § 439 Rn. 43; *Oechsler*, Schuldrecht BT, VertragsR, 2003, S. 147; *Schulz*, Der Ersatzlieferungs- und Nachbesserungsanspruch des Käufers im internen deutschen Recht, im UCC und im CISG, 2002, S. 507; *Brömmelmeyer*, JZ 2006, 493, 498 f.; *Gsell*, NJW 2003, 1969; *Roth*, JZ 2001, 475, 489; *Schulze/Ebers*, JuS 2004, 336, 339 f.; *Schwab*, JuS 2002, 630, 636; *Ball*, NZV 2004, 217, 221 f.; *Rott*, BB 2004, 2478; *Hoffmann*, ZRP 2001, 347, 349; *Saenger/Zurlinden*, EWiR 2005, 819; *Woitkewitsch*, VuR 2005, 1; *Wagner/Michal*, ZGS 2005, 368; *Muthorst*, ZGS 2006, 90; *Beck*, JR 2006, 177.
17 BGH NJW 2006, 3200.
18 EuGH NJW 2008, 1433, 1434, Rn. 34 (Quelle).
19 BGH NJW 2009, 427, 428.
20 BGH NJW 2009, 427, 429.

dem eindeutig erklärten Willen des Gesetzgebers, dem Verkäufer für den Fall der Ersatzlieferung einen Anspruch auf Herausgabe der vom Käufer gezogenen Nutzungen zuzubilligen [...]. Da solche Fälle außerhalb des Anwendungsbereichs der Richtlinie liegen, ergibt sich insoweit aus der fehlenden Richtlinienkonformität auch keine planwidrige Regelungslücke."

Dieser Auffassung hat sich auch der deutsche Gesetzgeber angeschlossen, indem er die europäischen Vorgaben nicht etwa durch eine Anpassung der allgemeinen, für alle Kaufverträge geltenden Vorschrift in § 439 Abs. 4 BGB, sondern durch eine Änderung im Recht des Verbrauchsgüterkaufs in § 474 Abs. 2 S. 1 BGB (heute: § 474 Abs. 5 S. 1 BGB) umsetzte.[21] Es entspricht daher der heute ganz herrschenden Ansicht, dass eine Nutzungsersatzpflicht bei einer Nachlieferung zwar im Verhältnis Unternehmer/Verbraucher ausgeschlossen ist, zwischen zwei Unternehmern aber grds. besteht.[22]

III. Nutzungsersatz und Widerruf

Zahlreiche Parallelen bestehen zu der Frage, inwieweit ein Verbraucher nach dem Widerruf eines Kaufvertrages Nutzungsersatz zu zahlen hat. Der EuGH stellte insoweit in der Rechtssache *Messner* fest, dass Art. 6 Abs. 1 S. 2 und Abs. 2 Fernabsatzrichtlinie[23] einer mitgliedstaatlichen Regelung entgegenstünden, „nach der der Verkäufer vom Verbraucher für die Nutzung einer durch Vertragsabschluss im Fernabsatz gekauften Ware in dem Fall, dass der Verbraucher sein Widerrufsrecht fristgerecht ausübt, generell Wertersatz für die Nutzung der Ware verlangen kann".[24]

Dabei räumte der EuGH allerdings auch ein, dass dadurch eine Verpflichtung des Verbrauchers zum Wertersatz nicht ausgeschlossen werde, soweit diese Pflicht an eine mit den Grundsätzen von Treu und Glauben oder der ungerechtfertigten Bereicherung unvereinbare Art und Weise der Benutzung des Gegenstandes anknüpfe und die Wirksamkeit und Effektivität des Widerrufsrechts nicht beeinträchtigt werde.[25]

Auch hierauf reagierte der deutsche Gesetzgeber zunächst mit der Einführung einer Sonderregelung in § 312e BGB a. F.[26] Durch die 2014 umgesetzte

---

21 Siehe auch BT-Drs. 16/10607, S. 5.
22 BeckOK/*Faust*, BGB, 36. Ed. 2014, § 439 Rn. 34; MüKoBGB/*Lorenz*, 6. Aufl. 2012, § 474 Rn. 33; MüKoBGB/*H.P. Westermann*, 6. Aufl. 2012, § 439 Rn. 17; Erman/*Grunewald*, BGB, 14. Aufl. 2014, § 439 Rn. 19; JurisPK/*Pammler*, BGB, 7. Aufl. 2014, § 439 Rn. 129 ff.; Staudinger/*Matusche-Beckmann*, BGB, 2013, § 439 Rn. 141; HK/*Saenger*, BGB, 8. Aufl. 2014, § 439 Rn. 9; a. A. *Gsell*, JZ 2009, 522, 525; Soergel/*Lobinger*, BGB, 13. Aufl. 2010, § 346 Rn. 48.
23 Richtlinie 97/7/EG vom 20. Mai 1997 über den Verbraucherschutz bei Vertragsabschlüssen im Fernabsatz, ABlEG Nr. L 144, S. 19.
24 EuGH NJW 2009, 3015 (Messner).
25 EuGH NJW 2009, 3015, 3016, Rn. 25 ff. (Messner).
26 § 312e Abs. 1 BGB lautete in der vom 4.8.2011 bis zum 12.6.2014 geltenden Fassung: „(1) Bei Fernabsatzverträgen über die Lieferung von Waren hat der Verbraucher abweichend von § 357

horizontale Verbraucherrechterichtlinie[27] ist diese Rechtslage inzwischen aber überholt. Die Verbraucherrechterichtlinie hat die Rechtsprechung des EuGH quasi in Richtlinienform gegossen. Art. 14 Abs. 2 Verbraucherrechterichtlinie bestimmt:

„Der Verbraucher haftet für einen etwaigen Wertverlust der Waren nur, wenn dieser Wertverlust auf einen zur Prüfung der Beschaffenheit, Eigenschaften und Funktionsweise der Waren nicht notwendigen Umgang mit den Waren zurückzuführen ist. Der Verbraucher haftet in keinem Fall für den Wertverlust der Waren, wenn er vom Unternehmer nicht gemäß Artikel 6 Absatz 1 Buchstabe h über sein Widerrufsrecht belehrt wurde."

Die Umsetzung der Richtlinie erfolgte unter anderem durch § 357 Abs. 7 BGB, der eine Wertersatzpflicht des Verbrauchers für einen Wertverlust der Ware vorsieht, wenn dieser auf einen Umgang mit der Ware zurückzuführen ist, der zur Prüfung der Beschaffenheit, der Eigenschaften und der Funktionsweise der Waren nicht notwendig war, und der Unternehmer den Verbraucher ordnungsgemäß über sein Widerrufsrecht unterrichtet hat.[28] § 361 BGB legt darüber hinaus fest, dass infolge des Widerrufs keine weiteren Ansprüche gegen den Verbraucher bestehen und dass von diesen Vorschriften auch nicht durch eine vertragliche Vereinbarung zum Nachteil des Verbrauchers abgewichen werden kann.[29] Zwar besteht ein Widerufsrecht grds.

Absatz 1 Wertersatz für Nutzungen nach den Vorschriften über den gesetzlichen Rücktritt nur zu leisten,
1. soweit er die Ware in einer Art und Weise genutzt hat, die über die Prüfung der Eigenschaften und der Funktionsweise hinausgeht, und
2. wenn er zuvor vom Unternehmer auf diese Rechtsfolge hingewiesen und nach § 360 Absatz 1 oder 2 über sein Widerrufs- oder Rückgaberecht belehrt worden ist oder von beidem anderweitig Kenntnis erlangt hat.

§ 347 Absatz 1 Satz 1 ist nicht anzuwenden."

[27] Richtlinie 2011/83/EU vom 25. Oktober 2011 über die Rechte der Verbraucher, zur Abänderung der Richtlinie 93/13/EWG und der Richtlinie 1999/44/EG sowie zur Aufhebung der Richtlinie 85/577/EWG, ABlEU L 304/64.

[28] § 357 Abs. 7 BGB bestimmt: „Der Verbraucher hat Wertersatz für einen Wertverlust der Ware zu leisten, wenn
1. der Wertverlust auf einen Umgang mit den Waren zurückzuführen ist, der zur Prüfung der Beschaffenheit, der Eigenschaften und der Funktionsweise der Waren nicht notwendig war, und
2. der Unternehmer den Verbraucher nach Artikel 246a § 1 Absatz 2 Satz 1 Nummer 1 des Einführungsgesetzes zum Bürgerlichen Gesetzbuche über sein Widerrufsrecht unterrichtet hat.

[29] § 361 Abs. 1 und 2 BGB lauten: „(1) Über die Vorschriften dieses Untertitels hinaus bestehen keine weiteren Ansprüche gegen den Verbraucher infolge des Widerrufs.
(2) Von den Vorschriften dieses Untertitels darf, soweit nicht ein anderes bestimmt ist, nicht zum Nachteil des Verbrauchers abgewichen werden. Die Vorschriften dieses Untertitels finden, soweit nichts anderes bestimmt ist, auch Anwendung, wenn sie durch anderweitige Gestaltungen umgangen werden."

ohnehin nur bei Beteiligung eines Verbrauchers, die Nutzungs- bzw. Wertersatzpflicht ist jedoch, anders als bei einer Nacherfüllung, nicht ausgeschlossen, sondern nur an bestimmte Voraussetzung geknüpft.

C. Konsequenzen im Rahmen einer Lieferkette

I. Nacherfüllung

Eine Konsequenz der verbraucherschützenden Sonderregelungen ist, dass es im Rahmen einer Lieferkette zu einer Haftungsverlagerung kommen kann, die aus vielerlei Gründen wenig sachgerecht erscheint. Leidtragender ist insoweit in der Regel der (Zwischen-)Händler, der sich in einer Sandwichposition zwischen den rechtlich besonders geschützten Verbrauchern und den ihm an Verhandlungsmacht oft überlegenen Herstellern befindet. Besondere Vorschriften, die dem Händler, wie bei §§ 478, 479 BGB, einen privilegierten Regress ermöglichen würden, fehlen für die Nutzungsersatzansprüche bislang.

> **Beispiel:** *Händler U bezieht einen fabrikneuen Sportwagen bei Hersteller H und verkauft ihn weiter an den Verbraucher V. Nach 1,5 Jahren Nutzung durch V muss U den Wagen wegen eines unbehebbaren Mangels (z. B. die angekündigten Verbrauchswerte werden ganz erheblich überschritten) zurücknehmen und durch Lieferung eines neuen Modells des gleichen Wagens nacherfüllen.*

Nutzungsersatzansprüche des U gegen V sind gem. § 474 Abs. 5 S. 1 BGB ausgeschlossen. Verlangt U, der den versteckten Mangel ohne eigene Werkstatt bei einer Untersuchung auch nicht hätte erkennen können,[30] nunmehr Nacherfüllung von H, wird H seinerseits Nutzungsersatzansprüche geltend machen, für die § 474 Abs. 5 S. 1 BGB gerade nicht greift, da U und H jeweils Unternehmer sind. Diese Ansprüche des H wären von ihrer Höhe her auch durchaus erheblich.[31] Dass V und nicht U selbst den PKW genutzt hat, ist für den Anspruch auf Nutzungsersatz irrelevant. Es kommt auf die Abnutzung des PKW im Zeitpunkt der Rückgabe an und nicht darauf, wer den PKW konkret genutzt hat. Anderenfalls würde es zu dem merkwürdigen Ergebnis kommen, dass der durch eine Abnutzung erlittene Wertverlust der Ware bei einer Regresskette immer auf der ersten Stufe hängen bleiben würde.[32] Eine derartige Äquivalenzstörung im Rahmen der Rückabwicklung kann aber nicht sinnvoll sein.

---

30 Anderenfalls würde § 377 HGB eingreifen.
31 Vgl. etwa OLG München, NZV 2007, 210.
32 Beispiel: Unternehmer U bestellt vom Händler H eine Druckermaschine, die H seinerseits vom Großhändler F bezieht. Muss die Maschine aufgrund ihrer Mangelhaftigkeit zurückgenommen und jeweils durch Nachlieferung einer neuen Maschine nacherfüllt werden, müsste U an H für die Nutzung der Maschine Wertersatz leisten, nicht jedoch H an F, weil ja nicht H selbst, son-

Auch die §§ 478 f. BGB können insoweit nicht zugunsten des U in Stellung gebracht werden, da sie keine Regelung zu möglichen Gegenansprüchen des Herstellers enthalten. Im Ergebnis würde sich der Verbraucherschutz daher ausschließlich zum Nachteil des Händlers U auswirken, der gegenüber H für die durch V gezogenen Nutzungen einstehen muss, ohne selbst bei V Regress nehmen zu können, obwohl nicht er, sondern H für den Mangel letztlich verantwortlich ist.

Ein solches Ergebnis ist aus mehreren Gründen bedenklich: Regressansprüche des U gegen H kommen nur in Betracht, wenn der Mangel bereits in der Sphäre des H entstanden ist. Über § 478 Abs. 3 BGB kann U sich dabei auch auf die Beweislastumkehr des § 476 BGB stützen. Dass die Ursache für die Vertragsstörung aus der Sphäre des Herstellers stammt, ist aber auch in der Praxis der Regelfall. Durch vertragliche Vereinbarungen mit den Verbrauchern kann sich der Händler nicht schützen, da die Regelung in § 474 Abs. 5 S. 1 BGB nicht dispositiv ist (vgl. 475 Abs. 1 S. 1 BGB). Um einen vertraglichen Ausschluss von Nutzungsersatzansprüchen im Verhältnis zum Lieferanten durchzusetzen, wird dem Händler oft die notwendige Marktmacht fehlen. Die Gefahr, dass Händler diese fehlende Regressmöglichkeit beim Hersteller letztlich einpreisen und insgesamt höhere Preise verlangen würden, ist daher nicht von der Hand zu weisen. Der Verbraucherschutz hätte sich dann aber in sein Gegenteil verkehrt und im Ergebnis zu einer höheren Belastung aller Verbraucher geführt.

Eine andere denkbare Konsequenz wäre, dass Händler eine Nacherfüllung durch Neulieferung gegenüber Verbrauchern nunmehr kategorisch verweigern und stattdessen stets auf eine Rückabwicklung über die Rücktrittsregelungen drängen würden. Wie bereits erläutert (s. o. A. I.)[33] wären in diesem Fall nämlich Nutzungsersatzansprüche gegen den Verbraucher sehr wohl möglich. Dass ein Verbraucher einmal tatsächlich auf seinem Recht auf Nacherfüllung bestehen und dieses auch gerichtlich einfordern würde, dürfte eine sehr seltene Ausnahme darstellen. In aller Regel wird ein ökonomisch denkender Käufer nach einer ernsthaften und endgültigen Verweigerung der Nacherfüllung durch den Verkäufer vom Kaufvertrag zurücktreten. Das bisher sehr gut funktionierende gestufte Gewährleistungssystem,[34] von dem auch nicht zuletzt der Verbraucher als Käufer profitiert, würde dadurch

---

dern nur U die Maschine genutzt hätte. H wäre durch diesen Nutzungsersatzanspruch aber in ungerechtfertigter Weise bereichert. U wiederum könnte sich unter Umständen mit dem Argument verteidigen, nicht er, sondern nur sein Arbeitnehmer bzw. Subunternehmer A habe die Maschine genutzt und müsse daher an H Nutzungsersatz zahlen.

33 BGH NJW 2010, 148.
34 Siehe etwa *Skamel*, Nacherfüllung beim Sachkauf, 2008; rechtsvergleichend *Kim*, Die Nacherfüllung als Rechtsbehelf des Käufers nach CISG, deutschem und koreanischem Recht, 2014; *Kandler*, Kauf und Nacherfüllung, 2004.

aber aus den Angeln gehoben und das Nacherfüllungsrecht praktisch bedeutungslos.

Diese Erwägungen sprechen dafür, bei der dargestellten Rechtslage nicht stehen zu bleiben, sondern nach Lösungsmöglichkeiten für diese Netzwerkstörung zu suchen.

II. Widerruf

Da ein verbraucherschützendes Widerrufsrecht einen Vertrag zwischen einem Unternehmer und einem Verbraucher voraussetzt, besteht es nur an der Spitze der Lieferkette. Es ermöglicht dem Händler nicht, nun seinerseits bei vorgelagerten Gliedern innerhalb der Lieferkette Regress zu nehmen. Das Widerrufsrecht räumt dem Verbraucher bei bestimmten Vertriebsformen eine letztlich voraussetzungslose Überlegungsfrist ein, die auch besteht, wenn die vom Unternehmer erbrachte Leistung völlig tadellos ist und zu 100% dem Bestellten entspricht.[35] Es ist daher die zwingende Konsequenz der vom Unternehmer gewählten Vertriebsform. Die Verantwortlichkeit für diese autonome unternehmerische Entscheidung kann nicht im Rahmen einer Regresskette weiter verschoben werden.

Die Nutzungsersatzproblematik wird zudem dadurch entschärft, dass zum einen ein Widerruf grds. innerhalb einer relativ kurzen Frist (§ 355 Abs. 2 BGB – 2 Wochen) erfolgen muss und zum anderen Wertersatzansprüche nach § 357 Abs. 7 BGB, anders als bei einer Nacherfüllung, grds. auch gegenüber einem Verbraucher möglich sind.

Schwieriger wird die Risikoverteilung innerhalb der Lieferkette, wenn zu dem Widerrufsrecht des Verbrauchers eine mangelhafte Leistung des Herstellers hinzutritt. Aufgrund der Mangelhaftigkeit der Ware stehen dem Händler Sachmängelgewährleistungsansprüche gegen den Hersteller zu. Wer sollte in diesem Verhältnis aber für Wertverluste und Abnutzungen der Ware aufkommen, die bereits beim widerrufenden Verbraucher eingetreten sind?

Bevor nach möglichen Lösungsansätzen gesucht wird, ist es auch hier erforderlich, die Voraussetzungen und den genauen Umfang der Wertersatzpflicht des Verbrauchers nach einem Widerruf zu analysieren. Hierin liegt, genau wie bei der Darstellung der Reichweite des Ausschlusses von Nutzungsersatz durch § 474 Abs. 5 S. 1 BGB, ein eigenständiger Schwerpunkt dieser Abhandlung. Die Auswirkungen für Regressansprüche im Rahmen einer Lieferkette lassen sich nur beurteilen, wenn über die genaue Wirkungsweise der verbraucherschützenden Vorschriften an der Spitze der Lieferkette Klarheit besteht.

---

35 Vgl. *Medicus/Lorenz*, Schuldrecht I – Allgemeiner Teil, 20. Aufl. 2012, Rn. 585.

D. Reichweite des Ausschlusses von Nutzungsersatz in § 474 Abs. 5 S. 1 BGB

§ 474 Abs. 5 S. 1 BGB legt fest, dass bei einer Nacherfüllung im Rahmen eines Verbrauchsgüterkaufes der Verbraucher weder Nutzungen herauszugeben noch ihren Wert zu ersetzen hat. Der Verbraucher kann daher aus der Sache gezogene Früchte[36] kostenfrei behalten und braucht auch nicht eventuelle Gebrauchsvorteile zu ersetzen.

Die Bestimmung der Reichweite dieses Ausschlusses bereitet allerdings erhebliche Schwierigkeiten. Im Kern geht es dabei um die Frage, wann ein Umgang mit der Kaufsache noch eine Nutzung darstellt, für die keinerlei Ersatz zu leisten ist, und wann der Punkt erreicht ist, an dem dieser Umgang als schädigendes Verhalten angesehen werden muss, das sehr wohl Schadens- und Wertersatzansprüche begründen kann.

Dafür ist zunächst zu klären, inwieweit neben § 474 Abs. 5 S. 1 BGB überhaupt noch Platz für Wert- bzw. Schadensersatzansprüche nach §§ 439 Abs. 4, 346 Abs. 2 BGB bzw. §§ 346 Abs. 4, 280 Abs. 1 BGB ist und wie diese durch den Anspruchsausschluss beeinflusst werden. Scheiden bspw. Ersatzansprüche für die Nutzung eines PKW auch dann aus, wenn sämtliche Teile des PKWs im Zeitpunkt der Rückgabe einen extremen Verschleiß aufweisen, weil der Verbraucher den PKW primär für sein Hobby, den Motorsport, verwendet hat? Greift § 474 Abs. 5 S. 1 BGB auch dann, wenn der Verbraucher den PKW, nachdem er den Mangel erkannt und bereits die Lieferung eines Neuwagens verlangt hat, noch einmal bewusst für eine ausgiebige Europatour nutzt?

I. Kein umfassender Ausschluss von Wert- und Schadensersatzansprüchen

Muss nach dem ausdrücklichen Wortlaut von § 474 Abs. 5 S. 1 BGB für Gebrauchsvorteile kein Ersatz geleistet werden, so verbietet es sich auch, für einen mit der Nutzung einhergehenden üblichen Verschleiß und eine entsprechend kürzere Lebenserwartung der Sache Wertersatz zu gewähren. Gerade dieses folgt schließlich auch aus Art. 3 VGK-RL und war der Grund für die Einführung des § 474 Abs. 5 S. 1 BGB. Unklar ist jedoch, ob insoweit nur die übliche Abnutzung erfasst wird oder ob § 474 Abs. 5 S. 1 BGB darüber hinausgehend auch Ansprüche sperrt, die aus einer übermäßigen oder unsachgemäßen Nutzung oder Verwendung der Kaufsache resultieren.

Der Wortlaut des § 474 Abs. 5 S. 1 BGB bietet hier nur wenig Hilfestellung. Der Verweis auf das Rücktrittsfolgenrecht und die dortigen Wert- und Schadensersatzregelungen durch § 439 Abs. 4 BGB bleibt grds. unberührt,

---

36 Z. B. der durch eine Weitervermietung erzielte Mietzins oder die Welpen eines gekauften Hundes.

ist jedoch mit der Maßgabe anzuwenden, dass ein Wertersatz für Nutzungen nicht stattfindet.

Nach §§ 439 Abs. 4, 346 Abs. 2 S. 1 BGB wird Wertersatz geschuldet, wenn die Herausgabe nach der Natur des Erlangten ausgeschlossen ist (Nr. 1), der Gegenstand verbraucht, veräußert, belastet, verarbeitet oder umgestaltet wurde (Nr. 2) oder der Gegenstand sich verschlechtert hat oder untergegangen ist (Nr. 3). Während § 346 Abs. 2 S. 1 Nr. 1 BGB neben § 474 Abs. 5 S. 1 BGB sicher nicht greifen kann, ist die Lage bei § 346 Abs. 2 S. 1 Nr. 2 und Nr. 3 BGB weniger eindeutig.[37] Aus den Ausführungen des EuGH in der Quelle-Entscheidung[38] sowie aus Art. 3 Abs. 3 S. 3 VGK-RL, demzufolge die Nachbesserung oder Nachlieferung ohne erhebliche Unannehmlichkeiten für den Verbraucher zu erfolgen hat,[39] könnte gefolgert werden, dass grds. jede Art von Wertersatz ausgeschlossen sein muss, unabhängig davon, durch welches Verhalten des Verbrauchers sie begründet wurde.[40] Allerdings ging der Wille des deutschen Gesetzgebers wohl nicht so weit, denn für den Ausschluss des Wertersatzes in § 474 Abs. 5 S. 1 BGB wurde ausdrücklich nur auf Nutzungen Bezug genommen, die nach bisherigem Verständnis vor allem als ein Fall des § 346 Abs. 2 S. 1 Nr. 1 BGB angesehen werden.[41]

Zudem setzt das Erfordernis der Unentgeltlichkeit der Nacherfüllung nicht zwingend voraus, dass jegliche Haftung auch für bspw. vorsätzliche Beschädigungen der mangelhaften Sache durch den Verbraucher ausscheidet. Zwar ist es richtig, dass der Verbraucher von Anfang an einen Anspruch auf eine mangelfreie Kaufsache hatte.[42] Dem Verkäufer aus diesem Grund aber, ähnlich wie bei einer Lieferung unbestellter Waren nach § 241a BGB,[43] jegliche Ansprüche hinsichtlich des mangelhaften und später ausgetauschten Gegenstandes zu versagen, würde zu weit gehen. Für eine solche Auslegung spricht auch der Vergleich mit Art. 14 Abs. 2 Verbraucherrechterichtlinie, der in Widerrufskonstellationen Wertersatzansprüche des Unternehmers gegen den Verbraucher unter bestimmten Voraussetzungen sehr wohl für zulässig erklärt.[44] Die Konsequenz eines vollständigen Ausschlusses aller Wert- und Schadensersatzansprüche wäre zudem, dass das Recht zur zwei-

---

37 Für eine Anwendung von § 346 Abs. 2 Nr. 3 BGB Erman/*Grunewald* (Fn 23), § 474 Rn. 13; offen BeckOK/*Faust* (Fn. 23), § 439 Rn. 35.
38 EuGH NJW 2008, 1433, 1434, Rn. 34 (Quelle).
39 Art. 3 Abs. 3 S. 3 VGK-RL lautet: „Die Nachbesserung oder die Ersatzlieferung muss innerhalb einer angemessenen Frist und ohne erhebliche Unannehmlichkeiten für den Verbraucher erfolgen, wobei die Art des Verbrauchsgutes sowie der Zweck, für den der Verbraucher das Verbrauchsgut benötigte, zu berücksichtigen sind".
40 Vgl. BeckOK/*Faust* (Fn. 23), § 439 Rn. 35.
41 Vgl. auch BT-Drs. 16/10607, S. 5.
42 Vgl. zu diesem Argument *Tillkorn*, Der Nutzungsersatz im Kaufrecht, 2013, S. 82 ff.
43 MüKoBGB/*Finkenauer*, 6. Aufl. 2012, § 241a Rn. 1; Staudinger/*Olzen* (Fn. 10) § 241a Rn. 13 ff.
44 So auch BeckOK/*Faust* (Fn. 23), § 439 Rn. 35; siehe hierzu auch noch weiter unter E.

ten Andienung bei einer Nachlieferung für den Verkäufer höchst unattraktiv und letztlich erheblich geschwächt würde (s. o. C.I.). Verweigerte nämlich der Verkäufer die Nacherfüllung und träte der Käufer aus diesem Grund zurück, könnte der Verkäufer auch von einem Verbraucher nicht nur umfassend Wert- und Schadensersatz verlangen, sondern auch Ersatz für die bisherige Nutzung der mangelhaften Ware.[45] Diesen ohnehin nicht unproblematischen Gegensatz zwischen der rechtlichen Situation des Verkäufers bei Nachlieferung einerseits und Rücktritt andererseits durch ein sehr weites Verständnis des § 474 Abs. 5 S. 1 BGB noch zu vergrößern, kann nicht überzeugen.

II. Wertersatzansprüche neben § 474 Abs. 5 S. 1 BGB

Ist somit klargestellt, dass jedenfalls ein umfassender Ausschluss aller Wertersatzansprüche, die aus dem Umgang des Verbrauchers mit dem mangelhaften Verbrauchsgut resultieren, vom deutschen Gesetzgeber nicht gewollt und wohl auch europarechtlich nicht vorgegeben ist, stellt sich die Frage nach einer möglichen Grenzziehung.

1. Rückgriff auf die Wertungen des EBV

Hier bietet sich möglicherweise eine Orientierung an den Regelungen über den Nutzungsersatz im Eigentümer-Besitzer-Verhältnis (EBV) an. Auch im EBV ist der redliche und unverklagte Besitzer zum Ersatz von Nutzungen grds. nicht verpflichtet,[46] schuldet aber gleichwohl Ersatz für sog. Übermaßfrüchte i. S. d. § 993 BGB.[47] Schadensersatzansprüchen wegen unangemessener Nutzung der Sache ist er hingegen nicht ausgesetzt.[48] Die Interessenlage ist insoweit vergleichbar, als auch der Käufer die mangelhafte Kaufsache aufgrund eines vermeintlich dauerhaften Rechts zunächst nutzt, sie aber letztlich wieder an den Verkäufer zurückgeben muss. Die Differenzierung zwischen redlichen und unredlichen Besitzern ließe sich dadurch in das vertragliche Rückabwicklungsregime übertragen, dass dem Verkäufer Schadensersatzansprüche nach §§ 346 Abs. 4, 280 Abs. 1 BGB bereits ab dem Zeitpunkt zugebilligt werden, in dem der Käufer Kenntnis von der Mangelhaftigkeit der Kaufsache und den sich daraus ergebenden Gewährleistungsansprüchen hatte (s. u. D. III.). Ein Käufer, der keine Kenntnis von der Mangelhaftigkeit der Ware hat, ist hingegen in seinem Umgang mit dieser grds. frei und darf die Ware auch auf eine ungewöhnliche oder sogar zweckwidrige Art und Weise nutzen. Für eine Verwertung der Sachsubstanz

---

45 BGH NJW 2010, 148.
46 Eine Ausnahme macht § 988 BGB für den unentgeltlichen Besitzer, die sich allerdings nicht in das Kaufrecht übertragen lässt.
47 MüKoBGB/*Baldus*, 6. Aufl. 2013, § 993 Rn. 1, 6; Staudinger/*Gursky* (Fn. 10), § 993 Rn. 3 ff.; *Baur/Stürner*, Sachenrecht, 18. Aufl. 2009, § 11 Rn. 12.
48 Staudinger/*Gursky* (Fn. 10), Vorb. §§ 987–993 Rn. 39 ff.; *Baur/Stürner* (Fn. 49), § 11 Rn. 34.

haftet der Käufer hingegen, soweit sie nicht den Regeln einer ordnungsgemäßen Wirtschaft entspricht. Die Freistellung von Nutzungsersatz berechtigt ihn nicht, die Ware zu behalten oder sich einen ihrer Substanz entsprechenden Gegenwert einzuverleiben. Hierfür spricht schließlich auch die Wertung des § 346 Abs. 2 S. 2 BGB, dass auch im Rahmen des Rücktrittsfolgenrechts eine verbleibende Bereicherung herauszugeben ist.

Da der Käufer im Regelfall sogar Eigentümer der Ware wird, könnte man auch argumentieren, dass er *a maiore ad minus* jedenfalls nicht strenger haften dürfe als ein Besitzer, der im EBV schon allein aufgrund der bloßen Vorstellung, Eigentümer (oder berechtigter Besitzer) zu sein, privilegiert werde. Die kaufvertragliche Verbindung mit dem Verkäufer rechtfertigt eine Schlechterstellung nicht. Die wechselseitigen vertraglichen Rechte und Pflichten konzentrieren sich nach einer Nachlieferung nunmehr auf die neu gelieferte Ware, während die zuerst gelieferte, mangelhafte Ware aus der weiteren vertraglichen Beziehung ausscheidet und nur noch an den Verkäufer zurückgegeben werden muss. Eine zusätzliche Verwertung auch der mangelhaften Ware steht dem Käufer nicht zu.

Auch wenn die Ware zunächst unter Eigentumsvorbehalt an den Käufer geliefert wurde, fällt die Interessenbewertung nicht anders aus. Der Käufer durfte nämlich – wenigstens bis zur Entdeckung der Mangelhaftigkeit der Ware – davon ausgehen, Eigentümer der Kaufsache zu werden und einer Rückgabepflicht an den Verkäufer nur bei unterbleibender Zahlung der Kaufpreisraten ausgesetzt zu sein.

2. Fallgruppen des § 346 Abs. 2 S. 1 Nr. 2 BGB

Bei Anwendung dieser Prinzipien sollten die Fallgruppen des § 346 Abs. 2 S. 1 Nr. 2 BGB (Verbrauch, Veräußerung, Belastung, Verarbeitung, Umgestaltung), bei denen es jeweils um einen Eingriff in die Sachsubstanz oder um deren Verwertung geht, grds. von § 474 Abs. 5 S. 1 BGB unberührt bleiben.[49] Unter „Verbrauch" wird nach herrschender Ansicht insoweit gerade nicht die gewöhnliche Abnutzung verstanden, sondern nur das Konsumieren der Substanz (bspw. bei Lebensmitteln oder Heizöl).[50] Hat der Käufer also bspw. den gekauften mangelhaften PKW als Ersatzteillager verwendet und die Einzelteile an Dritte weiterverkauft, ist der Verkäufer im Falle einer Nachlieferung eines neuen PKW zu Wertersatz berechtigt. Auch für ein Pfandrecht, das an dem mangelhaften PKW bestellt wurde, muss der Käufer Wertersatz leisten, auch wenn er Verbraucher ist. Entspricht der Zugriff auf die Sachsubstanz hingegen der bestimmungemäßen Verwendung der Ware und damit den Prinzipien ordnungsgemäßer Wirtschaft (vgl. § 993 Abs. 1 BGB), besteht kein Anspruch auf Wertersatz. Ein Beispiel hierfür wäre etwa

---

49 Vgl. auch *Waltjen*, AcP 175 (1975), 109, 129 ff.
50 MüKoBGB/*Gaier* (Fn. 10), § 346 Rn. 38; Soergel/*Lobinger* (Fn. 23), § 346 Rn. 73.

der Verbrauch von Lebensmitteln, deren Ungenießbarkeit sich erst nach ihrem Verzehr herausgestellt hat.

Eine Unvereinbarkeit mit Art. 3 Abs. 3 S. 3 der VGK-Richtlinie entsteht durch eine solche Wertersatzpflicht nicht. Die für den Verbraucher auftretenden Nachteile sind auf einen atypischen Zugriff auf die Sachsubstanz der Kaufsache zurückzuführen und resultieren letztlich aus der (VGK-)richtlinienkonformen Pflicht des Käufers, die mangelhafte Kaufsache zurückzugeben. Gibt der Käufer die Sache nicht zurück, sondern verkauft oder belastet sie, so muss er nach §§ 439 Abs. 4, 346 Abs. 2 S. 1 Nr. 2 BGB Wertersatz leisten.

3. Fälle des § 346 Abs. 2 S. 1 Nr. 3 BGB

Noch problematischer sind allerdings die Fälle des § 346 Abs. 2 S. 1 Nr. 3 BGB. Hiernach schuldet der Käufer Wertersatz für den Untergang oder die Verschlechterung der Kaufsache. Der Wertersatzanspruch ist nach § 346 Abs. 3 S. 1 Nr. 3 BGB jedoch ausgeschlossen, wenn der Käufer die eigenübliche Sorgfalt beachtet hat.

Es stellt sich somit die Frage, inwieweit der Verbraucher für eine Verschlechterung Ersatz leisten muss, die auf eine Nutzung der Kaufsache zurückzuführen ist. Den Wertungen der VGK-Richtlinie würde es sicherlich entgegenlaufen, wenn auch für einen Wertverlust aufgrund der üblichen Abnutzung infolge einer ordnungsgemäßen Verwendung der Kaufsache Wertersatz zu leisten wäre. Gebrauchsvorteile und Wertverluste infolge der Abnutzung sind insoweit nur zwei Seiten derselben Medaille.[51] So wird bspw. der Wert eines PKW zu einem nicht unerheblichen Teil durch seinen Tachostand bestimmt, der wiederum in gleicher Weise auch über die Höhe eventuell auszugleichender Gebrauchsvorteile Auskunft gibt (s. o. B. I.). Auch wird sich die übliche Abnutzung grds. im Rahmen der *diligentia quam in suis* halten und daher bereits aus diesem Grund ein Wertersatzanspruch ausscheiden.[52] Hier besteht zudem ein Wertungsgleichlauf mit dem EBV, da auch der redliche Besitzer im EBV für eine übliche Abnutzung nicht aufkommen muss.[53]

Es bleiben somit Konstellationen übrig, in denen der Verbraucher die Kaufsache mindestens grob fahrlässig beschädigt oder in denen eine ungewöhnliche und/oder zweckwidrige Nutzung zu einem erhöhten Verschleiß geführt hat. Eine klare Unterscheidung zwischen einerseits Schäden der Kaufsache und andererseits ihrer Abnutzung, bspw. in Form von Verschleißerscheinungen, ist kaum möglich. Hat, um auf das oben genannte Beispiel zurückzukommen, der Käufer den PKW für ein Geländerennen verwendet, und wurden bei diesem Rennen – durchaus nicht ungewöhnlich – die Rei-

---

51 Vgl. auch *Waltjen*, AcP 175 (1975), 109, 130.
52 Staudinger/*Gursky* (Fn. 10), Vorb. §§ 987–993 Rn. 39; *Baur/Stürner* (Fn. 49), § 11 Rn. 12.
53 OLG Hamm OLGR 1992, 348.

fen sehr stark abgefahren, eine Tür bei einem Zusammenstoß beschädigt und die Federung überlastet, so scheint jeweils sowohl eine Einordnung dieser Posten als Schäden als auch als Abnutzung möglich. Eine grobe Fahrlässigkeit und damit eine Ersatzpflicht des Käufers nach § 346 Abs. 2 S. 1 Nr. 3 BGB – § 346 Abs. 3 S. 1 Nr. 3 BGB greift nur bei einfacher und mittlerer Fahrlässigkeit[54] – könnte man mit dem Argument bejahen, dass derartige Verschlechterungen für den Käufer aufgrund der Teilnahme an dem Rennen klar vorhersehbar waren. Eine andere denkbare Fallgestaltung wäre, dass der Käufer mit dem PKW grob fahrlässig einen Unfall verursacht.[55] Verlangt der Käufer nun Nacherfüllung, könnte der Verkäufer seinerseits grds. nach §§ 439 Abs. 4, 346 Abs. 2 S. 1 Nr. 3 BGB einen Wertersatzanspruch geltend machen.

Ein redlicher Besitzer würde für solche Folgen allerdings nicht haften, da kein Zugriff auf die Sachsubstanz feststellbar wäre und ein Anspruch aus § 993 BGB aus diesem Grund ausschiede.[56] Schadensersatzansprüche kämen nur bei Unredlichkeit des Besitzers nach §§ 989, 990 BGB in Betracht.

Art. 3 Abs. 3 S. 3 VGK-Richtlinie muss aufgrund der bisherigen Rechtsprechung des EuGH wohl so verstanden werden, dass einem Käufer, der vom Mangel und damit von einer möglichen Nachlieferungspflicht keine Kenntnis hatte, im Rahmen der Nacherfüllung aus seiner bisherigen Nutzung der Kaufsache keine Nachteile erwachsen dürfen.[57] Eine Differenzierung zwischen üblichen und unüblichen bzw. ordnungsgemäßen und zweckwidrigen Nutzungsmöglichkeiten ist dabei grds. nicht vorgesehen. Auch bestehen keinerlei Anhaltspunkte dafür, dass der angestrebte Verbraucherschutz von vornherein nur auf bestimmte, übliche Nutzungsweisen beschränkt sein sollte. Unser Hobbyrennfahrer würde aber womöglich davon abgehalten, mit dem neu gekauften PKW seinem Hobby nachzugehen, wenn er befürchten müsste, für einen bei dieser Art von Nutzung eintretenden Wertverlust auch bei einer Nachlieferung einstehen zu müssen. Verzichtet der Verbraucher mit Blick auf seine eigene Ersatzpflicht für eine bestimmte Art der Nutzung aber darauf, trotz Vorliegens eines unbehebbaren Mangels Nacherfüllung zu verlangen, so wird die effektive Durchsetzung der Gewährleistungsrechte behindert. Vor diesem Hintergrund erscheint es höchst zweifelhaft, ob eine über § 346 Abs. 2 S. 1 Nr. 3 BGB angeordnete Wertersatzpflicht bei unüblichen Nutzungen mit der VGK-Richtlinie vereinbar wäre.

Bei vorsätzlichen Beschädigungen der Kaufsache besteht allerdings wiederum zwar wertungsmäßig eine Nähe zu einem Zugriff auf die Sachsub-

---

54 Staudinger/*Kaiser* (Fn. 10), § 346 Rn. 202; JurisPK/*Faust*, BGB, 7. Aufl. 2014, § 346 Rn. 75.
55 Vgl. Staudinger/*Kaiser* (Fn. 10), § 346 Rn. 202.
56 Siehe *Waltjen*, AcP 175 (1975), 109, 131 f.
57 Vgl. EuGH NJW 2008, 1433, 1434 f. (Quelle).

stanz und damit zur Übermaßfrucht. Hier sollte der Verbraucher deshalb zu Ersatz verpflichtet bleiben. Der strenge Gleichlauf mit dem EBV muss dabei zwar verlassen werden, was aber eher auf eine Schwäche des EBV hinweist. Der Praxis bleiben Streitigkeiten über einen in aller Regel nicht nachweisbaren Schädigungsvorsatz des Verbrauchers und die vor allem aus dem Strafrecht bekannte,[58] schwierige Grenzziehung zwischen Vorsatz und grober Fahrlässigkeit somit nicht erspart. Oft kann einem solchen Begehren aber auch der Einwand des rechtsmissbräuchlichen Verhaltens nach § 242 BGB entgegenstehen, wenn etwa der Verbraucher Rechte im Hinblick auf einen Gegenstand geltend macht, den er zuvor absichtlich vollständig zerstört hat.

> **Beispiel:** *Der Verbraucher V verlangt Nacherfüllung wegen zu hoher Schadstoffimmissionen seines PKW, nachdem er den PKW zuvor selbst angezündet und den Schaden seiner Versicherung gemeldet hat.*

In dieser Fallkonstellation hat der Verbraucher durch die Zerstörung des PKW deutlich gemacht, dass er – wertungsmäßig vergleichbar mit einer Dereliktion (§ 959 BGB)[59] – an seinem Eigentum am PKW kein Interesse mehr hat. Zu diesem Verhalten setzt er sich aber in Widerspruch, wenn er anschließend noch Gewährleistungsrechte ausübt.[60]

Richtigerweise sperrt § 474 Abs. 5 S. 1 BGB daher Wertersatzansprüche wegen Verschlechterung oder Beschädigung der Kaufsache nach § 346 Abs. 3 S. 1 Nr. 3 BGB, wodurch auch ein wertungsgerechter Gleichlauf mit dem redlichen Besitzer im Rahmen eines EBV erzielt wird. Ausgenommen sind vorsätzliche Beschädigungen.

Der hierdurch entstehende Unterschied zum Rücktrittsrecht lässt sich damit rechtfertigen, dass die Regelung in § 346 Abs. 2 S. 1 Nr. 3 BGB auch in Situationen greift, in denen bspw. der Verbraucher einen Rücktritt des Verkäufers durch ausbleibende Zahlungen provoziert hat, dagegen aber die Nacherfüllung immer eine mangelhafte Leistung des Verkäufers voraussetzt.

III. Schadensersatzansprüche neben § 474 Abs. 5 S. 1 BGB

Eine Schadensersatzpflicht gem. §§ 346 Abs. 4, 280 Abs. 1 BGB besteht, wenn der Käufer die Kaufsache beschädigt, nachdem er den Rücktritt vom Kaufvertrag erklärt hat. Da § 439 Abs. 4 BGB auch auf § 346 Abs. 4 BGB verweist, muss überlegt werden, wie dieser Anspruch im Rahmen einer Nachlieferung umgesetzt werden kann. Unproblematisch erscheint es, §§ 346 Abs. 4, 280 Abs. 1 BGB entsprechend anzuwenden, wenn der Ver-

---

58 Vgl. etwa *Sternberg-Lieben/Schuster*, in: Schönke/Schröder, StGB, 29. Aufl. 2014, § 15 Rn. 72 ff.
59 Siehe hierzu MüKoBGB/*Oechsler*, 6. Aufl. 2013, § 959 Rn. 1 ff.; Staudinger/*Gursky*, BGB (2011), § 959, Rn. 1 ff.
60 Vgl. zu den allgemeinen Voraussetzungen des *venire contra factum proprium* MüKoBGB/ *Roth/Schubert*, 6. Aufl. 2012, § 242 Rn. 284 ff.

braucher bereits aktiv geworden ist und vom Verkäufer Nachlieferung verlangt hat.

Analog zu dem bei § 346 Abs. 4 BGB bestehenden Streit[61] ist es aber wohl richtig, sogar noch früher anzusetzen und eine zu Schadensersatz verpflichtende Rechtsbeziehung zwischen Käufer und Verkäufer ab dem Zeitpunkt anzunehmen, in dem der Käufer von der Mangelhaftigkeit der Sache und den daraus folgenden Gewährleistungsrechten Kenntnis erlangt.[62]

Benutzt der Verbraucher, nachdem er den Mangel erkannt hat, den PKW noch einmal für eine große Rundfahrt, muss er die durch diese Fahrt eingetretenen Wertverluste als Schadensposten nach §§ 439 Abs. 4, 346 Abs. 4, 280 Abs. 1 BGB analog ersetzen. Gleiches gilt selbstverständlich auch dann, wenn der Verbraucher trotz Kenntnis des Mangels mit den Wagen noch Rennen fährt. Ohne eine solche Kenntnis fehlt es allerdings an einen Anknüpfungspunkt für die Schadensersatzpflicht, weshalb Ansprüche aus §§ 439 Abs. 4, 346 Abs. 4, 280 Abs. 1 BGB weder direkt noch im Wege einer Analogie in Betracht kommen.

§ 474 Abs. 5 S. 1 BGB sperrt diese Schadensersatzpflicht nicht, da der Verbraucher, nachdem er von der möglichen Rückgabepflicht Kenntnis erlangt hat, grds. auf jede weitere Nutzung der Kaufsache verzichten und die Ware nur noch bis zu ihrer Rückgabe an den Verkäufer aufbewahren muss. Auch hier geht es im Ergebnis also um die verordnungskonforme Rückgabepflicht in Bezug auf die mangelhafte Sache und die Sanktionierung der Verletzung dieser Pflicht durch den Verbraucher. Mit dem durch § 474 Abs. 5 S. 1 BGB ausgeschlossenen Ersatz von Nutzungen hat dieses grds. nichts zu tun. Diese Sanktion ist zudem auch nicht geeignet, die Ausübung von Gewährleistungsrechten durch den Verbraucher zu behindern. In dem Zeitpunkt, in dem sich der Verbraucher zum ersten Mal Gedanken über seine Gewährleistungsrechte macht, bestehen jedenfalls keine gegenläufigen Ersatzansprüche des Unternehmers. Solche Ansprüche entstehen vielmehr erst durch nachfolgendes, pflichtwidriges Verhalten des Verbrauchers.

Durch §§ 439 Abs. 4, 346 Abs. 4, 280 Abs. 1 BGB wird somit eine zeitliche Zäsur eingezogen: Nutzungsersatz wird nur für Wertverluste geschuldet,

---

61 Siehe MüKoBGB/*Gaier* (Fn. 10), § 346 Rn. 59 ff.; Staudinger/*Kaiser* (Fn. 10), § 346 Rn. 262; Erman/*Röthel* (Fn. 23), § 346 Rn. 40 ff.; JurisPK/*Faust* (Fn. 58), § 346 Rn. 112; Soergel/*Lobinger* (Fn. 23), § 346 Rn. 168 ff.; Jauernig/*Stadler*, BGB, 15. Aufl. 2014, § 346 Rn. 9; *Kaiser*, Die Rückabwicklung gegenseitiger Verträge wegen Nicht- und Schlechterfüllung nach BGB, 2000, S. 268 ff.; *Looschelders*, Schuldrecht – Allgemeiner Teil, 10. Aufl. 2012, Rn. 862; *Gaier*, WM 2002, 1, 11 ff.; *Schwab*, JuS 2002, 630, 633; *Arnold*, ZGS 2003, 427, 432 f.; *Annuß*, JA 2006, 184, 188; *Lorenz*, NJW 2005, 1889, 1893; *Kohler*, ZGS 2005, 386, 388 ff.

62 Hierüber besteht weitgehend Einigkeit. Streit herrscht allerdings darüber, ob diese Pflicht auf einer analogen Anwendung des § 346 Abs. 4 BGB oder auf einer vorgreiflichen Rücksichtnahmepflicht aus §§ 280 Abs. 1, 241 Abs. 2 BGB beruht. Umstritten ist auch, ob positive Kenntnis vom Rücktrittsgrund erforderlich ist oder ob ein Kennenmüssen ausreicht, vgl. BeckOK/*H. Schmidt*, BGB, 36. Ed. 2015, § 346 Rn. 59 mwN.

die nach Kenntnis des Mangels eingetreten sind,[63] nicht jedoch für bereits vorher entstandene Wertminderungen.

E. Der Umfang der Wertersatzpflicht in § 357 Abs. 7 BGB

Einen interessanten Vergleich ermöglicht die Wertersatzpflicht des Verbrauchers nach § 357 Abs. 7 BGB. Die Interessen sind hier zu einem großen Teil ähnlich, die Probleme jedoch etwas anders gelagert. § 357 Abs. 7 BGB legt fest, dass ein Verbraucher nach einem Widerruf Wertersatz für einen Wertverlust der Ware zu leisten hat, wenn dieser auf einen Umgang mit der Ware zurückzuführen ist, „der zur Prüfung der Beschaffenheit und der Funktionsweise der Waren nicht notwendig war", und der Unternehmer den Verbraucher ordnungsgemäß über sein Widerrufsrecht unterrichtet hat.

I. Fehlende oder nicht ordnungsgemäße Widerrufsbelehrung

Bei fehlender oder nicht ordnungsgemäßer[64] Widerrufsbelehrung scheiden Wertersatzansprüche des Verkäufers folglich aus. Auch Schadensersatzansprüche oder Ansprüche aus dem Bereicherungsrecht sind daneben nach § 361 Abs. 1 BGB ausgeschlossen.

Der Vorschrift kommt dadurch ein Sanktionscharakter zu, der dem bürgerlichen Recht eigentlich fremd ist. Der Unternehmer soll dazu angehalten werden, den Verbraucher ordnungsgemäß über sein Widerrufsrecht zu belehren. Anderenfalls läuft er Gefahr, negative Rechtsfolgen im Hinblick auf die gelieferte Kaufsache dulden zu müssen. Diese Sanktionswirkung erscheint jedoch unverhältnismäßig scharf.

> **Beispiel**: *Unternehmer U liefert aufgrund eines Fernabsatzvertrages einen Fernseher im Wert von 3.500 € an den Verbraucher V. Dabei verwendet U ein veraltetes Muster für die Widerrufsbelehrung. V widerruft gleichwohl fristgerecht den Vertrag und wirft den Fernseher kurz darauf bei einem Streit mit seiner Frau wutentbrannt aus dem Fenster.*

Bei einer wortlautgetreuen Auslegung bestehen Ansprüche des U selbst bei einer vorsätzlichen Beschädigung der Kaufsache durch den Verbraucher nach Erklärung des Widerrufs nicht. Zu beachten ist auch, dass durch die Neufassung des § 357 BGB infolge der Umsetzung der Verbraucherrechterichtlinie der Verweis auf die §§ 346 ff. BGB gestrichen wurde. Sowohl die Schadensersatzpflicht nach § 346 Abs. 4 BGB als auch die deutlich ausdifferenziertere Wertersatzregelung in § 346 Abs. 2 und 3 BGB finden daher

---

[63] Erfasst ist insoweit auch der Wertverlust, der auf eine ordnungsgemäße Nutzung zurückzuführen ist.
[64] BeckGOK/*Mörsdorf*, BGB, § 357 Rn. 67 f.; BeckOK/*Müller-Christmann*, BGB, 36. Ed. 2014, § 357 Rn. 16; HK/*Schulze*, BGB, 8. Aufl. 2014, § 357 Rn. 10; vgl. auch BT-Drs. 817/12, S. 103.

– zumindest nach dem Gesetzeswortlaut – nicht länger Anwendung.[65] Das Rückabwicklungsregime nach einem Widerruf hat sich somit von den allgemeinen Regelungen fast vollständig gelöst, bleibt aber selbst merkwürdig unvollständig. Es erscheint doch sehr fraglich, ob der Ausschluss der Wertersatzpflicht wegen unzureichender Belehrung tatsächlich auch für die Fälle des § 346 Abs. 2 S. 1 Nr. 2 BGB gelten soll, also etwa dann, wenn der Verbraucher im obigen Beispielsfall den Fernseher nach Erklärung des Widerrufs nicht mutwillig zerstört, sondern weiterverkauft oder belastet hat.

Eine solche Regelung war auch vom Gesetzgeber in dieser Form sicherlich nicht beabsichtigt. In den Gesetzesmaterialien finden sich keinerlei Anhaltspunkte dafür, dass die Sanktionswirkung bei fehlerhaften Widerrufsbelehrungen gegenüber der bisherigen Rechtslage noch einmal deutlich verschärft werden sollte.[66] Vielmehr wurde lediglich der Ausschluss von Nutzungsersatz und die Wertersatzpflicht bei Verschlechterungen oder Untergang der Kaufsache erörtert, während auf die Wertersatzansprüche nach § 346 Abs. 2 S. 1 Nr. 2 BGB und die Schadensersatzpflicht nach § 346 Abs. 4 BGB überhaupt nicht eingegangen wurde.[67] Die aufgrund der

---

65 So auch *Arzt/Brinkmann/Ludwigkeit*, jM 2014, 222, 226.
66 Siehe BT-Drs. 817/12, S. 103: „Absatz 7 schafft eine Anspruchsgrundlage für einen Wertersatzanspruch des Unternehmers gegen den Verbraucher und setzt damit Artikel 14 Absatz 2 der Richtlinie um. Die Rechtsfolge entspricht weitgehend der geltenden Rechtslage. Der Verbraucher schuldet hiernach Wertersatz für einen Wertverlust der Ware, sofern der Wertverlust auf einen für die Prüfung der Beschaffenheit, Eigenschaften und Funktionsweise der Waren nicht notwendigen Umgang mit der Ware zurückzuführen ist. In diesem Fall verliert der Verbraucher das Widerrufsrecht nicht, haftet aber für einen etwaigen Wertverlust der Waren. Wenn er Beschaffenheit, Eigenschaften und Funktionsweise der Waren feststellen will, sollte der Verbraucher mit ihnen nur so umgehen und sie nur so in Augenschein nehmen, wie er das in einem Geschäft tun dürfte. So sollte der Verbraucher beispielsweise ein Kleidungsstück nur anprobieren, nicht jedoch tragen dürfen. Der Verbraucher sollte die Waren daher während der Widerrufsfrist mit der gebührenden Sorgfalt behandeln und in Augenschein nehmen (siehe Erwägungsgrund 47). Voraussetzung des Anspruchs auf Wertersatz ist, dass der Unternehmer den Verbraucher ordnungsgemäß gemäß Artikel 246a § 1 Absatz 2 Satz 1 Nummer 1 EGBGB-E über sein Widerrufsrecht unterrichtet hat. Die Musterwiderrufsbelehrung enthält auch einen Hinweis auf die mögliche Haftung für den Wertverlust."
67 BT-Drs. 17/13951, S. 65, 68 f.: „Auf Grund des identischen Schutzzwecks soll eine allgemeine Regelung getroffen werden, die wie § 357 Absatz 4 BGB des geltenden Rechts für jeden Fall des Widerrufs eines Verbrauchervertrags gilt. Neben den im Gesetzentwurf der Bundesregierung bereits genannten bereicherungsrechtlichen Ansprüchen sind insbesondere auch Ansprüche aus § 280 BGB ausgeschlossen, wenn der Verbraucher die Ware oder Dienstleistung nicht oder nur mit einer erheblichen Wertminderung herausgeben kann. Auch nach bisheriger Rechtslage bestehende Ansprüche des Unternehmers gegen den Verbraucher auf Nutzungswertersatz gemäß § 357 Absatz 1 Satz 1 in Verbindung mit § 346 Absatz 2 Nummer 1 BGB werden in Zukunft nicht mehr bestehen. Hat der Verbraucher eine Ware oder einen ihm überlassenen Gegenstand vor seinem Widerruf genutzt, kommt bei Vorliegen der Voraussetzungen des § 357 Absatz 7 BGB-E [...] allein ein Anspruch auf Wertersatz für die Verschlechterung der Sache in Betracht."

Streichung des Verweises in diesem Bereich bewirkte Änderung ist daher wohl schlichtweg übersehen worden. Eine wortlautgetreue Auslegung würde indes missbräuchliches Verhalten von Verbrauchern geradezu befördern und möglicherweise sogar einen eigenen Berufszweig von Widerrufsbelehrungsjägern schaffen. Aufgrund der fehlerhaften Widerrufsbelehrung verlöre der Unternehmer nämlich praktisch sämtliche Rechte an dem gelieferten Gegenstand, was sich für einen darauf spezialisierten Verbraucher als durchaus lukratives Geschäft erweisen könnte.[68]

Auch die Verbraucherrechterichtlinie fordert einen so weit reichenden Ausschluss nicht. Zwar heißt es in Art. 14 Abs. 2 S. 2 „[d]er Verbraucher haftet in keinem Fall für den Wertverlust der Waren, wenn er vom Unternehmer nicht gemäß Art. 6 Abs. 1 Buchst. h über sein Widerrufsrecht belehrt wurde". Der Haftungsausschluss bezieht sich hierbei allerdings richtigerweise nur auf den Wertverlust infolge der Abnutzung der Sache und nicht auf Ersatzansprüche, die an eine Einverleibung der Sachsubstanz durch den Verbraucher entgegen den Regeln der ordnungsgemäßen Wirtschaft anknüpfen. Die Regelung in § 357 Abs. 7 BGB ist daher insoweit unvollständig und enthält eine vom Gesetzgeber übersehene Regelungslücke.

II. Wertersatz für Wertverluste der Ware

Wurde der Verbraucher ordnungsgemäß belehrt, muss er nach § 357 Abs. 7 BGB Wertersatz leisten für Wertverluste, die auf einen zur Prüfung der Beschaffenheit und der Funktionsweise nicht erforderlichen Umgang mit der Ware zurückzuführen sind.

In der Regierungsbegründung zum Gesetzesentwurf heißt es hierzu:[69]

„Unter Wertverlust der Ware können sowohl die normale Abnutzung infolge der bestimmungsgemäßen Ingebrauchnahme und des weiteren Gebrauchs der Ware als auch darüber hinausgehende Verschlechterungen wie z. B. eine Beschädigung der Ware infolge unsachgemäßer Handhabung oder übermäßiger Inanspruchnahme fallen. Auch ein vollständiger Wertverlust oder Untergang der Sache durch unsachgemäßen Umgang kann erfasst sein. Voraussetzung ist jedoch immer, dass der Wertverlust nicht auf den zur Prüfung der Ware notwendigen Umgang zurückzuführen ist. Zur Prüfung der Ware kann im Einzelfall auch die bestimmungsgemäße Ingebrauchnahme gehören. Umgekehrt kann nach der Verkehrssitte eine Prüfung der Ware durch Ingebrauchnahme oder Öffnen der Verpackung unüblich sein, z. B. bei Medikamenten oder Kosmetik. Mit Artikel 14 Absatz 2 der Richtlinie sollten unter den dort genannten Voraussetzungen alle möglichen Verschlechterungen der Ware erfasst sein. Auf die Abgrenzung zwischen linea-

---

68 Sehr zurückhaltend *Fröhlisch/Dyakova*, MMR 2013, 71, 75.
69 BT-Drs. 817/12, S. 103 f.

rer Wertminderung oder sonstiger (darüber hinausgehender) Verschlechterung kommt es mithin nicht an."
Es geht also nicht um eine Herausgabe von Nutzungen, d. h. von Gebrauchsvorteilen oder Früchten, sondern um einen Ausgleich des infolge des Gebrauchs der Ware eintretenden Wertverlustes.[70] Eventuell durch die Weitervermietung des Fernsehers im obigen Beispielsfall erzielte Mieteinnahmen kann der Verbraucher daher behalten. Hierin besteht ein wichtiger Unterschied zum Rücktrittsrecht (s. o. B.I.). Da sich die vom Verbraucher gezogenen Gebrauchsvorteile aber regelmäßig in einem entsprechenden Wertverlust der Ware durch Abnutzung widerspiegeln,[71] wird das praktische Ergebnis bei § 346 Abs. 2 S. 1 Nr. 1 BGB und § 357 Abs. 7 BGB in dieser Hinsicht meist dasselbe sein.[72] Wertverluste, die durch die erstmalige Ingebrauchnahme der Ware entstanden sind, müssen auch nach allgemeinen Rücktrittsregeln nicht ausgeglichen werden (vgl. § 346 Abs. 2 S. 1 Nr. 3 BGB).[73]

Wie sich eindeutig aus den Gesetzesmaterialien ergibt, soll § 357 Abs. 7 BGB auch Verschlechterungen oder den Untergang der Ware aufgrund einer übermäßigen Ingebrauchnahme oder infolge einer unsachgemäßen Handhabung erfassen. Unklar ist in dieser Hinsicht allerdings, ob dadurch auch eine Haftung für Zufallsschäden eingeführt werden soll, oder ob es, wie bei § 346 Abs. 2 S. 1 Nr. 3, Abs. 3 S. 1 Nr. 3 BGB, eines qualifizierten Verschuldenserfordernisses bedarf.

Beispiele: *In die Wohnung des V wird eingebrochen und dabei der von U gelieferte Fernseher erheblich beschädigt. Ein Wasserrohrbruch verwüstet die Wohnung des V, in der sich auch der Fernseher befindet. Bei einem Transport des Fernsehers wird V unverschuldet in einen Unfall verwickelt, bei dem auch der Fernseher zu Bruch geht.*

Das Gesetz spricht davon, dass der Wertverlust auf „einen Umgang mit den Waren" zurückzuführen sein muss. Hieraus muss richtigerweise gefolgert werden, dass stets ein Verhalten des Verbrauchers die unmittelbare kausale Ursache für den Wertverlust darstellen muss und damit eine Haftung für Zufallsschäden ausscheidet.[74] Für eine solche Auslegung lassen sich auch die Formulierungen in der Gesetzesbegründung anführen, die von „unsachgemäßer Handhabung oder übermäßiger Inanspruchnahme" sprechen. Hier

---

70 BeckGOK/*Mörsdorf*, BGB, § 357 Rn. 48; HK/*Schulze* (Fn. 69), § 357 Rn. 9; Erman/*Koch* (Fn. 23), § 361 Rn. 1; *Janal*, WM 2012, 2314, 2321; *Fröhlisch/Dyakova*, MMR 2013, 71, 75; *Arzt/Brinkmann/Ludwigkeit*, jM 2014, 222, 225 f.
71 Vgl. dazu die Berechnung von Gebrauchsvorteilen unter B.I.
72 BeckGOK/*Mörsdorf*, BGB, § 357 Rn. 48.
73 BeckGOK/*Mörsdorf*, BGB, § 357 Rn. 51; Erman/*Koch* (Fn. 23), § 357 Rn. 11 ff.
74 Erman/*Koch* (Fn. 23), § 357 Rn. 14; *Unger*, ZEuP 2012, 270, 293; *Janal*, WM 2012, 2314, 2321; a. A. *Bartholomä*, NJW 2012, 1761, 1762.

scheint zudem auch auf ein Verschuldenserfordernis hingedeutet zu werden, das im Gesetzeswortlaut jedoch keinen Niederschlag gefunden hat. Gleichwohl erscheinen weitere Einschränkungen erforderlich.

Beispiel: Weil in der Bedienungsanleitung nicht hinreichend davor gewarnt wurde, schließt V den Fernseher an eine Steckdose mit zu hoher Spannung an. Der Fernseher wird hierdurch erheblich beschädigt.

Der *Ratio* der Verbraucherrechterichtlinie[75] entspricht es insoweit jedoch eher, den Verbraucher für Schäden, die er bei der Prüfung der Beschaffenheit oder Funktionsweise der Ware verursacht, nur bei einem eigenen Verschulden haften zu lassen und nicht, wenn der Schaden primär auf eine mangelhafte Herstellerbeschreibung zurückzuführen ist. Insgesamt sollte daher die Einstandspflicht des Verbrauchers auf schuldhaft verursachte Schäden beschränkt bleiben, wobei ein Verschuldensvorwurf allerdings auch dadurch begründet werden kann, dass der Verbraucher die Ware noch nach Erklärung des Widerrufs weiter genutzt hat (s. o. D.III.).

Ebenfalls nicht geregelt ist eine Wertersatzpflicht im Falle einer Veräußerung, einer Belastung, Umgestaltung, Verarbeitung oder bei einem Verbrauch der Ware (vgl. § 346 Abs. 3 S. 1 Nr. 2 BGB). Dass hier Ersatz geleistet werden muss, scheint wertungsmäßig eindeutig, ergibt sich aus dem Gesetzeswortlaut aber freilich nicht. Auch sperrt § 361 Abs. 1 BGB grds. den Rückgriff auf andere Rückabwicklungs- und Ersatzregime außerhalb des Wertersatzrechts. Gleiches gilt für eine Schadensersatzpflicht, die auf eine Verletzung der Rückgabepflichten abstellt, die im Anschluss an den Widerruf entstanden sind (vgl. § 346 Abs. 4 BGB).

III. Analoge Anwendung der §§ 346 Abs. 4, 280 ff. BGB und § 346 Abs. 2 S. 1 Nr. 2 BGB

Die Regelungen in §§ 346 Abs. 4, 280 ff. BGB und § 346 Abs. 2 S. 1 Nr. 2 BGB können auf die Situation des Verbrauchers nach Ausübung seines Widerrufsrechts analog angewendet werden. Dass es sich insoweit um eine unbewusste Regelungslücke handelt und eine analoge Anwendung dieser Vorschriften auch nicht die Vorgaben der Verbraucherrechterichtlinie verletzt, wurde bereits oben ausführlich dargelegt (s. o. E.I.). Schließlich kann auch mit einem *a maiore ad minus*-Schluss argumentiert werden: Wenn sogar ein Verbraucher bei Ausübung seiner Gewährleistungsrechte Wertersatz bzw. Schadensersatz leisten muss, so muss dieses erst recht nach einem Verbraucherwiderruf gelten, bei dem schließlich die vom Unternehmer erbrachte Leistung einwandfrei sein kann. Auch die Sanktionswirkung bei einer fehlerhaften Widerrufsbelehrung kann einen so weit reichenden Ausschluss im Ergebnis nicht rechtfertigen.

---

75 Vgl. Erwägungsgrund 47.

Durch eine solche Analogie kann schließlich auch verhindert werden, dass sich das ohnehin übermäßig komplizierte deutsche System der Rückabwicklung gescheiterter Verträge noch weiter ausdifferenziert und verstrickt.[76] Ein weitreichender Gleichlauf mit den allgemeinen Regelungen des Rücktrittsrechts und der oben dargelegten besonderen Situation im Anwendungsbereich der VGK-Richtlinie erscheint durchaus erstrebenswert. Gründe dafür, den widerrufenden Verbraucher deutlich besser zu stellen, sind jedenfalls nicht ersichtlich.

F. Lösungsansätze für das Problem der Lieferkette

I. Lösungsmöglichkeiten

Nachdem nun die Wirkungsweise der verbraucherschützenden Vorschriften genauer beleuchtet wurde, kann abschließend auf das Problem des Regresses im Rahmen einer Lieferkette zurückgekommen werden. Art. 4 der VGK-Richtlinie trifft hierzu eine Regelung, die wie folgt lautet:

„Haftet der Letztverkäufer dem Verbraucher aufgrund einer Vertragswidrigkeit infolge eines Handelns oder Unterlassens des Herstellers, eines früheren Verkäufers innerhalb derselben Vertragskette oder einer anderen Zwischenperson, so kann der Letztverkäufer den oder die Haftenden innerhalb der Vertragskette in Regress nehmen. Das innerstaatliche Recht bestimmt den oder die Haftenden, den oder die der Letztverkäufer in Regress nehmen kann, sowie das entsprechende Vorgehen und die Modalitäten."

Spricht die VGK-Richtlinie noch sehr weitgehend von der „Haftung" des Letztverkäufers gegenüber dem Verbraucher, so beschränkt sich der Rückgriff nach § 478 Abs. 2 BGB auf den Ersatz der Aufwendungen, die der Unternehmer im Verhältnis zum Verbraucher nach § 439 Abs. 2 BGB zu tragen hat (Aufwendungen zum Zwecke der Nacherfüllung, insbesondere Transport-, Wege-, Arbeits- und Materialkosten). Lässt sich die fehlende Ersatzmöglichkeit für einen Wertverlust, der durch die Abnutzung der Ware beim Verbraucher entstanden ist, noch recht problemlos unter den Begriff der Haftung i. S. d. VGK-Richtlinie subsumieren, so handelt es sich jedoch insoweit grds. nicht um eine Aufwendung, d. h. ein freiwilliges Vermögensopfer,[77] zum Zwecke der Nacherfüllung.

Die Höhe der Aufwendungen, die der Letztverkäufer im Verhältnis zum Verbraucher insgesamt zu tragen hat, hängt nun freilich aber auch davon

---

76 Es besteht in vielen Fällen bereits ein wenig abgestimmtes Konkurrenzverhältnis zwischen der bereicherungsrechtlichen (§§ 812 ff. BGB), der rücktrittsrechtlichen (§§ 346 ff. BGB) und der quasivertraglichen (§§ 280 Abs. 1, 241 Abs. 2, 311 Abs. 2 BGB) Rückabwicklung. Dieses gewinnt durch zusätzliche Sonderregelungen für Verbraucherverträge und ein eigenständiges Rückabwicklungsregime für den Verbraucherwiderruf nunmehr noch zusätzlich erheblich an Komplexität.

77 BGHZ 59, 328, 329 f.; NJW 1989, 2816, 2818; NK/*Arnold*, BGB, 2. Aufl. 2012, § 284 Rn. 19.

ab, ob und inwieweit ihm Gegenansprüche bspw. auf Nutzungsersatz gegen den Verbraucher zustehen. Das Fehlen von Ausgleichsmöglichkeiten für den Wertverlust der zurückgegebenen Ware kann daher bei einer extensiven Auslegung des § 478 Abs. 2 BGB, die aus Gründen des *effet utile* an dieser Stelle auch geboten ist, als ein zusätzlicher Posten im Rahmen des Aufwendungsersatzanspruches nach § 478 Abs. 2 BGB gegen den eigentlichen Mangelverursacher innerhalb der Lieferkette geltend gemacht werden. Sollte man insoweit die Wortlautgrenze für überschritten halten, müsste stattdessen auf eine Analogie ausgewichen werden. Da es an dieser Stelle aber um die Umsetzung europäischer Vorgaben in das BGB geht, ist es u. U. möglich, sich von den traditionellen deutschen Begrifflichkeiten weitgehend zu lösen (s. o. B.I.).[78]

Im obigen Beispiel (s. o. C.I.) könnte der Händler U gegenüber dem Hersteller daher nicht nur die Kosten für den gelieferten Neuwagen und die Lieferung dieses Wagen selbst als Aufwendungen der Nacherfüllung geltend machen, sondern auch den Wertverlust des mangelhaften Wagens. Mit diesem Anspruch könnte dann auch der Nutzungsersatzanspruch des Herstellers aus §§ 439 Abs. 4, 346 Abs. 1, Abs. 2 S. 1 Nr. 1 BGB verrechnet werden. Im Ergebnis könnte der Händler so den Wertverlust, der durch Abnutzung der mangelhaften Sache beim Verbraucher entstanden ist, an den eigentlichen Verursacher, nämlich den Hersteller, durchreichen. Nur eine solche Lösung erscheint schließlich auch sachgerecht.

Eine weitere Möglichkeit wäre, dem Händler einen Ausgleich des Wertverlustes im Rahmen eines Schadensersatzanspruches zuzubilligen. Ein solcher ergibt sich aufgrund der Mangelhaftigkeit der gelieferten Ware nach allgemeinen Regeln aus §§ 433, 434, 437 Nr. 3, 280 Abs. 1 BGB.[79] Anders als bei § 478 Abs. 2 BGB wäre für diesen Anspruch aber zusätzlich ein Verschulden des Herstellers erforderlich. Auch erscheint der Schaden zunächst zweifelhaft, da der Händler die abgenutzte Sache nach § 439 Abs. 4 BGB ja im Ergebnis an den Hersteller zurückgeben muss. Bei genauerer Betrachtung liegt der Schaden für den Händler aber gerade in dem Nutzungsersatzanspruch des Herstellers, der ihn bei einer Rückgabe der Ware an den Hersteller trifft. Bei einer solchen Sichtweise würden sich somit ebenfalls der Schadensersatzanspruch des Händlers aus §§ 433, 434, 437 Nr. 3, 280 Abs. 1 BGB und der Nutzungsersatzanspruch des Herstellers aus §§ 439 Abs. 4, 346 Abs. 1, Abs. 2 S. 1 Nr. 1 BGB gegenüberstehen und wechselseitig aufheben.

---

78 Vgl. auch zu den besonderen methodischen Implikationen bei der Umsetzung von Richtlinienrecht BGH NJW 2009, 427, 428 ff. mwN.
79 Vgl. NK/*Büdenbender*, BGB, 2. Aufl. 2012, § 437 Rn. 58 ff.

II. Zusammentreffen von mangelhafter Ware und Widerruf

Die hier entstehende zusätzliche Problematik soll nachfolgend veranschaulicht werden:

Beispiel: *Händler U bestellt einen Fernseher beim Fabrikanten H und verkauft ihn im Fernabsatz weiter an den Verbraucher V. Der Fernseher ist mangelhaft. Zudem hat U eine veraltete Widerrufsbelehrung verwendet. V beschädigt den Fernseher bei einem Hockeyspiel im Wohnzimmer erheblich, widerruft anschließend jedoch fristgerecht den Kaufvertrag.*

U kann wegen der fehlerhaften Widerrufsbelehrung von V keinen Wertersatz verlangen, muss jedoch, wenn er wegen der Mangelhaftigkeit des Fernsehers selbst gegenüber H Gewährleistungsrechte geltend macht, für den Wertverlust des Fernsehers nach § 346 Abs. 2 S. 1 Nr. 3 BGB, unter Umständen in Verbindung mit § 439 Abs. 4 BGB, einstehen.

Inwieweit sich U in einer solchen Konstellation auf § 346 Abs. 3 S. 1 Nr. 3 BGB berufen könnte oder sich das Verhalten des V analog § 278 BGB zurechnen lassen muss, ist unklar.[80] Die besseren Argumente sprechen für eine Zurechnung. Die Weiterveräußerung der Kaufsache durch den Händler war schließlich von vornherein geplant, und es war daher für beide Parteien ersichtlich, dass es bei einer mangelhaften Leistung des Herstellers zu einer hintereinander geschalteten Regresskette kommen würde. So wie im Rahmen dieser Kette die Gewährleistungshaftung für die Mangelhaftigkeit der Sache weitergetragen wird, müssen auch die jeweiligen Gegenansprüche wegen der Beschädigung der Ware weitergereicht werden können. Alles andere würde zu einer erheblichen Störung der vertraglichen Äquivalenz im Rahmen des Rückabwicklungsschuldverhältnisses führen. Dabei ist auch zu bedenken, dass dem Händler in der Regel direkte vertragliche Ersatzansprüche gegen den Verbraucher zustehen, während dieses beim Hersteller grds. nicht der Fall ist.[81] Entgegen der Ansicht von *Kaiser*[82] kann es für die Einstandspflicht des Händlers gegenüber dem Hersteller daher auch nicht darauf ankommen, ob er im Zeitpunkt der Weiterveräußerung Kenntnis von der Mangelhaftigkeit der Ware hatte.

Gegen eine Weiterreichung des Schadens von U an H spricht im vorliegenden Fall allerdings, dass U es aufgrund der Verwendung der veralteten Widerrufsbelehrung selbst zu verantworten hat, dass er keinen Wertersatz

---

80 Vgl. JurisPK/*Faust* (Fn. 58), § 346 Rn. 78; Staudinger/*Kaiser* (Fn. 10), § 346 Rn. 211, 236 mwN.

81 Es ließe sich insoweit allenfalls über eine Drittschadensliquidation nachdecken, wobei die Voraussetzung der Zufälligkeit der Schadensverlagerung zweifelhaft wäre, vgl. *Looschelders*, Schuldrecht – Allgemeiner Teil, 10. Aufl. 2012, Rn. 941 ff.; *Bredemeyer*, JA 2012, 102. Da im Zeitpunkt der Schädigung V und nicht H Eigentümer der Sache ist, scheiden deliktische Ansprüche mangels geschützten Rechtsgutes aus.

82 Staudinger/*Kaiser* (Fn. 10), § 346 Rn. 236.

von V erhält. H für dieses Risiko einstehen zu lassen, obwohl er auf die von U gewählte Vertriebsform keinerlei Einfluss hat, erscheint unbillig. Anders als im Nacherfüllungsfall (s. o. F.I.) kommt insoweit eine entsprechende Anwendung des § 478 Abs. 2 BGB daher letztlich nicht in Betracht. Es fehlt an der Vergleichbarkeit der Interessenlagen.

Ungereimtheiten können in der Regresskette auch dann auftreten, wenn der Händler aus anderen Gründen als dem einer fehlenden Widerrufsbelehrung vom Verbraucher nach § 357 Abs. 7 BGB zwar keinen Wertersatz verlangen kann, gleichwohl aber gegenüber dem Hersteller nach den Gewährleistungsregelungen ersatzpflichtig bleibt. Hier sollte und kann bereits durch eine weitgehende Angleichung der Wertersatzpflichten nach Rücktritt, Nacherfüllung und Widerruf entgegengewirkt werden (s. o. E.III.).

G. Zusammenfassung der Ergebnisse

Thema dieser Abhandlung waren sowohl die Grenzen des Ausschlusses von Nutzungsersatzansprüchen bei Widerruf und Nacherfüllung zum Schutz von Verbrauchern als auch die daraus resultierenden Konsequenzen im Rahmen einer Lieferkette. Folgende Erkenntnisse konnten gewonnen werden:

1. § 474 Abs. 5 S. 1 BGB enthält keinen umfassenden Ausschluss von Wert- und Schadensersatzansprüchen des Unternehmers gegen den Verbraucher.
2. Bei der Frage, inwieweit solche Ansprüche neben dem Ausschluss von Nutzungsersatz noch möglich sind, kann auf die parallelen Wertungen des EBV und insbesondere auf die Figur der Übermaßfrucht zurückgegriffen werden.
3. Legt man diesen Maßstab zu Grunde, ergibt sich, dass Wertersatzansprüche aus § 346 Abs. 2 S. 1 Nr. 1 u. 3 BGB grds. gesperrt werden, Ersatzansprüche nach § 346 Abs. 2 S. 1 Nr. 2 BGB hingegen bestehen bleiben. Auch Schadensersatzansprüche bei einer Nutzung der Kaufsache nach Kenntnis von ihrer Mangelhaftigkeit gem. §§ 439 Abs. 4, 346 Abs. 4, 280 Abs. 1 BGB erfasst der Ausschluss nicht.
4. Die Regelung von Wertersatzansprüchen in § 357 Abs. 7 BGB enthält eine planwidrige Lücke, die durch eine analoge Anwendung der § 346 Abs. 2 S. 1 Nr. 2 BGB und §§ 346 Abs. 4, 280 Abs. 1 BGB zu schließen ist.
5. Negative Auswirkungen der Verbraucherschutzvorschriften für einen (Zwischen-)Händler im Rahmen einer Lieferkette können durch eine extensive Auslegung des § 478 Abs. 2 BGB und die Gewährung eines Schadensersatzanspruchs nach §§ 433, 434, 437 Nr. 3, 280 Abs. 1 BGB vermieden werden.

Diese Ergebnisse beruhen dabei auch auf dem Versuch, einheitliche Wertungsmaßstäbe und Grundsätze für den Nutzungsersatz zu entwickeln. Die in diesem Bereich aufgrund der mitunter parallelen Anwendung verschiedener Rückabwicklungssysteme ohnehin bestehende Vielfalt, um nicht zu sagen Widersprüchlichkeit, muss als unbefriedigend empfunden werden.[83] Gesichtspunkte des Verbraucherschutzes sollten eine Sonderbehandlung nur insoweit rechtfertigen, wie dieses durch die eigentliche Intention des Gesetzgebers gedeckt ist. Bei der momentanen Gesetzeslage besteht jedoch vielfach die Gefahr, dass diese Intention missverstanden und dem Verbraucher eine Begünstigung eingeräumt wird, die weit über das ursprüngliche Ziel hinausreicht. Im Rahmen einer Lieferkette können dadurch nachhaltige Störungen im Vertragsnetzwerk auftreten, die sich mit handwerklichem Geschick aber wohl doch wieder beheben lassen.

Zum Abschluss bleibt gleichwohl die Frage, ob sich der Nutzungsersatz *de lege ferenda* nicht insgesamt wesentlich einfacher, komprimierter und auch widerspruchsfreier regeln lässt. Als Orientierungshilfe könnten hier unter Umständen auch die Regelungen in Art. 84 Abs. 2 CISG[84] oder in Art. 174 des Entwurfs für ein Gemeinsames Europäisches Kaufrecht dienen.[85]

---

[83] Siehe Fn. 84.
[84] Siehe Staudinger/*Magnus*, CISG (2013), Art. 84 Rn. 14 ff.
[85] Zu dieser allerdings auch nicht unproblematischen Regelung siehe *Lehmann*, in: Schulze, Common European Sales Law – Commentary, 2012, Art. 174 Rn. 1 ff.; sehr kritisch *Wendehorst*, in: Remien/Herrler/Limmer, Gemeinsames Europäisches Kaufrecht für die EU?, 2012, S. 189, 198; zur Regelung des Nutzungs- und Wertersatzes im Draft Common Frame of Reference (DCFR) siehe *Martens*, AcP 210 (2010), 689, 708 ff.

Der Binnendurchgriff im Franchisesystem
Nina Marie Güttler[*]

Inhalt

A.	**Einführung in die Vertragsnetzdiskussion**	70
B.	**Problemstellung des Binnendurchgriffs**	72
I.	Systemrichtlinienunterschreitung bei Burger King als Beispielsfall	72
II.	Untersuchungsfrage	73
C.	**Das Franchisesystem als Unternehmensvertragsnetz**	75
I.	Wesensmerkmal: einheitlicher Netzzweck	75
	1. Inhalt des einheitlichen Netzzwecks	76
	2. Rechtsnatur des einheitlichen Netzzwecks	78
II.	Außengrenzen des Unternehmensvertragsnetzes	79
III.	Abgrenzung von anderen Formen wirtschaftlicher Kooperation	79
	1. Gesellschaft	79
	2. Unverbundene Verträge	80
D.	**Die Sonderbeziehung der Franchisenehmer**	81
I.	Verbindung durch den einheitlichen Netzzweck	81
II.	Hybridcharakter *versus* Dichotomie	82
III.	Divergenz von Verantwortung und Haftung	82
E.	**Dogmatische Begründung des Binnendurchgriffs**	84
I.	Relativität der Schuldverhältnisse als Grundsatz	84
II.	Funktionale Legitimation des Binnendurchgriffs	85
III.	Der Vertrag mit Schutzwirkung zugunsten Dritter	85
	1. Entwicklung des Vertrags mit Schutzwirkung zugunsten Dritter	86
	2. Voraussetzungen des Vertrags mit Schutzwirkung zugunsten Dritter	87
	a) Schutzbedürftigkeit	87
	b) Erkennbare Leistungs- und Gläubigernähe	87
	3. Ergebnis	89
F.	**Zusammenfassung**	90
G.	**Thesen**	90

---

[*] Max-Planck-Institut für ausländisches und internationales Privatrecht, Hamburg.

„Du Netzwerk behauptest, Du könntest Beziehungen führen.
Aber das kannst Du überhaupt nicht. Du bist zu viele."
René Pollesch, Kill your Darlings! Streets of Berladelphia, 2014.[1]

A. Einführung in die Vertragsnetzdiskussion

In der Ökonomik und Soziologie sind Netzwerke bekannte und weit verbreitete Untersuchungsgegenstände. Wirtschaftswissenschaftliche und soziologische Studien erkennen in Netzwerken eigenständige Formen wirtschaftlicher Koordination, die sich sowohl von einem freien Vertragsschluss am Markt als auch von hierarchischen Organisationen unterscheiden.[2] Verglichen mit der Verbreitung der Netzwerkdiskussion in den Sozialwissenschaften und entgegen der sektorenunabhängig fortschreitenden Verbreitung von Vernetzungen in der wirtschaftlichen Praxis fristet die Diskussion über Vertragsrechte in der Privatrechtswissenschaft ein Nischendasein.[3] Auf der juristischen Landkarte der Vertragsnetze sind erst wenige der vielgestaltigen Phänomene und der sich stellenden Fragen kartographiert.[4]

Der Zugriff auf die Vertragsnetzdiskussion wird aufgrund der Vielfalt verwendeter Begriffe erschwert, die zudem selten klar abgegrenzt sind. Begriffe wie Netzwerk, Vertragsnetz, Vertragskette, Vertragsverbindung oder Vertragsgruppe, um nur einige zu nennen, fungieren regelmäßig als Sammelbegriff für verschiedenartige Mehrheiten von Verträgen. Der gemeinsame Nenner dieser Vertragsmehrheiten ist allein, dass die einzelnen Verträge in

---

[1] *Pollesch*, Kill your Darlings! Streets of Berladelphia, in: Kill Your Darlings, Stücke, Reinbek 2014.

[2] Maßgeblich *Williamson*, Transaction-Cost Economics: The Governance of Contractual Relations, Journal of Law & Economics, 22 (1979), 233 ff.; *ders.*, The Economic Institutions of Capitalism: Firms, Markets, Relational Contracting, 1985; *ders.*, Comparative Economic Organization: The Analysis of Discrete Structural Alternatives, Administrative Science Quarterly, 36 (1991), 269 ff.; *Ménard*, The Economics of Hybrid Organizations, Journal of Institutional and Theoretical Economics, 160 (2004), 345 ff. m. w. N. In der Soziologie insbesondere *Powell*, Neither Market nor Hierarchy: Network Forms of Organization, in: Cummings/Staw (eds.), Readings in Organizational Behavior, 1990, pp. 295 ff.; *ders.*, Weder Markt noch Hierarchie: Netzwerkartige Organisationsformen, in: Kenis/Schneider (Hrsg.), Organisation und Netzwerk: Institutionelle Steuerung in Wirtschaft und Politik, 1996, S. 213 ff. Vgl. auch *Weyer* (Hrsg.), Soziale Netzwerke: Konzepte und Methoden der sozialwissenschaftlichen Netzwerkforschung, 2000, sowie die 2. Aufl. 2011.

[3] *Grundmann*, AcP 207 (2007), 718, 721 f.; *ders.*, Thema, Theorien und Kontext, Diskussion (zu Kapitel 17: Zwischen Vertrag und Gesellschaft), in: Grundmann/Micklitz/Renner (Hrsg.), Privatrechtstheorie, Band II, 2015, S. 1293.

[4] Deutschsprachige Hauptwerke sind insbesondere *Teubner*, Netzwerk als Vertragsverbund: Virtuelle Unternehmen, Franchising, Just-in-time in sozialwissenschaftlicher und juristischer Sicht, 2004; *Rohe*, Netzverträge – Rechtsprobleme komplexer Vertragsverbindungen, 1998; *Lange*, Das Recht der Netzwerke – Moderne Formen der Zusammenarbeit in Produktion und Vertrieb, 1998.

einem gewissen, nicht näher bestimmten Zusammenhang stehen. Unter den Begriffen werden somit unterschiedlichste Ausprägungen des in der wirtschaftlichen Praxis weit verbreiteten Phänomens „Vertragsnetz" vereint.[5] Dies gilt etwa für finanzierte Abzahlungskäufe, das Finanzierungsleasing, verbundene oder zusammenhängende Verbraucherverträge, Lieferketten und akzessorische Verträge ebenso wie für Unternehmenskooperationen in Form von Just-in-time-Produktionen, Franchising- oder Vertragshändlersystemen.

Um die vielgestaltigen Vertragsmehrheiten in ihrem Charakter als Vertragsnetzphänomene juristisch zu erfassen, ist es erforderlich, sich genauer mit den Verbindungen zwischen den einzelnen Verträgen und Beteiligten zu befassen. Nur so lassen sich Vertragsnetze von ähnlichen juristischen Formen einerseits und unverbundenen Verträgen andererseits unterscheiden. Im juristischen Untersuchungskontext ist dabei der Begriff des „Vertragsnetzes" vorzugswürdig, da er die zugrunde liegenden Verträge im Namen abbildet und insoweit konkreter ist als etwa der Begriff „Netzwerk". Gleichzeitig ist der Begriff des „Vertragsnetzes" noch nicht auf eine bestimmte dogmatische Figur festgelegt wie etwa der Begriff des „Netzvertrages", der in den Sozialwissenschaften verbreitet ist.[6]

Der Beitrag möchte anhand der konkreten Problemstellung des Binnendurchgriffs im Franchisesystem Herausforderungen aufzeigen, die das Phänomen der Unternehmensvertragsnetze an die Zivilrechtsdogmatik stellt, und einen Vorschlag zu ihrer Lösung unterbreiten.[7] Hierzu wird nach einem einleitenden Beispielsfall und der Formulierung der Untersuchungsfrage ein Begriffsverständnis von Unternehmensvertragsnetzen vorgestellt, das das Verständnis einer in einem gewissen Zusammenhang stehenden Vertragsmehrheit präzisiert und nur eine Teilmenge der Vertragsnetzphänomene erfasst. Gleichzeitig bildet es die Grundlage der dogmatischen Analyse eines Binnendurchgriffs im Franchisesystem als Unternehmensvertragsnetz.

---

5 Allein in Franchisesystemen erwirtschafteten in Deutschland im Jahr 2014 nach Angaben des Deutschen Franchise-Verbands e. V. 1075 Unternehmen wie TUI, McDonalds, Burger King, die Schülerhilfe, Kamps, Apollo-Optik, Avis oder Hotelketten und Floristen mit insgesamt rund 72.000 Franchisenehmern einen Umsatz von 73,4 Mrd. Euro jährlich, abrufbar unter http://www.franchiseverband.com/presse-und-information/presse/franchise-statistiken/, zuletzt abgerufen am 31.10.2015.

6 *Rohe*, Netzverträge (Fn. 4), der eine eigene Kategorie der „Netzverträge" zur juristischen Erfassung von Vertragsmehrheiten als multilaterale Netzverträge erarbeitet, vgl. näher unten Fn. 74.

7 Franchising wird dabei in seiner klassischen Ausprägung als Subordinationsfranchising verstanden, wie es etwa in der Systemgastronomie verbreitet ist.

B. Problemstellung des Binnendurchgriffs

In der juristischen Vertragsnetzdiskussion können drei Kategorien sich stellender Fragen unterschieden werden.[8] Die Frage nach einem Binnendurchgriff im Franchisesystem betrifft den Fragenkreis möglicher Netzwirkungen auf die Rechtsbeziehungen zwischen vertraglich nicht verbundenen Beteiligten des gleichen Vertragsnetzes. Die anderen zwei Fragekategorien erörtern demgegenüber zum einen mögliche Netzwirkungen auf das bilaterale Vertragsverhältnis der unmittelbaren Vertragspartner im Vertragsnetz und zum anderen mögliche Wirkungen von Vertragsnetzen als potenzieller Haftungsverband oder haftungsvermittelnder Verband gegenüber Außenstehenden.

I. Systemrichtlinienunterschreitung bei Burger King als Beispielsfall

„Ekel-Alarm bei Burger King"[9] – so titelte im vergangenen Jahr gewohnt plakativ die Boulevardpresse und fast identisch FAZ.NET mit „Dramen vom Grill: Hygiene-Skandal bei Burger King"[10]. Der auf verdeckte Recherchen von Günter Wallraff zurückgehenden Berichterstattung zufolge tauschte ein Burger-King-Franchisenehmer in seinen Schnellrestaurants regelmäßig Haltbarkeitsetikettierungen von Lebensmitteln wie Fleisch und Salat aus.[11] Entgegen der für alle Burger-King-Franchisenehmer geltenden Systemrichtlinien lagerte er die verderblichen Lebensmittel zudem mehr als doppelt so lange wie vorgeschrieben ungekühlt in der Küche. Ziel des die Systemricht-

---

8 Vgl. *Teubner*, Netzwerk als Vertragsverbund (Fn. 4), S. 142 ff., 173 ff., 204 ff.; *Schacherreiter*, Das Franchise-Paradox, 2006, S. 240 f. *Uribe*, Linked Contracts: Elements for a general regulation, in: Samoy/Loos (Hrsg.), Linked Contracts, 2012, S. 153, 161 f. unterteilt nur in zwei Fragekategorien: Wirkungen auf Vertragsnetzbeteiligte und Wirkungen auf Dritte.

9 Bild.de, „Ekel-Alarm bei Burger King", 30.4.2014, abrufbar unter http://www.bild.de/geld/wirtschaft/burger-king/schlimme-hygiene-verhaeltnisse-bei-burger-king-franchise-nehmer-35745778.bild.html, zuletzt abgerufen am 11.11.2015.

10 FAZ.NET, Rhein-Main, Wirtschaft, „Dramen vom Grill: Hygiene-Skandal bei Burger King", 14.5.2014, abrufbar unter http://www.faz.net/aktuell/rhein-main/wirtschaft/dramen-vom-grill-hygiene-skandal-bei-burger-king-12938230.html, zuletzt abgerufen am 11.11.2015; Frankfurter Allgemeine Zeitung, „Dramen vom Grill", 14.5.2014, Nr. 111, S. 33.

11 Ähnliche Berichte über Systemrichtlinienunterschreitungen finden sich auch für Franchisenehmer anderer Franchisegeber. Zuletzt wurde in der Presse über Neuetikettierungen verderblicher Lebensmittel bei dem Systemgastronomieunternehmen Vapiano berichtet, das in Deutschland neben 27 eigenen Filialen in Joint Ventures und von Franchisenehmern geführten Restaurants organisiert ist, vgl. etwa WELT.de, Wirtschaft, „Ich habe oft vergammelte Sachen gesehen", 4.11.2015, abrufbar unter http://www.welt.de/wirtschaft/article148454065/Ich-habe-oft-vergammelte-Sachen-gesehen.html; NDR.de, „Hat Vapiano seinen Gästen Gammel-Pasta serviert?", 1.11.2015, abrufbar unter https://www.ndr.de/nachrichten/niedersachsen/hannover_weser-leinegebiet/Hat-Vapiano-seinen-Gaesten-Gammel-Pasta-serviert,vapiano100.html, beide zuletzt abgerufen am 11.11.2015.

linien unterschreitenden Franchisenehmers war es, die eigene Gewinnmarge durch Kosteneinsparungen zu vergrößern. Als die Praxis und ihre Folgen in der Presse bekannt wurden, resultierte dies in anhaltend spürbaren Umsatzeinbußen auch anderer Burger-King-Franchisenehmer.[12] Für den Franchisegeber waren die Verstöße bei seinen sorgfaltsgemäß durchgeführten Kontrollen nicht erkennbar.[13]

II. Untersuchungsfrage

Der Fall eines die Systemrichtlinien unterschreitenden Franchisenehmers zeigt beispielhaft die Abhängigkeiten im Unternehmensvertragsnetz auf. Sie beschränken sich nicht auf die vertraglichen Beziehungen, die im Franchisesystem in Form bilateraler Verträge allein zwischen dem Franchisegeber und den Franchisenehmern verlaufen. Auch jenseits der direkten vertraglichen Beziehungen treten gegenseitige Abhängigkeiten und eine gesteigerte Schadensanfälligkeit im Franchisesystem zu Tage.

Erleiden die Franchisenehmer wie im Beispielsfall aufgrund einer Systemrichtlinienunterschreitung eines anderen Franchisenehmers einen Schaden, stellt sich die Frage nach möglichen Schadensersatzansprüchen. Hier liegt es zunächst nahe, die Rechtsbeziehung eines geschädigten Franchisenehmers zu seinem Vertragspartner, dem Franchisegeber, zu betrachten. Als Anknüpfungspunkt für eine Haftung des Franchisegebers für die von dem Franchisenehmer erlittenen Vermögenschäden kommen einzig verletzte Überwachungs- und Kontrollpflichten des Franchisegebers in Betracht. Überwachungsrechte und -pflichten des Franchisegebers finden sich regelmäßig in den bilateral abgeschlossenen Franchiseverträgen, allerdings nur in Bezug auf ein systemrichtliniengetreues Verhalten des konkreten Franchisenehmers als Vertragspartner.[14] Für eine Haftung des Franchisegebers wegen der erlittenen Umsatzeinbußen wäre somit vorab zu prüfen, ob eine Verletzung der vertraglich im bilateralen Verhältnis mit dem schädigenden Franchisenehmer vereinbarten Kontrollpflichten auch eine Nebenpflicht-

---

12 Süddeutsche.de, Wirtschaft, „Burger-King-Chef beklagt Umsatzeinbußen", 8.5.2014, abrufbar unter http://www.sueddeutsche.de/wirtschaft/nach-wallraff-enthuellungen-burger-king-chef-beklagt-umsatz-einbusse-1.1954915; FAZ.NET, Wirtschaft, „Nach Hygiene-Skandal: Den Deutschen vergeht der Appetit auf Burger King", 8.5.2014, abrufbar unter http://www.faz.net/aktuell/wirtschaft/unternehmen/burger-king-muss-nach-tv-bericht-umsatzeinbussen-hinnehmen-12929032.html, beide zuletzt abgerufen am 11.11.2015.

13 Inwieweit dem Franchisegeber Burger King im konkreten Fall eine Verletzung seiner Kontrollpflicht vorzuwerfen und nachzuweisen ist, geht aus den öffentlich zugänglichen Quellen nicht eindeutig hervor. Grundsätzlich sind Neuetikettierungen in Kontrollen kaum festzustellen, vgl. das Zitat eines Mitarbeiters des Frankfurter Ordnungsamtes in dem Artikel auf WELT.de v. 4.11.2015 (Fn. 13). Für die folgende Untersuchung wird von einem pflichtgemäßen Verhalten des Franchisegebers ausgegangen.

14 Vgl. etwa Hopt/*Emde*, Vertrags- und Formularbuch, 4. Aufl. 2013, Form I.G.4, Franchise-Vertrag, S. 68, § 7 Abs. 4.

verletzung gegenüber dem geschädigten Franchisenehmer darstellt.[15] Im Beispielsfall waren die Systemrichtlinienunterschreitungen des Franchisenehmers für den Franchisegeber bei seinen sorgfaltsgemäß ausgeführten Überwachungspflichten nicht erkennbar. Damit scheidet die Möglichkeit der geschädigten Franchisenehmer, ihren Schaden bei ihrem Vertragspartner, dem Franchisegeber, zu liquidieren, schon mangels einer Pflichtverletzung des Franchisegebers aus.[16]

Die Frage der Liquidation ihrer Umsatzeinbußen fokussiert sich für die geschädigten Franchisenehmer damit auf den für die Systemrichtlinienunterschreitungen verantwortlichen Franchisenehmer. Fallkonstellationen wie der Beispielsfall zeigen dabei das praktische Bedürfnis nach Direktansprüchen zwischen Franchisenehmern auf, die über jene des Rechts der unerlaubten Handlungen hinausgehen. Grund hierfür ist, dass es sich bei den auftretenden Schäden regelmäßig um reine Vermögensschäden handelt, die über § 823 Abs. 1 BGB nicht zu ersetzen sind.[17] Für einen Anspruch aus § 826 BGB sind vom beweisbelasteten Geschädigten eine sittenwidrige Schadenszufügung und ein entsprechender Schädigungsvorsatz darzulegen.[18] Im Beispielsfall des die Systemrichtlinien unterschreitenden Franchisenehmers stellt sich seine gegenüber dem Franchisegeber begangene Vertragsbrüchigkeit nicht als objektiv sittenwidrig i. S. d. § 826 BGB[19] gegenüber dem geschädigten Franchisenehmer als Drittem dar.[20] Zweifelhaft

---

15 Verneint man dies, wäre bei Vorliegen einer Kontrollpflichtverletzung des Franchisegebers noch an einen Anspruch eines geschädigten Franchisenehmers gegen den Franchisegeber auf Abtretung eines im Wege der Drittschadensliquidation vervollständigten Anspruchs des Franchisegebers gegen den schädigenden Franchisenehmer zu denken. Ein solcher scheidet jedoch aus, da es sich bei den erlittenen Umsatzeinbußen der Franchisenehmer gerade nicht um einen nach Vertragsschluss zufällig verlagerten Schaden handelt. Eine solche zufällige Schadensverlagerung ist nach ständiger Rechtsprechung Voraussetzung der Rechtsfigur der Drittschadensliquidation, BGHZ 181, 12, 27 Rn. 45; Staudinger/*Olzen*, BGB, Buch 2: Recht der Schuldverhältnisse, §§ 241–243, 15. Aufl. 2015, Einleitung zum Schuldrecht Rn. 217.
16 Eine Zurechnung des schädigenden Franchisenehmerverhaltens gemäß § 278 BGB gegenüber dem Franchisegeber scheidet aus, da der schädigende Franchisenehmer nicht Erfüllungsgehilfe des Franchisegebers ist.
17 BGHZ 41, 123, 126 f. = NJW 1964, 720, 722; BGH NJW 2015, 1174, 1175 Rn. 15; Palandt/*Sprau*, BGB, 74. Aufl. 2015, § 823 Rn. 2, 11. Ansprüche aus § 823 Abs. 2 und § 824 BGB sind ebenfalls erkennbar nicht gegeben.
18 MüKoBGB/*Wagner*, 6. Aufl. 2013, § 826 Rn. 43 m. w. N.; Palandt/*Sprau*, BGB, 74. Aufl. 2015, § 826 Rn. 3 ff. m. w. N.
19 Ausgehend von RGZ 48, 114, 124 ist hierfür nach der Rechtsprechung das „Anstandsgefühl aller billig und gerecht Denkenden" maßgeblich. Vgl. zu abweichenden Konzepten in der Literatur MüKoBGB/*Wagner*, 6. Aufl. 2013, § 826 Rn. 10 ff. m. w. N.
20 *Wellenhofer*, KritV 89 (2006), 187, 203 f. erwägt eine Haftung nach § 826 BGB bei schwerwiegenden Verstößen unter Berücksichtigung spezifischer Verhaltenserwartungen im Netz. Dogmatisch erscheint es fragwürdig, eine erhöhte deliktische Verantwortlichkeit gerade über die Verbindung vertraglicher Strukturen zu einem Vertragsnetz (vgl. unten C.) zu begründen, aus

ist zudem das Vorliegen eines Schädigungsvorsatzes, da es dem Franchisenehmer für seinen eigenen Gewinnvorteil und um selbst keinen Schaden zu erleiden, schon gerade darauf ankommt, die Systemrichtlinienunterschreitung dauerhaft geheim zu halten. Insoweit fehlt es dem auf das Ausbleiben eines Schadens Hoffenden und Vertrauenden an der Willenskomponente einer billigenden Inkaufnahme des Schadens, die den bedingten Vorsatz von einer nur bewussten Fahrlässigkeit abgrenzt.[21] Mangels deliktischer Ansprüche im nichtvertraglichen Franchiseverhältnis stellt sich somit mit besonderer Dringlichkeit die Frage nach einem Binnendurchgriff in Form außerdeliktischer Direktansprüche auf Ersatz erlittener Vermögensschäden. Diese Frage steht im Zentrum der vorliegenden Untersuchung.

C. Das Franchisesystem als Unternehmensvertragsnetz

Die Franchisenehmer sind als Vertragspartner eines Franchisegebers Parteien des gleichen Franchisesystems. Für die Frage des Binnendurchgriffs zwischen den Franchisenehmern sind zunächst Struktur und Grundlagen dieses Franchisesystems als Unternehmensvertragsnetz mit einheitlichem Netzzweck im Gesamten in den Blick zu nehmen. Auf diesem Fundament können im Anschluss die rechtliche Erfassung des Franchisenehmerverhältnisses und die dogmatische Begründung eines Binnendurchgriffs aufbauen.

I. Wesensmerkmal: einheitlicher Netzzweck

Franchisesysteme wie etwa die Systemgastronomie im Beispielsfall qualifizieren sich als Unternehmensvertragsnetze mit einheitlichen Netzweck. Solche komplexen Unternehmensvertragsnetze können durch die Beteiligung von mindestens drei Unternehmen entstehen, die untereinander Verträge schließen.[22] In aller Regel bestehen nicht zwischen allen Beteiligten direkte vertragliche Verbindungen. Mindestens ein Beteiligter ist jedoch mit mehr als nur einem anderen Beteiligten vertraglich verbunden. Beim Franchising ist dies der Franchisegeber, der bilaterale Franchiseverträge mit den Franchisenehmern abschließt.

Dass Unternehmen untereinander Verträge schließen, ist allein jedoch nicht hinreichend, um ein Unternehmensvertragsnetz mit einheitlichem

---

der sich erhöhte Schadensrisiken ergeben (vgl. unten D. I.), vgl. auch *Teubner*, Netzwerk als Vertragsverbund (Fn. 4), S. 196.
21 BGH NJW 1988, 2794, 2797; MüKoBGB/*Wagner*, 6. Aufl. 2013, § 826 Rn. 26.
22 Bei Unternehmenskooperationen von nur zwei beteiligten Unternehmen entsteht kein Unternehmensvertragsnetz, bei dem sich Fragen eines Binnendurchgriffs zwischen vertraglich nicht verbundenen Beteiligten stellen können. Fragen können hier nur hinsichtlich des Zusammenhangs mehrerer bilateraler Verträge zwischen den beiden Unternehmen bzw. nach einer möglichen gemeinsamen Außenhaftung aufkommen.

Netzzweck zu formen. Vertragsschlüsse zwischen Unternehmen bilden die Grundlage des täglichen geschäftlichen Verkehrs. In den meisten Fällen handelt es sich um unverbundene Vertragsabschlüsse, durch die Unternehmen am Markt teilnehmen. Über die Mehrzahl bilateraler Verträge und beteiligter Unternehmen hinaus muss deshalb als entscheidendes Wesensmerkmal eines Unternehmensvertragsnetzes ein einheitlicher Netzzweck hinzutreten, der die bilateralen Verträge und Beteiligten über Vertragsgrenzen hinaus verbindet.[23] Insoweit ist in der vertragsnetzrechtlichen Literatur, so sehr sie sich im Einzelnen in der methodischen Herangehensweise und dem Verständnis von Vertragsnetzen auch unterscheidet, allgemeine Zustimmung zu konstatieren.[24] Der einheitliche Netzzweck ist die zentrale Schaltstelle, um die Außengrenzen eines Unternehmensvertragsnetzes zu bestimmen und Unternehmensvertragsnetze von anderen Kooperationsformen und unverbundenen Verträgen abzugrenzen.

1. Inhalt des einheitlichen Netzzwecks

Der Inhalt des einheitlichen Netzzwecks ist eine in aller Regel wirtschaftliche Zielsetzung der beteiligten Unternehmen, die sie zum koordinierten Zusammenwirken motiviert.[25] Hierbei spielt die Effizienz der Transaktionsform zur Kostensenkung regelmäßig die zentrale Rolle.[26] Beim Franchising ist der die Beteiligten einende Netzzweck der Wille, Teil eines funktionierenden und profitablen Franchisesystems zu sein.[27] Erst das Franchisesystem ermöglicht, Effizienzvorteile am Markt unter einer einheitlichen Geschäftsbezeichnung zu nutzen und ist Voraussetzung für den Erfolg aller Beteiligten.[28] So kommt es dem Franchisenehmer bei seinem Vertragsab-

---

23 Terminologisch findet sich für den einheitlichen Netzzweck eine ähnliche Vielfalt an Alternativbegriffen wie für den Begriff des Vertragsnetzes. *Rohe*, Netzverträge (Fn. 4), S. 65, wählt den Begriff „Vertragszweck"; *Teubner*, ZHR 168 (2004), 78, 84 f., spricht vom „Verbundzweck" oder „Netzzweck" in Abgrenzung zum „Vertragszweck" des Austauschvertrags und mit Verweis auf die Theorien Martineks vom „Systemzweck". Der Begriff „Netzzweck" ist einerseits wegen seiner Spezifität vorzugswürdig, andererseits zeichnet er sich dadurch aus, dass er – anders als beispielsweise der „Verbundzweck" – noch nicht mit der Zugehörigkeit zu einer bestimmten dogmatischen Rechtsfigur belegt ist. Mit *Rohe*, Netzverträge (Fn. 4), S. 67, ist die Charakterisierung des Netzzwecks als „einheitlich" gegenüber einer Beschreibung als „gemeinsam" vorzuziehen, um vom Zweck i. S. d. § 705 BGB abzugrenzen, dennoch aber die insoweit übereinstimmende Zielsetzung im Vertragsnetz zu betonen.
24 *Uribe*, Linked Contracts (Fn. 8), S. 153, 159; *Grundmann*, AcP 207 (2007), 718, 720 f. Fn. 3 m. w. N.; *Wellenhofer*, KritV 89 (2006), 187, 188; *Teubner*, ZHR 168 (2004), 78, 85 Fn. 24 m. w. N.; *Rohe*, Netzverträge (Fn. 4), S. 65 ff., 492.
25 *Schimansky*, Der Franchisevertrag nach deutschem und niederländischem Recht, 2003, S. 114; *Uribe*, Linked Contracts (Fn. 8), S. 153, 159.
26 *Rohe*, Netzverträge (Fn. 4), S. 65.
27 *Wellenhofer*, KritV 89 (2006), 187, 188 mit weiteren Beispielen.
28 *Heldt*, Baukooperation und Franchising als multilaterale Sonderverbindung, 2010, S. 169; *Wellenhofer*, KritV 89 (2006), 187, 192.

schluss nicht nur darauf an, in eine Austauschverpflichtung mit dem Franchisegeber zu treten, sondern vor allem auch darauf, Teil eines gewinnbringenden Franchisesystems zu werden.[29] Dieser einheitliche Netzzweck flankiert und ergänzt den Zweck der einzelnen Verträge zum Leistungsaustausch um eine allen Beteiligten gemeine Ausrichtung auf das Unternehmensvertragsnetz als funktionierendes Gesamtsystem.[30] Nur durch die Einbettung in das Unternehmensvertragsnetz erfüllt sich der wirtschaftliche Sinn des einzelnen Vertrages.[31] Gleichzeitig sind die einzelnen bilateralen Verträge Existenzvoraussetzung des Franchisesystems.

In den auf *von Jhering*, *Beyerle* und *Würdinger* zurückgehenden Dreiklang von Interessengegensatz (Austauschvertrag), einseitiger Interessenwahrung (etwa Treuhand, Auftrag) und Interessenverbindung (Gesellschaft) als Grundformen privatautonomer Handlungsmöglichkeiten[32] lässt sich die Interessenstruktur der Unternehmensvertragsnetzbeteiligten nicht ausschließlich einordnen. Die Gleichzeitigkeit von austauschvertraglichem, individualorientiertem Zweck und dem einheitlichen, kollektiv verfolgten Netzzweck lässt sich allein als Zwischenkategorie oder Kombination der Kategorien abbilden.[33] *Rohe* benennt für Vertragsnetze deshalb eine vierte Kategorie der partiell gegenseitigen Interessenwahrung/-verbindung.[34]

Das Vorliegen eines einheitlichen Netzzwecks ergibt sich häufig ausdrücklich aus einzelnen Regelungen in den bilateral geschlossenen Verträgen.[35] Daneben geht das Vorliegen eines einheitlichen Netzzwecks typischerweise aus wechselseitigen Bezugnahmen der bilateralen Verträge aufeinander bzw. auf das zu bildende Unternehmensvertragsnetz hervor.[36] Franchiseverträge etwa enthalten in ihren einheitlichen Allgemeinen Geschäftsbedingungen für das Gesamtsystem standardisierte Vorgaben, die

---

29 *Giesler/Güntzel*, in: Giesler (Hrsg.), Praxishandbuch Vertriebsrecht, 2. Aufl. 2011, § 4 Rn. 111 ff.
30 *Rohe*, Netzverträge (Fn. 4), S. 65: „partieller einheitlicher – von allen Beteiligten zu realisierender – Vertragszweck", auch S. 492. *Teubner*, ZHR 186 (2004), 78, 86; *ders.*, Netzwerk als Vertragsverbund (Fn. 4), S. 70: „Simultanpräsenz von individueller Zweckverfolgung und gemeinschaftlicher Zweckverfolgung".
31 *Heldt*, Baukooperation und Franchising als multilaterale Sonderverbindung (Fn. 28), S. 13.
32 *Von Jhering*, Der Zweck im Recht, Bd. 1, 2. Aufl. 1884, S. 214; *Beyerle*, Die Treuhand im Grundriß des Deutschen Privatrechts, 1932, S. 16 ff.; *Würdinger*, Gesellschaften, 1. Teil Recht der Personengesellschaften, 1937, S. 10 ff. Vgl. auch *Schaub*, Sponsoring und andere Verträge zur Förderung überindividueller Zwecke, S. 200 ff. m. w. N.; *Teubner*, Netzwerk als Vertragsverbund (Fn. 4), S. 95; *Martinek*, RabelsZ 63 (1999), 769 f.; *Schnauder*, Das Recht der Geschäftsbesorgung beim Vertrieb von Kapitalanlagen und Kreditvertragsprodukten, S. 15.
33 *Wellenhofer*, KritV 2006, 187, 188: „Zwischenstellung", „Spannungsverhältnis von Systembindung einerseits und von Autonomie, Eigenzweckverfolgung und Rivalität andererseits" *Rohe*, Netzverträge (Fn. 4), S. 67.
34 *Rohe*, Netzverträge (Fn. 4), S. 67, 492. Siehe auch schon *Möschel*, AcP 186 (1986), 187, 223.
35 Vgl. unten C. I. 2.
36 Vgl. *Teubner*, Netzwerk als Vertragsverbund (Fn. 4), S. 117 f.

einen einheitlichen Außenauftritt und Qualitätsstandards unter der gleichen Geschäftsbezeichnung sichern sollen.[37] Eine Verweisung auf das Unternehmensvertragsnetz als Gesamtes beinhaltet auch die Verpflichtung des Franchisegebers zu zentralen Werbekampagnen.[38]

2. Rechtsnatur des einheitlichen Netzzwecks

Die Rechtsnatur des einheitlichen Netzzwecks ist für Unternehmensvertragsnetze wie dem Franchising nur vereinzelt besprochen. Für ein Verständnis von Unternehmensvertragsnetzen mit einheitlichen Netzwerken, das ihren Platz im dogmatischen Gefüge etablieren und als tragfähige Grundlage für die Beziehung der vertraglich nicht verbundenen Beteiligten eines Unternehmensvertragsnetzes dienen soll, ist die Rechtsnatur des Netzzwecks jedoch von hoher Relevanz.[39]

Entscheidend für die Bestimmung der Rechtsnatur ist, dass die Vertragsparteien bei Vertragsschluss die Existenz des Unternehmensvertragsnetzes mitdenken und ihr Wille darauf gerichtet ist, Teil des nur als Gesamtheit funktionierenden Konstrukts zu sein. In den zahlreichen vertraglich vereinbarten Pflichten der Franchisenehmer, insbesondere zur Führung ihres Betriebs nach den einheitlichen Systemrichtlinien, zeigt sich eine auf das Gesamtkonstrukt ausgerichtete Systemförderpflicht.[40] Die Franchiseverträge enthalten zudem regelmäßig eine ausdrückliche Verpflichtung der Franchisenehmer, die vertraglichen Regelungen auch im Interesse des Franchisesystems einzuhalten und alles zu unterlassen, was sich auf den Ruf und Namen des Systems nachteilig auswirken könnte.[41] So entsteht eine aus Parteisicht bewusste Verknüpfung der einzelnen Verträge zu einem Unternehmensvertragsnetz mit einheitlichem Netzzweck. Damit ist der einheitliche Netzzweck, der den Austauschvertragszweck ergänzt, nicht etwa bloße

---

37 *Giesler/Güntzel* (Fn. 29); vgl. *Teubner,* Netzwerk als Vertragsverbund (Fn. 4), S. 118 f.; *ders.,* Coincidentia oppositorum: Das Recht der Netzwerke jenseits von Vertrag und Organisation, in: Amstutz (Hrsg.), Vernetzte Wirtschaft, 2004, S. 9, 30.
38 *Emde,* Vertriebsrecht, 3. Aufl. 2014, Vor § 84 Rn. 448, S. 325; *Giesler/Güntzel* (Fn. 29), § 4 Rn. 151.
39 *Grundmann,* AcP 207 (2007), 718, 729 f.: „ohne Klarheit, wie denn der Netzzweck dogmatisch zu fassen ist, sind eine Einbindung in ein tradiertes Wertungssystem und Rechtssicherheit nicht möglich".
40 Vgl. *Giesler/Güntzel* (Fn. 29), § 4 Rn. 190 ff.; *Wellenhofer,* KritV 89 (2006), 187, 194.
41 Hopt/*Emde,* Vertrags- und Formularbuch, 4. Aufl. 2013, Form I.G.4, Franchise-Vertrag, S. 64. Vgl. auch *Hesselink/Rutgers/Bueno Díaz/Scotton/Veldman* (Hrsg.), Principles of European Law – Commercial Agency, Franchise and Distribution Contracts (PEL CAFDC), 2006, Art. 3:303 Abs. 3, der die Franchisenehmer dazu verpflichtet, „angemessene Anstrengungen [zu] unternehmen, um dem Franchisenetzwerk keinen Schaden zuzufügen" sowie inhaltsgleich *von Bar/Clive* (eds.), Definitions and Model Rules of European Law – Draft Common Frame of Reference (DCFR), Full Edition, Volume 3, 2009, Art. IV.E. – 4:303 Abs. 3 DCFR: „The franchisee must take reasonable care not to harm the franchise network".

Geschäftsgrundlage,⁴² sondern vielmehr Vertragsinhalt der bilateralen Verträge zwischen dem Franchisegeber und den Franchisenehmern.⁴³

II. Außengrenzen des Unternehmensvertragsnetzes

Eine Auseinandersetzung mit der Frage der Außengrenzen eines Vertragsnetzes unterbleibt zumeist, wodurch sich die Vielfalt der beschriebenen Vertragsnetze und ihres Zuschnitts weiter erhöht. Beispielhaft zeigt sich dies beim bargeldlosen Zahlungsverkehr, wo sich die Frage stellt, ob Schuldner und Gläubiger des einzelnen Zahlungsvorgangs Teil des Vertragsnetzes sind.

Richtigerweise sind die Außengrenzen von Vertragsnetzen entsprechend ihrem spezifischen Netzzweck zu bestimmen.⁴⁴ Beim Franchising etwa ist der Endabnehmer nicht Teil des Unternehmensvertragsnetzes, da der einheitliche Netzzweck auf einen erfolgreichen Produktabsatz unter Ausnutzung der Effizienzvorteile des Franchisesystems gerichtet ist. Die Endabnehmer sind damit außerhalb des Unternehmensvertragsnetzes stehende Dritte.

III. Abgrenzung von anderen Formen wirtschaftlicher Kooperation

Das Verständnis von Unternehmensvertragsnetzen wie dem Franchising als Mehrheit von Unternehmen und zwischen ihnen geschlossenen Verträgen, die über einen einheitlichen Netzzweck verbunden sind, ermöglicht außerdem ihre Abgrenzung von einem Zusammenschluss zu einer Gesellschaft sowie von unverbundenen Verträgen. Entscheidend sind hierfür die bilateralen Verträge als Grundlage der Unternehmensvertragsnetze sowie der einheitliche Netzzweck, der weder dem „gemeinsamen Zweck" i. S. d. § 705 BGB noch dem Austauschzweck bilateraler Verträge entspricht.⁴⁵

1. Gesellschaft

Zu einem Zusammenschluss als Gesellschaft grenzen sich Unternehmensvertragsnetze wie das Franchising in mehreren Punkten ab.⁴⁶ Zunächst unterscheidet sich schon der einheitliche Zweck des Unternehmensver-

---

42 *Grundmann*, Vertragsnetz und Wegfall der Geschäftsgrundlage, in: FS Westermann 2008, S. 227, 235; *ders.*, AcP 207 (2007), 718, 742 f.
43 Vgl. *Möschel*, AcP 186 (1986), 187, 222; *Teubner*, Netzwerk als Vertragsverbund (Fn. 4), S. 106, 115 mit Verweis auf *Gernhuber*, Das Schuldverhältnis: Begründung und Änderung, Pflichten und Strukturen, Drittwirkungen, 1989, S. 470 ff.; *ders.*, Austausch und Kredit im rechtsgeschäftlichen Verbund – zur Lehre von den Vertragsverbindungen, in: FS für Larenz 1973, S. 455, 470 ff.
44 *Rohe*, Netzverträge (Fn. 4), S. 492, 495.
45 *Teubner/Aedtner*, KSzW 2015, 109, 110 m. w. N.
46 Ganz herrschende Meinung, vgl. *Rohe*, Netzverträge (Fn. 4), S. 416 m. w. N. Speziell für das Franchising *Giesler/Güntzel* (Fn. 29), § 4 Rn. 105 m. w. N.; *Pasderski*, in: Giesler/Nauschütt (Hrsg.), Franchiserecht, 2. Aufl. 2007, Kapitel 8 Rn. 6 ff., S. 594 ff. m. w. N. Zu den Regelungen der §§ 705 ff. BGB, die sämtlich abbedungen werden müssten, damit die Rechtsfolgen auf Vertragsnetze passen würden, *Grundmann*, AcP 207 (2007), 718, 728.

tragsnetzes vom „gemeinsamen Zweck" i. S. d. § 705 BGB des Gesellschaftsvertrages.[47] Der „gemeinsame Zweck" des § 705 BGB bildet den primären Vertragsgegenstand des Gesellschaftsvertrages.[48] Der einheitliche Netzzweck tritt hingegen nur ergänzend neben einen Austauschvertragszweck wie etwa den Leistungsaustauschzweck zwischen Franchisenehmer und Franchisegeber.[49] Zudem sind Interesse und Parteiwille der Netzmitglieder nicht auf den Zusammenschluss zu einer zumindest teilrechtsfähigen Rechtsperson oder die Bildung von Gesellschaftsvermögen gerichtet. Ihre Verbindung ist rein obligatorischer Natur.[50] Überdies trennt Unternehmensvertragsnetz und Gesellschaft jedenfalls ihre Grundlage, die einerseits in einer Mehrzahl bilateraler Verträge und andererseits in einem mehrseitigen Vertrag der Gesellschafter liegt.[51]

2. Unverbundene Verträge

Der Netzzweck ist es auch, der Unternehmensvertragsnetze von unverbundenen Verträgen abgrenzt. Beispiel für die unverbundene Leistungserbringung ist etwa der mehrgliedrige Absatz über Hersteller, Zwischenhändler und Letztverkäufer.[52] Hierbei handelt es sich um inhaltlich unverbundene, bloß hintereinandergeschaltete Verträge. Sie teilen sich das gleiche Vertragsobjekt, nicht jedoch einen einheitlichen Netzzweck. Dass die Erfüllung eines vorgeschalteten Vertrages Auswirkungen auf die Erfüllbarkeit eines nachgeschalteten Vertrages zeitigen kann, genügt für die Annahme eines Netzzwecks nicht.[53] Auch bei Parallelschuldverhältnissen, bei denen ein Rechtssubjekt mit mehreren Vertragspartnern parallel gleichartige Verträge abschließt, fehlt es grundsätzlich an einem einheitlichen Netzzweck. Ein bloß wiederholtes bzw. paralleles Verhalten lässt eine bewusste Verknüpfung der Verträge durch die Vertragspartner der bilateralen Verträge vermissen.

---

47 *Wellenhofer*, KritV 89 (2006), 187, 188; *Teubner/Aedtner*, KSzW 2015, 109, 110 m. w. N.; speziell zum Franchising *Schimansky*, Der Franchisevertrag (Fn. 25), S. 91 m. w. N.; differenzierend *Teubner*, Netzwerk als Vertragsverbund (Fn. 4), S. 69 f., 79, der im Ergebnis eine gesellschaftsrechtliche Qualifikation ebenfalls ablehnt.
48 *Wellenhofer*, KritV 89 (2006), 187, 188.
49 Siehe oben C. I. 1.
50 *Rohe*, Netzverträge (Fn. 4), S. 492.
51 Vgl. *Zwanzger*, Der mehrseitige Vertrag, 2013, S. 18 f. Dies gilt auch in Abgrenzung gegenüber einer bloßen Innengesellschaft. *Grundmann*, AcP 207 (2007), 718, 728 bezeichnet die Annahme eines Gesellschaftsvertrages als „Fiktion" und verweist zudem auf die für Vertragsnetze nicht passenden Rechtsfolgen der §§ 705 ff. BGB.
52 BGH NJW 1974, 1503, 1504; *Rohe*, Netzverträge (Fn. 4), S. 375.
53 In diesem Zusammenhang pauschal zu weitgehend *Wolf*, KritV 89 (2006), 253.

D. Die Sonderbeziehung der Franchisenehmer

Nachdem bislang das Franchisesystem als Gesamtes im Zentrum stand, fokussiert sich der Blick nun auf die Beziehung der Franchisenehmer untereinander. Die Franchisenehmer sind Beispiel für Parteien eines Unternehmensvertragsnetzes, die vertraglich nicht miteinander verbunden sind. Ihre Sonderbeziehung erklärt sich aus dem vorstehend erläuterten Verständnis des Franchisesystems als Unternehmensvertragsnetz mit einheitlichem Netzzweck.

I. Verbindung durch den einheitlichen Netzzweck

Die Sonderbeziehung der Franchisenehmer knüpft an die bewusste vertragliche Einbindung des einzelnen Franchisenehmers in das Franchise-Unternehmensvertragsnetz an. Die Franchisenehmer sind durch den einheitlichen Netzzweck miteinander verbunden, auf den sie sich vertraglich verpflichtet haben. Dieser einheitliche Netzzweck eines profitablen Franchisesystems ist das Vehikel für den Erfolg aller am Unternehmensvertragsnetz Beteiligten. Hieraus ergeben sich gegenseitige Abhängigkeiten und Wechselwirkungen.[54] Unterschreitet ein Franchisenehmer die Qualitätsstandards der einheitlichen Systemrichtlinien, treffen die Folgen dieser Leistungspflichtverletzung nicht nur den Franchisegeber als Vertragspartner des schädigenden Franchisenehmers, sondern – das zeigt etwa der Beispielsfall – auch die anderen Franchisenehmer. Die in den bilateralen Franchiseverträgen abgegebenen Versprechen zur Wahrung der einheitlichen Systemrichtlinien und des Interesses des Franchisesystems als Gesamtes entfalten ihre Wirkung gerade auch in dem Verhältnis der Franchisenehmer untereinander. Die bewusste Einbindung der Franchisenehmer in das Franchisesystem mit seinen gegenseitigen Wechselwirkungen zwischen den Franchisenehmern und die vertragliche Verpflichtung der Franchisenehmer zur Förderung des einheitlichen Netzzwecks begründen eine besondere Erwartungshaltung und ein gesteigertes Vertrauen zwischen den Franchisenehmern, die sich von einer Jedermannbeziehung klar unterscheiden. Die Franchise-

---

54 *Heldt*, Baukooperation und Franchising als multilaterale Sonderverbindung (Fn. 28), S. 169; *dies.*, KritV 89 (2006), 208, 211; *Rohe,* Netzverträge (Fn. 4), S. 415; vgl. auch die begleitende Kommentierung der Modellregeln des DCFR in *von Bar/Clive* (eds.), Definitions and Model Rules of European Law – Draft Common Frame of Reference (Fn. 43), Art. IV. E. – 4:205, Comments, C., S. 2407 („the achievement of the expected profit by a franchisee does not only depend on its isolated efforts to operate the franchise outlet but also depends on the business efforts of the other franchisees"); Art. IV. E. – 4:303, Comments, B., S. 2420 („protection of the network is essential both for franchisors and franchisees, who depend on the economic strength […] and who share a common interest in protecting the image and reputation of the franchise network"); Art. IV. E. – 4:303, Comments, D., S. 2420 („importance for the welfare of the franchise network to avoid any misbehavior on the part of the franchisees").

nehmer stehen demnach als Parteien des gleichen Unternehmensvertragsnetzes mit einheitlichem Netzzweck nicht in einer bloßen Jedermannbeziehung zueinander, obwohl sie keine Vertragspartner sind.

II. Hybridcharakter versus Dichotomie

Das Verhältnis der Franchisenehmer mit ihrer erhöhten gegenseitigen Abhängigkeit und Schadensanfälligkeit stellt sich als Mischform, als ein Hybrid dar, das sich weder als echtes Vertragsverhältnis noch als bloßes Jedermannbeziehung qualifiziert. Das Bürgerliche Recht ist hingegen grundsätzlich von Dichotomien im Sinne einer Entweder-oder-Zweiteilung geprägt. Im Verhältnis der vertraglich unverbundenen Parteien eines Unternehmensvertragsnetzes wie den Franchisenehmern ist die Dichotomie von Vertrag und Delikt relevant.[55] Entweder es besteht eine vertragliche Verbindung oder das Recht der unerlaubten Handlungen ist maßgeblich. Da die Franchisenehmer keine Vertragspartner sind, ist demnach grundsätzlich Deliktsrecht auf ihr Verhältnis anzuwenden. Mit der Anwendung des Rechts der unerlaubten Handlungen würde der hybride Charakter des Franchisenehmerverhältnisses als Mischform, die zwischen dem Verhältnis unmittelbarer Vertragspartner und einer bloßen Jedermannbeziehung angesiedelt ist, indes gänzlich ignoriert.

III. Divergenz von Verantwortung und Haftung

Der Gegensatz vom Hybridcharakter des Franchisenehmerverhältnisses und seiner der Dichotomie von Vertrag und Delikt folgenden deliktischen Behandlung wirkt auch im geschilderten Beispielsfall. In den erlittenen Schäden zeigen sich sowohl die besonderen Einwirkungsmöglichkeiten in der hybriden Sonderbeziehung als auch das praktische Bedürfnis nach Direktansprüchen zwischen den Franchisenehmern, die über das Deliktsrecht hinausgehen. Der schädigende Franchisenehmer wäre sonst wegen der Systemrichtlinienverletzung allein einem Anspruch des Franchisegebers aus dem Franchisevertrag ausgesetzt. In der Höhe ist dieser Anspruch gegen den Franchisegeber auf einen Bruchteil des tatsächlich im Unternehmensvertragsnetz entstandenen Schadens begrenzt, da der Franchisegeber allenfalls prozentual am Umsatz seiner Franchisenehmer beteiligt ist.[56] Die

---

55 Zur Dichotomie von Vertrag und Delikt: *Krebs*, Sonderverbindung und außerdeliktische Schutzpflichten, 2000, S. 47 ff. Dem in ökonomischen und soziologischen Untersuchungen etablierten Hybridcharakter von Unternehmensvertragsnetzen im Gesamten (vgl. oben A.) steht die Dichotomie von bilateralem Austauschvertrag und multilateralem (Geschäfts-)Vertrag als Regelungsregime gegenüber.

56 Vgl. Hopt/*Emde*, Vertrags- und Formularbuch (Fn. 41), S. 67, § 6 Abs. 2. Zu den verschiedenen vom Franchisenehmer an den Franchisegeber abzuführenden Gebühren, *Giesler/Güntzel* (Fn. 29), § 4 Rn. 230.

Umsatzeinbußen der anderen Franchisenehmer bleiben soweit unberücksichtigt.[57]

Ohne Haftung für derartige Systemrichtlinienunterschreitungen gegenüber den anderen Franchisenehmern bietet sich einem rein gewinnorientiert handelnden Franchisenehmer deshalb der Anreiz zu einem netzschädigenden Verhalten. Grund hierfür sind nachvertragliche Informationsasymmetrien im Unternehmensvertragsnetz, die das Verhalten der verschiedenen am Unternehmensvertragsnetz Beteiligten. Konkret besteht für den Einzelnen der Anreiz, seinen Profit durch eine Missachtung verpflichtender Systemrichtlinienvorgaben auf dem Rücken der anderen Franchisenehmer zu vergrößern, die den Ruf und Erfolg des Franchise-Unternehmensvertragsnetzes durch die Einhaltung der Systemvorgaben tragen. Dies folgt daraus, dass der Aussicht auf die gewinnmaximierende Kosteneinsparung, die dem Franchisenehmer voll zugutekommt, im Fall der Entdeckung nur ein Teilschadensrisiko gegenübersteht, da sich die Umsatzeinbußen – anders als in einem Unternehmen mit Filialsystem – auf die verschiedenen netzbeteiligten Unternehmen verteilen.[58] Diesem Ungleichgewicht von Gewinnchance und Schadensrisiko steht bei einer Behandlung des Franchisenehmerverhältnisses als Jedermannbeziehung kein entsprechendes Haftungsrisiko gegenüber, das den beschriebenen Moral Hazard zur Systemrichtlinienunterschreitung ausschlösse.[59] Wie maßgeblich Franchisenehmer in der Praxis unter wirtschaftlichem Druck der Versuchung zur Systemrichtlinienunterschreitung erliegen und dass eine Disziplinierung im vertikalen Verhältnis oftmals nicht durchgreift, zeigen Berichte über Systemrichtlinienunterschreitungen bei Franchisenehmern auch anderer Franchisegeber als Burger King.[60]

---

[57] Die Geltendmachung der bei den Franchisenehmern eingetretenen Umsatzeinbußen durch den Franchisegeber im Wege der Drittschadensliquidation scheidet aufgrund des Fehlens einer zufälligen Schadensverlagerung als Voraussetzung der Rechtsfigur der Drittschadensliquidation aus, BGHZ 181, 12, 27 Rn. 45; Staudinger/*Olzen*, BGB, Buch 2: Recht der Schuldverhältnisse, §§ 241–243, 15. Aufl. 2015, Einleitung zum Schuldrecht Rn. 217; vgl. schon oben B. II.

[58] *Klein/Saft*, The Law and Economics of Franchise Tying Contracts, Journal of Law and Economics, 28 (1985), 345, 349 ff.

[59] Siehe oben, C. Zum rechtsökonomischen Begriff des Moral Hazard als Problem von nachvertraglichem Opportunismus, *Parisi*, The Language of Law and Economics, 2013, S. 187 f.

[60] Vgl. oben Fn. 11. Die Disziplinierungswirkung einer drohenden Kündigung steht unter dem Vorbehalt des Vorliegens ihrer Wirksamkeitsvoraussetzungen. Zudem steht es in der Entscheidung des Franchisegebers, eine mögliche Kündigung tatsächlich auszusprechen, wofür Opportunitätsgesichtspunkte relevant werden können, vgl. *Teubner*, Netzwerk als Vertragsverbund (Fn. 4), S. 174 f. Zu den Problemen vertikaler Disziplinierungsmechanismen beim Franchising, *Klein/Saft*, The Law and Economics of Franchise Tying Contracts, Journal of Law and Economics, 28 (1985), 345, 351 ff.

E. Dogmatische Begründung des Binnendurchgriffs

Ein Binnendurchgriff zwischen den Franchisenehmern in Form außerdeliktischer Direktansprüche ist geeignet, dem beschriebenen Ungleichgewicht von Gewinnchance und Schadensrisiko ein ausgleichendes Haftungsrisiko entgegenzusetzen. Zudem vermag die Anerkennung von außerdeliktischen Direktansprüchen, die hybride Sonderbeziehung der Franchisenehmer als vertraglich nicht miteinander verbundene Parteien eines Unternehmensvertragsnetzes mit einheitlichem Netzzweck differenziert abzubilden.[61] Wie sich ein Binnendurchgriff aufgrund der Sonderbeziehung der Franchisenehmer aus der geltenden Dogmatik herleitet, wird im Folgenden am Beispiel des Burger-King-Falls erörtert. Hierbei kann auf bereits etablierte Einschränkungen einer strengen Dichotomie von Vertrag und Delikt zurückgegriffen werden.

I. Relativität der Schuldverhältnisse als Grundsatz

Gegen einen Binnendurchgriff im Franchisesystem scheint auf den ersten Blick der Grundsatz der Relativität der Schuldverhältnisse i. S. der Relativität der Rechtsgeschäftswirkungen[62] zu sprechen, in dem sich die Dichotomie von Vertrag und Delikt ausdrückt. Der Relativität der Rechtsgeschäftswirkungen zufolge gilt im nichtvertraglichen Franchisenehmerverhältnis Deliktsrecht, wonach ein Anspruch auf Ersatz der erlittenen Umsatzeinbußen als reine Vermögensschäden ausscheidet.[63]

Der Grundsatz der Relativität der Rechtsgeschäftswirkungen gilt im Privatrecht jedoch nicht als absolutes Prinzip.[64] Vielmehr ist er ein Grundsatz, der Abweichungen erlaubt, wo dies rechtsgeschäftliche oder gesetzliche Wertungen bedingen.[65] Vertragliche Wirkungen, die sich über die unmittelbaren Vertragspartner hinaus erstrecken, sind im deutschen Privatrechtssystem mittlerweile ebenso etabliert wie quasivertragliche Schuldverhältnisse, die ohne Vertragsschluss entstehen. Hierfür genügt ein Blick auf den Vertrag zugunsten Dritter in § 328 BGB und auf Entwicklungen in Rechtsprechung

---

[61] Zu der Begründung und den Voraussetzungen von Informationspflichten zwischen vertraglich nicht miteinander verbundenen Parteien in einem Vertragsnetzwerk wie dem Franchisesystem, *Hennemann*, Informationspflichten in Vertragsnetzwerken – Grundlagen, Reichweite und Ausgestaltung, in: Aichberger-Beig u. a. (Hrsg.), Vertrauen und Kontrolle im Privatrecht, 2011, S. 285 ff. Direktansprüche im Franchisenehmerverhältnis ablehnend insbesondere *Teubner* und *Rohe*, s. unten Fn. 74.

[62] Staudinger/*Olzen*, BGB, Buch 2: Recht der Schuldverhältnisse, §§ 241–243, 15. Aufl. 2015, § 241 Rn. 303.

[63] Siehe oben, B.II.

[64] HKK/*Michaels*, Band II, Schuldrecht: Allgemeiner Teil, 1. Teilband: vor § 241–§ 304, 2007, vor § 241 Rn. 22 m. w. N.; Palandt/*Grüneberg*, BGB, 74. Aufl. 2015, vor § 241 Rn. 5.

[65] Vgl. HKK/*Michaels* (Fn. 64), vor § 241 Rn. 68 f.

und Lehre wie den Vertrag mit Schutzwirkung zugunsten Dritter[66] sowie die mittlerweile auch in § 311 Abs. 2 BGB kodifizierte culpa in contrahendo[67] und die Eigenhaftung Dritter gemäß § 311 Abs. 3 BGB[68].

II. Funktionale Legitimation des Binnendurchgriffs

Eine Binnenhaftung in der Sonderbeziehung der Franchisenehmer stimmt in ihrer funktionalen Legitimation überein mit anderen von der Rechtsprechung anerkannten Fällen des Vertrags mit Schutzwirkung zugunsten Dritter und anderen quasivertraglichen Sonderverbindungen. Deren funktionale Legitimation liegt insbesondere darin, sonderverbindungsspezifisch erhöhte Einwirkungsmöglichkeiten auf Rechtsgüter zu kompensieren und damit den Zweck der Sonderverbindung zu fördern.[69] Dem entsprechen im Franchisenehmerverhältnis die gesteigerte Schadensanfälligkeit und die Förderung des einheitlichen Netzwecks durch den Binnendurchgriff. Der Binnendurchgriff fördert das Franchisesystem, indem er den bereits beschriebenen Moral Hazard ausschließt, der entsteht, wenn der Aussicht auf eine gewinnmaximierende Kosteneinsparung auf dem Rücken der anderen Franchisenehmer kein entsprechendes Schadens- oder Haftungsrisiko gegenübersteht.[70]

III. Der Vertrag mit Schutzwirkung zugunsten Dritter

Anknüpfend an die genannten etablierten Einschränkungen des Relativitätsgrundsatzes und die herausgearbeiteten Grundlagen der Sonderbeziehung der Franchisenehmer lassen sich Sonderpflichten und ein Binnendurchgriff im Franchise-Unternehmensvertragsnetz über den Vertrag mit Schutzwirkung zugunsten Dritter begründen. Die Schaffung neuer dogmatischer Kategorien ist somit nicht erforderlich.[71] Der Vertrag mit Schutzwirkung zuguns-

---

66 Staudinger/*Klumpp*, BGB, Buch 2: Recht der Schuldverhältnisse, §§ 328–345, 15. Aufl. 2015, § 328 Rn. 89 ff.; MüKoBGB/*Gottwald*, 7. Aufl. 2015, § 328 Rn. 164 ff.; Palandt/*Grüneberg* (Fn. 64), § 328 Rn. 13 ff.; HKK/*Harke*, Band II, Schuldrecht: Allgemeiner Teil, 2. Teilband: §§ 305–432, 2007, §§ 328–335 Rn. 121 ff.; *Papadimitropoulos*, Schuldverhältnisse mit Schutzwirkung zu Gunsten Dritter – Ein Erklärungsmodell für die Entstehung von Schutzpflichten gegenüber Dritten, 2007.
67 Staudinger/*Feldmann/Löwisch*, BGB, Buch 2: Recht der Schuldverhältnisse, §§ 311, 311a, 312, 312a-i, 16. Aufl. 2012, § 311 Rn. 96 ff.; MüKoBGB/*Emmerich*, 6. Aufl. 2012, § 311 Rn. 35 ff.; HKK/*Harke* (Fn. 66), § 311 II, III Rn. 2 ff.
68 MüKoBGB/*Emmerich*, 6. Aufl. 2012, § 311 Rn. 185 ff.; Staudinger/*Feldmann/Löwisch* (Fn. 67), § 311 Rn. 167 ff.
69 Näher zu der funktionalen Legitimation von Sonderverbindungen *Krebs*, Sonderverbindung und außerdeliktische Schutzpflichten (Fn. 55), S. 633 f.
70 Vgl. oben D. III.
71 Dogmatisch innovativ sind insbesondere die auf *Möschel*, AcP 186 (1986), 187, 211 zurückgehende und von *Rohe*, Netzverträge (Fn. 4) ausgebaute Kategorie des Netzvertrags sowie die des multilateralen Vertragsverbundes von *Teubner*, Netzwerk als Vertragsverbund (Fn. 4). Den für

ten Dritter ist ein kraft Richterrecht anerkanntes Rechtsinstitut, das die Grenzen des einzelnen zweipoligen Vertragsverhältnisses überwindet.[72] Bei Vorliegen der Voraussetzungen eines Vertrags mit Schutzwirkung zugunsten Dritter werden Dritte – hier also die anderen Franchisenehmer – in den Schutzbereich vertraglicher Pflichten einbezogen.[73] In der Folge kann der Dritte im Schadensfall einen eigenen Ersatzanspruch geltend machen.[74]

1. Entwicklung des Vertrags mit Schutzwirkung zugunsten Dritter

Die Entwicklung des Rechtsinstituts des Vertrags mit Schutzwirkung zugunsten Dritter begann Anfang des 20. Jahrhunderts mit der Rechtsprechung des Reichsgerichts und geht zurück auf den lückenhaften Deliktsrechtsschutz des Bürgerlichen Gesetzbuches, der sich von ausländischen Rechtsordnungen unterscheidet.[75] Als Ausgleich der Schwächen des deutschen Deliktsrechts hat sich der Vertrag mit Schutzwirkung zugunsten Dritter gegenüber einer alternativ vorgeschlagenen Fortbildung des Deliktsrechts durchgesetzt.[76] Stand bei der reichsgerichtlichen Rechtsprechung noch die Ausweitung der Schutzwirkung von Verträgen im Fürsorgeverhältnis im Vordergrund, dehnte der Bundesgerichtshof den Anwendungsbereich des Vertrags mit Schutzwirkung zugunsten Dritter kontinuierlich aus.[77]

---

einen Netzvertrag als multilateralem Vertrag zwischen allen Netzmitgliedern erforderlichen Vertragsschluss konstruiert *Rohe* über konkludente Bevollmächtigungen. Einen Binnendurchgriff im Franchisenehmerverhältnis lehnt *Rohe*, Netzverträge (Fn. 4), S. 436, ab, erörtert allerdings nur nachvertragliche Pflichtverletzungen, bei denen der einheitliche Netzzweck nicht mehr betroffen sei. *Teubner*, Netzwerk als Vertragsverbund (Fn. 4), S. 190, kritisiert *Rohes* Ausschluss von Direktansprüchen in hierarchischen Vertragsnetzen und etabliert seinerseits den Vertragsverbund als pflichtenbegründende Sonderverbindung, in der bei Verletzung von „Netzpflichten" grundsätzlich multilateral auch zwischen vertraglich Unverbundenen gehaftet wird. Für hierarchisch strukturierte Franchisesysteme schränkt *Teubner*, Netzwerk als Vertragsverbund (Fn. 4), S. 197 ff. die Rechtsfolgen jedoch dahingehend ein, dass nur eine subsidiäre Prozessstandschaft auf Einhaltung der Systemstandards im Falle der Untätigkeit des Franchisegebers möglich sein soll.

72 HKK/*Vogenauer*, Band II, Schuldrecht: Allgemeiner Teil, 2. Teilband: §§ 305–432, 2007, §§ 328–335 Rn. 121 ff.; Staudinger/*Klumpp* (Fn. 66), § 328 Rn. 90 ff.
73 Dies gilt sowohl für Schutz- als auch (Haupt-)Leistungspflichten, Staudinger/*Klumpp* (Fn. 66), § 328 Rn. 113 ff.
74 Statt aller MüKoBGB/*Gottwald* (Fn. 66), § 328 Rn. 189 m. w. N.
75 HKK/*Vogenauer*, (Fn. 72), §§ 328–335 Rn. 121 f.; *Kötz*, Europäisches Vertragsrecht, 2. Aufl. 2015, S. 480 f.; *Zweigert*/*Kötz*, Einführung in die Rechtsvergleichung, 3. Aufl. 1996, § 34 II, S. 458 ff., § 40, S. 597 ff. Zur Entstehungsgeschichte des Vertrags mit Schutzwirkung zugunsten Dritter, *Hirth*, Die Entwicklung der Rechtsprechung zum Vertrag mit Schutzwirkung zugunsten Dritter in ihrer Bedeutung für den Ausgleich von Drittschäden im Zahlungsverkehr, 1991; *Lakenberg*, Kinder, Kranke, Küchenhilfen – Wie das Reichsgericht nach 1900 die Schutzwirkung von Verträgen zugunsten Dritter erweiterte, 2014.
76 Staudinger/*Klumpp* (Fn. 66), § 328 Rn. 93 f. m. w. N.
77 HKK/*Vogenauer* (Fn. 72), §§ 328–335 Rn. 122 f.; Staudinger/*Klumpp* (Fn. 66), § 328 Rn. 117 ff. m. w. N.

2. Voraussetzungen des Vertrags mit Schutzwirkung zugunsten Dritter

Voraussetzungen dafür, dass der bilaterale Franchisevertrag zwischen dem Franchisegeber und dem schädigenden Franchisenehmer Schutzwirkung zugunsten anderer Franchisenehmer entfaltet, sind nach der Rechtsprechung zum Vertrag mit Schutzwirkung zugunsten Dritter eine Schutzbedürftigkeit sowie eine erkennbare Leistungs- und Gläubigernähe der anderen Franchisenehmer.[78]

a) Schutzbedürftigkeit

Eine Schutzbedürftigkeit eines anderen Franchisenehmers ist zu bejahen, wenn ihm als Dritten kein eigener gleichwertiger, in der Regel vertraglicher Anspruch zusteht, der nach seinem Inhalt mit einem möglichen Anspruch aus Vertrag mit Schutzwirkung zugunsten Dritter übereinstimmt.[79] Im Beispielsfall der durch Umsatzeinbußen geschädigten Franchisenehmer kann der einzelne Franchisenehmer weder einen vertraglichen noch einen deliktischen Anspruch auf Ersatz seiner erlittenen Umsatzeinbußen gegen den schädigenden Franchisenehmer geltend machen.[80] Auch ein Anspruch gegen den Franchisegeber scheidet aus,[81] sodass eine Schutzbedürftigkeit des aufgrund der Systemrichtlinienunterschreitung geschädigten Franchisenehmers mangels eines eigenen gleichwertigen Anspruchs vorliegt.

b) Erkennbare Leistungs- und Gläubigernähe

Weiterhin sind auch eine erkennbare Leistungsnähe und Gläubigernähe der geschädigten Franchisenehmer gegeben. Sowohl ihre Nähe zur Leistung als auch ihre Nähe zum Franchisegeber als Gläubiger des schädigenden Franchisenehmers sind im Franchisesystem als Unternehmensvertragsnetz mit einheitlichem Netzweck von vornherein angelegt. Die bestimmungsgemäße und nicht nur zufällige Leistungsnähe der Franchisenehmer folgt daraus, dass dem Zusammenschluss zu einem Franchise-Unternehmensvertragsnetz mit einheitlichem Netzweck wechselseitige Rückwirkungen der jeweiligen Leistungserbringung gerade immanent sind.[82] Die Verletzung von Pflichten wie der Systemrichtlinieneinhaltung, zu denen sich jeder

---

[78] Staudinger/*Klumpp* (Fn. 66), § 328 Rn. 109 ff. m. w. N.; MüKoBGB*Gottwald* (Fn. 28) § 328 Rn. 180 ff.; Palandt/*Grüneberg* (Fn. 64), § 328 Rn. 15 ff.

[79] BGH NJW 2004, 3630, 3632; Staudinger/*Klumpp* (Fn. 66), § 328 Rn. 124 f. m. w. N., das Bestehen deliktischer Ansprüche hindert die Annahme einer Schutzbedürftigkeit nicht.

[80] S. hierzu näher oben B. II.

[81] Dem Franchisegeber ist im Beispielsfall weder eine eigene Sorgfaltspflichtverletzung vorzuwerfen noch ist eine Zurechnung des schuldhaften Franchisenehmerverhaltens über § 278 BGB möglich, da der Franchisenehmer nicht als Erfüllungsgehilfe des Franchisegebers tätig geworden ist, s. oben B. II.

[82] *Heldt*, Baukooperation und Franchising als multilaterale Sonderverbindung (Fn. 28), S. 169. Im Fall bloß paralleler Vertragsverhältnisse, vgl. oben C. III. 2., S. 9, ist hingegen keine Leistungsnähe gegeben, BGHZ 133, 168; Staudinger/*Klumpp* (Fn. 66), § 328 Rn. 114 m. w. N.

Franchisenehmer im bilateralen Vertrag mit dem Franchisegeber verpflichtet, gefährdet im Franchise-Unternehmensvertragsnetz nicht nur den leistungsberechtigten Franchisegeber als Gläubiger. Vom spezifischen Risikozusammenhang der Leistungserbringung sind darüber hinaus die anderen Franchisenehmer als Dritte erfasst.[83] Aufgrund des hohen Vereinheitlichungsgrades einschließlich eines gemeinsamen Marketingkonzepts und Außenauftritts speist sich die Erwartungshaltung und Qualitätseinschätzung potenzieller Vertragspartner eines Franchisenehmers nicht allein aus dem Verhalten des einzelnen Franchisenehmers.[84] Vielmehr ziehen etwa Verbraucher im Beispielsfall der Systemgastronomie Rückschlüsse über einzelne Franchisenehmer hinaus auf das konkrete Franchisesystem als Gesamtes mit allen beteiligten Franchisenehmern. Darauf, die Vorteile dieser Wechselwirkung zu nutzen, ist das Unternehmensvertragsnetz ausgerichtet. Kehrseite ist jedoch auch eine entsprechende Abhängigkeit und Schadensanfälligkeit, womit eine erkennbare bestimmungsgemäße Leistungsnähe der anderen Franchisenehmer begründet werden kann.[85] Hiervon sind in einem auf Expansion angelegten Franchisesystem auch die später hinzukommenden Franchisenehmer erfasst. Die genaue Zahl sowie die Namen der geschützten Dritten müssen dem Schutzpflichtigen nicht bekannt sein.[86]

Eine Gläubigernähe, also ein Interesse des Franchisegebers am Schutz seiner anderen Franchisenehmer, ergibt sich ebenfalls aus der Einbindung des einzelnen Vertrags in das Franchise-Unternehmensvertragsnetz mit einheitlichem Netzwzeck. Denn Voraussetzung für den wirtschaftlichen Erfolg des Franchisegebers ist ein funktionierendes und profitables Franchisesystem, an dem alle beteiligten Franchisenehmer mitwirken. Insoweit kann auf die Ausführungen zum Franchisesystem als Unternehmensvertragsnetz mit einheitlichem Netzwzeck und seine systemimmanenten Wechselwirkungen verwiesen werden.[87] Aus der Bedeutung der einzelnen Franchisenehmer für die Verwirklichung des einheitlichen Netzwzecks und der vertraglich eingegangenen Verpflichtung aller Beteiligten auf eben diesen einheitlichen Netzwzeck der Wahrung und Förderung des Franchisesystems, folgt ein

---

83 Vgl. schon oben D. I. Umfängliche Nachweise zur Ausformung der bestimmungsgemäßen Leistungsnähe durch die Rechtsprechung bei Staudinger/*Klumpp* (Fn. 65), § 328 Rn. 111.

84 *Klein/Saft*, The Law and Economics of Franchise Tying Contracts, Journal of Law and Economics, 28 (1985), 345, 349 f.

85 Vgl. oben D. I. *Wellenhofer*, KritV 89 (2006), 187, 200 f. lehnt Ansprüche vertraglich nicht verbundener Netzmitglieder über den Vertrag mit Schutzwirkung zugunsten Dritter unter Hinweis auf eine fehlende räumliche Nähe ab, beschreibt aber auch die bewusste Inkaufnahme der gesteigerten Abhängigkeit im Netz (S. 204).

86 BGHZ 127, 378, 381 = NJW 1995, 392. Entscheidendes Kriterium ist die Kalkulierbarkeit des Risikos bei Vertragsschluss, um sich gegebenenfalls versichern zu können. BGHZ 159, 1 Rn. 26 = NJW 2004, 3035, 3038.

87 Vgl. oben C. I.; D. I.; E. III. 2. b..

Schutzinteresse des Franchisegebers, das für alle Beteiligten erkennbar die anderen Franchisenehmer einschließt.

3. Ergebnis

Im Beispielsfall kann dementsprechend ein Anspruch der geschädigten Franchisenehmer auf Ersatz ihrer Umsatzeinbußen gegen den die Systemrichtlinien unterschreitenden Franchisenehmer aus dem Franchisevertrag i. V. m. den Grundsätzen des Vertrags mit Schutzwirkung zugunsten Dritter und § 280 Abs. 1 BGB begründet werden. Mit der Rechtsfigur des Vertrags mit Schutzwirkung zugunsten Dritter wird die vertragsähnliche Sonderbeziehung der Franchisenehmer im Unternehmensvertragsnetz angemessen abgebildet.[88] Der Einwand einer ungerechtfertigten Schadenskumulation beim schädigenden Franchisenehmer, die durch eine Gewährung außerdeliktischer Binnenansprüche der geschädigten Franchisenehmer eintrete,[89] trägt nicht. Vielmehr entspricht die Haftung des für die Systemrichtlinienverletzung verantwortlichen Franchisenehmers im Beispielsfall einer Vertragsgerechtigkeit, die den Zusammenhang der Franchiseverträge und die Sonderbeziehung der beteiligten Franchisenehmer erkennt und die Bedeutung der Versprechen im Franchisesystem als Unternehmensvertragsnetz mit allseitiger Verpflichtung auf einen einheitlichen Netzzweck berücksichtigt. Grundlagen der Haftung aus dem einzelnen Franchisevertrag i. V. m. den Grundsätzen des Vertrags mit Schutzwirkung zugunsten Dritter sind die vertraglichen Pflichten aller Franchisenehmer zur Systemrichtlinieneinhaltung und zur Ausrichtung auf das Interesse des Gesamtsystems. Die etablierten richterrechtlich festgelegten Voraussetzungen des Vertrags mit Schutzwirkung zugunsten Dritter – Schutzbedürftigkeit sowie erkennbare Leistungs- und Gläubigernähe des Dritten – sind der Wertungsmaßstab für die Entscheidung, ob eine Einbeziehung Dritter stattfindet. Liegen die Voraussetzungen vor, folgt hieraus die Rechtfertigung eigener Schadensersatzansprüche gegen den aus dem Vertrag Verpflichteten. Alle Franchisenehmer eines Franchise-Unternehmensvertragsnetzes sind zudem jeweils sowohl potenzielle Anspruchsinhaber als auch potenzielle Anspruchsgegner eines auf einen Franchisevertrag i. V. m. den Grundsätzen des Vertrags mit Schutzwirkung zugunsten Dritter und § 280 Abs. 1 BGB gestützten Schadensersatzanspruchs.

---

88 A. A. *Teubner*, Netzwerk als Vertragsverbund (Fn. 4), S. 191 f., der den Drittschutzvertrag wegen der gegenseitigen Handlungsverflechtungen als nicht „netzwerkadäquat" einstuft (anders noch *ders.*, KritV 8 (1993), 367, 385 f.), einen Rückgriff der Rechtsprechung auf den Vertrag mit Schutzwirkung zugunsten Dritter für Fälle notwendiger Binnendurchgriffe aber für wahrscheinlich hält. Vgl. *Lange*, Das Recht der Netzwerke (Fn. 4), S. 198 ff. zur Behandlung von Just-in-time-Zuliefervereinbarungen als Vertrag mit Schutzwirkung zugunsten Dritter.

89 *Rohe*, Netzverträge (Fn. 4), S. 437.

F. Zusammenfassung

Am Beispiel des Binnendurchgriffs im Franchisesystem zeigen sich die Herausforderungen, die das hybride Phänomen der Unternehmensvertragsnetze mit einheitlichem Netzwerk an die Zivilrechtsdogmatik stellt. Eine der Dichotomie von Vertrag und Delikt verhaftete Behandlung der Rechtsverhältnisse zwischen vertraglich nicht verbundenen Parteien eines Unternehmensvertragsnetzes mit einheitlichem Netzwerk wird den sich stellenden Anforderungen nicht gerecht. Erst das Verständnis des Franchisesystems als Unternehmensvertragsnetz mit einheitlichem Netzzweck legt die Grundlagen des Franchisenehmerverhältnisses offen. Die Franchisenehmer sind durch ihre vertragliche Verpflichtung auf den einheitlichen Netzzweck eines insgesamt funktionierenden und profitablen Franchisesystems verbunden, das Voraussetzung für den Erfolg aller ist. Aufgrund der bewussten Einbindung in das Franchisesystem mit seinen gegenseitigen Wechselwirkungen und erhöhten Schadensanfälligkeiten, die mit einer gesteigerten Erwartungshaltung einhergehen, stehen die Franchisenehmer in einer über ein Jedermannverhältnis weit hinausreichenden hybriden Sonderbeziehung. In der Sonderbeziehung bestehende außerdeliktische Direktansprüche sind dogmatisch über den Franchisevertrag als Vertrag mit Schutzwirkung zugunsten Dritter herzuleiten. Die erforderliche erkennbare Leistungs- und Gläubigernähe der Franchisenehmer sind im Franchisesystem als Unternehmensvertragsnetz mit einheitlichem Netzzweck gerade angelegt. Somit lässt sich im Beispielsfall der Systemrichtlinienunterschreitung ein Anspruch eines in der Folge durch Umsatzeinbußen geschädigten Franchisenehmers gegen den schädigenden Franchisenehmer aus dem Franchisevertrag i. V. m. den Grundsätzen des Vertrags mit Schutzwirkung zugunsten Dritter und § 280 Abs. 1 BGB begründen. Neuer Rechtsinstitute speziell für Unternehmensvertragsnetze mit einheitlichem Netzwerk wie dem Franchising bedarf es insoweit nicht.

G. Thesen

1. Franchisesysteme als Unternehmensvertragsnetze entstehen durch eine Mehrheit bilateraler Verträge mit einheitlichem Netzzweck zwischen mindestens drei Unternehmen. Wenigstens eines der Unternehmen ist dabei mit mehr als einem der anderen beteiligten Unternehmen vertraglich verbunden.
2. Beim einheitlichen Netzzweck handelt es sich um eine regelmäßig wirtschaftliche Zielsetzung aller Unternehmen eines Vertragsnetzes, die den Austauschvertragszweck der bilateralen Verträge um eine reziproke Ausrichtung auf das Gesamtsystem ergänzt, um nur gemeinsam zu erreichende Vorteile zu realisieren.

3. Der einheitliche Netzzweck ist Vertragsinhalt der bilateralen Verträge.
4. Zwischen den vertraglich nicht miteinander verbundenen Franchisenehmern innerhalb eines Franchise-Unternehmensvertragsnetzes besteht eine von einem deliktsrechtlichen Jedermannverhältnis abweichende Sonderbeziehung. Sie folgt aus der Verpflichtung der einzelnen Franchisenehmer auf den einheitlichen Netzzweck und ist durch eine gesteigerte gegenseitige Anhängigkeit und Schadensanfälligkeit gekennzeichnet.
5. In der vertragsähnlichen Sonderbeziehung der Franchisenehmer im Franchise-Unternehmensvertragsnetz mit einheitlichem Netzzweck ist ein Binnendurchgriff auf Grundlage des einzelnen Franchisevertrags i. V. m. den Grundsätzen des Vertrags mit Schutzwirkung zugunsten Dritter und § 280 Abs. 1 BGB möglich.

Einfluss der ökonomischen Praxis auf das Recht: Fernhandelsnetzwerke im klassischen römischen Recht

Susanne Heinemeyer[*]

Inhalt

A.	Einleitung	93
B.	**Begriff des Netzwerks**	95
I.	Historische Netzwerkforschung	95
II.	Netzwerkforschung in der römischen Rechtsgeschichte?	96
C.	**Ausgangsbedingungen im 3. und 2. Jahrhundert v. Chr.**	98
I.	Wirtschaftliche Faktoren	98
II.	Rechtliche Ausgangsbedingungen	99
III.	Netzwerkansatz	100
	1. Internes und externes Netzwerk	100
	2. Die Bedeutung des Sonderguts des Sklaven (*peculium*) im internen Netzwerk	102
D.	**Entwicklung des Rechts**	103
I.	Die Rolle des Prätors	103
II.	Prätorische Rechtsfortbildung: Anerkennung der adjektizischen Klagen	105
E.	**Die rechtliche Dimension von Netzwerken am Beispiel der Reederklage *(actio exercitoria)***	106
I.	Seefahrt und Seehandel	107
II.	Voraussetzungen der Reederklage	108
III.	Personen, die am Seehandel beteiligt sind	109
IV.	Netzwerkansatz	112
F.	**Haftung für das Handeln von Gewaltunterworfenen im Geschäftsverkehr: Stellvertretung im römischen Recht?**	113
I.	Struktur der Reederklage	113
II.	Netzwerkansatz	114
G.	**Fazit und Ausblick**	115

A. Einleitung

Das römische Recht bildet noch heute die Grundlage der modernen Rechtsordnungen. Die Stadt Rom hatte sich über Jahrhunderte zu einem der größ-

---

[*] Dr. jur., Johannes Gutenberg Universität Mainz.

ten Imperien der Weltgeschichte entwickelt, und während dieser Expansion mussten die rechtlichen Rahmenbedingungen immer wieder den Entwicklungen und Bedürfnissen von Staat und Gesellschaft angepasst werden. Erst im 6. Jahrhundert n. Chr. ließ Kaiser Justinian das römische Recht kodifizieren, und der Rückgriff auf dieses Kodifikationswerk im 11. Jahrhundert n. Chr. bildet den Ausgangspunkt der umfassenden Rezeption des römischen Rechts. Weil sein hoher Abstraktionsgrad die Anwendung auf unterschiedliche Gesellschafts-, Staats- und Wirtschaftsformen ermöglichte, wurde vor allem das römische Privatrecht in großem Umfang in den folgenden historischen Epochen rezipiert und fand so Eingang besonders in die kontinental-europäischen Zivilrechtskodifikationen.[1]

Unter dem ersten römischen Kaiser Augustus (27 v. Chr.–14 n. Chr.) begann eine gemeinhin als *pax Augusta* bezeichnete Friedens- und Stabilitätsperiode, die bis weit in das 2. nachchristliche Jahrhundert reichte und die Bürgerkriege endgültig beendete.[2] Es wurden dauerhafte Institutionen geschaffen, etwa im Militärwesen, in der Verwaltung, in der Rechtsprechung und in der einheitlichen Organisation der Provinzen, deren Romanisierung rasch voranschritt. Die Infrastruktur wurde unter anderem durch den Ausbau des Straßennetzes sowie den Bau von Kanälen, Brücken und Aquädukten stetig verbessert. Unter Kaiser Trajan (98–117 n. Chr.) erreichte das römische Reich seine größte Ausdehnung mit einem Grenzumfang von 16.000 Kilometern, von denen 3.000 Kilometer durch ein mehr oder weniger geschlossenes Grenzsystem gesichert waren.[3] Somit entstand in der Kaiserzeit innerhalb des Imperiums ein bedeutender Wirtschaftsraum zum Austausch von Waren und Gütern. Darüber hinaus ermöglichte der Außenhandel beispielsweise über die Seidenstraße den Erwerb und Vertrieb von Luxusgütern weit über die Reichsgrenzen hinaus.

Vor diesem Hintergrund erscheint es fast selbstverständlich, dass ein Handelsrecht entstanden ist, das sich an der Notwendigkeit der Praxis entwickelt hat.[4] Mit der Ausdehnung des Reiches sei es auch notwendig geworden, zu einer arbeitsteiligen Wirtschaft überzugehen, in der nicht nur Freie, sondern in großem Stil auch Gewaltunterworfene, also Hauskinder und

---

[1] Zum Ganzen vgl. *Manthe,* Geschichte des römischen Rechts, 4. Aufl. 2011, S. 7 ff.; *Waldstein/Rainer,* Römische Rechtsgeschichte, 11. Aufl. 2014, § 1; *Kaser/Knütel,* Römisches Privatrecht, 20. Aufl. 2014, § 1 Rn. 1 f.

[2] Zur Geschichte der römischen Kaiserzeit ausführlich *Bengtson,* Grundriss der römischen Geschichte mit Quellenkunde, 1. Band: Republik und Kaiserzeit bis 284 n. Chr., 1967, S. 251 ff.

[3] Auch zum Folgenden vgl. *Christ,* Das Römische Weltreich. Aufstieg und Zerfall einer antiken Großmacht, 1973, S. 166 ff.

[4] Siehe etwa *Cerami/Petrucci,* Diritto commerciale Romano, 3. Aufl. 2010, S. 27 ff.; *Chiusi,* SZ 124 (2007), 94, 95 f.; *Földi,* RIDA 43 (2001), 65 ff. Vgl. auch *Goldschmidt,* Universalgeschichte des Handelsrechts, in: Handbuch des Handelsrechts, Band 1: Geschichtlich-literarische Einleitung und die Grundlehren, 1891, S. 58 ff.

Sklaven, tätig wurden. In diesem Zusammenhang seien auch die sogenannten adjektizischen Klagen entstanden, um dieses tatsächliche Auftreten besonders der Sklaven im Wirtschaftsverkehr rechtlich zu fassen. Dabei wird schon erkennbar, dass der Einsatz von Gewaltunterworfenen bestimmte Rechtsinstitute hervorgebracht und so die römische Handelspraxis das Recht beeinflusst hat, aber Art und Weise, Ausmaß und Umfang der Beeinflussung bleiben im Dunkeln.

Mit Blick auf unser Oberthema „Netzwerke im Privatrecht" deutet sich hier eine historische Dimension privatrechtlicher Netzwerke an, die es aufzudecken gilt. Dabei soll mit einem methodischen Ansatz, der seit einiger Zeit in der Geschichtswissenschaft eingesetzt wird, versucht werden, auch hier Licht ins Dunkel zu bringen und die Art und Weise sowie den Umfang des Einflusses der Praxis auf das römische Recht sichtbar zu machen.

B. Begriff des Netzwerks

I. Historische Netzwerkforschung

Rechtsgeschichte ist immer auch Geschichte und die historische Nachbardisziplin zum römischen Recht ist die Alte Geschichte. In dem Streben nach neuen Einsichten erscheint der Blick in die Nachbardisziplinen verlockend und besonders hinsichtlich ihrer Methoden vielversprechend, obgleich nicht übersehen werden soll, dass Interdisziplinarität häufig auch Schwierigkeiten birgt, die sich besonders aus der Unterschiedlichkeit der jeweiligen Untersuchungsgegenstände ergeben. Dennoch ist zu überlegen, ob und inwieweit Methoden der Geschichtswissenschaft auch für das römische Recht fruchtbar gemacht werden können.

Schon in den 1920er Jahren wurde in der Ethnologie und Soziologie der Ansatz verfolgt, Relationen von Personen in den Vordergrund zu stellen, um Strukturen in ihren Beziehungen aufzudecken und zu erforschen.[5] Diese sogenannte Netzwerkanalyse hat in den letzten Jahren nicht nur Eingang in andere Zweige der Geschichtswissenschaft gefunden, sondern wird auch in den Forschungen der Alten Geschichte eingesetzt.[6]

Die Geschichtswissenschaft untersucht im Allgemeinen das Leben von Menschen in der Vergangenheit, wobei die einzelnen Personen nicht isoliert, sondern immer auch in ihrem Zusammenwirken mit anderen Personen betrachtet werden.[7] Dabei stellt sich unter anderem die Frage nach Handlungsspielräumen, also danach, inwieweit Personen in ihren Handlun-

---

5 Zur Netzwerkforschung vgl. *Vyborny/Maier*, in: Stegbauer, Netzwerkanalyse und Netzwerktheorie, Band 2, 2. Aufl. 2010, S. 402 f.; *Düring/v. Keyserlingk*, in: Schützeichel/Jordan, Prozesse. Formen, Dynamiken, Erklärungen, 2015, S. 337 ff.
6 Zum Netzwerkansatz in der Alten Geschichte *Rollinger*, Amicitia sanctissime colenda, 2014, S. 367 ff.
7 Auch zum Folgenden *Düring/v. Keyserlingk* (Fn. 5), S. 337 ff.

gen frei sind beziehungsweise in welchem Maße die einzelne Handlung auch von der die jeweilige Person umgebenden Struktur abhängig ist. Das Handeln von Personen wird deshalb auch vor dem Hintergrund ihrer sozialen Stellung, ihrer Einbindung in den persönlichen, familiären, aber auch institutionellen und organisatorischen Zusammenhang untersucht. Der Netzwerkansatz kann hier insofern hilfreich sein, als er nicht nur auf das Personengeflecht aufmerksam macht, sondern es darüber hinaus auch ermöglicht, die mitunter komplexen Personenbeziehungen zu visualisieren. Es stehen heute unterschiedliche Computerprogramme zur Verfügung, die mithilfe mathematischer Modelle das zugeführte Datenmaterial in Netzwerkgrafiken darstellen.[8] Als Ergebnis seiner Untersuchung der Freundschaft und sozialer Netzwerke in der späten römischen Republik, für die er die Netzwerkanalyse eingesetzt hat, konnte *Rollinger* im Jahr 2014 eine an die Bedürfnisse der Alten Geschichte angepasste Netzwerkdefinition formulieren:[9] „Netzwerke sind informelle, weitgehend stabile und regelhafte, aber inkonstante und zeitlichem Wandel unterworfene Bündelungen von Beziehungen zwischen Personen oder Personengruppen. Sie binden die vernetzten Personen oder Personengruppen in ein dominantes soziales Bezugssystem ein, das von institutionellen, organisatorischen und rechtlichen Rahmenbedingungen weitgehend unabhängig ist, und bieten ihnen Aktionsmöglichkeiten und Nutzungschancen, die über die formellen Rahmenbedingungen hinausgehen."

II. Netzwerkforschung in der römischen Rechtsgeschichte?

Kann dieser Netzwerkansatz in der römischen Rechtsgeschichte gewinnbringend angewandt werden? Ein gewisses Problem ergibt sich daraus, dass die Netzwerkanalyse von konkreten Personen ausgeht und damit als Grundlage Quellen erfordert, die über deren Beziehungen und Aktivitäten berichten. Nun sind die juristischen Quellen des römischen Rechts,[10] obgleich es sich bei ihm gewissermaßen um „Case Law" handelt,[11] überwie-

---

8 Siehe etwa die Netzwerkgraphen bei *Rollinger* (Fn. 6), S. 530 ff.
9 *Rollinger* (Fn. 6), S. 424. Das soziale Netzwerk des Bankarchivs der Sulpizier sowie des Caecilius Iucundus analysiert *Broekaert*, Klio 95 (2013), 471 ff. Hierzu unten bei II. 2.
10 Daneben gibt es literarische Quellen wie zum Beispiel die Komödien des Plautus oder die Gerichtsreden von Cicero, die durchaus rechtliche Informationen enthalten, aber nicht dem Zweck der Information über Rechtszustände dienen. Sie werden deshalb hier nicht berücksichtigt. Vgl. *Wieacker*, Römische Rechtsgeschichte, Quellenkunde, Rechtsbildung, Jurisprudenz und Rechtsliteratur, 1. Abschnitt: Einleitung, Quellenkunde Frühzeit und Republik, 1988, S. 83 ff.
11 Das römische Recht ist insofern Fallrecht, als die Juristen es anlässlich ihnen vorgelegter Rechtsfragen zu Einzelfällen entwickelt haben. Im Unterschied zum englischen Case Law ist es aber Juristen-, nicht Richterrecht; vgl. *Waldstein/Rainer* (Fn. 1), § 24 Rn. 18; *Kaser/Knütel* (Fn. 1), § 2 Rn. 5.

gend abstrakter und damit unpersönlicher Natur. So werden beispielsweise in Klagformeln die Blankett-Namen *Aulus Agerius* für den Kläger und *Numerius Negidius* für den Beklagten verwendet. Auch die Digesten, einer der zentralen juristischen Quellenkomplexe für das klassische römische Recht, auf die sich die romanistische Forschung stützt, sind abstrakt, so dass sich hier keine konkreten persönlichen Beziehungen extrahieren lassen, die einer Netzwerkanalyse unterzogen werden könnten.[12] Denkbar wäre es aber, etwa das Bankarchiv der Sulpizier oder den Bestand der Papyri zu untersuchen. So hat beispielsweise *Broekaert* mit dem Bankarchiv der Sulpizier und dem Archiv des pompejanischen Bankiers Caecilius Iucundus einen Quellenbestand, der auch für die römische Rechtswissenschaft aussagekräftig ist, einer Netzwerkanalyse unterzogen.[13] Er hat diese Geschäftsurkunden jedoch nicht im Hinblick auf eine juristische, sondern unter historischen Fragestellungen untersucht. Dabei hat sich bestätigt, dass im Finanznetzwerk der Sulpizier die Bankiers Sulpicius Faustus und Sulpicius Cinnamus eine herausragende Rolle spielen; das zeigt sich daran, dass sie an den meisten Geschäften persönlich beteiligt sind und deshalb im Zentrum des Netzwerks stehen. *Broekaert* sieht im Unterschied dazu das Netzwerk des Caecilius Iucundus aus Pompeji nicht gleichermaßen stark auf den Bankier als Zentralperson fixiert, denn neben ihm treten in ähnlicher Häufigkeit auch andere Personen in den untersuchten Urkunden auf. Weil der Bestand an einschlägigen Quellen insgesamt jedoch gering ist, versprechen derartige Analysen aber nur punktuell aussagekräftige Ergebnisse und führen in erster Linie zu einem statistischen Überblick.

In der Geschichtswissenschaft und besonders in der Alten Geschichte ergeben sich die größten Schwierigkeiten bei der Anwendung des Netzwerkansatzes daraus, dass das vorhandene Quellenmaterial nicht alle für eine umfängliche Analyse notwendigen Daten hergibt.[14] Denn während zu Fragestellungen in der Gegenwart eine gezielte und präzise Datenerhebung etwa durch Fragebögen möglich ist, kann der historische Quellenbestand nicht im Hinblick auf eine bestimmte Information erweitert oder präzisiert werden. Obgleich das Daten- beziehungsweise Quellenmaterial in dieser Hinsicht also unvollständig ist, ermöglicht der Netzwerkansatz dennoch eine neue Sichtweise auf die handelnden Personen und die Struktur ihrer Beziehungen.

---

12 *Rollinger* (Fn. 6), S. 367 ff., weist darauf hin, dass in der Geschichtswissenschaft die Ergebnisse des Einsatzes der Netzwerktheorie neben der jeweiligen Fragestellung auch von der „Qualität und Quantität der zur Verfügung stehenden Quellengrundlage" abhängen.
13 *Broekaert*, Klio 95 (2013), 471 ff.
14 Vgl. *Reitmayer/Marx*, Netzwerkansätze in der Geschichtswissenschaft, in: Stegbauer, Netzwerkanalyse und Netzwerktheorie, Band 2, 2. Aufl. 2010, S. 870 f.; *Düring/v. Keyserlingk* (Fn. 5), S. 342 f.

Eine solche Analyse von Personenbeziehungen kann auch für die römische Rechtswissenschaft eingesetzt werden. So könnte sie sich eignen, um zu untersuchen, inwieweit das tatsächliche Handeln von Personen zu einer Entwicklung des Rechts führt. Am Beispiel der Fernhandelsnetzwerke römischer Unternehmer soll überprüft werden, welchen Einfluss diese privatrechtlichen Netzwerke auf das Recht hatten und wie das Recht den ökonomischen Notwendigkeiten angepasst wurde. Der Netzwerkansatz verspricht hier, die Struktur der Personenbeziehungen als Hintergrund für die Rechtsentwicklung sichtbar zu machen. Dabei muss jedoch mangels einer hinreichenden Menge an Quellen auf eine quantitative Analyse und eine softwaregestützte Visualisierung der Akteure und der sie verbindenden Strukturen verzichtet werden.[15]

C. Ausgangsbedingungen im 3. und 2. Jahrhundert v. Chr.

I. Wirtschaftliche Faktoren

In der ausgehenden Republik, also ab dem 2. Jahrhundert v. Chr., erlebte Rom einen wirtschaftlichen Aufschwung.[16] Seit jeher war das Mittelmeer Ort ausgiebiger und vielfältiger Handelstätigkeiten mit wechselnden politischen Dominanzen und geographisch variierenden Zentren.[17] Der Vergleich der politischen Herrschaftsräume in hellenistischer Zeit (4. bis 1. Jahrhundert v. Chr.) mit den politischen Herrschaftsräumen in der römischen Kaiserzeit (1. bis 3. Jahrhundert n. Chr.) zeigt, dass Rom die Vorherrschaft über Italien erlangt und teilweise große Landgewinne verzeichnet hatte, besonders durch den Sieg über Karthago in den punischen Kriegen und die Eroberung Griechenlands. Dabei bestanden die schon vor der römischen Expansion bekannten Handelswege über das Mittelmeer weiter.[18] In der Folge der Siege über Karthago ging das Kleinbauerntum, das über Jahrhunderte die Grundlage der römischen Gesellschaft gebildet hatte, unter, weil der Ackerbau angesichts der billigen Konkurrenz aus Sizilien und Nordafrika, die unter römische Herrschaft gelangt waren, unrentabel wurde. Bauern gaben ihre kleinen Höfe auf und versuchten ihr Glück in der Stadt. So wuchs nicht nur die Bevölkerung der Stadt Rom stark an, sondern auf dem Land blieben verarmte und verlassene Höfe zurück. Angehörige der römischen Oberschicht, der Nobilität, kauften diese Höfe und schlossen sie zu großen

---

15 Generell kritisch zu diesem Vorgehen, die quantitative Analyse nicht vorzunehmen, *Rollinger* (Fn. 6), S. 373.
16 Vgl. zum Folgenden *Waldstein/Rainer* (Fn. 1), § 18.
17 Vgl. zum neuen Blickwinkel aus der Perspektive des Mittelmeeres *Abulafia*, Das Mittelmeer, Eine Biographie, 2013, S. 31 ff.
18 Vgl. die Karten in *Wittke/Olshausen/Szydlak*, Der neue Pauly, Historischer Atlas der antiken Welt, 2012, S. 135, 203.

Gütern zusammen.[19] Diese sogenannten Latifundien hatten in der Regel eine Größe von bis zu 50 ha, die von einer Familie allein unmöglich bewirtschaftet werden konnten. So berichtet etwa Cato der Ältere (234–149 v. Chr.), wenn man ein Gut für die Weinwirtschaft kaufen wolle, komme es unter anderem darauf an, dass es eine gewisse Größe habe, wobei 100 Morgen (ca. 25 ha) Weinland optimal seien.[20] Schon die Größe der Landgüter erforderte es also, Verwalter, Pächter und Sklaven für ihre Bewirtschaftung einzusetzen.

Nicht nur die Landwirtschaft, sondern auch der Handel wurde grundlegend umstrukturiert. Es wurde sinnvoll, an verschiedenen Orten Niederlassungen zu unterhalten, weil häufig auch überseeische Handelsgeschäfte getätigt und Handel in Gegenden getrieben wurde, in denen sich der Unternehmer nicht dauerhaft aufhielt. Diese Geschäfte ließ man vor Ort von Sklaven und Freigelassenen führen.[21] In den juristischen Quellen wird beispielsweise berichtet, dass ein Unternehmer in *Arelate,* dem heutigen Arles, also weit entfernt von Rom in der Provinz, eine Zweigniederlassung unterhielt und dort den Handel mit Öl einem Sklaven übertragen hatte.[22] Ein Blick auf die Handelswege verrät, dass von *Arelate* etwa sowohl eine Route über Land als auch vom nächsten Hafen in *Massilia* (Marseille) ausgehend eine Verbindung über das Meer nach Rom führen.

II. Rechtliche Ausgangsbedingungen

Die römische Gesellschaft war geprägt von einem Nebeneinander von Freien und Sklaven.[23] Eine römische Familie *(familia)* vereinte um den freien Hausvater alle Personen, die seiner Hausgewalt *(patria potestas)* unterstanden. Das waren die Hauskinder, sofern sie nicht bereits aus der väterlichen Gewalt ausgeschieden waren,[24] und die Sklaven. Seine Ehefrau

---

19 Zum Folgenden siehe *Waldstein/Rainer* (Fn. 1), § 18; *Cerami/Petrucci* (Fn. 4), S. 27 ff.
20 Cato, De agr. 1,7.
21 Gai. D. 40.9.10 (1 rer. quot.): [...] *Quod frequenter accidit his, qui transmarinas negotiationes et aliis regionibus, quam in quibus ipsi morantur, per servos atque libertos exercent* [...]. – [...] Was häufig denjenigen geschieht, welche überseeische Handelsgeschäfte und in anderen Regionen, als sie sich selbst aufhalten, durch Sklaven oder Freigelassene treiben [...].
22 Ulp. D. 14.3.13 pr. (28 ad ed.): *Habebat quis servum merci oleariae praepositum Arelatae, eundem et mutuis pecuniis accipiendis* [...]. – Jemand hatte in Arelate (Arles) einen Sklaven für den Handel mit Öl bestellt und ihn zur Aufnahme von Darlehen ermächtigt [...].
23 Zum Folgenden siehe *Chiusi,* SZ 124 (2007), 94, 95 f.; *Kaser/Knütel* (Fn. 1), § 49 Rn. 1 f.; *Honsell/Mayer-Maly/Selb,* Römisches Recht, 4. Aufl. 1987, § 29.
24 Grundsätzlich bleiben auch die erwachsenen Hauskinder in der Gewalt des Vaters, bis sie mit dessen Tod gewaltfrei werden. Allerdings können sie durch Rechtsakt, nämlich durch *emancipatio,* aus der Hausgewalt des Vaters ausscheiden oder durch *adrogatio* beziehungsweise *adoptio* in die Hausgewalt eines anderen *pater familias* übertreten. Töchter können durch Eingehung einer *manus*-Ehe in die Gewalt ihres Mannes übertreten. Vgl. *Kaser/Knütel* (Fn. 1), § 12 Rn. 5 ff.

war zwar ebenso wie die Kinder frei, aber auch sie stand unter der Gewalt des Hausvaters, sofern die Eheleute nicht in einer sogenannten gewaltfreien (*manus*-freien) Ehe lebten.[25] Nach römischem Zivilrecht *(ius civile)* war der Herr *(pater familias* beziehungsweise *dominus)* rechts- und geschäftsfähig. Die Haussöhne konnten Rechtsgeschäfte abschließen, aus denen sie zwar verpflichtet wurden und verklagt werden konnten. Der Vertragspartner eines Haussohnes konnte seinen Anspruch aber nicht durchsetzen, weil gegen Haussöhne nicht vollstreckt werden konnte.[26] Die Sklaven waren als Unfreie zwar geschäftsfähig, aber nicht rechtsfähig, so dass ihre Geschäfte sie selbst nicht verpflichteten. Bildhaft gesprochen, war der Sklave der verlängerte Arm seines Herrn, dem kraft seiner Hausgewalt der durch seinen Sklaven getätigte Erwerb zufiel, während der Sklave wegen seiner fehlenden Rechtsfähigkeit nicht für sich selbst erwerben konnte. Verpflichtet wurde der Herr aus den Geschäften seines Sklaven aber zunächst nicht.

Sobald insbesondere die Sklaven als Verwalter von Landgütern, als Pächter oder Geschäftsführer etwa von Handelsniederlassungen im großen Stil wirtschaftliche Aufgaben selbständig verrichteten und Rechtsgeschäfte mit Dritten abschlossen, wurde dieser Rechtszustand zunehmend problematisch. Die ökonomische Realität erforderte es, dass die von den Sklaven tatsächlich vorgenommenen Geschäfte auch rechtlich anerkannt wurden, besonders damit Vertragspartner auch aus obligatorischen Geschäften mit Sklaven gegen deren Herren klagen und ihre Ansprüche durchsetzen konnten.

III. Netzwerkansatz

1. Internes und externes Netzwerk

Angesichts dieses Strukturwandels ziehen wir den Netzwerkansatz heran, um den Mechanismus des Wirtschaftens zu beschreiben und so die rechtliche Problematik zu konkretisieren.

Wenn der Herr *(dominus)* auf seinen Landgütern beziehungsweise in seinen Geschäften und Handelsniederlassungen, die sich unter Umständen auch weit entfernt von seinem Wohnort in der Provinz befinden können, Sklaven als Verwalter oder Geschäftsführer einsetzt, kann man dies als Netzwerk auffassen. Grundsätzlich lassen sich zwei Netzwerke, ein internes und ein externes Netzwerk, unterscheiden: Alle Mitglieder der *familia* des Herrn sind Teil des internen Netzwerks, dem neben dem Herrn und seiner Frau, sofern sie sich in seiner Ehegewalt *(manus)* befindet, auch die weiteren

---

25 Die Gewalt des Mannes über die Frau wird mit dem älteren Begriff *manus* bezeichnet. Siehe Kaser/Knütel (Fn. 1), § 12 Rn. 4, zur Stellung der Frau auch § 14 Rn. 12 ff.
26 Zur rechtlichen Stellung der Hauskinder Kaser/Knütel (Fn. 1), § 60 Rn. 10 ff.; *Kaser,* Das römische Privatrecht, 1. Abschnitt: Das altrömische, das vorklassische und klassische Recht, 2. Aufl. 1971, S. 343.

Gewaltunterworfenen, also die Hauskinder und die Sklaven angehören.[27] Andererseits ist der Herr Teil eines externen Netzwerks mit seinen Geschäftspartnern und den für diesen tätigen Sklaven, Freien und Freigelassenen.

Wenn man sich die Beziehungen der Akteure des internen und des externen Netzwerks vor Augen führt, kann grundsätzlich jede Person aus dem internen Netzwerk mit jeder Person des externen Netzwerks in Kontakt treten.[28] Das bedeutet auch, dass ein Sklave des Herrn als Akteur des internen Netzwerks seines Herrn mit dem Geschäftspartner ein Geschäft abschließt. Aber auch der Geschäftspartner kann untechnisch gesprochen vertreten sein, indem er eine andere Person, zum Beispiel einen angestellten Freien oder einen eigenen Sklaven, für sich handeln lässt.

Die Strukturen der römischen Familie sind als solche freilich bekannt und erforscht.[29] Sie sind aber bisher noch nicht als internes, familiäres Netzwerk im Sinne der Netzwerktheorie verstanden worden. Was den Einsatz von Gewaltunterworfenen durch ihre Herren angeht, so sei hier nur darauf hingewiesen, dass die zunehmende räumliche Distanz des Tätigwerdens der Sklaven für ihre Herren an entfernten Orten rechtlich durch das Sondergut *(peculium)* flankiert wird, das im Innenverhältnis die Rechtsbeziehung zwischen dem Herrn und dem Sklaven herstellt.[30]

Über dieses Familien-Netzwerk wird nun im Außenverhältnis des Herrn zu seinen nicht seiner *familia* angehörenden Geschäftspartnern ein zweites Netzwerk aus seinen Handelsbeziehungen gespannt. In diesem zweiten Netzwerk handeln sowohl Akteure des internen Familien- als auch Akteure des externen Netzwerks mit der Folge, dass das interne und das externe Netzwerk miteinander interagieren, sich überlagern und verbunden werden.

Dieses zweite Netzwerk wird juristisch bedeutsam, indem der Herr mit den Handelspartnern Verträge abschließt und so ein Vertragsnetz entsteht. Dabei bedient er sich zunehmend anderer Personen, und zwar eigener Gewaltunterworfener oder anderer freigeborener und freigelassener Personen, um seine Geschäfte tätigen zu lassen. Das erfordert klare Regeln, die das Handeln besonders der Gewaltunterworfenen auf deren Geschäftsherren zurückführen. Heute steht für das Handeln im fremden Namen etwa die direkte Stellvertretung zur Verfügung. Weil der Gedanke der Vertretung im

---

27 Zu den Mitgliedern der römischen Familie siehe schon oben C.II. – Wenn die Eheleute in einer *manus*-freien Ehe lebten, konnte die Frau zwar Teil des internen Netzwerks sein, gehörte aber strenggenommen nicht zur *familia*.
28 Strenggenommen ist es aber nicht nötig, dass innerhalb des Netzwerks tatsächlich jeder Akteur mit jedem Akteur in Kontakt tritt, sondern über das Netzwerk sind ohnehin alle miteinander verbunden; vgl. *Rollinger* (Fn. 6), S. 356 f.
29 Vgl. *Seiler*, in: FS Wacke, 2001, S. 437 ff.; *Franciosi*, La famiglia romana, società e diritto, 2003, S. 21 ff.
30 Zum Sondergut des Sklaven gleich ausführlich C.III.2).

Willen dem römischen Recht aber fremd war, gab es zu keiner Zeit eine direkte Stellvertretung im heutigen Sinne.[31] Das tatsächliche Auftreten der Sklaven im Geschäftsverkehr musste daher auf andere Weise rechtlich behandelt werden.

2. Die Bedeutung des Sonderguts des Sklaven *(peculium)* im internen Netzwerk

Es wurde soeben darauf hingewiesen, dass im Innenverhältnis zwischen dem Sklaven und seinem Herrn das Sondergut *(peculium)* eine besondere Rolle spielt. Dieses Sondergut soll kurz umrissen werden, um seine Bedeutung für das interne Netzwerk herauszustellen. Das Sondergut war schon früh im Binnenverhältnis zwischen dem Herrn und seinem Sklaven entstanden.[32] Als der Herr nicht mehr nur gemeinsam mit seinen Sklaven die Felder bestellte, sondern infolge der dargestellten Veränderungen der römischen Wirtschaft die Sklaven in neuen Tätigkeitsfeldern mitunter in großem Maße selbständig und eigenverantwortlich Geschäfte abschlossen, war es folgerichtig, dass der Herr den Sklaven nicht in jedem Einzelfall zur Vornahme eines Geschäfts ermächtigte, sondern ihm einen gewissen Geschäftsspielraum verschaffte. Dabei wurde das Sondergut genutzt, das im 2. Jahrhundert v. Chr. insofern verrechtlicht wurde, als der Prätor die Klage aus dem Sondergut *(actio de peculio)* gewährte.[33]

Voraussetzung war, dass der Herr seinem Sklaven ein Sondergut eingeräumt hatte. Deutlich wurde das etwa daran, dass der Herr die Rechnungsführung über das Sondergut von der Rechnungsführung über sein sonstiges Vermögen *(patrimonium)* trennte. Regelmäßig war der Sklave zur Führung eines Rechnungsbuches über sein *peculium* verpflichtet. Auf diese Weise wurde das Sondergut formal vom übrigen Vermögen des Herrn getrennt. Außerdem musste der Herr das Sondergut bestücken, also Geldmittel, Gegenstände, gegebenenfalls auch Untersklaven mit deren Sondergut sowie Schuldforderungen oder Dienstbarkeiten dem Sklaven für das *peculium* überlassen. Zweck des Sondergutes war es in aller Regel, dass der Sklave damit wirtschaftete.

Der Herr konnte durch die Einräumung eines Sondergutes sicherstellen, dass der Sklave für ihn mit den Pekuliarmitteln wirtschaftlich tätig wurde. Dabei blieb das Sondergut rechtlich betrachtet immer Teil des Vermögens des Herrn, obgleich es im Außenverhältnis mit Dritten in den Quellen gern als Quasi-Vermögen des Sklaven bezeichnet wird.[34] Im internen Netzwerk erfüllt das Sondergut damit zwei Funktionen. Einerseits ermöglicht es dem

---

31 Auf die fehlende direkte Stellvertretung ist unten F.I. zurückzukommen.
32 Zum Ganzen ausführlich *Heinemeyer*, Der Freikauf des Sklaven mit eigenem Geld – Redemptio suis nummis, 2013, S. 70 ff.
33 Zum Prätor noch gleich bei D.I.
34 So zum Beispiel in Paul. D. 15.1.47.6 (4 ad Plaut.).

Herrn, seinen Sklaven geschäftlich tätig werden zu lassen, wobei diese Geschäfte rechtlich nur in beschränktem Maße auf ihn übergeleitet werden, weil der Herr nämlich aus der Sondergutsklage *(actio de peculio)* nur maximal in der Höhe des Wertes haftet, den das Sondergut im Zeitpunkt der Verurteilung aufweist.[35] Zweitens erhält der Sklave nach außen einen Ausweis der Kreditwürdigkeit, der dazu führt, dass auch Dritte mit ihm Rechtsgeschäfte eingehen. Auf diese Weise kann der Sklave als Akteur des internen Netzwerks auftreten und Rechtsgeschäfte mit Akteuren des externen Netzwerks abschließen. Er wird daher zu einem Akteur, der sinnvoll Rechtsgeschäfte abschließen kann. An dieser Stelle zeigt sich bereits im Ansatz, dass das Handeln des Sklaven im Netzwerk das Recht beeinflusst hat, was jetzt ausführlich betrachtet wird.

D. Entwicklung des Rechts

I. Die Rolle des Prätors

Die Rechtsprechung oblag seit dem 4. Jahrhundert v. Chr. dem Prätor, einem gewählten politischen Beamten, der dieses Amt für ein Jahr bekleidete.[36] Er beurteilte die ihm vorgelegten Fälle zunächst ausschließlich nach römischem Zivilrecht *(ius civile)*.[37] Problematisch war, dass dieses altrömische Zivilrecht nur für römische Bürger galt, während zunehmend auch Nichtrömer beziehungsweise Nichtbürger, sogenannte Peregrine *(peregrini)*, mit Römern oder auch untereinander Rechtsgeschäfte abschlossen, aus denen sich ebenfalls Streitigkeiten ergeben konnten. Schon 242 v. Chr. müssen diese Rechtsstreitigkeiten mit Peregrinen ein solches Ausmaß angenommen haben, dass man es für notwendig hielt, hierfür dem Prätor einen zweiten Prätor zur Seite zu stellen. Dieser Fremdenprätor, *praetor peregrinus*, war fortan für die Rechtsstreitigkeiten zuständig, an denen mindestens ein Nichtrömer *(peregrinus)* beteiligt war.[38] Die Nationalität der Prozessparteien war relevant, weil sich entsprechend dem Personalitätsprinzip aus ihr ergab, welches Recht anzuwenden war. Die Einführung des Fremdenprätors ist zugleich ein Indiz dafür, dass bereits vorher der Prätor auch in Streitig-

---

35 Zur Sondergutsklage *(actio de peculio)* siehe noch unten D.II.
36 Das Amt wurde 367 v. Chr. zur Entlastung der Konsuln geschaffen; vgl. *Waldstein/Rainer* (Fn. 1), § 15 Rn. 17 ff.
37 Der Begriff *ius civile* ist mehrdeutig; zum Ganzen ausführlich *Kaser/Knütel* (Fn. 1), § 3 Rn. 8 ff.
38 Pomp. D. 1.2.2.28 (lib. sing. enchir.): *Post aliquot deinde annos non sufficiente eo praetore, quod multa turba etiam peregrinorum in civitatem veniret, creatus est et alius praetor, qui peregrinus appellatus est ab eo, quod plerumque inter peregrinos ius dicebat.* – Als dann nach einigen Jahren dieser Prätor nicht mehr ausreichte, weil eine große Zahl auch von Fremden in das Gemeinwesen *(civitas)* kam, wurde ein weiterer Prätor gewählt, der deshalb Fremdenprätor genannt wurde, weil er meistens zwischen Fremden Recht sprach. Vgl. zum Folgenden *Kaser/Knütel* (Fn. 1), § 3 Rn. 12 ff.

keiten von Peregrinen herangezogen worden war. Materiell-rechtlich wurde auf die Peregrinen vornehmlich das *ius gentium* angewendet, ein aus römischer Sicht für alle Völker geltendes Privatrecht (Völkergemeinrecht), das Rechtsregeln enthielt, die auf der Vertragstreue *(fides)* beruhten und zunehmend Gesichtspunkte des Verkehrsschutzes und Bedürfnisse der Verkehrspraxis berücksichtigten.

Der Prätor hatte aber nicht nur die Aufgabe, Recht zu sprechen, sondern sollte dabei auch das Recht fortentwickeln.[39] Besonders die XII Tafeln aus dem 5. Jahrhundert v. Chr. hatten den Rechtsrahmen der bäuerlichen Gesellschaft gebildet, der aber nach der dargelegten Umwälzung von Wirtschaft und Handel nicht mehr geeignet war, die tatsächlichen Geschäfte einer Gesellschaft von Händlern und Unternehmern rechtlich zu fassen.[40] Der Prätor nutzte seine Gerichtsgewalt, um das Recht den Bedürfnissen der Praxis anzupassen. Gemeinsam mit den kurulischen Ädilen *(aediles curules)* und den Provinzstatthaltern, denen die Gerichtsbarkeit auf dem Markt beziehungsweise in den Provinzen oblag, schuf er ein neues Recht, das als *ius honorarium,* als Amtsrecht bezeichnet wird.[41] So kam es, dass die bedeutendsten Neuerungen im römischen Zivilrecht auf die Gerichtsmagistrate zurückgehen, die ihr neues Recht in Edikten *(edicta)* festhielten. Da auch das Amt des Prätors dem Grundsatz der Annuität unterworfen war, wechselte das Edikt von Jahr zu Jahr, weil jeder Prätor zu Beginn seiner Amtszeit ein eigenes, neues Edikt veröffentlichte. Darin teilte er mit, welche Ansprüche beziehungsweise Klagen, Einreden und sonstigen Rechtsmittel er in seiner Amtszeit zu gewähren gedachte. Aber schon gegen Ende des 1. Jahrhundert v. Chr. hatte das prätorische Edikt einen festen Kernbestand an Rechtsregeln, der die Amtszeit eines Prätors überdauerte und von jedem neuen Prätor in sein Edikt übernommen wurde *(edictum tralaticium).*[42] Die zunehmende Verfestigung des prätorischen Edikts ermöglichte auch die Zusammenstellung des ständigen Edikts *(edictum perpetuum),* die Kaiser Hadrian um 130 n. Chr. dem römischen Juristen Julian übertrug.

Die kurulischen Ädilen *(aediles curules)* waren für die Marktgerichtsbarkeit zuständig. Sie verkündeten in ihren Edikten ein Sonderrecht für den Kauf von Sklaven und Zugtieren auf dem Markt. Diese Regelungen bilden

---

39 Pap. D. 1.1.7.1 (2 def.): *Ius praetorium est, quod praetores introduxerunt adiuvandi vel supplendi vel corrigendi iuris civilis gratia propter utilitatem publicam. Quod et honorarium dicitur ad honorem praetorum sic nominatum.* – Prätorisches Recht ist das Recht, das die Prätoren im öffentlichen Interesse eingeführt haben, um das Zivilrecht zu unterstützen, zu ergänzen und zu verbessern. Es wird auch als Amts- oder Honorarrecht bezeichnet und ist nach dem Ehrenamt der Prätoren so genannt worden.
40 Vgl. *Cerami/Petrucci* (Fn. 4), S. 28 ff.
41 Vgl. Zitat in Fn. 38. Zum Folgenden ausführlich *Kaser,* SZ 101 (1984), 1 ff. Vgl. *Kaser/Knütel* (Fn. 1), § 3 Rn. 12 ff.
42 Vgl. *Cerami/Petrucci* (Fn. 4), S. 37 f.; *Kaser/Knütel* (Fn. 1), § 2 Rn. 15 ff.

die Grundlage der Sachmängelhaftung, die bei bestimmten Mängeln eine verschuldensunabhängige Haftung des Verkäufers vorsieht. Der Käufer kann dann entweder auf Rückgängigmachung des Kaufs oder auf Minderung des Kaufpreises klagen. Diese Klagen dienen also dem Schutz der Käufer.[43]

II. Prätorische Rechtsfortbildung: Anerkennung der adjektizischen Klagen

Das tatsächliche Auftreten der Sklaven im Geschäftsverkehr war – wie gesagt – ursprünglich für den Vertragspartner mit Haftungsrisiken verbunden. Denn er konnte zunächst weder den Sklaven selbst noch dessen Herrn wegen des Geschäfts in Anspruch nehmen.[44] Deshalb griff der Prätor ein und gewährte ab dem 2. Jahrhundert v. Chr. neue Klagen, die es in bestimmten Fällen dem Vertragspartner ermöglichten, aus Verpflichtungsgeschäften mit Gewaltunterworfenen deren Herren in Anspruch zu nehmen. Es handelt sich um die später als adjektizisch bezeichneten Klagen.[45] Unter diesem Begriff werden Klagen zusammengefasst, die verschiedene Bereiche rechtsgeschäftlichen Handelns von Sklaven im Geschäftsverkehr justiziabel gemacht haben, indem der Vertragspartner aus dem Geschäft, das der Sklave abgeschlossen hatte, den Herrn des Sklaven in Anspruch nehmen konnte. Die Klagen unterscheiden sich in zweifacher Hinsicht, nämlich zum einen in ihrem Anwendungsbereich für verschiedene Geschäfte und Geschäftsbereiche, und zum anderen im Haftungsumfang, den sie für den Herrn begründen; er haftet entweder auf das Sondergut beschränkt oder in Höhe der vollen Verpflichtung des Sklaven.

Wie bereits oben gesagt, gewährt der Prätor die zu den adjektizischen Klagen zu rechnende Sondergutsklage, die *actio de peculio*.[46] Das setzt voraus, dass der Herr dem Sklaven ein Sondergut eingeräumt hat, mit dem dieser selbständig wirtschaften soll. Die Haftung des Herrn ist auf den Wert des Sonderguts im Zeitpunkt der Verurteilung begrenzt. Als Beispiel für einen Anwendungsfall der *actio de peculio* sei angenommen, dass ein Sklave mit einem provenzalischen Geschäftsmann einen Kauf über 10 Amphoren Öl abschließt, ohne das Öl zu bezahlen. Dann kann der Verkäufer den Herrn des Sklaven aus der Kaufklage auf Zahlung in Anspruch nehmen. Dabei

---

43 Zum Ganzen *Kaser/Knütel* (Fn. 1), § 41 Rn. 36–44 mit weiterer Bibliographie. Ihrer Auffassung nach dient das Edikt dem „Verbraucherschutz" (§ 41 Rn. 44). – In der Provinz oblag die Rechtsprechung den Statthaltern, deren Edikte sich aber wohl nicht von den stadtrömischen unterschieden; *Kaser/Knütel* (Fn. 1), § 2 Rn. 16.

44 Hierzu siehe schon oben III. 2.

45 Sog. *actiones adiecticiae qualitatis*, hinzugefügte Klagen, vgl. *Wacke*, SZ 111 (1994), 280 ff.; *Valiño*, AHDE 37 (1967), 339 ff.; *Kaser/Knütel* (Fn. 1), § 49 Rn. 1 ff. Grundsätzlich konnte auch einem Haussohn ein Sondergut eingeräumt werden.

46 Zur Sondergutsklage *(actio de peculio)* siehe schon oben C.III.2.

wird die Formel der Kaufklage so umgestellt, dass auf Seiten des Beklagten der Herr des Sklaven genannt wird.

Falls der Sklave durch ein Verpflichtungsgeschäft etwas erlangt hat, das er dem Vermögen seines Herrn zuführt, kann der Dritte mit der Klage wegen Vermögensmehrung oder -zuwendung *(actio de in rem verso)* den Herrn des Sklaven in Anspruch nehmen.[47] Die Haftung des Herrn ist auf den Wert der Bereicherung im Zeitpunkt der Verurteilung begrenzt.

Für Geschäfte, die der Gewaltunterworfene mit Ermächtigung beziehungsweise auf Anweisung *(iussum)* seines Herrn vorgenommen hat, kann der Herr mit der *actio quod iussu,* der Klage wegen Ermächtigung, in Anspruch genommen werden.[48] Im Gegensatz zu den bisher genannten Klagen ist die Haftung des Herrn nicht beschränkt; man sagt, er haftet *in solidum,* also mit seinem gesamten Vermögen für die Forderung in ihrem vollen Umfang.

Die Verteilungsklage *(actio tributoria)* richtet sich gegen den Herrn eines Sklaven, der mit seinem Sondergut ein Handelsgewerbe betreibt und zahlungsunfähig ist.[49] Dann wird das überschuldete Geschäftsvermögen *(merx peculiaris)* auf die Gläubiger entsprechend dem Verhältnis ihrer Forderungen verteilt.

Der Herr kann auch als Unternehmer in seinem Ladengeschäft oder Handels- und Gewerbebetrieb einen Angestellten als Leiter des Geschäfts beschäftigen.[50] Dann steht dem Vertragspartner wegen dessen Geschäftstätigkeit die Geschäftsleiterklage gegen den Unternehmer *(actio institoria)* zur Verfügung, bei der die Haftung des Herrn ebenfalls nicht beschränkt ist, sondern er mit seinem gesamten Vermögen haftet. Darüber hinaus gewährt der Prätor die Reederklage *(actio exercitoria),* die jetzt ausführlich betrachtet werden soll.

E. Die rechtliche Dimension von Netzwerken am Beispiel der Reederklage *(actio exercitoria)*

Anhand der Reederklage soll nun die rechtliche Dimension von Netzwerken behandelt werden. Zuvor ist es jedoch erforderlich, die Voraussetzungen und näheren Umstände der Seefahrt und des Seehandels zu betrachten.

---

47 Zum Ganzen *Kaser/Knütel* (Fn. 1), § 49 Rn. 1 ff.
48 Ulp. D. 15.4.1 pr. ff.; Gai. 4.70; I. 4.7.1; vgl. *Kaser/Knütel* (Fn. 1), § 49 Rn. 11 mit weiterer Bibliographie.
49 Ulp. D. 14.4.1; Paul. D. 14.4.4 und 6; Gai. 4.72; I. 4.7.3; vgl. *Kaser/Knütel* (Fn. 1), § 49 Rn. 15.
50 Ulp. D. 14.3.5 pr. ff.; Gai. 4.71; I. 4.7.2–2a; *Wacke,* SZ 111 (1994), 280, 311 ff.

I. Seefahrt und Seehandel

Der Seehandel war zwischen dem 2. Jahrhundert v. Chr. und dem 2. Jahrhundert n. Chr. einer der bedeutendsten römischen Wirtschaftszweige.[51] Das zeigen einerseits, wie schon gesagt,[52] die Handelswege über das Mittelmeer. Andererseits sieht man es auch an den zahlreichen zeitgenössischen Darstellungen von Handelsschiffen, etwa auf Mosaiken, Reliefen, Fresken oder sonstigen Abbildungen.[53] So gibt es beispielsweise Grabsteine aus dem 2. und 3. Jahrhundert n. Chr., die Handelsschiffe beim Be- und Entladen im Hafen oder in voller Fahrt auf dem Meer zeigen, was an den geblähten Segeln zu erkennen ist. Maritime Motive zieren auch zeitgenössische Mosaike, die beispielsweise Schiffe zeigen, die mit Amphoren beladen sind oder in Häfen mit Leuchttürmen liegen.[54] Dabei fällt auf, dass diese Segelschiffe nicht gleich aussehen, sondern sich besonders in ihrer Segelanzahl und -form voneinander unterscheiden, was dafür spricht, dass es unterschiedliche Bauarten sowie verschiedene Schiffs- und Segeltypen gab.[55] Die bauchigen Schiffe hatten meist ein Rahsegel, das an einem Mast befestigt war. Sie konnten aber auch über zusätzliche Segel verfügen. Sie transportierten beispielsweise Wein und Öl in Amphoren und Fässern, Getreide für die Versorgung der Bevölkerung, Fisch, Stoffe, Gewürze, aber auch Baumaterial wie Marmor oder Holz nach Rom.

Die natürlichen Bedingungen des Mittelmeerraums begünstigen die Seefahrt. In geographischer Hinsicht ist das Meer ein großes Becken, das – anders als große Ozeane – nur schwache Gezeiten und kaum starke Stürme kennt.[56] Abgesehen von den natürlichen Verbindungen des Mittelmeeres mit dem Atlantik in der Straße von Gibraltar und dem Schwarzen Meer über den Hellespont gibt es nur wenige Strömungen. Im Sommer sind die regelmäßig in nördlicher Richtung wehenden Winde stabil und garantieren gute Reisebedingungen. Auch wenn die Schiffe bei gutem Wind und günstigen Wetter- und Sichtbedingungen wahrscheinlich mit einer Geschwindig-

---

51 Vgl. *Zimmermann*, SZ 129 (2012), 554, 555 ff.; *Wacke*, SZ 111 (1994), 280, 291 f.; *Chiusi*, SZ 124 (2007), 94, 96.
52 Hierzu siehe oben C.I.
53 Siehe etwa die Abbildungen 37 ff. bei *Casson*, Die Seefahrer der Antike, 1979.
54 Auf dem Grund des Mittelmeeres hat man Amphoren gefunden, die wohl als Ladung von Schiffen mit diesen untergegangen sind; vgl. *Casson* (Fn. 53), Abb. 48 f. *Zimmermann*, SZ 129 (2012), 554, 555 ff., meint, dass die Ergebnisse der Unterwasserarchäologie unter Berücksichtigung des Problems der Piraterie für ein großes Wachstum im Seehandel ungefähr in der Zeit zwischen 500 v. Chr. und 150 n. Chr. sprechen.
55 Vgl. auch zum Folgenden *Casson* (Fn. 53), S. 353 ff.; *Rost*, Vom Seewesen und Seehandel in der Antike, Eine Studie aus maritim-militärischer Sicht, 1968, S. 21 ff.
56 Im Winter ruhte die Schifffahrt; zum Ganzen *Rauh*, Merchants, Sailors and Pirates in the Roman World, 2003, S. 17 ff.; *Rost* (Fn. 55), S. 37 f.

keit von vier bis sechs Knoten fahren konnten,[57] dauerte eine Seereise oft Tage, Wochen und Monate. Unterwegs legten die Schiffe in verschiedenen Häfen an. Dort wurde übernachtet, Proviant eingekauft, Waren wurden be- und entladen und Passagiere gingen an und von Bord. Darüber hinaus wurden die Schiffe repariert, wenn dies notwendig war, indem beispielsweise die Segel ersetzt wurden. Dies brachte gewisse Besonderheiten mit sich, die gewissermaßen als besondere Umstände im Rahmen der Reederklage berücksichtigt wurden. So war es eben nicht möglich, mit Sicherheit in Erfahrung zu bringen, ob der Kapitän des Schiffes, das gerade eingelaufen war und morgen schon weitersegeln sollte, ein Freier oder ein Sklave war. Der personenrechtliche Status des Kapitäns konnte aber insofern relevant sein, als Sklaven ja an sich nicht rechts- und vermögensfähig waren und der Geschäftsabschluss mit einem solchen Sklaven-Kapitän für den Dritten zu Haftungsrisiken führen konnte.

Auf diese besonderen Umstände des Seehandels führt der römische Jurist Ulpian die Reederklage zurück:[58] Da man auf die Schifffahrt angewiesen sei, müssten Verträge mit Kapitänen abgeschlossen werden, aber die örtlichen und zeitlichen Umstände dieser Geschäfte ließen es – anders als beispielsweise die Geschäfte in einem Laden, in dem der Betreiber einen Geschäftsführer eingesetzt habe – nicht zu, die persönlichen Eigenschaften oder den personenrechtlichen Status des Kapitäns zu prüfen. Aus diesem Grund sei es gerecht, denjenigen, der einen Kapitän bestellt hat, mit der Reederklage haften zu lassen. An anderer Stelle betont Ulpian, dass der Seehandel unmittelbar die Interessen des Gemeinwesens *(res publica)* berühre.[59]

II. Voraussetzungen der Reederklage

Wir kennen aus dem 2. Jahrhundert v. Chr. eine Reederklage, die der Prätor gewährt, wenn ein Dritter mit einem Kapitän ein Geschäft getätigt hat.[60] Diese Reederklage ist wahrscheinlich die älteste der sogenannten adjektizischen Klagen und beruht auf der ökonomischen Praxis „der aufkommenden

---

57 Vgl. *Casson* (Fn. 52), S. 349. Das entspricht ungefähr 7 bis 11 km/h.
58 Ulp. D. 14.1.1 pr. (28 ad ed.): [...] *Nam cum interdum ignari, cuius sint condicionis vel quales, cum magistris propter navigandi necessitatem contrahamus, aequum fuit eum, qui magistrum navi imposuit, teneri, ut tenetur, qui institorem tabernae vel negotio praeposuit, cum sit maior necessitas contrahendi cum magistro quam institore. Quippe res patitur, ut de condicione quis institoris dispiciat et sic contrahat: in navis magistro non ita, nam interdum locus tempus non patitur plenius deliberandi consilium.*
59 Vgl. Ulp. D. 14.1.1.20 (28 ad ed.). Den Text siehe in Fn. 74.
60 Für den Seehandel verbot die *lex Claudia* von 218 v. Chr. Senatoren das Betreiben von Schiffen, die mehr als 300 Amphoren fassen; Liv. 21.63.3–4; *El Beheiri*, RIDA 48 (2001), 57 ff. Siehe die ökonomische Analyse der Reederklage von *Zimmermann*, SZ 129 (2002), 554 ff.

Arbeitsteilung zwischen dem im Heimathafen residierenden Reeder und dem für ihn übers Meer segelnden Schiffsführer".[61]

Aus der Formel für die *actio exercitoria* lassen sich die Voraussetzungen der Klage ableiten:[62] Der Kläger hat mit einem Kapitän *(magister navis)* ein Geschäft abgeschlossen. Dann gewährt ihm der Prätor eine Klage gegen denjenigen, der dem Kapitän durch *praepositio* (Einsetzung) die Führung des Schiffes übertragen hat. Folgende Aspekte sind entscheidend: Der Reeder *(exercitor navis)* betreibt das Schiff als Unternehmer. Aber die Seefahrt selbst führt der Kapitän *(magister navis)* durch, den der Reeder eingesetzt hat. Der Kapitän schließt auch alle mit der Seefahrt in Zusammenhang stehenden Geschäfte und Verträge ab. Aus einem Vertrag des Kapitäns mit einem Dritten kann dieser Dritte nach der Anordnung des Prätors gegen den Reeder klagen. Wenn beispielsweise ein Dritter mit dem Kapitän eines Schiffes einen Vertrag über den Kauf von Schiffsausrüstung abschließt und der Kapitän den Kaufpreis nicht zahlt, kann der Dritte den Reeder mit der Kaufklage in Form der Reederklage auf Zahlung in Anspruch nehmen.[63] Allerdings haftet der Reeder für das Handeln seines Kapitäns nur, wenn dieser ein Geschäft vornimmt für eine Sache beziehungsweise Angelegenheit, zu deren Vornahme er auch bestellt ist. Mit anderen Worten: Die *praepositio* (Einsetzung) des Kapitäns durch den Reeder dient sowohl der Haftungsbegründung als auch der Haftungsbeschränkung, weil der Reeder nur für das haftet, womit er den Kapitän auch betraut hat.[64] Deshalb muss etwa der Geschäftspartner, der dem Kapitän ein Darlehen gewährt, zumindest wissen, dass das Geld für die Instandsetzung des Schiffes oder den Kauf von Segeln verwendet werden soll; die tatsächliche Verwendung des Geldes für die Instandsetzung muss der Darlehensgeber dagegen nicht überprüfen, um mit der *actio exercitoria* gegen den Reeder klagen zu können.

III. Personen, die am Seehandel beteiligt sind

Die Reederklage betrifft also mindestens ein Drei-Personen-Verhältnis, das aus dem Reeder, dem Kapitän und dem Vertragspartner des Kapitäns besteht. Wer Reeder und wer Kapitän sein kann, wird in den Quellen aus-

---

[61] *Wacke*, SZ 111 (1994), 280, 292.
[62] *Lenel*, Das Edictum Perpetuum, Ein Versuch zu seiner Wiederherstellung, 23. Aufl. 1927, S. 257 f. (§ 101), schlägt folgende Formel vor: *Quod cum magistro navis gestum erit eius rei nomine, cui tibi praepositus fuerit, in eum, qui eam navem exercuerit, iudicium dabo.*
[63] Ulp. D. 14.1.1.3 (28 ad ed.): *Magistri autem imponuntur locandis navibus vel ad merces vel vectoribus conducendis armamentisve emendis: sed etiamsi mercibus emendis vel vendendis fuerit praepositus, etiam hoc nomine obligat exercitorem.* – Kapitäne werden aber bestellt, um Schiffe zu verchartern, Waren zu verfrachten, Passagiere zu befördern oder Schiffsausrüstung zu kaufen. Aber selbst wenn der Kapitän zum Ein- und Verkauf der Waren bestellt ist, die er befördert, verpflichtet er auch aus diesen Geschäften den Reeder.
[64] Zur *praepositio* ausführlich *Valiño*, AHDE 37 (1967), 339, 356 ff.

führlich erörtert. Dabei fällt auf, dass weder der personenrechtliche Status des Reeders noch der des Kapitäns entscheidend sind.

Reeder *(exercitor navis)* ist, wer Eigentümer des Schiffes ist oder ein fremdes Schiff gechartert hat.[65] Dabei kommt es darauf an, dass ihm die Einkünfte und Gewinne zufallen, er also aus dem Betreiben des Schiffes die wirtschaftlichen Vorteile zieht. Personenrechtlich betrachtet kommen als Reeder ein Mann, eine Frau oder ein Gewaltunterworfener, das heißt ein Sklave beziehungsweise eine Sklavin oder ein Hauskind, in Betracht.[66]

Dem Kapitän *(magister navis)* ist die Sorge für das ganze Schiff übertragen.[67] Wahrscheinlich konnte der Reeder keine Frau als Kapitänin einsetzen,[68] jedoch einem Sklaven das Schiff anvertrauen, sogar dem Sklaven eines fremden Herrn.[69] Auch hier ist der personenrechtliche Status des Kapitäns ohne Bedeutung, denn die Quellen berichten, dass es unerheblich sei, ob ein Freier oder ein Sklave (des Reeders oder eines Dritten) Kapitän sei.[70] *Wacke* bezweifelt jedoch, dass die herausgehobene Stellung des Kapitäns, der in besonderem Maße die Verantwortung für das Schiff, das Transportgut und die Besatzung beziehungsweise die Mannschaft trägt sowie im Außenverhältnis mit Kunden und Handelspartnern als Geschäftsmann agiert, zur Position des Sklaven passt.[71] Die Möglichkeit, einen Sklaven zum Kapitän zu machen, wird man aber mit Blick auf die vielschichtigen Varianten von Herren-Sklaven-Beziehungen nicht von vornherein als unrealistisch ansehen können. Angesichts der vielfältigen Tätigkeitsfelder für Sklaven, die mitunter mit der Führung von Zweigniederlassungen, ganzen Land- und Weingütern oder der Versorgung von Familien betraut werden, erscheint auch die Überantwortung eines Schiffes an einen Sklaven, der zum Kapitän bestellt wird, nicht außergewöhnlich. Freilich – das sei an die-

---

65 Ulp. D. 14.1.1.15 (28 ad ed.): *Exercitorem autem eum dicimus, ad quem obventiones et reditus omnes perveniunt, sive is dominus navis sit sive a domino navem per aversionem conduxit vel ad tempus vel in perpetuum.* – Derjenige wird Reeder genannt, dem die Einkünfte und Gewinne zufallen, unabhängig davon, ob er Eigentümer des Schiffes ist oder das Schiff zu einem Pauschalpreis gechartert hat, sei es für einen bestimmten Zeitraum oder auf Dauer. Vgl. *Valiño*, AHDE 37 (1967), 339, 381 ff.
66 Ulp. D. 14.1.1.16 (28 ad ed.); sogar ein Mündel kann Reeder sein, benötigt dann aber die Zustimmung seines Vormunds.
67 Ulp. D. 14.1.1.1 (28 ad ed.): *Magistrum navis accipere debemus, cui totius navis cura mandata est.*
68 Dies ergibt eine Zusammenschau aus D. 14.1.1.16 u. 21 sowie Ulp. D. 14.3.7.1 (28 ad ed.); vgl. *Wacke*, SZ 111 (1994), 280, 302 mit weiterer Bibliographie.
69 Das geht aus Paul. D. 14.1.1.5 pr. (29 ad ed.) hervor.
70 Ulp. D. 14.1.1.4 (28 ad ed.): *Cuius autem condicionis sit magister iste, nihil interest, utrum liber an servus, et utrum exercitoris an alienus: sed nec cuius aetatis sit, intererit, sibi imputaturo qui praeposuit.*
71 *Wacke*, SZ 111 (1994), 280, 302 ff., ähnlich *Claus*, Gewillkürte Stellvertretung im Römischen Privatrecht, 1973, S. 66 f., beide mit weiterer Bibliographie.

ser Stelle auch gesagt – wird nicht jeder Sklave potentiell Kapitän gewesen sein, sondern diese verantwortungsvolle Position nur einem vertrauenswürdigen, mit der Seefahrt vertrauten und über entsprechende Fachkenntnisse verfügenden Sklaven übertragen worden sein.[72]

Aus den zahlreichen Anwendungsfällen der Reederklage, von denen die Quellen berichten,[73] lassen sich noch weitere Anhaltspunkte für die am Seehandel beteiligten Personen entnehmen. Die Struktur dieser Personenbeziehungen kann anschließend mit dem Netzwerkansatz sichtbar gemacht werden.

Für die Struktur der Personenbeziehungen besonders eindrucksvoll sind die Fälle, in denen die Reederei von einem Sklaven betrieben wird. Wenn der Sklave mit Zustimmung seines Herrn eine Reederei betreibt, einen Kapitän einsetzt und dieser mit einem Dritten einen Vertrag abschließt, haftet der Herr *(dominus)* des Sklaven, der die Reederei betreibt, mit der *actio exercitoria*.[74] Das Personengeflecht kann aber noch umfangreicher sein:[75] Ein Sklave, der in das Sondergut eines Haussohnes fällt, oder ein Untersklave, der in das Sondergut eines anderen Sklaven gehört, können ebenfalls eine Reederei betreiben.

Außerdem ist es – wie gesagt – möglich, dass ein Reeder einen Sklaven als Kapitän einsetzt. So kann der Reeder einen fremden Sklaven bei dessen Herrn mieten, um ihn dann als Kapitän auf seinem Schiff zu beschäftigen.[76]

---

72 Es gab Sklaven, die im Hause ihres Herrn als Lehrer, Dichter, Ärzte oder Handwerker tätig waren, aber auch Sklaven als Arbeiter in Bergwerken und Minen oder Steinbrüchen, so dass von einer inhomogenen Schicht von Sklaven auszugehen ist; vgl. *Morabito*, Index 13 (1985), 477 ff.

73 Siehe hierzu die im Digestentitel D. 14.1 zur Reederklage berichteten Fälle.

74 Ulp. D. 14.1.1.20 (28 ad ed.): *Licet autem detur actio in eum, cuius in potestate est qui navem exercet, tamen ita demum datur, si voluntate eius exerceat. Ideo autem ex voluntate in solidum tenentur qui habent in potestate exercitorem, quia ad summam rem publicam navium exercitio pertinet* […].

75 Ulp. D. 14.1.1.22 (28 ad ed.): *Si tamen servus peculiaris volente filio familias in cuius peculio erat, vel servo vicarius eius navem exercuit, pater dominusve, qui voluntatem non accommodavit, dumtaxat de peculio tenebitur, sed filius ipse in solidum* […].

76 Paul. D. 14.1.5 pr. (29 ad ed.): *Si eum, qui in mea potestate sit, magistrum navis habeas, mihi quoque in te competit actio, si quid cum eo contraxero: idem est, si communis servus nobis erit. Ex locato tamen mecum ages, quod operas servi mei conduxeris, quia et si cum alio contraxisset, ageres mecum, ut actiones, quas eo nomine habui, tibi praestarem, quemadmodum cum libero, si quidem conduxisses, experieris* […]. – Wenn du jemanden, der meiner Hausgewalt unterworfen ist, zum Kapitän bestellt hast, kann auch ich gegen dich mit der Reederklage vorgehen, wenn ich mit dem Kapitän einen Vertrag abgeschlossen habe. Das gilt auch, wenn wir Miteigentümer des Sklaven sind. Du kannst jedoch mit der Klage aus dem Mietvertrag gegen mich vorgehen, weil du meinen Sklaven gemietet hast. Denn auch wenn der Sklave mit einem anderen einen Vertrag abgeschlossen hätte, könntest du von mir die Abtretung der Klagen verlangen, dir mir wegen meines Sklaven zustehen, ebenso wie du gegen einen Freien vorgehen könntest, wenn du ihn in Dienst genommen hast […].

Wenn dieser Kapitän, der der Sklave eines anderen Herrn ist, ein Geschäft mit einem Dritten abschließt, erwirbt der Herr des Sklaven als Eigentümer die Forderung(en) aus dem Geschäft. Er muss diese aber infolge seiner Rechtsbeziehung zu dem Reeder, dem er den Sklaven vermietet hat, abtreten. Dann ist also auch der Herr dieses Kapitän-Sklaven Teil der Haftungsbeziehung mit der Folge, dass weitere Klagemöglichkeiten, besonders für den Reeder, entstehen.

IV. Netzwerkansatz

Nimmt man nun wieder den Netzwerkansatz in den Blick, kann man feststellen, dass das Personengeflecht dichter wird, wenn Gewaltunterworfene beteiligt sind. Rein quantitativ betrachtet steigt nämlich die Anzahl der beteiligten Personen, wenn in den verschiedenen Positionen nicht nur Freie, sondern auch Gewaltunterworfene tätig werden. Die Haftung für ihr Handeln wird dann auf ihre dahinterstehenden Gewalthaber übergeleitet.

Wenn Gewaltunterworfene an Geschäften des Seehandels beteiligt sind, treten sie als Akteure ihrer Herren und damit als Angehörige des jeweiligen Familiennetzwerks auf. Folglich interagieren und überlagern sich mehrere Familiennetzwerke. Dabei zeigt sich, dass interne Netzwerke für andere Herrn zugleich externe Netzwerke sein können. Wenn *pater familias* A durch seinen Sklaven mit *pater familias* B, für den ebenfalls ein Sklave handelt, das Geschäft abschließt, werden aus der Sicht des jeweiligen *pater familias* die internen Familiennetzwerke tätig, für den jeweils anderen *pater familias* handelt es sich aber um ein externes Netzwerk, weil er nicht gleichzeitig beiden Netzwerken familiär verbunden ist.

Betrachten wir schließlich die Entwicklung der Stellung des Herrn innerhalb seines Netzwerks: Früher war der Herr *(dominus)* Familienoberhaupt *(pater familias)*, der mit den Angehörigen seiner *familia* gemeinsam das Haus und die Äcker bewirtschaftete. Mit der Ausdehnung des Handels steht der Hausvater immer mehr an der Spitze eines Unternehmens und ist in einem externen Netzwerk von Handelspartnern und -beziehungen *(negotiationes)* eingebunden. Angesichts der Interaktionen des *dominus* in seinem internen Familien- und im externen Handelsnetzwerk zeigt sich, dass er Mitglied von zwei Netzwerken, nämlich dem Familien- und dem Handelsnetzwerk, ist. Dabei steht er im Zentrum des Geschehens in seinem internen (Familien-)Netzwerk, das durch den Einsatz von nicht zur Familie gehörenden Personen, nämlich Freien, fremden Sklaven und Freigelassenen über die Familie hinaus erweitert wird.

F. Haftung für das Handeln von Gewaltunterworfenen im Geschäftsverkehr: Stellvertretung im römischen Recht?

I. Struktur der Reederklage

Hier sei ein Blick auf die Struktur der Haftung mit der Reederklage geworfen. Die Reederklage ermöglicht es dem Vertragspartner eines Kapitäns, aus einem Geschäft mit dem Kapitän dessen Reeder in Anspruch zu nehmen. Es wird also der hinter dem Kapitän stehende Geschäftsherr verklagt. Strukturell setzt die Klage – wie gesehen – voraus, dass der Reeder den Kapitän eingesetzt und damit zur Vornahme bestimmter Geschäfte ermächtigt hat. Außerdem haftet der Reeder als Geschäftsherr nur, wenn der Kapitän im Rahmen der ihm übertragenen Befugnisse, nämlich innerhalb der *praepositio*, gehandelt hat. Dann haftet der Reeder allerdings unbeschränkt, das bedeutet für die Forderung des Vertragspartners des Kapitäns in ihrem vollen Umfang.

Mit der Reederklage gibt es also eine Haftung für den Einsatz von Hilfspersonen. Sie kommt damit der heutigen (direkten) Stellvertretung insofern nahe, als sie es dem Geschäftsherrn ermöglicht, ein Geschäft tatsächlich von einer anderen Person vornehmen zu lassen.[77] Der moderne Begriff der Stellvertretung bezeichnet das rechtsgeschäftliche Handeln für einen anderen, wobei die Rechtswirkungen unmittelbar in der Person des Vertretenen eintreten (vgl. § 164 Abs. 1 Satz 1 BGB, sogenannte direkte Stellvertretung). Diese Vertretung im Willen war dem römischen Recht jedoch fremd. Dort galt der Grundsatz, dass eine außenstehende Person nicht für einen anderen erwerben kann.[78] Das lag daran, dass das Rechtsverhältnis der Personen mit dem Rechtsakt als Einheit aufgefasst wurde, also nicht wie heute gegenüber dem Rechtsakt verselbstständigt war. Daher konnten Rechte und Pflichten nur in den am Rechtsakt unmittelbar Beteiligten entstehen.

Angesichts der Bedürfnisse der Wirtschaft und des weit verzweigten Handels, auf die bereits mehrfach hingewiesen worden ist, ist es nachvollziehbar, dass das römische Recht dennoch ein Instrumentarium für eine irgendwie geartete Vertretung beim Abschluss von Rechtsgeschäften bereitstellt. In der Tat führt die Reederklage genauso wie die anderen adjektizischen Klagen dazu, dass ein Gewaltunterworfener, ein Filialleiter oder ein Kapitän einen Dritten verpflichten kann. Aus einem Kaufvertrag des Kapitäns mit einem Geschäftspartner kann dieser die Kaufklage gegen den Kapitän anstrengen; insofern besteht eine Klage zwischen den unmittelbar am Vertragsschluss Beteiligten, also innerhalb des Vertragsverhältnisses. Darüber hinaus kann der Dritte aber auch den Reeder in Anspruch nehmen, und

---

77 Die Frage der direkten Stellvertretung im römischen Recht ist ein vielerörtertes Problem siehe den Überblick bei *Claus* (Fn. 71), S. 5 ff., zu den Hintergründen ihres Fehlens S. 9 ff.
78 Gai. 2.95.

zwar mit der besonderen Reederklage. Von moderner direkter Stellvertretung kann hier jedoch nicht gesprochen werden: Würde der Kapitän den Reeder im Sinne des § 164 Abs. 1 Satz 1 BGB vertreten, käme der Kaufvertrag zwischen dem Dritten und dem Reeder zustande, wobei Letzterer durch den Kapitän vertreten wäre. Ein vertragliches Verhältnis zwischen dem Kapitän und dem Dritten entstünde nicht. Die Reederklage beruht auch nicht auf dem Gedanken, dass der Kapitän durch den Abschluss eines Geschäfts den Reeder vertritt, sondern vielmehr auf der Idee, den Gewalthaber als Profiteur aus den Geschäften seiner Hauskinder und Sklaven zur Verantwortung zu ziehen. Rechtstechnisch erfolgt dies, indem die Klage aus dem jeweiligen Vertrag auf den Geschäftsherrn übergeleitet wird. Auf diese Weise wird für den Geschäftspartner eine effektive und erfolgversprechende Klagemöglichkeit geschaffen.

II. Netzwerkansatz

Ziehen wir noch einmal den Netzwerkgedanken heran, um die Art und Weise und den Umfang des Einsatzes von Hilfspersonen im Seehandel zu betrachten. Unter den engen Voraussetzungen der Reederklage – Handeln eines eingesetzten Kapitäns in den Grenzen und im Rahmen seiner Einsetzung *(praepositio)* durch den Reeder – kann auch ein freier Kapitän für den Reeder tätig werden. Das bedeutet, dass ein Dritter den hinter dem Kapitän stehenden Reeder auch dann mit der Reederklage in Anspruch nehmen kann, wenn der Kapitän selbst ein Freier ist. Dann kann der Dritte – alternativ – auch direkt gegen den Kapitän mit der Klage aus dem abgeschlossenen Vertrag klagen, ohne dass sich für ihn Haftungsrisiken ergeben. Insofern ermöglicht die Reederklage die Inanspruchnahme des Reeders für das Handeln eines anderen Freien. Daneben kann der Reeder auch einen fremden Sklaven als Kapitän einsetzen und haftet dann für das Handeln eines angestellten fremden Sklaven. Mit dem Netzwerkgedanken wird die Eigenart dieser beiden Fälle besonders deutlich: Strenggenommen gehören weder der Freie noch der fremde Sklave zu dem internen Familiennetzwerk des Hausvaters *(pater familias)*, sondern sind im Vergleich zu den Familienmitgliedern externe Personen. Sie gehören aber auch nicht dem externen Netzwerk mit den Geschäftspartnern an, sondern werden nur als Angestellte für den Reeder tätig. Das bedeutet zum einen, dass in dem internen Netzwerk des Herrn nicht mehr nur Familienangehörige, sondern auch dritte Personen, nämlich Freie und Sklaven dritter Herren, tätig werden, durch die der Hausvater Geschäfte führen lässt. Das interne Netzwerk wird also über ein bloßes Familiennetzwerk hinaus erweitert. Zum anderen spricht das dafür, dass es in einem – wenn auch beschränkten – Geschäftsbereich des Seehandels doch eine Verpflichtung eines Freien durch einen anderen Freien gab. Freilich ist dies immer noch keine (direkte) Stellvertretung im modernen Sinn, weil der vertretene Reeder zusätzlich zu dem vertretenden Kapitän verpflichtet wird und verklagt werden kann. Die Möglichkeit des Einsatzes eines freien Kapitäns geht aber deutlich über das eng umrissene Handeln des Herrn durch seine Gewaltunterworfenen als Organe beziehungsweise Werkzeuge hinaus.[79]

In diesem Zusammenhang muss schließlich wieder in den Blick genommen werden, dass der Seehandel einer der bedeutendsten römischen Wirtschaftszweige war. Täglich wurden unzählige Geschäfte mit Kapitänen abgeschlossen, so dass es sich nicht um einen kleinen Randbereich in der römischen Wirtschaft handelt, sondern um Massengeschäfte. Geht man nun unter anderem mit *Wacke* und *Claus* davon aus,[80] dass tatsächlich nicht Sklaven, sondern in breiter Masse Freie als Kapitäne eingesetzt wurden, wird die rechtliche Sonderstellung der Reederklage noch bedeutsamer. Das römische Recht kannte mit der Reederklage im Rahmen der Geschäfte eines Kapitäns eine Haftung für das Handeln durch andere Personen, die davon unabhängig war, ob der Handelnde ein Gewaltunterworfener war oder nicht. Der Netzwerkansatz kann hier veranschaulichen, in welchem Ausmaß Geschäftsleute andere Freie und fremde Sklaven im Seehandel einsetzen konnten.

Schließlich ist noch auf die Geschäftsleiterklage *(actio institoria)* hinzuweisen, weil auch sie die Inanspruchnahme desjenigen, der den Geschäftsleiter eingesetzt hat, unabhängig vom rechtlichen Status dieses eingesetzten Geschäftsleiters vorsieht. Darin unterscheiden sich die Reeder- und die Geschäftsleiterklage von den übrigen adjektizischen Klagen. Obgleich sie auf die Bereiche des Seehandels und des Geschäftsbetriebs beschränkt waren, muss wegen des Umfangs des (Fern-)Handels von einem weiten Anwendungsbereich der Klagen in all ihren Anwendungsformen ausgegangen werden. Das spricht dafür, dass im Wirtschaftsbereich Freie in erheblichem Maße für das Handeln anderer Freier in Anspruch genommen werden konnten.

G. Fazit und Ausblick

Der Seehandel war in der Zeit zwischen dem 2. Jahrhundert v. Chr. und dem 2. Jahrhundert n. Chr. einer der bedeutendsten römischen Wirtschaftszweige. Großunternehmer und Händler *(negotiatores)* handelten mit Oliven, Wein und landwirtschaftlichen Produkten, aber auch mit Keramik, Metallwaren und Textilien, und hatten Handelsniederlassungen in den Provinzen eingerichtet. Mit Blick auf das Oberthema der „Netzwerke im Privatrecht" wurde hier versucht, unter Heranziehung des Netzwerkansatzes die an die-

---

[79] Üblicherweise wird anlässlich der adjektizischen Klagen vom Handeln des Gewalthabers durch seine Organe gesprochen; vgl. *Kaser/Knütel* (Fn. 1), § 11 Rn. 3 ff.; *Kaser* (Fn. 26), S. 261.
[80] *Wacke*, SZ 111 (1994), 280, 302 ff., ähnlich *Claus* (Fn. 71), S. 66 f., beide mit weiterer Bibliographie; siehe schon oben E.II.

sem Fernhandel beteiligten Personen in ihren Handelsbeziehungen zu betrachten, um die Struktur der Personenbeziehungen als Hintergrund für die Rechtsentwicklung und so den Einfluss der ökonomischen Praxis auf das Recht sichtbar zu machen. Mit dem Netzwerkansatz können mehrere Netzwerkebenen aufgedeckt werden: das Familien- und das Unternehmernetzwerk, die sich teilweise überlagern, weil die Akteure beider Netzwerke in beiden Netzwerken tätig werden können. Die Netzwerkanalyse lässt sich auch hier anwenden, obwohl die Quellen keine konkreten Personen nennen, weil die Akteure in ihren Funktionen miteinander verglichen werden können und dies von den konkreten Einzelpersonen unabhängig ist.

Der Netzwerkansatz eröffnet also auch in der römischen Rechtswissenschaft einen neuen Blickwinkel, weil er unabhängig vom rechtlichen Rahmen den Blick frei gibt auf die Struktur der Beziehungen der handelnden Personen. Dies ermöglicht es, bei der Untersuchung des Rechts stärker gesellschaftliche und gesellschaftspolitische Aspekte zu berücksichtigen, um auf diese Weise auch der damaligen Realität im Rechtsverkehr näher zu kommen. So ist festzuhalten, dass die Akteure im Netzwerk unabhängig von ihrem personenrechtlichen Status vereint sind – Freie und Sklaven treten nebeneinander auf, und zwar ohne dass es auf ihren personenrechtlichen Status maßgeblich angekommen zu sein scheint. Auf dieses tatsächliche Agieren im Netzwerk reagiert der Prätor, dem die Fortentwicklung des Rechts übertragen ist, indem er die Reederklage gewährt. Sie ist aber nicht die einzige Klage, die dem tatsächlichen Auftreten von Sklaven und Geschäftsführern im Geschäftsverkehr rechtliche Wirksamkeit verschafft, sondern gehört in den Zusammenhang der sogenannten adjektizischen Klagen, mit denen der Herr aus Geschäften seiner Gewaltunterworfenen beziehungsweise seiner Geschäftsführer verklagt werden kann. Die Reederklage betrifft aber als älteste der adjektizischen Klagen unmittelbar das externe Netzwerk des Herrn mit seinen Handelspartnern und macht hier die tatsächlichen Geschäfte der eingesetzten Kapitäne klagbar. Genauso wie bei der Geschäftsleiterklage *(actio institoria)* und im Unterschied zu den anderen adjektizischen Klagen ist dabei der rechtliche Status der vom Geschäftsherrn eingesetzten Person unerheblich; es kann sich um einen Freien oder einen Sklaven handeln.

Dabei wird die persönliche Stellung der Gewaltunterworfenen und besonders der Sklaven in keiner Weise verändert, sondern es wird im Gegenteil diese besondere Stellung der Gewaltunterworfenen ausgenutzt, die zwar nicht rechtsgeschäftlich wirksam handeln und deshalb ihren Herrn nicht wirksam verpflichten können, deren Erwerb aber immer ihrem Herrn zufällt. Durch die Klage wird das tatsächliche Handeln des Sklaven auch im Außenverhältnis zum Vertragspartner auf den Herrn rückgebunden, indem der Vertragspartner den Herrn des Sklaven mit der Reederklage in Anspruch nehmen kann. In dieser Hinsicht fügt sich die Gewähr der Klagen für das Handeln Gewaltunterworfener in die bestehenden Abhängigkeitsverhältnisse ein, ohne sie zu verändern oder zu überwinden. Angesichts der Struktur der Personenbeziehungen, die mit dem Netzwerkansatz sichtbar gemacht werden können, legt dies die Vermutung nahe, dass es auf den rechtlichen Status der Personen nicht so entscheidend ankam, sondern es in erster Linie um ein arbeitsteiliges Zusammenwirken im Wirtschaftsverkehr ging.

Nach alledem kann nun die eingangs zitierte Netzwerkdefinition aus der Alten Geschichte für das römische Recht modifiziert werden: Netzwerke sind informelle, weitgehend stabile und zeitlichem Wandel unterworfene Bündelungen von Beziehungen zwischen Personen. Sie binden die vernetzten Personen in ein soziales Bezugssystem ein, das von rechtlichen Rahmenbedingungen zunächst unabhängig ist und dann die rechtlichen Rahmenbedingungen sogar beeinflussen und verändern kann. Ausgehend von dieser Netzwerkdefinition erscheint nun auch die Anwendung des Netzwerkansatzes auf andere Bereiche, zum Beispiel auf die am Fernhandel beteiligten Peregrine, vielversprechend.

Die berufliche Zusammenarbeit von Rechtsanwälten[*]

Christian Deckenbrock[**]

Inhalt

A.	Die Entwicklung der tatsächlichen und rechtlichen Rahmenbedingungen	120
B.	Die Behinderung interprofessioneller Berufsausübungsgemeinschaften durch das anwaltliche Berufsrecht	122
I.	Erster Schwachpunkt: die Beschränkung des Gesellschafterkreises (§ 59a BRAO)	125
	1. Der Status quo und ein vergeblicher Reformversuch	125
	2. Der Vorlagebeschluss des II. Zivilsenats	126
	3. Eine Prognose künftiger Entwicklungen	127
II.	Zweiter Schwachpunkt: Mehrheitserfordernisse in der GmbH (§§ 59e, 59f BRAO)	130
	1. Die unterschiedliche Behandlung von GmbH und Personengesellschaften	130
	2. Der Beschluss des BVerfG	131
	3. Konsequenzen für die Zusammenarbeit von Anwälten mit Steuerberatern und Wirtschaftsprüfern	134
III.	Dritter Schwachpunkt: die nicht mehr zeitgemäße Orientierung des Berufsrechts am Einzelanwalt	135
	1. Die Berufsausübungsgemeinschaft als Bezugssubjekt berufsrechtlicher Regelungen	136
	2. Zulassung	140
	3. Postulationsfähigkeit	142
	4. Elektronisches Rechtsanwaltsverzeichnis	144
IV.	Folgerung: die Notwendigkeit rechtsformneutraler Regelungen und der Harmonisierung der Berufsrechte	147
C.	Blick nach Österreich	148
I.	Öffnungen gegenüber dem deutschen Recht	148
II.	Einschränkungen gegenüber dem deutschen Recht	149
III.	Ursachen für das Auseinanderdriften des deutschen und österreichischen Anwaltsrechts	151
D.	Zusammenfassung und Ausblick: grundlegende Reform des Gesellschaftsrechts?	153

---

[*] Die Arbeiten an diesem Beitrag wurden Anfang Januar 2016 abgeschlossen. Aktuelle Entwicklungen wie insbesondere die Entscheidung des BVerfG zur Verfassungsmäßigkeit von § 59a BRAO (BVerfG NJW 2016, 700) konnten daher nicht mehr berücksichtigt werden.
[**] Dr. iur., Universität zu Köln.

A. Die Entwicklung der tatsächlichen und rechtlichen Rahmenbedingungen

Als 1878 die erste Rechtsanwaltsordnung verabschiedet wurde, „galt der Einzelanwalt als Idealtypus des Rechtsanwalts. In der mechanischen Betriebsamkeit größerer Sozietäten sah man eine Gefahr für die gediegene anwaltliche Beratung".[1] Dieses Bild hielt sich erstaunlich lange. Es dauerte bis 1989, bis der BGH die Zulässigkeit überörtlicher Sozietäten anerkannte,[2] und bis 1994, bis es mit der Neuregelung des § 59a BRAO erstmals zu einer gesetzlichen Regelung der beruflichen Zusammenarbeit im anwaltlichen Berufsgesetz kam.[3] Diese Vorschrift konnte zu diesem Zeitpunkt allein die Zusammenarbeit in der Rechtsform einer GbR, und das auch nur auf der Basis der damals anerkannten Haftungsverfassung, im Blick haben.

Inzwischen hat der BGH der GbR[4] ein völlig verändertes Gesicht gegeben und die §§ 705 ff. BGB neu interpretiert. Mit der Anerkennung der Rechtsfähigkeit der BGB-Gesellschaft[5] hat sich die Ausgangslage für das Verhältnis Sozietät – Mandant verändert; heute kommt der Anwaltsvertrag ausschließlich mit der Berufsausübungsgemeinschaft selbst und nicht mehr mit ihren einzelnen Mitgliedern zustande.[6] Zudem steht Anwälten heute eine breite Palette an möglichen Rechtsformen zur Verfügung. Hierzu zählen insbesondere die PartG (seit 1.7.1995),[7] die PartG mbB (seit 19.7.2013),[8] die GmbH (seit 8.9.1998), die AG und verschiedene ausländische Organisationsformen mit der LLP an der Spitze. Diese insbesondere von der Rechtsprechung vorangetriebene Liberalisierung hat jedoch nur sehr begrenzt Eingang in die BRAO gefunden. So hat der Gesetzgeber 1999 zwar mit den §§ 59c ff. BRAO noch sehr detaillierte Regelungen zur Rechtsanwalts-GmbH verab-

---

1 *Henssler*, NJW 1993, 2137.
2 BGHZ 108, 290, 293 ff. = NJW 1989, 2890, 2891.
3 Eingefügt durch Art. 1 Nr. 24 des Gesetzes zur Neuordnung des Berufsrechts der Rechtsanwälte und der Patentanwälte vom 2.9.1994, BGBl. I S. 2278.
4 Zur fortbestehenden Beliebtheit der GbR als Rechtsform für die anwaltliche Berufsausübung siehe *Kilian*, AnwBl. 2015, 45 ff.
5 Grundlegend BGHZ 146, 341, 343 ff. = NJW 2001, 1056 ff.
6 BGH NJW-RR 2006, 1071 Rn. 9; BGH NJW-RR 2008, 1594 Rn. 10; BGH NJW 2009, 1597 Rn. 10; BGHZ 193, 193 Rn. 15 = NJW 2012, 2435; vgl. zur früheren Rechtslage BGHZ 56, 355, 357 ff. = NJW 1971, 1801, 1802.
7 Gesetz über Partnerschaftsgesellschaften Angehöriger Freier Berufe (Partnerschaftsgesellschaftsgesetz – PartGG) vom 25.7.1994, BGBl. I S. 1744.
8 Eingefügt durch Art. 1 des Gesetzes zur Einführung einer Partnerschaftsgesellschaft mit beschränkter Berufshaftung und zur Änderung des Berufsrechts der Rechtsanwälte, Patentanwälte, Steuerberater und Wirtschaftsprüfer vom 15.7.2013, BGBl. I S. 2386. Siehe auch die rechtstatsächliche Bestandsaufnahme zum Erfolg der PartG mbB bei *Kilian*, AnwBl. 2015, 772 ff.

schiedet,[9] nachdem diese vom BayObLG[10] für zulässig erachtet worden war; Regelungen zu den Anforderungen der Berufsausübung in AG[11] oder LLP – deren Zulässigkeit inzwischen grundsätzlich außer Frage steht – fehlen dagegen bis heute völlig.

Auch in tatsächlicher Hinsicht haben sich in den letzten 20 Jahren die Rahmenbedingungen erheblich verändert. Wenngleich nur die PartG (mbB), GmbH und AG statistisch erfasst werden – und auch hier nur die Anzahl der jeweiligen Gesellschaften, nicht aber die Menge der in diesen Rechtsformen tätigen Anwälte –,[12] wird heute davon ausgegangen, dass etwa 90.000 der insgesamt knapp 165.000 Anwälte in Berufsausübungsgemeinschaften tätig sind.[13] Verglichen mit früheren Zahlen lässt sich ein unaufhaltsamer Trend weg von der individualistischen hin zur gemeinschaftlichen Berufsausübung belegen.[14]

Dieser „historische Wildwuchs"[15] an verschiedenstartigen Regelungen zum anwaltlichen Gesellschaftsrecht führt zu einem nicht stimmigen Gesamtsystem mit einer nicht nachvollziehbaren und nicht sachlich begründeten Ungleichbehandlung der verschiedenen Gesellschaftsformen. Als Hauptursache für diese Entwicklung – so viel sei schon an dieser Stelle gesagt – lässt sich der fehlende Mut des Gesetzgebers, aber auch der Anwaltsverbände nennen, eine Gesamtreform des sog. anwaltlichen Gesellschaftsrechts in die Wege zu leiten. Die in den vergangenen 20 Jahren erfolgten Liberalisierungen sind entweder der Rechtsprechung zu verdanken oder gehen auf Einzelinitiativen wie etwa die jüngst erfolgte Einführung der PartG mbB zurück. Gegenstand der folgenden Überlegungen wird es daher sein, die Sinnhaftigkeit und Rechtmäßigkeit der verschiedenen berufsrechtlichen Grenzen für die berufliche Zusammenarbeit von Rechtsanwälten zu erörtern und Vorschläge für eine Neuregelung zu unterbreiten.

---

9 Eingefügt durch Art. 1 des Gesetzes zur Änderung der Bundesrechtsanwaltsordnung, der Patentanwaltsordnung und anderer Gesetze vom 31.8.1998, BGBl. I S. 2600.
10 BayObLG NJW 1995, 199.
11 Die Zulässigkeit ist anerkannt seit BGHZ 161, 376 = NJW 2005, 1568.
12 Große Mitgliederstatistik der BRAK zum 1.1.2015, abrufbar unter: http://www.brak.de/w/files/04_fuer_journalisten/statistiken/2015/grmgstatisitik2015.pdf, zuletzt abgerufen am 15.5.2016.
13 Siehe die Zahlen bei *Kilian*, Management von Haftungsrisiken in Anwaltskanzleien, 2014, S. 51.
14 Siehe bereits *Henssler*, in: Henssler/Streck, Handbuch Sozietätsrecht, 2. Aufl. 2011, A Rn. 6.
15 *Römermann*, NZG 2014, 481, 485.

B. Die Behinderung interprofessioneller Berufsausübungsgemeinschaften durch das anwaltliche Berufsrecht

Die BRAO kennt zunächst in § 59a lediglich eine allgemeine Regelung zur gemeinschaftlichen Berufsausübung. Die Kernaussage des Abs. 1 S. 1 lautet: „Rechtsanwälte dürfen sich mit Mitgliedern einer Rechtsanwaltskammer und der Patentanwaltskammer, mit Steuerberatern, Steuerbevollmächtigten, Wirtschaftsprüfern und vereidigten Buchprüfern zur gemeinschaftlichen Berufsausübung im Rahmen der eigenen beruflichen Befugnisse verbinden." Die Regelung ist in den letzten 20 Jahren lediglich einmal geändert worden. So ist im Rahmen der Reform des Rechtsberatungsrechts mit Wirkung vom 18.12.2007 der Satzteil „in einer Sozietät" aus dem Gesetzestext gestrichen worden.[16] Mit dieser Kürzung wollte der Gesetzgeber vor allem die Aufhebung des früheren Verbots der Sternsozietät erreichen und es Rechtsanwälten ermöglichen, ihren Beruf gleichzeitig in mehreren Sozietäten auszuüben.[17] Er hat in der Begründung zudem verdeutlicht, dass die Regelung des § 59a BRAO – wenngleich sie vor Einführung der PartG geschaffen worden war – auch für die gemeinschaftliche Berufsausübung in einer PartG gilt.[18]

Welche Beschränkungen sind dieser Regelung nun noch zu entnehmen? Am offenkundigsten ist die Begrenzung des Kreises sozietätsfähiger Berufe auf Anwälte, Patentanwälte, Steuerberater, Steuerbevollmächtigte, Wirtschaftsprüfer und vereidigte Buchprüfer. Angehörigen anderer Berufsgruppen wird damit die Gesellschafterstellung verwehrt; zugleich scheidet Fremdbesitz durch nicht-sozietätsfähige Berufe aus.[19] Auf die Bedeutung dieser Einschränkung und ihre Zeitgemäßheit wird noch zurückzukommen sein (dazu I.).

Der Norm werden aber noch weitere Beschränkungen entnommen, die sich jedenfalls nicht auf den ersten Blick aus dem Wortlaut ablesen lassen und an die der Gesetzgeber bei ihrem Inkrafttreten möglicherweise selbst nicht gedacht hat. So wird aus § 59a Abs. 1 S. 1 BRAO heutzutage auch das Erfordernis abgeleitet, dass jeder Gesellschafter aktiv seinen Beruf ausüben müsse. Dieses Postulat soll aus dem Satzteil „zur gemeinschaftlichen Berufsausübung" folgen.[20] Bemerkenswert ist, dass sich für eine solche Interpretation des § 59a Abs. 1 S. 1 BRAO in den Gesetzgebungsmaterialien

---

16 Art. 4 Nr. 3 des Gesetzes zur Neuregelung des Rechtsberatungsrechts vom 12.12.2007, BGBl. I S. 2840.
17 BT-Drucks. 16/3655, S. 82 f.; siehe dazu *Henssler/Deckenbrock*, DB 2008, 41, 46 f.
18 BT-Drucks. 16/3655, S. 82 f.
19 Hierzu umfassend *Kilian*, AnwBl. 2014, 111 ff.
20 Siehe nur *Kilian*, in: Koch/Kilian, Anwaltliches Berufsrecht, 2007, B Rn. 845; *Henssler*, BRAK-Mitt. 2007, 186, 187.

keine Anhaltspunkte finden.[21] Erst im Rahmen der 1995 erfolgten Einführung der PartG hat der Gesetzgeber das Gebot der aktiven Mitarbeit entwickelt; es soll der in § 1 Abs. 1 S. 1 PartGG getroffenen Regelung, nach der Zweck der Partnerschaft der Zusammenschluss der Partner „zur Ausübung ihrer Berufe" ist, zu entnehmen sein.[22] Noch deutlicher ist das Gebot aktiver Mitarbeit seit 1999 für die Gesellschafter einer Anwalts-GmbH geregelt; sie müssen gem. § 59e Abs. 1 S. 2 BRAO in der Rechtsanwaltsgesellschaft „beruflich tätig" sein.[23] Erst im Anschluss an diese beiden Spezialregelungen hat man das Gebot der aktiven Mitarbeit[24] zu einem allgemeinen Prinzip für alle Berufsausübungsgemeinschaften weiterentwickelt.[25] Aus dem Erfordernis der aktiven Mitarbeit folgt zugleich das sog. Verbot der „auswärtigen Kapitalbeteiligung" an anwaltlichen Berufsausübungsgemeinschaften. Unzulässig sind damit selbst für Angehörige sozietätsfähiger Berufe stille Beteiligungen, Unterbeteiligungen, partiarische Darlehen, Gewinnschuldverschreibungen, Nießbrauch und Treuhand.[26]

Für die Anwalts-GmbH findet sich in den §§ 59c ff. BRAO ein ganzer Strauß an berufsrechtlichen Anforderungen. § 59e Abs. 1 S. 1 BRAO verweist für den Gesellschafterkreis auf die in § 59a BRAO vorgenommene Begrenzung auf bestimmte Berufsgruppen. Auch Geschäftsführer, Prokurist und Handlungsbevollmächtigter kann nach § 59f Abs. 2 und 3 BRAO nur sein, wer einen sozietätsfähigen Beruf ausübt. Das bereits angesprochene Gebot aktiver Mitarbeit wird in § 59e Abs. 1 S. 2 BRAO noch einmal eindeutig geregelt. Vorgesehen sind zudem umfangreiche Mehrheitserfordernisse zugunsten der Anwälte (§§ 59e Abs. 2 S. 1, 59f Abs. 2, Abs. 3 BRAO), die bei der interprofessionellen Zusammenarbeit von großer Bedeutung sind, besondere Anforderungen an die Kanzlei (§ 59i BRAO) und im Hinblick auf die fehlende persönliche Haftung der Gesellschafter die Pflicht zum Abschluss einer Berufshaftpflichtversicherung mit erhöhter Mindestversicherungssumme in Höhe von 2,5 Mio. EUR (§ 59j BRAO). Hinzu kommt, dass die Anwalts-GmbH ein eigenständiges Zulassungsverfahren

---

21 BT-Drucks. 12/4993, S. 33.
22 BT-Drucks. 12/6152, S. 7, 9.
23 BT-Drucks. 13/9820, S. 14.
24 Eine besondere Intensität der aktiven Berufsausübung wird nicht gefordert und wäre in der Praxis auch kaum kontrollierbar. Ausreichend soll ein „Mindestmaß an beruflichen Aktivitäten" sein (BT-Drucks. 13/9820, S. 14). So sollen etwa rein akquisitorische oder geschäftsführende Aufgaben (sog. *managing partner*) ausreichend sein. Nicht als Berufsrechtsverstoß gewertet wird es auch, wenn ein Partner sich aus Alters- oder Gesundheitsgründen weitgehend aus der Gesellschaft zurückzieht und sich auf die sporadische Mitarbeit bei Mandaten beschränkt, vgl. *Kilian*, in: Koch/Kilian (Fn. 20), B Rn. 846; *Henssler*, in: Henssler/Prütting, BRAO, 4. Aufl. 2014, § 59e Rn. 17; *ders.*, BRAK-Mitt. 2007, 186, 187.
25 Kritisch allerdings *Michalski/Römermann*, in: Henssler/Streck (Fn. 14), B Rn. 16 ff.
26 BT-Drucks. 13/9820, S. 15 (zur Anwalts-GmbH); *Henssler*, in: Henssler/Prütting (Fn. 24), § 59e Rn. 28.

kennt (§§ 59c Abs. 1, 59g BRAO) und ihr die Postulationsfähigkeit (§ 59l BRAO) zuerkannt worden ist.

Oft wird übersehen, dass diese berufsrechtlichen Anforderungen an Anwaltsgesellschaften auch eine verfassungsrechtliche Dimension haben. Diese Vorgaben stellen über das Gesellschaftsrecht hinausgehende Beschränkungen dar und bedürfen vor dem Hintergrund von Art. 12 Abs. 1 GG, Art. 9 Abs. 1 GG und Art. 3 Abs. 1 GG einer verfassungsrechtlichen Rechtfertigung, die nur mit spezifischen Besonderheiten der anwaltlichen Berufsausübung begründet werden kann.[27] Von der Berufsfreiheit des Art. 12 Abs. 1 GG ist anerkanntermaßen auch das Recht, sich beruflich zusammenzuschließen, geschützt.[28] Eine Berufsausübungsbeschränkung kann daher nur Bestand haben, wenn sie durch ausreichende Gründe des Gemeinwohls gerechtfertigt ist und der Eingriff nicht weiter geht, als es die rechtfertigenden Gemeinwohlbelange erfordern; Eingriffszweck und Eingriffsintensität müssen in einem angemessenen Verhältnis stehen.[29] Der Gleichheitsgrundsatz des Art. 3 Abs. 1 GG, der es verbietet, Gruppen von Normadressaten ungleich zu behandeln, zwischen denen keine Unterschiede von solcher Art und solchem Gewicht bestehen, dass sie die ungleiche Behandlung rechtfertigen könnten,[30] kann gleich in zweifacher Hinsicht Relevanz entfalten. Eine gleichheitswidrige Ungleichbehandlung kann zunächst gegenüber Patentanwälten, Steuerberatern und Wirtschaftsprüfern bestehen. BVerfG und BGH haben die Ähnlichkeiten zwischen diesen Berufsgruppen bereits mehrmals explizit hervorgehoben.[31] Zudem kommt eine Ungleichbehandlung von unter §§ 59c ff. BRAO fallenden Rechtsanwaltsgesellschaften gegenüber sonstigen Berufsausübungsgemeinschaften in Betracht. Jede Beschränkung, die der Gesetzgeber nur für die Anwalts-GmbH, nicht aber für andere Berufsausübungsgemeinschaften angeordnet hat, muss kritisch daraufhin untersucht worden, ob sich speziell aus der Eigenart der gewählten Rechtsform ihre Notwendigkeit ergibt.

Zwei grundlegende, im Folgenden näher vorzustellende Entscheidungen des BGH (dazu I.) und des BVerfG (dazu II.) haben insoweit in der jüngeren Vergangenheit für Aufsehen gesorgt und könnten Ausgangspunkt für eine

---

27 Auch die Anwalts-GmbH selbst genießt wegen Art. 19 Abs. 3 GG Grundrechtsschutz, vgl. BVerfGE 135, 90 Rn. 59 = NJW 2014, 613.
28 Siehe nur BVerfGE 108, 150, 165 = NJW 2003, 2520, 2522.
29 Exemplarisch BVerfGE 108, 150, 160 = NJW 2003, 2520, 2521.
30 Siehe etwa BVerfGE 55, 72, 88 = NJW 1981, 271 f.
31 Vgl. BVerfGE 80, 269, 280 f. = NJW 1989, 2611, 2612; BVerfGE 98, 49, 63 ff. = NJW 1998, 2269, 2271; BGH NJW 2013, 2674 Rn. 83 ff.; siehe auch *Henssler*, in: FS Kreutz, 2010, S. 635 ff.; *ders.*, JZ 1998, 1065 ff.; *ders.*, ZIP 1998, 2121 ff.; *ders.*, NZG 2011, 1121 ff. Zum Teil werden in der Rechtsprechung aber auch relevante Unterschiede ausgemacht, vgl. EGMR NJW 2007, 3049; BVerfG NJW 2001, 1560, 1561; BVerfG NJW 2002, 2163, 2164; BVerfG NJW 2012, 993; BVerwGE 144, 211 Rn. 35 = NJW 2013, 327; BGH NJW 2011, 3036 Rn. 17 ff.

Umwälzung des anwaltlichen Gesellschaftsrechts sein. Weiterer Reformbedarf folgt aus der nicht mehr zeitgemäßen Orientierung des Berufsrechts am Einzelanwalt (dazu III.).

I. Erster Schwachpunkt: die Beschränkung des Gesellschafterkreises (§ 59a BRAO)

1. Der Status quo und ein vergeblicher Reformversuch

Wesentlicher Inhalt der Sozietätsvorschrift des § 59a BRAO ist die Festlegung des Gesellschafterkreises auf Rechts- und Patentanwälte, Steuerberater sowie Wirtschaftsprüfer. Es sei sicherzustellen, dass die mit dem Rechtsanwalt zusammenarbeitenden Berufsträger „in gleicher Weise ... der Verschwiegenheitspflicht und den damit korrespondierenden Aussageverweigerungsrechten und Beschlagnahmeverboten unterfallen".[32] Angehörigen anderer Freier Berufe wie Ärzten oder Architekten ist damit die Gesellschafterstellung in einer Anwaltssozietät verbaut; der Sachverstand dieser Berufsgruppen kann daher etwa in einer medizin- oder baurechtlich ausgerichteten Sozietät nicht genutzt werden. Der BGH hat insoweit wiederholt hervorgehoben, dass § 59a Abs. 1 BRAO nur als abschließende Aufzählung derjenigen Berufe verstanden wird, mit deren Angehörigen ein Rechtsanwalt sich in einer Berufsausübungsgemeinschaft verbinden darf, und eine erweiternde Auslegung ausgeschlossen ist.[33] Diese Beschränkungen von Netzwerken unter Beteiligung von Anwälten greifen nach § 59a Abs. 3 BRAO sogar für Bürogemeinschaften.[34] Lediglich Kooperationen, bei denen es nicht nur an einer gemeinsamen Mandatsannahme, sondern auch an einer räumlichen Zusammenarbeit fehlt, sollen möglich sein.[35] Umgekehrt soll den anderen Berufsgruppen sogar die Unterbeauftragung eines Anwalts verwehrt sein mit der Folge, dass sie sich nicht selbständig zur Erbringung von Rechtsdienstleistungen verpflichten dürfen.[36]

Diese Beschränkung wurde in den vergangenen Jahren verstärkt angegriffen.[37] Zwar sind rechtspolitische Bestrebungen, im Rahmen der 2008 in

---

[32] BT-Drucks. 12/4993, S. 34.
[33] BGH NJW 2003, 3548, 3549; BGH NJW 2013, 2674 Rn. 28 ff.; a. A. noch *Gotzens*, Die interprofessionelle Zusammenarbeit von Rechtsanwälten mit Angehörigen anderer freier Berufe 1998, S. 204 f., *Quodbach*, Grenzen der interprofessionellen Zusammenarbeit für Rechtsanwälte, 2002, S. 207.
[34] Siehe hierzu *Deckenbrock*, NJW 2008, 3529 ff.
[35] Dazu *Henssler/Deckenbrock*, DB 2007, 447 ff.
[36] BGH NJW 2008, 3069 Rn. 18 ff.; BGH NJW 2009, 3242 Rn. 22 ff.; BGHZ 193, 193 Rn. 34 = NJW 2012, 2435; siehe auch *Deckenbrock/Henssler*, in: Deckenbrock/Henssler, RDG, 4. Aufl. 2015, § 5 Rn. 7, 19 ff.
[37] Nach einer aktuellen Umfrage des Soldan Instituts würden es 62 % der Rechtsanwälte vorziehen, wenn sich der Status quo der Sozietätsfähigkeit nicht ändern würde; 31 % würden dagegen eine Erweiterung des Kreises sozietätsfähiger Berufe präferieren; 7 % haben sich zu dieser Frage keine Meinung bilden können, vgl. *Kilian*, NJW 2015, 3144, 3146.

Kraft getretenen Reform des Rechtsberatungsrechts den Kreis der sozietätsfähigen Berufe auszudehnen, vorerst nicht Gesetz geworden. Der zunächst vorgeschlagene, letztlich aber vom Rechtsausschuss[38] gekippte § 59a Abs. 4 BRAO-E sollte es Rechtsanwälten gestatten, ihren Beruf gemeinschaftlich mit Angehörigen aller vereinbaren Berufe, also auch mit Angehörigen weiterer Freier Berufe (die vergleichbare Beschränkungen in ihrem Berufsrecht nicht kennen) oder sogar mit bestimmten Gewerbetreibenden, auszuüben. Verbunden werden sollte diese Erweiterung mit einer Pflicht zur Sicherstellung einer berufsrechtskonformen Zusammenarbeit.

2. Der Vorlagebeschluss des II. Zivilsenats

Inzwischen liegt das Schicksal des § 59a BRAO allerdings wegen Art. 100 Abs. 1 GG in der Hand des BVerfG, nachdem der II. Zivilsenat des BGH in einem viel beachteten und gut begründeten Beschluss vom 16.5.2013 die hieraus folgenden Einschränkungen als mit Art. 3 Abs. 1, Art. 9 Abs. 1 und Art. 12 Abs. 1 GG unvereinbar angesehen hat.[39] Der Senat ist der Überzeugung, dass die Einschränkungen des § 59a BRAO nicht erforderlich sind, um das Geheimhaltungsinteresse des Mandanten des Anwalts zu schützen, die Unabhängigkeit des Rechtsanwalts zu sichern oder einer gesteigerten Gefahr der Vertretung widerstreitender Interessen zu begegnen.

Soweit es um die Sicherung des Geheimhaltungsinteresses des rechtsuchenden Bürgers gegenüber Dritten und gegenüber der Staatsgewalt gehe, bestehe „bei der Berufsausübung von Ärzten und Apothekern gleichfalls ein gesetzlich abgesicherter Schutz, der durch die Verkammerung beider Berufe einschließlich des Bestands und der Überwachung vergleichbarer beruflicher (Standes-)Regeln wie bei Rechtsanwälten verstärkt wird".[40] Der Umfang, in dem die Geheimhaltungsinteressen der von der Berufsausübung der Ärzte und Apotheker Betroffenen geschützt sind, entspreche daher demjenigen der in § 59a Abs. 1 BRAO als sozietätsfähig aufgezählten Berufsgruppen.[41]

Ebenso wenig sei das Verbot einer Berufsausübungsgemeinschaft mit einem Arzt oder einem Apotheker zur Sicherung der Unabhängigkeit des Rechtsanwalts erforderlich. Auch bei einer beruflichen Zusammenarbeit werde das Verhältnis zum Mandanten in erster Linie durch eine persönliche und eigenverantwortliche Dienstleistung charakterisiert; besondere Gefahren für die anwaltliche Unabhängigkeit im Rahmen der Mandatsbearbeitung, die allein aus der gemeinschaftlichen Berufsausübung mit nichtanwaltlichen Gesellschaftern folgen, seien daher nicht erkennbar.[42] Diese

---

38 BT-Drucks. 16/6634, S. 54.
39 BGH NJW 2013, 2674.
40 BGH NJW 2013, 2674 Rn. 67.
41 Dazu im Einzelnen BGH NJW 2013, 2674 Rn. 67 ff.
42 BGH NJW 2013, 2674 Rn. 70 unter Verweis auf BVerfGE 108, 150, 159 = NJW 2003, 2520.

Aussage ist besonders bemerkenswert, weil fast jede Beschränkung der §§ 59a, 59c ff. BRAO mit einem bloßen Verweis auf die anwaltliche Unabhängigkeit gerechtfertigt wird.

Außerdem könne die Erforderlichkeit des Verbots nicht mit einer gesteigerten Gefahr von Interessenkollisionen begründet werden. Es bestünden schon keine Anhaltspunkte dafür, dass die Gefahr der Vertretung widerstreitender Interessen allein durch die Beteiligung eines Arztes oder eines Apothekers an der Berufsausübungsgemeinschaft mit einem Rechtsanwalt erhöht würde. Schließlich sei nicht erkennbar, dass bei Verbindung des Rechtsanwalts mit Angehörigen von Berufen aus dem Bereich der Gesundheitsfürsorge irgendwie geartete höhere Gefahren für den Rechtsuchenden als bei einer Verbindung mit anderen wirtschaftsnahen Beraterberufen auftreten.[43]

Insgesamt verdeutlicht der Vorlagebeschluss überzeugend, dass die berufsrechtliche Begrenzung des Gesellschafterkreises weder zeit- noch verfassungsgemäß ist. Berücksichtigt man, dass in einer interprofessionellen Berufsausübungsgemeinschaft die tatsächliche Bearbeitung von Rechtsdienstleistungen stets den der Gesellschaft angehörenden Anwälten vorbehalten bleibt,[44] können Beschränkungen des Gesellschafterkreises nur daraus folgen, dass die zum Schutz der Rechtsuchenden bestehenden Berufspflichten durch die berufliche Zusammenarbeit mit Nicht-Anwälten ausgehöhlt werden. Hiervon kann aber per se nicht die Rede sein, wenn die Gesellschaft selbst (zur berufsrechtlichen Verantwortlichkeit der Berufsausübungsgemeinschaft siehe noch III. 1.) und alle ihr angehörenden Berufsträger im Ergebnis die anwaltlichen Pflichten beachten müssen. Haben die anderen Berufsgruppen dann noch ein dem Anwaltsberuf vergleichbares Leitbild, eigene ähnlich ausgestaltete Berufsrechte und kennen sie ebenfalls ein Kammersystem, so ist eine Beeinträchtigung der Mandanteninteressen oder der anwaltlichen Unabhängigkeit nicht ersichtlich.[45]

3. Eine Prognose künftiger Entwicklungen

Es wäre keine Überraschung, wenn das BVerfG grundsätzlich dem Weg des II. Zivilsenats des BGH folgen würde und die Regelung des § 59a BRAO, soweit sie Ärzte und Apotheker als Gesellschafter einer Anwaltssozietät ausschließt, für verfassungswidrig erklären würde.[46] Das BVerfG hat sich in

---

[43] BGH NJW 2013, 2674 Rn. 71 ff.
[44] BGH NJW 2011, 2301 Rn. 8.
[45] Im Ergebnis ebenso *Kleine-Cosack*, AnwBl. 2014, 221, 224.
[46] Nach Abschluss des Manuskripts hat das BVerfG mit Beschluss vom 12.1.2016 (Az. 1 BvL 6/13, NJW 2016, 700) – wie erwartet – entschieden, dass das Sozietätsverbot aus § 59a Abs. 1 S. 1 BRAO das Grundrecht der Berufsfreiheit verletzt, soweit es Rechtsanwälten eine gemeinschaftliche Berufsausübung mit Ärzten oder mit Apothekern im Rahmen einer PartG untersagt; siehe zu der Entscheidung und ihren Folgen ausführlich *Henssler/Deckenbrock*, AnwBl. 2016,

den letzten drei Jahrzehnten als der Liberalisierungsmotor für das anwaltliche Berufsrecht erwiesen und maßgeblich zum Abbau von Berufsausübungsschranken beigetragen. So haben die völlige Neuordnung des anwaltlichen Berufsrechts im Rahmen der BRAO-Novelle von 1994 und die damit verbundene Abschaffung der früheren rigiden Standesrichtlinien ihren Ursprung in der sog. Bastille-Entscheidung des BVerfG.[47] Zahlreiche weitere Leitentscheidungen, etwa zur früheren Singularzulassung bei den Oberlandesgerichten,[48] zur Reichweite des Verbots der Vertretung widerstreitender Interessen,[49] zum Verbot des Erfolgshonorars[50] und zu den Grenzen des Werberechts,[51] haben das Berufsrecht maßgeblich fortentwickelt. Dass das BVerfG nun ausgerechnet in diesem Fall auf die Bremse tritt, ist schon angesichts des in sich konsistenten und schlüssigen Vorlagebeschlusses nicht zu erwarten. Das BVerfG hat zudem in seinem Beschluss zu der Zulässigkeit von Mehrheitserfordernissen bei der interprofessionellen Zusammenarbeit in einer GmbH (dazu II.) auch für die nun anstehende Frage der Zulässigkeit der Begrenzung des Gesellschafterkreises die Richtung vorgegeben.

Unabhängig davon, wie weit das BVerfG seinen Tenor fasst, wird man davon ausgehen müssen, dass künftig die Zusammenarbeit von Anwälten nicht nur mit Ärzten und Apothekern, sondern auch mit anderen verkammerten und einer Verschwiegenheitspflicht unterworfenen Berufsgruppen zulässig ist. Es gibt keinen Sachgrund, etwa die anwaltliche Zusammenarbeit mit Zahn- und Tierärzten abweichend zu beurteilen. Insoweit ist bemerkenswert, dass nach § 44b Abs. 1 WPO Wirtschaftsprüfer ihren Beruf mit natürlichen und juristischen Personen sowie mit Personengesellschaften, die der Berufsaufsicht einer Berufskammer eines Freien Berufes im Geltungsbereich dieses Gesetzes unterliegen und ein Zeugnisverweigerungsrecht nach § 53 Abs. 1 S. 1 Nr. 3 StPO haben, örtlich und überörtlich in Gesellschaften bürgerlichen Rechts (Sozietäten) gemeinsam ausüben dürfen. Auch wenn für andere Rechtsformen andere Bestimmungen greifen, so hat doch der Gesetzgeber mit dieser – für die mit Anwälten grundsätzlich vergleichbare Berufsgruppe der Wirtschaftsprüfer getroffenen – Regelung selbst die Berechtigung der geltenden Beschränkung des Kreises sozietätsfähiger Berufe in Frage gestellt.[52]

---

211 ff. sowie *Kilian/Glindemann*, BRAK-Mitt. 2016, Heft 3; *Kleine-Cosack*, AnwBl. 2016, 311 ff.; *Michel*, GuP 2016, 106 ff.; *Römermann*, NJW 2016, 682 ff.; *Singer*, DStR 2016, 991 f.
47 BVerfGE 76, 171 = NJW 1988, 191.
48 BVerfGE 103, 1 = NJW 2001, 353.
49 BVerfGE 108, 150 = NJW 2003, 2520.
50 BVerfGE 117, 163 = NJW 2007, 979.
51 Grundlegend zum Grundsatz der Werbefreiheit BVerfGE 76, 196 = NJW 1988, 194; siehe im Folgenden etwa BVerfG NJW 2004, 2656.
52 So offenbar auch BGH NJW 2013, 2674 Rn. 85; vgl. dazu *Michel*, Jahrbuch des Kammer- und Berufsrecht, 2014, S. 225, 243.

Die Gründe, die für die Verfassungswidrigkeit des § 59a BRAO sprechen, sind zudem eins zu eins übertragbar auf vergleichbare Begrenzungen in den Berufsrechten anderer Berufe; auch die Regelungen des § 52a PAO und des § 56 Abs. 1 StBerG sind daher nicht mehr zu rechtfertigen[53] und müssen im Rahmen der notwendigen Gesamtreform des anwaltlichen Gesellschaftsrechts unter Einbeziehung auch der übrigen Freien Berufe überarbeitet werden.

Erst recht unhaltbar ist die in § 59a Abs. 3 BRAO vorgenommene Erstreckung der Beschränkungen des Gesellschafterkreises auf Bürogemeinschaften. Ist der Kreis der sozietätsfähigen Berufe für die gemeinschaftliche Berufsausübung zu eng gezogen, kann für die bloß organisatorische Zusammenarbeit nichts anderes gelten. Ohnehin war die Beschränkung schon bislang fragwürdig, ist doch der Anwalt ohne Einwilligung des Mandanten gegenüber dem Bürogemeinschafter vollumfänglich an die Verschwiegenheitspflicht gebunden.[54]

Dass das BVerfG § 59a BRAO insgesamt für unwirksam erklären wird, also auch die Erweiterung der Möglichkeiten beruflicher Zusammenarbeit auf Berufsgruppen, die kein mit Rechtsanwälten vergleichbares berufliches Leitbild, keine vergleichbare Verschwiegenheitspflicht aufweisen und kein vergleichbares Kammersystem kennen, für verfassungsrechtlich zwingend hält, ist dagegen weder Gegenstand der Vorlage des BGH noch ernstlich zu erwarten. Ein verfassungsrechtliches Gebot für eine generelle Öffnung des Kreises der sozietätsfähigen Personen lässt sich Art. 12 GG nicht entnehmen; insoweit geht es vielmehr um rechtspolitische Zweckmäßigkeitsentscheidungen des Gesetzgebers. Auch in dem im Folgenden noch näher zu besprechenden Beschluss zur Zulässigkeit von Mehrheitsquoren bei der Zusammenarbeit von Rechts- und Patentanwälten in einer GmbH (II.) hat das BVerfG mit einem auffallend engen Tenor aufgewartet und die §§ 59e Abs. 2 S. 1, 59f Abs. 1 S. 1, Abs. 2 BRAO sowie §§ 52e Abs. 2 S. 1, 52f Abs. 2 PAO nur insoweit für nichtig erklärt, als sie der Zulassung einer Berufsausübungsgemeinschaft von Rechts- und Patentanwälten als Rechtsanwalts- oder Patentanwaltsgesellschaft entgegenstehen.

Wenn der Gesetzgeber aber – wie es zu erwarten ist – ohnehin eine Neuregelung des anwaltlichen Gesellschaftsrechts angehen muss, ist er gut beraten, die Frage des Gesellschafterkreises grundlegend neu zu überlegen. Ausgangspunkt sollte der im Rahmen der Reform des Rechtsberatungsrechts bereits vorgelegte Vorschlag zur Neuregelung des § 59a BRAO sein.[55] Wenn es einem Einzelanwalt offensteht, einen im Sinne des §§ 7 Nr. 8, 14 Abs. 2 Nr. 8 BRAO vereinbaren Zweitberuf auszuüben, ist nicht ersichtlich, warum

---

53 So auch *Ring*, DStR-Beih. 2015, 20, 22 ff. zu § 56 Abs. 1 StBerG.
54 Siehe insoweit die Kritik bei *Deckenbrock*, NJW 2008, 3529, 3531.
55 Ausführlich dazu *Pelzer*, Die Sozietät im Sinne der BRAO unter besonderer Berücksichtigung der Beteiligung von Berufsfremden, 2008.

er nicht auch mit dem Angehörigen eines solchen vereinbaren Berufs gesellschaftsrechtlich zusammenarbeiten können soll. Es steht in der Macht des Gesetzgebers, die zum Schutz der Rechtsuchenden notwendigen Begleitänderungen wie die Erweiterung von Verschwiegenheitspflicht und Zeugnisverweigerungsrecht vorzunehmen.[55a] Insoweit ist auch der Frage nachzugehen, ob Mehrheitserfordernisse, die im Rahmen der interprofessionellen Zusammenarbeit zwischen Anwälten, Patentanwälten, Steuerberatern und Wirtschaftsprüfern verfassungswidrig sind, bei der Ausdehnung der Zusammenarbeitsmöglichkeiten auch auf andere nicht verkammerte Freie Berufe Bedeutung erlangen können.

II. Zweiter Schwachpunkt: Mehrheitserfordernisse in der GmbH (§§ 59e, 59f BRAO)

1. Die unterschiedliche Behandlung von GmbH und Personengesellschaften

Die Organisation beruflicher Netzwerke wird insbesondere in der Rechtsform der GmbH durch weitere berufsrechtliche Vorgaben erschwert. Dies gilt vor allem für die verschiedenen Mehrheitserfordernisse. So müssen Anwälte im Gesellschafterkreis, unter den Geschäftsführern und unter den Prokuristen die Mehrheit haben (§§ 59e Abs. 2 S. 1, 59f Abs. 1 BRAO). Für die interprofessionelle Zusammenarbeit kommt erschwerend hinzu, dass

---

[55a] Nach BVerfG NJW 2016, 700 Rn. 75 f. sind allerdings alle nichtanwaltlichen Gesellschafter einer interprofessionellen Partnerschaft als „Gehilfen" wie die anwaltlichen Berufsträger umfassend zeugnisverweigerungsberechtigt und können sich auf das Beschlagnahmeverbot berufen. Für die Verschwiegenheitspflicht dürfte im Hinblick auf § 203 Abs. 3 S. 2 StGB nichts anderes gelten. Folgt man diesem Ansatz, ist eigentlich nicht erkennbar, welche Gefahren aus der Zulassung einer interprofessionellen Sozietät für den Schutz vertraulicher Informationen überhaupt bestehen sollen. Das Bundesministerium der Justiz und für Verbraucherschutz hat die Rechtsprechung des BVerfG aufgegriffen und in Art. 11 Nr. 3 des jüngst vorgelegten Referentenentwurfs eines Gesetzes zur Umsetzung der Berufsanerkennungsrichtlinie und zur Änderung weiterer Vorschriften im Bereich der rechtsberatenden Berufe (Bearbeitungsstand: 25.4.2016) eine Erweiterung des § 53a StPO vorgeschlagen. So soll in § 53a Abs. 1 Nr. 3 StPO festgeschrieben werden, dass den Berufsgeheimnisträgern nach § 53 Abs. 1 S. 1 Nr. 1 bis 4 StPO die Personen gleich stehen, die im Rahmen einer gemeinschaftlichen Berufsausübung an deren beruflicher Tätigkeit mitwirken. Eine entsprechende Erweiterung ist für das Beschlagnahmeverbot (§ 97 StPO), erstaunlicherweise aber nicht für die strafrechtliche Verschwiegenheitspflicht (§ 203 StGB) vorgesehen.

Steuerberater (§ 50 StBerG),[56] Wirtschaftsprüfer (§ 28 WPO)[57] und Patentanwälte (§§ 52e, 52f PAO) in ihren Berufsgesetzen zumindest vergleichbare Beschränkungen kennen. Damit ist eine Mehrfachanerkennung nur möglich, wenn ein Teil der Gesellschafter und Geschäftsführer mehrfach qualifiziert ist.[58] Dieser Ausgangsbefund ist schon deshalb paradox, weil Doppel- oder Dreifachbänder sich in einem unauflösbaren Dilemma befänden, wenn es tatsächlich zu einem relevanten Konflikt der Berufsrechte käme.[59]

Für Gesellschaften in der Rechtsform der Personengesellschaften (BGB-Gesellschaft und PartG) kennt das Berufsrecht in § 59a BRAO dagegen lediglich Anforderungen hinsichtlich der beruflichen Qualifikation der Gesellschafter, jedoch keine Mehrheitserfordernisse. Für die organschaftliche Vertretung der Gesellschaft oder die Zusammensetzung des Führungspersonals gibt es ebenfalls keine Vorgaben. Da Steuerberater und Wirtschaftsprüfer nach § 59a BRAO zu den sog. sozietätsfähigen Personen zählen, sind Zusammenschlüsse in der Rechtsform der GbR oder PartG, bei denen Wirtschaftsprüfer oder Steuerberater die Mehrheit stellen, unter anwaltlicher Beteiligung unproblematisch. Mit anderen Worten dürfen Rechtsanwälte in diesen Rechtsformen durch die anderen Beratungsberufe dominiert werden, ohne dass damit eine Gefährdung von Gemeinwohlerwägungen verbunden sein soll.[60]

2. Der Beschluss des BVerfG

Immerhin hat das BVerfG Anfang 2014 für den Fall einer Anwalts- und Patentanwalts-GmbH solche doppelten Mehrheitserfordernisse als Verlet-

---

[56] § 32 Abs. 3 S. 2 StBerG setzt für die Anerkennung als Steuerberatungsgesellschaft die verantwortliche Führung durch Steuerberater voraus. In den Leitungsgremien und unter den Gesellschaftern müssen sie zwar nicht die Mehrheit stellen, dürfen aber auch nicht zur Minderheit werden (§ 50 Abs. 2, Abs. 4 StBerG). Eine mehrheitliche Kapitalbeteiligung sieht das Gesetz nicht vor (§ 50a Abs. 1 StBerG).

[57] Auch die Anerkennung als Wirtschaftsprüfungsgesellschaft setzt den Nachweis voraus, dass die Gesellschaft von Wirtschaftsprüfern verantwortlich geführt wird (§ 1 Abs. 3 S. 2 WPO). Wirtschaftsprüfer müssen in einer Wirtschaftsprüfungsgesellschaft die Mehrheit in den Leitungsorganen stellen (§ 28 Abs. 1 WPO). Bei Kapitalgesellschaften müssen Wirtschafts- bzw. Abschlussprüfer oder Prüfungsgesellschaften die Mehrheit der Geschäftsanteile innehaben (§ 28 Abs. 4 Nr. 3 WPO). Von den Gesellschaftern, die anderen sozietätsfähigen Berufen angehören, muss nur wenigstens die Hälfte in der Gesellschaft tätig sein (§ 28 Abs. 4 Nr. 1a WPO).

[58] Dazu *Henssler*, AnwBl. 2009, 670, 676 ff.; *Ost*, DStR 2015, 442, 443.

[59] *Henssler*, in: Henssler/Prütting (Fn. 24), § 59e Rn. 24.

[60] Insoweit ist die zu einer PartG getätigte Aussage des BGH (NJW 2013, 2674 Rn. 70): „Einer Führung der Gesellschaft durch nichtanwaltliche Partner oder einer Anteilsmehrheit nichtanwaltlicher Partner wird bereits mit den Vorschriften der §§ 59d und 59e BRAO begegnet." schlicht unrichtig, vgl. dazu *Deckenbrock*, AnwBl. 2014, 118, 127; *Glindemann*, AnwBl. 2014, 214, 215 Fn. 11; *Römermann*, EWiR § 59a BRAO 1/13, 481, 482. Insoweit noch zutreffend BGH NJW 2012, 461 Rn. 22.

zung von Art. 12 GG angesehen.[61] Nach den insoweit maßgeblichen Ausführungen der Gesetzesbegründung,[62] auf die das BVerfG in seinem Beschluss ausdrücklich Bezug genommen hat,[63] werden mit § 59e Abs. 2 S. 1 BRAO drei legitime gesetzgeberische Zwecke verfolgt:
(1) die Sicherung der beruflichen Unabhängigkeit sowohl der in einer Rechtsanwaltsgesellschaft tätigen Berufsträger als auch der Gesellschaft selbst,
(2) die Sicherung der beruflichen Qualifikationsanforderungen nach § 4 BRAO und
(3) die Förderung der Beachtung und Einhaltung des maßgeblichen Berufsrechts.

Alle drei Zwecke lassen sich auf das Bestreben, die berufliche Unabhängigkeit als eine zentrale Berufspflicht des Berufsstands der Rechtsanwälte (vgl. § 43a Abs. 1 BRAO)[64] zu bewahren, zurückführen. Nur eine strenge Sicherung der beruflichen Unabhängigkeit ermögliche es den Berufsträgern, die Interessen ihrer Mandanten auch vor staatlichen Fehlentscheidungen zu schützen und ihrer Aufgabe als Organe der Rechtspflege effektiv nachzukommen (vgl. § 1 BRAO).[65] Gerade in einer auf das Zusammenwirken einer Vielzahl von Personen ausgerichteten Kapitalgesellschaft müssen – so die Idee des Gesetzgebers – Mittel ergriffen werden, um unzulässige Einflussnahmen berufsfremder Gesellschafter auf die in der Gesellschaft tätigen Rechtsanwälte auszuschließen. Vor allem aber müsse verhindert werden, dass aus derartigen Einflussnahmen ein Druck auf die Berufsträger entstehe, sich den Interessen der Berufsfremden zulasten der Interessen ihrer Mandanten zu beugen, so dass die berufliche Unabhängigkeit beschädigt werde.

Das BVerfG sah dagegen mit Beschluss vom 14.1.2014 § 59e Abs. 2 S. 1 BRAO und die korrespondierende Vorschrift aus dem Berufsrecht der Patentanwälte (§ 52e PAO), soweit sie der durch die Gesellschaft beantragten Zulassung entgegenstehen, für mit Art. 12 Abs. 1 GG unvereinbar und nichtig an. Die in § 59e Abs. 2 S. 1 BRAO aufgestellten Voraussetzungen

---

61 BVerfGE 135, 90 = NJW 2014, 613. Der Beschluss ist im Schrifttum auf nahezu einhellige Zustimmung gestoßen, vgl. nur *Bormann*, in: Gaier/Wolf/Göcken, Anwaltliches Berufsrecht, 2. Aufl. 2014, § 59e BRAO Rn. 20; *Römermann*, in: BeckOK-BORA, 11. Edition (Stand: 1.3.2016), § 59e BRAO Rn. 20 ff.; *ders.*, NZG 2014, 481 ff.; *Glindemann*, AnwBl. 2014, 214 ff.; *Henssler*, EWiR 2014, 203, 204; *Kämmerer*, DStR 2014, 669 ff.; *Kleine-Cosack*, AnwBl. 2014, 221 ff.; *Ost*, DStR 2015, 442 ff.; *Singer*, DStR-Beih. 2015, 11 ff.; kritisch nur *Stüer*, DVBl. 2014, 442 ff.
62 BT-Drucks. 13/9820, S. 14 f.
63 BVerfGE 135, 90 Rn. 64 ff. = NJW 2014, 613.
64 Dazu allgemein *Henssler*, in: Henssler/Prütting (Fn. 24), § 43a Rn. 1; *Schautes*, Anwaltliche Unabhängigkeit, 2005.
65 Vgl. BVerfGE 76, 171, 192 = NJW 1988, 191, 193; BVerfGE 108, 150, 161 = NJW 2003, 2520, 2521.

für eine Zulassung als Rechtsanwaltsgesellschaft sind, so das BVerfG, zur Förderung der mit der Vorschrift verfolgten legitimen Zwecke nicht erforderlich. Die Einhaltung des Berufsrechts und insbesondere der beruflichen Unabhängigkeit werde nicht dadurch am besten gewährleistet, dass man die Dominanz einer Berufsgruppe auf Gesellschafterebene vorschreibt. Milderes und sogar effektiveres Mittel gegenüber einer derartigen starren, universellen und präventiven Beschneidung der Möglichkeiten einer beruflichen Zusammenarbeit sei es, im Einzelfall und bei den einzelnen Berufsträgern anzusetzen. Dieses Konzept sieht das BVerfG im geltenden rechtsanwaltlichen Berufsrecht sogar bereits umfassend verwirklicht.[66]

Der Schutz der anwaltlichen Unabhängigkeit der an einer fremddominierten interprofessionellen Berufsausübungsgemeinschaft beteiligten Rechtsanwälte wird nach dem BVerfG bereits durch die über § 59m BRAO auch auf die Berufsausübungsgemeinschaft selbst anwendbare Generalklausel in § 43a Abs. 1 BRAO gewährleistet. § 43a Abs. 1 BRAO verbiete umfassend und lückenlos solche rechtlichen wie faktischen, organisatorischen wie nach außen wirkenden Gestaltungen von Gesellschaftsstrukturen, die Gefahren für die vom Gesetz vorausgesetzte Unabhängigkeit schaffen oder mit ihnen einhergehen.[67] Zudem schütze das Berufsrecht die Unabhängigkeit der Berufsträger dadurch, dass § 59f Abs. 4 S. 2 BRAO Einflussnahmen der Gesellschafter auf die berufliche Tätigkeit des einzelnen Rechtsanwalts untersagt, diese Untersagung sanktionsbewehrt ist und dennoch ergehende entgegenstehende Weisungen nichtig und daher unbeachtlich sind.[68] Da sowohl § 43a Abs. 1 BRAO als auch § 59f Abs. 4 S. 2 BRAO auf konkrete Verstöße im Einzelfall zielen, belasten sie die Berufsträger weniger als die angegriffenen absoluten Beschränkungen des Gesellschaftsrechts. Sie verwirklichen im Gegenteil die gesetzliche Zielsetzung sogar unmittelbarer als § 59e Abs. 2 S. 1 BRAO, der regelungstechnisch bereits an der Zulassung der Gesellschaft und damit an einem Punkt ansetzt, an dem sich die Gefahren, denen es zu begegnen gilt, noch gar nicht materialisieren konnten.[69]

Die Sicherung der rechtsanwaltlichen Qualifikationsanforderungen, die § 59e Abs. 2 S. 1 BRAO darüber hinaus anstrebe, wird nach Auffassung des BVerfG dadurch gewährleistet, dass die rechtsbesorgenden Dienstleistungen einer interprofessionellen Berufsausübungsgemeinschaft, unabhängig von ihrer Gesellschafterstruktur, nur durch hinreichend qualifizierte Personen erbracht werden dürfen, die die in § 4 BRAO gesetzlich vorgeschriebenen

---

66 BVerfGE 135, 90 Rn. 79 ff. = NJW 2014, 613.
67 BVerfGE 135, 90 Rn. 82 = NJW 2014, 613. Diese Ausführungen sind durchaus bemerkenswert, weil § 43a Abs. 1 BRAO bislang weniger als justiziable Vorschrift denn als Norm mit Programmcharakter angesehen wurde, vgl. nur *Henssler*, in: Henssler/Prütting (Fn. 24), § 43a Rn. 7.
68 BVerfGE 135, 90 Rn. 83 = NJW 2014, 613.
69 BVerfGE 135, 90 Rn. 86 = NJW 2014, 613.

Voraussetzungen erfüllen, also zur Rechtsanwaltschaft zugelassen sind. Angesichts dieses Berufsträgervorbehalts bedürfe es einer strengeren Sicherung von Einfluss und Entscheidungsmacht der gesellschaftsprägenden Berufsgruppe innerhalb der Gesellschaft durch § 59e Abs. 2 S. 1 BRAO nicht mehr.[70]

Schließlich sind sämtliche in einer interprofessionellen Berufsausübungsgemeinschaft tätigen Berufsträger an ihr jeweiliges Berufsrecht gebunden. Weitergehende Eingriffe in die inneren Strukturen der Berufsausübungsgemeinschaft, die den Schutz vor Verstößen gegen das Berufsrecht nur indirekt und damit weniger wirksam erreichen können, als es über diese unmittelbare Bindung ohnehin geschieht, sind also nicht erforderlich.[71]

Die Ausführungen des BVerfG sind überzeugend, sie ließen sich allenfalls noch um Überlegungen zu Art. 3 Abs. 1 GG ergänzen.[72] Es ist nämlich kein Sachgrund ersichtlich, warum Mehrheitserfordernisse in einer Anwalts-GmbH vonnöten sein sollen, während der Gesetzgeber auf solche Beschränkungen bei Personengesellschaften von vornherein verzichtet hat. Soweit der BGH eine sachliche Rechtfertigung in dem Ausschluss der persönlichen Gesellschafterhaftung in der GmbH gesehen hat,[73] ist schon fragwürdig, ob die persönliche Haftung der einzelnen Gesellschafter die Erfüllung der Anwaltspflichten gegenüber berufsfremden Einflüssen tatsächlich stärkt. Jedenfalls ist diesem Argument mit der Einführung der PartG mbB der Boden entzogen worden.[74]

3. Konsequenzen für die Zusammenarbeit von Anwälten mit Steuerberatern und Wirtschaftsprüfern

Da die Entscheidung des BVerfG über § 31 BVerfGG die Verfassungsorgane des Bundes und der Länder sowie alle Gerichte und Behörden bindet, verbietet es sich ohnehin, die Ergebnisse der Karlsruher Richter in Frage zu stellen. Als unmittelbare Folge des Beschlusses vom 14.1.2014 ist allerdings § 59e Abs. 2 S. 1 BRAO nicht insgesamt nichtig, sondern nur „soweit" er „der Zulassung einer Berufsausübungsgemeinschaft von Rechts- und Patentanwälten als Rechtsanwaltsgesellschaft" entgegensteht. Das BVerfG übt sich also in Zurückhaltung, indem es den Wortlaut der Bestimmungen unangetastet lässt und die Feststellung der Nichtigkeit auf die konkret zur Entscheidung gestellte Fallkonstellation begrenzt.[75]

---

70 BVerfGE 135, 90 Rn. 88 f. = NJW 2014, 613.
71 BVerfGE 135, 90 Rn. 90 = NJW 2014, 613.
72 Das BVerfG (BVerfGE 135, 90 Rn. 95 = NJW 2014, 613) hat diese Frage offengelassen, da es bereits einen Verstoß gegen die Berufsfreiheit bejaht hatte.
73 Anders noch BGH NJW 2012, 461 Rn. 21 ff.; BGH GRUR 2012, 807 Rn. 30.
74 *Glindemann*, AnwBl. 2014, 214, 217 f.; vgl. *Römermann*, NZG 2014, 481, 482.
75 So auch die Feststellung von *Glindemann*, AnwBl. 2014, 214, 219.

Die Überlegungen des BVerfG beziehen sich zwar unmittelbar und ausdrücklich nur auf die dem Gericht zur Entscheidung vorgelegte Fallkonstellation, also auf die Zusammenarbeit von Anwälten und Patentanwälten in einer GmbH. Aufgrund des bereits angesprochenen vergleichbaren Verhältnisses zwischen Rechtsanwälten, Wirtschaftsprüfern und Steuerberatern[76] sind die seinem Beschluss zugrunde liegenden Überlegungen jedoch uneingeschränkt auch auf diese Formen der gemeinschaftlichen Berufsausübung übertragbar.[77] Dies bedeutet zunächst, dass Anwälte auch dann nicht an Mehrheitserfordernisse gebunden werden können, wenn sie mit Steuerberatern und Wirtschaftsprüfern zusammenarbeiten.

Umgekehrt müssen aber auch die vergleichbaren Mehrheitserfordernisse, die die Berufsgesetze der Steuerberater und Wirtschaftsprüfer vorsehen, einer Überarbeitung unterzogen werden, da sie denselben verfassungsrechtlichen Bedenken unterliegen. So besteht etwa für die für Steuerberater in § 50 StBerG getroffene Regelung keine sachliche Rechtfertigung. Für Wirtschaftsprüfer ist allerdings zu beachten, dass die Mehrheitserfordernisse im Bereich der Abschlussprüfung überwiegend europarechtlich determiniert sind. Die Regelungen der WPO gehen insoweit auf Art. 3 Abs. 4 lit. b, c der Abschlussprüferrichtlinie 2006/43/EG[78] zurück; die Notwendigkeit der Mehrheitserfordernisse ist jüngst sogar in der Änderungsrichtlinie von 2014[79] noch einmal bekräftigt worden. Gegen die Bindungskraft und den Anwendungsvorrang des Unionsrechts könnte auch eine Entscheidung des BVerfG nichts ausrichten. Ob an diesem Befund eine Vorlage an den EuGH etwas ändern würde, darf bezweifelt werden.[80]

III. Dritter Schwachpunkt: die nicht mehr zeitgemäße Orientierung des Berufsrechts am Einzelanwalt

Ein dritter Schwachpunkt betrifft die Orientierung des Berufsrechts am Einzelanwalt. 1994 – im Jahr der letzten umfassenden BRAO-Novelle – war die

---

76 Siehe erneut die Nachweise in Fn. 31.
77 *Brüggemann*, in: Feuerich/Weyland, BRAO, 9. Aufl. 2016, § 59e Rn. 13; *Glindemann*, AnwBl. 2014, 214, 219 f.; *Henssler*, AnwBl. 2014, 762, 769; *ders.*, EWiR 2014, 203, 204; *Kämmerer*, DStR 2014, 670 f.; *ders.*, DStR-Beih. 2015, 33, 38; *Kleine-Cosack*, AnwBl. 2014, 221, 224; *Römermann*, NZG 2014, 481, 486; anders dagegen die Stellungnahme der Wirtschaftsprüferkammer, WPK Magazin 2/2014, 47 f.
78 Richtlinie 2006/43/EG des Europäischen Parlaments und des Rates vom 17.5.2006 über Abschlussprüfungen von Jahresabschlüssen und konsolidierten Abschlüssen, zur Änderung der Richtlinien 78/660/EWG und 83/349/EWG des Rates und zur Aufhebung der Richtlinie 84/253/EWG des Rates, ABl. L 157 vom 9.6.2006, S. 87.
79 Richtlinie 2014/56/EU des Europäischen Parlaments und des Rates vom 16.4.2014 zur Änderung der Richtlinie 2006/43/EG über Abschlussprüfungen von Jahresabschlüssen und konsolidierten Abschlüssen, ABl. L 158 vom 27.5.2015, S. 196.
80 *Kämmerer*, DStR-Beih. 2015, 33, 38 f.

BGB-Gesellschaft die einzig denkbare Rechtsform für die gemeinschaftliche Berufsausübung unter Beteiligung von Rechtsanwälten. Da zu diesem Zeitpunkt die spätere Anerkennung der Rechtsfähigkeit durch den BGH noch nicht absehbar war, verwundert es nicht, dass der Gesetzgeber der beruflichen Zusammenarbeit zum damaligen Zeitpunkt wenig Beachtung geschenkt und sich im Wesentlichen auf die bereits angesprochene Regelung des § 59a BRAO beschränkt hat.

Seit der Neuausrichtung der Rechtsprechung des BGH zur GbR, aber auch nach der Eröffnung zahlreicher Rechtsformen für die gemeinschaftliche Berufsausübung und dem damit einhergehenden Trend zur beruflichen Zusammenarbeit von Rechtsanwälten (dazu A.) stellt sich umso mehr die Frage, inwieweit auch das Berufsrecht den geänderten tatsächlichen Rahmenbedingungen Rechnung tragen sollte.

1. Die Berufsausübungsgemeinschaft als Bezugssubjekt berufsrechtlicher Regelungen

Lohnenswert erscheint zunächst ein Blick auf die berufsrechtliche Verantwortlichkeit der Berufsausübungsgemeinschaft und ihrer Berufsträger. Nach § 113 Abs. 1 BRAO wird gegen einen Rechtsanwalt, der schuldhaft gegen Pflichten verstößt, die in der BRAO oder in der Berufsordnung bestimmt sind, eine anwaltsgerichtliche Maßnahme verhängt. Anwaltsgerichtliche Maßnahmen gegen die Berufsausübungsgemeinschaft selbst hat der Gesetzgeber dagegen nicht vorgesehen.[81] Sanktionen können daher stets nur gegen die in der Berufsausübungsgemeinschaft tätigen Anwälte ausgesprochen werden.[82]

Besonders bemerkenswert ist, dass das Berufsrecht die Möglichkeit der Verhängung anwaltsgerichtlicher Maßnahmen selbst gegenüber der zugelassenen (dazu 2.) und postulationsfähigen (dazu 3.) Anwalts-GmbH nicht vorsieht, obwohl § 59m Abs. 2 BRAO die Gesellschaft unmittelbar an die Einhaltung der wesentlichen Berufspflichten bindet. Zwar kann die Kammer immerhin nach § 59h Abs. 3 BRAO ein Zulassungswiderrufsverfahren einleiten, wenn die Rechtsanwaltsgesellschaft nicht die organisatorischen Vorgaben der §§ 59c, 59e, 59f, 59i und 59j BRAO beachtet. Im Übrigen ist aber auch hier Zuordnungssubjekt berufsrechtlicher Regelungen ausschließlich der einzelne Berufsträger.[83] § 115c BRAO bestimmt lediglich für den Son-

---

81 *Nitschke*, in: Peres/Senft, Sozietätsrecht, 3. Aufl. 2015, § 41 Rn. 5 f.; *Schultz*, in: FS Hirsch, 2008, S. 525, 537; *Henssler*, AnwBl. 2014, 762, 765; *Glindemann*, AnwBl. 2014, 214, *Posegga*, DStR 2009, 2391, 2395; *ders.*, DStR 2013, 547, 548.
82 Nach *von Lewinski*, in: Dombek/Ottersbach/Schulze zur Wiesche, Die Anwaltssozietät, 2. Aufl. 2015, § 4 Rn. 1 ist das „Berufsrecht der Sozietät [...] die Summe der berufsrechtlichen Verpflichtungen der Sozien".
83 AGH Hamm, Urt. v. 17.4.2015 – 1 AGH 38/14, BeckRS 2015, 12408; *Reelsen*, in: Feuerich/Weyland (Fn. 77), § 115c Rn. 1; *Zuck*, in: Gaier/Wolf/Göcken (Fn. 61), § 115c BRAO Rn. 2;

derfall der interprofessionellen Berufsausübungsgemeinschaft die entsprechende Anwendbarkeit des Berufsrechts für die anderen sozietätsfähigen Berufen angehörenden Geschäftsführer von Rechtsanwaltsgesellschaften, die – systemfremd – nach § 60 Abs. 1 S. 3 BRAO Mitglied der zuständigen Rechtsanwaltskammer sind.

Das der BRAO zugrunde liegende Prinzip der personalen Verantwortung des einzelnen Berufsträgers führt bei Sozietätssachverhalten zu Begründungsschwierigkeiten, weil Berufsrechtssubjekt und Vertragspartner des Anwaltsvertrags divergieren. Ein plastisches Beispiel bietet das Verbot der Vertretung widerstreitender Interessen (§ 43a Abs. 4 BRAO i. V. m. § 3 BORA). Die Norm, die einem Rechtsanwalt verbietet, in derselben Sache im widerstreitenden Interesse tätig zu werden, erfasst grundsätzlich über § 3 Abs. 2 BORA auch die Fälle gemeinschaftlicher Berufsausübung, wenn nicht verschiedene Anwälte die konfligierenden Mandate betreuen, die betroffenen Mandanten in die Vertretung widerstreitender Interessen nach umfassender Aufklärung eingewilligt haben und Belange der Rechtspflege dieser Vorgehensweise nicht entgegenstehen.[84] Gleichwohl bestimmt § 3 Abs. 2–4 BORA nicht, dass die Berufsausübungsgemeinschaft im Fall einer unzulässigen Interessenkollision das Mandat niederzulegen hat. Vielmehr spricht die Norm allein die in der Berufsausübungsgemeinschaft verbundenen Rechtsanwälte an, die für die Niederlegung des Mandats Sorge zu tragen haben, obwohl regelmäßig nicht sie selbst Vertragspartei des Anwaltsvertrags geworden ist. Diese Berufspflicht lässt sich damit faktisch nur durchsetzen, wenn man die Gesellschafter der Kanzlei als verpflichtet ansieht, ihre gesellschaftsrechtliche Geschäftsführungsbefugnis und Vertretungsmacht entsprechend auszuüben. Vergleichbare Fragen stellen sich etwa bezogen auf die Pflicht zur unverzüglichen Mitteilung bei Mandatsablehnung (§ 44 BRAO), auf die Pflicht zur Übernahme von Mandaten im Fall der Beiordnung (§ 48 BRAO)[85] und der Beratungshilfe (§ 49a BRAO) sowie auf die Vorgaben zu Vergütungsvereinbarungen (§ 49b BRAO) und vertraglichen Haftungsbeschränkungen (§ 52 BRAO).[86]

Lang, BRAK-Mitt. 2013, 159, 160 f.; siehe dazu bereits ausführlich *Deckenbrock*, AnwBl. 2014, 118, 121 f.

84 Allgemein zur Reichweite des Verbots der Vertretung widerstreitender Interessen in Sozietätskonstellationen *Henssler*, in: Henssler/Prütting (Fn. 24), § 3 BORA Rn. 9 ff.; *Deckenbrock*, Strafrechtlicher Parteiverrat und berufsrechtliches Verbot der Vertretung widerstreitender Interessen, 2009, Rn. 414 ff.; *ders.*, AnwBl. 2009, 170, 171 ff.

85 Nach BGH NJW 2009, 440 Rn. 1 ff. m. Anm. *Deckenbrock*, EWiR § 121 ZPO 1/08, 95, ist § 121 Abs. 1 ZPO verfassungskonform dergestalt auszulegen, dass auch eine in der Rechtsform einer GbR organisierte Rechtsanwaltssozietät beiordnungsfähig ist; siehe auch OLG Nürnberg, NJW 2013, 948 zur interprofessionellen Sozietät. Ausführlich zu dieser Problematik *Deckenbrock*, AnwBl. 2014, 118, 122 f.

86 *Henssler*, AnwBl. 2014, 762, 765.

Auch die Versicherungspflicht trifft den einzelnen Anwalt (§ 51 Abs. 1 BRAO), wenngleich die Praxis inzwischen Sozietätsversicherungen entwickelt hat.[87] Besonderheiten bestehen für die PartG mbB und für die Anwalts-GmbH, für die der Gesetzgeber in § 51a BRAO bzw. in § 59j BRAO eine eigene Versicherungspflicht mit einer erhöhten Mindestversicherungssumme von 2,5 Mio. Euro als Ausgleich für die fehlende persönliche Haftung angeordnet hat. Fehlt eine solche Versicherung, ist allerdings weniger an berufsgerichtliche Maßnahmen gegen die Berufsausübungsgemeinschaft als vielmehr an den Wegfall der Haftungsbeschränkung für die Gesellschafter (§ 8 Abs. 4 PartGG; § 59j Abs. 4 BRAO) und zusätzlich für die Rechtsanwaltsgesellschaft an den Widerruf der Zulassung (§ 59h Abs. 3 BRAO) zu denken.

Weitere Schwierigkeiten ergeben sich bei dem Versuch der Feststellung, welcher Berufsträger in welchem Umfang für einen „Berufsrechtsverstoß der Sozietät" konkret berufsrechtlich zur Rechenschaft gezogen werden kann. Wer ist etwa für die Schaltung einer Werbeanzeige, die den Vorgaben des § 43b BRAO widerspricht, oder für die unzulässige Annahme eines Mandats infolge eines unzureichend etablierten Konfliktmanagementsystems persönlich verantwortlich? Anwälte können sich unter Hinweis auf eine von ihnen nicht zu verantwortende unzureichende interne Organisation entlasten. Mit steigender Größe der Berufsausübungsgemeinschaft wird eine sachgerechte Verteilung der Schuld immer schwieriger, wenn nicht gar unmöglich. Denn für die Verhängung einer anwaltsgerichtlichen Maßnahme muss die konkrete Verantwortung des betroffenen Anwalts positiv feststehen;[88] das auch im Berufsrecht jedenfalls im Grundsatz greifende Bestimmtheitsgebot nach Art. 103 Abs. 2 GG[89] verbietet es, einen Rechtsanwalt disziplinargesamtschuldnerisch für die Berufsverstöße eines jeden Kollegen zur Verantwortung zu ziehen.

Diese Problematik führt zu der Frage, ob de lege ferenda berufsrechtliche Sanktionen nicht nur gegenüber natürlichen Personen, sondern auch gegenüber einer Berufsausübungsgemeinschaft möglich sein sollten.[90] An dieser Stelle lohnt sich ein Blick zu den Wirtschaftsprüfern, bei denen Berufsauf-

---

87 *Diller*, in: Henssler/Prütting (Fn. 24), § 51 Rn. 25 ff.; *Henssler*, AnwBl. 2014, 762, 765. Für K. *Schmidt*, NJW 2005, 2801, 2808, stammt § 51 BRAO „aus der personengesellschaftsrechtlichen Steinzeit".

88 Siehe bereits *Deckenbrock*, AnwBl. 2014, 118, 121; *Lang*, BRAK-Mitt. 2013, 159, 160 ff.; unzutreffend *Hellwig*, NJW 2005, 1217, 1222, nach dem ein Anwalt wegen § 33 Abs. 2 BORA selbst dann für die Berufsverstöße eines jeden Kollegen persönlich zur Verantwortung gezogen werden kann, wenn er von ihnen nichts weiß und sie nicht verhindern kann.

89 Siehe nur BVerfGE 26, 186, 203 f. = NJW 1969, 2192, 2194 f.; BVerfGE 33, 125, 164 = NJW 1972, 1504, 1508; BVerfGE 45, 346, 351 = NJW 1978, 101; BVerfGE 60, 215, 233 f. = NJW 1982, 2487, 2488; BVerfGE 66, 337, 355 f. = NJW 1984, 2341 f.

90 Siehe auch die Überlegungen von *Hellwig*, NJW 2005, 1217, 1222; *Henssler*, AnwBl. 2014, 762, 765.

sicht und berufsgerichtliches Verfahren jüngst durch das Gesetz zur Umsetzung der aufsichts- und berufsrechtlichen Regelungen der Richtlinie 2014/56/EU sowie zur Ausführung der entsprechenden Vorgaben der Verordnung (EU) Nr. 537/2014 im Hinblick auf die Abschlussprüfung bei Unternehmen von öffentlichem Interesse (Abschlussprüferaufsichtsreformgesetz – APAReG)[90a] neu justiert worden sind. Nach dem mit Wirkung zum 17.6.2016 neu gefassten § 71 Abs. 2 WPO können Sanktionen nunmehr nicht nur gegen einzelne Berufsangehörige, sondern auch gegen deren Prüfgesellschaften ausgesprochen werden. In Umsetzung der Vorgaben der Art. 30 ff. der überarbeiteten Abschlussprüferrichtlinie[91] sind im Fall der Verletzung von Berufspflichten betreffend die Durchführung von gesetzlichen Abschlussprüfungen Maßnahmen künftig nicht nur gegen die verantwortlichen Berufsangehörigen oder gesetzlichen Vertreter, sondern auch – alternativ oder kumulativ – gegen die Berufsgesellschaft selbst möglich. Der Vorstand der Wirtschaftsprüferkammer soll bei der Auswahl des Adressaten berufsaufsichtlicher Maßnahmen alle bedeutsamen Umstände berücksichtigen; hierzu zählen nach der Gesetzesbegründung vor allem die Art der Berufspflicht und ihrer Verletzung. Darüber hinaus soll auch die Gleichförmigkeit und Häufigkeit von Verletzungen innerhalb der Gesellschaft und der Schwerpunkt der Vorwerfbarkeit für die Entscheidung maßgebend sein, ob sich die Maßnahme gegen die handelnden Berufsangehörigen (dies können etwa die gesetzlichen Vertreter, die verantwortlichen Prüfungspartner oder auch sonstige Berufsangehörige sein), die Wirtschaftsprüfungsgesellschaft oder beide richten soll. Im Rahmen dieser Abwägung soll berücksichtigt werden, ob die Pflichtverletzung auf eine unzureichende Praxisorganisation, insbesondere was das Qualitätssicherungssystem betrifft, oder auf ein individuelles Versagen eines einzelnen Berufsangehörigen zurückzuführen ist. Maßnahmen gegen die Berufsgesellschaft sollen dabei nur dann erwogen werden, wenn die Ursache der Pflichtverletzung in der Organisation der Praxis, insbesondere im Qualitätssicherungssystem, begründet ist und damit der Schwerpunkt der Vorwerfbarkeit bei der Berufsgesellschaft insgesamt und weniger beim einzelnen Berufsangehörigen liegt.[92]

Auch ansonsten ist ein solcher Ansatz dem deutschen Recht nicht völlig unbekannt. So sieht etwa § 30 Abs. 1 OWiG die Möglichkeit vor, eine Geldbuße unmittelbar gegen eine juristische Person oder Personenvereinigung festzusetzen, wenn eine vertretungsberechtigte Person eine Pflicht, welche die juristische Person oder die Personenvereinigung trifft, verletzt. Seit einiger Zeit gibt es zudem Überlegungen, im Rahmen eines neu aufzustellenden Unternehmensstrafrechts unternehmensbezogene Sanktionen von einer

---
90a Vom 31.3.2016; BGBl. I S. 518.
91 Siehe erneut Fn. 79.
92 BT-Drucks. 18/6282, S. 100 f.

Bewährungsauflage über Geldstrafe und Ausschluss von öffentlichen Ausschreibungen bis hin zur Auflösung des Unternehmens vorzusehen.[93]

Solche gesellschaftsbezogenen Sanktionen würde die individuelle Verantwortlichkeit einzelner Anwälte nicht ausschließen; je nach Einzelfall kann es sachgerecht sein, einen konkreten Berufsträger für Fehlverhalten persönlich zur Verantwortung zu ziehen, wenn es sich weniger um einen Fall von Organisationsverschulden als um einen Fall individuellen Versagens handelt.[94] Ist aber die Berufsausübungsgemeinschaft selbst schlecht aufgestellt, sind Maßnahmen gegen sie als Kollektiv sachgerecht, um ein Umdenken einzuleiten. Die berufsrechtliche Aufwertung der Sozietät könnte – jedenfalls ab einer bestimmten Größe – mit einer verpflichtenden Einführung eines „Compliance Officer" einhergehen.[95]

2. Zulassung

Fragwürdig ist auch die Ausgestaltung des Zulassungsverfahrens. Die BRAO sieht grundsätzlich nur die Zulassung von (Einzel-)Rechtsanwälten (§§ 4 ff. BRAO) vor, nicht aber von Berufsausübungsgemeinschaften.[96] Eine Ausnahme sieht die BRAO jedoch für die Anwalts-GmbH vor, die als Rechtsanwaltsgesellschaft zugelassen (§§ 59c Abs. 1, 59g BRAO) und so Mitglied der Rechtsanwaltskammer (§ 60 Abs. 1 S. 1 Alt. 2 BRAO) werden kann. Darüber hinaus hat der BGH richterrechtlich auch der Anwalts-AG die Möglichkeit zugestanden, sich „in Anlehnung" an die §§ 59c ff. BRAO berufsrechtlich anerkennen zu lassen.[97] Entsprechendes wird für Gesellschaften ausländischer Rechtsform vertreten.[98]

Dagegen wird den personengesellschaftsrechtlich organisierten Berufsausübungsgemeinschaften eine Zulassungsmöglichkeit, auch auf freiwilliger Basis, verwehrt, obwohl sie selbst Vertragspartner der Mandanten werden und sich diesen gegenüber zur Erbringung einer Rechtsdienstleistung

---

93 Vgl. den in NRW erarbeiteten Entwurf eines Gesetzes zur Einführung der strafrechtlichen Verantwortlichkeit von Unternehmen und sonstigen Verbänden, abrufbar unter: http://www.landtag.nrw.de/portal/WWW/dokumentenarchiv/Dokument/MMI16-127.pdf?von=1&bis=0, zuletzt abgerufen am 15.5.2016; dazu *Kutschaty*, ZRP 2013, 74.
94 *Henssler*, AnwBl. 2014, 762, 765.
95 *Henssler*, AnwBl. 2014, 762, 765.
96 Nach § 24 Abs. 1 Nr. 4 und 5 BORA hat der Rechtsanwalt dem Vorstand der Rechtsanwaltskammer zwar unaufgefordert und unverzüglich „die Eingehung oder Auflösung einer Sozietät, Partnerschaftsgesellschaft oder sonstigen Verbindung zur gemeinschaftlichen Berufsausübung" sowie „die Eingehung und Beendigung von Beschäftigungsverhältnissen mit Rechtsanwälten" anzuzeigen; die Norm wird in der Praxis allerdings kaum beachtet, vgl. *Offermann-Burckart*, AnwBl. 2010, 743, 744; *dies.*, AnwBl. 2014, 2013, 13, 14; *Deckenbrock*, AnwBl. 2014, 118, 120; *Henssler*, AnwBl. 2014, 762, 766.
97 BGHZ 161, 376, 381 ff. = NJW 2005, 1568, 1569 ff.; BGH NJW 2006, 1132 Rn. 6; siehe dazu auch *Henssler*, in: Henssler/Prütting (Fn. 24), Vor § 59c Rn. 28 ff.
98 Dazu ausführlich *Kilian*, in: Henssler/Streck (Fn. 14), G Rn. 55 ff.

verpflichten.⁹⁹ Hieran hat nach Ansicht des BGH auch die Anerkennung der Rechtsfähigkeit der GbR nichts geändert; die als GbR organisierte Sozietät stütze sich ebenso wie die PartG „in ihrer Tätigkeit auf die Berufszulassung ihrer Gesellschafter" und habe „sich in deren Grenzen zu bewegen".¹⁰⁰

Ein Blick in die Gesetzesbegründung zeigt, dass die Sonderbehandlung der Rechtsanwaltsgesellschaft sich heute nicht mehr rechtfertigen lässt. Der Gesetzgeber hat die Notwendigkeit einer eigenen Zulassung der Anwalts-GmbH damit begründet, dass „die Zulassung als Rechtsanwaltsgesellschaft durch die Landesjustizverwaltung ... ein staatliches Genehmigungserfordernis im Sinne des § 8 Abs. 1 Nr. 6 GmbHG und damit Voraussetzung für die Eintragung der Gesellschaft in das Handelsregister" sei.¹⁰¹ Mit der Neufassung des § 8 GmbHG durch das MoMiG¹⁰² ist allerdings mit Wirkung vom 1.11.2008 das registerrechtliche Eintragungsverfahren vereinfacht und vom Zulassungsverfahren abgekoppelt worden.

Dies bedeutet indes nicht, dass ein eigenständiges Zulassungsverfahren für die Anwalts-GmbH nun entbehrlich ist. Vielmehr erscheint es nach wie vor sinnvoll, dass die Rechtsanwaltskammer die Einhaltung der spezifisch an die Berufsausübungsgemeinschaft anknüpfenden berufsrechtlichen Anforderungen prüft. Es gibt jedoch keinen Sachgrund, eine solche Prüfung auf den Fall der Anwalts-GmbH zu beschränken. Insbesondere wenn sich der Gesetzgeber – wie vom Verfasser dieses Beitrags vorgeschlagen (IV.) – zu einem rechtsformneutral gehaltenen Anforderungsprofil für Berufsausübungsgemeinschaften durchringen würde, erscheint es geradezu zwingend, auch ein einheitliches Zulassungsverfahren für Berufsausübungsgemeinschaften jeglicher Rechtsform vorzusehen. So ist nicht einsehbar, warum die Kammer zwar etwa vorab prüfen soll, ob die Gesellschafterstruktur einer Anwalts-GmbH den berufsrechtlichen Einschränkungen entspricht und der Abschluss einer Berufshaftpflichtversicherung nachgewiesen ist, eine solche Prüfung bei einer Personengesellschaft aber nicht erfolgen soll.¹⁰³ Eine solche Differenzierung ist heutzutage erst recht widersprüchlich, weil mit der neu geschaffenen PartG mbB inzwischen eine personenge-

---

99 *Posegga*, DStR 2009, 2391, 2394; *ders.*, DStR 2013, 547, 548; siehe aber *Schultz*, in: FS Hirsch, 2008, S. 525, 527 ff.
100 BGH NJW 2012, 461 Rn. 23; siehe auch BGH NJW 2011, 2301 Rn. 9.
101 BT-Drucks. 13/9820, S. 13.
102 Art. 1 Nr. 9 des Gesetzes zur Modernisierung des GmbH-Rechts und zur Bekämpfung von Missbräuchen (MoMiG) vom 23.10.2008 (BGBl. I S. 2026); siehe dazu BT-Drucks. 16/6140, S. 34. Diese Änderung ist an *Kleine-Cosack*, BRAO, 7. Aufl. 2015, § 59g Rn. 2, vorbei gegangen.
103 Allerdings werden nach § 380 Abs. 1 Nr. 4 FamFG die Registergerichte bei der Vermeidung unrichtiger Eintragungen, der Berichtigung und Vervollständigung des Handels- und Partnerschaftsregisters, der Löschung von Eintragungen in diesen Registern und beim Einschreiten gegen unzulässigen Firmengebrauch oder unzulässigen Gebrauch eines Partnerschaftsnamens von den berufsständischen Organen der Freien Berufe, soweit es sich um die Eintra-

sellschaftsrechtliche Variante zur Verfügung steht, die wie die GmbH einen Ausschluss der persönlichen Haftung der Gesellschafter (freilich beschränkt auf Verbindlichkeiten wegen fehlerhafter Berufsausübung) kennt (§ 8 Abs. 4 S. 1 PartGG) und den Abschluss einer Berufshaftpflichtversicherung mit erhöhter Mindestversicherungssumme voraussetzt (§ 51a Abs. 2 S. 1 BRAO).[104] Es ist daher an der Zeit, dass der Gesetzgeber für das Zulassungsrecht die Weiterentwicklung des Gesellschaftsrechts nachvollzieht.[105]

3. Postulationsfähigkeit

Widersprüchlichkeiten finden sich auch im Hinblick auf die Postulationsfähigkeit von Berufsausübungsgemeinschaften. Die BRAO sieht eine Postulationsfähigkeit allein für die Rechtsanwaltsgesellschaft (§ 59l BRAO) vor. Da die Rechtsanwaltsgesellschaft „nicht nur ein Instrument der gemeinsamen Berufsausübung der in der Gesellschaft tätigen Personen" sei, „sondern selbst durch ihre Organe bzw. der durch diese bevollmächtigten Personen rechtsbesorgend tätig" werde, sei „es sachgerecht, der Rechtsanwalts-GmbH als solcher die Fähigkeit zuzuerkennen, rechtswirksame prozessuale Handlungen vornehmen zu können".[106] Die Rechtsprechung gesteht die Postulationsfähigkeit konsequenterweise auch der zugelassenen Anwalts-AG zu.[107]

Der Gesetzgeber hat darüber hinaus der PartG in § 7 Abs. 4 PartGG Postulationsfähigkeit zugesprochen; sie selbst kann als Prozess- oder Verfahrensbevollmächtigte beauftragt werden. Diese Regelung ist aus zwei Gründen bemerkenswert: Zum einen verdeutlicht sie, dass der Erwerb einer berufsrechtlichen Zulassung offenbar kein Muss für die Einräumung der Postulationsfähigkeit ist. Zum anderen ist sie systemfremd ins PartGG integriert. Dem PartGG liegt an sich das Konzept zugrunde, allen Freien Berufen eine Gesellschaftsform zur Verfügung zu stellen; spezielle berufsrechtliche Regelungen werden dagegen nicht getroffen, sondern dem jeweiligen Berufsrecht überlassen. Insoweit sieht § 1 Abs. 3 PartGG den Vorrang berufsrechtlicher Regeln vor. Von dieser Systematik weicht § 7 Abs. 4 PartGG mit der dort getroffenen Sonderregelung für rechts- und steuerberatende Berufe ab.[108]

Ob auch eine in der Rechtsform einer LLP organisierte anwaltliche Berufsausübungsgemeinschaft postulationsfähig ist, hat der BGH bislang offengelassen.[109] Die Anwalts-GbR soll nach der Rechtsprechung zwar

---

gung von Angehörigen dieser Berufe handelt, unterstützt. *Henssler,* AnwBl. 2014, 762, 763, spricht insoweit von einer „Pseudo-Zulassung" der PartG.
104 BVerfGE 135, 90 Rn. 86 = NJW 2014, 613; *Glindemann,* AnwBl. 2014, 214, 218.
105 Auch BGH NJW-RR 2006, 1071 Rn. 15 (zu § 3 StBerG) spricht von einer überholten Gesetzeskonzeption.
106 BT-Drucks. 13/9820, S. 18.
107 Vgl. BGHZ 161, 376, 381 ff. = NJW 2005, 1568, 1569 ff.
108 *Hirtz,* in: Henssler/Strohn, Gesellschaftsrecht, 2. Aufl. 2014, § 7 Rn. 19.
109 BGH NJW 2009, 3162 Rn. 6.

beiordnungsfähig i. S. d. § 121 Abs. 1 ZPO sein,[110] der naheliegende Schluss auf die Postulationsfähigkeit ist bislang jedoch von ihr noch nicht vollzogen worden. Im Gegenteil geht die herrschende Meinung nach wie vor davon aus, dass die Anwalts-GbR mangels expliziter Regelung nicht postulationsfähig sei.[111]

Immerhin hat der Gesetzgeber die Postulationsfähigkeit sowohl der PartG als auch der Rechtsanwaltsgesellschaft an eine zusätzliche Voraussetzung geknüpft, nämlich daran, dass die Gesellschaft jeweils durch einen selbst postulationsfähigen Rechtsanwalt handelt (§ 59l S. 3 BRAO; § 7 Abs. 4 S. 2 PartGG).[112] Dementsprechend genügt es nicht, dass irgendein Mitarbeiter der Gesellschaft, etwa ein nicht aus der EU stammender ausländischer Rechtsanwalt, den Schriftsatz unterzeichnet oder vor Gericht auftritt.[113] Auch hat der Gesetzgeber im Gesetzgebungsverfahren zu § 59l BRAO hervorgehoben, dass „die Rechtsanwaltsgesellschaft gegenüber Rechtsanwälten und Anwaltssozietäten ... nicht privilegiert sein" soll. „Die beruflichen Befugnisse" würden „durch die Tätigkeit in einer Rechtsanwaltsgesellschaft nicht erweitert".[114] Vor diesem Hintergrund ergeben sich für die Praxis im Regelfall keine gravierenden Konsequenzen. Unabhängig davon, ob zugunsten der Berufsausübungsgemeinschaft eine eigenständige Postulationsfähigkeit anerkannt ist, müssen letztlich postulationsfähige Anwälte selbst bei der Betreuung des Prozessmandats mitwirken.

Für den hier interessierenden Blick auf die Systematik des anwaltlichen Gesellschaftsrechts kann ohnehin dahingestellt bleiben, ob mit der Einräumung einer Postulationsfähigkeit zugunsten einer anwaltlichen Berufsausübungsgemeinschaft tatsächlich entscheidende Vorteile verbunden sind.[115]

---

110 Siehe erneut Fn. 85.
111 *Henssler*, in: Henssler/Prütting (Fn. 24), Anh. §§ 59c ff. BRAO Rn. 25 (offener allerdings *ders.*, AnwBl. 2014, 762, 764); *Weth*, in: Musielak/Voit, ZPO, 13. Aufl. 2016, § 79 ZPO Rn. 6; *Vollkommer*, in: Zöller, ZPO, 31. Aufl. 2016, § 79 Rn. 5; *Kilian*, in: Henssler/Streck (Fn. 14), G Rn. 72; *ders.*, in: Koch/Kilian (Fn. 20), B Rn. 905; *Offermann-Burckart*, AnwBl. 2013, 558, 568; a. A. *Piekenbrock*, in: BeckOK-ZPO, 20. Edition (Stand: 1.3.2016), § 78 Rn. 21 f.; MüKoZPO/*Toussaint*, Bd. 1, 4. Aufl. 2013, § 78 Rn. 53; *Schultz*, in: FS Hirsch, 2008, S. 525, 532 f.; *Deckenbrock*, AnwBl. 2014, 118, 123; *Glindemann*, AnwBl. 2014, 214, 216; *Förnermann*, NZG 2014, 481, 482.
112 Vgl. dazu BVerfGE 135, 90 Rn. 88 = NJW 2014, 613.
113 *Kleine-Cosack* (Fn. 102), § 59l Rn. 2; *Henssler*, in: Henssler/Prütting (Fn. 24), § 59l Rn. 4; *ders.*, NJW 2009, 3136.
114 BT-Drucks. 13/9820, S. 18.
115 In der Literatur wird die Frage diskutiert, ob dem angestellten Anwalt, der für eine Anwalts-GbR ein Prozessmandat betreut, bei fehlender Anerkennung der Postulationsfähigkeit Haftungsgefahren drohen. Während zum Teil darauf hingewiesen wird, dass der angestellte Anwalt in diesem Fall mit einer persönlichen Haftung rechnen müsse (*Kilian*, in: Koch/Kilian [Fn. 20], B Rn 905; *Henssler*, NJW 2009, 3136; *Offermann-Burckart*, AnwBl. 2013, 558 568), sehen andere für eine solche Haftung keine dogmatische Grundlage, weil mit der (vom Grundgeschäft abstrakten) Bevollmächtigung nicht zwangsläufig der Abschluss eines neuen

Jedenfalls gibt es keinen Sachgrund für die unterschiedliche Behandlung der verschiedenen Gesellschaftsformen auf der einen Seite und für die Verankerung von identischen Regelungen in unterschiedlichen Gesetzen auf der anderen Seite. Auch insoweit ist der Gesetzgeber aufgerufen, ein widerspruchsfreies Gesamtsystem zu schaffen. Daran fehlt es, wenn die Sozietät als Partei des Anwaltsvertrags vor Gericht nicht als solche auftreten kann, sondern ihre prozessualen Befugnisse lediglich von den ihr angehörenden Berufsträgern ableitet.[116]

4. Elektronisches Rechtsanwaltsverzeichnis

Mit der Frage der Zulassung und der Postulationsfähigkeit im Zusammenhang steht auch die Pflicht zur Eintragung in das elektronische Rechtsanwaltsverzeichnis. Nach § 31 BRAO werden im elektronischen Rechtsanwaltsverzeichnis keine Berufsausübungsgemeinschaften verzeichnet, sondern nur die ihr angehörenden Berufsträger. Es existiert daher kein allgemeines Register für Berufsausübungsgemeinschaften. Auch deshalb fehlt es an einer exakten Statistik, die die Anzahl der als GbR organisierten Sozietäten erfasst.[117]

Besonders bemerkenswert ist, dass nicht einmal Rechtsanwaltsgesellschaften nach den §§ 59c ff. BRAO im elektronischen Rechtsanwaltsverzeichnis zu erfassen sind, obwohl sie selbst zugelassen und daher Kammermitglied sind. Der Gesetzgeber hat dieses Auseinanderfallen von Zulassung und Eintrag im Rechtsanwaltsverzeichnis bewusst in Kauf genommen. Das Rechtsanwaltsverzeichnis sei als Verzeichnis aller natürlichen Berufsträger konzipiert, weil deren persönliche Qualifikation entscheidend für die Ausübung der Tätigkeit sei. Auch innerhalb der Anwalts-GmbH seien, wie sich aus § 59l BRAO ergebe, letztlich stets die einzelnen Rechtsanwälte als Handelnde verantwortlich.[118]

Der Gesetzgeber hat bei diesen Überlegungen übersehen, dass er vergleichbare Register anders konzipiert hat. Dass Berufsausübungsgemeinschaften in einem solchen Register verzeichnet sind, stellt nichts Ungewöhnliches dar. Bereits seit dem Inkrafttreten der WPO im Jahr 1961 sind in das Berufsregister der Wirtschaftsprüfer nach § 38 Nr. 2 WPO auch Wirtschaftsprüfungsgesellschaften einzutragen.[119] Zu den eintragungspflichtigen Angaben, die im Laufe der Jahre auch aufgrund europarechtlicher Vorgaben

---

Mandatsvertrags einhergehe (*Glindemann*, AnwBl. 2014, 214, 216; *Römermann*, NZG 2014, 4811, 482; *Schnabl*, AnwBl. 2010, 394, 397 f.).
116 Siehe bereits die zutreffende Kritik von *Römermann*, NZG 2014, 481, 482.
117 *Kilian*, AnwBl. 2012, 895.
118 BT-Drucks. 16/11385, S. 35; kritisch zu dieser Entscheidung *Siegmund*, in: Gaier/Wolf/ Göcken (Fn. 61), § 31 BRAO Rn. 25 ff. *Weyland*, in: Feuerich/Weyland (Fn. 77), § 31 Rn. 19 f. Ausführlich zum Gesetzgebungsverfahren *Deckenbrock*, AnwBl. 2014, 118, 120.
119 Gesetz über eine Berufsordnung der Wirtschaftsprüfer (Wirtschaftsprüferordnung) vom 24.7.1961, BGBl. I S. 1049.

stetig erweitert worden sind,[120] zählen u. a. Name und Rechtsform der Gesellschaft sowie die Namen, Geschäftsanschriften und Registernummern der im Namen der Gesellschaft tätigen Wirtschaftsprüfer.[121] Nach § 46 Abs. 2 DVStB werden auch Steuerberatungsgesellschaften im Berufsregister der Steuerberater eingetragen; die eintragungspflichtigen Angaben orientieren sich weitgehend an den Regelungen für Wirtschaftsprüfer.

Eine bislang nicht näher hinterfragte Diskrepanz besteht außerdem zu den Regelungen des RDG. Nach § 10 RDG können sich als Inkassodienstleister, Rentenberater und Rechtsdienstleister in einem ausländischen Recht nicht nur natürliche Personen, sondern auch juristische Personen sowie Gesellschaften ohne Rechtspersönlichkeit eintragen lassen. Soweit eine Gesellschaft selbst registriert wird, finden sich im Rechtsdienstleistungsregister nach § 16 RDG immerhin u. a. Angaben zum gesetzlichen Vertreter sowie zu den für sie nach § 12 Abs. 4 RDG benannten qualifizierten Personen. Der Nutzer des Rechtsdienstleistungsregisters hat daher die Möglichkeit, nach der Gesellschaft selbst zu suchen, und ist nicht auf eine Suche nach den ihr angehörenden Berufsträgern beschränkt.

Vor dem Hintergrund dieses Befunds lässt sich nicht recht erklären, warum der Gesetzgeber 2007 das Rechtsanwaltsverzeichnis so rückschrittlich aufgebaut hat. Etwas versteckt findet sich in den Gesetzgebungsmaterialien immerhin der Hinweis, dass bei Eintragung aller Berufsausübungsgemeinschaften im Rechtsanwaltsverzeichnis „eine ausufernde und letztlich kaum mehr zu handhabende Ausweitung des Rechtsanwaltsverzeichnisses nicht zu vermeiden" sei.[122]

---

120 So geht bereits die durch Art. 6 Nr. 8 des Gesetzes zur Durchführung der Vierten, Siebenten und Achten Richtlinie des Rates der Europäischen Gemeinschaften zur Koordinierung des Gesellschaftsrechts (Bilanzrichtlinien-Gesetz – BiRiLiG) vom 19.12.1985 (BGBl. I S. 2355) erfolgte Änderung des § 38 WPO auf § 28 der Achten Richtlinie 84/253/EWG des Rates vom 10.4.1984 aufgrund von Artikel 54 Absatz 3 Buchstabe g) des Vertrages über die Zulassung der mit der Pflichtprüfung der Rechnungslegungsunterlagen beauftragten Personen (ABl. 126 vom 12.5.1984, S. 20) zurück, vgl. BT-Drucks. 10/3440, S. 55.

121 In diesem Zusammenhang interessant ist auch die jüngst erfolgte Neufassung des § 27 WPO, die Art. 1 Nr. 17 des Gesetzes zur Umsetzung der aufsichts- und berufsrechtlichen Regelungen der Richtlinie 2014/56/EU sowie zur Ausführung der entsprechenden Vorgaben der Verordnung (EU) Nr. 537/2014 im Hinblick auf die Abschlussprüfung bei Unternehmen von öffentlichem Interesse (Abschlussprüferaufsichtsreformgesetz – APAReG) vom 31.3.2016 (BGBl. I S. 518) vorsieht. Die Wahlmöglichkeiten hinsichtlich der Rechtsform einer Wirtschaftsprüfungsgesellschaft sind erweitert worden. Ein Ausschluss der GbR von den zulässigen Rechtsformen wurde bislang mit der fehlenden Transparenz mangels Eintragung im Handelsregister oder Partnerschaftsregister begründet. Im Hinblick darauf, dass inzwischen sogar die Eigentumsverhältnisse einer Wirtschaftsprüfungsgesellschaft im Berufsregister der Wirtschaftsprüferkammer einzutragen sind (vgl. § 38 Nr. 2d WPO), sei dieser Ausschluss sachlich nicht mehr gerechtfertigt gewesen, vgl. BT-Drucks. 18/6282, S. 70.

122 BT-Drucks. 16/11385, S. 65.

Sicher würde mit einem Ausbau des Rechtsanwaltsverzeichnisses zu einem Berufsausübungsgemeinschaftsregister ein gewisser Verwaltungsaufwand einhergehen. Doch die Vorteile einer solchen Erweiterung überwiegen: Für den Rechtsuchenden würde ein neu konzipiertes Register erweiterte Informationsmöglichkeiten und vollständige Transparenz mit sich bringen. Er könnte so jederzeit in Erfahrung bringen, welche Anwälte der Gesellschaft angehören – eine Information, die insbesondere im Hinblick auf eine mögliche Haftung und für die Beurteilung von Interessenkonflikten von Bedeutung sein kann. Damit wären im Hinblick auf Berufsausübungsgemeinschaften, die in der Rechtsform der GbR organisiert sind, die Schwächen überwunden, die aus der fehlenden Publizität der GbR folgen.[123]

Mit einem Umbau des Registers könnte zugleich eine Änderung der Regelung zum Briefbogen (§ 10 BORA) einhergehen. Die Norm, mit deren Hilfe bislang das beschriebene Informationsinteresse der Rechtsuchenden befriedigt werden soll,[124] verpflichtet in Abs. 2 S. 1 die Berufsausübungsgemeinschaft, die Namen sämtlicher Gesellschafter mit mindestens einem ausgeschriebenen Vornamen auf dem Kanzleibriefbogen aufzuführen. Dem Rechtsuchenden wäre aber durch ein erweitertes Rechtsanwaltsverzeichnis viel effektiver geholfen. Anders als bei Briefbögen können in einem elektronischen Verzeichnis Veränderungen innerhalb einer Sozietät tagesaktuell nachvollzogen werden. Zudem würden auch angestellte Anwälte im elektronischen Verzeichnis erfasst – eine Information, die etwa für die Prüfung der Reichweite des Verbots der Vertretung widerstreitender Interessen (§ 3 Abs. 2 S. 1 BORA) von Bedeutung sein kann.[125]

Immerhin ein kleiner Schritt in die richtige Richtung ist durch das zum 1.1.2016 in Kraft getretene Gesetz zur Neuordnung des Rechts der Syndikusanwälte und zur Änderung der Finanzgerichtsordnung vom 21.12.2015[125a] erfolgt. Der neu gefasste § 31 Abs. 3 BRAO sieht nunmehr vor, dass auch der Name der Kanzlei und bestehender Zweigstellen im Rechtsanwaltsverzeichnis einzutragen ist. Bei gemeinschaftlicher Berufsausübung bzw. der Berufsausübung im Rahmen einer Berufsausübungsgesellschaft ist nach dem Willen des Gesetzgebers die verwendete Kurzbezeichnung einzutragen. Der Eintragung einer Kurzbezeichnung als Kanzleiname bzw. Name einer Zweigstelle in unterschiedlichen Schreibweisen bei mehreren eingetragenen Personen wirke die aus § 9 BORA folgende Pflicht zur einheitlichen Führung einer Kurzbezeichnung vor. Komme es gleichwohl in den Verzeichnissen zu unterschiedlichen Bezeichnungen einer Kanzlei oder Zweigstelle, sei eine eindeutige Zuordnung mit Blick auf die ebenfalls einzutra-

---

123 *Henssler*, AnwBl. 2014, 762, 765.
124 Vgl. BVerfG NJW 2002, 2163.
125 Siehe insoweit bereits *Deckenbrock*, AnwBl. 2014, 118, 120 f.; *Henssler*, AnwBl. 2014, 762, 765.
125a BGBl. I S. 2517; siehe dazu den Überblick von *Henssler/Deckenbrock*, DB 2016, 215 ff.

gende Kanzleianschrift möglich. Da der Name der Kanzlei und die Namen von Zweigstellen deren eindeutiger Bezeichnung dienen, sei deren erstmalige Mitteilung an die Rechtsanwaltskammer sowie die Mitteilung späterer Änderungen sogar Teil der bezüglich der Kanzlei und bestehender Zweigstellen bestehenden berufsrechtlichen Pflichten.[125b] Trotz dieser Ausweitung des Rechtsanwaltsverzeichnisses steht die hier geforderte Eintragung auch der Gesellschaften selbst jedoch weiterhin nicht auf der Agenda des Gesetzgebers.

IV. Folgerung: die Notwendigkeit rechtsformneutraler Regelungen und der Harmonisierung der Berufsrechte

Die vorstehenden Überlegungen haben gezeigt, dass es für anwaltliche Berufsausübungsgemeinschaften an einem in sich stimmigen gesetzlichen Regelungssystem fehlt. Im Gegenteil: Ein gesetzgeberisches Gesamtkonzept ist nicht einmal im Ansatz erkennbar. Den viel zu detaillierten §§ 59c ff. BRAO, die die berufsrechtliche Zulässigkeit der Anwalts-GmbH in allen Einzelheiten regeln, steht mit § 59a BRAO lediglich eine einzige lückenhafte allgemeine Regelung für die anwaltlichen Berufsausübungsgemeinschaften gegenüber, die als Personengesellschaft organisiert sind. Die inzwischen anerkannte Rechtsfähigkeit der GbR hat der Gesetzgeber bis heute nicht zum Anlass für eine Überarbeitung des anwaltlichen Gesellschaftsrechts genommen. Bestimmungen zur Anwalts-AG fehlen auch über zehn Jahre nach ihrer Anerkennung durch die Rechtsprechung völlig, die in ausländischer Rechtsform organisierte Kanzlei bleibt in der BRAO ebenfalls unbehandelt.

Dieser Befund schreit nach einer grundlegenden Neuregelung des anwaltlichen Gesellschaftsrechts mit dem Ziel der Verabschiedung allgemeiner rechtsformneutraler Vorschriften.[126] Teil dieses neuen Sozietätsrechts sollten Regelungen zum Gesellschafterkreis, zum Fremdbesitz[127] und zur Ausgestaltung der interprofessionellen Zusammenarbeit, zur Zulassungspflicht und zum Zulassungsverfahren sowie zur berufsrechtlichen Pflichtenstellung, zur Postulationsfähigkeit und zur Versicherungspflicht der Gesellschaft sein. Zudem sollte das elektronische Rechtsanwaltsverzeichnis zu

---

125a BT-Drucks. 18/6915, S. 18.
126 Neben dem Verfasser dieses Beitrags (AnwBl. 2014, 118, 129) haben solche Forderungen bereits *Kilian*, in: Henssler/Streck (Fn. 14), G Rn. 59; *Glindemann*, AnwBl. 2014, 214, 220; *Henssler*, AnwBl. 2014, 762, 764, erhoben. Siehe auch Beschluss Nr. 15 der Abteilung Berufsrecht auf dem 68. Deutschen Juristentag in Berlin, vgl. Ständige Deputation des Deutschen Juristentages, Verhandlungen des 68. Deutschen Juristentages, Bd. II/2, 2011, S. Q 239.
127 Der Gesetzgeber hat jüngst im Rahmen des Gesetzes zur Neuordnung des Rechts der Syndikusanwälte und zur Änderung der Finanzgerichtsordnung vom 21.12.2015 (BGBl. I S. 2517) bekräftigt, am Fremdkapitalverbot festhalten zu wollen, BT-Drucks. 18/5201, S. 30; dazu *Henssler/Deckenbrock*, DB 2016, 215, 225.

einem Berufsausübungsgemeinschaftsregister ausgebaut werden. Sonderregeln für einzelne Rechtsformen sind sachlich grundsätzlich nicht gerechtfertigt. Sie können freilich aufgrund der Spezifika einer Rechtsform notwendig sein, wie das Beispiel des für eine AG vorgeschriebenen Aufsichtsrats zeigt.[128] Sachgerecht ist es auch, die Höhe der Mindestversicherungssumme in Abhängigkeit rechtsformspezifischer Haftungsbeschränkungen festzulegen. Auch künftig sollte eine erhöhte Mindestversicherungssumme als Kompensation für den Ausschluss persönlicher Haftung vorgesehen werden.[129] Zugleich sollten die Begrifflichkeiten der BRAO überarbeitet und durchgehend eine rechtsformneutrale Bezeichnung wie „Berufsausübungsgemeinschaft" verwendet werden.[130]

C. Blick nach Österreich

Abgerundet werden sollen diese Überlegungen durch einen Blick auf das österreichische Recht.[131] Obwohl die Ausgangslage ähnlich wie in Deutschland ist, sind die Berufsgesetze in beiden Ländern erheblich auseinander gedriftet.

I. Öffnungen gegenüber dem deutschen Recht

Bemerkenswert ist, dass sich in manchen Einzelfragen das österreichische Recht als fortschrittlicher erweist. So können etwa enge Familienangehörige (insbesondere Ehegatten und Kinder eines der Gesellschaft angehörenden Rechtsanwalts) oder ehemalige Rechtsanwälte, die auf die Rechtsanwaltschaft verzichtet haben und die im Zeitpunkt der Verzichtleistung Gesellschafter waren oder deren Kanzlei von der Gesellschaft fortgeführt wird, Gesellschafter sein (§ 21c Nr. 1 RAO). Diese Öffnungen bringen es mit sich, dass es in Österreich kein uneingeschränktes Gebot der aktiven Mitarbeit gibt.

Eine weitere Besonderheit, die den österreichischen Anwaltsmarkt seit dem Inkrafttreten des Berufsrechts-Änderungsgesetzes 2013 (BRÄG 2013)[132] von seinem deutschen Pendant abhebt, ist die den Anwälten eröffnete Möglichkeit, sich in der Rechtsform der GmbH & Co. KG zur gemeinschaftlichen Berufsausübung zusammenzuschließen (§ 21c Nr. 1f, 11 RAO).[133] In Deutschland können Anwälte sich in dieser Rechtsform nicht zusammen-

---

128 Vgl. zu den de lege lata bestehenden berufsrechtlichen Anforderungen BGHZ 161, 376, 387 = NJW 2005, 1568, 1571; *Henssler*, in: Henssler/Prütting (Fn. 24), Vor § 59c Rn. 37.
129 *Glindemann*, AnwBl. 2014, 214, 220; *Henssler*, AnwBl. 2014, 762, 764.
130 Zum insoweit bestehenden Reformbedarf *Deckenbrock*, AnwBl. 2014, 118, 124f.; *Henssler*, AnwBl. 2014, 762, 765; *Henssler/Deckenbrock*, DB 2016, 215, 216.
131 Dazu bereits *Reiner*, Jahrbuch Junger Zivilrechtswissenschaftler 2013, 2014, S. 73 ff.
132 Vom 31.7.2013, BGBl. I 159/2013.
133 Siehe zu der Änderung etwa *Sedlacek*, SWK 2013, 1115 ff.; *Pinetz/Burtscher*, GES 2014, 4 ff.

schließen, weil Anwälte einen Freien Beruf ausüben (§ 2 Abs. 1 BRAC), der Zusammenschluss in einer KG aber den Betrieb eines Handelsgewerbes voraussetzt (§ 161 Abs. 1 HGB).[134] Hinzu kommt, dass zwar die Berufsgesetze der Steuerberater (§ 49 Abs. 2 StBerG) und der Wirtschaftsprüfer (§ 27 Abs. 2 WPO) für Steuerberatungs- bzw. Wirtschaftsprüfungsgesellschaften die Rechtsform der GmbH & Co. KG zulassen, wenn sie auch Treuhandtätigkeiten ausüben,[135] die BRAO einen solchen Sondertatbestand indes nicht kennt.[136]

In einer Rechtsanwalts-GmbH & Co. KG, nicht jedoch in einer Rechtsanwalts-KG, können Rechtsanwälte nun als Kommanditisten beteiligt sein (vgl. § 21c Nr. 2 RAO); diese müssen nicht zwingend auch Gesellschafter der Komplementär-GmbH sein. Die Geschäftsführer der Komplementär-GmbH müssen jedoch zugleich die Stellung eines Kommanditisten der Rechtsanwalts-KG innehaben (vgl. § 21c Nr. 11 RAO).[137] Zu berücksichtigen ist freilich, dass sich das österreichische Recht anders als das deutsche vom Kaufmannsbegriff verabschiedet hat und inzwischen ein Unternehmensgesetzbuch kennt. Der freie Anwaltsberuf und die Rechtsform der Kommanditgesellschaft schließen sich damit nicht per se aus.

II. Einschränkungen gegenüber dem deutschen Recht

So liberal die Öffnung des Gesellschafterkreises für Familienangehörige und ehemalige Gesellschafter auch klingen mag, so ernüchternd wird der Befund, wenn man sich vergegenwärtigt, dass Steuerberater und Wirtschaftsprüfer/-treuhänder in dem Katalog des § 21c Nr. 1 RAO fehlen. Interprofessionelle Berufsausübungsgemeinschaften sind damit in Österreich unzulässig.[138] Nachdem Mitte der 1990er ein Ministerialentwurf zu multidisziplinären Partnerschaften mit Steuerberatern und Wirtschaftsprüfern aufgrund von Widerstand im Wirtschaftsministerium und in der Kammer der Wirtschaftstreuhänder gescheitert war,[139] ist es in Österreich ruhig um das Thema geworden. Die Öffnung des Gesellschafterkreises auch für andere Berufsgruppen wird als „Tabuthema der Standespolitik" angese-

---

134 BGH NJW 2011, 3036 und nachfolgend BVerfG NJW 2012, 993.
135 Nach BGH NJW 2015, 61 Rn. 10 ff. m. Bespr. *Henssler/Markworth*, NZG 2015, 1 ff., ist eine überwiegende Ausübung der Treuhandtätigkeit nicht notwendig; eine Eintragung kommt auch in Betracht, wenn für die Gesellschaft die geschäftsmäßige Hilfeleistung in Steuersachen die prägende Tätigkeit darstellt.
136 Zur verfassungsrechtlichen Problematik *Henssler*, NZG 2011, 1121, 1123 ff.
137 Vgl. *Reiner*, Die Rechtsanwaltsgesellschaft: Gesellschaftsrecht, Berufsrecht und empirische Befunde, 2016, S. 104; *Benn-Ibler*, in: FS Torggler, 2013, S. 77, 85.
138 Ausführlich dazu *Reiner* (Fn. 137), S. 98 ff.; *Murko*, in: FS Benn-Ibler, 2011, S. 257, 263 ff.; *Gogl*, GES 2004, 372 ff.
139 Vgl. *Reiner* (Fn. 137), S. 98; *Benn-Ibler*, in: FS Torggler, 2013, S. 77, 85.

hen.¹⁴⁰ Zwar gibt es faktisch hier und da Durchbrechungen. So können mittlerweile in Rechtsanwaltsgesellschaften Steuerberater tätig sein; die Gesellschafterstellung bleibt diesen aber verwehrt. In der Praxis finden sich zudem einige Fälle, in denen Rechtsanwälte, Steuerberater und Wirtschaftstreuhänder ihre Kanzleien an einer gemeinsamen Adresse haben. Das lässt ebenfalls den Rückschluss auf einen wohl gegebenen Bedarf zu.¹⁴¹ Die hier vorgestellten Überlegungen zur Verfassungsmäßigkeit des deutschen § 59a BRAO (B. I.) werfen fast zwangsläufig die Frage auf, ob die österreichische Beschränkung noch rechtlich haltbar ist,¹⁴² zumal das Berufsrecht der Wirtschaftsprüfer in Österreich mit dem der Anwälte grundsätzlich vergleichbar ist.¹⁴³ Spätestens wenn die Entscheidung des BVerfG vorliegt, sollte auch in Österreich die Diskussion um die Zulässigkeit multidisziplinärer Berufsausübungsgemeinschaften neu entfacht werden.

Hinter dem deutschen Recht zurück bleibt ferner die Regelung des § 21c Nr. 8 S. 1 RAO, nach der Rechtsanwälte keinem weiteren beruflichen Zusammenschluss in Österreich angehören dürfen. Damit gilt in Österreich weiterhin das Verbot der Sternsozietät, das in Deutschland vor über acht Jahren aufgehoben worden ist (B.). Nach § 21c Nr. 8 S. 2 RAO kann der Gesellschaftsvertrag zwar vorsehen, dass ein Rechtsanwalt die Rechtsanwaltschaft auch außerhalb der Gesellschaft ausüben darf. Über diesen Weg kann der Anwalt aber nicht als Mitglied in einer anderen Gesellschaft, sondern nur als Einzelanwalt tätig werden.¹⁴⁴ Auch diese Einschränkung wird verfassungsrechtlich nicht in Frage gestellt.¹⁴⁵

Offensichtlich reformbedürftig ist auch die Regelung des § 1a RAO. Nach Abs. 1 S. 1 ist „die Ausübung der Rechtsanwaltschaft ... auch in der Rechtsform der Gesellschaft bürgerlichen Rechts, in der Rechtsform der offenen

---

140 *Reiner* (Fn. 137), S. 228; vgl. auch *Benn-Ibler*, in: FS Torggler, 2013, S. 77, 84 f.
141 *Reiner* (Fn. 137), S. 228.
142 Der ÖstVerfGH (Erkenntnis v. 30.9.2003 – B 614/01–36 und B 1642/02–14, EuZW 2004, 222) hat die Auffassung vertreten, dass die Oberste Berufungs- und Disziplinarkommission für Rechtsanwälte und Rechtsanwaltswärter, die das Verbot interprofessioneller Sozietäten für verfassungs- und europarechtskonform angesehen hat (Bescheid v. 29.5.2002), dem EuGH die Frage der Vereinbarkeit des Verbots mit dem Europarecht hätte vorlegen müssen. Soweit der EuGH in der Rs. *Wouters* (Slg. 2002, I-1577 = NJW 2002, 877) das niederländische Verbot einer Sozietät von Rechtsanwälten und Wirtschaftsprüfern europarechtlich gebilligt hat, seien diese Grundsätze auf das österreichische Recht angesichts der abweichenden Ausgestaltung des Berufsrechts der Wirtschaftstreuhänder nicht ohne Weiteres übertragbar. In der Sache ist jedoch diese Frage bis heute nicht geklärt worden.
143 *Murko*, in: FS Benn-Ibler, 2011, S. 257, 265 f., hält das Verbot dagegen für gerechtfertigt und verweist äußerst feinsinnig auf minimale Unterschiede in der Reichweite der Verschwiegenheitspflicht von Anwalt und Wirtschaftstreuhänder.
144 *Feil/Wennig*, RAO, 8. Aufl. 2014, § 21c Rn. 12.
145 ÖstVerfGH, Erkenntnis v. 1.10.2004 – G 1/04; *Feil/Wennig* (Fn. 144), § 21c Rn. 13 f., *Murko*, in: FS Benn-Ibler, 2011, S. 257, 267.

Gesellschaft oder der Kommanditgesellschaft (Rechtsanwalts-Partnerschaft) und der Gesellschaft mit beschränkter Haftung zulässig."[146] Mit dieser abschließend gemeinten Aufzählung[147] wird Anwälten zugleich die Berufsausübung in anderen, in § 1a RAO nicht genannten Rechtsformen versperrt; eine gemeinschaftliche Berufsausübung in der Rechtsform einer AG scheidet daher aus.[148] Zudem ist dieser taxative Rechtsformenkatalog auch europarechtlich überholt. Die Niederlassungsfreiheit (Art. 49 AEUV)[149] gebietet es, dass Anwälte, die im europäischen Ausland eine Gesellschaft rechtmäßig errichtet haben, grundsätzlich auch in Österreich eine Zweigniederlassung der Gesellschaft eintragen dürfen.[150] Insoweit weist das österreichische Recht einen merkwürdigen Widerspruch zu § 16 EIRAG auf, der für niedergelassene europäische Anwälte die Zulässigkeit nichtösterreichischer Rechtsformen anerkennt.[151] Voraussetzung für eine Zulassung ausländischer Anwaltsgesellschaften in Österreich ist freilich, dass diese die weiteren berufsrechtlichen Vorgaben des § 21c RAO beachten.[152]

III. Ursachen für das Auseinanderdriften des deutschen und österreichischen Anwaltsrechts

Obwohl das deutsche anwaltliche Berufsgesellschaftsrecht wie gezeigt in vielen Kernfragen nicht mehr auf der Höhe der Zeit ist, so ist der Zustand des österreichischen Rechts in manchen Punkten, insbesondere im Hinblick auf das Verbot multidisziplinärer Berufsausübungsgemeinschaften, noch beklagenswerter. Wie lassen sich diese durchaus bemerkenswerten Unterschiede trotz vergleichbarer Ausgangslage erklären? Hauptursache dürfte sein, dass das österreichische Anwaltsrecht ein stiefmütterliches Dasein fristet. Die berufsrechtlichen Regelungen werden ganz überwiegend als unumstößlich hingenommen. Auch wenn einer aktuellen empirischen Untersuchung zufolge nur etwa mehr als 41 % der befragten österreichischen Anwälte die Zulassung interprofessioneller Sozietäten als Bereiche-

---

146 Nach § 1a Abs. 2 RAO ist die beabsichtigte Errichtung der Gesellschaft unter Verwendung eines vom Österreichischen Rechtsanwaltskammertag aufzulegenden Formblatts beim Ausschuss der zuständigen Rechtsanwaltskammer anzumelden.
147 *Feil/Wennig* (Fn. 144), § 1a Rn. 1; *Benn-Ibler*, in: FS Torggler, 2013, S. 77, 97.
148 Dazu *Benn-Ibler*, in: FS Torggler, 2013, S. 77, 92 f.; *ders.*, öAnwBl. 2008, 389 ff.
149 Dazu EuGH Slg. 1999, I-1459 = NJW 1999, 2027 – *Centros;* EuGH Slg. 2002, I-9919 = NJW 2002, 3614 – *Überseering;* EuGH Slg. 2003, I-10155 = NJW 2003, 3331 – *Inspire Art;* EuGH Slg. 2008, I-9664 = NJW 2009, 565 – *Cartesio.*
150 *Kalss,* Jahrbuch Anwaltsrecht 2012, 2012, S. 101, 123 ff.; siehe zu ausländischen Anwaltsgesellschaften in Deutschland ausführlich *Henssler,* in: FS Busse, 2006, S. 127 ff. Interessanterweise ist sogar eine RA LLP & Co. KG in Österreich tätig (Baker & McKenzie Diwok Hermann Petsche).
151 Dazu *Benn-Ibler*, in: FS Torggler, 2013, S. 77, 86 ff.
152 *Kalss* (Fn. 150), S. 101, 122 ff.

rung empfänden,[153] ist der Reformdruck vergleichsweise gering. Auch die vergleichsweise geringe Anwaltsdichte in Österreich – Ende 2015 waren 6.057 Rechtsanwälte eingetragen bei einer Einwohnerzahl von rund 8,5 Millionen[154] – und die im Schnitt kleineren Kanzleien führen nicht gerade zu einem gesteigerten Reformdruck.

Viele Anwälte haben sich mit dem Status quo abgefunden; Versuche, die berufsrechtlichen Beschränkungen der RAO etwa vor dem österreichischen Verfassungsgerichtshof oder den sonstigen Gerichten zu Fall zu bringen, sind kaum bekannt; erfolgreiche Verfahren schon gar nicht.[155] In Deutschland hat sich dagegen das BVerfG in vielen Entscheidungen als Liberalisierungsmotor erwiesen und maßgeblich zum Abbau von Berufsausübungsschranken beigetragen.[156] Viele dieser Entwicklungen sind dabei von den Kammern mit Skepsis betrachtet worden. Für die Zulässigkeit einer verfassungsrechtlichen Beschränkung kommt es indes nicht darauf an, ob sie von einer breiten Mehrheit der Anwaltschaft gebilligt wird. Entscheidend ist, dass Gemeinwohlerwägungen ihre Aufrechterhaltung rechtfertigen. Wer weiß, wie das deutsche Berufsrecht heute aussähe, wenn nicht mit *Kleine-Cosack* ein einzelner Rechtsanwalt für seine Berufskollegen zahlreiche richtungsweisende Gerichtsentscheidungen gegen die Rechtsanwaltskammern erstritten hätte?[157]

Auch die österreichischen Kammern denken im Grundsatz konservativ, Impulse für eine umfassende Neuordnung und damit verbundene Liberalisierung des Berufsrechts gehen von ihnen nicht aus. Viel zu oft werden in der spärlich geführten Diskussion um die Zulässigkeit berufsrechtlicher Beschränkungen die anwaltlichen „Grundwerte" als solche in den Vordergrund gerückt, ohne dass genauer untersucht wird, in welchem Zusammenhang diese mit gesellschaftsrechtlichen Bestimmungen stehen.[158] Insbesondere die Leerformel „anwaltliche Unabhängigkeit" wird als Rechtfertigung missbraucht; vor dem Hintergrund der aktuellen Entscheidungen von BGH und BVerfG zur Begrenzung des Kreises sozietätsfähiger Berufe und zu den Mehrheitserfordernissen der GmbH sollte jedoch auch in Österreich darüber nachgedacht werden, welche Beschränkungen die anwaltliche Unabhängigkeit tatsächlich erfordert.

---

153 *Reiner* (Fn. 137), S. 292 f.
154 Statistik ÖRAK, abrufbar unter: https://www.rechtsanwaelte.at/kammer/kammer-in-zahlen/mitglieder/, zuletzt abgerufen am 15.5.2016.
155 Vgl. etwa die Erkenntnisse des ÖstVerfGH zur Rechtmäßigkeit des damals noch geltenden Filialverbots (§ 40 S. 2 RL-BA a. F.; v. 29.9.1994 – B 1886/92) und zum Verbot der Sternsozietät (§ 21c Nr. 8 RAO; v. 1.10.2004 – G 1/04).
156 Siehe erneut die Nachweise in Fn. 47–51.
157 Vgl. *Kleine-Cosack*, AnwBl. 2015, 578 ff.
158 *Reiner* (Fn. 137), S. 293 f.

Schließlich fehlt eine wissenschaftliche Durchdringung des österreichischen Anwaltsrechts. Während in Deutschland die Anzahl anwaltsrechtlicher Publikationen seit Beginn der 1990er Jahre stetig nach oben geht[159] und inzwischen zumindest sechs BRAO-Kommentierungen regelmäßig neu aufgelegt oder aktualisiert werden,[160] gibt es in Österreich nur eine Kommentierung der RAO[161] und eine deutlich geringere Publikationsdichte.[162]

D. Zusammenfassung und Ausblick: grundlegende Reform des Gesellschaftsrechts?

Die hier vorgestellten Überlegungen haben hoffentlich deutlich gemacht, dass das anwaltliche Gesellschaftsrecht dringend reformbedürftig ist. In den letzten zwei Jahrzehnten ist ein Flickenteppich entstanden, der die anwaltliche Betätigung in Netzwerken jeder Art behindert. Viel zu detaillierte, antiquierte und sogar verfassungswidrige Regelungen auf der einen, große Lücken und fehlende berufsrechtliche Regelungen auf der anderen Seite zeichnen ein erschreckendes Bild. Hinzu kommt, dass die Berufsgesetze verschiedener Freier Berufe – auch bedingt durch die unterschiedliche Zuordnung der Berufsgesetze zu verschiedenen Bundesministerien[163] – trotz einer vergleichbaren Ausgangslage[164] immer weiter auseinandergedriftet sind.

Im Einzelnen lassen sich die hier gefundenen Ergebnisse wie folgt zusammenfassen:

(1) Die tatsächlichen und rechtlichen Rahmenbedingungen für die gemeinschaftliche Berufsausübung unter Beteiligung von Rechtsanwälten haben sich in den letzten beiden Jahrzehnten gravierend geändert. Zwar steht den Anwälten heutzutage eine breite Palette von Rechtsformen zur Verfügung, ihre gemeinschaftliche Berufsausübung wird aber durch antiquierte, widersprüchliche und lückenhafte berufsrechtliche Vorgaben verfassungswidrig eingeschränkt; dies gilt insbesondere für interprofessionelle Netzwerke.

---

159 Vgl. *Kilian*, Bibliographie des Anwaltsrechts 1991 bis 2000, 2015, sowie *ders.*, Bibliographie des Anwaltsrechts 2001 bis 2010, 2011.
160 *Feuerich/Weyland*, BRAO, 9. Aufl. 2016; *Gaier/Wolf/Göcken*, Anwaltliches Berufsrecht, 2. Aufl. 2014; *Hartung*, BORA/FAO, 5. Aufl. 2012; *Henssler/Prütting*, BRAO, 4. Aufl. 2014; *Kleine-Cosack*, BRAO, 7. Aufl. 2015; *Römermann*, BeckOK-BORA, 11. Edition (Stand: 1.3. 2016).
161 *Feil/Wennig*, RAO, 8. Aufl. 2014.
162 Eine bemerkenswerte Ausnahme stellt insoweit die gerade erschienene Arbeit von *Feiner*, Die Rechtsanwaltsgesellschaft: Gesellschaftsrecht, Berufsrecht und empirische Befunde, 2016, dar.
163 Siehe dazu bereits *Deckenbrock*, AnwBl. 2014, 118, 128; *Henssler*, AnwBl. 2014, 762, 769.
164 Siehe dazu erneut die Nachweise in Fn. 31.

(2) Die Begrenzung des Gesellschafterkreises auf Rechts- und Patentanwälte, Steuerberater sowie Wirtschaftsprüfer (§ 59a BRAO) ist verfassungswidrig, soweit die Zusammenarbeit mit Berufsgruppen untersagt wird, die ebenfalls einer Kammeraufsicht und einer – strafrechtlich abgesicherten – Verschwiegenheitspflicht unterliegen. Rechtspolitisch ist eine weitere Öffnung des Gesellschafterkreises auf alle mit der Anwaltstätigkeit zu vereinbarenden Berufe angezeigt.

(3) Mehrheitserfordernisse (§§ 59e, 59f BRAO) zum Schutze der Unabhängigkeit des Anwalts erschweren die Organisation beruflicher Netzwerke in unzulässiger Weise. Es gibt keinen Sachgrund, insoweit für die anwaltliche Berufsausübung in der Rechtsform der GmbH besondere Anforderungen vorzusehen, die der Gesetzgeber für Personengesellschaften selbst nicht als notwendig empfunden hat. Die zutreffenden Ausführungen des BVerfG zur Zusammenarbeit mit Rechts- und Patentanwälten lassen sich auch auf das Verhältnis zu Steuerberatern und Wirtschaftsprüfern übertragen.

(4) Eine weitere Schwäche des geltenden Rechts ist, dass die BRAO die Rechtsfähigkeit von Berufsausübungsgemeinschaften nicht angemessen berücksichtigt, obwohl sie heute selbst für die GbR unbestritten ist. Während für die Anwalts-GmbH immerhin die eigene Zulassung und Postulationsfähigkeit festgeschrieben sind, fehlen für andere Rechtsformen vergleichbare Regelungen. Anwaltliche Berufsausübungsgemeinschaften sollten Bestandteil des elektronischen Rechtsanwaltsverzeichnisses (§ 31 BRAO) werden.

(5) Notwendig ist eine grundlegende Neuregelung des anwaltlichen Gesellschaftsrechts mit dem Ziel der Verabschiedung rechtsformneutraler Vorschriften. Sonderregeln für einzelne Rechtsformen sind sachlich grundsätzlich nicht gerechtfertigt; eine Ausnahme gilt lediglich für die Mindestversicherungssumme, deren Höhe in Abhängigkeit rechtsformspezifischer Haftungsbeschränkungen festgelegt werden sollte. Die Reform des anwaltlichen Gesellschaftsrechts sollte mit einer Neuordnung des Berufsrechts der Steuerberatungs- und Wirtschaftsprüfungsgesellschaften einhergehen.

(6) Obwohl die Ausgangslage ähnlich ist, weist das anwaltliche Berufsrecht in Deutschland und Österreich in Fragen des anwaltlichen Gesellschaftsrechts bemerkenswerte Unterschiede auf. Während sich in manchen Einzelfragen (enge nichtanwaltliche Familienangehörige als Gesellschafter; Rechtsform der GmbH & Co. KG) das österreichische Recht als liberaler erweist, sind interprofessionelle Berufsausübungsgemeinschaften in Österreich berufsrechtswidrig und ist die Zusammenarbeit von Anwälten mit Wirtschaftstreuhändern (Steuerberatern und Wirtschaftsprüfern) ausgeschlossen. Das Verbot multidisziplinärer Sozietäten ist allerdings

im Hinblick auf die anwaltlichen Grundwerte nicht erforderlich und aufzuheben.

Mehr als 20 Jahre nach der letzten umfassenden BRAO-Novelle ist es nun an der Zeit, nicht nur die drei hier hervorgehobenen Schwachpunkte zu beseitigen, sondern das anwaltliche Gesellschaftsrecht vollständig neu zu ordnen. Der Reformbedarf ist zwar nicht neu; bereits 2004 hatte die damalige Bundesjustizministerin Zypries selbst die Mehrheitserfordernisse für nicht mehr zeitgemäß erachtet.[165] Gleichwohl gab es seitdem keine relevante Gesetzesänderung mehr. Insbesondere nach dem kläglichen Scheitern der Ausdehnung des Kreises sozietätsfähiger Personen im Rahmen der RDG-Reform ist für eine neue Gesetzesinitiative zum Abbau der Beschränkungen und zur Beseitigung der Widersprüchlichkeiten kein Raum mehr gewesen. Die vollmundige Versprechung des Rechtsausschusses, dass das gescheiterte Gesetzgebungsverfahren nur zurückgestellt und in einer „demnächst anstehenden BRAO-Novelle" weiterverfolgt werden soll,[166] ist bislang nicht erfüllt worden. Dass nun gleichwohl Aussicht auf ein baldiges Tätigwerden des Gesetzgebers besteht, ist der Entscheidung des BVerfG vom 14.1.2014 zur Verfassungswidrigkeit der Mehrheitserfordernisse zu verdanken. Es ist allerdings zu vermuten, dass der Gesetzgeber für die Reform des Gesellschaftsrechts jedenfalls noch die weitere, in Kürze anstehende Entscheidung des BVerfG zur Beschränkung des Kreises sozietätsfähiger Personen abwarten wird.[166a]

Während man angesichts dieser Ausgangslage durchaus auf eine – wenn auch viel zu späte – Neuordnung des anwaltlichen Gesellschaftsrechts hoffen darf, erscheint eine darüber hinaus gehende umfassende Reform des Personengesellschaftsrechts selbst kühnsten Optimisten kaum vorstellbar. Eine solch grundlegende Novelle des Personengesellschaftsrechts ist aber mehr denn je an der Zeit.[167] Am offensichtlichsten sind die gesetzgeberischen Unzulänglichkeiten bei den die GbR regelnden §§ 705 ff. BGB, die den heutigen Erkenntnisstand der Rechtsprechung nicht einmal ansatzweise abbilden und schon im Hinblick auf das Gebot der Rechtsklarheit nicht hinnehm-

---

[165] In ihrem Schreiben vom 17.5.2004 an Bundesminister a. D. Gerhart Baum heißt es wörtlich: „Ich beabsichtige, Regelungsvorschläge im Rahmen einer umfassenden Überarbeitung des anwaltlichen Berufsrechts zu unterbreiten. Dann sollten auch die geltenden, teilweise recht restriktiven Regelungen zur Anwalts-GmbH nicht einfach auf die Anwalts-AG erstreckt, sondern überprüft werden. Überprüfungsbedürftig erscheinen mir unter anderem die Vorschriften über die Mehrheitserfordernisse für Gesellschafter und Geschäftsführer, die die multiprofessionelle Berufsausübung in der Anwalts-GmbH erheblich beschränken, sowie die Regelungen zu Zweigniederlassungen und Firmierung."

[166] BT-Drucks. 16/6634, S. 1.

[166a] Vgl. erneut Fn. 46.

[167] Nach *Henssler*, AnwBl. 2014, 762, befindet sich das deutsche Recht der Personengesellschaften „in einem beklagenswerten Zustand".

bar sind.[168] Der bereits angesprochene Umstand, dass die Rechtsform der GmbH & Co. KG auf der einen Seite den Angehörigen der Freien Berufe und damit auch den Anwälten verwehrt ist, auf der anderen Seite dieser Grundsatz für Steuerberater und Wirtschaftsprüfer durchbrochen wird, wirft die Frage auf, ob die unterschiedliche Behandlung von Gewerbetreibenden und Freiberuflern noch zeitgemäß ist oder ob die Zukunft nicht eher – dem österreichischen Vorbild folgend – in einem Unternehmensgesetzbuch liegt.[169] Zwar soll die PartG den Freiberuflern für dieses Verbot einen gewissen Ausgleich gewähren; sie ermöglicht allerdings keine durchgehende Haftungsbeschränkung. Dies gilt auch für die Sonderform der PartG mbB, die eine Haftung für außerberufliche Verbindlichkeiten unberührt lässt und ohnehin bislang fast ausschließlich den rechts- und wirtschaftsberatenden Berufen zur Verfügung steht.[170] Nicht ohne Grund wird sich daher die Abteilung Wirtschaftsrecht des 71. Deutschen Juristentags vom 13. bis 17.9.2016 dieses Themas annehmen und der Frage nachgehen: „Empfiehlt sich eine grundlegende Reform des Personengesellschaftsrechts?" Es bleibt zu hoffen, dass die Beratungen und Beschlussfassungen in Essen Impuls genug sind, um auch den Gesetzgeber auf den Plan zu rufen.[171]

---

168 Zu möglichen Ansätzen für eine Neuregelung *K. Schmidt*, ZHR 177 (2013), 712 ff.; *Röder*, AcP 215 (2015), 450 ff.
169 Siehe zur fehlenden Zukunft der subjektiven Anknüpfung des Handelsrechts bereits *Henssler*, ZHR 161 (1997), 13 ff.
170 Siehe zuletzt *Lieder/Hoffmann*, NJW 2015, 897 ff.
171 Zur fachlichen Arbeit der Deutschen Juristentage und ihren Wirkungen auf dem Gebiet des Handels-, Gesellschafts- und Wirtschaftsrechts siehe *Kübler*, in: FS 150 Jahre Deutscher Juristentag, 2010, S. 155 ff.

Rangverhältnisse im „Netzwerk" unter Sicherungsgebern

Johannes Wühl[*]

Inhalt

A.	Der Ausgleich unter Sicherungsgebern	157
I.	Vorbemerkung	157
II.	Die Rechtsgrundlagen der Ausgleichsansprüche	159
	1. Die gesetzliche Basis: §§ 1358, 1359 ABGB	159
	2. Die Rechtsnatur der Ausgleichsansprüche	160
B.	Rangverhältnisse unter (verschiedenen) Sicherungsgebern	165
I.	Allgemeines	165
II.	Das interne Rangverhältnis zwischen verschiedenen Bürgen	166
	1. Die Arten der Bürgschaft	166
	2. Die Rückgriffslage des Ausfallsbürgen	167
	a) Bisherige Stellungnahmen	167
	b) Eigene Position	168
	3. Die Rückgriffslage des Nachbürgen	170
	a) Bisherige Stellungnahmen	170
	b) Eigene Position	171
	4. Die Rückgriffslagen bei weiteren Bürgschaftsarten	172
	5. Zwischenergebnis	173
III.	Das interne Rangverhältnis zwischen anderen Sicherheiten	174
IV.	Die Voraussetzungen zur Übernahme einer nachrangig haftenden Sicherheit	175
	1. Vorbemerkung	175
	2. Das Bestimmtheitsgebot	176
	3. Die Auslegung von (Nach-)Sicherungsabreden	180
	a) Vorbemerkung	180
	b) Die Vertragsauslegung im Allgemeinen	180
	c) Die Auslegung von Sicherungsabreden	181
	d) Nachrangige Haftung des hinzutretenden Sicherers in „Zweifelsfällen"?	185

A. Der Ausgleich unter Sicherungsgebern

I. Vorbemerkung

Für den Ausgleich unter (Dritt-)Sicherungsgebern ist heute – jedenfalls zum österreichischen Recht – nahezu unbestritten anerkannt, dass grundsätzlich wechselseitige Ausgleichsansprüche zwischen den verschiedenen Siche-

---

[*] Dr. jur., Karl-Franzens-Universität Graz.

rungsgebern[1] im Haftungsfall (= endgültiger Zahlungsausfall des Hauptschuldners) bestehen. Diese grundsätzliche Gleichwertigkeit aller Sicherungsmittel im Hinblick auf wechselseitigen Ausgleich im Haftungsfall ist allerdings nicht seit jeher gegeben. Vielmehr entsprach es der früher h. L.,[2] dass z. B. ein in Anspruch genommener Bürge an einem gleichzeitig haftenden (Dritt-)Pfand vollen Rückgriff, ein in Anspruch genommener Pfandeigentümer von einem gleichzeitig haftenden Bürgen hingegen gar keinen Rückgriff nehmen konnte. Erst seit Mitte der zweiten Hälfte des vorigen Jahrhunderts hat sich – nachdem dieses Thema Gegenstand zahlreicher wissenschaftlicher Untersuchungen[3] war – m. E. völlig zu Recht (auch in der Rsp.[4]) die Auffassung durchgesetzt, dass es grundsätzlich zu einem Ausgleich zwischen Bürgen und Pfandeigentümern bzw. auch zwischen sonstigen Sicherungsgebern im Haftungsfall kommen soll. Die Prämisse der grundsätzlichen Gleichwertigkeit aller Sicherungsmittel im Hinblick auf wechselseitigen Ausgleich im Haftungsfall wird daher, ohne diese Problematik erneut ausführlich zu thematisieren, den weiteren Ausführungen im Wesentlichen zugrunde gelegt.

Aus der genannten Prämisse folgt aber keineswegs, dass es bei jeglicher Sicherungsmehrheit zu einem Ausgleich bzw. zu einem gleichteiligen Ausgleich unter den einzelnen Sicherungsgebern im Haftungsfall kommen soll. Konstellationen bei Sicherungsmehrheiten, bei denen kein Ausgleich zu erfolgen hat, sind nämlich insbesondere jene, in denen die einzelnen Sicherungsmittel nicht auf derselben Haftungsstufe stehen; das heißt, einzelne der Sicherheiten vor- bzw. nachrangig im Verhältnis zueinander haften.[5] Dieser Aspekt wird bei dem hier zu behandelnden Thema unter B. im Vordergrund stehen. Zuvor soll aber beleuchtet werden, auf welche Rechts-

---

1 Das gilt freilich nur, soweit es sich um Drittsicherheiten bzw. Drittsicherungsgeber handelt, weil Sicherheiten des Hauptschuldners in aller Regel dem vollen Rückgriff von Drittsicherungsgebern, die vom Gläubiger in Anspruch genommen wurden, ausgesetzt sind; wenn daher im Folgenden – ohne besonderen Hinweis – von „Sicherheiten" bzw. „Sicherungsgebern" die Rede ist, sind darunter Drittsicherheiten bzw. Drittsicherungsgeber zu verstehen.

2 In Österreich etwa *Koban*, Der Regress des Bürgen und des Pfandeigentümers, 1904, S. 206 ff.; *Mayrhofer*, Das Recht der Schuldverhältnisse II/1: Allgemeine Lehren, 1986, S. 126. Für Deutschland z. B. *Strohal*, DJZ 1903, 373, 376 f.; *Larenz*, Lehrbuch des Schuldrechts II, 12. Aufl. 1981, S. 481.

3 Zum österreichischen Recht siehe insbesondere *F. Bydlinski/Koziol*, in: Les Sûretés Personelles III, 1969, S. 355, 367 ff.; *Hoyer*, JBl 1988, 287, 293 f.; *Bacher*, Ausgleichsansprüche zwischen mehreren Sicherern einer fremden Schuld, 1994, S. 30 ff. Zum deutschen Recht vgl. dazu etwa *Schulz*, Rückgriff und Weitergriff, 1907, S. 62 ff.; *Schlechtriem*, in: FS von Caemmerer, 1978, S. 1013; *Bülow*, Recht der Kreditsicherheiten, 8. Aufl. 2012, Rn. 238; *Reinicke/Tiedtke*, Kreditsicherung, 5. Aufl. 2006, Rn. 1315 ff.

4 In Österreich grundlegend OGH SZ 57/114 = JBl 1987, 780. In Deutschland grundlegend BGH NJW 1989, 2530 und BGH NJW 1992, 3228 = WM 1992, 1893.

5 Dann wird im Haftungsfall i. d. R. voller bzw. gar kein Rückgriff zwischen den „ungleichstufigen" Sicherungsgebern zu erfolgen haben.

grundlagen sich die Ausgleichsansprüche des in Haftung genommenen Sicherungsgebers gegen dessen – vorerst verschont gebliebene – Mitsicherer überhaupt stützen können.

II. Die Rechtsgrundlagen der Ausgleichsansprüche
1. Die gesetzliche Basis: §§ 1358, 1359 ABGB

Eine gesetzliche Basis für die Ausgleichsansprüche (= Regress- bzw. Rückgriffsansprüche) unter den Sicherungsgebern bieten in Österreich insbesondere die §§ 1358 und 1359 ABGB.

Die Bestimmung des § 1358 ABGB gewährt dem Zahler einer materiell fremden Schuld, für die er persönlich oder mit bestimmten Vermögensstücken haftet, den Eintritt in die Rechte des – die Zahlung empfangenden – Gläubigers (Legalzession). Das heißt, der Sicherungsgeber (Bürge, Drittpfandeigentümer etc.)[6] tritt mit Bezahlung der für ihn materiell fremden Schuld *ex lege* in die Stellung des befriedigten Gläubigers, wodurch er nunmehr selbst Gläubiger sowohl aus dem Grundgeschäft (z. B. Kreditvertrag) gegenüber dem Hauptschuldner als auch Gläubiger aus den Sicherungsgeschäften (z. B. Bürgschaftsverträgen, Pfandbestellungsverträgen etc.) gegenüber den nicht in Anspruch genommenen Mitsicherern wird.[7]

Die Bestimmung des § 1359 ABGB gewährt in ihrem S. 2 ausdrücklich dem Bürgen ein Recht auf Rückersatz gegen dessen Mitbürgen, sofern dieser die ganze Schuld abgetragen hat, und verweist dabei auf die Regelungen unter Mitschuldnern (§ 896 ABGB). Das heißt, wenn kein anderes besonderes Verhältnis (§ 896 S. 1 a. E. ABGB) unter den Mitbürgen besteht, so sollen sie alle zu gleichen Teilen die entstehenden Lasten im Haftungsfall tragen. Aufgrund der oben erwähnten Prämisse der grundsätzlichen Gleichwertigkeit aller Sicherungsmittel hinsichtlich des internen Ausgleichs gelten die Wertungen des § 1359 ABGB allerdings nicht nur für Mitbürgen, sondern allgemein für jegliche (gleichstufig haftende) Mitsicherer.[8]

---

[6] Eintrittsberechtigte Zahler sind hierbei jedenfalls alle persönlichen Sicherungsgeber, die die Verbindlichkeit des Hauptschuldners begleichen, sowie „in Anspruch genommene" Pfandeigentümer. Ob auch Sicherungsgeber, die zwar nicht mit eigenen (= in ihrem Eigentum stehenden) Vermögensstücken, aber zumindest mit Sachen, die aus ihrem Vermögen zu Sicherungszwecken in das Eigentum des Gläubiger übertragen wurden (Sicherungseigentum, Sicherungszession), in den Genuss der Rechtsfolgen des § 1358 ABGB kommen, scheint noch nicht restlos geklärt zu sein, ist aufgrund der „wirtschaftlichen Parallelität" aber wohl zu bejahen.

[7] Zur Frage, ob die einzelnen – vor allem dinglichen – Sicherheiten dabei *ipso iure* oder erst nach einem eigenen Übertragungsakt durch den (Alt-)Gläubiger übergehen, siehe oben unter I.B. bei den einzelnen Sicherheiten. Zur Rechtsnatur der Ausgleichsansprüche sogleich.

[8] Rummel/*Gamerith*, ABGB, 3. Aufl. 2002, § 1359 Rn. 7; Schwimann/*Mader/W. Faber*, ABGB, 3. Aufl. 2006, § 1359 Rn. 14; i. d. S. OGH EvBl 1988/49 = ÖBA 1988, 390 *(P. Bydlinski)*.

2. Die Rechtsnatur der Ausgleichsansprüche

Unter Berücksichtigung der bisherigen Ausführungen scheint die Rechtsnatur der Ausgleichsansprüche unter den Sicherungsgebern eigentlich ganz klar zu sein: Der (zahlende) Sicherungsgeber tritt mit Bezahlung der für ihn materiell fremden Schuld in die Position des Gläubigers (§ 1358 ABGB); das heißt, er wird Gläubiger aus den sonst vorhandenen Sicherungsverträgen und kann seine Mitsicherer daher dem Grunde nach aus diesen in Anspruch nehmen. Der Höhe nach darf er allerdings gem. § 1359 ABGB, der in seinem S. 2 auf § 896 ABGB verweist, Rückersatz – sofern kein „anderes besonderes Verhältnis" besteht – nur zu gleichen Teilen von den übrigen (gleichstufig haftenden) Mitsicherern verlangen. Von ihrer Rechtsnatur scheinen die Ausgleichsansprüche unter den Mitsicherern also ganz eindeutig vertragliche[9] zu sein, deren genaue Höhe von § 1359 ABGB bzw. § 896 ABGB[10] bestimmt wird.

Nun ist es aber so, dass in der Lit.[11] die Rechtsnatur der – im Wesentlichen von denselben Voraussetzungen[12] geprägten – Ausgleichsansprüche unter Mitschuldnern (§ 896 ABGB) keineswegs unumstritten ist. Es muss daher kurz, um letztlich auch eine entsprechende Aussage über die Ansprüche unter Mitsicherern treffen zu können, auf die Diskussion rund um die Rechtsnatur der Regressansprüche unter Mitschuldnern eingegangen werden. Im Wesentlichen geht es dabei um die Frage, ob § 896 ABGB, auf den § 1359 ABGB in seinem S. 2 verweist, eine eigene Anspruchsgrundlage bietet, oder ob die Ausgleichsansprüche des zahlenden Mitschuldners (ausschließlich) vom (Alt-)Gläubiger mittels Legalzession (§ 1358 ABGB) abgeleitete sind. Die Beantwortung dieser Frage ist nicht bloß theoretischer Natur, sondern hat insbesondere für die Verjährung der Ausgleichsansprüche bzw. den Übergang von Sicherheiten auch erhebliche praktische Bedeutung.

---

9 Als Rechts- bzw. Anspruchsgrundlage(n) sind dabei die Sicherungsverträge, in die der zahlende Mitsicherer eintritt, anzusehen.
10 Mangels besonderen Verhältnisses bzw. besonderer Vereinbarung wären die Lasten daher nach Köpfen aufzuteilen (§ 896 S. 1 a. E. ABGB).
11 Siehe dazu bloß KBB/*P. Bydlinski*, ABGB, 4. Aufl. 2014, § 896 Rn. 4; Klang/*Perner*, ABGB, 3. Aufl. 2008, § 896 Rn. 3 ff.
12 Im Folgenden werden – aufgrund der Vergleichbarkeit zu Mitsicherungsverhältnissen – nur solche Gesamtschuldverhältnisse behandelt, bei denen die Mitschuldner wegen vertraglicher (und nicht wegen deliktischer) Verpflichtungen dem Solidargläubiger gegenüber haften.

Nach einer Ansicht[13] ist § 896 ABGB – und dementsprechend kraft Verweises auch § 1359 ABGB[14] – jedenfalls ein eigenständiger (Bereicherungs-) Anspruch zu entnehmen. Dieser soll nach den meisten Vertretern[15] dieser Ansicht den Unterfall eines Verwendungsanspruchs (§§ 1041 ff. ABGB, insbesondere § 1042 ABGB) darstellen bzw. wurzelt etwa nach der – in diesem Punkt allerdings nicht ganz einheitlichen – Rsp.[16] im Gemeinschaftsverhältnis unter den Solidarschuldnern und wäre demnach gewissermaßen ein Anspruch *sui generis*.[17]

Nach anderer Ansicht[18] ist § 896 ABGB hingegen als bloße Spezialnorm zur allgemeinen Regel des § 1358 ABGB (Legalzession) aufzufassen und § 896 ABGB nur eine Regelung über die Anspruchshöhe (Lastenverteilung) im Innenverhältnis unter den Mitschuldnern zu entnehmen; das heißt, nach dieser Ansicht ergibt sich aus § 896 ABGB lediglich, inwieweit für die einzelnen Mitschuldner eine materiell fremde Schuld vorliegt und dementsprechend in welchem Ausmaß die Legalzession des § 1358 ABGB bei gänzlicher Bezahlung der (Gesamt-)Schuld durch einen Mitschuldner eintritt.

M. E. überzeugt letztere, insbesondere von *Koziol*[19] begründete Auffassung, nach der § 896 ABGB keinen eigenständigen Anspruch gewährt, sondern nur Auskunft über die interne Lastenverteilung gibt und Anspruchsgrundlage weiterhin (und ausschließlich) die – mittels Legalzession (§ 1358 ABGB) auf den Zahler übergegangene – ursprüngliche vertragliche Verpflichtung des Mitschuldners bleibt; es also aus Sicht der vorerst ver-

---

13 Vgl. z. B. *Weiss*, JBl 1947, 529, 531, der – allerdings im Bereich deliktischer Gesamtschulden – hierbei eine Ähnlichkeit zu den §§ 1042 bis 1044 ABGB sieht; ähnlich Klang/*Wolff*, ABGB, 2. Aufl. 1951, S. 56; *Mayrhofer* (Fn. 2), S. 109; Rummel/*Gamerith* (Fn. 8), § 896 Rn. 5; Schwimann/Kodek/*Riedler*, ABGB, 4. Aufl. 2014, § 896 Rn. 6. So auch die Judikatur: Siehe aus der jüngeren Rsp. etwa OGH ZIK 2009, 36 = ÖBA 2010, 50 (krit. *Perner*); OGH ZVR 2006, 175 = VR 2009, 43; OGH RdW 2004, 464 = bbl 2004/110; OGH bbl 2003/112.

14 Kletečka/Schauer/*Kodek*, ABGB, 1.01 Aufl. 2013, § 896 Rn. 1 weist daher darauf hin, dass § 1359 ABGB ein Anwendungsfall des § 896 ABGB sei. Vgl. ferner Rummel/*Gamerith* (Fn. 8), § 1359 Rn. 2; Schwimann/Mader/*W. Faber* (Fn. 8), § 1359 Rn. 2.

15 Siehe etwa *Mayrhofer* (Fn. 2), S. 104; Klang/*Stanzl*, ABGB, 2. Aufl. 1968, S. 928; Klang/*Wolff* (Fn. 13), S. 56.

16 So zumindest OGH SZ 60/55 = JBl 1987, 271. Die Rsp. kommt daher i. d. R. auch zu einer 30 Jahre dauernden Verjährungsfrist des Regressanspruchs.

17 Vgl. ferner Klang/*Perner* (Fn. 11), § 896 Rn. 7, der in § 896 wiederum keinen Anwendungsfall der §§ 1041 ff. ABGB sieht, sondern allgemein die §§ 896, 1358, 1422, 1042 ABGB allesamt als Ausprägung derselben Regelungsidee anerkennen will, § 896 ABGB im Ergebnis allerdings schon als Regressnorm, die einen eigenständigen Aufwandersatzanspruch gewährt, versteht.

18 *Koziol*, JBl 1964, 306, 311 unter Berufung auf Klang/*Gschnitzer* (Fn. 13), S. 314 ff.; weiters *Koziol*, Österreichisches Haftpflichtrecht I: Allgemeiner Teil, 3. Aufl. 1997, Rn. 14/20 f.; *Bacher* (Fn. 3), S. 109 f; *Hoyer*, Die Simultanhypothek, 2. Aufl. 1977, S. 31 ff.; *P. Bydlinski/Coors*, ÖJZ 2007, 275. I.d.S. – allerdings entgegen der ständigen Rsp. des BGH – auch ein Teil der Lehre in Deutschland.

19 In JBl 1964, 311; *ders.*, Haftpflichtrecht (Fn. 18), Rn. 14/21.

schont gebliebenen Mitschuldner lediglich zu einem Gläubigerwechsel kommt. Denn auch wenn der Wortlaut des § 896 ABGB[20] zunächst auf eine eigene Anspruchsgrundlage zu deuten scheint, so spricht der Zweck der Regelung (= Lastenausgleich zwischen den Mitschuldnern unter größtmöglicher Wahrung der Interessen aller Beteiligten) doch ganz eindeutig für einen (Teil-)Übergang des Gläubigeranspruchs mittels Legalzession.

Tritt man für eine derartige Legalzessions-Lösung ein, muss man dem zahlenden Mitschuldner konsequenterweise aber auch Solidarrückgriff gegenüber den anderen Mitschuldnern zugestehen, weil die Forderung des (Alt-)Gläubigers ja grundsätzlich unveränderten Inhalts auf den zahlenden Mitschuldner in dem Ausmaß, als er eine materiell fremde Schuld (= Gesamtschuld minus eigene interne Quote) beglichen hat, übergegangen ist. Die Annahme eines solchen Solidarrückgriffs erscheint allerdings völlig unproblematisch, weil – wie *P. Bydlinski/Coors*[21] nachvollziehbar dargelegt haben – es dadurch in keiner Weise zu einer (ungerechtfertigten) Besserstellung des zahlenden Mitschuldners bzw. zu einer (ungerechtfertigten) Schlechterstellung der verschont gebliebenen Mitschuldner käme. Denn einerseits würde dem zahlenden Mitschuldner, der ohnehin anfänglich die gesamte Last zu tragen hat, der Rückgriff dadurch bloß erleichtert werden (v. a. aufgrund seiner Möglichkeit, nunmehr von jedem einzelnen Mitschuldner die gesamte – seinen eigenen Anteil übersteigende – Schuld erhalten zu können), und andererseits bliebe die Position der verschont gebliebenen Mitschuldner rechtlich unverändert, weil aus ihrer Sicht ja nur der Gläubiger der – nunmehr um den Anteil des zahlenden Mitschuldners verringerten – Gesamtschuldforderung wechseln würde[22]. Die Legalzessions-Lösung mit anschließendem Solidarrückgriff trägt daher sowohl den Interessen der zahlenden als auch jenen der regresspflichtigen Mitschuldner am besten Rechnung, weshalb dieser Lösung – auch unter dem Gesichtspunkt der Maxime beidseitiger Rechtfertigung von Rechtsfolgen[23] – jedenfalls der Vorzug zu geben ist. Um den Rückgriff unter den Mitschuldnern von Anfang an möglichst „effizient" zu gestalten, wird von manchen vertreten, dass schon bei der (ersten) Inanspruchnahme eines Mitschuldners

---

20 § 896 S. 1 ABGB lautet: „Ein Mitschuldner zur ungeteilten Hand, welcher die ganze Schuld abgetragen hat, ist berechtigt, auch ohne geschehene Rechtsabtretung, von den übrigen den Ersatz, und zwar, wenn kein anderes besonderes Verhältnis unter ihnen besteht, zu gleichen Teilen zu fordern." Diese Wendung soll allerdings nur der Klarstellung dienen, dass ein Regress auch ohne rechtsgeschäftliche Übertragung der Gläubigerforderung zu erfolgen hat; vgl. *Dullinger*, Handbuch der Aufrechnung, 1995, S. 39 unter Hinweis auf die Entstehungsgeschichte der angeführten Bestimmung.
21 In ÖJZ 2007, 277 ff.; weiters KBB/*P. Bydlinski* (Fn. 11), § 896 Rn. 2 a. E.; MüKoBGB/*P. Bydlinski*, 6. Aufl. 2012, § 426 Rn. 29 f. A. A. etwa *Bacher* (Fn. 3), S. 96 f., der meint, dass ein derartiger Solidarrückgriff allgemein nicht von der *ratio* des § 1358 ABGB gedeckt wäre.
22 I.d.S. auch OGH EvBl 2000/105 = ÖBA 200, 705.
23 Siehe dazu insbesondere *F. Bydlinski*, in: FS Koziol, 2010, S. 1355.

eine sog. Mitwirkungs- bzw. Freistellungspflicht[24] der übrigen Mitschuldner, den Gläubiger von Anfang an gemeinschaftlich zu befriedigen, besteht; die wohl h. M.[25] in Österreich lehnt eine derartige Mitwirkungspflicht jedoch im Regelfall ab.

Auch die verjährungsrechtlichen Konsequenzen der Legalzessions-Lösung können diese stützen. Denn während die verschont gebliebenen Mitschuldner unter der Annahme, dass § 896 ABGB einen eigenen (Bereicherungs-)Anspruch böte, nach allgemeinen Grundsätzen wohl einem in 30 Jahren (ab Zahlung) verjährenden Rückgriffsanspruch ausgesetzt wären,[26] so würde die Legalzessions-Lösung lediglich zu einer Beibehaltung der ursprünglichen Verjährungsfrist des Anspruchs und damit zu keiner Verschlechterung der (verjährungsrechtlichen) Position der Rückgriffsschuldner führen. Problematisch kann hierbei allerdings sein, wenn der Gläubiger einen Mitschuldner kurz vor Ablauf der Verjährungsfrist in Anspruch nimmt, sodass der Rückgriffsanspruch des zahlenden Mitschuldners bereits verjährt wäre, wenn dieser bei seinen Mitschuldnern Ausgleich nehmen möchte;[27] das heißt, im schlimmsten Fall bringt der Gläubiger (mit verjährungsunterbrechender Wirkung) eine Klage unmittelbar vor Ablauf der Verjährungsfrist ein und der Mitschuldner erhält diese erst zugestellt, wenn seine (potenziellen) Rückgriffsansprüche gegen die anderen Mitschuldner bereits verjährt wären. Auch für derartige verjährungsrechtliche Spezialfälle sind aber in der Literatur[28] bereits Lösungswege aufgezeigt worden, weshalb auch daraus keine schlagkräftigen Argumente gegen die Legalzessions-Lösung gewonnen werden können. Darüber hinaus erscheint die verjährungsrechtliche Schutzbedürftigkeit der Gesamtschuldner in diesem Zusammenhang aber ohnedies nicht von gerade drängender Bedeutung, zumal jeder Gesamtschuldner ja auch von sich aus die (Gesamt-)Schuld rechtzeitig vor Ablauf der Verjährung begleichen kann.

Des Weiteren ergeben sich auch in Bezug auf vom Gläubiger gehaltene Sicherheiten durch die Legalzessionslösung positive Konsequenzen, weil es dann jedenfalls zu einem Übergang der vorhandenen Sicherheiten gem. § 1358 ABGB käme, wodurch die Rechtsposition des zahlenden Mitschuld-

---

24 Dazu und auch zur Zweckmäßigkeit des Solidarrückgriffs dargestellt anhand von Beispielfällen *P. Bydlinski/Coors*, ÖJZ 2007, 278.

25 Vgl. nur Klete čka/Schauer/*Kodek* (Fn. 14), § 896 Rn. 3 und Klang/*Perner* (Fn. 11), § 896 Rn. 17 ff. jeweils m. w. N.

26 Vgl. dazu jenen Teil der Lehre, der in § 896 ABGB eine eigene Anspruchsgrundlage erblickt: *Mayrhofer* (Fn. 2), S. 109; Rummel/*Gamerith* (Fn. 8), § 896 Rn. 11; Schwimann/Kodek/*Riedler* (Fn. 13), § 896 Rn. 10 jeweils m. w. N. So auch die st. Rsp.: RIS-Justiz RS0017572, zuletzt OGH Urt. v. 16.7.2009 – 2 Ob 111/09a.

27 Darauf weist schon *Huber*, JBl 1985, 467, 476 hin.

28 Siehe insbesondere Rummel/*M. Bydlinski* (Fn. 8), § 1497 Rn. 9a, der auf eine Parallele zu § 933b Abs. 2 hinweist; diesem zustimmend Klang/*Perner* (Fn. 11), § 896 Rn. 92.

ners zusätzlich gestärkt würde. Die Legalzessionslösung kann also, wie soeben aufgezeigt, völlig zwanglos aus dem geltenden Rechtsbestand abgeleitet werden und bringt in ihrer Anwendung eine Reihe positiver – für alle Beteiligten interessengerechter – Rechtsfolgen.[29]

Als Zwischenergebnis ist also festzuhalten: Zahlt ein Mitschuldner die ganze Gesamtschuld, tritt er kraft Legalzession (§ 1358 ABGB), in jenem Umfang, in dem er eine materiell fremde Schuld (= Gesamtschuld minus eigene interne Quote[30]) bezahlt, in die Position des befriedigten Altgläubigers. Dadurch kann er, weil die (Solidar-)Forderung unveränderten Inhalts übergeht, i. d. R. Solidarrückgriff bei den vorerst verschont gebliebenen Mitschuldnern nehmen. Die Verjährungsfrist der übergegangenen (Solidar-)Forderung bleibt grundsätzlich unverändert und die vom Altgläubiger sonst gehaltenen Sicherheiten gehen auf den zahlenden Mitschuldner über.

Was bedeutet das soeben erzielte Ergebnis nun für den Ausgleich unter Sicherungsgebern und insbesondere das Verständnis der §§ 1358, 1359 ABGB?

Dazu ist vorweg noch einmal zu erwähnen, dass es sich bei § 1359 ABGB um einen Anwendungsfall des § 896 ABGB handelt, die Bestimmung des § 1359 ABGB von ihrer rechtlichen Qualität daher grundsätzlich ident mit jener des § 896 ABGB sein muss. Daraus folgt, dass nach der hier vertretenen Ansicht und entgegen etwa den Auffassungen von *Mader*[31] und *Gamerith*[32] in der Bestimmung des § 1359 ABGB – gleich wie in der des § 896 ABGB – keine eigene (Rückgriffs-)Anspruchsgrundlage zu sehen ist, sondern diese nur die interne Lastenverteilung unter den Mitsicherern betrifft.

Wird ein Mitsicherer vom Gläubiger in Anspruch genommen, tritt er also in die Stellung des befriedigten Gläubigers (§ 1358 ABGB), wodurch er nunmehr selbst Gläubiger sowohl gegenüber dem Hauptschuldner als auch gegenüber den anderen Mitsicherern wird. Vom Hauptschuldner kann der zahlende Mitsicherer dann grundsätzlich vollen Regress nehmen, weil er im Verhältnis zu diesem i. d. R. zur Gänze eine materiell fremde Schuld begleicht. Von den vorerst verschont gebliebenen Mitsicherern kann der zahlende Mitsicherer hingegen nur jenen Betrag verlangen, der entspre-

---

29 Für ein gleichzeitiges Bestehen eines, wenn auch nur subsidiären Bereicherungsanspruchs gem. § 896 ABGB bzw. §§ 1041 ff. ABGB bleibt dabei m. E. kein Raum. Eine konkurrierende Anspruchsgrundlage kann für den zahlenden Mitschuldner aber freilich stets aufgrund eines eigenständigen vertraglichen Verhältnisses zu den übrigen Mitschuldnern bestehen.
30 Die internen Quoten ergeben sich aus einem allenfalls vorhandenen „besonderen Verhältnis" bzw. bestehen im Zweifel zu gleichen Teilen (§ 896 S. 1 a. E. ABGB). Ein von der Zweifelsregel abweichendes Verhältnis hat also derjenige zu behaupten und zu beweisen, der sich darauf beruft.
31 In JBl 1988, 287 f.; siehe außerdem Schwimann/*Mader*/*W. Faber* (Fn. 8), § 1359 Rn. 2.
32 Rummel/*Gamerith* (Fn. 8), § 1359 Rn. 2.

chend der internen Lastenverteilung[33] seine eigene zu tragende Quote übersteigt und demzufolge im Verhältnis zu seinen Mitsicherern eine für ihn materiell fremde Verbindlichkeit darstellt.

B. Rangverhältnisse unter (verschiedenen) Sicherungsgebern

I. Allgemeines

Wie eingangs angeführt geht die heute ganz h. A. von der Prämisse der grundsätzlichen Gleichwertigkeit aller Sicherungsmittel im Hinblick auf wechselseitigen Ausgleich im Haftungsfall aus. Diese Prämisse soll im Weiteren auch nicht in Frage gestellt werden, zumal es aus meiner Sicht ganz überzeugend erscheint, dass grundsätzlich (!) ein wechselseitiger Ausgleich zwischen parallel haftenden Bürgen, (Dritt-)Pfandschuldnern und sonstigen Sicherungsgebern stattfindet. Das bedeutet aber noch lange nicht, dass es in jedem Fall bei Bestehen mehrerer Sicherungsmittel für eine Verbindlichkeit (= Sicherungsmehrheit) zu einem Ausgleich unter den einzelnen Sicherungsgebern zu kommen hat. In den folgenden Unterpunkten wird daher insbesondere untersucht, wann – trotz Anerkennung der oben erwähnten Prämisse – kein Ausgleich zwischen (Dritt-)Sicherungsgebern, die für dieselbe Verbindlichkeit haften, erfolgen soll. Kein Ausgleich ist vor allem dann angezeigt, wenn die einzelnen Sicherheiten intern nicht gleichrangig, sondern vielmehr vor- bzw. nachrangig im Verhältnis zueinander haften. Im Folgenden wird daher das interne Rangverhältnis zwischen verschiedenen Sicherheiten untersucht.

Außer Zweifel steht, dass sich ein solches internes Rangverhältnis stets aus einer vertraglichen Vereinbarung zwischen den Sicherungsgebern ergeben kann; das folgt aus der allgemeinen Vertragsfreiheit und bedarf daher keiner näheren Erörterung.[34] Untersuchungsbedürftig erscheint vielmehr die Frage, wann generell (!) einzelne Sicherheiten vor- bzw. nachrangig im Hinblick auf den internen Ausgleich haften; das heißt, wann einzelne Sicherheiten im Haftungsfall die volle und andere wiederum keine Last zu tragen haben, obwohl diese nebeneinander bestehen und keine besonderen Abreden unter den Sicherungsgebern vorliegen. Dafür soll zunächst, weil es dazu noch am ehesten rechtswissenschaftliches Material gibt, auf das interne Rangverhältnis zwischen verschiedenen Bürgen (gewöhnliche Bür-

---

33 Die interne Lastenverteilung ergibt sich wiederum primär aus einem „besonderen Verhältnis" und erfolgt mangels eines solchen nach Köpfen.
34 Siehe dazu etwa *Bacher* (Fn. 3), S. 151 f. Davon zu unterscheiden ist allerdings die Frage, wann aufgrund der Vereinbarung eines Sicherungsgebers mit dem Gläubiger eine nachrangige Haftung im Verhältnis zu anderen, für dieselbe Verbindlichkeit bestehenden Sicherheiten gegeben ist (aufgrund einer sog Nachrangigkeitsvereinbarung).

gen, Ausfallsbürgen, Nachbürgen etc.) eingegangen werden, um allenfalls daraus gewonnene Ergebnisse anschließend auch auf andere Kreditsicherheiten zu übertragen.

II. Das interne Rangverhältnis zwischen verschiedenen Bürgen[35]

1. Die Arten der Bürgschaft

Im Bürgschaftsrecht wird zwischen verschiedenen Arten der Bürgschaft unterschieden; manche davon sind gesetzlich vorgesehen,[36] andere hingegen bloß durch Lit. und Rsp. anerkannt.[37] Die unterschiedlichen Bürgschaftsarten geben zumeist darüber Aufschluss, auf welche Weise der Gläubiger den jeweiligen Bürgen in Anspruch nehmen kann. Fraglich ist allerdings – und das ist hier von besonderer Bedeutung –, wie sich die unterschiedlichen äußeren Bürgschaftskonstruktionen (= Rechtsstellung des Bürgen gegenüber dem Gläubiger) auf das interne Rangverhältnis zwischen den verschiedenen Bürgen auswirken; das heißt, inwieweit die unterschiedlichen Bürgen im Haftungsfall einander zu wechselseitigem Ausgleich verpflichtet sind.

Ganz kurz seien dazu die – in Österreich – gängigsten Arten[38] der Bürgschaft aufgelistet:

– **Bürge und Zahler** (§ 1357 ABGB): Der Bürge und Zahler kann vom Gläubiger ohne vorherige Mahnung des Hauptschuldners – gleich einem Mitschuldner – in Anspruch genommen werden.

– **Gemeiner/gewöhnlicher Bürge** (§§ 1355 f. ABGB): Der gemeine/gewöhnliche Bürge kann vom Gläubiger i. d. R. in Anspruch genommen werden, wenn der Gläubiger den Hauptschuldner gemahnt hat, dieser aber nicht binnen angemessener Frist zur Gänze leistet.

---

35 Streng zu unterscheiden von der Frage nach dem internen Rangverhältnis zwischen verschiedenen Bürgen ist außerdem die Frage, zu welchem (Bürgschafts-)Typ sich ein Bürge überhaupt verpflichtet hat. Das ist eine Frage der Auslegung des Sicherungs- bzw. Bürgschaftsvertrags, der später unter B. IV. 3. nachgegangen wird.

36 So etwa der gemeine/gewöhnliche Bürge (§§ 1355 f. ABGB), der Bürge und Zahler (§ 1357 ABGB) und der Entschädigungsbürge (§ 1348 ABGB).

37 So z. B. der Ausfallsbürge und der Nachbürge. Der Ausfallsbürge findet allerdings in § 1356 ABGB zumindest andeutungsweise Erwähnung und auch in § 98 EheG Niederschlag. § 98 EheG behandelt die Möglichkeit, dass nach der Scheidung einer der zuvor für einen Kredit mithaftenden Ehepartner (kraft Richterspruchs auf Antrag) nur noch als Ausfallsbürge für die Einbringung der Kreditverbindlichkeit haftet.

38 Siehe dazu *Koziol/Welser*, Grundriss des bürgerlichen Rechts II: Schuldrecht Allgemeiner Teil, Schuldrecht Besonderer Teil, Erbrecht, 13. Aufl. 2007, S. 148 f.; *Dullinger*, Bürgerliches Recht II: Schuldrecht Allgemeiner Teil, 5. Aufl. 2014, Rn. 6/29 ff.; Apathy/Iro/Koziol/ *Schwartze*, Bankvertragsrecht VIII: Kreditsicherheiten I, 2. Aufl. 2012, Rn. 2/10 ff.

– **Ausfallsbürge:** Der Ausfallsbürge haftet grundsätzlich erst dann, wenn der Gläubiger bereits erfolglos (oder nur z. T. erfolgreich) Exekution gegen den Hauptschuldner geführt hat.[39]
– **Nachbürge:** Der Nachbürge verbürgt sich dem Gläubiger für den Fall, dass sowohl der Hauptschuldner als auch ein anderer (Vor-)Bürge die Hauptforderung nicht (vollständig) erfüllt; eine Nachbürgschaft sagt aber ihrerseits nichts darüber aus, auf welche Weise der Gläubiger gegen den Hauptschuldner und den Vorbürgen bereits vorgegangen sein muss, um den Nachbürgen belangen zu können.
– **Entschädigungsbürge** (§ 1348 ABGB): Der Entschädigungsbürge verbürgt sich nicht dem Gläubiger, sondern vielmehr dem (Haupt-)Bürgen für den Fall, dass der Hauptbürge an den Gläubiger leisten muss, dieser aber nachfolgend keinen (vollen) Regress vom Hauptschuldner erlangt.[40]

2. Die Rückgriffslage des Ausfallsbürgen
a) Bisherige Stellungnahmen

In der österreichischen Lit. und Rsp. gibt es nur ganz vereinzelt Überlegungen zum internen Rangverhältnis zwischen verschiedenen Bürgen; am ehesten finden sich solche noch zur Ausfalls- und zur Nachbürgschaft. Deshalb soll zu Beginn kurz auf die Rückgriffslage des Ausfalls- und des Nachbürgen – insbesondere im Verhältnis zu gewöhnlichen Bürgen – eingegangen werden, um im Anschluss daran die Rückgriffslagen auch der anderen Bürgschaftsarten zu bestimmen.

Zahlreichen Stellungnahmen zufolge haften Ausfallsbürgen i. d. R nur „nachrangig" im Verhältnis zu anderen, gleichzeitig bestehenden gewöhnlichen Bürgen; demnach könnten Ausfallsbürgen bei ihrer Inanspruchnahme durch den Gläubiger vollen Regress von gleichzeitig bestehenden gewöhnlichen Bürgen nehmen, in Haftung genommene gewöhnliche Bürgen hingegen gar keinen Regress von parallel bestehenden Ausfallsbürgen erlangen.[41]

---

39 Gewöhnlicher Bürge und Ausfallsbürge können vom Gläubiger allerdings auch dann in Anspruch genommen werden, wenn bereits ein Insolvenzverfahren über das Vermögen des Hauptschuldners eröffnet wurde oder dieser unbekannten Aufenthalts ist (§ 1356 ABGB).

40 Ein allfälliges Verschulden des Hauptbürgen dafür, dass er keinen Regress beim Hauptschuldner nehmen konnte, kann der Entschädigungsbürge dem Hauptbürgen allerdings entgegenhalten (§ 1362 ABGB); wer hierbei die Beweislast für die Kausalität eines feststehenden Sorgfaltsverstoßes des Hauptbürgen trägt, ist jedoch umstritten. Vgl. KBB/*P. Bydlinski* (Fn. 11), § 1348 Rn. 1. Bei den folgenden Ausführungen bleibt der Entschädigungsbürge weitgehend ausgespart, weil sich dieser, auf Grund dessen, dass er nicht dem Gläubiger verbürgt und daher von vornherein nicht an der für den Gläubiger bestehenden „Sicherungsmehrheit" teilnimmt.

41 Vgl. KBB/*P. Bydlinski* (Fn. 11), § 1359 Rn. 3 a. E.; Schwimann/*Mader*/*W. Faber* (Fn. 8), § 1359 Rn. 6; Rummel/*Gamerith* (Fn. 8), § 1359 Rn. 4; *Schwartze* (Fn. 38), Rn. 2/62; *Mader*, JBl 1988, 290 f.; *Bacher* (Fn. 3), S. 147 f.; in diese Richtung deutet – allerdings nur *obiter* – auch OGH EvBl 1988/49 = ÖBA 1988, 390 *(P. Bydlinski)*. So wohl auch die h. L. und Rsp. in Deutschland: Siehe nur MüKoBGB/*Habersack*, 6. Aufl. 2013, § 769 Rn. 3 und *Bülow* (Fn. 3), Rn. 1006a

Im österreichischen Schrifttum widmet sich insb. *Bacher*[42] etwas ausführlicher der angesprochenen Thematik: Nach ihm sei zunächst stets die genaue Reichweite der Verpflichtung des Bürgen durch Auslegung der Sicherungserklärung (Bürgschaftsvertrag) zu ermitteln; dabei gebe laut *Bacher* ein Ausfallsbürge i. d. R. zu erkennen, dass er nicht sofort in Anspruch genommen werden soll, sondern der Gläubiger alle ihm zur Verfügung stehenden anderen Möglichkeiten auszuschöpfen hat, bevor er auf den Ausfallsbürgen zugreifen darf. *Bacher* kommt in diesem Zusammenhang deshalb zu dem Ergebnis, dass – sofern der (Ausfalls-)Bürgschaftserklärung zu entnehmen ist, dass der Gläubiger auch andere Sicherheiten vorrangig heranzuziehen hat – „wohl im Zweifel" anzunehmen sei, dass der Gläubiger grundsätzlich alle – gleichgültig ob vor oder nach der Ausfallsbürgschaft hinzugetretenen – Sicherheiten vor dem Ausfallsbürgen zu belangen hat; dementsprechend haften nach *Bacher* Sicherheiten, die sich nicht ebenfalls nur für den Ausfall gegenüber dem Gläubiger verpflichtet haben, i. d. R. vorrangig gegenüber einem Ausfallsbürgen. Das führt nach ihm letztlich dazu, dass dem Ausfallsbürgen entsprechende Einwendungen gegen den Gläubiger zustehen, falls dieser ihn vorzeitig angehen will, und insbesondere auch dazu, dass ein in Anspruch genommener gewöhnlicher Bürge keinen Rückgriff von einem gleichzeitig bestehenden Ausfallsbürgen nehmen bzw. umgekehrt ein in Haftung genommener Ausfallsbürge aber vollen Regress bei einem gewöhnlichen Bürgen erlangen kann.

b) Eigene Position

Dem Wesen des Ausfallsbürgen entspricht es, dass er i. d. R. erst dann in Anspruch genommen werden darf, wenn der Gläubiger bereits erfolglos Exekution gegen den Hauptschuldner geführt hat. Der Begriff „Ausfall" bezieht sich daher auf den (qualifizierten) Zahlungsausfall des Hauptschuldners,[43] weshalb neben einem Ausfallsbürgen etwa keineswegs zwangsläufig auch noch andere Bürgen oder sonstige (Dritt-)Sicherheiten bestehen müssen; eine Ausfallsbürgschaft führt daher – wie *P. Bydlinski*[44] es trefflich beschreibt – (nur) zu einer rechtsgeschäftlich verstärkt subsidiären Haftung des Ausfallsbürgen gegenüber dem Gläubiger. In der Literatur[45]

---

[42] jeweils m. w. N.; ganz i. d. S. etwa auch BGH NJW 2012, 1946. S. *Meier*, Gesamtschulden, 2010, S. 1217 meint allerdings, dass ein (normaler) Bürge und ein Ausfallsbürge sich für dieselbe Verbindlichkeit i. S. d. § 769 BGB verbürgen und deshalb ein Gesamtschuldverhältnis unter ihnen bestehe, das grundsätzlich zu wechselseitigem Rückgriff berechtige.

[42] (Fn. 3) S. 147 ff.

[43] Siehe auch die andeutungsweise gesetzliche Anerkennung der Ausfallsbürgschaft in § 1356 ABGB, wo es heißt: „Der Bürge kann, selbst wenn er sich ausdrücklich für den Fall verbürgt hat, dass der Hauptschuldner zu zahlen unvermögend sei, zuerst belangt werden, wenn […]".

[44] KBB/*P. Bydlinski* (Fn. 11), § 1346 Rn. 15.

[45] Vgl. etwa Rummel/*Gamerith* (Fn. 8), § 1356 Rn. 3 und 5; *Bacher* (Fn. 3), S. 147; KBB/*P. Bydlinski* (Fn. 11), § 1359 Rn. 3; Schwimann/*Mader*/*W. Faber* (Fn. 8), § 1356 Rn. 6.

wird, wie anhand der Ansicht von *Bacher* dargestellt, aufgrund dieser verstärkt subsidiären Haftung des Ausfallsbürgen nun insbesondere geschlossen, dass ein in Anspruch genommener gewöhnlicher Bürge von einem Ausfallsbürgen grundsätzlich keinen Rückgriff nehmen könne. Diese Ansicht („kein Rückgriff gegen Ausfallsbürgen") erscheint aus meiner Sicht auf den ersten Blick aber alles andere als selbstverständlich und bedarf daher einer näheren Untersuchung:

Eine Ausfallsbürgschaft entsteht und besteht grundsätzlich völlig unabhängig[46] von anderen, parallel haftenden Bürgen. Der Ausfallsbürge unterscheidet sich vom gewöhnlichen Bürgen und vom Bürgen und Zahler daher im Prinzip nur in den Voraussetzungen, unter denen der Gläubiger den jeweiligen Bürgen in Anspruch nehmen darf; alle drei besichern insbesondere dieselbe Verbindlichkeit. Wenn nun allerdings in der Literatur – zumeist jedoch ohne tiefere Begründung – ganz verbreitet angeführt wird, dass ein zahlender gemeiner Bürge von einem gleichzeitig bestehenden Ausfallsbürgen keinen (anteiligen) Rückgriff nehmen könne, so ist dies m. E. durchaus erstaunlich. Es ist doch bislang auch niemand auf die Idee gekommen, dass z. B. ein in Anspruch genommener Bürge und Zahler keinen Rückgriff von einem gemeinen Bürgen nehmen könne, nur weil der Gläubiger den Bürgen und Zahler unter leichteren Bedingungen (als den gewöhnlichen Bürgen) in Haftung ziehen kann. Gleiches muss aber auch für den Ausfallsbürgen gelten, der sich in seinem Wesen von den angeführten beiden anderen Bürgschaftsarten ebenso nur durch seine Haftungsintensität gegenüber dem Gläubiger (!) unterscheidet. Eine Privilegierung des (bloßen) Ausfallsbürgen beim internen Rückgriff im Verhältnis zu gemeinen Bürgen und zu Bürgen und Zahlern ist daher nicht geboten. Vielmehr hat es zwischen den drei angeführten Bürgschaftsarten, die sich allesamt nur durch die Bedingungen, unter denen sie in Anspruch genommen werden können, unterscheiden, grundsätzlich zu einem anteiligen Ausgleich im Haftungsfall zu kommen.[47]

Eine unterschiedliche Behandlung der angesprochenen verschiedenen Bürgschaftsarten bei der Durchsetzung des Regressanspruchs bleibt aber

---

46 Ganz im Gegensatz dazu verpflichtet sich etwa ein Nachbürge gerade für den Fall, dass ein anderer, parallel bestehender Vorbürge seiner Zahlungspflicht nicht nachkommt; siehe dazu gleich im Anschluss.

47 Unabhängig von dem hier beschriebenen „Wesen der Ausfallsbürgschaft", kann eine solche – wie jede andere Bürgschaft – freilich auch unter bestimmten (Neben-)Bedingungen übernommen werden. So führt etwa *Schwartze* (Fn. 38), Rn. 2/11 an, dass eine Ausfallsbürgschaft auch unter der Bedingung stehen kann, dass der Gläubiger zunächst „sämtliche (anderen) Möglichkeiten einer Befriedigung" auszuschöpfen hat. Eine solche „bedingte Ausfallsbürgschaft" wird wohl regelmäßig als Nachbürgschaft auszulegen sein, die dann tatsächlich zu einer (auch intern) nachrangigen Haftung jenes Bürgen führt, der sich eben nur für den Fall verpflichtet hat, dass der Gläubiger von den anderen Sicherheiten keine vollständige Befriedigung erlangen kann; siehe dazu sogleich in den folgenden Abschnitten.

freilich bestehen, weil die Voraussetzungen, unter denen die verschiedenen Bürgen ursprünglich vom (Alt-)Gläubiger in Anspruch genommen werden konnten, gewahrt bleiben müssen; das heißt, will etwa ein in Anspruch genommener Bürge und Zahler von einem Ausfallsbürgen anteiligen Rückgriff nehmen, so muss er bereits erfolglos Exekution gegen den Hauptschuldner geführt haben bzw. will er von einem gemeinen Bürgen anteiligen Ausgleich nehmen, so muss er den Hauptschuldner zuvor zumindest erfolglos gemahnt haben. Das ist allerdings ein Ergebnis, das sich nach der hier vertretenen Legalzessions-Lösung ohnehin vollkommen zwanglos – um nicht zu sagen „automatisch" – ergibt. Denn ein zahlender Bürge tritt nach dieser Lösung mit Bezahlung der (für ihn materiell fremden) Schuld in die Rechte des Gläubigers ein (§ 1358 ABGB), wodurch er dessen Gläubigerstellung grundsätzlich eins zu eins[48] auch gegenüber den parallel bestehenden Bürgen einnimmt; die ursprüngliche – verstärkt subsidiäre – Verpflichtung des Ausfallsbürgen gegenüber dem (Alt-)Gläubiger bleibt daher so jedenfalls auch beim internen Ausgleich unter verschiedenen Bürgen gewahrt.

Als kurzes Zwischenresümee ist also festzuhalten, dass aus der unterschiedlichen Haftungsintensität verschiedener Bürgen gegenüber dem Gläubiger keine unmittelbaren Schlüsse für deren internes Ausgleichsverhältnis gezogen werden können. Daher ist etwa ein Ausfallsbürge einem gemeinen Bürgen wie auch einem Bürgen und Zahler grundsätzlich zu internem Ausgleich im Haftungsfall verpflichtet, weil diese allesamt dieselbe Verbindlichkeit sichern. Die Voraussetzungen, unter denen der Ausfallsbürge ursprünglich vom Gläubiger in Anspruch genommen werden konnte, bleiben auch in der Regresssituation gewahrt.

3. Die Rückgriffslage des Nachbürgen
a) Bisherige Stellungnahmen

Bacher[49] behandelt des Weiteren auch den Fall des Bestehens von Vor- und Nachbürgen. Hierbei führt er zunächst an, dass ein Nachbürge lediglich die Verbindlichkeit des Vor- bzw. Hauptbürgen sichere, der Nachbürge damit seinerseits Bürge des Vorbürgen (in dessen Eigenschaft als Bürgschaftsschuldner) sei. Wenn ein Nachbürge daher an den Gläubiger leiste, so erfülle er im Verhältnis zum Vorbürgen eine materiell fremde Schuld, weshalb er mit Zahlung gem. § 1358 ABGB vollumfänglich in die Rechte des befriedigten Gläubigers (auch) gegenüber dem Vorbürgen eintrete. Demnach könne der zahlende Nachbürge vollen Regress nicht nur beim Hauptschuldner, sondern auch beim Vorbürgen nehmen. Zahlt hingegen der Vorbürge an den Gläubiger, so gehe – aufgrund der Abhängigkeit der Nachbürgschaft von der Vorbürgenschuld – die Nachbürgschaft automatisch unter, weshalb sich

---
48 Der Höhe nach muss er sich im Verhältnis zu seinen Mitbürgen allerdings wiederum seine eigene interne Quote, die im Zweifel nach Köpfen zu berechnen ist, in Abzug bringen lassen.
49 (Fn. 3), S. 147; siehe zu diesem Thema ansatzweise auch bereits *Mader*, JBl 1988, 291.

schon deshalb die Frage nach einem möglichen Rückgriff des Vorbürgen auf den Nachbürgen nicht stelle.

b) Eigene Position

Der Nachbürge verpflichtet sich – wie oben angeführt und ganz im Gegensatz zum (bloßen) Ausfallsbürgen – von vornherein für den Fall, dass ein anderer (Vor-)Bürge seiner Zahlungspflicht gegenüber dem Gläubiger nicht nachkommen kann bzw. will (= der Gläubiger vom Vorbürgen nicht die vollständige Befriedigung der Hauptschuld erlangt).[50] Der Nachbürge verbürgt sich also gegenüber dem Gläubiger formell nicht (jedenfalls nicht nur) für die Verbindlichkeit des Hauptschuldners, sondern (auch) für die Schuld des Vorbürgen, der damit im Verhältnis zum Nachbürgen „Hauptschuldnerstellung" erlangt. Dass ein Nachbürge materiell gesehen aber stets (nur) die Hauptschuld sichert, ist insofern selbstverständlich, weil die durch den Nachbürgen besicherte Vorbürgenschuld ja letztlich immer (nur) zur Besicherung der Hauptschuld dient.[51] Wirtschaftlich betrachtet ist ein Nachbürge daher ebenso und ausschließlich eine Absicherung des Gläubigers, den von ihm gewährten Kredit (= die Hauptforderung) einzubringen.

Eine (bloße) Nachbürgschaft sagt aber von sich aus nichts über das Ausmaß ihrer Subsidiarität aus; das heißt, mit welchen Mitteln der Gläubiger bereits versucht haben muss, die Schuld vom Hauptschuldner bzw. vom Vorbürgen einzutreiben. Daher kann sich ein Nachbürge sowohl als „Nachbürge und Zahler",[52] als „gemeiner Nachbürge",[53] als auch als „Ausfallsnachbürge"[54] verpflichten; welche genaue Art der Nachbürgschaft im konkreten Fall vorliegt, ist eine (reine) Vertragsauslegungsfrage.[55]

Von ihrem Wesen ist jedenfalls allen Nachbürgen gemein, dass sie formell grundsätzlich der Besicherung der Verbindlichkeit des Vorbürgen dienen

---

50 Im Folgenden wird – der Einfachheit halber – von Konstellationen ausgegangen, in denen der Vorbürge die ganze Hauptschuld und nicht etwa nur einen Teil derselben sichert. Andernfalls würde sich die zusätzliche Frage stellen, ob der hinzukommende Nachbürge dann nur den Teil bzw. Betrag des Vorbürgen sichert oder sich seine Haftung (über den Haftungsbetrag des Vorbürgen hinaus) auf die gesamte Hauptschuld erstreckt, was zu einer teilweisen Nachhaftung und teilweisen nicht-nachrangigen Haftung gegenüber dem Gläubiger führen würde.

51 *Fischer,* in: Lwowski/Fischer/Langenbucher, Das Recht der Kreditsicherung, 9. Aufl. 2011, Rn. 181 spricht deshalb in diesem Zusammenhang davon, dass der Nachbürge rechtlich nur für die Verbindlichkeit des Vorbürgen haftet, wirtschaftlich gesehen jedoch mittelbar auch für die Verbindlichkeit des Hauptschuldners einzustehen hat.

52 Diesfalls könnte der Gläubiger den Nachbürgen sogar ohne vorherige Mahnung des Hauptschuldners und des Vorbürgen – gleich einem Mitschuldner – in Anspruch nehmen.

53 Der Gläubiger müsste in diesem Fall Hauptschuldner und Vorbürge bloß erfolglos gemahnt haben, um den Nachbürgen in Anspruch nehmen zu können.

54 In diesem Fall müsste der Gläubiger bereits erfolglos Exekution gegen den Hauptschuldner und den Vorbürgen geführt haben.

55 Nach *Schwartze* (Fn. 38), Rn. 2/17 ist im Zweifel das Vorliegen einer „gemeinen Nachbürgschaft" anzunehmen.

und damit stets (streng) akzessorisch zu dieser haften. Erfüllt der Vorbürge seine Schuld, geht daher die Nachbürgenschuld automatisch unter; wird der Vorbürge entlassen, wird auch der Nachbürge (automatisch) frei. Erfüllt hingegen der Nachbürge seine Schuld, tritt er gem. § 1358 ABGB nicht nur in die Rechte des Gläubigers gegenüber dem Hauptschuldner, sondern auch vollumfänglich in die Rechte gegenüber dem Vorbürgen.[56] Daher liegt es auf der Hand, dass ein in Haftung genommener Nachbürge – wie ein normaler Bürge von „seinem" Hauptschuldner – grundsätzlich vollen Regress von „seinem" Vorbürgen nehmen kann, weshalb *Bacher* in diesem Punkt vollinhaltlich zuzustimmen ist. Im Verhältnis zu anderen dieselbe Hauptschuld sichernden Bürgen, welche nicht als Vorbürgen ihm gegenüber einzustufen sind, steht ein solcher (Nach-)Bürge hingegen (nur) so, wie auch „sein" Vorbürge diesen im Haftungsfalls gegenüberstünde.

Wann im konkreten Einzelfall eine Nachbürgschaft vorliegt, ist eine Frage der Auslegung des Bürgschaftsvertrags, der unter B.IV.3. nachgegangen wird. Eines kann aber bereits vorausgeschickt werden: Wenn in der Praxis jemand eine „Ausfallsbürgschaft" übernimmt und mit dem übereinstimmenden Willen des Gläubigers damit gemeint ist, dass der Ausfallsbürge erst dann in Anspruch genommen werden soll, wenn alle anderen bestehenden Sicherheiten ausgeschöpft sind, so wird damit in Wahrheit nicht selten (zusätzlich) eine Nachbürgschaft gemeint sein (= „Ausfallsnachbürgschaft"), die dann tatsächlich zu einer intern nachrangigen Haftung des (Ausfallsnach-)Bürgen – zumindest gegenüber allen im Zeitpunkt seiner Haftungserklärung bestehenden Bürgen/Sicherheiten – führt.

4. Die Rückgriffslagen bei weiteren Bürgschaftsarten

In den bisherigen Abschnitten wurden die Rückgriffslagen des Ausfalls- und des Nachbürgen erörtert, weshalb nunmehr noch die Rückgriffslagen des Bürgen und Zahlers und jene des gemeinen Bürgen zu klären bleiben.[57] Auf beide Bürgschaftsarten wurde oben bereits kurz eingegangen; unter Berücksichtigung der bisherigen Ausführungen bereitet deren regressrechtliche Einordnung also keine großen Schwierigkeiten.

Der Bürge und Zahler und der gemeine Bürge stehen – gleich wie der Ausfallsbürge – von ihrem internen Rangverhältnis her auf gleicher Haftungsstufe, weil sie sich allesamt – und grundsätzlich unabhängig voneinander – dem Gläubiger (einzig) für die Verbindlichkeit des Hauptschuldners

---

56 So auch *Reinicke/Tiedtke* (Fn. 3), Rn. 425 zur ganz ähnlichen Rechtslage in Deutschland, die ebenfalls zu dem Ergebnis kommen, dass der zahlende Nachbürge vollumfänglich sowohl in die Rechte gegenüber dem Vorbürgen als auch in die Rechte gegenüber dem Hauptschuldner eintritt.

57 Der Entschädigungsbürge, der an der für den Gläubiger bestehenden Sicherungsmehrheit nicht teil nimmt, sondern sich vielmehr einem anderen (Haupt-)Bürgen verbürgt, bleibt – wie oben erwähnt – bei den folgenden Ausführungen im Wesentlichen ausgespart.

verbürgen und sich nur durch die Voraussetzungen, unter denen der Gläubiger sie in Anspruch nehmen kann, unterscheiden. Alle drei sichern materiell wie formell (ausschließlich) dieselbe Verbindlichkeit und sind einander daher grundsätzlich zu wechselseitigem Ausgleich im Haftungsfall verpflichtet. Die Voraussetzungen ihrer Inanspruchnahme sind allerdings auch beim Rückgriff durch einen (zahlenden) Mitbürgen zu wahren was sich jedoch – wie oben bei der Rückgriffslage zum Ausfallsbürgen angeführt – ganz automatisch aus der hier vertretenen Legalzessionslösung ergibt.

Hingegen stehen Bürge und Zahler und gemeiner Bürge – wie auch der Ausfallsbürge – mit einem Nachbürgen, der (auch) ihre Verbindlichkeit sichert, nicht auf gleicher Haftungsstufe. Deshalb können Bürge und Zahler, gemeiner Bürge und Ausfallsbürge grundsätzlich keinen Rückgriff bei einem Nachbürgen nehmen, der sich eben nur für den Fall verbürgt hat, dass die angeführten Bürgen ihrer Zahlungspflicht nicht nachkommen können bzw. wollen (= der Gläubiger von diesen nicht die volle Befriedigung seiner Hauptforderung erlangt). Ausschlaggebend ist hierbei stets, dass sich der Nachbürge tatsächlich für den – zumindest teilweisen – Zahlungsausfall des belangten Bürgen verbürgt hat und er damit formell (auch) dessen Verbindlichkeit sichert; es muss also ein Vor- bzw. Nachbürgschaftsverhältnis zwischen den involvierten Bürgen bestehen, um letztlich von einer „Regresslosigkeit" des belangten (Vor-)Bürgen ausgehen zu können. Ob ein solches Vor- bzw. Nachbürgschaftsverhältnis zwischen den einzelnen Bürgen *in concreto* besteht, das heißt welche Verbindlichkeit(en) der (Nach-)Bürge in Wahrheit besichert, ist eine Frage der Auslegung des Bürgschaftsvertrags, der am Ende des Beitrags nachgegangen wird.

Nur der Vollständigkeit halber sei noch erwähnt, dass ein Entschädigungsbürge stets dem vollen Rückgriff jenes zahlenden Bürgen ausgesetzt ist, für dessen „Entschädigung" er sich verbürgt hat. Das Wesen des Entschädigungsbürgen besteht ja gerade darin, einem „normalen" Bürgen jenen Verlust zu ersetzen, den dieser aufgrund seiner Inanspruchnahme durch den Gläubiger erlitten hat. Da ein Entschädigungsbürge dementsprechend auch nie unmittelbar vom Gläubiger belangt werden kann, stellt sich die Frage nach etwaigen Rückgriffsansprüchen des Entschädigungsbürgen gegenüber „normalen Bürgen" von vornherein nicht.

5. Zwischenergebnis

Als Zwischenergebnis zum internen Rangverhältnis unter verschiedenen Bürgen lässt sich also Folgendes festhalten: Bürge und Zahler, gemeiner Bürge und Ausfallsbürge stehen auf einer Haftungsstufe, haften somit intern gleichrangig und sind einander daher grundsätzlich zu wechselseitigem Ausgleich verpflichtet. Die unterschiedlichen Möglichkeiten ihrer Inanspruchnahme bleiben auch in der Regresssituation gewahrt, was sich unmittelbar aus der hier vertretenen Legalzessionslösung ergibt. Ein Nachbürge haftet hingegen intern nachrangig gegenüber seinem Vorbürgen, für dessen Zahlungsausfall er sich verbürgt hat, weshalb ein belangter Vorbürge keinen Regress von „seinem" Nachbürgen nehmen kann, ein belangter Nachbürge allerdings vollen Regress von „seinem" Vorbürgen erlangt. „Anderen" dieselbe Hauptschuld sichernden Bürgen, welche nicht als Vorbürgen ihm gegenüber einzustufen sind, steht allerdings auch ein solcher (Nach-)Bürge im Haftungsfall bloß so gegenüber, wie diesen auch „sein" – möglicherweise zahlungsunfähiger – Vorbürge gegenüberstünde.

III. Das interne Rangverhältnis zwischen anderen Sicherheiten

In den vorstehenden Unterpunkten wurde das interne Rangverhältnis zwischen verschiedenen Bürgen dargelegt. Im Folgenden wird nun – auf der Basis der daraus gewonnenen Erkenntnisse – das interne Rangverhältnis zwischen anderen Sicherheiten bestimmt. Gemeint ist damit sowohl das interne Rangverhältnis generell zwischen verschiedenen Sicherungsmitteln (Bürgen, Pfänder etc.) als auch das interne Rangverhältnis zwischen (grundsätzlich) gleichartigen, aber von ihrer Ausgestaltung her verschieden Sicherheiten (z. B. unterschiedlichen Pfändern).

Für das interne Rangverhältnis generell zwischen verschiedenen Sicherungsformen sei vorweg auf die oben anerkannte Prämisse der grundsätzlichen Gleichwertigkeit aller Sicherungsmittel verwiesen; daraus folgt, dass unterschiedliche Sicherheiten intern grundsätzlich gleichrangig haften und sich daher i. d. R. zu wechselseitigem Ausgleich im Haftungsfall verpflichtet sind. Eine intern nachrangige Haftung einzelner dieser Sicherheiten kann sich aber – entsprechend den Ausführungen zur (Nach-)Bürgschaft – wieder aus einer Vereinbarung der nachrangigen Haftung (Nachrangigkeitsvereinbarung) eines Sicherungsgebers mit dem Gläubiger ergeben.[58] Dazu ist nötig, dass der – dann nachrangig haftende – Sicherungsgeber seine (persönliche oder dingliche) Sicherheit für den Fall beibringt, dass andere Sicherungsgeber ihrer Zahlungspflicht gegenüber dem Gläubiger nicht (vollständig) nachkommen können bzw. wollen, der (Nach-)Sicherungsgeber also formell betrachtet (auch) die Schuld anderer (Vor-)Sicherungsgeber besichert.[59] Dasselbe gilt für das Bestehen von verschiedenartigen Sicherheiten gleicher Gattung (z. B. verschiedenartiger Pfänder). Auch in diesem Zusammenhang ist für die Beantwortung der Frage, ob jemand intern nur nachrangig haftet, also stets ausschlaggebend, dass sich Einzelne der Sicherungsgeber eben nur für den Fall verpflichtet haben, dass der Gläubiger aus anderen

---

[58] Wie oben angeführt können natürlich auch die einzelnen Sicherungsgeber untereinander stets ihr internes Regressverhältnis frei vereinbaren.

[59] Zur Möglichkeit und Auslegung derartiger Nachrangigkeitsvereinbarungen siehe gleich im Anschluss.

(Vor-)Sicherheiten nicht die volle Befriedigung seiner Hauptforderung erlangt.

Wenn also im Folgenden von nachrangig haftenden Sicherheiten (= „Nachsicherheiten") die Rede ist, sind damit stets Sicherheiten gemeint, die sich – ausdrücklich oder stillschweigend[60] (§ 863 ABGB) – dem Gläubiger gegenüber nur für den Fall verpflichtet haben, dass andere (persönliche oder dingliche) Sicherheiten ihre Befriedigungsfunktion nicht (vollständig) erfüllen können bzw. wollen; derartige Nachsicherheiten besichern damit formell[61] nicht (jedenfalls nicht nur) die Verbindlichkeit des Hauptschuldners, sondern dienen primär einer Absicherung der jeweiligen Verbindlichkeit „ihrer" Vorsicherheitsgeber.

Irrelevant für das interne Rangverhältnis zwischen verschiedenen Sicherheiten ist stets – gleich wie bei den verschiedenen Bürgschaftsarten –, unter welchen Voraussetzungen der Gläubiger die jeweiligen Sicherheiten belangen kann. Deshalb stehen z. B. auch einem in Anspruch genommenen Garanten, der i. d. R. bereits auf „erstes Anfordern" an den Gläubiger zu leisten hat, Ausgleichsansprüche gegen Bürgen, die i. d. R. nur unter strengeren Bedingungen gegenüber dem Gläubiger haften, zu. Unter welchen konkreten Bedingungen (auf erstes Anfordern; nach erfolgloser Mahnung des Hauptschuldners etc.) eine Sicherheit vom Gläubiger in Anspruch genommen werden kann, ist wiederum eine Frage der Auslegung der Sicherungsabrede im Einzelfall. Die jeweiligen Bedingungen zur Inanspruchnahme der verschiedenen Sicherheiten bleiben jedenfalls aufgrund der hier vertretenen Legalzessionslösung auch beim Rückgriff unter den Mitsicherern gewahrt.

IV. Die Voraussetzungen zur Übernahme einer nachrangig haftenden Sicherheit

1. Vorbemerkung

Als Nächstes wird der Frage nachgegangen, unter welchen allgemeinen Voraussetzungen Nachsicherheiten überhaupt übernommen werden können. Eine Sicherheit haftet, wie oben angeführt, insbesondere dann nachrangig, wenn diese bloß eine Absicherung des Gläubigers für den Fall ist, dass er aus anderen, parallel bestehenden (Vor-)Sicherheiten keine vollständige Befriedigung erlangt. Die Voraussetzungen, um eine Nachsicherheit wirksam übernehmen zu können, müssen aber grundsätzlich denselben Kriterien entsprechen, die generell für die Übernahme von Sicherheiten bestehen. Die allgemeinen Voraussetzungen zur Übernahme von Sicherheiten (Formerfordernisse etc.) können und sollen an dieser Stelle freilich nicht

---

60 Zu diesem Begriffspaar stellvertretend *P. Bydlinski*, Bürgerliches Recht I: Allgemeiner Teil, 6. Aufl. 2013, Rn. 4/6.
61 Siehe dazu die Ausführungen zum Wesen der Nachbürgschaft unter B. II. 3.

vollumfänglich wiedergegeben werden, weshalb dazu auf die vorhandene Lit.[62] verwiesen sei.

Ein augenscheinlicher Unterschied zwischen der Übernahme einer „normalen" und der einer Nachsicherheit ist allerdings von Beginn an festzustellen: Eine normale Sicherheit dient einzig und allein, materiell wie formell einer Besicherung der Verbindlichkeit des Hauptschuldners gegenüber dem Gläubiger. Eine Nachsicherheit dient materiell gesehen zwar ebenso (nur) der Besicherung der Hauptschuld, stellt formell betrachtet aber primär die Verbindlichkeit einer anderen (Vor-)Sicherheit sicher. Für einen Nachsicherungsgeber ergeben sich daher ausschließlich Vorteile, wenn seine Sicherheit nicht als (gleichrangig haftende) normale, sondern bloß als (nachrangig haftende) Nachsicherheit einzustufen ist. Dieser Umstand ist bei den folgenden Ausführungen, wie insbesondere auch bei den Überlegungen zur Auslegung von (Nach-)Sicherungsabreden, stets zu berücksichtigen.

Speziell im Zusammenhang mit der (möglichen) Übernahme von Nachsicherheiten kann das allgemein geltende Bestimmtheitsgebot (§ 869 ABGB) eine wesentliche Rolle einnehmen, weshalb diesem im nächsten Unterpunkt besondere Aufmerksamkeit geschenkt wird. Des Öfteren wird wohl in der Praxis zwischen der Bank (= Gläubigerin) und einem hinzutretenden (Nach-)Sicherungsgeber vereinbart, dass der hinzutretende Sicherer nur dann haften soll, wenn die Bank zuvor versucht hat, alle anderen Sicherheiten[63] auszuschöpfen, daraus aber keine vollständige Befriedigung ihrer (Haupt-)Forderung erlangen konnte. Im Folgenden wird daher insbesondere untersucht, inwieweit sich eine Nachsicherheit auch auf (Vor-)Sicherheiten beziehen kann, die erst später – als der Nachsicherungsgeber – zur Besicherung der Hauptschuld hinzutreten.

2. Das Bestimmtheitsgebot

Nach ganz allgemeiner Zivilrechtslehre müssen rechtsgeschäftliche Erklärungen inhaltlich hinreichend bestimmt sein, um schuldrechtliche Wirkungen erzeugen zu können, wobei i. d. R. (eindeutige) Bestimmbarkeit genügt.[64]

---

62 Vgl. stellvertretend *Böhler*, in: Apathy/Iro/Koziol, Bankvertragsrecht VIII: Kreditsicherheiten I, 2. Aufl. 2012, Rn. 1/131 ff.
63 Vgl. etwa auch die oben angesprochene Formulierung des § 98 Abs. 2 Nr. 3 EheG: „*Der Ausfallsbürge nach Abs. 1 kann – vorbehaltlich des § 1356 ABGB – nur wegen des Betrags belangt werden, der vom Hauptschuldner nicht in angemessener Frist hereingebracht werden kann, obwohl der Gläubiger gegen ihn nach Erwirkung eines Exekutionstitels […] 3. Sicherheiten, die dem Gläubiger zur Verfügung stehen, verwertet hat.*"; zur (reduzierenden) Auslegung dieser Bestimmung siehe allerdings *Wühl*, Sicherungsmehrheit und Wegfall einzelner Kreditsicherungsmittel, 2015, S. 33 ff.
64 Vgl. Schwimann/Kodek/*Riedler* (Fn. 13), § 869 Rn. 6; *P. Bydlinski*, Bürgerliches Recht I (Fn. 60), Rn. 6/7; *Koziol/Welser*, Grundriss des bürgerlichen Rechts I: Allgemeiner Teil, Sachenrecht, Familienrecht, 14. Aufl. 2014, Rn. 401; KBB/*Bollenberger* (Fn. 11), § 869 Rn. 6.

Das heißt, ein Vertrag kann grundsätzlich nur über Inhalte[65] zustande kommen, die sich zum Vertragsabschlusszeitpunkt hinreichend bestimmen lassen.

Das Bestimmtheitsgebot spielt generell bei der Übernahme von Kreditsicherheiten in vielen Belangen eine bedeutende Rolle. So stellt sich etwa des Öfteren die Frage, inwieweit eine zu sichernde Forderung – zwischen den allerdings feststehenden Vertragsparteien Hauptschuldner und Gläubiger – bereits bestimmbar sein muss, damit diese von einem Sicherungsgeber wirksam besichert werden kann.[66] *Koziol*[67] merkt in diesem Zusammenhang zurecht an, dass bei der Übernahme von Kreditsicherheiten dem allgemeinen Bestimmtheitserfordernis (§ 869 ABGB) etwa auch bereits dann Genüge getan ist, wenn durch eine Sicherheit „alle künftigen, aus welchem Rechtsgrund immer entstehenden Forderungen gegenüber bestimmbaren Personen gesichert werden sollen". Freilich können derartige, zwar inhaltlich hinreichend bestimmbare, aber geradezu uferlose Haftungsübernahmen an anderen Erfordernissen (z. B. aufgrund § 879 Abs. 1 bzw. Abs. 3 ABGB) scheitern.[68]

Des Weiteren taucht im Kreditsicherungsrecht oftmals das (Bestimmtheits-)Problem auf, dass ein Sicherungsgeber künftige Sachen (z. B. Forderungen) zur Sicherheit an einen Gläubiger verpfänden bzw. übertragen will (z. B. Globalzession). Dann ist bei der Verpfändung bzw. Übertragung der als Sicherheit gedachten Sachen allerdings nicht nur dem (schuldrechtlichen) Bestimmtheitsgebot, sondern insbesondere auch dem (sachenrechtlichen) Spezialitätsprinzip[69] zu genügen.[70]

Speziell bei der Übernahme von Nachsicherheiten kann sich aber wie angesprochen, das (Bestimmtheits-)Problem stellen, dass ein (Nach-)Sicherungsgeber seine Nachsicherheit auf alle auch zukünftig hinzutretenden Sicherheiten beziehen möchte; deshalb stellt sich in diesem Zusammenhang die Frage, inwieweit eine – allenfalls in Zukunft hinzutretende – Sicherheit im Zeitpunkt des Abschlusses der (Nach-)Sicherungsabrede bereits bestimmbar sein muss, um im Fall ihres Hinzutretens tatsächlich Vorsicherheit im Verhältnis zur früher übernommenen (Nach-)Sicherheit sein zu können.

---

65 Das gilt insbesondere auch für die die gesamte Vertragswirksamkeit beeinflussenden, Mindestinhalte *(essentialia negotii)* eines Vertrages. Vgl. nur *P. Bydlinski*, Bürgerliches Recht I (Fn. 60), Rn. 6/7.
66 Siehe dazu insbesondere *Koziol*, ÖBA 2003, 809; *Böhler* (Fn. 62), Rn. 1/38 ff.
67 In ÖBA 2003, 810 unter Hinweis etwa auf OGH SZ 27/155.
68 Vgl. zu diesem Themenkomplex ausführlich *P. Bydlinski*, ÖBA 1999, 93.
69 Das Spezialitätsprinzip besagt u. a., dass eine – als Pfandobjekt dienende – Sache spätestens im Zeitpunkt der Begründung des Pfandrechts hinreichend individualisierbar sein muss; vgl. bloß *Iro*, Bürgerliches Recht IV: Sachenrecht, 4. Aufl. 2010, Rn. 9/8.
70 Zu diesem Problemkreis im Allgemeinen *Beig*, Die Zession künftiger Forderungen, 2008.

Bacher[71] vertritt hierzu die Ansicht, eine übernommene Nachsicherheit hafte (im Zweifel) auch nachrangig im Verhältnis zu (gewöhnlichen) Sicherheiten, die erst *nach* dem Nachsicherungsgeber zur Besicherung der Hauptschuld hinzugetreten sind. Er führt dies allerdings zum Ausfallsbürgen an, der nach *Bacher* ja gleich wie der Nachbürge intern nachrangig haften soll, indem er sagt: „Bedingt sich der Ausfallsbürge aus, dass der Gläubiger vorweg auch auf andere Sicherheiten greifen soll, so ist wohl im Zweifel anzunehmen, dass der Gläubiger nicht nur bei Verpflichtung des Ausfallsbürgen bereits vorhandene, sondern auch später hinzukommende Sicherungen zuerst heranzuziehen hat."

Fraglich ist jedoch, ob diese Ansicht mit den – oben angeführten – Anforderungen des Bestimmtheitsgebots in Einklang zu bringen ist. Denn zumindest im Zeitpunkt des Abschlusses der ersten (Nach-)Sicherungsabrede sind etwaige zukünftig hinzutretende (gewöhnliche) Sicherheiten in keiner Weise bestimmt, weil grundsätzlich völlig unklar ist, ob solche überhaupt jemals hinzutreten werden. Da es im Allgemeinen aber genügt, dass Vertragsinhalte hinreichend bestimmbar ausgestaltet sind, ist diese mangelnde (anfängliche) Bestimmtheit wohl noch kein ausreichender Grund, eine (teilweise) Vertragsungültigkeit anzunehmen. Eine hinreichende Bestimmbarkeit derartiger Erklärungen ist insofern nämlich gegeben, als sich die Nachsicherungsabrede eben auf alle zukünftig hinzutretenden Sicherheiten beziehen soll und deshalb zumindest im Zeitpunkt des Hinzutretens der weiteren Sicherheit eine eindeutige Bestimmtheit vorliegt.[72] Daher ist aus meiner Sicht von vornherein keine (Teil-)Ungültigkeit derartiger – sich auch auf zukünftig hinzutretende Sicherheiten beziehender – Nachsicherungsabreden gegeben, sondern deren (volle) Wirksamkeit grundsätzlich zu bejahen. Tritt also zu einem späteren Zeitpunkt eine gewöhnliche Sicherheit (z. B. ein gewöhnlicher Bürge) hinzu, so haftet auch dieser vorrangig im Verhältnis zur früher übernommenen pauschalen (sich auch auf später hinzutretende Sicherheiten beziehenden) Nachsicherheit.[73]

Probleme können bei derartigen Konstellationen allerdings im Rechtsverhältnis zwischen dem hinzutretenden (gewöhnlichen) Sicherer und dem

---

71 (Fn. 3), S. 147.
72 Siehe die oben angeführte vergleichbare Konstellation, dass alle künftigen Forderungen eines (zumindest bestimmbaren) Hauptschuldners gesichert werden sollen. Auch derartige Erklärungen scheitern zumindest nicht an den Anforderungen des Bestimmtheitsgebots. Vgl. *Koziol*, ÖBA 2003, 810.
73 Derartige pauschale Nachsicherheiten übernehmen offenbar regelmäßig auch Gebietskörperschaften des öffentlichen Rechts (sog „Staatsbürgschaften") zur Besicherung privatrechtlicher Verbindlichkeiten, wenn die Kreditgewährung im öffentlichen Interesse liegt. Diese werden aber offenbar zumeist als „Ausfallsbürgschaften" bezeichnet; vgl. *Bülow* (Fn. 3), Rn. 1046. Nach der hier vertretenen Ansicht wäre in diesen Fällen die Bezeichnung derartiger Staatsbürgschaften als (pauschale) „Ausfallsnachbürgschaften" wohl treffender.

Gläubiger auftreten. Denn der hinzutretende Sicherer wird i. d. R. keine Kenntnis von der – nur intern zwischen dem Gläubiger und dem pauschalen Nachsicherer getroffenen – Vereinbarung haben, die dazu führt, dass der hinzutretende Sicherer keinen (nicht einmal anteiligen) Ausgleich vom parallel haftenden Nachsicherer im Haftungsfall erhält. Es stellt sich daher die Frage, ob der Gläubiger den hinzutretenden Sicherer über diesen Umstand aufzuklären hat. M. E. hat jedenfalls dann, wenn der Hinzutretende im Vertrauen darauf, dass bereits eine andere Sicherheit besteht, seine Haftung übernimmt, der Gläubiger den hinzutretenden Sicherer über diesen Umstand ausdrücklich aufzuklären. Sollte der Gläubiger dieser (Aufklärungs-)Pflicht nicht nachkommen, wird der hinzutretende Sicherer regelmäßig Ansprüche aufgrund von *culpa in contrahendo* bzw. wegen eines durch den Gläubiger veranlassten (Geschäft-)Irrtums geltend machen können.[74]

Des Weiteren stellt sich die Frage, wie die Regresssituation aussieht, wenn der hinzutretende (spätere) Sicherer gleichfalls eine derartige (pauschale) Nachsicherheit übernimmt. Hat der spätere Nachsicherer Kenntnis vom früheren Nachsicherer, ist die Lage jedenfalls unproblematisch: Der spätere Nachsicherer kann seine Haftung freilich ohne Weiteres nachrangig im Verhältnis zum früheren Nachsicherer ausgestalten, wogegen sich der frühere auch nicht zur Wehr setzen kann.[75] Aber auch wenn der spätere Nachsicherer keine Kenntnis von einem zeitlich früheren (Nach-)Sicherer hat, muss eine Auslegung der späteren Haftungserklärung i. d. R. dazu führen, dass der zeitlich letzte Nachsicherer keinem (Teil-)Regress (früherer Nachsicherer) ausgesetzt ist, weil dieser ja nie strenger haften darf als es seinem – mit dem Gläubiger geschlossenen – Sicherungsvertrag entspricht; für den zeitlich früheren Sicherer entstehen dadurch auch keinerlei Nachteile, zumal die (hypothetische) Vergleichssituation stets das Ausbleiben weiterer Sicherheiten sein muss. Einzig in dem Fall, dass zwei Sicherer – in Kenntnis oder Unkenntnis voneinander – gleichzeitig eine (pauschale) Nachsicherheit eingegangen sind, stehen diese auf gleicher Haftungsstufe und sind

---

74 Zu den möglichen Rechtsfolgen derartiger gültiger, aber einander widersprechender Sicherungsverpflichtungen ausführlich *Bacher* (Fn. 3), S. 160 ff.

75 Der frühere Sicherer erleidet dadurch ja auch keinerlei Nachteile; es kommt bloß kein „unverhoffter" (gleich- oder vorrangig haftender) Mitsicherer hinzu. Anders, jedoch nicht überzeugend in diesem Punkt *Bacher* (Fn. 3), S. 167, der der Ansicht ist, der Gläubiger verletze gegenüber dem ersten Nachsicherer eine Pflicht (wo sollte diese aber herkommen?), wenn er eine weitere Sicherheit annimmt und diese dann nicht vorrangig im Verhältnis zur früheren haftet. *Bacher* kommt deshalb im Weiteren zu dem fragwürdigen Ergebnis, dass der Gläubiger bei bloß nachrangigen Haftungsübernahmen zweier Sicherungsgeber im Ergebnis so gestellt wäre, wie wenn er überhaupt keine Sicherheit hätte. Das kann jedoch insofern nicht zutreffen, als der erste Nachsicherer seine Haftung i. d. R. ohne jegliches Vertrauen auf eine weitere Vorsicherheit übernommen hat. Deshalb erscheint es nicht nachvollziehbar, wenn ein Nachsicherer nur deshalb besser gestellt werden soll, weil „zufällig" ein anderer, ihn besichernder Nachsicherer später hinzutritt.

einander zu wechselseitigem (anteiligem) Ausgleich im Haftungsfall verpflichtet.[76]

3. Die Auslegung von (Nach-)Sicherungsabreden

a) Vorbemerkung

Im Folgenden wird untersucht, wie Sicherungsabreden – insbesondere im Hinblick auf eine mögliche nachrangige Haftung des Sicherungsgebers – auszulegen sind. Man stelle sich etwa vor, jemand bringt eine Sicherheit für eine Verbindlichkeit bei, sehenden Auges, dass bereits andere Sicherheiten für diese Verbindlichkeit bestehen. Dann tut sich – insbesondere für den Fall, dass der Sicherungsgeber und der Gläubiger dazu keine ausdrücklichen Vereinbarungen getroffen haben – die Frage auf, ob der hinzutretende Sicherer nun vor-, gleich- oder nachrangig im Verhältnis zur bereits bestehenden Sicherheit haftet.

Zur Beantwortung dieser Frage ist zunächst ein kurzer Blick auf die Auslegung von (Sicherungs-)Verträgen im Allgemeinen zu werfen, wobei im ABGB betreffend die Auslegung von Sicherungsgeschäften – neben den allgemeinen Vertragsauslegungsregeln (§§ 914, 915 ABGB) – nur eine besondere Vorschrift hinsichtlich Bürgschaftserklärungen (§ 1353 S. 1 ABGB) besteht.

b) Die Vertragsauslegung im Allgemeinen

Ganz generell ist Ziel der (einfachen bzw. ergänzenden) Vertragsauslegung gem. § 914 ABGB die Erforschung des (übereinstimmenden) – tatsächlichen bzw. hypothetischen – Willens der vertragschließenden Parteien. Im Rahmen der einfachen Vertragsauslegung ist dabei grundsätzlich vom Wortlaut auszugehen.[77] Sofern Wortsinn und Parteiabsicht kein eindeutiges (Auslegungs-)Ergebnis bringen, ist der Vertrag in der Weise zu verstehen, wie es der Übung des redlichen Verkehrs entspricht, das heißt, wie die einzelnen Vertragsbestandteile üblicherweise verstanden werden.[78] Bleiben auch nach diesem Vorgehen – allenfalls später auftretende – vertragliche Unklarheiten bestehen und liegt daher eine echte Vertragslücke vor, so ist im Rahmen der ergänzenden Vertragsauslegung der hypothetische Parteiwille in Bezug auf die regelungsbedürftigen Punkte zu ergründen; es ist also herauszufinden, was die Parteien redlicher- und vernünftigerweise vereinbart hätten, wenn sie an die anfänglich offengelassenen und nun zu bestimmenden Vertragspunkte gedacht hätten. Erst wenn sich auch im Rahmen der ergänzenden Vertragsauslegung kein eindeutiges Ergebnis erzielen lässt – also etwa

---

76 Ähnlich *Mader*, JBl 1988, 291, der aber pauschal davon ausgeht, dass auch Ausfallsbürgen grundsätzlich nachrangig im Verhältnis zu gewöhnlichen Bürgen haften.
77 Vgl. bloß *P. Bydlinski*, Bürgerliches Recht I (Fn. 60), Rn. 6/41; *Koziol/Welser*, Bürgerliches Recht I (Fn. 64), Rn. 349.
78 KBB/*Bollenberger* (Fn. 11), § 914 Rn. 7.

zumindest zwei nahezu gleichwertige Auslegungsalternativen übrig bleiben[79] –, kommen die (gesetzlichen) Zweifelsregeln (z. B. § 915 ABGB) ins Spiel.

c)   Die Auslegung von Sicherungsabreden
Bei der Auslegung von Sicherungsgeschäften bestehen grundsätzlich keine Abweichungen im Vergleich zur soeben beschriebenen Vorgehensweise für die Auslegung sonstiger Rechtsgeschäfte.[80] Auch Sicherungsverträge sind daher ausgehend vom Wortlaut primär im Sinne des – tatsächlichen bzw. hypothetischen – Parteiwillens zu interpretieren (§ 914 ABGB). Erst wenn dadurch kein eindeutiges Auslegungsergebnis erzielt werden kann, ist auf die gesetzlichen Zweifelsregeln (z. B. § 915 ABGB) zurückzugreifen.

Insbesondere die Auslegung von Sicherungsabreden in Zweifelsfällen kann jedoch Schwierigkeiten bereiten, weil sich dabei erstens die Frage stellt, ob Sicherungsgeschäfte einseitig oder zweiseitig verbindlich i. S. d. § 915 ABGB sind und zweitens das Problem des Normenverhältnisses zwischen § 915 und § 1353 S. 1 ABGB auftaucht.[81]

Wenn das ABGB in § 915 von einseitig bzw. zweiseitig verbindlichen Geschäften spricht, so meint es damit nach ganz h. A.[82] entgeltliche bzw. unentgeltliche Geschäfte. Die Einordnung von Sicherungsverträgen (Bürgschaften, Garantien etc.) in die Kategorien „entgeltlich" bzw. „unentgeltlich" bereitet aber insofern Probleme, weil diese – anders als z. B. Schenkungsverträge (immer unentgeltlich) oder Kaufverträge (immer entgeltlich) – nicht von vornherein in eine dieser beiden Gruppen eingestuft werden können; das heißt, eine Sicherungsabrede kann sowohl entgeltlich als auch unentgeltlich eingegangen werden.[83] Fraglich ist daher, wann ein Sicherungsgeschäft als entgeltlich bzw. unentgeltlich i. S. d. § 915 ABGB einzuordnen ist.

Ein (Dritt-)Sicherungsgeber erhält jedenfalls in aller Regel keine unmittelbare Gegenleistung für die Beibringung der Sicherheit. Allerdings bringt der Sicherungsgeber die Sicherheit regelmäßig auch nicht freigiebig gegenüber dem Gläubiger bei, sondern für gewöhnlich nur deshalb, damit der Hauptschuldner überhaupt oder zumindest zu besseren (billigeren) Konditionen

---

79 So *P. Bydlinski*, Bürgerliches Recht I (Fn. 60), Rn. 6/45.
80 Vgl. *Böhler* (Fn. 62), Rn. 1/191; Schwimann/*Mader*/*W. Faber* (Fn. 8), § 1353 Rn. 4; Rummel/ *Gamerith* (Fn. 8), § 1353 Rn. 1; im Speziellen zur Auslegung von Garantieverträgen *Koziol*, Der Garantievertrag, 1981, S. 9 f. und S. 42 ff. So auch die Rsp.: Vgl. bloß RIS-Justiz RS0017945, insbesondere OGH Urt. v. 15.3.1988 – 2 Ob 672/87.
81 Zu diesen Problemkreisen vgl. jüngst auch OGH ÖBA 2011, 656 *(P. Bydlinski)* = JBl 2012, 654 *(W. Faber),* wo es primär um die Frage ging, ob eine undeutliche Haftungserklärung des Sicherungsgebers im Zweifel als (strenge) Garantieerklärung bzw. Bürgschaft auf erstes Anfordern oder vielmehr als (mildere) gewöhnliche Bürgschaft auszulegen ist.
82 Siehe nur Klang/*Gschnitzer* (Fn. 13), S. 415 mit weiteren Nachweisen dort in Fn. 5.
83 Vgl. dazu bereits *Kulka,* ÖJZ 1969, 477, 481, der betont, dass „immer nur im Einzelfall gesagt werden kann, ob ein Sicherungsgeschäft entgeltlich oder unentgeltlich ist".

den Kredit vom Gläubiger erlangt. Und da es – wie *Koziol*[84] gezeigt hat – bei der Beurteilung, ob Entgeltlichkeit oder Unentgeltlichkeit i. S. d. § 915 ABGB vorliegt, in Wahrheit auf die Schutzwürdigkeit des Erklärungsempfängers (= Gläubigers) ankommt, kann, wenn die Sicherheit aus den oben genannten – nicht freigiebigen – Gründen beigebracht wird, nicht von einem unentgeltlichen (Sicherungs-)Geschäft ausgegangen werden. Deshalb sind (Dritt-)Sicherungsgeschäfte in aller Regel als zweiseitig verbindliche[85] (= entgeltliche) Verträge i. S. d. § 915 ABGB einzuordnen[86] und dadurch grundsätzlich gem. S. 2 leg cit *contra proferentem* auszulegen.

§ 1353 S. 1 ABGB ordnet nun allerdings konkret die Bürgschaft betreffend an: „Die Bürgschaft kann nicht weiter ausgedehnt werden, als sich der Bürge ausdrücklich erklärt hat.", was die Frage aufwirft, wie sich diese Bestimmung zu den (allgemeinen) Vertragsauslegungsregeln der §§ 914, 915 ABGB verhält. Mit „ausdrücklich" i. S. d. § 1353 S. 1 ABGB ist dabei jedenfalls nicht mehr als „deutlich erkennbar" bzw. „hinreichend deutlich" gemeint.[87]

Wenn man sich nun den Wortlaut des § 1353 S. 1 ABGB vor Augen hält („nicht weiter [...] als ausdrücklich erklärt"), so erscheint es auf den ersten Blick durchaus denkbar, dass die angeführte Bestimmung nicht nur eine Zweifelsregel für die Auslegung von Bürgschaftserklärungen enthält, sondern (teilweise) auch in die einfache bzw. zumindest ergänzende Vertragsauslegung gem. § 914 ABGB eingreift. Dann könnte durch § 1353 S. 1 ABGB also etwa die ergänzende, auf den hypothetischen Parteiwillen abstellende Vertragsauslegung unterbunden werden. Unter Berücksichtigung, dass mit dem Wort „ausdrücklich" aber lediglich „hinreichend deutlich" gemeint ist, ist dies jedoch mit der h. M.[88] und st. Rsp.[89] abzulehnen und § 914 ABGB bei Sicherungsgeschäften voll anwendbar.

---

84 Garantievertrag (Fn. 80), S. 43.
85 § 1369 S. 1 Hs. 2 ABGB, der ausdrücklich davon spricht, dass der Pfandvertrag „zweiseitig verbindlich" ist, kann diese Ansicht wohl nur stützen.
86 KBB/*Bollenberger* (Fn. 11), § 915 Rn. 2; KBB/*P. Bydlinski* (Fn. 11), § 1346 Rn. 4; *ders.,* Die Kreditbürgschaft, 2. Aufl. 2003, S. 22; i. d. S. auch schon *ders.,* ÖBA 1987, 690, 700; *Böhler* (Fn. 62), Rn. 1/191; Schwimann/*Mader/W. Faber* (Fn. 8), § 1353 Rn. 4. Die Rsp. thematisierte in früheren Entscheidungen die Frage nach der Entgeltlichkeit bzw. Unentgeltlichkeit von Sicherungsgeschäften regelmäßig nicht und wendete unbesehen § 915 S. 1 ABGB (Auslegung im Zweifel zugunsten des Sicherungsgebers) an: Z. B. OGH ÖBA 1997, 826 und OGH ÖBA 1999, 822. In jüngeren Entscheidungen hat der OGH allerdings die (regelmäßige) Entgeltlichkeit von Sicherungsgeschäften anerkannt und grundsätzlich § 915 S. 2 ABGB für anwendbar erklärt: Vgl. OGH ÖBA 2000, 701 = ecolex 2000, 281; OGH ÖBA 2011, 656 *(P. Bydlinski)* = JBl 2012, 654 *(W. Faber).* Zum in der letztgenannten Entscheidung auch thematisierten Problemkreis des Verhältnisses von § 915 ABGB zu § 1353 S. 1 ABGB sogleich.
87 KBB/*P. Bydlinski* (Fn. 11), § 1353 Rn. 1.
88 Stellvertretend Rummel/*Gamerith* (Fn. 8), § 1353 Rn. 1 a. E. und m. w. N.
89 Vgl. RIS-Justiz RS0017945, zuletzt OGH ÖBA 2012, 123 = ZIK 2012, 153.

Es bleibt daher eine mögliche Verdrängung von § 915 ABGB durch § 1353 S. 1 ABGB als *lex specialis* denkbar. Eine solche wurde von P. Bydlinski[90] schon für möglich gehalten und hat nunmehr auch Eingang in die Rsp.[91] gefunden. Der OGH hat in der genannten Entscheidung festgehalten, dass bei entgeltlichen Bürgschaften die Unklarheitenregelung des § 915 Hs. 2 ABGB (grundsätzlich) einschlägig und § 1353 S. 1 ABGB nur auf unentgeltliche und allenfalls auf entgeltliche Sicherungsgeschäfte, bei denen kein ausgeprägtes eigenwirtschaftliches Interesse des Sicherungsgebers vorliegt, anzuwenden sei. Der erste Teil dieser Aussage bringt nun für (unentgeltliche) Bürgen insofern keine Verbesserung, als deren Verpflichtungserklärungen ohnedies bereits gemäß der allgemeinen Regel des § 915 Hs. 1 ABGB im Zweifel zu deren Gunsten auszulegen sind. Eine wahre Verbesserung bestünde daher für Bürgen (bzw. analog auch für sonstige Sicherungsgeber) nur, wenn auch entgeltliche Sicherungsgeschäfte, bei denen der Sicherungsgeber die Erklärung verfasst hat,[92] – entgegen § 915 Hs. 2 ABGB – im Zweifel zu Gunsten des Sicherungsgebers ausgelegt werden würden. Der OGH hat Letzteres „allenfalls" bejaht – und damit eine Verdrängung des § 915 ABGB durch § 1353 S. 1 ABGB grundsätzlich anerkannt –, dies aber umgehend wieder eingeschränkt, als dies nur für das (entgeltliche) Sicherungsgeschäft ohne ausgeprägtes eigenwirtschaftliches Interesse des Sicherungsgebers gelten soll. Deshalb hat der OGH im Anlassfall, bei dem eine Muttergesellschaft eine persönliche Sicherheit für ihre Tochtergesellschaft übernommen hat, die von der Sicherungsgeberin (= Muttergesellschaft) verfasste Haftungserklärung im Zweifel zu deren Lasten ausgelegt. Was genau unter einem ausgeprägten eigenwirtschaftlichen Interesse des Sicherungsgebers zu verstehen ist, ließ der OGH allerdings offen, was letztlich auch in der Literatur[93] zu „Warnungen" vor einem „Eigenleben" dieser Wendung geführt hat.

Im Ergebnis erscheint die angeführte Entscheidung aber durchaus nachvollziehbar, weil der Sicherungsgeberin (Mutter), der letztlich alle Gewinne der Hauptschuldnerin (Tochter) zufallen würden, tatsächlich rein (eigen-)wirtschaftliche[94] Interessen unterstellt werden können und sie daher des speziellen Schutzes gem. § 1353 S. 1 ABGB nicht bedarf. Deshalb wäre z. B. auch Alleingesellschaftern, die für „ihre" Gesellschaft eine Haftung übernehmen, der Schutz des § 1353 S. 1 ABGB nicht, Personen, die hingegen „nur" für Familienangehörige eine Bürgenhaftung übernehmen, i. d. R.

---

90 KBB/*P. Bydlinski* (Fn. 11), § 1353 Rn. 1 ABGB: „[...], spricht manches dafür, in S. 1 eine spezielle Auslegungsregel zu sehen, die § 915 ABGB vorgeht."; dies referierend, aber nicht eindeutig dazu Stellung beziehend *Böhler* (Fn. 62), Rn. 1/192.
91 OGH ÖBA 2011, 656 (insoweit zust. *P. Bydlinski*) = JBl 2012, 654 *(W. Faber).*
92 Genau ein solcher Fall lag in der oben zitierten Entscheidung vor.
93 Siehe *P. Bydlinski,* ÖBA 2011, 660, 661; im Anschluss an diesen *W. Faber,* JBl 2012, 660, 663.
94 So *P. Bydlinski,* ÖBA 2011, 661.

schon zu gewähren. Oft wird sich dieses Problem auch von vornherein gar nicht stellen, weil ohnedies zumeist die Sicherungsnehmerin (= die Bank) die Haftungserklärung (vor-)formuliert und dann jedenfalls gem. § 915 S. 2 ABGB die Erklärung im Zweifel zu deren Lasten und damit zu Gunsten des Sicherungsgebers auszulegen ist.

Ganz kurz sei noch auf die Frage des Anwendungsbereichs von § 1353 S. 1 ABGB, der ja ausdrücklich nur Bürgschaftsverträge erfasst, eingegangen. Jedenfalls für andere persönliche Sicherheiten (Sicherungsmitschuld, Sicherungsgarantie) erscheint eine Ausdehnung des Anwendungsbereichs von § 1353 S. 1 ABGB angebracht. Denn bei diesen bestehen im Vergleich zur Bürgschaft – insbesondere aufgrund deren abgeschwächter Akzessorietät – ja noch größere „Gefahren", weshalb Garanten[95] und Sicherungsmitschuldner[96] des Schutzes gem. § 1353 S. 1 ABGB ebenfalls bedürfen. Was hingegen die Ausdehnung der genannten Bestimmung auf dingliche (Dritt-) Sicherungsgeber angeht, so wurde ins Treffen geführt, dass diese „nur" mit einer Sache haften, daher ein geringeres Risiko eingingen und deshalb weniger schutzbedürftig als persönlich haftende Sicherungsgeber wären.[97] Dieses Argument des „begrenzten Risikos" bei dinglichen Drittsicherern erscheint jedoch alles andere als überzeugend, weil Pfandbelastungen auch große Teile des Gesamtvermögens des Sicherungsgebers betreffen können und daher unter Umständen ungleich mehr Risiko als z. B. verhältnismäßig geringe (Höchstbetrags-)Bürgschaften beinhalten können.[98] Darüber hinaus hängt es oftmals von bloßen Zufälligkeiten ab, welche Interzessionsform gewählt wird, weshalb daran (grundsätzlich) keine grob unterschiedlichen Rechtsfolgen geknüpft werden sollten.[99] Deshalb erscheint eine Ausdeh-

---

[95] *Böhler* (Fn. 62), Rn. 1/193 zieht dies in Fn. 705 für Garanten deshalb in Betracht, meint aber, dass zu untersuchen wäre, ob § 1353 ABGB nicht bloß auf akzessorische Sicherheiten zugeschnitten ist.

[96] Rummel/*Gamerith* (Fn. 8), § 1353 Rn. 4a; Schwimann/*Mader*/W. *Faber* (Fn. 8), § 1353 Rn. 3; vgl. auch OGH ÖBA 1994, 804 = ecolex 1994, 315.

[97] Dieses Argument bringt etwa *Böhler* (Fn. 62), Rn. 1/193 ins Spiel, indem sie meint, dass in diesem Fall ohnedies „eine Risikobegrenzung durch den Pfandgegenstand" besteht.

[98] Siehe zur „Vergleichbarkeit" von persönlicher mit dinglicher Interzession auch die Diskussion rund um die analoge Anwendung von § 1346 Abs. 2 ABGB (Formvorschrift) und § 25c KSchG (Interzedentenwarnung). Insbesondere zur analogen Anwendung der Bürgschaftsformvorschriften auf Drittpfandbestellungen vgl. *Vollmaier*, JBl 2005, 545, 553 ff., der differenziert und für Faustpfandbestellungen Formfreiheit, ansonsten aber (Schrift-)Formpflicht befürwortet. Die h. A. vertritt hingegen die Formfreiheit des Abschlusses von Drittpfandbestellungsverträgen. Im Bereich des § 25c KSchG wird eine (analoge) Anwendung auf Drittpfandbesteller aufgrund deren gleichwertiger Interessenlage (mit persönlich haftenden Interzedenten) in der Lit. ganz überwiegend befürwortet, vgl. nur Schwimann/*Apathy*, ABGB, 3. Aufl. 2006, § 25c KSchG Rn. 1, von der Rsp. hingegen abgelehnt, siehe etwa RIS-Justiz RS0116829, ausführlich OGH ÖBA 2007, 651 (abl. *P. Bydlinski*).

[99] I.d.S. – dort allerdings zur Anwendung des § 25c KSchG auf Drittpfandbesteller – z. B. *P. Bydlinski*, ÖBA 2002, 930, 933, der im Rahmen dieser Diskussion anführt, dass es grundsätzlich

nung des § 1353 S. 1 ABGB auch in Bezug auf die Auslegung „dinglicher" Sicherungsgeschäfte (z. B. Pfandbestellungsverträge) angezeigt.

Als Zwischenergebnis ist also festzuhalten: Bei der Auslegung von Sicherungsabreden ist primär gem. § 914 ABGB vorzugehen. Erst wenn dadurch kein (eindeutiges) Auslegungsergebnis erzielt werden kann, kommen die §§ 915, 1353 S. 1 ABGB ins Spiel. Hat sich die Sicherungsnehmerin (die Bank) der undeutlichen Formulierung bedient, so ist die Sicherungsabrede jedenfalls zu deren Lasten und damit zu Gunsten des Sicherungsgebers auszulegen. Darüber hinaus handelt es sich bei Sicherungsgeschäften i. d. R. um entgeltliche („zweiseitig verbindliche") Geschäfte i. S. d. § 915 ABGB. Deshalb sind Sicherungsabreden nicht schon wegen der Bestimmung des § 915 Hs. 1 ABGB, sondern nur aufgrund der Spezialnorm des § 1353 S. 1 ABGB im Zweifel zu Gunsten des – sich einer undeutlichen Haftungserklärung bedienenden – Sicherungsgebers auszulegen. § 1353 S. 1 ABGB kommt aber zumindest nach der Rsp. dann nicht zum Zug, wenn der Sicherungsgeber ein „ausgeprägtes eigenwirtschaftliches Interesse"[100] am Grundgeschäft hat. Die bürgschaftsrechtliche Spezialnorm des § 1353 S. 1 ABGB ist grundsätzlich auszudehnen auf andere Formen der Interzession (z. B. Garantien, Drittpfandbestellungen etc.).

d) Nachrangige Haftung des hinzutretenden Sicherers in „Zweifelsfällen"?

Was bedeuten die vorstehenden Ausführungen zur Auslegung von Sicherungsabreden nun für die (mögliche) Übernahme von Nachsicherheiten? Noch einmal sei der eingangs angesprochene Fall vor Augen geführt, dass jemand eine Sicherheit für eine Verbindlichkeit beibringt, sehenden Auges, dass bereits andere Sicherheiten für diese Verbindlichkeit bestehen. Dann stellt sich – für den Fall, dass der Sicherungsgeber und der Gläubiger darüber keine ausdrücklichen Vereinbarungen getroffen haben – die Frage, ob der hinzutretende Sicherer vor-, gleich- oder nachrangig im Verhältnis zur bereits bestehenden Sicherheit haftet.

Vorweg sei erwähnt, dass der hinzutretende Sicherungsgeber stets die Nachrangigkeit seiner Haftung im Verhältnis zu den bereits bestehenden Sicherheiten mit dem Gläubiger ausdrücklich vereinbaren kann. Sind jedoch keine eindeutigen[101] Vereinbarungen diesbezüglich getroffen wor-

---

keine Rolle spielen dürfe, ob der Verbraucher „zufällig" eine ausreichend wertvolle Sache besitzt und deshalb eine Pfandhaftung übernimmt, oder ob er sich eben „nur persönlich-obligatorisch" verpflichtet.

100 So zumindest die relativ schwammige Formulierung des OGH in der oben referierten Entscheidung.

101 Diese mangelnde Eindeutigkeit – und nicht nur echte Zweifelsfälle i. S. d. § 915 ABGB – ist bereits mit der Wendung „in Zweifelsfällen" gemeint, weshalb dieser Begriff in der Überschrift des vorliegenden Unterpunktes unter Anführungsstriche gesetzt wurde.

den, dann ist die Frage nach einer (möglichen) nachrangigen Haftung des hinzutretenden Sicherers primär mittels einfacher bzw. ergänzender Vertragsauslegung gem. § 914 ABGB und sekundär mittels der gesetzlichen Zweifelsregeln gem. §§ 915, 1353 S. 1 ABGB zu beurteilen. Die Auslegung von (Sicherungs-)Verträgen kann grundsätzlich nur im jeweiligen Einzelfall und unter genauer Kenntnis des (Vertrags-)Wortlauts[102] sowie aller den Vertragsabschluss begleitenden Umstände[103] vorgenommen werden. Im vorliegenden Beitrag kann deshalb unmöglich für alle erdenklichen Fallkonstellationen eine Auslegung der Sicherungsabrede im Hinblick auf eine (mögliche) nachrangige Haftung des Sicherers durchgeführt werden. Im Folgenden werden daher nur für einige wenige Grundkonstellationen (Fälle 1 bis 4) Auslegungsvarianten betreffend einer möglichen nachrangigen Haftung des hinzutretenden Sicherungsgebers vorgeschlagen.

Fall 1: Der hinzutretende Sicherungsgeber weiß nichts von der bestehenden Sicherheit und es wird – beim Abschluss des Sicherungsvertrags – deshalb auch kein Bezug auf eine genommen.
In diesem Fall, wo sich aus dem Wortlaut der Sicherungsabrede keine Anhaltspunkte für eine nachrangige Haftung ergeben und zusätzlich der Sicherungsgeber kein Vertrauen auf eine bestehende Sicherheit haben kann, kann keinesfalls von einer nachrangigen Haftung des hinzutretenden Sicherers ausgegangen werden. Der hinzutretende Sicherer muss vielmehr davon ausgehen, dass er das volle „Sicherungsrisiko" übernimmt. Er steht daher mit dem ersten Sicherungsgeber auf gleicher Haftungsstufe, weshalb diese einander im Haftungsfall grundsätzlich zu (anteiligem) Ausgleich verpflichtet sind. Aus der rein zeitlichen Abfolge der Übernahme der Sicherheiten ist kein Grund für eine abgestufte Sicherungshaftung zu sehen. Dieses Ergebnis kann bereits durch einfache Vertragsauslegung i. S. d. § 914 ABGB erzielt werden.

Fall 2: Der hinzutretende Sicherer weiß von der bestehenden Sicherheit, es wird – beim Sicherungsvertragsabschluss – jedoch kein Bezug auf diese genommen; das heißt, der Gläubiger weiß nichts von der Kenntnislage des hinzutretenden Sicherers. In diesem Fall vertraut der hinzutretende Sicherer zwar (allenfalls) auf den Bestand einer anderen Sicherheit und eine damit einhergehende Regressmöglichkeit, für den Gläubiger ist dieses Vertrauen allerdings in keiner Weise erkennbar. Wie *Bacher*[104] herausgearbeitet hat, ist aber gerade „die dem Gläubiger bei Vertragsabschluss erkennbare Erwartung des Sicherungsgebers, Rückgriff bei bereits bestellten [...]

---

102 Dieser ist grundsätzlich Ausgangspunkt der vorzunehmenden Vertragsauslegung; siehe nur OGH ÖBA 1997, 826 und OGH ÖBA 1997, 1016.
103 Vgl. etwa OGH JBl 1991, 642.
104 (Fn. 3), S. 169.

Sicherheiten nehmen zu können", ausschlaggebend, weil allgemein[105] Beurteilungsmaßstab für die Auslegung einer Erklärung ist, wie ein redlicher und verständiger Erklärungsempfänger diese verstehen darf. In der geschilderten Konstellation ist also keine nachrangige Haftung des hinzutretenden Sicherers anzunehmen, weil der Gläubiger insoweit schutzwürdig in seinem Vertrauen ist, eine nicht nachrangig haftende Sicherheit zu erhalten. Dieses Ergebnis ergibt sich bereits wieder aus § 914 ABGB, zumal es auch der „Übung des redlichen Verkehrs" entspricht, dass ein Sicherungsgeber, der ohne Hinweis gegenüber dem Gläubiger auf die bereits bestehende Sicherheit seine Haftung übernimmt, nicht nachrangig im Verhältnis zu dieser haften soll.

Fall 3: Der hinzutretende Sicherer weiß von der bestehenden Sicherheit und es wird – beim Sicherungsvertragsabschluss – zumindest ein vager Bezug auf diese genommen; das heißt, der Gläubiger weiß zumindest von der Kenntnislage des hinzutretenden Sicherers, aus dem Wortlaut der Sicherungsabrede ergeben sich jedoch keine konkreten Hinweise bezüglich einer nachrangigen Haftung.
Wenn zwei Parteien im wechselseitigen Wissen um eine bereits bestehende Sicherheit ein Sicherungsgeschäft abschließen – und der Wortlaut der Erklärung eben keine Auskunft darüber gibt –, so ist jedenfalls nicht von vornherein klar, ob damit Nach- oder Gleichrangigkeit der Haftung des hinzutretenden Sicherers gemeint ist. Für Gleichrangigkeit spricht, dass es dem hinzutretenden Sicherer ohnedies frei gestanden wäre, sich die Nachrangigkeit seiner Haftung ausdrücklich auszubedingen; für Nachrangigkeit spricht hingegen, dass der Gläubiger durch eine bloß nachrangige Haftung nicht wesentlich schlechter gestellt werden würde, der hinzutretende Sicherer hingegen entscheidend besser stünde. Denn auch ein nachrangig haftender Sicherer steht dem Gläubiger im Haftungsfall voll zur Verfügung, dieser (der Nachsicherer) könnte jedoch dann vollen Regress bei seinem Vorsicherer nehmen. Den abschließenden Parteien kann daher nicht ohne Weiteres unterstellt werden, dass sie dem zuvor bestehenden Sicherer einen gleichrangig haftenden Sicherer ausdrücklich beistellen wollten. Jedoch kann auch dem Gläubiger nicht ohne Weiteres unterstellt werden, eine nur nachrangige Haftung der hinzutretenden Sicherheit beabsichtigt zu haben, weil für diesen – etwa aufgrund der damit verbundenen (streng) akzessorischen Haftung der Nachsicherheit zur Vorsicherheit – durchaus nachteilige Folgen damit verbunden sein können.[106] In derartigen Fällen wird sich

---

105 Vgl. nur *Koziol/Welser*, Bürgerliches Recht I (Fn. 64), Rn. 342 ff.; *P. Bydlinski*, Bürgerliches Recht I (Fn. 60), Rn. 6/41 f.
106 Ähnlich zu einer solchen Fallkonstellation in diesem Punkt auch die Argumentation von *Bacher* (Fn. 3), S. 170 f., der meint, dass der Gläubiger dem Sicherungskandidaten nur einen beschränkten Verpflichtungswillen unterstellen darf, weil die Bereitschaft, mehr zu geben, als unbedingt notwendig ist, im Geschäftsleben höchst untypisch wäre. Er schränkt dies allerdings umgehend wieder ein, als nach ihm auch der Sicherungsgeber dem Gläubiger nicht dessen Einverständnis zu einer nachrangigen Haftung unterstellen darf, wenn für den Siche-

daher sowohl aus der Übung des redlichen Verkehrs als auch anhand des hypothetischen Willens der Parteien regelmäßig kein eindeutiges Auslegungsergebnis erzielen lassen, weshalb die gesetzlichen Zweifelsregeln, welche eben gerade für derartige Konstellationen gedacht sind, heranzuziehen sind. Entsprechend den oben getätigten Ausführungen haftet also in diesen (echten Zweifels-)Fällen der hinzutretende Sicherer dann nachrangig, wenn entweder der Gläubiger die Sicherungsabrede verfasst hat (§ 915 Hs. 2 ABGB) oder wenn die Sicherheit unentgeltlich (i. S. v. freigiebig) übernommen wurde (§ 915 Hs. 1 ABGB) oder – so jedenfalls nach der oben referierten Rsp. des OGH – wenn die Sicherheit zwar entgeltlich (i. S. v. nicht freigiebig), aber zumindest ohne „ausgeprägtes eigenwirtschaftliches Interesse" des Sicherungsgebers übernommen wurde (§ 1353 S. 1 ABGB, der insoweit § 915 ABGB vorgeht).[107]

Fall 4: Der hinzutretende Sicherer weiß von der bestehenden Sicherheit und es wird sogar ein konkreter Bezug auf die bestehende Sicherheit in dem Sinn genommen, dass der Gläubiger ausdrücklich auf die Sicherheit hinweist und dem hinzutretenden Sicherer so dessen Haftung „schmackhaft" macht; bzw. der hinzutretende Sicherer erklärt, nur haften zu wollen, wenn alle bestehenden Sicherheiten zuvor ausgeschöpft wurden.
In diesen Fällen ist – auch wenn nicht explizit die Worte „Nachrangigkeit" bzw. „nachrangige Haftung" fallen – m. E. eindeutig gem. § 914 ABGB von einer nachrangigen Haftung des hinzutretenden Sicherers auszugehen, weil derartige Erklärungen von ihrem objektiven Gehalt hinreichend deutlich für Nachrangigkeit und damit vollen Regress des späteren gegenüber dem früheren Sicherer sprechen. Zusätzlich stellt sich gerade in diesen Fällen – wie sonst und abseits der Nachrangigkeitsthematik auch – die Frage nach den Voraussetzungen, die der Gläubiger einhalten muss, um den (Nach-)Sicherungsgeber in Anspruch nehmen zu können. In derartigen Konstellationen wird nämlich regelmäßig (auch) gemeint sein, dass der Gläubiger sowohl gegen den Hauptschuldner als auch gegen den vorrangig haftenden Sicherer – zumindest teilweise erfolglos – vorgegangen sein bzw. Exekution geführt haben muss, bevor er auf den Nachsicherer zugreifen darf (= „Ausfallsnachsicherheit").[108]

---

rer erkennbar ist, dass der Gläubiger dem negativ gegenüber steht. *Bacher* kommt in weiterer Folge zu dem Ergebnis, dass „immer dann, wenn sich ein Sicherer im für den Gläubiger erkennbaren Vertrauen verpflichtet, dass bereits eine andere Sicherung vorhanden ist, in Ermangelung gegenteiliger Anhaltspunkte eine nur nachrangige Haftungsübernahme anzunehmen sei".

107 Unzutreffend daher *Bacher* (Fn. 3), S. 175, der davon ausgeht, dass § 1353 ABGB nur bei unentgeltlichen Sicherungsgeschäften anwendbar wäre.
108 Zur (strikten) Unterscheidung zwischen der Frage der Nachrangigkeit und jener nach den Voraussetzungen, die der Gläubiger erfüllen muss, um den (Nach-)Sicherungsgeber in Anspruch nehmen zu können, siehe unter B.II., wo auch auf sog. „Ausfallsnachsicherheiten" eingegangen wird.

Das allgemeine Persönlichkeitsrecht in sozialen Netzwerken

Sophie Victoria Knebel[*]

Inhalt

A.	Einführung und Problemaufriss	190
B.	Der Schutz des Rechts auf informationelle Selbstbestimmung	190
I.	Schutzgebotsfunktion und Gewährleistungsgehalt	191
	1. Schutzbereich	191
	2. Wirkungen	192
	3. Reichweite des Schutzes	192
	4. Staatliche Schutzpflicht bei Facebook?	193
	a) Nicht nur unerhebliche Gefährdung der Entfaltungsfreiheit	195
	b) Machtungleichgewicht	195
	c) Keine ernsthafte Alternative zu einer Einwilligung	195
	d) Zwischenergebnis	197
	5. Datenschutzrechtliche Einwilligung als Kommerzialisierungsinstrument?	197
II.	Einwilligung der Nutzer in die Nutzungsbedingungen	200
	1. Ausufernde Verwendung der Daten: Beeinträchtigung des Rechts auf informationelle Selbstbestimmung?	201
	2. Wirkungsvergleich der Einwilligung: digital *versus* analog	202
	3. Kriterien für die Einwilligung, insbesondere Freiwilligkeit der Einwilligung und Reichweite	204
	4. Reichweite der Einwilligung	205
	a) Personenbezogene Daten	206
	b) Auffindbarkeit der Profile	207
	aa) Maßstab der Abwägung	208
	bb) Einfluss des Betroffenen	209
	c) „Nutzung" der Profile durch den Staat	210
	d) Übermittlung der Daten an externe Anwendungen	212
	e) Zwischenergebnis	212
	5. Einseitigkeit der Einwilligung *versus* vertragliche Bindung	213
	6. Faktischer Zwang zur Abgabe der Einwilligung	215
	7. Undurchsichtigkeit und Komplexität	216
	8. Zwischenergebnis	216
III.	Die Regelung des § 28 BDSG	216
C.	Fazit	218

---

[*] Max-Planck-Institut für ausländisches und internationales Recht, Hamburg.

A. Einführung und Problemaufriss

Das US-amerikanische Unternehmen Facebook[1] ist für viele der Schlüssel zur Nutzung ihrer Kommunikationsfreiheiten, vor allem der Meinungsfreiheit, im Internet.

Doch in den „Räumen" des sozialen Netzwerks Facebook erfolgen zahlreiche Beeinträchtigungen des allgemeinen Persönlichkeitsrechts der Nutzer. Diese Beeinträchtigungen können sich etwa daraus ergeben, dass die Nutzerdaten teils ohne Kenntnis der Nutzer und vor allem für weitaus mehr verwendet werden, als die Einwilligung der Nutzer tatsächlich reicht. Diese Nutzung der Nutzerdaten kann sowohl durch Facebook selbst, durch Dritte als auch durch den Staat erfolgen.

Die Einwilligung der Nutzer fungiert gewissermaßen als Zugangsvoraussetzung und damit auch als Schlüssel[2] für das soziale Netzwerk. Die Einwilligung der Nutzer in die Nutzungsbedingungen muss aber auch wirksam sein. Möglicherweise sind die (datenschutzrechtlichen) Wirksamkeitsvoraussetzungen allerdings nicht erfüllt, sodass der Schutz der Persönlichkeitsrechte der Nutzer nicht funktionieren könnte. In diesem Zusammenhang stellen sich vor allem folgende zwei Fragen: Wie kann der Schutz dieser Rechte gegenüber dem mächtigen Kommunikationsunternehmen Facebook gelingen? Und welches grundrechtliche Schutzniveau erfordern die Persönlichkeitsrechte der Nutzer? Betroffen ist vor allem das Recht auf informationelle Selbstbestimmung als bedeutende Facette des allgemeinen Persönlichkeitsrechts gem. Art. 2 Abs. 1 GG i. V. m. Art. 1 Abs. 1 GG.

B. Der Schutz des Rechts auf informationelle Selbstbestimmung

Das Recht auf informationelle Selbstbestimmung begründet eine grundrechtliche Gewährleistung, sofern die Einwilligung als Erlaubnistatbestand, etwa wegen ihrer faktisch unfreiwilligen Abgabe, versagt.[3] Im Folgenden werden zunächst die Schutzgebotsfunktion und der Gewährleistungsgehalt des Rechts auf informationelle Selbstbestimmung dargestellt (I.). Anschließend werden die Einwilligung[4] der Nutzer in die Nutzungsbedingungen auf

---

1 Nach den Urteilen des KG, Urt. v. 24.1.2014 – 5 U 42/12 sowie des VG Schleswig, Urt. v. 9.10.2013 – 8 A 218/11, 8 A 14/12 sowie 8 A 37/12 gilt für Facebook Irland, also den europäischen Sitz des Unternehmens, nicht irisches, sondern deutsches Datenschutzrecht. Die europarechtlichen Regelungen der Art. 7 und Art. 8 der Europäischen Grundrechtecharta sowie auch die geplante Datenschutzgrundverordnung werden in diesem Beitrag nicht berücksichtigt.
2 Zu dieser Bezeichnung siehe auch Simitis/*Simitis*, Bundesdatenschutzgesetz, Kommentar, 8. Aufl. 2014, § 4a Rn. 3.
3 *Bäcker*, Der Staat 51 (2012), 91, 105.
4 Durch die Einwilligung in die Nutzungsbedingungen wird regelmäßig ein Nutzungsvertrag mit Facebook abgeschlossen. Dieser impliziert Rechte (Nutzung der Infrastruktur) und vor allem

ihre Wirksamkeitsvoraussetzungen hin und die sich in diesem Zusammenhang aufzeigenden Probleme untersucht (II.).

I. Schutzgebotsfunktion und Gewährleistungsgehalt

In welcher Form können sich die Nutzer gegenüber Facebook als Privatrechtssubjekt auf ihr Recht auf informationelle Selbstbestimmung aus Art. 2 Abs. 1 GG i. V. m. Art. 1 Abs. 1 GG berufen? Welchen Schutz bekommen die Nutzer gegenüber Facebook durch diese Grundrechtsfacette zugestanden? Es soll im Folgenden gezeigt werden, welches Schutzniveau die Grundrechte, insbesondere das Recht auf informationelle Selbstbestimmung, verlangen.

1. Schutzbereich

Für das Recht auf informationelle Selbstbestimmung stellte das BVerfG mit seinem Urteil zur Volkszählung, in dem es dieses Recht aus dem allgemeinen Persönlichkeitsrecht aus Art. 2 Abs. 1 i. V. m. Art. 1 Abs. 1 GG ableitete,[5] besondere Maßstäbe auf. Der Schutz des Rechts auf informationelle Selbstbestimmung beginnt schon auf der Ebene der Persönlichkeitsgefährdung und geht damit über den Schutz der Privatsphäre hinaus.[6] Geschützt werden soll dadurch vor allem vor Situationen, in denen Daten, die Datennutzung und -verknüpfung ein derartiges Ausmaß annehmen, dass der Betroffene die Vorgänge weder überschauen noch verhindern kann.[7] Denn den Schutz der Entfaltung von Privatheit sieht das BVerfG als Funktionsbedingung selbstbestimmter Entwicklung der Persönlichkeit und des demokratischen Gemeinwesens an.[8] Die hier beschriebenen Datenzugriffe und die damit verbundenen abzuwehrenden Persönlichkeitsgefährdungen gehen nicht mehr nur von staatlicher Seite aus, sondern auch von privaten Akteuren. Daher soll das Recht auf informationelle Selbstbestimmung nicht nur vor direkten staatlichen Eingriffen schützen, sondern entfaltet als Ausdruck eines objektiven Verständnisses auch im Privatrecht Wirkung, indem es auf die privatrechtlichen Normen durch Auslegung und Anwendung ausstrahlt.[9] Das Recht auf informationelle Selbstbestimmung reguliert mithin gewissermaßen private und staatliche Informationsmacht zugleich.[10] Es ver-

---

Pflichten (Überlassung und Verwendung der personenbezogenen Daten) der Nutzer. Die Einwilligung lässt sich daher als rechtsgeschäftsähnliche Erklärung einordnen; zu dieser Rechtsnatur der datenschutzrechtlichen Einwilligung siehe auch LG Hamburg, ZIP 1982, 1313, 1315; Simitis/*Simitis* (Fn. 2), § 4a Rn. 20.

5 BVerfGE 65, 1, 42.
6 BVerfG NJW 2008, 822, 826.
7 BVerfG NJW 2008, 822, 826.
8 BVerfGE 65, 1, 43.
9 *Polenz*, in: Kilian/Heussen, Computerrechtshandbuch, Informationstechnologie in der Rechts- und Wirtschaftspraxis, Teil 13, Datenschutz, 32. Aufl. 2013, Rn. 8.
10 *Bäcker*, Der Staat 51 (2012), 91, 95.

leiht dem Einzelnen schließlich die Befugnis, grundsätzlich selbst über die Preisgabe, Erhebung und Verwendung seiner Daten zu bestimmen.[11] Dadurch soll dem Einzelnen insbesondere eine selbstbestimmte Teilhabe an Kommunikationsprozessen ermöglicht werden.[12] Denn mangels der Bindung Privater an die spezifischen rechtsstaatlichen und demokratischen Vorkehrungen im Vergleich zum Staat kann sich in diesen Bereichen ein gesteigerter Schutzbedarf ergeben.[13]

2. Wirkungen

Wie ist die Wirkung des Rechts auf informationelle Selbstbestimmung einzuordnen?[14] Wegen der grundsätzlichen Ablehnung einer unmittelbaren Drittwirkung der Grundrechte gegenüber Privaten aus dogmatischen Gründen könnte die Wirkung des Rechts auf informationelle Selbstbestimmung als mittelbar zwischen Privaten eingeordnet werden.[15] Für eine unmittelbare Wirkung spricht jedoch die Ausgestaltung durch das BVerfG als subjektives Selbstbestimmungsrecht. Die jeweiligen Parteien können sich hier als Private, anders als der Staat selbst, auf ihre Grundrechtsausübung berufen. Private können jedoch, anders als der Staat, grundsätzlich ohne gesetzliche Ermächtigung personenbezogene Daten und Informationen[16] verarbeiten und austauschen,[17] jedenfalls in den Grenzen der Einwilligungen der Nutzer.

3. Reichweite des Schutzes

Gegenüber staatlichen Informationshandlungen begründet das Recht auf informationelle Selbstbestimmung einen objektiv-rechtlichen Ausgestaltungsauftrag.[18] Auch gegenüber Privaten[19] wird dieser Gestaltungsauftrag

---

11 BVerfGE 65, 1, 43.
12 *Hoffmann-Riem*, AöR 123 (1998), 513, 521.
13 *Hoffmann-Riem*, AöR 123 (1998), 513, 525.
14 Eine umfassende Auseinandersetzung mit dieser Frage kann an dieser Stelle nicht vorgenommen werden.
15 Zusammenfassend dazu *Wente*, NJW 1984, 1446, 1447.
16 Zur Unterscheidung zwischen Daten und Informationen, die eine wesentliche rechtliche Bedeutung einnehmen kann, sind doch Daten erst die Basis von Informationen, siehe *Albers*, Informationelle Selbstbestimmung, 2005, S. 141.
17 *Wente*, NJW 1984, 1446, 1447.
18 *Bäcker*, Der Staat 51 (2012), 91, 95. Für ein vordergründig objektiv-rechtliches Verständnis des Rechts auf informationelle Selbstbestimmung *Trute*, JZ 1998, 822, 825 ff.; *Albers* (Fn. 16), S. 138 ff., 147, die davon ausgeht, dass „die Grundrechte objektivrechtliche Freiheitsgewährleistungen sind, aus denen man die staatlichen Verpflichtungen und individuellen Rechte noch zu konkretisieren hat".
19 Die Rechtsprechung des BVerfG zur Geltung des Rechts auf informationelle Selbstbestimmung unter Privaten ist jedoch sehr zurückhaltend. So hat das Gericht diese – außer in der Entscheidung BVerfGE 84, 192, 194 f. zur Offenbarung einer Entmündigung bei Abschluss eines Mietvertrages – nicht näher prüft, siehe *Albers* (Fn. 16), S. 267.

zwar begründet, jedoch gerichtet an den Gesetzgeber, also den Staat.[20] Daher begründet das Recht auf informationelle Selbstbestimmung, insbesondere wegen seiner Sensibilität, eine grundrechtliche Schutzpflicht des Staates, zum Schutze dieses Rechts Schranken zu setzen.[21] Die Schutzpflicht des Staates besteht gegenüber sämtlichen privaten Informationshandlungen, die ein grundrechtliches Schutzgut berühren.[22] Das Recht auf informationelle Selbstbestimmung enthält somit einen objektiv-rechtlichen Schutzauftrag und damit einen objektiv-rechtlichen Gewährleistungsgehalt.[23] Dieser bezieht sich vor allem auf verfahrensrechtliche Schutzvorkehrungen wie Aufklärungs-, Auskunfts- und Löschungspflichten sowie Verwertungsverbote.[24] So soll der Prozess staatlicher Datenverarbeitungen so ausgestaltet werden, dass die Entfaltungsfreiheit des Einzelnen gewahrt wird, indem diesem Informationen über einzelne Datenverarbeitungen eingeräumt werden.[25]

4. Staatliche Schutzpflicht bei Facebook?

Die staatliche Pflicht zum Schutze des Rechts auf informationelle Selbstbestimmung greift nicht ohne Weiteres ein. Vielmehr müssen – schon nach Ansicht des BVerfG – bestimmte Voraussetzungen beziehungsweise Kriterien erfüllt sein. Diese arbeitete das BVerfG in seinem Beschluss zur Verfassungswidrigkeit einer versicherungsvertraglichen Obliegenheit zur Schweigepflichtentbindung heraus.[26] Gegenstand des Beschlusses waren Allgemeine Geschäftsbedingungen einer Berufsunfähigkeitsversicherung. Diese sahen vor, dass der Versicherte für den Versicherungsfall gegenüber seiner Versicherung darin einwilligen musste, von verschiedenen Institutionen (Ärzten, Versicherungsgesellschaften, Behörden etc.), „sachdienliche Auskünfte" einzuholen. Während die Zivilgerichte die AGB nicht beanstandeten,[27] sah das BVerfG hierin einen Verstoß gegen das Recht auf informationelle Selbstbestimmung. Die Schweigepflichtentbindung berühre die Geheimhaltungsinteressen des Versicherungsnehmers tiefgreifend. Mangels Wettbewerbs über die Datenschutzbedingungen im Versicherungswesen bestünde ein Machtungleichgewicht: „Die Versicherungsbedingungen der Versicherer sind praktisch nicht verhandelbar."[28] Ferner müsse dem Einzel-

---

20 *Bäcker*, Der Staat 51 (2012), 91, 95.
21 *Di Fabio*, in: Maunz/Düring, Grundgesetz-Kommentar, 74. Aufl. 2015, Art. 2 GG, Rn. 189; so auch: *Hoffmann-Riem*, AöR 123 (1998), 513, 523.
22 *Bäcker*, Der Staat 51 (2012), 91, 99.
23 *Hoffmann-Riem*, JZ 2014, 53, 57; *Dreier*, in: Dreier, GG-Kommentar, 3. Aufl. 2013, Art. 2 I Rn. 94 ff.
24 BVerfGE 113, 29, 58; *Dreier*, in: Dreier (Fn. 23), Art. 2 I Rn. 96.
25 *Bäcker*, Der Staat 51 (2012), 91, 98.
26 BVerfG MMR 2007, 93 ff.
27 Etwa OLG Celle, RuS 2005, 166.
28 BVerfG MMR 2007, 93, 94; für die Lebensversicherung BVerfGE 114, 73, 92, 95.

nen der informationelle Selbstschutz tatsächlich möglich und zumutbar sein.[29] Unzumutbar sei insbesondere ein gänzliches Absehen vom Vertragsschluss zum Schutz der persönlichen Informationen für den einen Vertragsteil, weil etwa die vom überlegenen Vertragspartner angebotene Leistung für den unterlegenen Vertragteil zur Sicherung seiner persönlichen Lebensverhältnisse von erheblicher Bedeutung ist.[30] Nach der Entscheidung des BVerfG ist die Durchführung von Aufklärungsmaßnahmen durch ein Versicherungsunternehmen jedenfalls im Voraus möglich und zumutbar.

In der Literatur hat sich vor allem *Bäcker* mit den vom BVerfG angedeuteten und aufgestellten Kriterien auseinandergesetzt.[31] Dabei beachtet er die Maßstäbe, die das BVerfG aufgestellt hat, weitet die Kriterien am Punkt der Bedeutung für die persönlichen Lebensverhältnisse jedoch aus. *Bäcker* definiert die Kriterien wie folgt: Zunächst bedürfe es einer nicht nur unerheblichen Gefährdung der Entfaltungsfreiheit des Betroffenen durch die jeweilige Informationshandlung. Ferner müsse ein Machtungleichgewicht zwischen den beiden Parteien bestehen, das die Entfaltungsmöglichkeit des Betroffenen dauerhaft hemme, wenn der Staat von seiner Schutzpflicht keinen Gebrauch mache. Damit die Schutzpflicht eingreifen könne, müsse der Betroffene zu einer Einwilligung zuletzt keine ernsthafte Alternative haben. Ein Kriterium für diese Voraussetzung könne – jedenfalls nach den von *Bäcker* aufgestellten Kriterien – sein, dass die Einwilligung beziehungsweise der sich aus der Einwilligung für den Betroffenen ergebende Vorteil für ihn eine wesentliche Bedeutung habe.[32] Insoweit stellt *Bäcker*, anders als das BVerfG, das sich diesbezüglich zurückhaltender verhält, nicht bloß auf die Sicherung der persönlichen Lebensverhältnisse ab. Ob diese Kriterien zur Anwendbarkeit der Schutzpflicht des Rechts auf informationelle Selbstbestimmung eingreifen, ist im Einzelfall zu entscheiden. Im Folgenden wird geprüft, ob eine solche verfassungsrechtliche Schutzpflicht bei Facebook bezogen auf die Einwilligung der Nutzer in die Nutzungsbedingungen besteht. Hierzu soll auch das von *Bäcker* aufgestellte Kriterium der wesentlichen Bedeutung des Vorteils für den Betroffenen berücksichtigt werden. Auch wenn den Nutzern möglicherweise bereits aufgrund einer Unwirksamkeit der Einwilligung datenschutzrechtliche Ansprüche gegen Facebook (Auskunft über gespeicherte Daten, Löschung etc.) zustehen, kann die verfassungsrechtliche staatliche Schutzpflicht diese Ansprüche erweitern und verstärken. Außerdem kann so eine effektive Durchsetzung der Ansprüche gefördert werden.

---

29 BVerfG MMR 2007, 93.
30 BVerfG MMR 2007, 93.
31 Dazu ausführlich *Bäcker*, Der Staat 51 (2012), 91, 106, der diese Kriterien in seinem Aufsatz orientiert an dem Urteil des BVerfG aufstellt.
32 *Bäcker*, Der Staat 51 (2012), 91, 106.

a) Nicht nur unerhebliche Gefährdung der Entfaltungsfreiheit

Die Nutzer können nicht überblicken, wofür und von wem ihre Daten jeweils im Einzelfall genutzt, gespeichert und weitergegeben werden. Dadurch können sie etwa gehemmt sein, bestimmte Informationen preiszugeben, und in ihrer Entfaltungsfreiheit eingeschränkt sein. Somit besteht eine nicht nur unerhebliche Gefährdung der Entfaltungsfreiheit der Nutzer durch die jeweilige Informationshandlung.

b) Machtungleichgewicht

Aufgrund der wirtschaftlichen Macht des sozialen Netzwerks Facebook besteht auch ein Machtungleichgewicht zwischen dem sozialen Netzwerk und seinen Nutzern, das die Entfaltungsmöglichkeit der Nutzer dauerhaft hemmt. Denn alle Nutzer des Netzwerkes müssen die einseitig zu Gunsten Facebooks festgelegten Nutzungsbedingungen akzeptieren, um Teil des Netzwerks zu werden.

c) Keine ernsthafte Alternative zu einer Einwilligung

Mittlerweile kann bereits davon gesprochen werden, dass soziale Netzwerke und die dortige Präsenz ein unverzichtbarer Bestandteil des Soziallebens einzelner Gruppen sein können.[33] Daher könnte die Bedeutung, die Facebook inzwischen für das Sozialleben und die persönliche Lebensführung der Nutzer erlangt hat, dazu führen, dass diese keine ernsthafte Alternative zu einer Einwilligung haben. Die Möglichkeit, nach wie vor offline zu kommunizieren und das eigene Sozialleben auszuüben und zu gestalten, ändert daran nichts.

Verstärkt wird dies durch die Netzwerkeffekte und die Lock-in-Effekte, die Internetdienste wie Facebook prägen. Je mehr Nutzer ein Netzwerk hat, desto attraktiver wird es, d. h. der Wert der Netzleistung erhöht sich mit der Zahl der Nutzer (direkte Netzwerkeffekte).[34] Von indirekten Netzwerkeffekten wird gesprochen, wenn der Nutzen einer Plattform für eine Kundengruppe zunimmt, wenn eine andere Kundengruppe wächst.[35] So wächst mit steigender Attraktivität eines Betriebssystems das verfügbare Angebot der ergänzenden Anwendungssoftware, was wiederum den Anwender bei der Entscheidung für ein bestimmtes Betriebssystems beeinflusst.[36] Eine unmittelbare Verbindung zwischen dem jeweiligen Vorteil und der direkten

---

33 *Buchner,* DuD 2010, 39, 41, stellt die Eigenschaft sozialer Netzwerke als unverzichtbarer Bestandteil des Soziallebens noch für die Zukunft in Aussicht und sieht die Koppelung der Mitgliedschaft an die Einwilligung gerade nicht als Problem der Freiwilligkeit an.
34 *Klees,* in: Kilian/Heussen, Computerrechtshandbuch, Informationstechnologie in der Rechts- und Wirtschaftspraxis, Teil 6, Kartellrecht, 32. Aufl. 2013, Rn. 8; Zerdick, Die Internet-Ökonomie, 2011, S. 155.
35 *Monopolkommission,* Aktuelle Probleme der Wettbewerbspolitik, Google, Facebook & Co, 2014, S. 61.
36 *Klees,* in: Kilian/Heussen (Fn. 34), Rn. 8.

Kommunikation der Konsumenten besteht hier gleichwohl nicht.[37] Indirekte Netzwerkeffekte sind für soziale Netzwerke wie Facebook von besonderer Relevanz und erzeugen gewissermaßen eine Bindungswirkung der Nutzer (anders bei Suchmaschinen[38]).[39] Grund dafür sind sogenannte Lock-in-Effekte, die die Nutzer wegen der Netzwerkvorteile insgesamt (Anzahl der Nutzer und Menge der Informationen, die über andere Nutzer verfügbar sind) an den Standard der Netzwerke binden.[40] Anders als bei Suchmaschinen, die man leichter wechseln kann, können Facebooks Nutzer, die womöglich ihr gesamtes privates und/oder sogar berufliches Umfeld als Kontakte bei dem sozialen Netzwerk haben und dieses als Kommunikationsform (auch zur Unternehmenskommunikation) nutzen, das soziale Netzwerk nicht ohne ihr Umfeld wechseln; die Kommunikationsmöglichkeiten wären begrenzt. Auf der einen Seite liegen die Gründe damit in den Vorteilen des Netzwerks, nämlich der Kommunikation über das soziale Netzwerk. Auf der anderen Seite wird die Entscheidung der Nutzer wegen etwaiger Wechselkosten *(switching costs)* beeinflusst.[41] Zwar entstehen beim Wechsel eines sozialen Netzwerks keine Kosten in Form eines Entgelts: Der Wechsel ist kostenfrei möglich. Die Hemmschwelle der Nutzer liegt dagegen in der fortwährenden Speicherung ihrer Daten bei Facebook auch nach Abmeldung als Mitglied in dem Netzwerk. Dies hatte zuletzt der österreichische Jurastudent *Maximilian Schremms* illustriert,[42] der eine umfangreiche Datenanfrage zu seinem Profil bei Facebook vornahm. Folge dessen waren mehrere Anzeigen gegen das soziale Netzwerk wegen der ausufernden Speicherung nicht nur eigener Angaben, sondern auch sämtlicher Kommunikationsverläufe inklusive gelöschter und fremder Kommunikation über die eigene Person. Jüngst hatte die Rechtsverfolgung *Schremms* bis vor den Europäischen Gerichtshof dazu geführt, dass der Gerichtshof das Safe-Harbor-Datenschutzabkommen[43] zum Austausch personenbezogener Daten zwischen der Europäischen Union und den USA für ungültig erklärte. Als Hauptgrund hierfür führte der EuGH an, dass das Safe-Harbor-Abkommen den Wesensgehalt des Grundrechts auf Achtung der Privatsphäre verletze.[44]

---

37 *Wolf*, Kartellrechtliche Grenzen, 2004, S. 84.
38 Obgleich auch hier vieles wie die Effizienz, die Treffsicherheit und die bestehenden Algorithmen für eine Bindungswirkung an Google spricht.
39 *Monopolkommission*, Aktuelle Probleme der Wettbewerbspolitik (Fn. 35), S. 61.
40 *Pohlmeier*, Netzwerkeffekte und Kartellrecht, 2004, § 5 S. 81.
41 *Wolf* (Fn. 37), S. 99.
42 *Frank Meyer*, „Auf Facebook entscheidet immer der Algorithmus", abrufbar unter: http://www.deutschlandradiokultur.de/auf-facebook-entscheidet-immer-der-algorithmus.954.de.html?dram:article_id=146645, zuletzt abgerufen am 5.10.2015.
43 Die Safe-Harbor-Vereinbarung legte fest, unter welchen Bedingungen Internetunternehmen Nutzerdaten aus Europa in den USA verarbeiten durften.
44 EuGH v. 6.10.2015 – C-362/14 (Maximillian Schrems).

Im Hinblick darauf, dass die Währung der Nutzer bei dem sozialen Netzwerk Facebook ihre Daten[45] und die damit verbundenen Informationen[46] sind, verursacht auch der Wechsel der Nutzer des sozialen Netzwerks erhebliche Wechselkosten. Grund hierfür sind die hinterlassenen Daten(-spuren) im „alten" Netzwerk und die Notwendigkeit einer erneuten Preisgabe dieser im „neuen" Netzwerk: Facebook monetarisiert die Nutzerdaten gewissermaßen durch den Verkauf an Werbekunden. Die wechselnden Nutzer müssten einerseits regelmäßig damit rechnen, dass sie unerwünschte Werbung erhalten, und können sich andererseits in ihren Angaben im neuen sozialen Netzwerk, dem sie eventuell beitreten, eingeschränkt und abgeschreckt fühlen, weitere Daten preiszugeben. Grund dafür ist die Ungewissheit der Nutzer, in welchem Umfang ihre Daten durch Dritte genutzt oder an diese weitergegeben werden. Schließlich wäre die Folge eines Wechsels, dass ein weiteres privates Unternehmen ausufernden Zugriff auf die nutzereigenen Daten und Inhalte hätte und die Masse der eigenen und im Netz angesammelten personenbezogenen Daten noch größer würde.

d) Zwischenergebnis

Es besteht eine Schutzpflicht des Staates für das Recht auf informationelle Selbstbestimmung. Grund sind die Gefährdung der Entfaltungsfreiheit der Nutzer durch Facebook sowie das bestehende Machtungleichgewicht zwischen dem sozialen Netzwerk und seinen Nutzern. Zuletzt ist die Einwilligung der Nutzer in die Nutzungsbedingungen wegen der bestehenden Netzwerkeffekte alternativlos.

5. Datenschutzrechtliche Einwilligung als Kommerzialisierungsinstrument?

Eine besondere Gefährdungslage des Rechts auf informationelle Selbstbestimmung ergibt sich daraus, dass Facebook mit den Daten der Nutzer Geschäfte macht. Wie bereits gezeigt fungieren die Daten bei Facebook gewissermaßen als Währung; ihnen kommt ein wirtschaftlicher Wert zu.[47] Zunehmend kommt der datenschutzrechtlichen Einwilligung die Funktion eines Kommerzialisierungsinstruments zu.[48] Dieser Aspekt ist insofern bedenklich, als die Einwilligung gerade Ausfluss des Rechts auf informationelle Selbstbestimmung ist oder zumindest sein soll.

Wenngleich die Einwilligung insbesondere wegen der datenschutzrechtlichen Grundsätze nicht kommerzialisierbar sein sollte, fungiert sie dennoch als Kommerzialisierungsinstrument. Dieses Spannungsverhältnis zeigt

---

45 So etwa auch *Körber*, WRP 2012, 761, 771.
46 *Spiecker, gen. Döhmann*, K&R 2012, 712, 724.
47 *Weichert*, NJW 2001, 1463, 1463.
48 *Buchner*, DuD 2010, 39; Simitis/*Simitis* (Fn. 2), § 4a Rn. 5.

sich bereits bei der kunsturheberrechtlichen Einwilligung nach § 22 KUG.[49] Das Problem bei Facebook besteht jedoch darin, dass diese Nutzung der Persönlichkeitsrechte der Nutzer Facebooks regelmäßig im Tausch der Daten gegen die Nutzung des sozialen Netzwerks erfolgt. Nach Ansicht von Facebook handelt es sich bei dem Nutzungsvertrag um einen quasi-entgeltlichen Vertrag, zumal das soziale Netzwerk mit den Daten der Nutzer einen enormen Gewinn[50] erzielen kann. Dies geschieht vor allem durch Werbungsschaltung.

An dieser Stelle stellt sich die Frage, ob mit Blick auf die Kommerzialisierung ein eigentumsähnlicher Gehalt des Rechts auf informationelle Selbstbestimmung anzuerkennen ist, der zu einer analogen Anwendbarkeit der Normen des UrhG führen könnte.[51] Eine solche analoge Anwendbarkeit der Normen des UrhG wird etwa von *Bräutigam*[52] angedacht, um auf deren Schutzmechanismen zurückgreifen zu können. Partiell wird sogar die Einrichtung einer „Verwertungsgesellschaft Datenschutz" gefordert, um der Kommerzialisierung personenbezogener Daten entgegenzuwirken.[53] Dieser Ansatz ist jedoch kritisch zu betrachten, denn das Recht auf informationelle Selbstbestimmung wird als ein höchstpersönliches Recht angesehen, das weder veräußert noch übertragen werden kann.[54] Diese Merkmale erfüllt das Urheberrecht im Grundsatz auch, was für eine analoge Anwendung der urheberrechtlichen Normen spricht. Anders ist dies beim Recht am eigenen Bild zu beurteilen, welches regelmäßig im Mittelpunkt der Einwilligung nach § 22 KUG steht und vermögensrechtliche Bestandteile besitzt.[55] Eine eigentumsrechtlich gesteuerte Kommerzialisierung des Datenverkehrs widerspricht ferner den typischen Situationen, in denen es um Gefährdungen des Datenschutzes durch Private geht: etwa zahlreiche Situationen im Arbeitgeberdatenschutz wie Erkrankungen, Schwangerschaft oder Alkoholprobleme.[56] Es geht letztlich immer darum, wie nah das jeweilige Recht an der Persönlichkeit ist. Das Eigentumsrecht ist insoweit relativ fern, das Urheberrecht schon näher (obwohl es natürlich auch für wirtschaftliche Ver-

---

49 *Rogosch*, Die Einwilligung im Datenschutzrecht, 2013, S. 36; *Buchner*, Informationelle Selbstbestimmung, 2006, S. 42.
50 Dies zeigt auch der mit fünf Milliarden Dollar bewertete Börsengang Facebooks, siehe die Meldung vom 2.2.2012 bei Spiegel Online: *Pitzke*, Facebook-Börsengang: Das Milliarden-Dollar-Face, abrufbar unter: http://www.spiegel.de/wirtschaft/unternehmen/facebook-boersengang-das-milliarden-dollar-face-a-812831.html, zuletzt abgerufen am 5.10.2015.
51 Vgl. dazu *Spindler*, GRUR-Beil. 2014, 101, 103.
52 *Bräutigam*, MMR 2012, 635, 639.
53 *Bräutigam*, MMR 2012, 635, 641.
54 *Weichert*, NJW 2001, 1463, 1466.
55 BGH NJW 2000, 2195:. Der BGH nimmt jedenfalls eine Vererblichkeit dieser vermögenswerten Bestandteile an; das OLG Hamburg tendiert dazu, eine Übertragbarkeit auch unter Lebenden zu bejahen, OLG Hamburg, MMR 2004, 413, 414.
56 *Kühling*, Die Verwaltung 2007, 153, 165.

wertung des Werks bedeutsam ist), das Recht auf informationelle Selbstbestimmung sehr nah. Schließlich kann eine Datenüberlassung in Abgrenzung zur Eigentumsübertragung beliebig oft vereinbart werden.[57]

Datenschutz darf letztlich zwar nicht darauf reduziert werden, die Verwertungsmöglichkeiten personenbezogener Daten zu sichern.[58] Kann es dennoch wegen der Unübertragbarkeit des Rechts auf informationelle Selbstbestimmung und mit Blick auf den Vergleich zum Urheberecht Aufgabe des Datenschutzrechts sein, die Nutzer von der Kommerzialisierung ihrer Daten abzuhalten?[59]

Grundsätzlich kommt dem Datenschutzrecht schließlich eine dienende Funktion in der Form zu, dass die rechtlichen Rahmenbedingungen zur effektiven Wahrnehmung des Rechts auf informationelle Selbstbestimmung gewährleistet werden.[60] Hier zeigen sich die Problematik um die Reichweite und die Grenzen des Gewährleistungsgehalts des Rechts auf informationelle Selbstbestimmung. Die personenbezogenen Daten und Informationen sind Grundbedingung der Persönlichkeitsentfaltung, sie ermöglichen erst die Darstellung der Persönlichkeit und können daher nicht als eigentumsanaloges Informationsbeherrschungsrecht eingeordnet werden.[61]

Das Recht auf informationelle Selbstbestimmung kann deshalb nicht als eigentumsähnliches Recht eingeordnet werden. Eine solche Annahme würde die Konturen des Gewährleistungsgehalts des Rechts auf informationelle Selbstbestimmung überschreiten. Als zusätzlicher Grund dafür kann angeführt werden, dass sich eine solche Annahme nicht aus den Grundprinzipien, -instrumentarien und Grundlagen des Datenschutzrechts ergibt. Die vom Gewährleistungsbereich des Rechts auf informationelle Selbstbestimmung (und auch jenen anderer Grundrechte wie Art. 5 GG) erfassten Konstellationen sind allgemeiner Art (objektiv etwa verfahrensrechtliche Vorkehrungen, Transparenzgesichtspunkte) und lassen sich zumeist aus den datenschutzrechtlichen Grundsätzen herleiten. Anhaltspunkte dafür, dass eine eigentumsrechtliche Komponente vom Gewährleistungsbereich erfasst sein könnte, gibt es insbesondere in den Grundprinzipien des Datenschutzrechts nicht. Allenfalls könnte diese Komponente ohnehin vom subjektiven Gewährleistungsbereich gedeckt sein. Eine solche Annahme lässt sich jedoch dogmatisch, insbesondere wegen der höchstpersönlichen Natur des Rechts auf informationelle Selbstbestimmung, nicht begründen. Gleichwohl zeigt sich eine Parallele zum Urheberrecht.

Dennoch ist eine Kommerzialisierung der datenschutzrechtlichen Einwilligung auch mit Blick auf die bereits anerkannte Kommerzialisierung der

---

57 *Weichert*, NJW 2001, 1463, 1468.
58 So *Weichert*, NJW 2001, 1463, 1469.
59 Eine solche Aufgabe des Datenschutzrechts verneinend *Buchner*, DuD 2010, 39, 40.
60 *Buchner*, DuD 2010, 39, 43.
61 *Trute*, JZ 1998, 822, 825.

kunsturheberrechtlichen Einwilligung von Prominenten nicht zu verhindern.[62] Im Sinne von Privatautonomie und wirtschaftlicher Selbstbestimmung kann der Einzelne grundsätzlich Angriffe auf sein Persönlichkeitsrecht entgeltlich erlauben.[63] Ein generelles Verbot der Kommerzialisierung widerspräche auch dem datenschutzrechtlichen Grundsatz, dass der Einzelne grundsätzlich selbst über die Reichweite und das Ausmaß, also auch das Maß der Geheimhaltung seiner Daten, bestimmen darf.[64]

II. Einwilligung der Nutzer in die Nutzungsbedingungen

Im folgenden Abschnitt wird die Einwilligung der Nutzer in die Nutzungsbedingungen auf ihre Wirksamkeitsvoraussetzungen hin und die sich in diesem Zusammenhang aufzeigenden Probleme betrachtet. Die Einwilligung der Nutzer in die Nutzungsbedingungen fungiert grundsätzlich als Rechtfertigungsinstrument für den Eingriff in das Recht auf informationelle Selbstbestimmung.[65] Die Verarbeitung personenbezogener Daten ist nach deutschem Datenschutzrecht grundsätzlich unzulässig, außer wenn eine Erlaubnis vorliegt. Diese Erlaubnis kann in Form eines gesetzlichen Erlaubnistatbestands wie § 28 BDSG (für nichtöffentliche Stellen) oder einer Einwilligung bestehen. Bei Facebook ist die Einwilligung der Nutzer in die Nutzungsbedingungen des sozialen Netzwerks maßgeblich. Um Teil des sozialen Netzwerks zu werden, ist diese unabdingbar. Die Nutzungsbedingungen sind jedoch für die meisten Nutzer zu komplex und zu undurchsichtig ausgestaltet: Für viele Nutzer ist es wegen des Umfangs und der Komplexität der Bedingungen schwierig abzuschätzen, welche Einwilligungen sie mit der Zustimmung zu den Allgemeinen Geschäftsbedingungen abgeben und welchen Umfang diese Einwilligungen haben.[66] Dennoch stützt das soziale Netzwerk auf diese Bedingungen sämtliche Maßnahmen der Verarbeitung der Daten seiner Nutzer. Mit Blick auf die zuvor untersuchten verfassungsrechtlichen Vorgaben durch das Recht auf informationelle Selbstbestimmung werden im Folgenden die einfachgesetzlichen Regelungen betrachtet.

---

62 So auch *Rogosch* (Fn. 49), S. 43.
63 Siehe dazu bei *Unseld*, GRUR 2011, 982, 984.
64 *Rogosch* (Fn. 49), S. 43; *Buchner*, DuD 2010, 39, 40.
65 Siehe *Rogosch* (Fn. 49), S. 231; Taeger/Gabel/*Taeger*, Kommentar zum BDSG und zu den Datenschutzvorschriften des TKG und TMG, 2. Aufl. 2013, § 4a BDSG Rn. 17.
66 *Monopolkommission*, Sondergutachten 68, 2015, S. 111, die sich bezüglich der Einschätzung der Länge und Komplexität der AGBs durch die Nutzer (75%) auf folgende Studie beruft: *Deutsches Institut für Vertrauen und Sicherheit im Internet*, DIVSI Studie. Daten – Waren und Währung, November 2014.

1. Ausufernde Verwendung der Daten: Beeinträchtigung des Rechts auf informationelle Selbstbestimmung?

Die Nutzerdaten, etwa die Profilangaben (Name, Alter, Geschlecht) und Suchverläufe, werden regelmäßig für Werbezwecke und Anzeigen in den Surfverläufen verwendet. Eine Nutzung für Werbezwecke erfolgt vor allem in der Form, dass den Nutzern basierend auf ihren Suchverläufen und passend zu ihren Profilangaben personalisierte Werbung angezeigt wird. Auch Daten hinsichtlich des Surfverhaltens der Nutzer und deren IP-Adressen werden gesammelt. Überdies bedient dich der Staat der Nutzerdaten für Maßnahmen der Strafverfolgung und Gefahrenabwehr. Die ausufernde Verwendung der Daten der Nutzer Facebooks beeinträchtigt regelmäßig ihr Recht auf informationelle Selbstbestimmung als bedeutende Facette des allgemeinen Persönlichkeitsrechts aus Art. 2 Abs. 1 GG i. V. m. Art. 1 Abs. 1 GG.

Wegen der Globalität des sozialen Netzwerks eröffnen sich weit reichende Möglichkeiten der Preisgabe sämtlicher personenbezogenen Daten der Nutzer, auch der Suchverläufe, an eine unbegrenzte Öffentlichkeit.[67] Die informationelle Selbstbestimmung des Einzelnen ist umso eher und mehr gefährdet, je größer die Menge der insgesamt gespeicherten, gesammelten und verarbeiteten Daten ist.[68] Schließlich führt die Masse der insgesamt verknüpften Daten zu unüberschaubaren Streuungs- und Verknüpfungsmöglichkeiten, sodass das Maß der Selbstbestimmung geringer wird. Facebook erfasst mit dem Nachrichtendienst *Whatsapp* und dem Fotodienst *Instagram* mittlerweile die Daten von rund 2,4 Milliarden Menschen.[69] Überdies hat Facebook Zugriff auf Daten von Diensten, die mit dem sozialen Netzwerk verknüpft sind, beispielsweise des Musikdienstes *Spotify*, bei dem sich die Nutzer mit ihrem Facebook-Profil anmelden können.[70] Hier ist dann eine Verknüpfung der eigenen Anwendungen mit Facebook möglich. Oft ist für die Nutzer wegen der Integration von Facebook in den jeweiligen Dienst gar nicht ersichtlich, dass es sich um ein externes Angebot handelt.[71] Insbesondere durch diese Verknüpfung der verschiedenen zu Facebook gehörenden Dienste werden die Streuungsmöglichkeiten der Nutzerdaten durch Sammlung und Austausch immer vielfältiger.

In den meisten Fällen werden die Nutzer gar nicht wissen, dass und wofür ihre Daten verwendet oder weitergegeben werden. Die Folgen sind den meisten entweder nicht bewusst oder sie geben die Einwilligung „routi-

---

67 Maunz/Düring/*Di Fabio*, Grundgesetz-Kommentar, 74. Aufl. 2015, Art. 2 GG, Rn. 190; so auch *Spindler*, GRUR-Beil 2014, 101.
68 Dazu bei *Martini*, DVBl 2014, 1481, 1483 f.
69 *Christl*, Verstecken kann sich niemand mehr, in: FAZ vom 28.4.2015, S. 7.
70 Hierzu siehe bei *Burkert*, in: Taeger, Tagungsband Herbstakademie 2014, Big Data & Co, 2014, S. 423, 424.
71 Hierzu siehe bei *Burkert* (Fn. 70), S. 424.

nemäßig" ab.[72] Schon gar nicht werden die Nutzer davon ausgehen, dass die bei einem von Facebook betriebenen Dienst oder einem mit Facebook verknüpften Dienst preisgegebenen Daten auch bei einem anderen Dienst verwendet werden können und jedenfalls an diesen weitergegeben werden.[73]

2. Wirkungsvergleich der Einwilligung: digital versus analog

Die Besonderheiten der digitalen Umgebung können dazu führen, dass die Anforderungen an eine datenschutzrechtliche Einwilligung wachsen. In diesem Zusammenhang stellt sich die Frage, ob Einwilligungen in der digitalen Welt anders wirken als in der analogen Welt.[74] Die Hemmschwelle der Einwilligenden im Netz ist geringer: Mit einem Klick und dem Setzen eines Hakens in das entsprechende Feld wird ohne wesentliche Barrieren wie das Lesen langer Seiten die Einwilligung ermöglicht. In der digitalen Welt scheinen die Folgen der Einwilligung insgesamt oft unüberschaubarer, einerseits wegen der Weiten des Internets, andererseits wegen der zahlreichen Möglichkeiten, die sich im Netz ergeben. Im Vergleich dazu sind in der analogen Welt beispielsweise die Konstellationen zur Datennutzung begrenzt und nehmen nicht das gleiche Ausmaß an wie im Internet. Digital wirkt die Einwilligung oft, so zumindest bei Facebook, wie eine Voraussetzung zur Zugangsberechtigung.

Analog geht es zumeist um andere Situationen, der Zugang zu den „Diensten", die eine Einwilligung erfordern, ist meistens frei. Außerdem geht es in den analogen Fällen nicht vordergründig und in demselben Ausmaß darum, dass man mit seinen Daten „bezahlt".[75] Die Daten werden hier zumeist im Interesse des Einwilligenden erhoben. So wird eine Einwilligung eines Patienten zur Datenspeicherung der Patientendaten in der Patientenakte (analog oder digital) vorwiegend in seinem Interesse und zu seinem Vorteil für weitere Behandlungen sein und der Effektivität des weiteren Behandlungsverhältnisses zwischen Arzt und Patienten dienen. Aber auch aus diesen typischen analogen Situationen etwa im Versicherungswesen entwickeln sich digitale Konstellationen zur Ansammlung der Kundendaten im Sinne von „Big Data". Dieser Begriff meint derart große Datensätze, dass sie durch klassische Datenbanken nicht mehr erfasst und gespeichert sowie verarbeitet und analysiert werden können.[76] Hier erfolgt eine

---

72 *Rogosch* (Fn. 49), S. 18.
73 Diese Möglichkeit der Datenverknüpfung Facebooks mit externen Diensten eröffnete sich das soziale Netzwerk durch die Anpassung der AGBs Anfang 2015, siehe im Rahmen Facebooks Datenschutzrichtlinie unter https://de-de.facebook.com/about/privacy, zuletzt aufgerufen am 10.10.2015.
74 Diese These bejahend *Peifer*, JZ 2013, 853, 853.
75 Obgleich auch analog an Situationen zu denken ist, in denen es um das Bezahlen mit den eigenen Daten geht, wie etwa bei Preisausschreiben, deren Zweck in erster Linie der Aufbau einer Adressdatenbank zu Werbezwecken ist.
76 *Monopolkommission*, Sondergutachten (Fn. 66), S. 44.

Ansammlung der Daten für einzelne Betroffene zu deren Vorteil, für andere zum Nachteil, geht es beispielsweise um die Erfassung und die elektronische Kontrolle von Fitness- und Ernährungsdaten.[77]

Digital, im Internet, dient die Einwilligung vordergründig der einen, nämlich überlegenen Vertragsseite. Auch die Monetarisierung der Daten zeigt den Unterschied zwischen der analogen und der digitalen Welt. Zwar können auch Patientendaten etwa bei der Übernahme einer Arztpraxis an Nachfolgeärzte „verkauft" werden, dies wird den Patienten jedoch regelmäßig bewusst sein und ist meistens in ihrem Interesse. Es wäre unpraktikabel, wenn jedes Mal bei einem Wechsel des Inhabers der Praxis sämtliche Patientendaten erneuert und Krankheitsbilder neu erstellt werden müssten. Anders ist dies in der digitalen Welt des Internets. Unpraktikabel wäre beziehungsweise ist eine Nichtmitnahme einiger digitaler Daten hinsichtlich der Mitgliedschaft bei Facebook. Dies bezieht sich zwar nicht auf die Such- und Surfverläufe, die die Nutzer wohl regelmäßig nicht benötigen. Ein Zugriff auf die Verknüpfungen mit den verschiedenen Freunden, die Hinweise auf anstehende Veranstaltungen sowie die Sammlung der hochgeladenen, geposteten und in Alben gesammelten Bilder scheint für die Nutzer aber jedenfalls bedeutend zu sein. Schließlich lassen Plattformen nicht zu, dass Nutzer mitsamt ihren Daten auf eine andere Plattform wechseln. Wer auf eine andere Plattform will, muss wegen der sich zeigenden Netzwerkeffekte dort „von vorne" anfangen. Abgesehen davon ist es nicht im Interesse der Nutzer, dass ihre Daten derart „verkauft" werden und die Anbieter damit Gewinn erzielen und sie dabei als primär Betroffene noch nicht einmal Kenntnis davon haben, wer die Daten erhält, nutzt, verwendet und womöglich nochmals weitergibt. Die Verbreitung ist online weitaus unbegrenzter als analog oder im geschilderten Patientendatenfall, obgleich die Daten beziehungsweise die Akte auch hier digitalisiert werden kann. Denn hier ist die Zugriffsmöglichkeit eine andere und der Zugriffs- beziehungsweise Empfängerkreis begrenzt. In der digitalen Welt wirken Einwilligungen mithin anders als in der analogen Welt.

Einen Grundrechtsverzicht, die Möglichkeit dessen sei vorausgesetzt, stellt die Einwilligung in die Weitergabe und Verarbeitung der personenbezogenen Daten jedenfalls regelmäßig nicht dar.[78] Denn mit der Abgabe der Einwilligung trifft der Betroffene regelmäßig eine eigenständige (widerrufliche) „Bestimmung", die als eine Ausübung des Rechts auf informationelle Selbstbestimmung zu qualifizieren ist.[79] Impliziert die Einwilligung der Nutzer wegen der ausufernden Datennutzung auch durch andere zu Facebook gehörende Dienste zugleich einen Kontroll- beziehungsweise Steuerungs-

---

77 *Monopolkommission*, Sondergutachten (Fn. 66), S. 46.
78 Vgl. dazu: *Geiger*, NVwZ 1989, 35, 36 f.
79 *Geiger*, NVwZ 1989, 35, 37.

verlust der Nutzer in Bezug auf ihre personenbezogenen Daten? Die Verwendung der Nutzerdaten auch in anderen Kontexten verstärkt den Bedarf nach staatlichem Schutz[80] – ohne dabei die Privatautonomie in Frage stellen zu wollen.

3. Kriterien für die Einwilligung, insbesondere Freiwilligkeit der Einwilligung und Reichweite

Die spezialgesetzliche Regelung und gewissermaßen den einfachgesetzlichen Ausfluss des Rechts auf informationelle Selbstbestimmung bildet § 4a BDSG. Diese Regelung stellt an die datenschutzrechtliche Einwilligung die Voraussetzungen der Freiwilligkeit, Bestimmtheit und Informiertheit. Im Mittelpunkt der Betrachtung der Einwilligung der Nutzer in die Nutzungsbedingungen steht die Frage, ob die Einwilligung der Nutzer in die Nutzungsbedingungen des sozialen Netzwerks freiwillig erfolgt. Grundsätzlich ist eine Einwilligung freiwillig, wenn sie ohne Zwang erfolgt.[81] Ein Zwang besteht nach der Rechtsprechung des BGH insbesondere dann, „wenn die Einwilligung in einer Situation wirtschaftlicher oder sozialer Schwäche oder Unterordnung erteilt wird oder wenn der Betroffene durch übermäßige Anreize [...] zur Preisgabe seiner Daten verleitet wird [...]".[82] Zu klären ist im folgenden Abschnitt, ob eine „soziale Zwangslage" besteht und ob umfassende Informationen über den Zweck der Übermittlung personenbezogener Daten offensichtlich gegeben wurden.[83]

In den Fällen eines erheblichen Machtungleichgewichts bildet die Einwilligung möglicherweise keine Rechtsgrundlage für die (ausufernde) Verarbeitung der personenbezogenen Daten der Nutzer.[84] Dazu bedürfte es eines erheblichen Ungleichgewichts zwischen Facebook und seinen Nutzern. Ein solches könnte hier bestehen, weil die Einwilligung jeweils an den Abschluss des Nutzungsvertrages gekoppelt ist.

Roßnagel/Pfitzmann/Garstka nehmen in ihrem Gutachten zur Modernisierung des Datenschutzes an, dass eine Einwilligung im Hinblick auf „(Infrastruktur-)Leistungen der zivilisatorischen Grundversorgung" nicht freiwillig erfolge, wenn sie an das Vertragsverhältnis gekoppelt sei,[85] insbesondere wenn der Zugang von der Einwilligung der betroffenen Person in die Verarbeitung ihrer Daten abhängig gemacht werde.[86] Dieser Ansatz greift

---

80 *Hoffmann-Riem*, AöR 134 (2009), 513, 524.
81 Spindler/Schuster/*Spindler*/*Nink*, Recht der elektronischen Medien, 3. Aufl. 2015, § 4a BDSG Rn. 4 f.
82 BGH NJW 2008, 3055, 3056.
83 Spindler/Schuster/*Spindler*/*Nink* (Fn. 81), § 4a BDSG Rn. 4 f.
84 Siehe dazu *Kamp/Rost*, DuD 2013, 80, die sich auf den Verordnungsentwurf der Datenschutzgrundverordnung beziehen.
85 *Roßnagel/Pfitzmann/Garstka*, Modernisierungsgutachten 2011, S. 95.
86 *Roßnagel/Pfitzmann/Garstka* (Fn. 85), S. 91.

die Wertung des § 28 Abs. 3b BDSG (hierzu siehe unter III.) auf. Während die Telekommunikation an sich in dem Gutachten als ein Beispiel für die soziale Grundversorgung aufgezählt wird, ist fraglich, ob die Teilnahme an sozialen Netzwerken für diese unentbehrlich sein kann. *Kamp/Rost* sehen dies jedenfalls als vorstellbar im Hinblick auf eine sonst eventuell drohende kommunikative Ausgrenzung an.[87] Als möglicher Grund hierfür kann jedenfalls die Bedeutung von Kommunikationsdiensten in unserer Wissens- und Informationsgesellschaft angeführt werden, die vergleichbar mit klassischen Infrastrukturen wie der Straßen- und Schieneninfrastruktur ist.[88]

Dem Staat kommt schließlich eine Schutzpflicht für die Kommunikationsfreiheiten des Art. 5 GG zu. Facebook übernimmt die Bereitstellung der Rahmenbedingungen der sozialen digitalen Kommunikation als privates Unternehmen. In diesem Bereich können auch die Grundrechte nach der Rechtsprechung des BVerfG[89] eine mittelbare Geltung entfalten, die einer unmittelbaren sogar gleichkommen kann.[90] Es kann jedenfalls davon ausgegangen werden, dass die Kommunikation über soziale Netzwerke für die soziale Grundversorgung unentbehrlich ist.

4. Reichweite der Einwilligung

Im Zusammenhang mit der Einwilligung der Nutzer in die Nutzungsbedingungen und der Freiwilligkeit dieser Einwilligung stellt sich auch die Frage nach der Reichweite der Einwilligung. Den Ausgangspunkt stellen dabei die Privatsphäre-Einstellungen bei Facebook dar. Abgesehen von der Erhebung und Verwendung von Nutzerdaten durch Facebook, zum Beispiel zum Surf- und Nutzungsverhalten, spielen auch die durch die Nutzer selbst eingestellten und durch Dritte geposteten oder verlinkten Inhalte eine Rolle, wenn es um die Betrachtung der Reichweite der Einwilligung der Nutzer geht.

Werden bei einem sozialen Netzwerk Informationen eingestellt, so liegt im Einstellen der personenbezogenen Daten zwar grundsätzlich eine Einwilligung i. S. d. § 4 BDSG dahingehend, dass bestimmte Informationen über Suchmaschinen auffindbar sind und in einem anderen Kontext genutzt werden dürfen.[91] Grund für die Einwilligung in die Auffindbarkeit über Suchmaschinen kann die Auffindbarkeit in den Weiten des Internets und der Vermittlerfunktion von Suchmaschinen sein: Was von Suchmaschinen nicht aufgefunden werden kann, existiert mangels Auffindbarkeit im Internet praktisch nicht.[92] Eine Begrenzung beziehungsweise Verhinderung der

---

87 *Kamp/Rost*, DuD 2013, 80, 82.
88 *Hoffmann-Riem*, AöR 134 (2009), 513.
89 Siehe BVerfGE 126, 228 ff.
90 BVerfGE 126, 228, 249.
91 Spindler/Schuster/*Spindler*/*Nink* (Fn. 81), § 4a BDSG Rn. 11.
92 *Paal*, in: Beck'scher Online-Kommentar Informations- und Medienrecht, 2015, Art. 102 AEUV Rn. 62.

direkten Auffindbarkeit ist derzeit nur durch eine eigenständige mühsame Änderung in den Privatsphäre-Einstellungen möglich. Die Grundeinstellung in den Privatsphäre-Einstellungen unter dem Abschnitt „Wer kann nach mir suchen?" beziehungsweise darunter unter dem Punkt „Möchtest du, dass andere Suchmaschinen einen Link zu deiner Chronik enthalten?" ist „Ja". Außerdem ist folgender Hinweis enthalten: „Informationen aus deinem Profil sowie einige von dir geteilten Inhalte können dennoch in Suchmaschinenergebnissen auftauchen, auch wenn du ‚Nein' auswählst. Öffentlich zugängliche Informationen können weiterhin in den Suchergebnissen erscheinen. Dies umfasst Inhalte, die du mit der Öffentlichkeit teilst, Beiträge und Kommentare auf Seiten und öffentlichen Gruppen sowie Beiträge im Gemeinschaftsforum des Hilfebereichs."

Facebook spricht in seinen Einstellungen davon, dass so eine schnelle Auffindbarkeit verhindert werde. Dies impliziert, wie der Hinweis eindeutig zeigt, dass die Auffindbarkeit dennoch, wenn auch nicht direkt, aber insbesondere über andere Profile, Verlinkungen etc. nach wie vor möglich ist. Somit besteht selbst bei entsprechenden Änderungen in den Privatsphäre-Einstellungen keine Garantie, dass das eigene Profil nicht über Suchmaschinen aufgefunden werden kann. Überdies ist diese Art und Weise der Änderung der Auffindbarkeit für den Nutzer mit viel Mühe und Aufwand verbunden und wenig transparent. Dies kann mit dem vom Datenschutzrecht geforderten Transparenzgebot unvereinbar sein und auch einen Faktor darstellen, der zur Unwirksamkeit der Einwilligung beitragen kann.

a) Personenbezogene Daten

Doch welche Daten sind es konkret, die, gestützt auf die Regelung in den Privatsphäre-Einstellungen Facebooks, über Suchmaschinen auffindbar sein „dürfen"? Es geht hier regelmäßig um die sogenannten personenbezogenen Daten. Es bedarf daher einer Auslegung dieses Begriffs. § 3 Abs. 1 BDSG definiert personenbezogene Daten als „Einzelangaben über persönliche oder sachliche Verhältnisse einer bestimmten oder bestimmbaren natürlichen Person (Betroffener)". Erfasst werden danach Inhaltsdaten und Bestandsdaten sowie Verkehrs- und Nutzungsdaten.[93] Werden Profilangaben und Bilder als sogenannte Inhaltsdaten angesehen, welche die Nutzer freiwillig bereitstellen und die damit über Suchmaschinen auffindbar sind, werden die Bestandsdaten etc. (wie etwa die IP-Adresse) oftmals ohne das Wissen der Nutzer generiert und erhoben.[94] Die Einwilligung dürfte sich allerdings zumindest noch darauf beziehen, dass Facebook das eigene Profil anderen als Freund vorschlägt und die Nutzer einem für sich nicht nachvollziehbaren Nutzerkreis gegenüber ungefragt namentlich benennt. Denn dieser Kreis ist immer noch kleiner als der Adressatenkreis einer Suchma-

---

93 *Monopolkommission*, Sondergutachten (Fn. 66), S. 47.
94 *Monopolkommission*, Sondergutachten (Fn. 66), S. 47.

schine, auch wenn im Rahmen der dortigen Suche der Suchende aktiv nach dem jeweiligen Profil sucht.

b) Auffindbarkeit der Profile

An dieser Stelle stellt sich die Frage, ob die Einwilligung der Nutzer nicht auf die Auffindbarkeit der durch die Nutzer und Dritte eingestellten Daten, also der Inhalts- und Bestandsdaten, in eben dieser Facebook-Öffentlichkeit begrenzt sein könnte, um einen erhöhten Schutz der Persönlichkeitsrechte der Nutzer zu erzielen.

Voraussetzung wäre, dass eine solche Begrenzung der Auffindbarkeit in den Nutzungsverträgen zwischen den Nutzern und Facebook sowie zwischen Facebook und Google bei eventuellen Abreden geregelt werden müsste, da zwischen Google und den Nutzern Facebooks schließlich keine Absprachen zur Indexierung bestehen. Diese ergibt sich einzig und allein aus dem Nicht-Ausschluss der Auffindbarkeit in den Nutzungsbedingungen. Folge einer solchen Begrenzung wäre, dass keine automatische Indexierung bei Suchmaschinen, insbesondere beim Marktführer Google, mehr stattfände und die Auffindbarkeit der eigenen Profile bei Suchmaschinen grundsätzlich nicht bei sämtlichen Nutzern voreingestellt wäre. In diesem Sinne müsste eine Voreinstellung „nicht öffentlich auffindbar" geschaffen werden.

Bei einer solchen Voreinstellung müssten die Nutzer oder potentiellen Nutzer andere Nutzer über das soziale Netzwerk eigenständig suchen. Dies widerspräche wohl im Ansatz der *Gatekeeper*-Funktion, die Suchmaschinen mittlerweile eingenommen haben, sowie vor allem dem Selbstverständnis in der Gesellschaft, was die Auffindbarkeit über Suchmaschinen angeht. Denn heutzutage scheint es kaum Inhalte zu geben, die sich nicht *ergoogeln* lassen. Es besteht zwar keine Regelung, dass sämtliche Inhalte auffindbar sein müssen, der Wunsch danach wird in der Bevölkerung aber dennoch deutlich. Auch die Bereitschaft zur Datenpreisgabe im Internet spricht für eine Einwilligung in eine Auffindbarkeit über Suchmaschinen. Würde man die Auffindbarkeit auf die Facebook-Öffentlichkeit begrenzen, würden etwa Profile von Prominenten oder Politikern, d. h. von „Personen aus dem Bereich der Zeitgeschichte", grundsätzlich nicht über eine Suchmaschine auffindbar sein, was mitunter ihrem Auftritt, ihrer Funktion in der Öffentlichkeit und auch ihrem eigenen (berechtigten) Interesse, im Netz präsent und auffindbar zu sein, widerspräche. Die Folge mit Blick auf die Auslegung der Privatsphäreeinstellungen könnte sein, dass hierfür ähnlich der Ausnahme vom Einwilligungstatbestand hinsichtlich der Veröffentlichung von Bildern in §§ 22 ff. KUG de lege ferenda eine gesetzliche Ausnahme geregelt werden oder aber jeder Nutzer diese Einstellung manuell eigenständig ändern könnte. Eine gesetzliche Ausnahmeregelung würde bedeuten, dass diese Profile grundsätzlich bei Suchmaschinen aufgefunden werden können.

Die Ausnahmevorschrift des § 23 Abs. 1 Nr. 1 KUG berücksichtigt das Informationsinteresse der Allgemeinheit beziehungsweise die Pressefreiheit und erfordert jeweils eine Abwägung zwischen dem Privatsphärenschutz des Abgebildeten und den Rechten der Presse beziehungsweise dem Informationsinteresse der Allgemeinheit im Einzelfall.[95]

Vorteil der Regelung einer gesetzlichen Ausnahme zur Auffindbarkeit von „Profilen aus dem Bereich der Zeitgeschichte" wäre einerseits das Interesse der betroffenen Prominenten oder Politiker etc., auch über Suchmaschinen aufgefunden zu werden, damit die Bekanntheit und Funktion in der Öffentlichkeit aufrechterhalten werden und diese Teil an den persönlichen Entwicklungen und Posts haben kann. Auf der anderen Seite stünde das Informationsinteresse der Allgemeinheit, Zugang zu erlangen und über diese Geschehnisse in der netzinternen Öffentlichkeit, unabhängig von sonstigen Nachrichten und Informationen über die jeweilige Person, informiert zu sein.

Eine Interessenabwägung ergibt auch für die Auffindbarkeit von Profilen aus dem Bereich der Zeitgeschichte Sinn, zumal einige Personen der Zeitgeschichte sicher die Auffindbarkeit ihrer Profile zu Werbe- und Vermarktungszwecken wünschen, andere hingegen nicht, da sie ihre netzinterne Öffentlichkeit gegebenenfalls gerade dann begrenzen möchten, wenn sie zwischen Unbekanntheit, Bekanntwerden und Bekanntheit stehen. Letztere können eine Auffindbarkeit der eigenen Profile gegebenenfalls gerade nicht wollen. Orientiert an § 23 KUG bedürfte es sodann jeweils einer Abwägung der verschiedenen berechtigten Interessen für die Auffindbarkeit von „Profilen aus dem Bereich der Zeitgeschichte" im Einzelfall.

aa)   **Maßstab der Abwägung**

Möglicherweise müssen im Rahmen der Abwägung bei einer analogen Anwendung des § 23 KUG auf die Auffindbarkeit für Personen aus dem Bereich der Zeitgeschichte jedoch andere Maßstäbe gelten. Hier können sich die Kriterien für die Abwägung der verschiedenen Interessen jedenfalls nicht an jenen für die Veröffentlichung von Bildern (Erkennbarkeit, Abgeschiedenheit etc.) orientieren, da ein objektiver Dritter zumeist wohl schwierig entscheiden können wird, wann eine Person aus dem Bereich der Zeitgeschichte eine Auffindbarkeit des eigenen Profils wünscht oder nicht, da nach außen nicht sichtbar ist, was das Profil beinhaltet. Es bedürfte daher einer Aufstellung eines Kriterienkataloges zur Auffindbarkeit. Man könnte diese Abwägung beispielsweise am Bekanntheitsgrad der Person, der Preisgabe anderer Informationen in der (Netz-)Öffentlichkeit und sonstiger Webauftritte orientieren.

---

95 *Hermann*, in: Beck'scher Online-Kommentar Informations- und Medienrecht, 2015, § 23 KUG Rn. 1.

bb) Einfluss des Betroffenen

Doch ist ein Vergleich der beiden Situationen miteinander überhaupt möglich, wenn man bedenkt, dass bei Facebook grundsätzlich eine datenschutzrechtliche Einwilligung zur Nutzung der Daten abgegeben wird, bei Anwendung des § 23 KUG hingegen gar keine Einwilligung besteht? Ein Vergleich der beiden Situationen miteinander kann dennoch möglich sein. Hierüber könnte der Aspekt hinweghelfen, dass sich die in Ausgleich zu bringenden Rechtsgüter der geschützten Interessen ähneln. Geht es bei der Veröffentlichung von Bildnissen um das Recht der Betroffenen am eigenen Bild als Facette des allgemeinen Persönlichkeitsrechts, steht bei der Auffindbarkeit von Profilen aus sozialen Netzwerken aus dem Bereich der Zeitgeschichte zumeist das Recht auf informationelle Selbstbestimmung im Mittelpunkt der Betrachtung, da es um die Befugnis geht, selbst über den Zugang und die Auffindbarkeit der personenbezogenen Daten zu bestimmen. Auch dieses ist Ausfluss aus Art. 2 Abs. 1 GG i. V. m. Art. 1 Abs. 1 GG. Darüber hinaus können über die Profile in sozialen Netzwerken auch Bilder der Betroffenen aufgefunden und in den Suchmaschinen angezeigt werden, sodass in diesem Fall sogar das Recht am eigenen Bild der Betroffenen unmittelbar berührt wäre. Der Unterschied besteht jedoch darin, dass beim Auftritt in den sozialen Netzwerken die Bildnisse (und auch sonstige personenbezogene Daten) durch diese selbst eingestellt werden. Hier besteht regelmäßig noch ein eigenständiges Selbstbestimmungsmoment durch die Betroffenen. Dies gilt jedoch nicht für Beiträge und Kommentierungen etc. Dritter auf den netzinternen Seiten der Betroffenen. Auch diese können personenbezogene Daten des Betroffenen beinhalten, deren Preisgabe der Betroffene nicht wünscht, etwa wenn es um die Veröffentlichung von Bildern geht. In einem solchen Fall ist dann regelmäßig auch das Recht auf informationelle Selbstbestimmung des Betroffenen tangiert. Auf diese Informationen hat der Betroffene keinen Einfluss und gibt auch keine Einwilligung ab, jedenfalls diese Situationen sind daher vergleichbar mit dem Nichtvorliegen einer Einwilligung bei § 23 KUG. Beim Schutz der Rechte der Betroffenen im Rahmen von Bildnisveröffentlichungen, die durch § 23 KUG geschützt werden, geht es jedoch um Handlungen Dritter, bei denen regelmäßig gerade keine Einwilligung des Betroffenen vorliegt. Hier können die Betroffenen grundsätzlich keine eigene Bildnisauswahl treffen. Insofern bedürfen die durch §§ 22 ff. KUG geschützten Situationen eines wohl höheren Schutzes als die Auffindbarkeit der Profile aus dem Bereich der Zeitgeschichte in sozialen Netzwerken. Tatsächlich wird bei Facebook zwar eine ausdrückliche Einwilligung zur Nutzung der Daten abgegeben. Die unüberschaubare Reichweite und mögliche Unwirksamkeit der Einwilligung der Mitglieder sozialer Netzwerke kann faktisch einer Bildnisverwendung ohne Einwilligung jedoch gleichkommen, wenn man die jeweiligen Folgen betrachtet. Es kann somit ein Vergleich der beiden Situationen miteinander getroffen werden.

Eine Entscheidung im Einzelfall erscheint überdies sinnvoll, gegebenenfalls mit dem Unterschied, dass bei der Auffindbarkeit im Vergleich zur Bildnisveröffentlichung das Informationsinteresse der Allgemeinheit aus den genannten Gründen stärker zu gewichten ist und im Zweifel gegebenenfalls überwiegt. Denn bei der Veröffentlichung von Bildnissen aus dem Bereich der Zeitgeschichte lassen sich wegen der Schwere der Beeinträchtigungen tendenziell die Persönlichkeitsrechte der Betroffenen in den Vordergrund der Gewichtung innerhalb der Abwägung stellen. Besteht aber bereits eine Mitbestimmungsbefugnis der Betroffenen, welche Bilder so online gestellt werden, dass sie über Suchmaschinen auffindbar sind, kann dieser Schutz nicht gleich hoch sein.

Eine Anwendung der Regelungsstruktur der §§ 22 ff. KUG auch für die Auffindbarkeit von Profilen aus dem Bereich der Zeitgeschichte würde mithin zu einem höheren Schutz der Persönlichkeitsrechte der Betroffenen in sozialen Netzwerken führen, obgleich das Schutzbedürfnis in diesem Bereich mitunter wegen der bestehenden Mitbestimmungsbefugnisse in den eigenen Profilen geringer ist als bei der Veröffentlichung von Bildnissen ohne Einwilligung, die größtenteils ohne Wissen der Betroffenen erfolgt.

Als Zwischenergebnis der Auslegung bleibt festzuhalten, dass Voraussetzung für eine Begrenzung der Einwilligung der Nutzer Facebooks auf die Auffindbarkeit in der netzinternen Facebook-Öffentlichkeit eine (transparente) Regelung in den Nutzungsbedingungen Facebooks wäre. So könnten auch der Suchmaschine Google als intermediärem Dritten, die sämtliche Inhalte in den Weiten des Internet auffindbar macht, mit einbezogen werden und Google Grenzen gesetzt werden. Daraus ergibt sich der Vorteil einer Ausnahmeregelung für die Auffindbarkeit von Profilen aus dem Bereich der Zeitgeschichte, die sich an der Regelungsstruktur der §§ 22 ff. KUG orientiert.

c) „Nutzung" der Profile durch den Staat

Fraglich ist ferner, ob eine Einwilligung der Nutzer Facebooks dahingehend angenommen werden kann, dass die Informationen beispielsweise durch den Staat für Fahndungen, Onlineermittlungen und ähnliche Maßnahmen zur Gefahrenabwehr und Strafverfolgung genutzt werden dürfen.[96] Dies erscheint problematisch, wenn sich der Staat der Daten bedient, die nur ein selbst bei Facebook registrierter Nutzer im Rahmen der (eigenen) Facebook-Öffentlichkeit lesen kann.[97] In diesem Fall gehen die Nutzer zumeist davon aus, dass die Informationen lediglich in einer von ihnen selbst bestimmten privaten Umgebung beziehungsweise begrenzten Öffentlichkeit

---

96 Zur Informationsbeschaffung des Staates in sozialen Netzwerken siehe auch *Knebel/Schoss*, DÖV 2016, 105, 108 ff.
97 *Graf*, in: Beck'scher Online Kommentar Strafprozessordnung mit RiStBV und MiStra, 2015, § 100a StPO Rn. 32h.

offenbart werden. Eine Datenverwendung durch den Staat in einem solchen Fall wäre für den Nutzer grundsätzlich intransparent und widerspräche damit dem datenschutzrechtlichen Transparenzgrundsatz im Rahmen der Datenverarbeitung.[98]

Daran ändert auch der Hinweis durch Facebook in seinen Nutzungsbedingungen, dass gegebenenfalls Daten an staatliche Behörden zur Entkriminalisierung weitergegeben würden, nichts. Das deutsche Datenschutzrecht folgt dem Grundsatz der Zweckbindung: Daten dürfen nur für den Zweck genutzt werden, für den sie erhoben worden sind, vgl. § 28 Abs. 1 S. 2, Abs. 2 BDSG oder § 12 Abs. 2 i. V. m. § 14 Abs. 1 TMG. Schließlich muss es für den Betroffenen nachvollziehbar sein, welche Stellen welche Daten zu welchem Zweck und in welchem Umfang sammeln.[99] Die Einwilligung kann sich regelmäßig nur so weit erstrecken, wie der Einwilligende den Vorgang der Verarbeitung und deren Reichweite überblicken kann.[100] Denn für soziale Netzwerke gilt zusätzlich zum Grundsatz der Zweckbindung der Grundsatz der Nichtverkettbarkeit, der es gebietet, dass die personenbezogenen Daten der Nutzer außerhalb des Netzwerkes nur mit Wissen des Nutzers verbunden werden.[101] Das Problem bei Facebook besteht jedoch darin, dass die Nutzer bei Erklärung ihrer Einwilligung in die allgemeine Zugänglichkeit ihrer Daten auch der Verwendung durch staatliche Stellen zustimmen. Facebooks Nutzer können aber wegen der enormen Streuungsmöglichkeiten der Daten insgesamt regelmäßig nicht überblicken, welche Daten wo, in welchem Umfang und welcher Form durch Facebook oder Dritte über sie gespeichert werden, obgleich sie grundsätzlich die Kontrolle haben, welche Informationen sie in ihrer „privaten" Facebook-Öffentlichkeit preisgeben. Das Bewusstsein der Nutzer, dass auch der Staat mit seinen Stellen in dem sozialen Netzwerk „unterwegs" ist und Nachforschungen unternimmt, begründet eine Verwendung in diesem Zusammenhang nicht. Bei derartigen Konstellationen, in denen der Staat Nutzerdaten verwendet, ist der datenschutzrechtliche Grundsatz der Zweckbindung daher nicht erfüllt, jedenfalls sofern keine gesetzliche Grundlage für das Handeln des Staates besteht. Für solche Situationen, die die Nutzer nicht überblicken können, kann die datenschutzrechtliche Einwilligung regelmäßig teilnichtig i. S. d. § 139 BGB sein. Das Recht auf informationelle Selbstbestimmung soll schließlich bereits vor persönlichkeitsgefährdenden Maßnahmen schützen.[102] Die Nut-

---

98 Im Einzelfall ist stets zwischen den jeweiligen Maßnahmen (insbes. „Online-Streife" beziehungsweise „Online-Ermittlung") zu unterscheiden, deren sich der Staat bedient, da diese unterschiedlich stark in das Recht auf informationelle Selbstbestimmung der Nutzer eingreifen können. Zu dieser Problematik im Allgemeinen *Albers* (Fn. 16), S. 120 ff.
99 *Martini*, DVBl 2014, 1481, 1484.
100 *Martini*, DVBl 2014, 1481, 1484.
101 *Splittgerber*, Praxishandbuch Social Media, 2014, Kapitel 3, S. 114 Rn. 65.
102 BVerfG NJW 2008, 822, 826; BVerfGE 114, 320, 361.

zer müssen hinsichtlich der staatlichen Maßnahmen so gegebenenfalls bereits vor Ausübung dieses Rechts fürchten, „ausgespäht" zu werden. Die Einwilligung der Nutzer wird sich daher generell nicht darauf beziehen, dass der Staat ihre Daten zu Zwecken der Gefahrenabwehr und Strafverfolgung nutzt.[103] Werden Beschränkungen grundrechtlicher Freiheiten regelmäßig als rechtliche Eingriffe eingeordnet,[104] kann in dem Zugriff auf die Nutzerdaten durch den Staat ein Eingriff in die Entscheidungsfreiheit der Nutzer bezüglich ihrer Daten und damit in das Recht auf informationelle Selbstbestimmung gesehen werden.

d) Übermittlung der Daten an externe Anwendungen

Außerdem stellt sich die Frage, ob die Einwilligung der Nutzer sich auf die Übermittlung der Daten an externe Anwendungen, bei denen sich die Nutzer mit ihrem Facebook-Profil anmelden, bezieht. Zwar führt Facebook in seinen Datenverwendungsrichtlinien[105] an, dass eine Datenweitergabe auch an andere Anwendungen erfolgt, „die nicht zu Facebook gehören und auch nicht von Facebook kontrolliert werden". Diese Bestimmungen sind allerdings datenschutzrechtlich zu unkonkret und uneindeutig für den Nutzer. Schließlich steht zum Zeitpunkt der Anmeldung bei dem sozialen Netzwerk noch gar nicht fest, in welchem Umfang externe Anwendungen genutzt werden.[106] Auch die Anzeige bei Anwendung des jeweiligen Dienstes, dass auf Daten zugegriffen werde, ist zu pauschal und mehrdeutig für den Nutzer, sodass sich die Einwilligung der Nutzer Facebooks nicht auf die Übermittlung der Daten bei Verwendung externer, mit Facebook verknüpfter Dienste erstrecken kann.[107] Daran ändert auch nichts, dass die Nutzer den Inhalt der Einwilligung „jeder Zeit abrufen" und jederzeit „mit Wirkung für die Zukunft" widerrufen können. Denn die konkrete Reichweite und Breitenwirkung sowie das Ausmaß der Datennutzungen und Übermittlungen sind für den Nutzer gerade nicht abrufbar. Ein Widerruf für die Zukunft ist diesbezüglich auch uneffektiv, da die Daten bereits verwendet, gespeichert, genutzt und übermittelt wurden.

e) Zwischenergebnis

Die Reichweite der datenschutzrechtlichen Einwilligung ist begrenzt. Es sind insbesondere die Grenzen der betrachteten problematischen Konstellationen im Blick zu behalten und zu wahren.

---

103 Zum Abschreckungseffekt staatlicher Maßnahmen bei Facebook siehe bei *Oermann/Staben*, Der Staat 52 (2013), 640, 647, die einen mittelbar-faktischen Grundrechtseingriff durch Abschreckung annehmen.
104 *Hoffmann-Riem*, AöR 134 (2009), 513, 529.
105 Facebook Datenverwendungsrichtlinien, deutsche Version vom 11.12.2012, abrufbar unter: https://ww.facebook.com/full_data_use_policy, zuletzt aufgerufen am 10.10.2015.
106 *Burkert* (Fn. 70), S. 431.
107 So auch das LG Berlin, Urt. v. 9.9.2013 – 16 O 60/13; *Burkert* (Fn. 70), S. 432.

5. Einseitigkeit der Einwilligung versus vertragliche Bindung

Im Sinne der von § 4a BDSG geforderten Voraussetzung der Freiwilligkeit handelt es sich bei der datenschutzrechtlichen Einwilligung der Nutzer in die Nutzungsbedingungen Facebooks grundsätzlich um eine einseitige Einwilligung im Sinne der Freiwilligkeit.[108] Die potentiellen Nutzer geben mit ihrer Einwilligung in die Nutzungsbedingungen regelmäßig zwei Erklärungen ab, nämlich eine auf Abschluss des Nutzungsvertrags gerichtete Willenserklärung und die datenschutzrechtliche Einwilligung zur Datennutzung, -verwendung und -weitergabe.

Der Aspekt, dass die datenschutzrechtliche Einwilligung regelmäßig, wie sich auch bei Facebook zeigt, mit dem komplexen Nutzungsvertrag Facebooks verbunden ist, zeigt, dass sie mehr ist als eine einseitige Erklärung. Die datenschutzrechtliche Einwilligung bei Facebook stellt regelmäßig keinen isolierten eigenständigen Vorgang dar. Sie gehört zum notwendigen Inhalt der vertraglichen Abrede im Zusammenhang mit dem Abschluss des Nutzungsvertrages.[109] Dies untermalt auch die jüngste einseitige Änderung der Allgemeinen Geschäftsbedingungen Anfang 2015 durch Facebook.[110]

Wer die Nutzungsbedingungen von Facebook nicht akzeptiert und damit nicht die Einwilligung in die Nutzungsbedingungen des sozialen Netzwerks abgibt, kann schon gar keinen Nutzungsvertrag mit Facebook schließen, also auch nicht Mitglied des sozialen Netzwerks werden. Der Verzicht auf die Nutzung Facebooks bei Nichteinwilligung kann gewissermaßen Abschreckungseffekte haben,[111] sodass die potentiellen Nutzer eine Einwilligung bevorzugen. In solchen Situationen versagt regelmäßig ein informationeller Selbstschutz durch die Einwilligung.[112] Den potentiellen Nutzern bleibt nichts, als nicht Teil des sozialen Netzwerks zu werden, wenn Sie von ihrem Recht auf informationelle Selbstbestimmung in umfassender Form Gebrauch machen wollen. Sinn und Zweck der datenschutzrechtlichen Einwilligung sollte regelmäßig nicht eine Frage des „Ja" oder „Nein" hinsichtlich des Partizipierens und der damit verbundenen Datenpreisgabe überhaupt sein, sondern eine Frage des Umfangs dieser Datenpreisgabe. Diesen Anforderungen kann wegen der einseitigen Verhandlungsmacht Facebooks und auch anderer Unternehmen, wenn es um das Aushandeln der Allgemeinen Geschäftsbedingungen geht, allerdings nicht gerecht geworden werden. Mit Blick auf die praktische Erfüllbarkeit sind die tatsächlichen Anforderungen an eine selbstbestimmte Einwilligung an dieser Stelle möglicherweise zu hoch.

---

108 *Buchner* (Fn. 49), S. 231.
109 Vgl. hierzu *Buchner* (Fn. 49), S. 232.
110 Vgl. etwa Zeit Online, abrufbar unter: http://www.zeit.de/digital/dazenschutz/2015-01/facebook-agb-aenderung-datenschutz-fragen, zuletzt aufgerufen am 8.10.2015.
111 *Hoffmann-Riem*, AöR 134 (2009), 513, 528.
112 *Kamp/Rost*, DuD 2013, 80.

Zwar ist die datenschutzrechtliche Einwilligung frei widerruflich im Sinne der datenschutzrechtlichen Grundsätze, um die informationelle Selbstbestimmung des Einzelnen möglichst uneingeschränkt zu gewährleisten. Die bereits erfolgten Datenverarbeitungen bleiben jedoch auch beim Widerruf der Einwilligung wirksam.[113] Es kann freilich auch den Änderungen der AGBs widersprochen werden, jedoch mit der Folge, dass eine weitere Nutzung des sozialen Netzwerks nicht möglich ist. Es bleibt den Nutzern also lediglich die konkludente Einwilligung in die Änderungen der Bedingungen oder das Nichtfortbestehen der Mitgliedschaft bei Facebook. Aufgrund der immensen Netzwerkeffekte und der fortwährenden Speicherung der in der Vergangenheit preisgegebenen Daten werden sich die meisten Nutzer regelmäßig gegen einen Widerruf der oder einen Widerspruch gegen die Änderungen der AGBs entscheiden.

Zwar akzeptieren die Nutzer die Bedingungen streng genommen freiwillig – sie entschließen sich autonom, Teil des Netzwerkes zu werden. Die Bedingungen sind jedoch nicht das Ergebnis eines gesellschaftlichen Konsenses oder Berufsethos (wie beim Pressekodex), sondern einseitig durch das Netzwerk festgelegt. Gleichzeitig gibt es aufgrund marktmächtiger Stellung und mit der Größe von Facebook einhergehender immenser Netzwerkeffekte keine ernst zu nehmende Alternative. Den Nutzern bleibt quasi keine Wahl, nicht in die Nutzungsbedingungen einzuwilligen, wenn sie Teil des sozialen Netzwerks werden wollen. Dieser von Facebook verwendeten einseitigen Handlungsform bedient sich traditionell vor allem der Staat. Während der Bürger anderen Privaten grundsätzlich ausweichen kann, kann er staatlichen Stellen zumeist nicht ausweichen.[114] Das Verhältnis zwischen dem einzelnen Nutzer und Facebook ist nicht vergleichbar mit dem Verhältnis, wie es bei anderen Unternehmen und ihren Kunden vorliegt. Die Vertragskonstellationen zeichnen sich bei Facebook vielmehr durch ein Dreiecksverhältnis zwischen dem Unternehmen, dem jeweiligen Nutzer und den anderen Nutzern aus. Facebook hängt von seinen Nutzern und denjenigen ab, die sich beteiligen. Erst die Teilnahme an der Netzwelt ist die Ermöglichung von Facebook: Das heißt, die Nutzer ermöglichen erst die Existenz und das Verhalten von Facebook, weil sie an der Netzwelt teilnehmen. Hier zeigt sich die besondere gegenseitige Abhängigkeit der Nutzer und des Netzwerks selbst aufgrund der Netzwerkeffekte. Die datenschutzrechtliche Einwilligung bei Facebook geht über eine einseitige Einwilligung hinaus. Sie wird durch verschiedene Faktoren beeinflusst und ist jedenfalls in der Theorie nicht als einseitig freiwillig zu qualifizieren, wenngleich es tatsächlich nach außen so aussehen mag.

---

113 *Buchner* (Fn. 49), S. 231; OLG Düsseldorf, ZIP 1985, 1319.
114 *Schliesky/Hoffmann/Luch/Schulz/Borchers*, Schutzpflichten und Drittwirkung im Internet, Das Grundgesetz im digitalen Zeitalter, 2014, S. 59.

6. Faktischer Zwang zur Abgabe der Einwilligung

Die Freiwilligkeit der Einwilligung verlangt, wie bereits im Rahmen der Erläuterung des Begriffes der Freiwilligkeit erwähnt, dass sich die Nutzer keinem faktischen Zwang wegen eines (sozialen) Abhängigkeitsverhältnisses ausgesetzt sehen. Dies kann bei der Inanspruchnahme von Leistungen, auf die die Einwilligenden existentiell angewiesen sind, der Fall sein.[115] Für die potentiellen Nutzer von Facebook stellt sich die Frage, ob sie wegen eines sozialen Abhängigkeitsverhältnisses einem faktischen Zwang ausgesetzt sind, der dazu führt, dass die Einwilligung gerade nicht freiwillig erfolgt. Über die Frage, ob soziale Netzwerke ähnlich wie ein Arbeitsverhältnis für den Nutzer existentiell sind, besteht Uneinigkeit.[116] Im Vorfeld der Anmeldung bei Facebook kann zwar noch kein unmittelbares Abhängigkeitsverhältnis zwischen den potentiellen Nutzern und dem sozialen Netzwerk bestehen, das soziale Netzwerk kann jedoch durchaus existentiell für die Nutzer sein. Insbesondere jüngere Nutzer,[117] beispielsweise Schüler, können sich dem sozialen Netzwerk Facebook wegen des sozialen Drucks als Kommunikationsform kaum entziehen.[118] Vor allem diese „junge Generation" ist gewissermaßen gezwungen, Teil des Netzwerks zu werden, um über den Pausenhof hinaus mit ihren Mitschülern zu kommunizieren, Diskussionen zu führen und unterrichtliche Absprachen zu treffen. Auch die Anzeige von Geburtstagen und das Versenden von Einladungen gehört zum Bestandteil des Soziallebens der jungen Generation.

Selbst einzelne Berufsgruppen können davon abhängig sein, Teil des sozialen Netzwerkes zu sein. Dies ist etwa der Fall, wenn das soziale Netzwerk dazu dient, Informationen und Aufträge weiterzuleiten und eine andere Möglichkeit der Kenntnisnahme als jene über Facebook nicht oder nur unter komplizierten Bedingungen besteht, um die Aufgaben des Arbeitgebers erfüllen zu können. Auch kann es erforderlich sein, journalistische Recherchen mithilfe des sozialen Netzwerks durchzuführen. Die Nutzung und die Mitgliedschaft bei Facebook sind gewissermaßen Grundvoraussetzung sozialen Zusammenlebens, zumindest für bestimmte Gruppierungen. Für diese besteht gewissermaßen ein Zwang zur Abgabe der Einwilligung. Besteht kein „soziales Muss" in diesem Sinne, kann sich aus diesem Aspekt für die Betroffenen auch kein Angewiesensein auf die Mitgliedschaft bei Facebook ergeben. Die Einwilligung erfolgt dann nicht unfreiwillig.

---

115 Simitis/*Simitis* (Fn. 2), § 4a Rn. 62.
116 Vgl. *Spiecker gen. Döhmann*, K&R 2012, 717, 720.
117 Dies belegen die Untersuchungen des Bundesverbandes Bitkom, wonach 92 % der 14–29-jährigen Internetnutzer Mitglied in einem sozialen Netzwerk sind, 85 % sind sogar aktive Nutzer, siehe: http://www.bitkom.org.de/publikationen/38338_70897.aspx, zuletzt aufgerufen am 15.10.2015.
118 *Spiecker gen. Döhmann*, K&R 2012, 717, 720.

7. Undurchsichtigkeit und Komplexität

Auch die Undurchsichtigkeit und Komplexität der Nutzungsbedingungen Facebooks werfen Zweifel hinsichtlich der Wirksamkeit der Einwilligung auf. Sie führen vor allem zu Zweifeln an der von § 4a BDSG geforderten Informiertheit. Denn wer nicht weiß, in was er einwilligt, weil er die Nutzungsbestimmungen, Allgemeinen Geschäftsbestimmungen und Datenschutzbestimmungen nicht überblicken kann, ist nicht informiert i. S. d. § 4a BDSG.[119] Sowohl der Umfang als auch der Inhalt und die Formulierungen dieser Bestimmungen können zur Undurchsichtigkeit und Komplexität insgesamt beitragen und ein Hindernis für die Informiertheit der Nutzer begründen. In diesen Fällen weiß der Betroffene schließlich regelmäßig nicht, „wer was wann und bei welcher Gelegenheit über ihn weiß".[120] Er kann also die Folgen der Einwilligung regelmäßig nicht überblicken und es fehlt insoweit an einer selbstbestimmten und hinreichend informierten Entscheidung i. S. d. § 4a BDSG.[121]

8. Zwischenergebnis

Die Wirksamkeitsvoraussetzungen des § 4a BDSG sind nicht erfüllt. Die Einwilligung der Nutzer in die Nutzungsbedingungen ist nicht als freiwillig, wie vom Datenschutzrecht gefordert, anzusehen. Dies bezieht sich jedenfalls auf die Konstellationen der angeführten wirtschaftlichen Eingriffe, für welche die Voraussetzungen für eine freiwillige Erklärung nicht erfüllt sind. Der Grund dafür ist insbesondere der bestehende äußere Druck. Dies hat zur Folge, dass die datenschutzrechtliche Einwilligung der Nutzer in diesen Fällen zivilrechtlich unwirksam ist. Daraus resultiert zwar keine Unwirksamkeit des Nutzungsvertrages als Ganzes, aber eine Teilunwirksamkeit des Vertragsteiles, auf den sich die Einwilligung der Nutzer bezieht, i. S. d. § 139 BGB. Folge dessen ist, dass die jeweiligen Nutzer möglicherweise zivilrechtliche Schadensersatzansprüche gegen Facebook haben. Schließlich werden die Daten sowohl weiterverwendet und weitergeleitet sowie kommerzialisiert als auch für Werbezwecke genutzt. Das Bestehen etwaiger Schadensersatzansprüche ist im Einzelfall zu prüfen, obgleich der jeweilige Schaden zweifelhaft sein dürfte und einer besonderen Begründung bedürfte.

III. Die Regelung des § 28 BDSG

Mangels wirksamer Einwilligung für die angesprochenen Fälle könnte die Datenübermittlung hier durch den gesetzlichen Erlaubnistatbestand des § 28 Abs. 1 BDSG gerechtfertigt sein. Nach § 28 BDSG ist das Erheben, Speichern, Verändern oder Übermitteln personenbezogener Daten oder ihre Nut-

---

119 Vgl. *Kutscha/Thomé*, Grundrechtsschutz im Internet?, 2013, S. 45.
120 Vgl. zu dieser Formulierung BVerfGE 65, 1, 43; Ausführungen dazu bei *Hoffmann-Riem*, AöR 134 (2009), 513, 527.
121 *Hoffmann-Riem*, AöR 134 (2009), 513, 527.

zung als Mittel für die Erfüllung eigener Geschäftszwecke unter bestimmten Voraussetzungen zulässig. Eine Rechtfertigung durch diesen gesetzlichen Erlaubnistatbestand kann im Ergebnis anzunehmen sein, wenn man annimmt, dass die Bereitstellung eines gewissen Mindestmaßes an Daten zur Anwendung der Dienste, die mit Facebook verknüpft sind, notwendig ist.[122]

Mit dem „Austausch" der Daten im Gegenzug gegen die Nutzung des sozialen Netzwerks könnte ebenfalls das in § 28 Abs. 3b BDSG verankerte Kopplungsverbot als Ausfluss der Freiwilligkeit der Einwilligung verletzt sein. Gem. § 28 Abs. 3b BDSG besagt das Kopplungsverbot, dass der Abschluss eines Vertrages nicht von einer Einwilligung zur Datennutzung zu Werbezwecken abhängig gemacht werden darf, „wenn dem Betroffenen ein anderer Zugang zu gleichwertigen vertraglichen Leistungen ohne die Einwilligung nicht oder nicht in zumutbarer Weise möglich ist". Es stellt sich die Frage, ob es sich um eine unzulässige Koppelung handelt, wenn Facebook die Mitgliedschaft der Nutzer mit der Übermittlung zu Werbezwecken verbindet. Die Möglichkeit eines anderen Zugangs zur Leistung in zumutbarer Weise ist bereits dann möglich, wenn vergleichbare Dienste durch Mitbewerber angeboten werden.[123] Machen jedoch sämtliche sozialen Netzwerke den Vertragsschluss von der Einwilligung der Nutzer abhängig, liegt eine unzulässige Koppelung vor.[124] Schließlich besteht zu Facebook wegen der enormen Netzwerkeffekte und der Effizienz sowie Größe des Netzwerks tatsächlich auch keine Alternative. Somit handelt es sich um eine unzulässige Koppelung im Sinne des § 28 Abs. 3b BDSG.

Möglicherweise könnte daher auch für soziale Netzwerke ähnlich der Schufa-Regelung in § 28a Abs. 2 BDSG ein Ausschlusstatbestand formuliert werden, der die Einwilligung als datenschutzrechtlichen Rechtfertigungstatbestand für diesen Bereich ausschließt, da auch hier ein erhebliches Ungleichgewicht zwischen den Nutzern und dem sozialen Netzwerk besteht.[125] Dies wäre eine mögliche Maßnahme, um der dienenden Funktion des Datenschutzrechts nachzukommen und Bedingungen zu schaffen, die dem Betroffenen eine effektive Wahrnehmung des Rechts auf informationelle Selbstbestimmung ermöglichen.[126]

---

[122] Vgl. *Burkert* (Fn. 70), S. 434.
[123] *Schmitz*, in: Hoeren/Sieber/Holznagel, Handbuch Multimedia-Recht, 41. Aufl. 2015, Kapitel 16.2 Rn. 135.
[124] *Rogosch* (Fn. 49), S. 86.
[125] So auch *Rogosch* (Fn. 49), S. 90.
[126] *Rogosch* (Fn. 49), S. 44.

C. Fazit

Den Staat trifft eine grundrechtliche Gewährleistungsverantwortung für das Recht auf informationelle Selbstbestimmung, da die Einwilligung als Ausnahme zum grundsätzlichen Datenverwendungsverbot wegen ihrer faktisch unfreiwilligen Abgabe versagt und unwirksam i. S. d. § 4a BDSG ist.

Auf das Recht auf informationelle Selbstbestimmung können sich die Nutzer jedoch wegen seiner unmittelbaren Wirkung auch gegenüber Privaten direkt berufen. Mangels Effektivität der bestehenden Regelungen trifft den Staat die Schutzpflicht gegenüber den Nutzern, gegen Facebook aktiv datenschutzrechtliche Maßnahmen zum Schutz dieser bedeutenden Facette des allgemeinen Persönlichkeitsrechts zu erlassen. Diese Maßnahmen können etwa in der Auferlegung von Maßnahmen für nutzerfreundliche und in einer die Rechte der Nutzer berücksichtigenden Erweiterung der Allgemeinen Geschäftsbedingungen und Nutzungsbedingungen sowie in der Schaffung von Transparenz insgesamt bestehen. Transparenz kann insoweit auch geschaffen werden, indem die Regelung des § 4a BDSG oder eine neue Regelung an die verfassungsrechtlichen Anforderungen angepasst wird, wenn etwa datenschutzrechtliche Maßnahmen gegen Facebook keinen Erfolg versprechen. Besonders die Faktoren der nicht ernstzunehmenden Alternative zur Einwilligung in die Nutzungsbedingungen als auch das bestehende Machtgefälle müssten hier Berücksichtigung finden. Der Drang zur Umsetzung solcher Maßnahmen wird durch die „Gewährleistungsverantwortung des Staates bei der Erfüllung von gemeinwohlrelevanten Aufgaben durch Private"[127] bestärkt, insbesondere mit Blick darauf, dass soziale Netzwerke für das soziale Zusammenleben eine Grundvoraussetzung darstellen.

Die Gerichte müssen das Recht auf informationelle Selbstbestimmung im Rahmen der Auslegung und Anwendung der streitgegenständlichen Sachverhalte aktiv wegen der unmittelbaren Wirkung dieses Rechts gegenüber Privaten bereits unmittelbar berücksichtigen. Der Staat hat, wie etwa auch im Verbraucherschutzrecht, aber Vorkehrungen und Strukturen zu schaffen, die einen Schutz über Momente des Selbstschutzes hinaus ermöglichen.[128]

Bei der Umsetzung seiner Schutzpflicht muss der Staat die dienende Funktion des Datenschutzrechts in der Form beachten, dass die effektive Wahrnehmung des Rechts auf informationelle Selbstbestimmung gewährleistet werden muss. Es muss den Nutzern sozialer Netzwerke schließlich ermöglicht werden, ihr Recht auf informationelle Selbstbestimmung trotz fortschreitender Kommerzialisierung wahrzunehmen. Die Konturen und Grenzen des Gewährleistungsbereichs des Rechts auf informationelle Selbstbestimmung, den der Staat wegen seiner Schutzpflicht gewährleisten

---

127 *Hoffmann-Riem*, AöR 134 (2009), 513, 540.
128 Vgl. etwa *Hoffmann-Riem*, AöR 134 (2009) 513, 528.

muss, finden sich jedenfalls in den verfahrensrechtlichen Vorkehrungen und den Tatbeständen zur Regulierung.

Als Vorbild für das soziale Netzwerk könnte auch das Agieren von Google beziehungsweise dem Anfang 2014 von Google übernommenen Unternehmen Nest[129] sprechen: Hier werden die Nutzer gefragt, welche Daten sie zur Übermittlung preisgeben wollen und transparent über den konkreten Zweck der Datenübermittlung durch die externe Anwendung informiert.[130]

---

129 Auch wenn es sich bei dem Unternehmen um einen Thermostat- und Rauchmelderhersteller handelt.
130 *Burkert* (Fn. 70), S. 434.

Die Auswirkung von Vertragsnetzen auf Dritte
Patrick Meier[*]

Inhalt

A.	Einleitung	222
B.	Tatsächliches	223
C.	**Einfluss auf die Vertragsverhältnisse bei Verkaufsplattformen**	224
I.	Problemaufriss	224
II.	Lösung des Falls nach reinen BGB-Vorschriften	225
III.	Lösung unter Berücksichtigung der AGB	228
IV.	Bewertung der Lösung des BGH	229
	1. Grundsätzliches	229
	2. Probleme eines solchen Verständnisses	232
	a) Möglichkeit der Anfechtung	232
	b) Reichweite und Inhalt der Auslegung	234
	c) Privatautonomer Ausschluss dieser Folgen	235
	d) Wirkungen einer potentiellen Vertragsstörung im Verhältnis zur Plattform	238
	aa) Nichtigkeit des Vertrages mit der Plattform	238
	bb) Unwirksamkeit der einzelnen AGB-Klauseln	240
	(1) Fehlende Einbeziehung der AGB insgesamt	240
	(2) Überraschende Klauseln	241
	(3) Rechtswidrige Klauseln	243
	(a) Bedeutung für den Vertrag	243
	(b) Inhaltskontrolle?	244
	(c) Schadensersatzanspruch	246
	e) Ergebnis	248
D.	**Vertragliche Bindung mehrerer Nutzer bei reinen Kommunikationsplattformen**	249
I.	Problemaufriss	249
II.	Ansprüche der Verletzten	249
	1. Deliktsrecht	249
	2. Vertragliche Ansprüche	250
	a) Unmittelbare vertragliche Bindung	251
	b) Drittschadensliquidation	251
	c) Vertrag mit Schutzwirkung zu Gunsten Dritter	252
	aa) Leistungsnähe	253
	bb) Gläubigerinteresse	255
	cc) Erkennbarkeit	257

---

[*] Dr. jur., Julius-Maximilians-Universität Würzburg.

	dd) Schutzbedürftigkeit	258
	ee) Rechtsfolgen	259
	3. Ergebnis	259
E.	Fazit	260

A. Einleitung

Das Konzept netzartiger Abreden ist keine Erscheinung des Internetzeitalters. Vielmehr sind Vertragsnetze und Netzverträge schon seit Längerem aus dem Transportwesen, dem bargellosen Zahlungsverkehr oder als hierarchische Organisation im Franchise oder den Just-in-time-Verträgen bekannt und haben dort große Bedeutung.[1] Durch das Internet haben sie aber eine bemerkenswerte Ausweitung erfahren. Waren sie vorher nahezu auf unternehmerische Zusammenhänge beschränkt,[2] erfassen sie nun in großem Stil auch Verbraucher. Diese konnten früher mit einer vertraglichen Netzstruktur allenfalls dann in Berührung kommen, wenn mehrere Mieter eines Mehrfamilienhauses sämtlich einem einzigen Vermieter gegenüber verbunden waren,[3] oder bei Arbeitsverhältnissen mit demselben Arbeitgeber.[4] Heute begründen dagegen vor allem die sozialen Netzwerke nicht nur ihrem Namen nach, sondern auch vertragsrechtlich ein „Netz". Gleiches gilt auch für andere Onlinesngebote, die Personen unmittelbar miteinander in Kontakt treten lassen, wie beispielsweise Plattformen, die Vertragsschlüsse unter Kunden anbahnen.

Dabei stellt sich die Frage, ob die Regelungen, die stets zum Zentrum des Vertragsnetzes, also den jeweiligen Anbietern, bestehen, Auswirkungen auf die übrigen Beteiligten haben. Dies soll anhand von zwei, gerade auch in der Praxis überaus relevanten Beispielen näher beleuchtet werden: Zum einen ist zu untersuchen, ob und inwieweit die Regelungen, auf die sich der Prinzipal des Vertragsnetzes mit jedem Mitglied einigt, in der Lage sind, auf die Abreden, die zwischen den einzelnen Partnern geschlossen werden, einzuwirken. Zum anderen bedarf es näherer Klärung, ob nicht Parteien, die miteinander zwar keine Sonderabrede eingehen wollen und sollen, aber allein aufgrund ihrer jeweiligen Beziehung zum Zentralanbieter auch untereinander bereits besonderen vertraglichen Pflichten unterliegen. Letzteres spielt insbesondere auf der Ebene der Schadensersatzansprüche eine Rolle.

---

[1] *Harke*, Allgemeines Schuldrecht, 2010, Rn. 442; *Rohe*, Netzverträge, 1998, S. 65 ff.
[2] *Rohe* (Fn. 1), S. 1; *Teubner*, Netzwerk als Vertragsverbund, 2004, S. 42.
[3] Siehe dazu: *Behrens*, Beteiligung mehrerer Mieter am Mietverhältnis, 1989, S. 34 ff.
[4] Hierzu: *Riesenhuber*, Die Rechtsbeziehungen zwischen Nebenparteien, 1997, S. 36 ff.

B. Tatsächliches

Bevor diese Fragen einer vertiefteren Betrachtung unterzogen werden, ist zunächst ein kurzer Blick auf die tatsächlichen Gegebenheiten zu werfen. Drittwirkungen der zur Begründung des Vertragsnetzes geschlossenen Vereinbarungen auch auf andere Mitglieder kommen insbesondere bei solchen Angebots- und Verkaufsplattformen in Betracht, bei denen es um die Anbahnung einer Vertragsbeziehung unmittelbar zwischen den Kunden geht und das Unternehmen damit nur als Vermittler auftritt, ohne selbst aktiv an den Liefer- oder Leistungsbeziehungen teilnehmen zu wollen. Als Beispiel hierfür ist der Konzern eBay zu nennen, der allein im zweiten Quartal 2015 4,4 Milliarden US-Dollar Umsatz generierte.[5] Doch neben dem Marktführer, bei dem nahezu jeder beliebige Gegenstand handelbar ist, tummelt sich eine Vielzahl von kleineren Anbietern am Markt, die teils ebenfalls ein umfassendes Artikelangebot bereithalten, teils sich auf einzelne Bereiche spezialisiert haben. Aus der Werbung bekannt sind die Portale für Gebrauchtwagen und Immobilien. Darüber hinaus existieren aber auch Plattformen, die Kunden mit Dienstleistern zusammenzubringen versuchen, insbesondere Handwerksleistungen vermitteln. Umfragen zeigen,[6] dass die Bereitschaft zum Onlineeinkauf ungebrochen ist, so dass immer größere Marktanteile vom klassischen Handel in das Internet verlegt werden und deshalb mit weiteren Umsatzsteigerungen zu rechnen ist. Diese Entwicklung wird auch durch die Vielzahl an obergerichtlichen und letztinstanzlichen Entscheidungen in den vergangenen Jahren abgebildet.[7] Sie spiegelt die aktuelle Häufigkeit der Vertragsschlüsse und der damit einhergehenden Streitigkeiten wider. Für die Zukunft belegt dies, dass die praktische Bedeutung des Internethandels eher zu- denn abnehmen wird.

Der zweite hier in Rede stehende Fragenkreis wird vor allem im Bereich der sozialen Netzwerke virulent. Diese dienen auf den ersten Blick keinen kommerziellen Zwecken, sondern in erster Linie der kommunikativen Interaktion zwischen Menschen.[8] So besteht die Möglichkeit, Kontakt mit anderen Nutzern zu halten, indem Nachrichten ausgetauscht, Bilder und Informationen geteilt oder die Welt über eigene Ansichten oder Erlebnisse in Kenntnis gesetzt wird. Exemplarisch seien hier Facebook, Myspace, Insta-

---

[5] Siehe die Pressemeldung bei: http://www.spiegel.de/wirtschaft/unternehmen/ebay-vor-paypal-abspaltung-mehr-umsatz-weniger-gewinn-a-1044084.html, zuletzt aufgerufen am 07.04.2016.
[6] Siehe dazu die Erhebungen des Statistischen Bundesamtes: https://www.destatis.de/DE/Presse Service/Presse/Pressemitteilungen/zdw/2014/PD14_036_p002pdf.pdf?__blob=publicationFile, zuletzt aufgerufen am 07.04.2016.
[7] BGH NJW 2011, 2643; MMR 2014, 232; NJW 2014, 1292; NJW 2015, 548; NJW 2015, 1009.
[8] *Mergel/Müller/Parycek/Schulz*, Praxishandbuch Soziale Medien in der öffentlichen Verwaltung, 2013, S. 24 ff.; *Schmidt*, in: Schmidt, Social Media, 2013, S. 7 ff.; *Ulbricht*, Social Media und Recht, 2012, S. 9.

gram und Twitter genannt, die sämtlich ihren Nutzern eines oder mehrere der genannten Angebote zur Verfügung stellen.[9] Zwar werden diese Netzwerke von Unternehmen auch gezielt zur Werbung benutzt,[10] so dass der Plattform aus deren Sicht ebenfalls eine erhebliche kommerzielle Bedeutung zukommt; anders als bei eBay und ähnlichen Angeboten ist die Zusammenführung von Anbieter und Konsument aber nicht erklärtes Ziel der Betreiber. Sie halten überdies auch kein System der unmittelbaren Vertragsanbahnung bereit, sondern eine solche ist dem Kontakt innerhalb des sozialen Netzwerks nachgelagert und grundsätzlich von diesem unabhängig. Dies gilt sogar für ein als berufliches Netzwerk gekennzeichnetes Angebot wie Xing, das sich ebenfalls allein auf die Anbahnung eines Kontaktes zwischen zwei Menschen beschränkt. Im Gegensatz zu Verkaufsplattformen werden bei sozialen Netzwerken durch die Benutzer für die Inhaber keine unmittelbaren Einnahmen generiert, sondern die Finanzierung erfolgt über Werbeeinnahmen von Unternehmen, die hierin eine Möglichkeit zur Kundenakquise sehen.[11] Der Marktführer Facebook verfügt aktuell über rund 1,1 Milliarden Nutzer[12] und vereinigt damit etwa ein Siebtel der Weltbevölkerung. Auch wenn die Vergangenheit gezeigt hat, dass das Interesse an einem bestimmten sozialen Netzwerk sehr schnell abnehmen und dieses damit bedeutungslos werden kann, ist jedenfalls nicht ersichtlich, dass das Phänomen insgesamt zum Erliegen kommen wird.[13] Die mit diesen Plattformen zusammenhängenden Rechtsfragen werden daher auch für die Zukunft von Belang sein.

C. Einfluss auf die Vertragsverhältnisse bei Verkaufsplattformen

I. Problemaufriss

Zur kurzen Darstellung der auftretenden Probleme soll eine Konstellation aus dem Bereich der Handelsplattform eBay dienen. Dort kommt es stets zu einer Dreiecksbeziehung. Die potentiellen Parteien eines späteren Kaufvertrags (Käufer und Verkäufer) sind jeweils mit dem Auktionshaus vertraglich verbunden. Allerdings bestehen keine schuldrechtlichen Abreden unter

---

9 Siehe dazu *Schmidt* (Fn. 8), S. 11 ff.
10 *Rockstroh*, in: Splittgerber, Praxishandbuch Rechtsfragen Social Media, 2013, Kap. 2 Rn. 2 ff.; *Ulbricht* (Fn. 8), S. 79 ff.
11 *Berberich*, MMR 2010, 736; *Bräutigam/von Sonnleitner*, in Hornung/Müller-Terpitz, Rechtshandbuch Social Media, 2015, Kap. 3 Rn. 17; *Dietrich/Ziegelmayer*, CR 2013, 104, 104 f.; *Schwenke*, WRP 2013, 37, 38.
12 *Schaeffler*, in: König, Soziale Medien: Gegenstand und Instrument der Forschung, 2014, S. 13, 15.
13 *Mergel/Müller/Parycek/Schulz* (Fn. 8), S. 23 ff.; *Schaeffler* (Fn. 12), S. 15 ff.; *Ulbricht* (Fn. 8), S. 9.

den Kunden selbst, bevor es zum Abschluss eines entsprechenden Vertrages zwischen ihnen gekommen ist. Sie sind vielmehr jeweils nur eBay gegenüber verpflichtet, was für sich genommen allerdings keine Rolle für ihre wechselseitigen Beziehungen spielt. Gleichwohl ergeben sich die virulenten Punkte potentieller Streitigkeiten selbstverständlich gerade im Verhältnis zwischen Käufer und Verkäufer. Dabei erweist sich praktisch oftmals die Frage des Vertragsabschlusses als problematisch. Die Gerichte waren wiederholt in unterschiedlichen Sachverhaltsvarianten mit folgender streitiger Konstellation befasst:[14] Ein Verkäufer stellt einen Artikel im Rahmen einer Auktion online und fordert damit mögliche Erwerber zur Abgabe von Geboten auf. Noch vor Ablauf der im Vorfeld fest definierten Auktionsdauer zieht er das Angebot allerdings zurück und macht damit deutlich, am Abschluss des Vertrages nicht mehr interessiert zu sein. Die Auktion endet deshalb, da keine weiteren Gebote abgegeben werden können, jedenfalls faktisch mit ihrem Zurückziehen durch den Verkäufer. Die Gründe für die vorzeitige Beendigung der Auktion können vielfältig sein: Dem Anbieter ist ein Fehler in der Angebotsbeschreibung aufgefallen, der Gegenstand wurde zerstört,[15] der Verkäufer hat außerhalb der Plattform ein besseres Angebot bekommen[16] oder schlicht das Interesse am Verkauf verloren.[17] Für den zum Zeitpunkt der Beendigung der Auktion aktuell Höchstbietenden stellt sich dann die Frage, ob ein Vertrag zu Stande gekommen ist und er damit die Primärleistung verlangen oder jedenfalls einen Schadensersatzanspruch geltend machen kann.[18]

II. Lösung des Falls nach reinen BGB-Vorschriften

Bewertet man den eben dargestellten Sachverhalt allein unter Beachtung der Vorgaben des allgemeinen Teils des BGB, lässt sich ein Vertragsschluss nicht begründen.[19] Zwar geht der BGH in ständiger Rechtsprechung davon aus, dass bereits das Einstellen der Auktion durch den Verkäufer ein Angebot begründet und damit seinerseits eine verbindliche Willenserklärung von Anfang an vorliegt.[20] In einer Entscheidung zu einer kleineren Plattform hatte der Senat noch angedeutet, die Bietenden würden das Angebot abge-

---

14 BGH NJW 2011, 2643; MMR 2014, 232; NJW 2014, 1292; NJW 2015, 548; NJW 2015, 1009.
15 Diese Fälle werden in § 6 Nr. 6 der eBay-AGB genannt.
16 So bei BGH NJW 2015, 548; OLG Hamm, MMR 2015, 25.
17 So offenbar bei BGH NJW 2014, 1292; OLG Hamm, MMR 2014, 108.
18 Praktisch wird der Kläger meist Schadensersatz begehren, so bei BGH NJW 2011, 2643; NJW 2014, 1292; NJW 2015, 548; NJW 2015, 1009; siehe aber auch BGHZ 143, 129, 131; OLG Celle, MMR 2014, 663, wo der Primäranspruch gefordert wurde.
19 So auch BGH NJW 2011, 2643, der erst durch die AGB zum Vertragsschluss kommt; unklar dagegen *Wackerbarth/van der Hoff*, ZGS 2005, 216, 219, die nur die Rücknahme des Angebots, nicht aber den Bedingungseintritt thematisieren.
20 BGH NJW 2005, 53, 54; NJW 2011, 2643.

ben und der Verkäufer nehme nur das zum Ende der Auktion höchste antizipiert an.[21] Diese Sichtweise ist nunmehr aufgegeben und eindeutig in die Gegenrichtung entschieden.[22] Problematisch an der heute herrschenden Lösung ist allerdings, dass auch nach der Rechtsprechung des BGH das Angebot des Verkäufers dahin gehend bedingt ist, dass lediglich das höchste Gebot, das innerhalb der Frist abgegeben wurde, den Vertrag zum Entstehen bringen soll.[23] Dies entspricht auch dem eindeutigen Willen des Anbietenden, der ausschließlich dann einen Vertrag wünscht, wenn auch tatsächlich Gebote bis zum letzten Zeitpunkt der Frist eingehen können. Nur so kann er sicherstellen, dass die maximale Dauer ausgeschöpft und daher der für ihn bestmögliche Preis erzielt wird. Wird die Auktion vorzeitig beendet, ergibt die Auslegung seiner eindeutig definierten Angebotsdauer, dass der Vertrag dann nicht abgeschlossen werden soll, wobei es aus seiner Sicht unerheblich ist, ob die Störung auf technischen, politischen oder sonstigen Hindernissen beruht. Wendet man dies auf die Fälle der vorzeitigen Beendigung der Auktion an, so kann die Bedingung nicht eintreten, da nicht klar ist, welcher Interessent innerhalb der Frist Höchstbietender gewesen wäre. Die Erfahrung zeigt vielmehr, dass gerade zum Ende der Laufzeit die Anzahl der Gebote und damit auch deren Umfang signifikant ansteigen. Mangels Möglichkeit der Abgabe bis zum Schluss der Frist kann somit ein bedingungsgerechtes Höchstgebot nicht bestimmt werden, da die Auktion nicht regelkonform durchgeführt wurde.[24] Daher tritt die Bedingung nicht ein, der Vertrag kommt demnach nicht zu Stande.

Insoweit hilft dem Käufer auch § 162 Abs. 1 BGB nicht weiter.[25] Zwar ist das Abbrechen der Auktion zumindest potentiell treuwidrig, soweit nicht die Interessen des Verkäufers die der denkbaren Käufer überwiegen.[26] Aller-

---

21 OLG Oldenburg, NJW 2005, 2556; NJW-RR 2007, 268; offen aber mit dieser Tendenz bei BGHZ 149, 129, 134.
22 *Böse/Jutzi*, MDR 2015, 677; *Gurmann*, Internet-Auktionen, 2005, S. 80; *Härting*, Internetrecht, 5. Aufl. 2014, Rn. 470; *Köhler*, BGB Allgemeiner Teil, 39. Aufl. 2015, § 8 Rn. 59; *Lunk*, Internet-Auktionen, Aspekte des Gewerbe-, Wettbewerbs- und Vertragsrechts, 2006, S. 97 ff.; *Oechsler*, NJW 2015, 665; *Rother*, Internet-Versteigerungen, 2007, S. 40 f.; *Scheffler*, in: Gounalakis, Rechtshandbuch Electronic Business, 2003, § 42 Rn. 30; offen, je nach Betreiber-AGB: *Beckmann*, Versteigerungen im Internet, 2004, S. 166; *Schulze*, Internetauktionen aus vertragsrechtlicher und wettbewerbsrechtlicher Sicht, 2004, S. 22 ff.; *Teuber/Melber*, MDR 2004, 185; für ein antizipiertes Angebot: *Hartung/Hartung*, MMR 2001, 278, 281 f.; *Hoffmann*, in: Leible/Sosnitza, Versteigerungen im Internet, 2004, Teil 3 Rn. 152; abl. *Hager*, JZ 2001, 786, 787 f.
23 BGH NJW 2005, 53, 54; NJW 2011, 2643.
24 Im Ergebnis ebenso BGH NJW 2011, 2643, der dann die AGB heranzieht.
25 So wohl auch *Oechsler*, NJW 2015, 665, 665 f.
26 BGH NJW 1982, 2552, 2553; NJW 1984, 2568, 2569; NJW-RR 1989, 802, 802 f.; NJW 2005, 3417; Erman/*Armbrüster*, BGB, 14. Aufl. 2014, § 162 Rn. 4; Staudinger/*Bork*, BGB, 2015, § 162 Rn. 7; Bamberger/Roth/*Rövekamp*, BGB, 38. Ed. 2016, § 162 Rn. 4; MüKo-BGB/*Westermann*, 7. Aufl. 2015, § 162 Rn. 9; Soergel/*Wolf*, BGB, 13. Aufl. 1999, § 162 Rn. 7.

dings ist für eine Anwendung des § 162 Abs. 1 BGB die unbedingte, wenn auch nicht alleinige Kausalität zwischen der treuwidrigen Vereitelung und dem Nichteintritt der Bedingung erforderlich.[27] Mit anderen Worten müsste die Bedingung ohne das Handeln des Verkäufers sicher eingetreten,[28] also der Vertrag unzweifelhaft mit dem Bietenden abgeschlossen worden sein. Dieser Nachweis, der demjenigen obliegt, der sich auf das Eingreifen der Vorschrift beruft,[29] dürfte im Regelfall aber gerade nicht gelingen. Vielmehr ist es beinahe ausgeschlossen, dass ein am Anfang der Auktion abgegebenes Gebot auch zum regulären Ende das höchste darstellt. Es handelt sich um ein regelmäßig beobachtetes Phänomen, dass zu Beginn einer Auktion die Beteiligung eher gering ausfällt und daher die Gebotsquote schleppend ist. Aus diesem Grund können anfangs auch sehr niedrige Preise das aktuelle Höchstgebot über einen längeren Zeitraum markieren. Im Regelfall werden nennenswerte Steigerungen erst zum Ende erzielt, wenn sich die einzelnen Interessenten in schneller Folge überbieten und dadurch die Gegenleistung in die Höhe treiben.[30] Da der dargestellte der typische Ablauf ist, müsste ein früherer Bieter beweisen, dass ein solcher hier nicht vorgelegen hätte, was ihm aber schon auf Grund des hypothetischen Charakters nicht gelingen wird.

Kann somit unter reiner Anwendung der BGB-Vorschriften ein Vertragsschluss nicht begründet werden, fehlt damit nicht nur die Grundlage für den primären Erfüllungsanspruch, sondern auch die für die Geltendmachung von Schadensersatz. Für einen Anspruch aus § 280 Abs. 1 BGB ergibt sich dies bereits mangels wirksamer vertraglicher Abrede. Doch auch ein Anspruch aus §§ 311 Abs. 2 Nr. 1, 241 Abs. 2, 280 Abs. 1 BGB kann letztlich nicht zum Ziel führen. Zwar besteht ohne Weiteres ein vorvertragliches Schuldverhältnis, da spätestens mit der Abgabe eines wirksamen Angebots durch den Verkäufer und eines Gebots durch den Käufer Vertragsverhandlungen zwischen den Parteien schwebten.[31] Des Weiteren ist das Zurückziehen des Angebots ohne rechtfertigenden Grund auch eine Pflichtverletzung dar, weil sich der Vertragspartner darauf verlassen können muss, dass die voreingestellte Frist auch gewahrt wird.[32] Allerdings wird sich kein Schaden nachweisen lassen. Da unklar ist, welche Gebote noch eingegangen wären, kann der potentielle Käufer nicht einmal belegen, dass er überhaupt einen Vertrag abgeschlossen hätte. Jedenfalls besteht kein Anhaltspunkt dafür, in

---

[27] RGZ 66, 222, 226; Staudinger/*Bork* (Fn. 26), § 162 Rn. 6; MüKoBGB/*Westermann* (Fn. 26), § 162 Rn. 11; Soergel/*Wolf* (Fn. 26), § 162 Rn. 11 f.
[28] RGZ 66, 222, 226; RG JW 1933, 1387.
[29] RGZ 66, 222, 224; RG JW 1933, 1387; BGH NJW 2005, 3417, 3418.
[30] Siehe dazu *Leible/Sosnitza*, in: Leible/Sosnitza, Versteigerungen im Internet, 2004, Teil 1 Rn. 14 f.
[31] MüKoBGB/*Emmerich*, 7. Aufl. 2016, § 311 Rn. 43; Soergel/*Harke*, 13. Aufl. 2013, § 311 Absätze 2, 3 Rn. 40.
[32] *Härting* (Fn. 22), Rn. 479; *Wackerbarth/van der Hoff*, ZGS 2005, 216, 219.

welcher Höhe sich ein Schaden ergeben hätte: Ein solcher kann allein aus der Differenz zwischen Wert der Sache und Kaufpreis folgen und damit nur dann begründet sein, wenn tatsächlich die vereinbarte Geldleistung objektiv zu niedrig ist.[33] Jedenfalls Letzteres ist völlig spekulativ und für den beweisbelasteten potentiellen Käufer als Anspruchsteller nicht belegbar.

III. Lösung unter Berücksichtigung der AGB

Zu einem abweichenden Ergebnis kommen BGH und herrschende Meinung aber unter Berücksichtigung der von eBay verwendeten AGB.[34] Diese regeln sehr detailliert, unter welchen Voraussetzungen ein einmal online gegangenes Angebot wieder zurückgenommen werden darf und welche Anforderungen an den Vertragsschluss zu stellen sind.[35]

Die AGB erlangen nach herrschender Auffassung deshalb auch für das Verhältnis zwischen Käufer und Verkäufer Bedeutung, weil die abgegebenen Willenserklärungen stets im Lichte der von beiden Seiten akzeptierten und diese bindenden Regeln ausgelegt werden müssten.[36] Der Verkäufer erklärt somit sein Angebot in der Weise, dass es den AGB entspricht und er damit keinen vertragsrechtlichen Verstoß gegenüber der Plattform begeht; dies erkennt auch der Käufer, da er selbst auf die Vorschriften verpflichtet ist und ihnen entsprechen will.[37] Die eBay-AGB haben damit zwar keine unmittelbare, wohl aber eine mittelbare Bedeutung für das Vertragsverhältnis zwischen den Kunden und beeinflussen auch deren Beziehung.

Konsequenz ist ein deutlich abweichendes Ergebnis gegenüber der Lösung, die die reine Anwendung der BGB-Regeln produzieren würde. Nach § 6 Nr. 6 eBay-AGB kommt ein Vertrag stets mit dem Bietenden zu Stande, der zum Abschluss der Auktion das höchste Gebot abgegeben hat, soweit der Verkäufer kein Recht zur Rücknahme besitzt.[38] Dies gilt nach die-

---

33 So auch die Geltendmachung bei BGH NJW 2011, 2643; NJW 2015, 548; NJW 2015, 1009.
34 In wesentlichen Teilen abgedruckt bei BGH NJW 2015, 1009.
35 Siehe dazu die Darstellung bei *Böse/Jutzi*, MDR 2015, 677, 678 f.
36 BGHZ 149, 129, 135; BGH NJW 2011, 2643, 2643 f.; MMR 2014, 232; NJW 2014, 1292, 1293; NJW 2015, 1009, 1010; OLG Celle, MMR 2014, 663, 664; OLG Hamm, MMR 2014, 108, 109; MMR 2015, 25, 26 f.; OLG Nürnberg, MMR 2014, 592, 593; *Böse/Jutzi*, MDR 2015, 677, 678; *Deutsch*, MMR 2004, 586, 589; *Härting* (Fn. 22), Rn. 475; *Jerger*, GWR 2015, 114, 116; *Lettl*, JuS 2002, 219, 221; *Meyer*, in: Borges, Rechtsfragen der Internet-Auktion, 2007, S. 26, 42; *Schulze* (Fn. 22), S. 35; *Sutschet*, NJW 2014, 1041, 1042; *Ulrici*, JuS 2000, 947, 948; abl. aber *Hager*, JZ 2002, 506, 507; *Koch*, CR 2005, 502, 505; *Lunk* (Fn. 22), S. 87; *Sester*, CR 2001, 98, 104; *Wagner/Zenger*, MMR 2013, 343, 346; *dies.*, MMR 2015, 169, 170; *Wenzel*, NJW 2002, 1550; *Wiebe*, in: Spindler/Wiebe, Internet-Auktion und elektronische Marktplätze, 2. Aufl. 2005, Kap. 4 Rn. 127; differenzierend: *Burgard*, WM 2001, 2102, 2107.
37 BGHZ 149, 129, 135; BGH NJW 2011, 2643, 2643 f.; MMR 2014, 232; NJW 2014, 1292, 1293; NJW 2015, 1009, 1010.
38 So auch die Lösung in BGH NJW 2011, 2643, 2643 f.; NJW 2014, 1292, 1293; NJW 2015, 1009, 1010.

ser Vorschrift insbesondere auch dann, wenn das Verkaufsverfahren vorzeitig beendet wurde. Aus diesem Grund folgt für den Käufer ein Anspruch auf die Primärleistung aus dem zwischen ihm und dem Verkäufer abgeschlossenen Vertrag.[39] Da dieser wirksam ist, bestimmt sich die Höhe des Kaufpreises nach dem zuletzt abgegebenen Gebot.[40] Für den Verkäufer bestehen hiernach Pflichten, so dass für den Fall, dass diese nicht erfüllt werden, dem Käufer ein Schadensersatzanspruch aus §§ 280 Abs. 1, Abs. 3, 281 BGB, §§ 280 Abs. 1, Abs. 3, 283 BGB oder § 311a Abs. 2 BGB erwachsen kann.[41] Die Höhe des Schadens richtet sich dabei nach der Abweichung des objektiven Werts der Sache von der nach dem Vertrag geschuldeten Gegenleistung.[42]

Die durch die AGB begründete Bindung des Anbietenden ist jedoch nicht schrankenlos. Er darf nach § 6 Nr. 6 eBay-AGB sein Angebot unter gewissen Voraussetzungen zurückziehen. Nach der aktuellsten Version[43] der allgemeinen Geschäftsbedingungen ist dies ausschließlich dann zulässig, wenn der Verkäufer beim Gestalten des Angebots einem Irrtum unterlag oder ihm die Erfüllung des noch zu schließenden Kaufvertrags unverschuldet unmöglich geworden ist. Die eBay-AGB orientieren sich damit sehr eng an den gesetzlichen Vorgaben, unter denen das Angebot anfechtbar ist oder der Vertrag ohne Verpflichtung zum Schadensersatz unerfüllt bleiben kann. Diese Befugnis, das Angebot bis Auktionsende unter den genannten Bedingungen zurückzunehmen, bietet dem Verkäufer gegenüber der gesetzlichen Regelung Vorteile, da er insbesondere beim Irrtum nicht darauf angewiesen ist, sein Angebot anzufechten und damit gegebenenfalls nach § 122 BGB verschuldensunabhängig Schadensersatz auf das negative Interesse zu leisten,[44] sondern er kann sich des Angebots entledigen und damit den Abschluss des Vertrages für die Zukunft verhindern, so dass er eine eigene Bindung von vornherein vermeidet.

IV. Bewertung der Lösung des BGH

1. Grundsätzliches

Der Lösung des BGH und der herrschenden Meinung ist grundsätzlich beizupflichten. Willenserklärungen sind gem. § 133 BGB und analog § 157 BGB stets nach dem objektiven Empfängerhorizont auszulegen, also in der Weise, wie der Empfänger sie bei objektiver Betrachtung zu verstehen

---

39 OLG Celle, MMR 2014, 663.
40 BGH NJW 2011, 2643, 2643 f.; NJW 2014, 1292, 1293; NJW 2015, 1009, 1010.
41 Unzutreffend aber BGH NJW 2015, 548, 549, der den Anspruch auf Mangelrecht stützt.
42 BGH NJW 2011, 2643; NJW 2015, 548; NJW 2015, 1009.
43 Siehe zu abweichenden Inhalten in früheren Bestimmungen: BGH NJW 2015, 1009.
44 Ablehnend hierzu aber *Kulke*, NJW 2014, 1293; dagegen *Meier*, NJW 2015, 1011.

hatte.⁴⁵ Generell darf jeder darauf vertrauen, dass der Erklärende sich in rechtmäßiger Weise verhalten will.⁴⁶ Der Begriff der Rechtmäßigkeit ist dabei allerdings nicht eng, also nur auf die Vorgaben des öffentlichen Rechts begrenzt, sondern vielmehr denkbar weit zu verstehen, so dass insbesondere auch privatrechtliche Pflichten eingeschlossen werden und daher eine Vermutung dafür besteht, dass ein Rechtssubjekt stets die Absicht hat, seinen gesamten Rechtspflichten nachzukommen.⁴⁷ Aus diesem Grund ist beispielsweise im Sachenrecht anzunehmen, dass eine Person, die einer anderen die Übereignung einer Sache schuldet, dies, soweit andere ausdrückliche Erklärungen nicht abgegeben werden, ordnungsgemäß erfüllen will. Deshalb ist die auf Verfügung abzielende Erklärung so auszulegen, dass eine unbedingte Übereignung gewollt ist und insbesondere ein Eigentumsvorbehalt nicht entgegen der schuldrechtlichen Abrede vereinbart sein soll.⁴⁸ Will der Veräußernde tatsächlich seiner Verpflichtung zuwider einen dinglich wirkenden Eigentumsvorbehalt durchsetzen, muss er dies ausdrücklich erklären, da er insoweit von der Vermutung normgemäßen Verhaltens abweicht.⁴⁹

Dieselben Grundsätze wendet der BGH zutreffend auch bei der Auslegung der Erklärungen eines Verkäufers bei eBay an.⁵⁰ Auch hier ist infolge der Annahme rechtmäßigen Verhaltens zu unterstellen, dass dieser ein Angebot abgeben will, das seinen schuldrechtlichen Verpflichtungen gegenüber der Plattform entspricht. Mangels abweichender Angaben bestehen keine Anhaltspunkte dafür, dass der Verkäufer sich gegen diese Verpflichtung auflehnen und damit potentiellen Vertragssanktionen durch eBay aussetzen will. Der Erklärungsempfänger darf daher davon ausgehen, dass die Erklä-

---

45 *Boemke/Ulrici*, BGB Allgemeiner Teil, 2. Aufl. 2014, § 8 Rn. 19 f.; *Brox/Walker*, Allgemeiner Teil des BGB, 39. Aufl. 2015, Rn. 136; *Hirsch*, BGB Allgemeiner Teil, 8. Aufl. 2015, Rn. 139; *Leipold*, BGB I Einführung und Allgemeiner Teil, 8. Aufl. 2015, § 15 Rn. 11 f.; *Medicus*, Allgemeiner Teil des BGB, 10. Aufl. 2010, Rn. 323; *Rüthers/Stadler*, Allgemeiner Teil des BGB, 18. Aufl. 2014, § 18 Rn. 12.
46 *Härting* (Fn. 22), Rn. 475; *Jerger*, GWR 2015, 114, 116; *Sutschet*, NJW 2014, 1041, 1042; *Wagner/Zenger*, MMR 2013, 343, 346; siehe zur Vermutung normgemäßen Verhaltens als Vertrauensgrundsatz im Strafrecht auch: BGHSt 4, 47, 50 f.; 9, 92, 93 f.; 12, 81, 83; 14, 201, 211; *Eidam*, JA 2011, 912 ff.; *Krümpelmann*, in: FS Lackner, 1987, S. 289 ff.; *Schumann*, Strafrechtliches Handlungsunrecht und das Prinzip der Selbstverantwortung der Anderen, 1986, S. 7 ff.
47 *Härting* (Fn. 22), Rn. 475; *Jerger*, GWR 2015, 114, 116; *Sutschet*, NJW 2014, 1041, 1042; *Wagner/Zenger*, MMR 2013, 343, 346.
48 BGHZ 64, 395, 397; BGH NJW 1953, 217, 218; NJW 1979, 213, 214; NJW 1982, 1749, 1750; NJW 2006, 3488, 3489; *de Lousanoff*, NJW 1982, 1727, 1728; *Fritsche/Würdinger*, NJW 2007, 1037, 1038; *Vieweg/Werner*, Sachenrecht, 7. Aufl. 2015, § 11 Rn. 11; *Westermann/Gursky/Eickmann*, Sachenrecht, 8. Aufl. 2011, § 43 Rn. 11.
49 BGHZ 64, 395, 397; BGH NJW 1953, 217, 218; NJW 1979, 213, 214; NJW 1982, 1749, 1750; NJW 2006, 3488, 3489.
50 BGHZ 149, 129, 135; BGH NJW 2011, 2643, 2643 f.; MMR 2014, 232; NJW 2014, 1292, 1293; NJW 2015, 1009, 1010.

rung den Inhalt hat, der den eBay-AGB gerecht wird.[51] Ein solches Verständnis ist auch vor dem Hintergrund des objektiven Empfängerhorizonts angezeigt, da „objektiv" begrifflich nicht einen beliebigen Dritten, sondern einen solchen in der Position des tatsächlichen Erklärungsempfängers meint.[52] Dieser ist selbst Kunde und somit seinerseits auf die AGB verpflichtet. Hieraus resultiert die Kenntnis derselben, so dass der Vertragspartner weiß, welche Erklärungen üblicherweise abzugeben sind. Sein Vertrauen ist damit schutzwürdig und eine Auslegung wie vom BGH vorgenommen deshalb geboten.[53]

Aus diesem Grund sind die Erklärungen des Verkäufers so aufzufassen, dass der Vertrag nicht nur mit dem zum Ablauf der Frist höchsten Gebot, sondern mit demjenigen zu Stande kommen soll, das beim tatsächlichen Ende der Auktion das höchste ist.[54] Dabei ist dann ohne Belang, ob die Beendigung regulär oder irregulär erfolgt. Ebenfalls korrekt ist damit auch die Auslegung des BGH, wonach ein durch Irrtum beeinflusstes Angebot nicht angefochten werden muss, sondern zurückgenommen werden kann. Insoweit ist die Erklärung des Verkäufers so zu verstehen, dass er sich den Widerruf des Angebots unter bestimmten Bedingungen vorbehalten will,[55] was möglich ist, wenn ein entsprechender Vorbehalt bereits im Angebot enthalten ist.[56] Da der potentielle Käufer diese Regelung aus den AGB, an die er selbst gebunden ist, kennt, steht einer Auslegung in dieser Weise nichts im Wege.[57] Da somit der Empfänger nicht auf die Unwiderruflichkeit vertrauen darf, ist die fehlende Anwendung des § 122 BGB sachlich nicht befremdlich,[58] sondern angezeigt. Diese begründet nämlich eine Vertrauenshaftung,[59] für die kein Anlass besteht, wenn der Vertragspartner weiß, dass der Vertrag möglicherweise nicht wirksam abgeschlossen wird, wie auch die Regelung des § 122 Abs. 2 BGB beweist.

---

51 *Härting* (Fn. 22), Rn. 475; *Hoffmann* (Fn. 22), Teil 3 Rn. 202 ff.; *Rüfner,* MMR 2000, 597, 598; *Sutschet,* NJW 2014, 1041, 1042.
52 *Härting* (Fn. 22), Rn. 475; *Jerger,* GWR 2015, 114, 116; *Sutschet,* NJW 2014, 1041, 1042; *Wagner/Zenger,* MMR 2013, 343, 346.
53 *Härting* (Fn. 22), Rn. 475; *Jerger,* GWR 2015, 114, 116; *Lettl,* JuS 2002, 219, 221; *Meyer* (Fn. 36), S. 42; *Schulze* (Fn. 22), S. 35; *Ulrici,* JuS 2000, 947, 948.
54 BGH NJW 2011, 2643, 2643 f.; NJW 2014, 1292, 1293; NJW 2015, 1009, 1010.
55 So auch Staudinger/*Bork* (Fn. 26), § 145 Rn. 26; *Meier,* NJW 2015, 1011; abl. aber *Kulke,* NJW 2014, 1293.
56 BGH NJW 1984, 1885, 1886; NJW-RR 2004, 952, 953; NJW 2013, 3434; Staudinger/*Bork* (Fn. 26), § 145 Rn. 26; MüKoBGB/*Busche* (Fn. 26), § 145 Rn. 8; *Keim,* MittBayNot 2005, 10, 11; *Klühs,* DNotZ 2011, 886, 887.
57 *Meier,* NJW 2015, 1011.
58 So aber *Kulke,* NJW 2014, 1293; dagegen *Meier,* NJW 2015, 1011.
59 MüKoBGB/*Armbrüster* (Fn. 26), § 122 Rn. 1; Soergel/*Hefermehl* (Fn. 26), § 122 Rn. 1; *Medicus* (Fn. 45), Rn. 783; Staudinger/*Singer,* BGB, 2012, § 122 Rn. 1; *Wolf/Neuner,* Allgemeiner Teil des BGB, 10. Aufl. 2012, § 41 Rn. 152.

Das demgegenüber teilweise in der Literatur vertretene Konzept eines Rahmenvertrags kann dagegen nicht überzeugen. Hierbei wird davon ausgegangen, die AGB des Auktionshauses würden eine Form der Marktordnung bilden, die sämtliche Parteien bindet.[60] Diese Deutung sieht sich allerdings zu Recht dem Vorwurf der Fiktion ausgesetzt.[61] Die Parteien sind sich bewusst, dass sie mit der Plattform sowie mit ihrem jeweiligen Kaufpartner vertraglich verbunden sind. Einen Willen dahin gehend, mit allen anderen Teilnehmern ebenfalls eine schuldrechtliche Abrede einzugehen, kann man ihnen jedoch nicht unterstellen. Die Kunden wollen sich nicht untereinander binden,[62] sondern haben bestenfalls die Absicht, mit einem Einzigen einen Kaufvertrag zu schließen. Des Weiteren müsste letztlich auch das Auktionshaus als Vertreter der übrigen Kunden begriffen werden,[63] was allerdings eine weitere Fiktion erforderlich macht. Aus demselben Grund kann das Verhältnis auch nicht als Vertrag zu Gunsten Dritter zwischen der Plattform und dem einzelnen Kunden begriffen werden,[64] da auch insoweit kein Wille erkennbar wird, eine solch komplexe Struktur zu schaffen.[65]

2. Probleme eines solchen Verständnisses

Ist die Rechtsprechung des BGH auch im Grundsatz korrekt und begrüßenswert, so bereitet sie doch im Detail Schwierigkeiten, mit denen die Gerichte sich teilweise noch nicht zu befassen hatten und die bisher auch in der Literatur keine abschließende Bewertung erfahren haben.

a) Möglichkeit der Anfechtung

Zunächst ist ein Blick auf die Frage angezeigt, ob sich ein Kunde, der sich, wie die meisten Laien, der juristischen Bedeutung der AGB für seine eigene Erklärung nicht unmittelbar bewusst war, der negativen Konsequenzen dadurch entledigen kann, dass er seine Willenserklärung mit der Begründung anficht, eine Erklärung dieses Inhalts habe er nicht abgeben wollen. Die Anfechtung würde sich damit, da es nicht um eine tatsächliche Fehlvorstellung, sondern um eine solche in Bezug auf die rechtlichen Konsequenzen geht, auf den Rechtsfolgenirrtum stützen, der grundsätzlich nach § 119

---

60 *Beckmann* (Fn. 22), S. 148 ff.; *Heitbaum*, Zur Anwendbarkeit des § 156 BGB sowie zur Inhaltskontrolle bei Privaten Online-Auktionen, 2003, S. 173 ff.; *Sester*, CR 2001, 98, 107; *Spindler*, ZIP 2001, 809, 812; *Wiebe*, CR 2002, 216, 217; für denkbar hält das auch *Burgard*, WM 2001, 2102, 2105.
61 *Heiderhoff*, ZIP 2006, 793, 794; *Meyer* (Fn. 36), S. 34; *Rother* (Fn. 22), S. 62; *Schulze* (Fn. 22), S. 32 f.
62 *Heiderhoff*, ZIP 2006, 793, 794; *Meyer* (Fn. 36), S. 34; *Schulze* (Fn. 22), S. 32 f.
63 So aber *Wiebe* (Fn. 36), Kap. 4 Rn. 130.
64 So jedoch *Koch*, CR 2005, 502, 505; *Wiebe*, CR 2002, 216, 217.
65 *Burgard*, WM 2001, 2102, 2105; *Heiderhoff*, ZIP 2006, 793, 794; *Hoffmann* (Fn. 22), Teil 3 Rn. 194 ff.; *Schulze* (Fn. 22), S. 34 f.; *Wagner/Zenger*, MMR 2013, 343, 347.

Abs. 1 BGB anerkannt ist.[66] Nicht nur ein tatsächlicher, sondern auch ein rechtlicher Irrtum begründet die Befugnis zur Anfechtung, da es nicht darauf ankommen kann, ob die Willensfreiheit durch faktische oder juristische Unkenntnis von relevanten Umständen beeinflusst wird.[67] Dabei entspricht es allerdings allgemeiner Meinung, dass nicht jeder beliebige Rechtsfolgenirrtum zur Lösung von der eigenen Willenserklärung ermächtigen kann, sondern nur wesentliche Fehlvorstellungen.[68] Nach der ständigen Formel der Gerichte liegt ein solcher Fall dann vor, wenn „ein Rechtsgeschäft erklärt ist, das nicht die mit seiner Vornahme erstrebte, sondern eine davon wesentlich verschiedene Rechtswirkung, die nicht gewollt ist, hervorbringt".[69] Auch wenn die Details umstritten sind,[70] ist doch anerkannt, dass reine Nebenfolgen, insbesondere Mängelrechte,[71] einer Erklärung, die sich nicht auf das Hauptgeschäft als solches beziehen, nicht ausreichen können, um die Anfechtung zu legitimieren.[72]

Überträgt man diese Erkenntnisse auf den hier vorliegenden Sachverhalt, so ergibt sich kein zur Anfechtung berechtigender Irrtum über die Rechtsfolgen. Nach ständiger Rechtsprechung fehlt es dann an einem bedeutenden Irrtum, wenn die geplanten Rechtsfolgen des Geschäfts korrekt hervorgebracht werden und neben die gewollten Konsequenzen nur weitere treten.[73] Dies ist bei der Auslegung einer Willenserklärung im Lichte der AGB der Fall. Erstrebte Hauptfolge ist die Abgabe eines grundsätzlich bindenden Angebots durch das Einstellen. Dies ist dem Verkäufer bewusst und von ihm auch geplant. Dass er darüber hinaus hinsichtlich der einzelnen Modalitäten des Vertragsschlusses auch noch die Inhalte der AGB erklärt, mag ihm nicht klar sein, es handelt sich insoweit aber nicht um gänzlich andere, sondern nur um weitere, nicht in dieser Weise beabsichtigte Rechtsfolgen. Diese genügen für eine Anfechtung der Willenserklärung aber nicht Der Verkäufer kann sich mithin nicht durch Anfechtung den Rechtsfolgen, die durch die Auslegung seiner Willenserklärung bewirkt werden, entziehen.

---

66 RGZ 88, 278, 284; 89, 29, 33; 98, 136, 138 f.; 134, 195, 197 f.; BGHZ 134, 152, 156; 168, 210, 218; 177, 62, 67; BGH NJW 1995, 1484, 1485.
67 Ähnlich auch MüKoBGB/*Armbrüster* (Fn. 26), § 119 Rn. 80.
68 BGHZ 177, 62, 67; Erman/*Arnold* (Fn. 26), § 119 Rn. 28 f.; Soergel/*Hefermehl* (Fn. 26), § 119 Rn. 24; *Wolf/Neuner* (Fn. 59), § 41 Rn. 87.
69 RGZ 88, 278, 284; 89, 29, 33; 98, 136, 139; 134, 195, 197 f.; BGHZ 168, 210, 218; 177, 62, 67; BGH NJW 1995, 1484, 1485.
70 Siehe dazu Staudinger/*Singer* (Fn. 59), § 119 Rn. 67 ff.
71 MüKoBGB/*Armbrüster* (Fn. 26), § 119 Rn. 82; *Wolf/Neuner* (Fn. 59), § 41 Rn. 89.
72 BGH NJW 1995, 1484, 1485; Soergel/*Hefermehl* (Fn. 26), § 119 Rn. 24; Staudinger/*Singer* (Fn. 59), § 119 Rn. 67; *Wolf/Neuner* (Fn. 59), § 41 Rn. 87.
73 RGZ 88, 278, 284; 89, 29, 33; 98, 136, 139; 134, 195, 198; BGHZ 134, 152, 156; 168, 210, 218; 177, 62, 67.

b) Reichweite und Inhalt der Auslegung

Des Weiteren ist zu überprüfen, wie weit der potentielle Einfluss der AGB auf das Vertragsverhältnis zwischen Käufer und Verkäufer reichen kann. Haben sich die Auswirkungen der AGB als Auslegungsmaßstab für die abgegebenen Willenserklärungen bisher praktisch auch nur auf der Ebene des Vertragsabschlusses gezeigt,[74] sind sie doch nicht auf diese beschränkt. Die durch die AGB begründeten Verpflichtungen des Einzelnen wirken in vollem Umfang auf die Erwartungen des objektiven Empfängers ein. Dieser darf annehmen, dass der Verkäufer sämtliche sich aus der Beziehung zur Plattform ergebenden Obligationen einhalten will und daher nicht nur solche Vorgaben beachtet, die sich auf den Vertragsschluss beziehen, sondern alle geforderten Inhalte in seine Erklärung aufnimmt. Aus diesem Grund ist es für den Gestalter der AGB grundsätzlich möglich, durch die Statuierung von verbindlichen Inhalten in weitem Umfang mittelbar auch auf die Vertragsbeziehung zwischen den Parteien einzuwirken. Machen die Betreiber in ihren AGB Vorgaben, welche Regelungen zwingend erforderlich oder keinesfalls gestattet sind,[75] so sind die abgegebenen Erklärungen von Käufer und Verkäufer auch im Hinblick auf diese Verpflichtungen auszulegen. Gibt der Verkäufer somit ohne nähere ausdrückliche Inhaltsbestimmung ein Angebot ab, das durch den Käufer angenommen wird, sind die wechselseitigen Willenserklärungen gem. § 133 BGB und analog § 157 BGB so zu verstehen, dass die durch die AGB als zwingend bestimmten Klauseln Bestandteil des Vertrags werden, die als unzulässig bezeichneten dagegen nicht erfasst sind.

Auf diese Weise könnte das Vertragsgefüge der Parteien dadurch beeinflusst werden, dass beispielsweise ein vollständiger Haftungsausschluss verboten, die Veränderung der Verjährungsfristen untersagt oder die Aufnahme konkreter Nebenleistungs- oder Schutzpflichten vorgeschrieben ist. Dies begründet die Möglichkeit, somit weitgehend standardisierte Vertragsinhalte zu schaffen und auf diese Weise ein einheitliches Abwicklungsregime für die gesamte Plattform zu installieren.[76] Mag dies für die einzelnen Kunden auch Vorteile haben, da so ein erhebliches Maß an Rechtssicherheit geschaffen wird und sie sich überdies mit detaillierten Vertragsverhandlungen nicht aufzuhalten brauchen, erscheint ein anderer Aspekt bedenklich. Dem Plattformbetreiber ist es nämlich auch möglich, seine eigene Stellung spürbar zu verbessern. Denkbar wäre eine Gestaltung, die den Maklerprovisionsklauseln in Grundstücksverträgen[77] ähnlich ist. Dabei verspricht der Erwerber unmittelbar im Kaufvertrag in Form eines echten berechtigenden

---

74 BGHZ 149, 129, 135; BGH NJW 2011, 2643, 2643 f.; MMR 2014, 232; NJW 2014, 1292, 1293; NJW 2015, 1009, 1010.
75 Siehe zu solchen Klauseln: *Koch*, CR 2005, 502, 503.
76 So auch *Grapetin*, GRUR 2001, 713, 714.
77 Siehe dazu vertieft: BeckOGK-BGB/*Meier*, 3. Ed. 2016, § 652 Rn. 207 ff.

Vertrages zu Gunsten Dritter die Zahlung der Maklercourtage.[78] Der Makler erhält damit nicht nur einen weiteren Schuldner, sondern auch ein abstraktes Zahlungsversprechen, das von den besonderen Erschwernissen der regulären Provision befreit ist.[79] Eine ähnliche Konstruktion wäre auch hier möglich, da der Betreiber versuchen könnte, seine Gebühren gegen beide Parteien erneut festschreiben zu lassen, sich dadurch einen weiteren Schuldgrund zu sichern und auch die Zahl der Schuldner auszuweiten. Geschehen könnte dies, indem in die AGB eine Verpflichtung zum Abschluss einer solchen Abrede zwischen Käufer und Verkäufer aufgenommen würde, so dass den Erklärungen zumindest im Wege der Auslegung ein solcher Inhalt beizumessen wäre.

Mag dies auch rechtspolitisch wenig wünschenswert sein, lässt es sich rechtstechnisch gleichwohl nicht verhindern. Soweit die Parteien davon ausgehen, dass sie zur Aufnahme derartiger Klauseln verpflichtet sind, können ihre Erklärungen nicht anders verstanden werden, als dass sie ihre gegenüber dem Betreiber bestehende Schuld erfüllen wollen und daher bereit sind, eine entsprechende vertragliche Abrede zu treffen. Daher gibt es keine Möglichkeit, diesen Einfluss der AGB zu Gunsten der Betreiber einzuschränken, da nicht bestritten werden kann, dass die Parteien tatsächlich einen Willen zu einer rechtskonformen Ausgestaltung ihrer Verträge bilden.

c) Privatautonomer Ausschluss dieser Folgen

Wurde bisher allein der Frage nachgegangen, unter welchen Bedingungen und mit welchen Folgen Willenserklärungen im Lichte der AGB ausgelegt werden können, stellt es sich darüber hinaus als klärungsbedürftig dar, ob die Parteien Möglichkeiten besitzen, ein solches Verständnis ihrer Aussagen zu verhindern oder die Bedeutung der AGB insgesamt auszuschließen. Um dies beantworten zu können, muss noch einmal die Grundlage der faktischen Bindung der Parteien an die AGB vergegenwärtigt werden: Diese beruht auf einer Auslegung der Erklärungen von Käufer und Verkäufer und somit auf deren konkludent geäußertem Willen. Die Begründung für ein Verständnis der Aussagen, das den Verpflichtungen gegenüber der Plattform entspricht, liegt darin, dass diese vor dem Hintergrund des objektiven Empfängerhorizonts nicht anders verstanden werden können, als sie üblicherweise gemeint sind und damit so, dass alle Beteiligten ihren Verpflichtungen nachkommen wollen.

Hieraus folgt dann allerdings auch die Möglichkeit für den Erklärenden, ungewünschte Folgen, die sich aus den AGB ergeben, auszuschließen.[80] Er

---

78 BGHZ 138, 170, 172; BGH NJW 1977, 582, 583; NJW 2005, 3778; NJW-RR 2007, 563, 564; NJW 2009, 1199.
79 Im Einzelnen BeckOGK-BGB/*Meier* (Fn. 77), § 652 Rn. 207 ff.
80 OLG Düsseldorf, BeckRS 2014, 00211; OLG Saarbrücken, OLGR Saarbrücken 2008, 621; LG Darmstadt, NJW-RR 2002, 1139; LG Osnabrück, MMR 2005, 125, 126; AG Kerpen, MMR

muss insoweit das Vertrauen der Gegenseite darin, dass seine Aussage den von den AGB geforderten und damit für diese Verträge regulären Inhalt aufweist, aktiv zerstören. Für eine Auslegung des konkludent Erklärten im Wege des Verständnisses eines objektiven Empfängers bleibt dann kein Raum mehr, wenn eine eindeutige, ausdrückliche Aussage vorliegt, die etwas anderes enthält.[81] Notwendig ist daher, dass sich aus der Erklärung unzweifelhaft ergibt, dass sie nicht unter Berücksichtigung der Vorgaben der AGB abgegeben wird. Auch insoweit passt der Vergleich zum nachträglich vertragswidrig vereinbarten Eigentumsvorbehalt. Zu Recht erkennt die herrschende Meinung dort an, dass dieser wirksam vereinbart wird, wenn der Veräußernde bei Abgabe deutlich macht, dass er nur unter einer aufschiebenden Bedingung verfügen will. In diesem Fall besteht für den Erwerber kein Zweifel, dass der Veräußerer seine Pflichten aus dem Kaufvertrag nicht vollumfänglich erfüllen will, so dass sich eine andere Auslegung der Willenserklärung verbietet.[82] Gleiches gilt auch dann, wenn der Anbietende hinreichend deutlich macht, dass er sich den Vorgaben der AGB nicht unterwerfen will und daher nicht bereit ist, seiner Erklärung die dort vorgesehenen Inhalte beizugeben.[83]

Beispielsweise könnte auf diese Weise ausgeschlossen werden, dass nach § 6 Nr. 6 der eBay-AGB ein Vertrag mit demjenigen zu Stande kommt, der zum Ende der Auktion, unabhängig davon, ob diese regulär oder irregulär beendet wird, der Höchstbietende ist. Das Angebot kann damit durch die Aufnahme eines Vorbehalts als unverbindlich ausgestaltet werden, solange dies unmittelbar im Angebot selbst hinreichend deutlich wird.[84] Dabei sind allerdings dieselben Anforderungen zu wahren, die auch für den nachträglichen vertragswidrigen Eigentumsvorbehalt gelten. So sind insbesondere versteckte Hinweise, beispielsweise auf nur verlinkten Internetseiten oder in den eigenen AGB, nicht geeignet, das Vertrauen der Gegenseite zu erschüttern.[85] Nach objektivem Empfängerhorizont kann nämlich nicht davon ausgegangen werden, dass sämtliche Teile der Erklärung auch tatsächlich erfasst werden,[86] so dass eine Distanzierung von der Vermutung

---

2001, 711; AG Meppen, CR 2005, 147, 147 f.; *Härting* (Fn. 22), Rn. 477; *Koch,* CR 2005, 502, 505; *Teuber/Melber,* MDR 2004, 185, 185 f.; *Wiebe,* CR 2002, 216, 217; ders. (Fn. 36), Kap. 4 Rn. 127.

81 LG Darmstadt, NJW-RR 2002, 1139; AG Kerpen, MMR 2001, 711; *Härting* (Fn. 22), Rn. 477; *Teuber/Melber,* MDR 2004, 185, 185 f.

82 Siehe die Nachweise bei in Fn. 48.

83 LG Darmstadt, NJW-RR 2002, 1139; *Härting* (Fn. 22), Rn. 477; *Teuber/Melber,* MDR 2004, 185, 185 f.

84 LG Darmstadt, NJW-RR 2002, 1139; LG Osnabrück, MMR 2005, 125, 126; AG Kerpen, MMR 2001, 711.

85 Anders aber offenbar *Wiebe,* CR 2002, 216, 217.

86 Siehe zu den Anforderungen beim nachträglichen, vertragswidrigen Eigentumsvorbehalt: *Vieweg/Werner* (Fn. 48), § 11 Rn. 11; *Westermann/Gursky/Eickmann* (Fn. 48), § 43 Rn. 11.

der Rechtmäßigkeit an prominenter Stelle erforderlich ist. Dies kann durch drucktechnische Hervorhebungen ebenso geschehen wie durch eindeutige und unmissverständliche Aussagen gleich zu Beginn des Angebots, bei denen der Erklärende davon ausgehen kann, dass der Empfänger diese wahrnimmt.[87] Ob dies durch die jeweilige Gestaltung erreicht wird, kann nicht abstrakt geklärt werden, sondern ist jeweils Tatfrage. Das Kriterium ist aber objektiviert, da nicht auf die wirkliche Kenntnisnahme abgestellt wird, sondern der Frage nachzugehen ist, ob ein typischer Empfänger erkannt hätte, dass die AGB ganz oder teilweise nicht in den Willen des Erklärenden aufgenommen wurden und damit als Auslegungsgrundlage ausscheiden.

Überschreitet der Verkäufer die Grenze zur ausreichenden Deutlichkeit, sind ihm bei der Abgabe des Angebots aufgrund der Privatautonomie keine Schranken gesetzt. Er kann die AGB als Auslegungshilfe insgesamt und pauschal ausschließen oder ihre Bedeutung modifizieren, indem er davon abweichend einzelne Punkte besonders regelt. Seine Freiheit geht sogar so weit, dass er das Angebot insgesamt freibleibend gestalten kann und damit bis zum Ende der jeweiligen Laufzeit und der endgültig wirksamen Annahme des Angebotes berechtigt ist, dieses zu widerrufen und eine bindende Abrede somit zu verhindern.[88] Zwar mag dies den vertraglichen Vereinbarungen mit der Plattform widersprechen; dies hat jedoch keine Auswirkungen auf das Verhältnis zwischen den Kunden untereinander.[89] Sie werden allein durch die zwischen ihnen ausgetauschten Willenserklärungen gebunden, die aber dann, wenn sie eindeutig sind, nicht im Lichte der AGB ausgelegt werden dürfen. Der Vertragsverstoß besteht allein im Verhältnis zur Plattform, so dass sich potentielle Konsequenzen auch nur in dieser Beziehung abspielen können. Insoweit besteht eine Pflichtverletzung, die zur Abmahnung oder zur Kündigung des Vertrages berechtigt und sogar einen Anspruch auf Schadensersatz aus § 280 Abs. 1 BGB gewährt, soweit der Nachweis eines Schadens gelingt.[90] Infolge der Relativität der Schuldverhältnisse kann aber keine Durchgriffswirkung der Vorgaben der AGB unmittelbar auf die Beziehung zwischen Verkäufer und Käufer begründet werden.[91] Dieses Ergebnis ist auch sachlich überzeugend.[92] Macht der Anbieter deutlich, dass er sein Angebot in dieser Weise gestalten will, erkennt die Gegenseite, worauf sie sich einlässt, und muss daher nicht

---

[87] LG Darmstadt, NJW-RR 2002, 1139; AG Kerpen, MMR 2001, 711; *Härting* (Fn. 22), Rn. 477; *Teuber/Melber*, MDR 2004, 185, 185 f.
[88] So auch LG Darmstadt, NJW-RR 2002, 1139.
[89] LG Darmstadt, NJW-RR 2002, 1139; LG Osnabrück, MMR 2005, 125, 126; AG Kerpen, MMR 2001, 711.
[90] Was aber regelmäßig gegenüber der Plattform nicht der Fall sein wird.
[91] LG Darmstadt, NJW-RR 2002, 1139; AG Kerpen, MMR 2001, 711.
[92] Anders aber *Koch*, CR 2005, 502, 505; *Wiebe*, CR 2002, 216, 217.

geschützt werden. Vielmehr lässt sie sich gegebenenfalls bewusst auf das Risiko ein. Eine Korrektur im Wege einer Konstruktion über den Abschluss von Rahmenverträgen ist daher nicht angezeigt.[93]

d) Wirkungen einer potentiellen Vertragsstörung im Verhältnis zur Plattform

Sind nunmehr die Begleitumstände der inhaltlichen Einbeziehung der AGB in die Erklärung betrachtet, ergeben sich allerdings möglicherweise noch Probleme, die aus der zwischen Kunde und Plattform bestehenden Abrede herrühren. Es ist zu untersuchen, ob und welche Auswirkungen dadurch bewirkt werden, dass dieser Vertrag mit einer inhaltlichen Störung belastet ist. Insoweit sind zwei verschiedene Konstellationen denkbar: Der Vertrag zwischen dem Anbieter und dem Käufer oder Verkäufer erweist sich als nichtig oder die AGB sind trotz einer im Grundsatz bestehenden Abrede nicht wirksam und vermögen deshalb die Parteien nicht zu binden.

aa) Nichtigkeit des Vertrages mit der Plattform

Zunächst stellt sich die Frage, ob eine Nichtigkeit des Vertrags mit dem Plattformbetreiber Auswirkungen auf das Verhältnis zwischen Verkäufer und Käufer hat. Wiederholt ist früher vertreten worden, dass die tatsächliche Einbeziehung der AGB Voraussetzung für ihre faktische Geltung auch im Verhältnis der Mitglieder untereinander sei.[94] Dies erweist sich allerdings als unzutreffend.[95] Dabei ist erneut zu bedenken, dass die Anrede zwischen den Parteien selbst grundsätzlich von der zur Plattform unabhängig ist und sich die Verträge daher zunächst nicht beeinflussen. Ausgangspunkt für die faktischen Wirkungen der Vereinbarung mit dem Betreiber ist einzig die Auslegung der abgegebenen Willenserklärungen. Hierfür sind aber die tatsächliche Bindung und die damit einhergehende rechtliche Verpflichtung zur Übernahme des vorgegebenen Inhalts für sich genommen ohne Belang. Entscheidend ist allein, dass der objektive Empfänger berechtigterweise davon ausgeht, dass der Verkäufer die Erklärung unter Beachtung der AGB abgeben will. Hierfür ist maßgebend, ob der Verkäufer den Eindruck erweckt, sich an die Vorgaben halten zu müssen, nicht hingegen, ob dies tatsächlich rechtlich erforderlich ist. Der Wille des Erklärenden richtet sich auch dann auf die Einhaltung seiner vermeintlichen Verpflichtungen, wenn er nur zu Unrecht von einer Bindung ausgeht, da es nur auf die erkennbare Vorstellung dessen ankommt, der die Erklärung abgibt.

---

[93] Im Ergebnis ebenso: *Heiderhoff*, ZIP 2006, 793, 794; *Meyer* (Fn. 36), S. 34; *Rother* (Fn. 22), S. 62; *Schulze* (Fn. 22), S. 32 f.

[94] *Dammers*, MMR 2011, 655, 656; *Hager*, JZ 2002, 506, 507; *Spindler*, MMR 2002, 98; *Wiebe*, MMR 2000, 323, 325; ders., MMR 2001, 109, 110; ders., CR 2002, 216, 216 f.; differenzierend: *Deutsch*, MMR 2004, 586, 588.

[95] *Grapetin*, GRUR 2001, 713, 714 f.; *Hartung/Hartmann*, MMR 2001, 278, 280 f.; *Rüfner*, MMR 2000, 597, 598; *Ulrici*, NJW 2001, 1112; *Wagner/Zenger*, MMR 2013, 343, 347.

Maßgeblich ist vor diesem Hintergrund demnach nicht, ob der Vertrag des Erklärenden mit dem Anbieter tatsächlich wirksam ist, sondern ausschließlich, ob er als wirksam behandelt wird. Schon dann geht jener davon aus, sich an die Vorgaben halten zu müssen. Seiner Aussage, die keine ausdrückliche Abweichung enthält, muss daher ein entsprechender Inhalt beigemessen werden. Erst wenn der Vertrag als nichtig erkannt wird, ist eine andere Bewertung geboten, da dann der Erklärende weiß, dass er sich an die AGB nicht halten muss und daher ein Verstoß hiergegen auch nicht rechtswidrig wäre. Die Vermutung normgemäßen Verhaltens spricht deswegen nicht mehr dafür, dass die AGB-Inhalte verbindlich erklärt werden sollen, weshalb diese als Auslegungshilfe wertlos sind und damit auf das Vertragsverhältnis zwischen Verkäufer und Käufer keinen Einfluss mehr haben. Dabei ist jedoch zu beachten, dass es weder erforderlich noch ausreichend ist, dass der Erklärende die Nichtigkeit erkennt, sondern es darauf ankommt, ob der Erklärungsempfänger Kenntnis davon hat. Die Willenserklärung ist nach dem objektiven Empfängerhorizont auszulegen, so dass nur entscheidend ist, welche Umstände der Empfänger erkennen kann; der tatsächliche Wille des Abgebenden spielt keine Rolle.[96] Dass dieser nicht an die AGB gebunden ist, wird für den Erklärungsgegner nur dann deutlich, wenn er selbst von der Nichtigkeit des Vertrages weiß. Bleibt dies allerdings unerkennbar, erscheint der Erklärende an die Plattform-AGB gebunden, so dass aus Sicht des Vertragspartners weiterhin die AGB als inhaltlich gewünscht gelten. Um diese Vermutung definitiv zu widerlegen, ist es deshalb auch im Falle der Nichtigkeit des Vertrages zwischen Plattformbetreiber und Kunde erforderlich, dass dieser sich ausdrücklich von der Geltung der AGB distanziert, soweit er nicht mit Sicherheit davon ausgehen kann, dass sein Gegenüber die Unwirksamkeit der Abrede mit dem Plattformbetreiber kennt. Dies gilt auch, wenn man das Auktionshaus als Empfangsvertreter oder -boten der Parteien ansieht.[97] Die Plattform wird regelmäßig ebenfalls keine Kenntnisse von der Unwirksamkeit des Vertrages haben, so dass auch hier keine andere Bewertung geboten ist.[98]

Jedes andere Verständnis würde dagegen die Rechtssicherheit unerträglich beeinträchtigen, weil dann der Vertrag zwischen Käufer und Verkäufer in seinem Umfang und möglicherweise sogar in seinem Bestand von der Wirksamkeit eines dritten Vertragsverhältnisses abhängen würde, über das jedenfalls dem Erklärungsempfänger jeder Überblick fehlt. Beide Parteien müssten damit rechnen, dass die Gegenseite die Vertragsgeltung auch noch nach Leistungsaustausch unter Verweis auf die Unwirksamkeit ihrer Bindung bestreitet und eine Anpassung oder Rückabwicklung wünscht. Dies

---

96 Brox/Walker (Fn. 45), Rn. 136; Leipold (Fn. 45), § 15 Rn. 11 f.; Medicus (Fn. 45), Rn. 323; Rüthers/Stadler (Fn. 45), § 18 Rn. 12.
97 So jedoch Deutsch, MMR 2004, 586, 588.
98 Schöne/Vowinckel, Jura 2001, 680, 682; anders aber Deutsch, MMR 2004, 586, 588.

könnte sogar zur Nichtigkeit der Abrede führen, da sich dann ein Auseinanderfallen des Willens des Erklärenden und des Empfängers und damit ein Dissens ergeben kann.[99] Beruht die Nichtigkeit des Vertrages mit der Plattform allerdings auf einem dauerhaften Hindernis wie der Geschäftsunfähigkeit nach § 104 BGB oder der beschränkten Geschäftsfähigkeit nach §§ 106 ff. BGB, so stellen sich diese Fragen schon deshalb nicht, da in diesen Konstellationen auch der Vertrag zwischen den Parteien von vornherein wegen dieses Umstandes nichtig ist. Zu einem Eingreifen der genannten Grundsätze kann es regelmäßig nur dann kommen, wenn die Abrede zwischen Plattform und Kunde entweder wegen eines nur punktuellen Ereignisses wie eines Dissenses oder infolge von Hindernissen auf Seiten der Plattform unwirksam ist.

bb)   Unwirksamkeit der einzelnen AGB-Klauseln
Ähnliche Probleme stellen sich auch für den Fall, dass sich lediglich einzelne Bestimmungen der AGB als nicht bindend erweisen. Dies kann entweder daraus resultieren, dass die AGB überhaupt nicht wirksam einbezogen wurden, dass einzelne Klauseln überraschend im Sinne des § 305c Abs. 1 BGB oder dass sie infolge der Inhaltskontrolle gem. §§ 307 ff. BGB rechtswidrig und aus diesem Grund unwirksam sind. Der BGH hat in einem *obiter dictum* die Ansicht geäußert, dass jedenfalls solche Klauseln, die gem. § 305c Abs. 1 BGB überraschend sind, nicht zur Auslegung der Erklärungen herangezogen werden können.[100] Im Übrigen finden sich allerdings keine Stellungnahmen zu dieser Frage.

(1)   Fehlende Einbeziehung der AGB insgesamt
Sind die AGB vollständig nicht Vertragsbestandteil geworden, insbesondere weil sie nach § 305 Abs. 2, Abs. 3 BGB nicht wirksam einbezogen wurden,[101] kann die Lösung von der Konstellation, dass der Vertrag insgesamt nichtig ist, nicht abweichen.[102] Auch insoweit ist nicht entscheidend, dass der Erklärende tatsächlich keiner Bindung an die AGB unterliegt, sondern maßgeblich ist nur, ob die Parteien davon ausgehen, dass eine Verpflichtung besteht. Es wäre befremdlich, wollte man die teilweise Unwirksamkeit des Vertrages, die gem. § 306 Abs. 1 BGB die sonstige Abrede unberührt lässt,[103] stärker gewichten als die vollständige Nichtigkeit. Soweit die Parteien nicht

---
99 Dies ist vor allem zu befürchten, wenn sich die Klausel auf wesentliche Teile auswirkt und daher der Vertrag dann unvollständig ist.
100 BGH NJW 2015, 1009, 1010; so auch: LG Osnabrück, MMR 2005, 125, 126.
101 Siehe zu den Anforderungen: *Brox/Walker* (Fn. 45), Rn. 223 ff.; *Medicus* (Fn. 45), Rn. 408 ff.; *Rüthers/Stadler* (Fn. 45), § 21 Rn. 15 ff.
102 Anders: *Dammers*, MMR 2011, 655, 656; *Hager*, JZ 2002, 506, 507; *Spindler*, MMR 2002, 98; *Wiebe*, MMR 2000, 323, 325; *ders.*, MMR 2001, 109, 110; *ders.*, CR 2002, 216, 216 f.; differenzierend: *Deutsch*, MMR 2004, 586, 588.
103 Siehe im Detail: *Boemke/Ulrici* (Fn. 45), § 11 Rn. 88 ff.; *Brox/Walker* (Fn. 45), Rn. 238 f.

wissen, dass die AGB sie nicht binden, fühlen sie sich ebenso zu deren Einhaltung verpflichtet, wie wenn eine rechtliche Obligation bestünde. Aus diesem Grund greift auch insoweit die Vermutung, dass sich der Erklärende so verhalten will, dass er das subjektiv Geschuldete erfüllt. Erst wenn der Erklärungsempfänger Kenntnis davon hat, dass sein Gegenüber auf die Einhaltung der AGB tatsächlich nicht verpflichtet ist, fehlt für ihn der Anlass, davon auszugehen, dass diese in den Inhalt der Willenserklärung aufgenommen wurden. Geht er hingegen davon aus, dass der Erklärende an die AGB gebunden ist, erscheint die an ihn abgegebene Willenserklärung in der Weise, dass sie die nach den AGB notwendigen Inhalte umfasst.

Dieses Ergebnis gilt selbst dann, wenn dem Erklärenden die AGB-Klauseln insgesamt nicht bekannt waren, da es nicht auf seine Sichtweise ankommt, sondern allein auf die des Empfängers. Nur wenn diesem ebenfalls der Inhalt der AGB verborgen geblieben ist, beispielsweise weil die Verträge lediglich eine Verweisklausel auf ansonsten nicht zur Verfügung gestellte Regelwerke enthalten, ist ein anderes Verständnis geboten. In diesem Fall kann der Erklärungsempfänger selbst den Inhalt nicht abschätzen und daher kein schutzwürdiges Vertrauen darauf bilden, dass die Vorgaben der AGB auch in die Erklärung aufgenommen wurden. Vielmehr hat auch die Vertragsgegenseite dann keine Vorstellung davon, dass noch weitere, über den ausdrücklich erklärten Inhalt hinausgehende Aussagen enthalten sein können, so dass eine Deutung dahin gehend, dass der Inhalt der AGB Vertragsbestandteil werden soll, ausscheiden muss.

(2) Überraschende Klauseln
Betrachtet man die Rechtsfolge der Einordnung einer Klausel als überraschend gem. § 305c Abs. 1 BGB, so scheint auf den ersten Blick kein Unterschied zur fehlenden Einbeziehung der AGB nach § 305 Abs. 2, Abs. 3 BGB zu bestehen. In beiden Fällen werden die einschlägigen Klauseln nicht Vertragsbestandteil, so dass sich eine rechtliche Bindungswirkung für den Vertragspartner des Verwenders nicht ergeben kann. Im Verhältnis zwischen Verkäufer und Käufer kommt es erneut aber nur auf den objektivierten Empfänger und dessen Verständnis, nicht jedoch auf die wahre Rechtslage an.[104] Dabei bestehen aber gerade Unterschiede. Regelmäßig wird die Klausel für beide Vertragsseiten in gleicher Weise überraschend sein. Dann ist das Vertrauen darauf, dass ein solcher Inhalt miterklärt sei, nicht anzuerkennen. Überraschend ist eine Klausel, wenn vernünftigerweise mit ihrem Vorhandensein nicht gerechnet werden muss. Dies kann sich dadurch ergeben, dass die Abweichung zum dispositiven Gesetzesrecht so erheblich ist, dass das Bestehen der Klausel redlicherweise nicht zu erwarten war, oder sich

---

[104] *Boemke/Ulrici* (Fn. 45), § 8 Rn. 19 f.; *Brox/Walker* (Fn. 45), Rn. 136; *Hirsch* (Fn. 45), Rn. 139; *Leipold* (Fn. 45), § 15 Rn. 11 f.; *Medicus* (Fn. 45), Rn. 323; *Rüthers/Stadler* (Fn. 45) § 18 Rn. 12.

diese thematisch so weit von den übrigen Regelungen des Vertrages entfernt, dass es an jeglichem Zusammenhang fehlt und aus diesem Grund niemand die Klausel vorhersehen musste.[105]

Aus Sicht des objektiven Empfängers kann nicht damit gerechnet werden, dass eine Person eine Erklärung abgibt, die sich völlig von dem regulären Inhalt löst. Dies widerspricht auch gerade der Vermutung normgemäßen Verhaltens, das Klauseln, die unter keinem denkbaren Gesichtspunkt bindend sein können, nicht erfasst. Zwar ist nicht erforderlich, dass der Erklärungsempfänger im Detail weiß, welche Regelungen die AGB enthalten und welche somit auch konkludent erklärt werden; allerdings müssen sich die Vorgaben innerhalb des üblichen Rahmens halten, um als Inhalt der Erklärung anerkannt werden zu können. Andernfalls gehen beide Seiten davon aus, dass derartige Aussagen nicht Bestandteil der Erklärung sind, so dass für eine entgegenstehende ergänzende Auslegung kein Raum bleibt. Eine solche ist stets dann ausgeschlossen, wenn feststeht, dass die Parteien in ihrem Willen tatsächlich übereinstimmen.[106]

Dies gilt selbst dann, wenn der Erklärungsempfänger von den Regelungen der AGB in Wahrheit nicht überrascht wird. Dies mag entweder daraus folgen, dass die Klausel einer Seite tatsächlich bekannt ist, oder daraus, dass sie aus anderen Vertragsverhältnissen, beispielsweise Beziehungen ausschließlich unter Unternehmern, mit solchen Abreden rechnet.

Erkennt ein Beteiligter den ungewöhnlichen Regelungsgehalt der Klausel, muss er zugleich auch davon ausgehen, dass sein Gegenüber mit einer Regelung dieses Inhalts nicht zu rechnen braucht und diese ihn daher überraschen wird. Er weiß daher, dass der Erklärende deren Inhalt nicht kennt und daher diesen nicht in seinen Willen aufnimmt. Es besteht für ihn damit kein Anlass, die Willenserklärung so zu verstehen, dass die überraschende Klausel ebenfalls erfasst ist. Gleiches gilt auch dann, wenn eine Geschäftsbedingung dieser Art den Empfänger deshalb subjektiv nicht überrascht, weil sie ihm aus Verträgen mit anderen Unternehmern bekannt ist und ihm daher nicht ungewöhnlich erscheint. Auch hier weiß der Empfänger, dass sein Vertragspartner die Klausel weder kennt noch mit ihr rechnet und sich daher ein Wille, sie in die Erklärung aufzunehmen, nicht bilden kann. Aus diesem Grund kann zumindest der objektivierte Empfänger nicht annehmen, dass zwei übereinstimmende Willenserklärungen vorliegen, die auch den Inhalt der überraschenden Klausel enthalten. Ein Vertragsschluss dieses Inhalts muss damit ausscheiden.

---

[105] *Medicus* (Fn. 45), Rn. 416 f.; *Rüthers/Stadler* (Fn. 45), § 3 Rn. 18; Staudinger/*Schlosser*, BGB, 2013, § 305c Rn. 7 ff.
[106] BGHZ 9, 273, 279; BGH NJW 2002, 2310, 2310 f.; BAG DB 1975, 1368; MüKoBGB/*Busche* (Fn. 26), § 157 Rn. 26; Staudinger/*Roth* (Fn. 26), § 157 Rn. 4; *Mayer-Maly*, in: FS Flume, Bd. I, 1978, S. 621, 625; *Wolf/Neuner* (Fn. 59), § 35 Rn. 66.

(3) Rechtswidrige Klauseln
(a) Bedeutung für den Vertrag

Als letzte Schwierigkeit verbleibt dann noch der Fall, dass die Klausel zwar nicht überraschend im Sinne des § 305c Abs. 1 BGB, wohl aber rechtswidrig nach §§ 307 ff. BGB ist. In diesem Fall wird die Regelung zwar Vertragsbestandteil; sie ist aber unwirksam und entfaltet aus diesem Grund keine Bindungswirkung für den Vertragspartner. Wie aber auch im Falle der Nichtigkeit des Vertrages mit der Plattform insgesamt ist dies letztlich für die Beziehung zwischen Verkäufer und Käufer ohne Belang.[107] Für die erforderliche Auslegung der Willenserklärung kommt es nicht darauf an, dass eine tatsächliche Verpflichtung zur Einhaltung der AGB besteht, sondern nur darauf, dass die Parteien von einer solchen ausgehen und deshalb die Willenserklärung nur so verstehen können, dass diese die Vorgaben der Plattform wahren will. Ist die Klausel damit nur rechtswidrig, wird dies den Beteiligten regelmäßig nicht auffallen, so dass sie subjektiv annehmen, gegenüber dem Plattformbetreiber die Einhaltung der AGB zu schulden. Weiß daher insbesondere der Erklärungsempfänger nicht, dass die Klausel rechtswidrig und damit unverbindlich ist, kann er die Aussagen nur so verstehen, dass die Gegenseite ihren vermeintlichen Verpflichtungen durch die AGB nachkommen und daher deren Inhalt in ihr Angebot übertragen will.[108] Dass sie tatsächlich dazu nicht gezwungen ist, ist aufgrund der gebotenen objektiven Auslegung deshalb irrelevant, da dies nicht erkennbar ist.[109] Erst wenn der Erklärungsempfänger selbst weiß oder realisiert, dass eine bestimmte Klausel rechtswidrig und damit unverbindlich ist, kann er nicht mehr davon ausgehen, dass jene Bestandteil der Erklärung werden soll. Dies wird allerdings kaum einmal der Fall sein, da dies selbst dann, wenn die Frage höchstrichterlich geklärt ist, keine so große Verbreitung in der Bevölkerung erfährt, dass angenommen werden kann, dass jedermann die Unwirksamkeit der Abrede bekannt ist.

Das gefundene Ergebnis lässt sich auch nicht dadurch abändern, dass innerhalb der Erklärung eine Bedingung derart konstruiert wird, dass nur solche Klauseln Inhalt des Angebots werden sollen, die rechtmäßig sind.[110] Der Abgebende wird sich über diese Frage regelmäßig keine Gedanken machen, so dass die Annahme einer solchen Bedingung reine Fiktion wäre.[111] Vielmehr richtet sich der erkennbare Wille des Erklärenden typischerweise darauf, alle Vorgaben aus dem Vertrag mit dem Plattformbetrei-

---

107 Im Ergebnis auch *Lettl*, JuS 2002, 219, 221 f.
108 So auch *Deutsch*, MMR 2004, 586, 588; *Lunk* (Fn. 22), S. 86.
109 *Boemke/Ulrici* (Fn. 45), § 8 Rn. 19 f.; *Brox/Walker* (Fn. 45), Rn. 136; *Hirsch* (Fn. 45), Rn. 139; *Leipold* (Fn. 45), § 15 Rn. 11 f.; *Medicus* (Fn. 45), Rn. 323; *Rüthers/Stadler* (Fn. 45) § 18 Rn. 12.
110 In diese Richtung: *Hartung/Hartmann*, MMR 2001, 278, 281.
111 So auch *Lunk* (Fn. 22), S. 86.

ber zu erfüllen, da die Parteien stets davon ausgehen, dass die AGB rechtmäßig und wirksam sind. Beruht die Vermutung normgemäßen Verhaltens auf der typischen Erkenntnis, dass ein Mitglied einer Verkaufsplattform kein Interesse an Sanktionen durch den Betreiber hat und daher dessen Vorgaben einhalten will, besitzt die Behauptung einer vorsorglichen Bedingung der Rechtmäßigkeit demgegenüber keinen realen Erfahrungshintergrund. Stattdessen haben Laien zu einer solchen rein hypothetischen Maßnahme schon deshalb keinen Anlass, da sie subjektiv im Regelfall keine Zweifel daran haben, dass die verwendeten Reglements zulässig und für sie bindend sind.

Auch eine Interpretation im Lichte von Treu und Glauben hilft nicht weiter.[112] Zwar wird diese Voraussetzung in § 157 BGB ausdrücklich genannt. Dabei kommt es aber nicht darauf an, ob der Inhalt den Grundsätzen von Treu und Glauben widerspricht, sondern die Erklärung ist so auszulegen, wie Treu und Glauben ihr Verständnis gebieten. Eine Auslegung dahin gehend, dass nur rechtmäßige Klauseln erfasst sein sollten,[113] ist deshalb aber gerade nicht geboten. Da regelmäßig im Vorfeld nicht mit Gewissheit erkannt werden kann, welche Klauseln rechtmäßig sind, wäre die Rechtssicherheit überdies bei einem solchen Verständnis stark gefährdet. Inhalt, Umfang und gegebenenfalls sogar Wirksamkeit des Vertrages wären an Vorgaben einer anderen, durch die Parteien nur bedingt prüf- und überblickbaren Abrede gekoppelt. Dies widerspricht aber gerade, wie auch die Annahme einer Bedingung, evident den wohlverstandenen Zielen der Beteiligten. Eine solche Rechtsunsicherheit liegt nicht in ihrem Interesse, da sie so nicht verbindlich planen und sich nicht auf die Beständigkeit ihrer Rechtsbeziehung verlassen können. Vielmehr könnte der Inhalt der Abrede auf mittlere Sicht nicht festgestellt werden, da er im Ergebnis stets davon abhinge, ob sich eine AGB-Klausel aus einem anderen Verhältnis als unwirksam erweist. Beide Seiten müssten deshalb beständig mit einer späteren Rückabwicklung rechnen, die nicht nur tatsächlich komplex ist, sondern auch zu erheblichen wirtschaftlichen Schwierigkeiten führen kann.

(b) Inhaltskontrolle?

Inhaltlich können die Abreden der Parteien ebenfalls nicht an den §§ 307 ff. BGB gemessen werden.[114] Dies folgt daraus, dass die Vereinbarungen zwar

---

112 Dies schlagen aber *Burgard*, WM 2001, 2102, 2109 und *Deutsch*, MMR 2004, 586, 588 vor.
113 So jedoch *Deutsch*, MMR 2004, 586, 588; ähnlich auch *Hartung/Hartmann*, MMR 2001, 278, 281.
114 BGHZ 149, 129, 137; *Hartung/Hartmann*, MMR 2001, 278, 280 f.; *Hoffmann* (Fn. 22), Teil 3 Rn. 207; *Koch*, CR 2005, 502, 504; *Lettl*, JuS 2002, 219, 221 f.; *Rüfner*, MMR 2000, 597, 598 ff.; *Wenzel*, NJW 2002, 1550; anders aber LG Aurich, MMR 2014, 600, 601 f.; *Burgard*, WM 2001, 2102, 2108; *Beckmann* (Fn. 22), S. 152; *Hager*, JZ 2001, 786, 789; ders., JZ 2002, 506, 507; *Mehrings*, BB 2002, 469, 473; *Meyer* (Fn. 36), S. 43 f.; *Spindler*, MMR 2002, 98; *Wiebe*, CR 2002, 216, 217; differenzierend: *Deutsch*, MMR 2004, 586, 588; *Schöne/Vowinckel*, Jura 2001, 680, 682.

im Verhältnis zur Plattform, nicht aber auch zwischen den Teilnehmern AGB sind. Ihnen gegenüber nehmen sie die Stellung einer Individualvereinbarung ein,[115] da sie von beiden Seiten konkludent miterklärt werden und daher auf einem gemeinsamen Willen beruhen, der nicht von einer der am Vertrag beteiligten Seiten durch das „Stellen" hervorgerufen wurde. Aus diesem Grund ist keine der beiden Parteien Verwender. Auch § 310 Abs. 3 Nr. 1 BGB, der fingiert, dass AGB stets als vom Unternehmer gestellt gelten, wenn sie nicht vom Verbraucher eingeführt werden, greift vorliegend nicht,[116] da die Einbeziehung der Betreiber-AGB von beiden Seiten gleichmäßig erklärt und angestrebt wird. Die Parteien halten sich jeweils subjektiv für gebunden und besitzen daher ein eigenständiges Interesse daran, sich innerhalb des vorgegebenen Rahmens zu halten. Die Inhalte werden daher ebenso vom Verbraucher eingebracht wie vom Unternehmer. Die Konstellation unterscheidet sich damit zu den von § 310 Abs. 3 Nr. 1 BGB unstreitig erfassten Fällen, in denen die Klauseln auf den Willen eines Dritten, zum Beispiel des Notars,[117] zurückgehen. Hat dort der Verbraucher kein spezifisches Interesse an einer bestimmten Klausel und akzeptiert daher den Vorschlag der neutralen Stelle, besitzt er hier einen eigenständigen Willen, der sich auf die Einbeziehung der Inhalte richtet, da er sich selbst gegenüber eBay nicht vertragsbrüchig verhalten will. Diese subjektive Zielsetzung des Verbrauchers rechtfertigt es, in diesem Fall ihm ebenfalls die Klausel zuzurechnen, so dass § 310 Abs. 3 Nr. 1 BGB nicht anzuwenden ist. Die frühere Rechtsprechung des BGH zur Einbeziehung und zur Kontrolle von AGB bei Versteigerungen[118] steht dieser Deutung nicht entgegen.[119] Anders als in den Fällen, in denen der Vertrag unmittelbar zwischen den Parteien zu Stande kommt, erfolgt bei einer § 156 BGB unterfallenden Versteigerung der Vertragsschluss mit dem Auktionshaus, so dass dieses ohne Weiteres Verwender und daher auch an die §§ 305 ff. BGB gebunden ist.[120] Bei den Parteien ist dies, wie gezeigt, nicht der Fall.

Ebenfalls nicht gangbar ist der Weg über eine analoge Anwendung der §§ 305 ff. BGB auf diesen Sachverhalt[121] oder eine Inhaltskontrolle der

---

[115] BGHZ 149, 129, 137; *Hoffmann* (Fn. 22), Teil 3 Rn. 200 f.; *Schöne/Vowinckel,* Jura 2001, 680, 681.
[116] BGHZ 149, 129, 137; *Heiderhoff,* ZIP 2006, 793, 794; *Hoffmann* (Fn. 22), Teil 3 Rn. 201; anders aber: *Burgard,* WM 2001, 2102, 2108; *Rüfner,* MMR 2000, 597, 601; *Schöne/Vowinckel,* Jura 2001, 680, 681; *Spindler,* MMR 2002, 98.
[117] Siehe dazu statt aller: MüKoBGB/*Basedow* (Fn. 31), § 310 Rn. 64; Staudinger/*Schlosser* (Fn. 105), § 310 Rn. 56.
[118] BGH NJW 1985, 850, 850 f.; ZIP 1985, 550, 550 ff.
[119] BGHZ 149, 129, 137; krit. hierzu aber: *Deutsch,* MMR 2004, 586, 588.
[120] BGHZ 149, 129, 137.
[121] *Burgard,* WM 2001, 2102, 2108; *Hoffmann* (Fn. 22), Teil 3 Rn. 209 ff.; *Wenzel,* NJW 2002, 1550.

Abrede nach § 242 BGB.[122] Für eine Analogie zu §§ 305 ff. BGB fehlt es wohl schon an der planwidrigen Regelungslücke, jedenfalls aber an der vergleichbaren Wertungslage. Die spezifische AGB-Kontrolle beruht auf dem gesetzgeberischen Ziel der Abwehr einer besonderen Gefahren- und Übermachtlage, die durch die Möglichkeit eines Vertragspartners hervorgerufen wird, Bedingungen einseitig vorzuformulieren und damit ein festes Grundgerüst zur Verfügung zu haben, das nicht mehr verhandelt wird.[123] Gerade dies liegt aber in den hier behandelten Fällen nicht vor. Die Klauseln werden nicht von einem Teil der Vertragsbeziehung, sondern von einem externen Dritten vorbereitet und beiden Seiten von dort oktroyiert. Dies rechtfertigt es allerdings nicht, eine der beiden Seiten zu ihren Lasten an die strengen Vorgaben der §§ 305 ff. BGB zu binden, da sie auch keine Vorteile aus der erleichterten Durchsetzbarkeit gezogen hat. Die spezielle Lage, die gerade AGB prägt, existiert daher hier nicht. Aus denselben Gründen kann auch eine Kontrolle anhand von § 242 BGB nicht überzeugen. Diese wurde vor der Einführung des AGBG dazu genutzt, AGB auf ihre inhaltliche Angemessenheit zu prüfen.[124] Die engmaschige Kontrolle beruhte allerdings ebenfalls auf dem erkannten Übergewicht des Verwenders gegenüber seinem Vertragspartner, so dass auch für dieses Rechtsinstitut dieselben Überlegungen maßgebend waren, die dann in die Schaffung des AGBG mündeten. Daher ist eine Übertragung auf andere Sachverhalte ausgeschlossen, da die besondere Wertung auf diese nicht passt.

(c)   Schadensersatzanspruch
Die Annahme eines Vertragsinhalts, der auf einer rechtswidrigen AGB-Klausel beruht, führt auch nicht zu untragbaren Ergebnissen.[125] Zwar mag sich hierdurch die Rechtsstellung einer der beiden Parteien signifikant verschlechtern, so dass sie innerhalb des Vertragsgefüges erhebliche Nachteile erleidet; diesen Gefahren kann sie allerdings einerseits durch eigenes Studium der AGB und einem entsprechenden ausdrücklichen Vorbehalt gegen aus ihrer Sicht untragbare Regelungen begegnen. Andererseits treffen bei Betrachtung aller in Rede stehender Ansprüche die Rechtsfolgen und -nachteile wirtschaftlich im Ergebnis tatsächlich den Urheber eines möglichen Schadens.

---

122 *Sester*, CR 2001, 98, 107 f.; *Spindler*, ZIP 2001, 809, 816; auch *Burgard*, WM 2001, 2102, 2108; *Wenzel*, DB 2001, 2233, 2237 wollen neben der Analogie zu den §§ 305 ff. § 242 BGB heranziehen.
123 Siehe dazu schon: Wolf/Lindacher/Pfeiffer/*Pfeiffer*, AGB-Recht, 6. Aufl. 2013, Einl. Rn. 15; *Raiser*, Das Recht der Allgemeinen Geschäftsbedingungen, 1961, S. 20 ff.; *Stoffels*, AGB-Recht, 3. Aufl. 2015, § 2 Rn. 16.
124 BGHZ 22, 90, 97 ff.; 41, 151, 153.
125 *Lettl*, JuS 2002, 219, 223; *Rüfner*, MMR 2000, 597, 601 f.; anders aber *Burgard*, WM 2001, 2102, 2109; *Hager*, JZ 2002, 506, 507; *Wenzel*, NJW 2002, 1550; *Wiebe* (Fn. 36), Kap. 4 Rn. 127.

Dem Erklärenden steht nämlich die Möglichkeit zu, gegen den Plattformbetreiber einen Schadensersatzanspruch geltend zu machen, der die Nachteile ausgleicht, die infolge der unzulässigen AGB entstehen.[126] Es ist anerkannt, dass die Verwendung unzulässiger oder rechtswidriger AGB eine Pflichtverletzung gegenüber dem Vertragspartner darstellt.[127] Dies gilt auch im vorliegenden Fall, weil die Plattform ihren Mitgliedern gegenüber durch die verwendeten AGB den Eindruck erweckt, sie seien gezwungen, Verträge einzugehen, die sie in eine schlechtere Position bringen. Die Erklärung und ihr Inhalt beruhen einzig auf den AGB, die ihrerseits den Parteien vorgeben, welche Verschlechterungen sie hinzunehmen und welche Verträge sie abzuschließen haben. Da die AGB unbedingte Voraussetzung für die Auslegung der Willenserklärung sind, werden alle darauf beruhenden Schäden auch kausal durch deren Verwendung verursacht.

Als einzige Schwierigkeit verbleibt damit das aus § 280 Abs. 1 S. 2 BGB folgende Erfordernis des Vertretenmüssens. Doch auch insoweit wird sich der Plattformbetreiber regelmäßig nicht exkulpieren können. Bei der Wirksamkeit der AGB handelt es sich um eine reine Rechtsfrage, so dass deren Verwendung auf einem Irrtum über die korrekte rechtliche Bewertung beruht. Für die Annahme eines unverschuldeten Rechtsirrtums sind die Anforderungen allerdings äußerst streng.[128] Erst wenn alle denkbaren Aufklärungsmöglichkeiten, insbesondere umfangreiche rechtliche Beratung, ausgeschöpft wurden und dabei die Rechtmäßigkeit der Klausel bestätigt wurde, wird man davon auszugehen haben, dass der Verwender die Pflichtverletzung nicht zu vertreten hat.[129] Zwar geht der BGH davon aus, dass bei eigenen Ansprüchen und Klauseln, die einen Vorteil des Verwenders begründen, ein Fahrlässigkeitsvorwurf dann nicht gemacht werden kann, wenn keine gefestigte Rechtsprechung besteht und auch im Übrigen dem Verwender keine Zweifel an der Rechtmäßigkeit kommen müssen.[130] Dies wird man allerdings nicht ohne Weiteres auch auf solche Klauseln übertragen können, die nicht die Rechtsstellung des Verwenders, sondern die Dritter beeinflussen. Die besondere Rechtfertigung für die niedrigeren Anforderungen des BGH liegt darin, dass private Rechtsdurchsetzung faktisch unmöglich gemacht würde, wenn das Berufen auf möglicherweise nicht existente Rechte stets einen Fahrlässigkeitsvorwurf begründen würde. Dies

---

126 *Lettl*, JuS 2002, 219, 223; *Rüfner*, MMR 2000, 597, 601 f.; abl. *Gurmann* (Fn. 22), S. 86; *Lunk* (Fn. 22), S. 86.
127 BGHZ 99, 101, 107; 181, 188, 192; BGH NJW 1984, 2816, 2817; NJW 2010, 2873, 2875.
128 Siehe dazu ausführlich Staudinger/*Caspers*, BGB, 2014, § 276 Rn. 55 ff.; Staudinger/*Löwisch/Feldmann*, BGB, 2014, § 286 Rn. 163 ff.
129 BGHZ 131, 346, 353 f.; 179, 238, 246; 201, 310, 316; BGH NJW 2011, 1063, 1065; NJW 2014, 2720, 2722.
130 BGHZ 131, 346, 353 f.; 179, 238, 246; 201, 310, 316; BGH NJW 1972, 1045, 1046; NJW 2014, 2717, 2720; NJW 2014, 2720, 2722.

gilt aber für Regelungen, die nur andere Personen betreffen, nicht. Hier muss der Verwender entweder solche Klauseln benutzen, die sicher zulässig sind, oder er muss darüber aufklären, dass sich Zweifel ergeben können. Da ihm kein eigenständiger Vorteil zufällt, besteht für den Betreiber kein Interesse daran, mögliche Unsicherheiten geheim zu halten. Er darf daher die Parteien nicht zum Abschluss ungünstiger Verträge auf Grund unklarer rechtlicher Einschätzungen zwingen. Unterlässt er eine Aufklärung, ist ihm nach § 276 Abs. 1 S. 1, Abs. 2 BGB der Vorwurf der Fahrlässigkeit zu machen und ein Haftungsanspruch gegen ihn begründet.

Diesen kann der Erklärende dann benutzen, um sämtliche eingetretenen Schäden an den Betreiber der Plattform weiterzureichen und sich somit schadlos zu halten. Wirtschaftlich muss damit der tatsächliche Verursacher die Kosten tragen, so dass sich im Ergebnis auch eine materiell gerechte Lösung ergibt. Im Regelfall wird dem Kunden auch kein Mitverschuldensvorwurf nach § 254 Abs. 1 BGB zu machen sein. Dies ergibt sich einerseits schon daraus, dass dieser regelmäßig über kein besseres rechtliches Verständnis verfügt als der Plattformbetreiber. Andererseits besteht auch grundsätzlich keine Obliegenheit, die AGB der Gegenseite auf Rechtmäßigkeit zu prüfen,[131] da diese gerade darauf angelegt sind, dass der Vertragspartner sie nicht vollständig zur Kenntnis nimmt[132] und daher der Verwender es seinem Gegenüber nicht zum Vorwurf machen kann, wenn er dieser Erwartung folgt.

e) Ergebnis

Die faktische Einbeziehung des Inhalts der AGB in eine Abrede zwischen zwei Parteien, die beide an dieses Regelwerk gebunden sind, ist im Wege der Auslegung der wechselseitig abgegebenen Willenserklärungen möglich und erweist sich auch dogmatisch als überzeugend. Grundlage ist die Vermutung, dass sich jedes Rechtssubjekt normgemäß verhalten will. Infolge dieser Annahme ist die tatsächliche rechtliche Bindung an die AGB ohne durchgreifende Bedeutung, da bereits ausreichend ist, dass der objektive Empfänger den Eindruck gewinnt, dass sich der Erklärende auf die Vorgaben verpflichtet fühlt. Durch ausdrücklichen Widerspruch kann verhindert werden, dass die AGB für die Auslegung Bedeutung erlangen, da dann eindeutig wird, welchen Inhalt die Erklärung hat. Die AGB entfalten ohne eine solche Distanzierung aber auch dann Wirkung, wenn sie den Vertragspartner tatsächlich mangels Einbeziehung oder wegen Rechtswidrigkeit rechtlich nicht verpflichten können. Ausnahmen bestehen nur bei überraschenden Klauseln nach § 305c Abs. 1 BGB und dann, wenn der Empfänger die fehlende Bindung erkennt.

---

131 BGHZ 99, 101, 109 zieht dies zwar grundsätzlich in Betracht, geht aber von hohen Anforderungen aus.
132 *Heck*, AcP 92 (1902), 438, 455; *Raiser* (Fn. 123), S. 21 f.; *Stoffels* (Fn. 123), § 4 Rn. 67.

D. Vertragliche Bindung mehrerer Nutzer bei reinen Kommunikationsplattformen

I. Problemaufriss

Im Bereich der reinen Kommunikationsplattformen, also solchen Angeboten, die einen Vertragsschluss zwischen den Parteien nicht beabsichtigen, sondern lediglich dem Austausch von Menschen dienen, unabhängig davon, ob dies durch Gespräche, Stellungnahmen, Meinungen, Bilder oder auf sonstige Weise geschieht, liegt die Problematik anders als im Bereich der Verkaufs- und Handelsplattformen. Hier können die AGB nicht zur Auslegung von Willenserklärungen herangezogen werden, da solche gerade nicht zwischen den Mitgliedern ausgetauscht werden. Da somit Verträge unter den Kunden nicht bestehen, beschränkt sich das Streitpotenzial auf die dort mittlerweile üblich gewordenen Verletzungen von absolut geschützten Rechten, insbesondere der Ehre, des allgemeinen Persönlichkeitsrechts und in seltenen Fällen des Rechts am eingerichteten und ausgeübten Gewerbebetrieb. Bedroht sind diese Rechtspositionen durch Erscheinungsformen wie „Cybermobbing",[133] Beleidigungen, Kundgabe von unwahren Tatsachen, dem Onlinestellen von unangemessenen Bildern oder Videos[134] sowie nicht zuletzt durch Kombination verschiedener Aspekte, dem sog. „shitstorm".[135] Für die Opfer derartiger Aktionen stellt sich die Frage, wie sie sich hiergegen wehren und eventuell entstandene Schäden liquidieren können. Dabei ist zu klären, ob ihnen allein das Deliktsrecht zur Verfügung steht oder ob nicht auch das vertragliche Schadensersatzrecht zu ihren Gunsten eingreift.

II. Ansprüche der Verletzten

1. Deliktsrecht

Unzweifelhaft bestehen bei der Verletzung solcher absolut geschützter Rechte für den Geschädigten Reaktionsmöglichkeiten aufgrund des Deliktsrechts. Sowohl die Ehre als Ausprägung des allgemeinen Persönlichkeitsrechts[136] wie auch das Recht am eingerichteten und ausgeübten Gewerbebetrieb[137] sind sonstige Rechte i. S. d. § 823 Abs. 1 BGB. Auch wenn die Feststellung einer Verletzung durch umfassende Abwägung der widerstrei-

---

[133] Siehe dazu *Cornelius*, ZRP 2014, 164 ff.; *Ernst*, NJW 2009, 1320 ff.
[134] Hierzu jüngst LG Hamburg, MMR 2015, 61 ff.
[135] Siehe dazu *Rockstroh* (Fn. 10), Kap. 2 Rn. 100; *Schwenke*, K & R 2012, 305 ff.
[136] BGHZ 13, 334, 337 f.; 26, 349, 352; 30, 7, 11; 35, 363, 366; 66, 182, 191; 169, 193, 196; 183, 353, 356.
[137] BGHZ 24, 200, 205; 43, 359, 361; 59, 30, 34; 65, 325, 328; 69, 128, 139; 74, 9, 14; 90, 113, 123; 105, 346, 350.

tenden Positionen erst festgestellt werden muss[138] und dabei insbesondere auch die Meinungsfreiheit des Kundgebenden zu beachten ist,[139] überschreiten jedenfalls Beleidigungen,[140] unwahre Tatsachenbehauptungen[141] und auch das Hochladen von Bildern und Videos, die dem höchstpersönlichen Bereich entstammen und die Intimsphäre verletzen,[142] unzweifelhaft die Grenze des Erlaubten und begründen daher eine Schadensersatzpflicht. Dieselbe Rechtsfolge ergibt sich auch aus § 823 Abs. 2 BGB i. V. m. §§ 185 ff. StGB oder § 201a StGB. Insoweit ist auch Schmerzensgeld entgegen § 253 Abs. 2 BGB bei Persönlichkeitsrechtsverletzungen umfasst, da sich der Anspruch verfassungsunmittelbar aus Art. 2 Abs. 1 i. V. m. 1 Abs. 1 GG ergibt.[143] Darüber hinaus besteht der so genannte quasinegatorische Unterlassungsanspruch, der zwar im BGB nicht geregelt, jedoch zum Schutz aller absoluten Rechte infolge einer Gesamtanalogie zu §§ 12, 862, 1004 BGB geboten ist.[144]

Als problematisch erweist sich im Deliktsrecht allerdings, dass dieses zum einen reine Vermögensschäden, die nicht auf der Verletzung eines absolut geschützten Rechts beruhen, nicht erfasst. Es lässt daher den Geschädigten im Randbereich mit der Rechtsunsicherheit zurück, dass er im Vorfeld nicht erkennen kann, ob der Eingriff so schwerwiegend ist, dass das allgemeine Persönlichkeitsrecht hierdurch tatsächlich verletzt und damit ein Anspruch begründet wird. Des Weiteren steht der Anspruchsteller schlechter, da ihm, anders als im vertraglichen Bereich, eine Vermutung für das Verschulden des Handelnden nicht zugutekommt. Überdies sieht er sich möglicherweise auch der Exkulpation des Geschäftsherrn bei einem Fehlverhalten von dessen Verrichtungsgehilfen gem. § 831 Abs. 1 S. 2 BGB ausgesetzt.

2. Vertragliche Ansprüche

Aus den genannten Gründen wäre es für den Geschädigten von Vorteil, wenn er die Schadensersatzhaftung infolge vertraglicher Regelungen gestalten könnte. Als Anknüpfungspunkt kommen dafür grundsätzlich drei Bereiche in Betracht: Zunächst könnte der Anspruch auf ein unmittelbares Vertragsverhältnis zwischen Schädiger und Geschädigtem gestützt werden; darüber hinaus ist es denkbar, im Wege der Drittschadensliquidation an

---

138 Ob dies bei der Rechtfertigung (so BGHZ 24, 72; BGH NJW 2012, 2197, 2199 f.) oder schon im Eingriff (so *Wandt*, Gesetzliche Schuldverhältnisse, 7. Aufl. 2015, § 16 Rn. 60 ff.) zu prüfen ist, kann dahinstehen.
139 EGMR, NJW 2011, 3353, 3354; NJW 2012, 1058, 1060; NJW 2013, 765, 767; NJW 2014, 3501, 3503.
140 BVerfGE 60, 234, 242; 61, 1, 12; 82, 272, 281; 93, 266, 294.
141 BVerfGE 60, 234, 242; 61, 1, 8; 90, 241, 248.
142 BVerfGE 75, 369, 380; 109, 279, 313; 119, 1, 34.
143 BVerfGE 34, 269; BGHZ 26, 349, 354 ff.; 35, 363, 367; 128, 1, 15.
144 St. Rspr. seit RGZ 60, 6, 7 f.; 61, 366, 369; 116, 151, 153 ff.

einen bestehenden Vertrag zum Plattformbetreiber anzuknüpfen, ehe schließlich der Frage nachzugehen ist, ob sich nicht aus dem Verhältnis zwischen Schädiger und Plattform ein Vertrag mit Schutzwirkung zu Gunsten Dritter für den Geschädigten ergibt, der Träger der Ansprüche sein kann.

a) Unmittelbare vertragliche Bindung

Eine unmittelbare Vertragsbeziehung zwischen Schädiger und Geschädigtem besteht unter keinem denkbaren Gesichtspunkt. Kommunikationsplattformen sind auf den Austausch von Informationen gerichtet, bewirken rechtsgeschäftliche Bindungen aber gerade nicht, da solche für die Zwecke der Plattform nicht erforderlich sind. Insoweit besteht keine Möglichkeit zur Konstruktion einer direkten Abrede zwischen einzelnen Mitgliedern, die Gegenstand eines Schadensersatzanspruchs sein könnte.

b) Drittschadensliquidation

Darüber hinaus könnte allerdings eine Abwicklung der Schäden im Wege des von der Rechtsprechung anerkannten Instituts der Drittschadensliquidation in Betracht kommen.[145] Dieses hilft in den Fällen, in denen der bestehende Anspruch und der Schaden auseinanderfallen, indem zwar eine Pflichtverletzung gegenüber demjenigen begangen wird, zu dem auch das vertragliche Verhältnis besteht, der Schaden sich allerdings an anderer Stelle realisiert.[146] Insoweit werden Schaden und Anspruch, die eigentlich bei zwei verschiedenen Personen liegen, zusammengeführt, so dass ein Forderungsrecht entstehen kann.[147] Als Folge würde sich zu Gunsten der Plattform ein Anspruch aus § 280 Abs. 1 BGB ergeben, da diese auch mit dem Schädiger vertraglich durch die Teilnahmevereinbarung verbunden ist, welche Beleidigungen, die Verbreitung unwahrer Tatsachen und die Verletzung des allgemeinen Persönlichkeitsrechts anderer Mitglieder untersagt.[148]

Unabhängig davon, dass der Vertrag mit Schutzwirkung zu Gunsten Dritter gegenüber der Drittschadensliquidation vorrangig ist,[149] stellt sich eine Konkurrenz schon deshalb nicht, weil die Voraussetzungen der Drittschadensliquidation nicht vorliegen. Hierzu ist nicht nur das Auseinanderfallen

---

145 RGZ 115, 419, 425; BGHZ 15, 224, 227 f.; 25, 250, 258; 40, 91, 100; 51, 91, 93; 128, 371, 377; 133, 36, 41; 181, 12, 26.
146 *Brox/Walker*, Allgemeines Schuldrecht, 40. Aufl. 2016, § 29 Rn. 14; *Fikentscher/Heinemann*, Schuldrecht, 10. Aufl. 2006, Rn. 611; *Harke* (Fn. 1), Rn. 439; *Looschelders*, Schuldrecht Allgemeiner Teil, 13. Aufl. 2015, Rn. 1024; *Medicus/Lorenz*, Schuldrecht I Allgemeiner Teil, 21. Aufl. 2015, Rn. 693; *Wandt* (Fn. 138), § 25 Rn. 1.
147 *Fikentscher/Heinemann* (Fn. 146), Rn. 611; *Harke* (Fn. 1), Rn. 439; *Looschelders* (Fn. 146), Rn. 1024; *Medicus/Lorenz* (Fn. 146), Rn. 694; *Wandt* (Fn. 138), § 25 Rn. 1.
148 Siehe nur Ziff. 5 der Facebook-AGB; detailliert *Rockstroh* (Fn. 10), Kap. 2 Rn. 100 ff.
149 *Looschelders* (Fn. 146), Rn. 1025; *Medicus/Lorenz* (Fn. 146), Rn. 696; MüKoBGB/*Oetker* (Fn. 31), § 249 Rn. 293; Staudinger/*Schiemann*, BGB, 2005, Vorbem zu §§ 249 ff Rn. 66; anders aber: *Berg*, MDR 1969, 613, 616; *Traugott*, Das Verhältnis von Drittschadensliquidation und vertraglichem Drittschutz, 1997, S. 90 ff.

von Schaden und Anspruch nötig, sondern dies muss zufällig oder atypisch erfolgen.[150] Das ist dann der Fall, wenn sich die Schadensverlagerung nur aufgrund besonderer Konstellationen ergibt, die vor allem der Schädiger von außen nicht im Vorfeld erkennen kann.[151] Es ist daher erforderlich, dass eine Gestaltung vorliegt, die den Eintritt des Schadens abweichend vom Regelfall bei einer anderen Person bewirkt. Der Schädiger soll nicht entlastet, sondern so gestellt werden, wie er es regulär zu erwarten gehabt hätte.[152] Gerade daran fehlt es allerdings im konkreten Fall. Schaden und Anspruch fallen nicht zufällig, sondern typischerweise auseinander. Es entspricht der Regelstruktur dieser Abrede, dass zwar im Verhältnis zum Anbieter ein bestimmtes Verhalten untersagt ist, der Schaden sich aber jeweils nur bei den anderen Mitgliedern einstellen kann, da ausschließlich deren absolute Rechte verletzt werden können. Ein Vermögensnachteil beim Plattformbetreiber ist ersichtlich auch für den Schädiger von vornherein ausgeschlossen. Aus diesen Gründen kann die Abwicklung im Wege der Drittschadensliquidation nicht erfolgen.

c) Vertrag mit Schutzwirkung zu Gunsten Dritter

Um einen vertraglichen Schadensersatz zu konstruieren, bleibt damit nur noch der Vertrag mit Schutzwirkung zu Gunsten Dritter. Dieses von der Rechtsprechung entwickelte, gewohnheitsrechtlich anerkannte Institut ist jedenfalls seit der Schuldrechtsreform auch durch den Gesetzgeber sanktioniert.[153] Zwar mag man bezweifeln können, ob der Vertrag, wie vom Gesetzgeber geplant, bei § 311 Abs. 3 BGB korrekt verortet ist,[154] allerdings ist seine grundsätzliche Existenz unstreitig.[155] Er dient dem Schutz von Personen, die nicht direkt am Vertrag beteiligt sind, durch die Handlungen des Schuldners allerdings gleichwohl in ihrer Rechtssphäre betroffen werden, und gewährt ihnen vertragliche Schutzansprüche gegen den Schuldner. Dabei werden die Dritten allerdings nicht Vertragspartei, sondern erhalten lediglich einzelne Rechte aus der Abrede, die jedoch eine eigenständige schuldrechtliche Sonderbeziehung begründen, welche Träger eines Anspruchs auf vertraglichen Schadensersatz aus § 280 Abs. 1 BGB i. V. m.

---

150 *Büdenbender*, JZ 1995, 920, 925; *Looschelders* (Fn. 146), Rn. 1024; *Steding*, JuS 1983, 29, 31; *Traugott* (Fn. 149), S. 19; *Verweyen*, Jura 2006, 571.
151 Siehe zur Übersicht: *Harke* (Fn. 1), Rn. 439; *Wandt* (Fn. 138), § 25 Rn. 9 ff.
152 *Fikentscher/Heinemann* (Fn. 146), Rn. 611; *Harke* (Fn. 1), Rn. 439; *Looschelders* (Fn. 146), Rn. 1024; *Medicus/Lorenz* (Fn. 146), Rn. 693; *Wandt* (Fn. 138), § 25 Rn. 1.
153 BT-Drucks. 14/6040, S. 163.
154 Dafür: *Brox/Walker* (Fn. 146), § 33 Rn. 6; *Fikentscher/Heinemann* (Fn. 146), Rn. 305; dagegen: *Harke* (Fn. 1), Rn. 434.
155 RGZ 91, 21; 98, 210; 127, 122; BGHZ 33, 247, 249; 49, 350, 353; 51, 91, 96; 56, 269, 273; 70, 327, 329; 75, 321, 322 f.; 127, 378, 380; 133, 168, 170; 138, 257, 261; *Brox/Walker* (Fn. 146), § 33 Rn. 2; *Harke* (Fn. 1), Rn. 433; *Looschelders/Makowsky*, JA 2012, 721, 727; *Medicus/Lorenz* (Fn. 146), Rn. 864; *Pinger/Behme*, JuS 2008, 675; *von Schroeter*, Jura 1997, 343, 344 f.

§ 241 Abs. 2 BGB sein kann. Nach verbreiteter Auffassung setzt der Vertrag mit Schutzwirkung zu Gunsten Dritter vier Tatbestandsmerkmale voraus: die Leistungsnähe, das Gläubigerinteresse, die Erkennbarkeit der Einbeziehung für den Schuldner sowie die Schutzbedürftigkeit des Dritten.[156]

aa) Leistungsnähe
Als problematisch erweist sich vorliegend bereits die Frage der Leistungsnähe. Nach herrschender Auffassung[157] ergibt sich eine Vertragsbeziehung mit Schutzwirkung zu Gunsten Dritter nicht bereits daraus, dass mehrere Personen gleichförmige Verträge mit demselben Anbieter abschließen. Dies soll auch dann der Fall sein, wenn eine reale Beeinflussung durch die sonstigen Vertragsnehmer droht, wie dies z. B. bei verschiedenen Mietern eines Mehrfamilienhauses, die auch Gemeinschaftseinrichtungen zusammen nutzen, der Fall ist. Beschädigt einer der Bewohner eine solche Anlage und entsteht einem anderen hierdurch ein Schaden, kann dieser nicht nach Vertragsgrundlagen liquidiert werden, da eine schuldrechtliche Sonderbeziehung zwischen den einzelnen Mietern nach überwiegender Ansicht nicht besteht.[158] Diese Sichtweise hat der BGH in seiner viel beachteten „Nitrierofen"-Entscheidung bestätigt.[159] Dabei waren verschiedene Nutzer eines Nitrierofens jeweils durch den Betreiber darauf verpflichtet, nur bestimmte Gegenstände in das Verfahren zu geben. Durch ein Fehlverhalten eines Kunden kam es zu einer Explosion, die den Nitrierofen sowie zahlreiche Werkstücke anderer Eigentümer zerstörte.[160] Der BGH verneinte gleichwohl eine vertragliche Haftung zwischen den Kunden, da er einen Vertrag mit Schutzwirkung zu Gunsten Dritter in diesem Verhältnis nicht erkennen konnte.[161] Zur Begründung führt er aus, für eine solche vertragliche Sonderbeziehung sei erforderlich, dass der Dritte mit der Hauptleistung des Schuldners in Berührung komme. Nicht ausreichend sei dagegen eine bloße Nähe zu einer Nebenleistungs- oder Nebenpflicht.[162] Die Hauptleistungspflicht des Kunden sei im vorliegenden Fall die Geldleistung als synallagmatisches Gegenstück zur Bearbeitung der Sache gewesen, nicht aber die Einhaltung der Befüllungsvorschriften.[163] Da somit der Schaden nicht auf eine Verletzung

---

156 *Brox/Walker* (Fn. 146), § 33 Rn. 7 ff.; *Fikentscher/Heinemann* (Fn. 146), Rn. 306; *Looschelders* (Fn. 146), Rn. 164 ff.; *Pinger/Behme*, JuS 2008, 675, 675 ff.
157 BGH NJW 1964, 33, 34 f.; NJW 1969, 41; VersR 1974, 860; OLG Köln, NJW-RR 1995, 1480; Staudinger/*Klumpp*, BfB 2015, § 328 Rn. 114; MüKoBGB/*Gottwald* (Fn. 31), § 328 Rn. 234; a. A. *Harke* (Fn. 1), Rn. 435; *Riesenhuber* (Fn. 4), S. 177 f.
158 BGH NJW 1964, 33, 34 f.; NJW 1969, 41; VersR 1974, 860.
159 BGHZ 133, 168, 174 ff.
160 BGHZ 133, 168, 169.
161 BGHZ 133, 168, 169.
162 BGHZ 133, 168, 174 ff.
163 BGHZ 133, 168, 175 f.

der Hauptpflicht zurückgehe, könne ein Vertrag mit Schutzwirkung zu Gunsten Dritter nicht existieren.

Die Ansicht des BGH scheint schon für sich genommen nicht überzeugend, da die Begrenzung auf die Hauptpflicht nicht nachvollziehbar ist.[164] Es ist anerkannt, dass eine Haftung infolge eines vorvertraglichen Schuldverhältnisses nach § 311 Abs. 2 BGB mit dem Vertrag mit Schutzwirkung zu Gunsten Dritter korrelieren kann.[165] In diesen Fällen existiert eine Hauptleistungspflicht aber mangels Vertrages nicht, so dass, würde man die Ansicht des BGH konsequent zu Ende denken, die Einbeziehung Dritter in vorvertragliche Schuldverhältnisse ausscheiden müsste.[166] Darüber hinaus passt eine solche Beschränkung auch nicht zur Zielrichtung des Vertrages mit Schutzwirkung zu Gunsten Dritter, der sonstige Personen, die mit den Pflichten des Schuldners in Berührung kommen, ebenso erfassen soll wie den Vertragspartner.[167] Eine Beschränkung auf die Hauptpflichten reduziert diesen Regelungszweck jedoch und stellt damit den Dritten einem Vertragspartner gerade nicht gleich.

Im Ergebnis bleibt dies allerdings für den vorliegenden Fall ohne Relevanz, da hier die Hauptpflicht des Schuldners betroffen ist. Bei den Nutzungs- und Teilnahmeverträgen schuldet der einzelne Kunde regelmäßig kein Entgelt für die angebotene Dienstleistung. Vielmehr finanzieren sich die Plattformen durch Werbeeinnahmen und Beiträge institutioneller Teilnehmer,[168] so dass sie darauf angewiesen sind, einen möglichst großen aktiven Kundenstamm zu requirieren. Die Gegenleistung für die angebotene Möglichkeit zur Teilnahme ist daher ausschließlich die Mitgliedschaft und damit die Anerkennung des aufgestellten Reglements.[169] Dieses enthält neben der Zustimmung zur Nutzung personenbezogener Daten[170] auch die Verpflichtung zur Einhaltung der Nutzungsvorschriften.[171] Mangels sonstiger Leistungen des einzelnen Kunden an die Plattform, wobei er insbesondere nicht zur aktiven Teilnahme gezwungen ist, begründet dies die einzige Verpflichtung, die der Einzelne eingeht, und damit denklogisch seine Hauptpflicht. Ein geregelter Ablauf ist auch für die Plattform von großer Wichtigkeit, da andernfalls das Wegbrechen von Kundenstämmen und

---

164 *Looschelders/Makowsky*, JA 2012, 721, 726; *Riesenhuber* (Fn. 4), S. 161 f.; *Saar*, JuS 2000, 220, 224; *Schwab*, JuS 2002, 872, 873 f.; *Sutschet*, Der Schutzanspruch zu Gunsten Dritter, 1999, S. 124.
165 BGHZ 66, 51, 56; BGH NJW 2011, 139, 140.
166 Ebenfalls ablehnend: *Saar*, JuS 2000, 220, 224.
167 *Riesenhuber* (Fn. 4), S. 161 f.; *Schwab*, JuS 2002, 872, 873; *Sutschet* (Fn. 164), S. 124.
168 *Berberich*, MMR 2010, 736; *Bräutigam/von Sonnleitner* (Fn. 11), Kap. 3 Rn. 17; *Dietrich/Ziegelmayer*, CR 2013, 104, 104 f.; *Schwenke*, WRP 2013, 37, 38.
169 Siehe zur vergleichbaren Problematik bei Sportregeln: *Meier*, VersR 2014, 800, 805.
170 Siehe dazu: *Bräutigam*, MMR 2012, 635, 637; *Rockstroh* (Fn. 10), Kap. 2 Rn. 260.
171 Ebenso: *Bräutigam*, MMR 2012, 635, 637; *Rockstroh* (Fn. 10), Kap. 2 Rn. 260.

damit eine existenzielle Gefahr für das soziale Netzwerk insgesamt droht. Mit dieser Obligation kommen die Dritten auch gerade bestimmungsgemäß in Kontakt, da sie zum Schutze ihrer absoluten Rechte darauf angewiesen sind, dass die Vorgaben von allen eingehalten werden. Nur unter Beachtung der Regeln können Kommunikation und Austausch zwischen den Mitgliedern auf Dauer reibungsfrei und ohne Rechtsverletzung erfolgen. Aus diesem Grund ist, selbst wenn man von der Rechtsprechung des BGH ausgeht, eine Leistungsnähe zwischen der verletzten Verpflichtung des Schädigers und dem Dritten zu bejahen.

bb) Gläubigerinteresse

Als weitere Voraussetzung muss neben der Leistungsnähe auch eine hinreichend enge Verbindung des Dritten zum Gläubiger bestehen, die den Einschluss in das Vertragsverhältnis rechtfertigt.[172] Von der ursprünglich sehr engen Auffassung nach der „Wohl und Wehe"-Formel, die nahezu ausschließlich familienrechtliche Beziehungen anerkannte,[173] hat sich der BGH schon seit Langem in der Weise gelöst, dass jene zwar weiterhin ein Gläubigerinteresse begründen, eine Beschränkung auf sie aber nicht erfolgt.[174] Vielmehr ist jedes schutzwürdige Interesse des Gläubigers ausreichend.[175] Es kommt somit allein darauf an, ob nachvollziehbare Gründe dafür sprechen, den Dritten an den Vorzügen des Vertrages teilhaben zu lassen. Daher dürfte auch der heute noch gebräuchliche Begriff der Gläubigernähe[176] nicht mehr die tatsächlichen Gegebenheiten widerspiegeln, so dass es allein auf ein Gläubigerinteresse ankommt. Dieses hat der BGH jedenfalls dann anerkannt, wenn den Gläubiger Schutzpflichten gegenüber dem Dritten treffen,[177] die er durch die vertraglichen Gestaltungen einhalten will.

Auch das Vorliegen dieser Voraussetzungen kann für Verträge mit sozialen Netzwerken und ähnlichen Kommunikationsplattformen nicht bestritten werden. Die Betreiber haben nur geringe, unmittelbar persönliche Interessen daran, Beleidigungen und sonstige Rechtsverletzungen im Verhältnis zwischen Nutzern zu untersagen. Die Regeln dienen der Aufrechterhaltung der Ordnung, die zwar durchaus vom Betreiber auch zu eigenen Zwecken gewünscht ist, allerdings mindestens in gleicher Weise auch den jeweiligen Teilnehmer schützt, dessen Rechte konkret bedroht sind. Hierzu sind die Plattformbetreiber darüber hinaus auch verpflichtet, da sie darauf zu achten

---

172 *Fikentscher/Heinemann* (Fn. 146), Rn. 306; *Looschelders* (Fn. 146), Rn. 166 ff.; ders./ *Makowsky,* JA 2012, 721, 726 f.; *Medicus/Lorenz* (Fn. 146), Rn. 869; dagegen unter Bezugnahme auf die Gutachterhaftung *Harke* (Fn. 1), Rn. 436; *Pinger/Behme,* JuS 2008, 675, 675 f.
173 BGHZ 51, 91, 96; 56, 269, 273.
174 BGHZ 133, 168, 172; BGH NJW 1984, 355, 356; NJW 2001, 3115, 3116; NJW 2013, 1002.
175 BGHZ 133, 168, 172; 159, 1, 9; BGH NJW 2008, 2245, 2246; NZG 2011, 1384, 1384 f.
176 *Fikentscher/Heinemann* (Fn. 146), Rn. 306; *Harke* (Fn. 1), Rn. 436.
177 Siehe dazu: BGH NJW 1984, 355, 356; NJW 1987, 1758, 1759, wonach noch nicht einmal Schutzpflichten erforderlich sind.

haben, dass absolute Rechte, insbesondere das allgemeine Persönlichkeitsrecht jedes einzelnen Nutzers, nicht verletzt werden.[178] Aus diesem Grund treffen sie gegebenenfalls auch Sperr- und Löschungsverpflichtungen, um bereits durchgeführte Rechtsverletzungen für die Zukunft zu verhindern oder zumindest deren Vertiefung zu vermeiden. Solche Ansprüche bestehen sogar schon auf Grund des allgemeinen Deliktsrechts infolge einer Störerhaftung,[179] so dass für vertragliche Beziehungen die Anforderungen erst recht gelten müssen. Diese Zwecke werden auch durch die vertraglichen Verbote verfolgt, die den Teilnehmern Eingriffe in fremde Rechte untersagen. Deshalb beabsichtigen die Regelungen, Vorgaben zum Schutz der sonstigen Mitglieder zu treffen und damit den Betreiberverpflichtungen nachzukommen. Somit ist für die Einbeziehung des Geschädigten in den Vertrag zwischen Plattformbetreiber und Schädiger auch ein ausreichendes Gläubigerinteresse gegeben.

Betrachtet man den Vertrag mit Schutzwirkung zu Gunsten Dritter mit der herrschenden Meinung als vertragsrechtliche Konstruktion, die im Wege der ergänzenden Vertragsauslegung aus der bestehenden Abrede gewonnen wird,[180] bleibt es für beide Seiten damit möglich, diese Wirkungen privatautonom auszuschließen.[181] Zum einen kann der Plattformbetreiber grundsätzlich die Wirkungen durch eine entsprechende Vertragsgestaltung für Dritte verhindern, indem er deutlich macht, dass er sie nicht erfassen will. Daran wird er allerdings regelmäßig schon deshalb kein Interesse haben, da dies die Gefahr begründet, dass ihm der Vorwurf gemacht wird, die Rechte der übrigen Kunden nicht genug zu beachten und er selbst daher schadensersatzpflichtig werden könnte, oder zumindest einen Imageschaden erleiden würde. Zum anderen besteht auch die Möglichkeit für den Schuldner, einen Vertrag mit Schutzwirkung zu Gunsten Dritter auszuschließen, wenn er selbst eindeutig erklärt, diese Wirkungen nicht zu wollen. Anerkannt ist dies beispielsweise in der Gutachterhaftung, bei der eine solche Sonderverbindung dann nicht in Betracht kommen kann, wenn das Gutachten allein zum internen Gebrauch erstattet wird, also gerade nicht nach außen gegeben werden soll.[182] Fehlt es in diesen Konstellationen zwar bereits an der

---

[178] Siehe schon zur deliktischen Pflicht, keine solchen Daten bereitzustellen: BGHZ 183, 353, 356 f.

[179] Siehe zum Recht auf Vergessen: EuGH NJW 2014, 2257; zu Ansprüchen gegen Bewertungsportale: BGHZ 181, 328 ff.

[180] RGZ 98, 210, 212; 127, 218, 222; 152, 175, 177; BGHZ 126, 297, 302; 133, 168, 170; 138, 257, 261; 159, 1, 4; abl. aber *Bayer*, JuS 1979, 473, 475; *Fervers*, ZJS 2014, 91, 95.

[181] BGHZ 193, 297, 302; BGH NJW-RR 1986, 484, 485 f.; NZM 1998, 243, 245; NZG 2014, 102, 103; abl. aber auf Grund einer anderen Einordnung *Fervers*, ZJS 2014, 91, 94 f.; *Zenner*, NJW 2009, 1030, 1033.

[182] BGHZ 159, 1, 6; BGH NZM 1998, 243, 245; NJW-RR 2004, 1464, 1465.

Erkennbarkeit,[183] so dass sie nicht ohne Weiteres auf diesen Fall übertragbar sind, muss es dem Schuldner gleichwohl möglich bleiben, über seine vertragliche Haftung selbst zu disponieren. Für die hier in Frage stehende Konstellation bleibt allerdings für einen solchen Ausschluss regelmäßig kein Raum, da es an der Erklärungsmöglichkeit fehlt. Die Verträge werden standardisiert abgeschlossen, so dass abweichende Vereinbarungen gerade nicht in Betracht kommen und daher jeder Schuldner entweder nur die Regelungen so akzeptieren kann, wie sie vorliegen, oder auf einen Vertragsschluss verzichten muss.[184]

cc) Erkennbarkeit

Dritte Voraussetzung für die Annahme eines Vertrages mit Schutzwirkung zu Gunsten Dritter ist die Erkennbarkeit der Einbeziehung für den Schuldner.[185] Dieses Erfordernis soll ihn davor schützen, gegenüber einer unbegrenzten Vielzahl von Personen verpflichtet zu werden, wobei er Art und Umfang seiner Bindung nicht übersehen kann.[186] Für die Erkennbarkeit ist allerdings nicht erforderlich, dass der Schuldner bereits weiß, wer konkret unter diese Gruppe fällt und um wie viele Personen es sich handelt.[187] Notwendig ist nur, dass sich die Personengruppe nach bestimmten objektiven Merkmalen abgrenzen lässt.[188] Dies kann generell für die Inhalte eines Teilnahmevertrags an einem sozialen Netzwerk nicht zweifelhaft sein, da jedes Mitglied erkennt, dass das Verbot der Verletzung absoluter Rechte in erster Linie dem Interesse Anderer dient.

Zwar könnte der Erkennbarkeit vorliegend entgegengehalten werden, dass die Verpflichtung zur Wahrung der absoluten Rechte, insbesondere des Persönlichkeitsrechts, potentiell gegenüber jedem beliebigen Mitglied der Plattform besteht und daher also eine unbegrenzte Vielzahl von Personen einschließt. Eine solche Betrachtung würde allerdings zu kurz greifen. Auch in der Rechtsprechung des BGH ist anerkannt, dass es genügt, wenn ein Schuldner Kenntnis davon hat, dass das von ihm angefertigte Gutachten

---

[183] BGHZ 159, 1, 6; BGH NZM 1998, 243, 245; NJW-RR 2004, 1464, 1465.
[184] Siehe dazu schon *Bräutigam/von Sonnleithner* (Fn. 11), Kap. 3 Rn. 113 ff.; *Weichert* NJW 2001, 1463, 1468.
[185] *Brox/Walker* (Fn. 146), § 33 Rn. 11; *Fikentscher/Heinemann* (Fn. 146), Rn. 306; *Looschelders/Makowsky*, JA 2012, 721, 727; *Pinger/Behme*, JuS 2008, 675, 677; als Teil der Leistungsnähe auffassend *Harke* (Fn. 1), Rn. 435; abl. dagegen *Medicus/Lorenz* Schuldrecht I Allgemeiner Teil, 20. Aufl. 2012, Rn. 821; mittlerweile aber wie hier: *Medicus/Lorenz* (Fn. 146), Rn. 872.
[186] BGHZ 33, 247, 249; 49, 350, 354; 51, 91, 96;
[187] *Harke* (Fn. 1), Rn. 435; *Looschelders* (Fn. 146), Rn. 168; *ders./Makowsky*, JA 2012, 721, 727; *Pinger/Behme*, JuS 2008, 675, 677.
[188] BGHZ 159, 1, 10; BGH NJW 1984, 355; NJW-RR 2004, 1464, 1467.

einem potentiellen Käufer vorgelegt wird.[189] In diesem Fall besteht damit die Pflicht zur korrekten Erstattung ebenfalls grundsätzlich zunächst gegenüber jedermann. Zur Anwendung der Grundsätze über den Vertrag mit Schutzwirkung zu Gunsten Dritter ist ausreichend, dass sich, ehe der Anspruch entsteht, Art und Anzahl der Berechtigten individuell konkretisieren und der Schuldner somit seine Verpflichtungen zumindest potentiell abschätzen kann. Dies ist in den Fällen einer Kommunikationsplattform gegeben. Auch hier besteht zwar eine Pflicht zu rechtmäßigem Verhalten gegenüber jedermann; sie aktualisiert sich allerdings in Bezug auf Einzelne unmittelbar bevor sich der Schädiger entschließt, eine Aussage zu tätigen oder Bilder oder Videos hochzuladen. In diesem Fall ist für ihn erkennbar, in wessen Rechtssphäre er eingreift, so dass bereits mit der Handlung für den Täter unzweifelhaft ist, wer Gläubiger sein wird. Aus diesem Grund ist die Einbeziehung für den Schuldner erkennbar.

dd) Schutzbedürftigkeit

Als Letztes muss der Dritte auch schutzbedürftig sein.[190] Daran fehlt es, wenn ihm ein eigenständiger, wirksamer vertragsrechtlicher Anspruch zusteht, mittels dessen er seine Interessen durchsetzen kann.[191] Nicht notwendig ist, dass das Forderungsrecht gegen den Schädiger besteht, es kann auch gegen einen anderen Schuldner gerichtet sein.[192] Entscheidend ist insoweit allein die Gleichwertigkeit der Ansprüche, die fehlt, wenn es sich nur um solche des Deliktsrechts handelt.[193] Vorliegend ist daher auch die Schutzwürdigkeit zu bejahen, weil dem Geschädigten gegen den Schädiger, wie gezeigt, kein eigenständiger vertragsrechtlicher Anspruch zur Seite steht. Gegenüber dem Plattformbetreiber ist zwar eine vertragliche Bindung gegeben, die grundsätzlich auch Schadensersatzansprüche tragen kann. Allerdings wird ihnen bei privatautonomem Verhalten Einzelner regelmäßig kein Vorwurf zu machen sein, so dass es am Vertretenmüssen gem. § 280 Abs. 1 S. 2 BGB fehlt. Dies gilt vor dem Hintergrund der Privilegierung der §§ 7 Abs. 2, 10 TMG umso mehr, als hiernach der Betreiber einer Webseite bei fremden Inhalten nur eingeschränkt haftet.[194] Ein Schadensersatzanspruch kommt daher nur dann in Betracht, wenn der Betreiber gegen erkannte Verletzungen zu lange untätig bleibt. Die rein potentielle Möglich-

---

189 BGHZ 127, 378, 380; 138, 257, 261; 159, 1, 10; krit. hierzu allerdings *Canaris*, JZ 1995, 441 ff.; *ders.*, JZ 1998, 603 ff.
190 *Brox/Walker* (Fn. 146), § 33 Rn. 12; *Looschelders* (Fn. 146), Rn. 169; *ders.*/Makowsky, JA 2012, 721, 727; *Pinger/Behme*, JuS 2008, 675, 677; differenzierend *Harke* (Fn. 1), Rn. 437.
191 *Brox/Walker* (Fn. 146), § 33 Rn. 12; *Looschelders* (Fn. 146), Rn. 169; *Pinger/Behme*, JuS 2008, 675, 677.
192 BGHZ 70, 327, 329 f.; 129, 136, 169 f.; 133, 168, 171.
193 *Brox/Walker* (Fn. 146), § 33 Rn. 12; *Looschelders/Makowsky*, JA 2012, 721, 727; *Pinger/Behme*, JuS 2008, 675, 677.
194 Siehe hierzu ausführlich: *Pötters/Traut*, RDV 2015, 117, 120, 122 ff.

keit der Entstehung eines Schadensersatzanspruchs ist allerdings gegenüber einem Vertrag mit Schutzwirkung zu Gunsten Dritter, der tatsächlich einen Anspruch gegen den Schädiger einbringt, nicht gleichwertig. Davon kann erst dann gesprochen werden, wenn die Verpflichtung zum Schadensersatz tatsächlich wirksam ist und damit der Geschädigte seine Nachteile effektiv ausgleichen kann.

ee) Rechtsfolgen

Rechtsfolge des Vertrages mit Schutzwirkung zu Gunsten Dritter ist das Entstehen einer schuldrechtlichen Sonderbeziehung, die somit eine Schadensersatzhaftung aus § 280 Abs. 1 BGB begründen kann. Deren Voraussetzungen werden regelmäßig vorliegen, da sich die Pflichtverletzung aus dem Verstoß gegen die im Verhältnis zum Betreiber bestehende vertragliche Obligation ergibt. Zu einer Exkulpation nach § 280 Abs. 1 S. 2 BGB wird der Schuldner typischerweise nicht in der Lage sein, da er kaum einmal beweisen können wird, dass er nicht fahrlässig im Sinne des § 276 Abs. 1, Abs. 2 BGB gehandelt hat, indem er das fremde Rechtsgut verletzt hat. Gerade bei Persönlichkeitsverletzungen ist eine Handlung ohne Verschulden regelmäßig undenkbar. Darüber hinaus ist auch gem. § 278 BGB das Verschulden eines Erfüllungsgehilfen zuzurechnen, so dass eine Entlastung wie im Deliktsrecht nicht in Betracht kommt.

Eine Besserstellung des Geschädigten gegenüber solchen Rechtsgutsverletzungen, die im „traditionellen" Bereich beispielsweise in Gesprächen geäußert werden, ist auch sachlich auf Grund der höheren Verbreitung und damit der größeren Eingriffstiefe gerechtfertigt.[195] Durch die sozialen Netzwerke erlangen Aussagen höhere Verbreitung und damit auch umfassendere Wahrnehmung, so dass jede einzelne Stellungnahme wesentlich schwerer für den Betroffenen wiegt. Es wird daher durch die vertragliche Kompensation kein unerklärlicher Wertungswiderspruch geschaffen, sondern allein der größeren Gefahr Rechnung getragen.

3. Ergebnis

Der Teilnahmevertrag zwischen einer Kommunikationsplattform und ihren einzelnen Mitgliedern wirkt hinsichtlich des Verbots der Verletzung vor allem absolut geschützter Rechte, wozu vor allem die Ehre, das allgemeine Persönlichkeitsrecht sowie das Recht am eingerichteten und ausgeübten Gewerbebetrieb gehören, als Vertrag mit Schutzwirkung zu Gunsten Dritter. Dies begründet für den Geschädigten insoweit erhebliche Vorteile, als er nach § 280 Abs. 1 S. 2 BGB das Vertretenmüssen der Gegenseite nicht zu beweisen hat und überdies einen Schadensersatz auch außerhalb der von § 823 Abs. 1 BGB erfassten Güter geltend machen kann, weil er im vertrags-

---

[195] Siehe zur Eingriffsintensität auch *Gomille*, ZUM 2009, 815, 819; *Pötters/Traut*, RDV 2015, 117, 118; *Wiese* JZ 2011, 608, 609.

rechtlichen Bereich nicht auf Eingriffe in absolut geschützte Rechte angewiesen ist, sondern auch reine Vermögensschäden liquidieren kann.

E. Fazit

Vertragsnetze bewirken in großem Umfang Beeinflussungsmöglichkeiten infolge ihrer Struktur. Die Beziehungen zur Zentralfigur bleiben regelmäßig nicht ohne Auswirkungen auf die sonstigen Beteiligten. Die Folgen der rechtlichen Gestaltung der Vertragsbeziehungen zum Anbieter können entweder über die Auslegung abgegebener Willenserklärungen wirksam werden oder sich als Verträge mit Schutzwirkung zu Gunsten Dritter aktualisieren. Die Verhältnisse der einzelnen Mitglieder zueinander werden hierdurch komplexer und schwieriger zu durchschauen, da regelmäßig nicht nur die unmittelbar zwischen diesen bestehenden vertraglichen Abreden erfasst werden müssen, sondern auch die Vorgaben aus dem Verhältnis zum Betreiber einer vertieften Betrachtung bedürfen.

Netzsperren im Privatrecht: Ausweitungen der Störerhaftung und ihre Auswirkungen in digitalen Netzwerken

Linda Kuschel*

Inhalt

A.	Einführung	261
B.	**Störer in Netzwerken**	263
I.	Die Voraussetzungen der Störerhaftung	263
II.	Die Veränderung der Voraussetzungen bei Internetsachverhalten	265
	1. Domain-Registrars	265
	2. Internet-Access-Provider	265
	3. Suchmaschinenbetreiber	267
	4. Begrenzungsmechanismen	268
III.	Die Figur des Netzwerk-Störers	272
C.	**Anordnungen gegen Intermediäre**	276
I.	Grundsatz: Beseitigung und Unterlassung	276
II.	Netzsperren	277
	1. Maßnahmen von Domain-Registrars	277
	2. Maßnahmen von Internet-Access-Providern	278
	3. Maßnahmen von Suchmaschinen	280
III.	Zugangserschwerung statt Beseitigung	280
D.	**Die Gefahren der Netzwerk-Störerhaftung**	283
I.	Streuwirkung	283
II.	(Über-)Steuerungswirkung	287
III.	Präzedenzwirkung	290
E.	Fazit	292

A. Einführung

Netzsperren entfalten ihre Wirkung als (mehr oder weniger große) Blockaden im Netzwerk. Bei diesem Netzwerk kann es sich um ein Informationsnetz, ein Versorgungsnetz oder ein Transportnetz handeln. Eine besonders große Rolle spielen Netzsperren derzeit im Internet, also einem Transportsystem, welches darauf ausgelegt ist, Informationen ohne inhaltliche Kontrolle zwischen Beteiligten des Netzwerks auszutauschen. Wenden sich Rechteinhaber wegen der Verletzung ihrer Rechte im Internet an Intermediäre, die in erster

---

* Humboldt-Universität zu Berlin.

Linie neutrale, vermittelnde Leistungen innerhalb dieses Transportsystems erbringen, wie beispielsweise den Internetzugang zu ermöglichen, können dementsprechend keine absolut wirksamen Inhaltskontrollen erfolgen. Maßnahmen, die den Intermediären zur Verfügung stehen, wirken stattdessen als Hindernisse im Informationsfluss. Diese Hindernisse können verschiedene Formen annehmen. Sie zeigen sich als Zugangssperren, die durch Internet-Access-Provider implementiert werden. Sie können die Verbindung zwischen einem Domain-Namen und der dahinterstehenden Internetseite blockieren, wenn die Registrierung der Domain gelöscht wird. Oder sie zeichnen sich dadurch aus, dass sie das Auffinden von Informationen im Netz erschweren, wie etwa bei der Filterung von Suchmaschinenergebnissen.

Dass Intermediäre im Internet zunehmend in die Pflicht genommen werden, findet seinen Ursprung in der dezentralen Struktur des Netzwerks. Diese bereitet Rechteinhabern bei der Verfolgung und Durchsetzung ihrer Rechte häufig Schwierigkeiten. Aus ihrer Sicht ist insbesondere die Anonymität[1] im Internet ein Problem[2], obgleich diese nicht so weitreichend ist wie häufig wahrgenommen. Zudem sehen die Rechteinhaber die Gefahr einer möglicherweise „herabgesetzten Hemmschwelle"[3] zur Begehung rechtswidriger Handlungen im Netz. Ferner können rechtsverletzende Inhalte weltweit und über immer wieder neue Wege ins Internet gelangen. Ein einmal entferntes kompromittierendes Bild taucht möglicherweise kurze Zeit später wieder auf einer anderen Seite auf.[4] Die Täter befinden sich dabei nicht selten im Ausland und verstecken sich hinter den Hindernissen grenzüberschreitender Rechtsverfolgung und Auskunftsersuchen.[5] Die Inhalte hingegen sind jederzeit und von jedermann abrufbar.[6]

Vor diesem Hintergrund wird stetig nach neuen Wegen gesucht, um effektiven Rechtsschutz im Internet zu gewährleisten. Es erscheint naheliegend, auf Akteure zurückzugreifen, die im Inland operieren, wie beispielsweise deutsche Zugangsprovider.[7] Hierfür kommt insbesondere die Störerhaftung in Betracht, die als „Ausgleichsmechanismus im Kontext der schwierigen Identifizierung des Täters"[8] gesehen wird. Wo Täter nicht erreicht werden

---

1 Anonymität als juristisches Problem meint die Unmöglichkeit der Zuordnung einer Person zu einem Geschehen. Vgl. *Nietsch*, Anonymität und die Durchsetzung urheberrechtlicher Ansprüche im Internet, 2013, S. 14.
2 Vgl. *Czychowski/J.B. Nordemann*, GRUR 2013, 986; *Gruber*, ZGE 2014, 302, 303; *Ladeur*, ZUM 1997, 372, 373.
3 BGHZ 173, 188, 195 = NJW 2008, 758, 760 Rn. 25.
4 So die Hintergründe im Fall Max Mosley, LG Hamburg, Urt. v. 24.1.2014 – 324 O 264/11, Rn. 38.
5 *Brinkel/Osthaus*, CR 2014, 642; *J.B. Nordemann*, Internetpiraterie eindämmen, Deutscher AnwaltSpiegel, Ausgabe 23, 19. November 2014, S. 13.
6 *Peifer*, AfP 2015, 193.
7 *J.B. Nordemann* (Fn. 5), S. 13.
8 *Hennemann*, Urheberrechtsdurchsetzung und Internet, 2011, S. 108.

können, wird also auf lediglich mittelbar Beteiligte zurückgegriffen. Besondere Attraktivität besitzt die Störerhaftung auch deshalb, weil auf diese Weise nicht gegen eine Vielzahl potenzieller Verletzer[9] einzeln vorgegangen werden muss. Stattdessen setzt man an höheren Ebenen im Netzwerk an. Domain-Registrars,[10] Internet-Access-Provider, Suchmaschinen: Sie alle werden in die Pflicht genommen.

Die Störerhaftung ist allerdings keine zufriedenstellende Lösung. Die Rechtsprechung lässt hierzu „bislang nur ansatzweise gewisse Konturen und dogmatische Leitlinien erkennen".[11] An einem kohärenten System zur Begründung der Störerverantwortlichkeit im Internet fehlt es hingegen.[12] Gerade die Urteile zur Haftung von Internet-Access-Providern, Domain-Registrars und Suchmaschinen eignen sich um zu untersuchen, inwieweit die Störerhaftung überhaupt die Verantwortlichkeit von „neutralen" Intermediären[13] erfassen kann. Bei diesen ist die Zurechenbarkeit der Störung nur bei einem extrem weiten Verständnis des Störerbegriffs möglich. Darüber hinaus decken sich die Maßnahmen, die für die in Anspruch genommenen Intermediäre technisch möglich sind, nicht mit dem Ziel der Störerhaftung. Etabliert sich die „Netzsperre" als Institut der privatrechtlichen Störerhaftung, führt dies zu Risiken, die nicht unterschätzt werden dürfen.

B. Störer in Netzwerken

I. Die Voraussetzungen der Störerhaftung

Werden Intermediäre zur Abwehr von Rechtsverletzungen Dritter im Internet herangezogen, geht es in der Regel um die Verletzung absoluter Rechte. Im Mittelpunkt stehen Urheber-, Marken- und Persönlichkeitsrechte,[14] wenn beispielsweise Musikstücke oder Filme ohne die Erlaubnis des Rechteinhabers online zur Verfügung stehen oder ehrverletzende Texte oder Bilder im Netzwerk verbreitet werden.

Aus der Anerkennung absoluter Rechte folgt, dass diese sowohl gegen gegenwärtige als auch gegen bevorstehende Beeinträchtigungen geschützt werden.[15] Entsprechende Beseitigungs- und Unterlassungsansprüche finden

---

9 *Gercke* spricht sogar von „Millionen potenzieller Verletzer", CR 2006, 210, 213.
10 Domain-Registrars übernehmen für Dritte gegen Entgelt die Anmeldung und Verwaltung von Domains.
11 Spindler/Schuster/*Spindler/Volkmann*, Recht der elektronischen Medien, 3. Aufl. 2015, § 1004 BGB Rn. 18.
12 So für Internet-Provider: *Volkmann*, Aktuelle Entwicklungen in der Providerhaftung im Jahr 2013, K&R 2014, 375, 380.
13 Hierzu *Leistner*, GRUR 2006, 801, 805.
14 Auf Fragen des Wettbewerbsrechts soll hier nicht vertieft eingegangen werden.
15 Staudinger/*Gursky*, BGB, 2013, § 1004 Rn. 15.

sich in Spezialgesetzen, insbesondere für Immaterialgüterrechte.[16] Zudem wird in analoger Anwendung von § 1004 BGB ein quasi-negatorischer Abwehranspruch für alle absoluten Rechte sowie die deliktisch geschützten Rechte und Rechtsgüter gewährt.[17] Insbesondere ist dieser Anspruch einschlägig bei Verletzungen des allgemeinen Persönlichkeitsrechts.[18] Wenn etwa Nutzer eines Internetforums, welches unter dem Domainnamen www.gjz.de zu erreichen ist, ehrverletzende Äußerungen tätigen, so kann der Verletzte die Beseitigung und Unterlassung dieser Kränkung von dem jeweiligen Nutzer verlangen.

Wenn lediglich eine mittelbare Verursachung der Rechtsverletzung im Raum steht, sind sowohl bei Unterlassungsansprüchen analog § 1004 BGB als auch im Rahmen von spezialgesetzlichen Unterlassungsansprüchen die Grundsätze der Störerhaftung, die zu § 1004 BGB entwickelt wurden, anzuwenden.[19] Im oben angerissenen Fall wäre die Tätigkeit des Domain-Registrars, der für den Betreiber von www.gjz.de die Anmeldung und Verwaltung der Domain übernommen hat, ein Mosaikstein des Sachverhalts, der zu der Persönlichkeitsrechtsverletzung führte und wäre damit potentiell ein mittelbarer Beitrag.

Nach den allgemeinen Grundsätzen der Störerhaftung kann auch derjenige in Anspruch genommen werden, der, ohne Täter oder Teilnehmer zu sein, zur Rechtsgutsverletzung in irgendeiner Weise willentlich und adäquat-kausal beiträgt.[20] Als Beitrag genügt die Unterstützung oder Ausnutzung der Handlung eines eigenverantwortlich handelnden Dritten, wenn der mittelbare Störer die rechtliche Möglichkeit hatte, die Handlung zu verhindern.[21] Das Merkmal der Willentlichkeit dient lediglich dem Ausschluss von rein unbewusstem Verhalten: Die Störung muss – zumindest auch – auf eine willentliche Entscheidung zurückzuführen sein.[22] Für die Adäquanz ist entscheidend, ob die Handlung generell und nicht nur unter sehr ungewöhnlichen und unwahrscheinlichen Umständen geeignet ist, den konkreten Erfolg herbeizuführen.[23]

---

16 Bsplw.: § 97 Abs. 1 UrhG; §§ 14 Abs. 5, 15 Abs. 4, 128 Abs. 1 MarkenG; § 139 Abs. 1 PatG.
17 St. Rspr., RGZ 60, 6, 7 f. Eine analoge Anwendung der Vorschriften über den Eigentumsschutz wurde bereits beim Entwurf des BGB vorhergesehen, vgl. Mot. S. 392 = Mugdan, Die gesammten Materialien zum Bürgerlichen Gesetzbuch für das Deutsche Reich, Band III, S. 218.
18 Spindler/Schuster/*Spindler/Volkmann* (Fn. 11), § 1004 BGB Rn. 1.
19 BGH NJW 1999, 1960; BGHZ 158, 236, 251 = NJW 2004, 3102, 3105; BGHZ 172, 119, 129 f. = NJW 2007, 2636, 2638 Rn. 34; *Gercke*, CR 2006, 210, 214; Spindler/Schuster/*Spindler/Volkmann* (Fn. 11), § 1004 BGB Rn. 2.
20 St. Rspr., BGHZ 14, 163, 174 = NJW 1954, 1682, 1683; BGHZ 185, 330, 335 f. = NJW 2010, 2061, 2062 Rn. 19; BGH NJW-RR 2008, 1136, 1139 Rn. 50.
21 St. Rspr., BGHZ 14, 163, 174 = NJW 1954, 1682, 1683; BGH NJW-RR 1995, 304, 305; BGHZ 148, 13, 17 (Ls.) = NJW 2001, 3265, 3266.
22 *Ohly*, Gutachten zum 70. Deutschen Juristentag, 2014, S. 57 f.
23 BGH NJW 2005, 1420, 1421; OLG Hamburg, MMR 2014, 625, 627.

II. Die Veränderung der Voraussetzungen bei Internetsachverhalten

Ein Charakteristikum von Internetsachverhalten ist, dass an sich neutrale Dienstleistungen, wie die Anmeldung einer Domain oder das Zurverfügungstellen eines Internetanschlusses, den Nutzern vielfältige Betätigungsmöglichkeiten eröffnen und damit gleichzeitig die abstrakte Gefahr rechtswidriger Handlungen schaffen.[24] In der Rechtsprechung zeichnet sich die Tendenz ab, neutrale Netzwerk-Leistungen zunehmend als Ansatzpunkt der Störerverantwortlichkeit zu sehen.

1. Domain-Registrars

Die bundesweite zentrale Vergabe von Domains unter der geographischen Top-Level-Domain „.de" für Deutschland obliegt der DENIC.[25] Im Hinblick auf deren wichtige Rolle bei der Verwaltung der Domainnamen wird ihre Störerverantwortlichkeit grundsätzlich abgelehnt, soweit es nicht um eine ganz besonders offensichtliche Rechtsverletzung geht bzw. ein vollstreckbarer Titel vorgelegt wird.[26] Anders verhält es sich mit der Haftung von Domain-Registrars. In einem Fall, den das LG Saarbrücken zu entscheiden hatte, ging es um die Verantwortlichkeit eines Registrars, der u. a. die Domain H33t.com registriert hatte.[27] Über diese Internetseite wurde Zugang zu urheberrechtswidrigen BitTorrent-Dateien[28] vermittelt. Das LG sah in der Registrierung der Domain einen adäquat-kausalen Beitrag zu den Urheberrechtsverletzungen, die Nutzer der Seite begehen konnten und bejahte einen Unterlassungsanspruch gegen den Domain-Registrar. Dieser sei verpflichtet, die Domain zu dekonnektieren.[29] Ähnliche Anordnungen erließen das KG Berlin und das LG Köln. In den dort zu entscheidenden Fällen waren auf der Internetseite, die unter der vom Registrar angemeldeten Domain zu erreichen war, persönlichkeitsrechtsverletzende Inhalte[30] bzw. Aussagen, die einen Eingriff in den eingerichteten und ausgeübten Gewerbebetrieb darstellten,[31] veröffentlicht worden.

2. Internet-Access-Provider

Die Leistung von Internet-Access-Providern, also der Datentransport über das öffentliche Telefonnetz, wurde zunächst als reine Telekommunikations-

---

24 Volkmann, K&R 2015, 367, 368.
25 Interessenverband Deutsches Network Information Center – eingetragene Genossenschaft.
26 BGHZ 148, 13, 17 (Ls.) = NJW 2001, 3265, 3266.
27 LG Saarbrücken, MMR 2014, 407, bestätigt durch OLG Saarbrücken, MMR-Aktuell 2014, 364623.
28 Bei BitTorrent handelt es sich um ein Filesharing-System.
29 LG Saarbrücken, MMR 2014, 407, 408.
30 KG Berlin, NJW 2015, 795.
31 LG Köln, CR 2015, 616.

leistung und somit als völlig inhaltsneutral eingestuft.[32] Die Gefahren für fremde Rechtsgüter durch Handlungen der Internetnutzer seien dem Geschäftsmodell der Internet-Access-Provider nicht immanent und lägen daher auch nicht in seinem Verantwortungsbereich.[33] Nun wird zur Störerhaftung von Internet-Access-Providern ein Urteil des BGH[34] mit Spannung erwartet. Im Jahr 2014 hatte bereits der EuGH, nach Vorlage durch den österreichischen Obersten Gerichtshof, Gelegenheit zu dieser Thematik Stellung zu nehmen.[35] Im Ausgangsverfahren ging es um eine Anordnung gegen *UPC Telekabel Wien*, einen österreichischen Internet-Access-Provider, die diesem untersagte, seinen Kunden Zugang zu der Internetseite kino.to zu verschaffen. Rechtlicher Maßstab der Entscheidung war eine Vorschrift des österreichischen Urheberrechtsgesetzes, welches ausdrücklich einen Unterlassungsanspruch gegen Vermittler statuiert.[36] Diese Vorschrift wurde in Umsetzung der Richtlinie über das Urheberrecht in der Informationsgesellschaft (InfoSoc-RL)[37] geschaffen. Art. 8 Abs. 3 InfoSoc-RL sowie auch Art. 11 S. 3 der Richtlinie über die Durchsetzung der Rechte des geistigen Eigentums (Enforcement-RL)[38] verpflichten die Mitgliedsstaaten dazu sicherzustellen, dass Inhaber von verletzten immaterialgüterrechtlichen Schutzrechten auch gegen „Vermittler" bzw. „Mittelspersonen" eine gerichtliche Anordnung erwirken können. Art. 8 Abs. 3 InfoSoc-RL zielt dabei gerade auch darauf ab, Maßnahmen gegen Internet-Intermediäre bzw. Provider zu ermöglichen.[39] So erwähnt Erwägungsgrund (59) der InfoSoc-RL ausdrücklich, dass es Vermittler seien, deren Dienste zunehmend für Rechtsverletzungen genutzt würden und dass Rechtsinhaber die Möglichkeit haben sollten, eine gerichtliche Anordnung gegen einen Vermittler zu beantragen.

In seiner Entscheidung bejahte der EuGH nun eine Verantwortlichkeit von Internet-Access-Providern und die Zulässigkeit von maßnahmeoffenen Anordnungen, die auf eine Sperrung von (urheber-)rechtsverletzenden Seiten abzielten.[40] Dabei stellte das Gericht insbesondere fest, dass auch ein

---

[32] LG Kiel, MMR 2008, 123.
[33] LG Kiel, MMR 2008, 123, 124.
[34] Die Urteile I ZR 3/14 und I ZR 174/14 sind nach Fertigstellung des Manuskripts ergangen. Für eine Anmerkung zu den Entscheidungsgründen *Kuschel*, WRP 2016, 352.
[35] EuGH NJW 2014, 1577 (*UPC Telekabel*).
[36] § 81 Abs. 1a des österreichischen UrhG lautet: „Bedient sich derjenige, der eine solche Verletzung begangen hat oder von dem eine solche Verletzung droht, hiezu der Dienste eines Vermittlers, so kann auch dieser auf Unterlassung nach Abs. 1 geklagt werden. [...]."
[37] Richtlinie 2001/29/EG des Europäischen Parlaments und des Rates vom 22.5.2001 zur Harmonisierung bestimmter Aspekte des Urheberrechts und der verwandten Schutzrechte in der Informationsgesellschaft, ABl. L 167/10 v. 22.6.2001.
[38] Richtlinie 2004/48/EG des Europäischen Parlaments und des Rates vom 29.4.2004 zur Durchsetzung der Rechte des geistigen Eigentums, ABl. L 195/16 v. 2.6.2004 (berichtigte Fassung).
[39] *Spindler*, in: FS Köhler, 2014, S. 695.
[40] EuGH NJW 2014, 1577, 1579 und 1580 Rn. 40 und 64 (*UPC Telekabel*).

Provider, der nicht Dienstleister des Täters ist, sondern lediglich den Zugang zum Netz für Personen erbringt, die potentiell auf rechtsverletzende Seiten zugreifen können, von dem Täter „genutzt wird", er also „Vermittler" im Sinne von Art. 8 Abs. 3 InfoSoc-RL ist.[41]

Im deutschen Recht existiert keine dem § 81 Abs. 1a österreichisches UrhG vergleichbare Norm. Bei der Umsetzung der Richtlinien wurde eine spezifische nationale Vorschrift nicht geschaffen, weil der deutsche Gesetzgeber davon ausging, die Störerhaftung gem. § 1004 BGB in Verbindung mit den hierzu entwickelten Grundsätzen der Störerhaftung würde den europarechtlichen Vorgaben genügen.[42] Sowohl das OLG Hamburg[43] als auch das OLG Köln[44], über deren Urteile nun der BGH zu entscheiden hat, lehnten den Erlass einer Sperrverfügung ab, allerdings aus unterschiedlichen Gründen. Das OLG Hamburg verwies auf den mit einer derartigen Anordnung verbundenen Grundrechtseingriff, der eine gesetzliche Grundlage erforderlich mache.[45] Das OLG Köln hingegen hielt eine Sperrverfügung für grundsätzlich möglich. Im zu entscheidenden Fall scheiterte diese jedoch daran, dass die Kläger nicht dargelegt hatten, dass dem Provider zumutbare Möglichkeiten zur Verhinderung des Zugangs zu den rechtsverletzenden Inhalten zur Verfügung standen.[46] Beide Gerichte bejahten zunächst aber einen adäquat-kausalen Beitrag des Internet-Access-Providers zum Aufruf rechtswidriger Inhalte.[47] Die Zugangsvermittlung führe nach dem gewöhnlichen Lauf der Dinge auch zum Aufruf rechtswidriger Seiten durch die Kunden des Providers.[48] Das OLG Köln stützte sich hierbei auf eine richtlinienkonforme Auslegung der Störerhaftung.[49] Diese erfordere, die Tätigkeit der Internet-Access-Provider als „adäquat-kausalen Beitrag" zu bewerten: „Jedenfalls vor dem Hintergrund der Rechtsprechung des Europäischen Gerichtshofes ist im Rahmen der gebotenen europarechtskonformen Auslegung und Anwendung der Störerhaftung ein adäquat-kausaler Verursachungsbeitrag der Beklagten als Zugangsvermittlerin anzunehmen."[50]

3. Suchmaschinenbetreiber

Die Funktion von Suchmaschinen im Netzwerk wurde vom BGH in seinen Entscheidungen zur Abbildung von Vorschaubildern (sogenannten Thumbnails) deutlich hervorgehoben und eine Verantwortlichkeit vor diesem Hin-

---

41 EuGH NJW 2014, 1577, 1579 Rn. 40 (*UPC Telekabel*).
42 BT-Drucks. 16/5048, S. 30.
43 OLG Hamburg, MMR 2014, 625.
44 OLG Köln, GRUR 2014, 1081.
45 OLG Hamburg, MMR 2014, 625, 629.
46 OLG Köln, GRUR 2014, 1081, 1090.
47 OLG Hamburg, MMR 2014, 625, 627.
48 OLG Hamburg, MMR 2014, 625, 627.
49 OLG Köln, GRUR 2014, 1081, 1084.
50 OLG Köln, GRUR 2014, 1081, 1090.

tergrund abgelehnt. Dort ging es sogar um eine täterschaftliche Haftung wegen öffentlicher Zugänglichmachung der Werke in Form von Thumbnails in der Trefferliste einer Suchmaschine. Ein urheberrechtlicher Unterlassungsanspruch wurde im Ergebnis jeweils verneint. In seiner Entscheidung „Vorschaubilder I" arbeitete der BGH dabei mit der Figur der „schlichten Einwilligung": Stellt der Rechteinhaber Inhalte ohne Zugangsbeschränkungen ins Internet, so müsse er mit den „nach den Umständen üblichen Nutzungshandlungen" rechnen.[51] Egal ob er im konkreten Fall tatsächlich eine Nutzung durch Suchmaschinenbetreiber vorhergesehen habe oder nicht, habe er sich mit der Wiedergabe als Vorschaubild einverstanden erklärt.[52] In einem obiter dictum stellte der BGH jedoch klar, dass dies nicht gelte, wenn das Einstellen der Bilder durch hierzu nicht berechtigte Personen erfolgte.[53] Immerhin erweiterte der BGH seine Rechtsprechung dann aber in der „Vorschaubilder II"-Entscheidung auf Fälle, in denen nicht der Rechteinhaber selbst das Werk ins Internet gestellt hatte, sondern ein Lizenznehmer.[54] Auch dieser erteile, unabhängig von der Vereinbarung mit dem Rechteinhaber, eine schlichte Einwilligung in die Nutzung durch Suchmaschinen.[55]

Mit der Materie der Vorschaubilder, allerdings unter dem Gesichtspunkt der Störerverantwortlichkeit von Suchmaschinenbetreibern bei Persönlichkeitsrechtsverletzungen, hatte sich im Jahr 2014 auch das LG Hamburg auseinanderzusetzen.[56] Die Klage stammte von Max Mosley,[57] der Google dazu verpflichten lassen wolte, kompromittierende Fotos von ihm automatisch aus seiner Vorschaubildersuche zu entfernen. Das LG urteilte zugunsten von Mosley. Google trage mit seiner „angebotenen Suchfunktion willentlich und adäquat kausal zur Verbreitung von Bildnissen bei"[58]. Die Suchmaschinenbetreiber müssten daher auch Maßnahmen ergreifen, um zukünftige Verletzungen zu verhindern, also entsprechende automatisierte Verfahren einsetzen.[59]

4. Begrenzungsmechanismen

Technische Entwicklungen brachten schon immer gewisse Schwierigkeiten für die Anwendung der Störerhaftung auf Immaterialgüterrechtsverlet-

---

[51] BGHZ 185, 291, 306 f. = NJW 2010, 2731, 2736 Rn. 36.
[52] BGHZ 185, 291, 306 f. = NJW 2010, 2731, 2736 Rn. 36.
[53] BGHZ 185, 291, 309 f. = NJW 2010, 2731, 2736 Rn. 39.
[54] BGH NJW 2012, 1886.
[55] BGH NJW 2012, 1886, 1888 Rn. 27.
[56] LG Hamburg, Urteil v. 24.1.2014 – Az. 324 O 264/11, MMR 2015, 61 (gekürzte Fassung). Das Berufungsverfahren vor dem OLG Hamburg wurde am 15.5.2015 ohne gerichtliche Entscheidung durch einen Vergleich beigelegt.
[57] Max Mosley ist ehemaliger Rennfahrer und war von 1993 bis 2009 Präsident des Welt-Automobilverbands FIA.
[58] LG Hamburg, Urteil v. 24.1.2014 – Az. 324 O 264/11, Rn. 179.
[59] LG Hamburg, Urteil v. 24.1.2014 – Az. 324 O 264/11, Rn. 184 ff.

zungen mit sich. Ob Tonband-Hersteller,[60] Tonbandgeräte-Händler[61] oder Kopierladeninhaber[62]: Stets stellte sich die Frage einer Verantwortung für Rechtsverletzungen Dritter, wenn die Technologien für illegale Zwecke genutzt wurden. Eine zu weitreichende Erstreckung wurde als bedenklich angesehen.[63] Vor diesem Hintergrund entwickelte der BGH eine Begrenzung der Störerhaftung durch die Einführung von Prüfungspflichten.[64] Nur wenn eine entsprechende zumutbare Pflicht besteht und verletzt wird, haftet der in Anspruch Genommene als Störer.[65]

Für die Begrenzung der Verantwortlichkeit von Intermediären im Internet lassen sich zwei Grundgedanken anführen. Zum einen ist die Leistung der Intermediäre als positiv für die Gesellschaft zu bewerten. Die Rechtsordnung lässt manche Tätigkeiten trotz ihrer Risiken zu, weil die Handlung grundsätzlich als sozial wünschenswert gilt, etwaige Gefahren werden dann in Kauf genommen.[66] Dementsprechend können sozialadäquate und somit erlaubte Lebensrisiken auch keine Garantenstellung begründen, die zu etwaigen Sicherungspflichten führen würde.[67] Diese Wertung trifft auch auf Infrastrukturleistungen im Internet zu. Die Zugangsvermittlung zum Internet durch Access-Provider wird als „sozial erwünschte Tätigkeit"[68] und „unerlässlich für die Netzkommunikation"[69] bezeichnet. Teilweise werden Zugangsanbieter gar als „Grunddaseinsversorger"[70] angesehen. Eine ähnlich zentrale Aufgabe im Netzwerk erfüllen Suchmaschinen. So bestätigt der BGH ein „allgemeine[s] Interesse an der Tätigkeit von Bildersuchmaschinen".[71] Nicht ohne Grund wird behauptet, Google trage „das Wohl und Wehe der indexierten Webseiten in der Hand".[72] Insgesamt wird anerkannt, dass bei der Haftung von Intermediären berücksichtigt werden muss, dass es mitunter um die „Aufrechterhaltung von grundlegenden Funktionen für das Internet" geht.[73]

---

60 BGH NJW 1963, 1736, 1737.
61 BGH NJW 1963, 1739, 1740.
62 BGH NJW 1984, 1106, 1107.
63 BGH NJW 1997, 2180, 2181.
64 Zum Wettbewerbsrecht: BGH NJW 1997, 2180, 2181; zum Urheberrecht: BGH NJW 1999, 1960, 1961.
65 BGH NJW 1999, 1960, 1961.
66 *Nipperdey*, NJW 1957, 1777, 1778.
67 *Hoeren/Jakopp*, ZRP 2014, 72, 74.
68 *Schnabel*, MMR 2008, 123, 125.
69 Spindler/Schuster/*Spindler/Volkmann* (Fn. 11), § 1004 BGB Rn. 34.
70 *Hoeren*, Kurzgutachten zur BMWi-Studie über Modelle zur Versendung von Warnhinweisen durch Internet-Zugangsanbieter an Nutzer bei Urheberrechtsverletzungen, 2012, S. 14.
71 BGHZ 185, 291, 309 f. = NJW 2010, 2731, 2736 Rn. 39.
72 *Goldmann*, in: Hooffacker (Hrsg.), Wem gehört das Internet?, 2008, S. 52.
73 *Spindler* (Fn. 39), S. 708.

Damit ist bereits das zweite Motiv für eine Einschränkung des Haftungsrisikos angesprochen: die technischen Schwierigkeiten, die mit einer Haftung für Rechtsverletzungen anderer im Netzwerk verbunden sind. Die Geschäftsmodelle der Intermediäre könnten kaum fortbestehen, wenn diese stets haften würden, wenn ihre Leistungen für rechtswidrige Handlungen missbraucht würden.[74] Ein Internet-Access-Provider könnte Ansprüchen gegen sich wohl nur dadurch entgehen, dass er seine Tätigkeit vollständig aufgibt.[75] Kernleistung von Suchmaschinen ist das schnelle Auffinden von Inhalten. Filtersysteme, die die Ergebnisse einer Suchanfrage selektieren, können zu einem extremen Anstieg der von den Suchmaschinen zu verarbeitenden Datenmenge führen, wodurch die Schnelligkeit und Leistungsfähigkeit der Suche stark beeinträchtigt und letzlich das Geschäftsmodell gefährdet würde.[76]

Solche innovationshemmenden Wirkungen zu verhindern, ist Ziel der Privilegierungstatbestände des Telemediengesetzes (TMG). Die auf Art. 12–14 der Richtlinie über bestimmte rechtliche Aspekte der Dienste der Informationsgesellschaft (E-Commerce-RL)[77] beruhenden Vorschriften begrenzen die Verantwortlichkeit von Intermediären soweit diese fremde Informationen vermitteln. §§ 7–10 TMG legen die Voraussetzungen dar, unter denen die Haftung von Anbietern von Telemedien ausgeschlossen ist. Es besteht Streit, ob die Regelungen nur auf Schadensersatz oder auch auf Unterlassungsansprüche Anwendung finden. In kürzlich ergangenen Entscheidungen des EuGH zur Reichweite der Privilegierung wurde nicht explizit zwischen Schadensersatz- und Unterlassungsansprüchen unterschieden.[78] Hieraus wird teilweise auf eine Anwendbarkeit der Privilegierung auch auf Unterlassungsansprüche geschlossen.[79] Während Art. 12 Abs. 3 E-Commerce-RL Unterlassungsanordnungen gegen Vermittler ausdrücklich von der Privilegierung ausnimmt,[80] ist die deutsche Umsetzung der Richtlinie weniger eindeutig. Immerhin statuiert § 7 Abs. 2 S. 2 TMG aber, dass „Verpflichtungen zur Entfernung oder Sperrung der Nutzung von Informationen nach den allgemeinen Gesetzen […] auch im Falle der Nichtverantwortlich-

---

74 *Wagner*, in: FS Medicus, 2009, S. 589, 600.
75 *Schnabel*, MMR 2008, 123, 125.
76 Vgl. zur präventiven Überprüfung von Autocomplete-Ergebnissen, BGHZ 197, 213, 224 = NJW 2013, 2348, 2350 Rn. 30. Hierzu auch *Gounalakis*, NJW 2013, 2321, 2323; *Schneider*, AfP 2015, 210, 214.
77 Richtlinie 2000/31/EG des Europäischen Parlaments und des Rates vom 8. Juni 2000 über bestimmte rechtliche Aspekte der Dienste der Informationsgesellschaft, insbesondere des elektronischen Geschäftsverkehrs, im Binnenmarkt, ABl. L 178/1 v. 17.7.2000.
78 EuGH GRUR 2010, 445 (*Google France*); EuGH GRUR 2012, 382 (*SABAM/Netlog*).
79 *Ohly*, ZUM 2015, 308, 310.
80 Art. 12 Abs. 3 lautet: „Dieser Artikel läßt die Möglichkeit unberührt, daß ein Gericht oder eine Verwaltungsbehörde nach den Rechtssystemen der Mitgliedstaaten vom Diensteanbieter verlangt, die Rechtsverletzung abzustellen oder zu verhindern."

keit des Diensteanbieters nach den §§ 8 – 10 [TMG] unberührt" bleiben. Hieraus wird ganz überwiegend geschlossen, dass Beseitigungs- und Unterlassungsansprüche von der Privilegierung ausgenommen sind.[81]

Eine Begrenzung der Störerverantwortlichkeit kann also im Einzelfall nur durch die Voraussetzung einer Verletzung von Prüfungspflichten erfolgen. Die Rechtsprechung hat für Internetsachverhalte verschiedenste Prüfungspflichten hervorgebracht. Inhabern privater WLAN-Anschlüsse beispielsweise obliegt die Pflicht, ihren Anschluss vor der unbefugten Nutzung durch Dritte mithilfe von Verschlüsselungen zu schützen.[82] Sharehostern[83] wird aufgegeben, bei entsprechenden Hinweisen auf rechtswidrige Inhalte Wortfilter einzusetzen und auf diese Weise ihre Linksammlungen ggf. durch eine manuelle Überprüfung der Treffer zu kontrollieren.[84] Gleichzeitig wird eine anlasslose Filterung von Inhalten jedoch nicht verlangt, soweit dies auf allgemeine Überwachungspflichten hinauslaufen würde.[85] Daher setzt beispielsweise bei Suchmaschinen[86] und Internetauktionshäusern[87] die Haftung grundsätzlich erst ab Kenntnis von der Rechtsverletzung ein. Ebenfalls an dem Verbot allgemeiner Überwachungspflichten scheitert die Anordnung präventiver Filtersysteme für soziale Netzwerke[88] und Internet-Access-Provider.[89]

Wenig klar ist, wie sich das Merkmal der „Zumutbarkeit" der Prüfungspflicht bestimmen lässt. Im Einzelfall soll eine Prüfungspflicht entfallen, wenn diese unzumutbar wäre.[90] Allerdings geht es hierbei nicht (nur) um die Zumutbarkeit einer Prüfung der Rechtsverletzung, sondern auch um die Frage, ob die Störungsbeseitigung verlangt werden kann, oder ob diese mit unverhältnismäßigen Kosten verbunden und daher unbillig wäre.[91] Dementsprechend werden in dieser Prüfung bereits die in Betracht kommenden Maßnahmen, insbesondere wenn es sich um aktive Schutzpflichten

---

81 OLG Hamburg, MMR 2014, 625, 627; Spindler/Schuster/*Spindler/Volkmann* (Fn. 11), § 1004 BGB Rn. 20.
82 BGHZ 185, 330, 340 = NJW 2010, 2061, 2063 Rn. 34.
83 Sharehoster ermöglichen die Speicherung von Daten auf ihren Servern. Der Nutzer erhält einen Link, unter dem die gespeicherte Datei abgerufen werden kann. Diesen Link kann er sodann beispielsweise in einer Linksammlung auch anderen Internetnutzern zur Verfügung stellen. Vgl. hierzu *Rehbinder*, ZUM 2013, 241, 248.
84 BGHZ 194, 339, 349 ff. = NJW 2013, 784, 786 f. Rn. 33 ff.; BGH NJW 2013, 3245, 3249.
85 EuGH GRUR 2012, 382, 383 Rn. 38 (*SABAM/Netlog*); EuGH GRUR 2012, 265, 267 Rn. 40 (*SABAM/Scarlet*).
86 BGHZ 185, 291, 309 f. = NJW 2010, 2731, 2736 Rn. 39.
87 BGHZ 191, 19, 32 f. = GRUR 2011, 1038, 1042 Rn. 39.
88 EuGH GRUR 2012, 382, 384 Rn. 52 (*SABAM/Netlog*).
89 EuGH GRUR 2012, 265, 268 Rn. 54 (*SABAM/Scarlet*).
90 BGH NJW 1997, 2180, 2181; BGHZ 158, 343, 350 = NJW 2004, 2158, 2159.
91 Bamberger/Roth/*Fritzsche*, 3. Aufl. 2012, § 1004 Rn. 65.

handelt, abgewogen.[92] In jedem Fall geht es um eine Gesamtbewertung der Umstände des jeweiligen Einzelfalls, bei der unter anderem auch die Funktion des als Störer in Anspruch Genommenen einzubeziehen ist.[93]

Äußerst unsicher sind auch die Rechtsnatur der Prüfungspflichten und ihr dogmatischer Unterbau.[94] In der Literatur mehren sich Stimmen, die anstatt von Prüfungspflichten von Verkehrspflichten sprechen.[95] So wird gefordert, auch beim negatorischen Abwehranspruch pflichtwidriges Verhalten vorauszusetzen.[96] Die Verkehrspflicht könne dabei anhand der bisherigen Rechtsprechung zu den Prüfungspflichten bestimmt werden, die „Kriterien für differenzierte Lösungen" biete.[97] Gegner der Bestimmung der Störerhaftung anhand von Prüfungspflichten sehen in Pflichten wie der Sicherung eines Internetanschlusses eine Obliegenheit des Inhabers, die kaum etwas mit einer „Prüfung" zu tun hat, sondern in Wirklichkeit bereits eine Verkehrspflicht ist; dem BGH ginge es hierbei lediglich darum, zwar zu einer Unterlassungspflicht zu kommen, nicht aber zu einer Haftung auf Schadensersatz.[98] Ferner wird die Rechtsprechung zum Wettbewerbsrecht angeführt, in der eine Haftung für Verhaltensunrecht bei Verletzung von Verkehrspflichten bejaht wird.[99] Diese Rechtsprechung sei auf das Immaterialgüterrecht zu übertragen.[100] Zumindest für mittelbare Verletzungshandlungen[101] solle die Störerhaftung „handlungsunrechtlich" interpretiert werden.[102] Folge dieses Ansatzes wäre also, ein Ersatz der Störerhaftung durch die deliktische Haftung für Verkehrspflichtverletzungen.[103]

III. Die Figur des Netzwerk-Störers

Die aufgezeigten Erwägungen zur Begründung der Intermediärshaftung erschaffen in letzter Konsequenz eine neue Kategorie des Störers: den Netzwerk-Störer. Denn die Störerverantwortlichkeit der hier betrachteten Intermediäre müsste an sich bereits an der Voraussetzung des adäquat-kausalen Beitrags zur Rechtsverletzung scheitern. So erfolgt die Registrierung einer Domain völlig unabhängig von den Inhalten der Webseite. Soweit der

---

92 *Borges*, NJW 2010, 2624, 2626; *Wagner* (Fn. 74), S. 606.
93 BGHZ 158, 343, 350 = NJW 2004, 2158, 2159.
94 *Peifer*, AfP 2015, 193, 198.
95 *J.B. Nordemann*, in: FS Loewenheim, 2009, S. 215, 217; *Angelika Schneider*, Vom Störer zum Täter?, 2011, S. 204; *Volkmann*, K&R 2014, 375, 381.
96 *Wagner* (Fn. 74), S. 610.
97 *Leistner*, GRUR 2006, 801, 804.
98 *Borges*, NJW 2010, 2624, 2627.
99 BGHZ 173, 188, 200 f. = NJW 2008, 758, 761 Rn. 36; OLG München, MMR 2009, 126, 127; OLG Frankfurt a.M., GRUR-RR 2009, 315.
100 So für das Urheberrecht, *J.B. Nordemann* (Fn. 95), S. 219.
101 *Wagner* (Fn. 74), S. 600 f.
102 *Wagner* (Fn. 74), S. 600.
103 *J.B. Nordemann* (Fn. 95), S. 225.

Domain-Name nicht selbst (marken-)rechtswidrig ist, hat die Anmeldung der Domain keinen Bezug zu etwaigen späteren Rechtsverletzungen, die über Server, die unter der Domain registriert sind, begangen werden. Die Haftung erscheint mit zivilrechtlichen Grundsätzen der Zurechnung nicht mehr begründbar.[104]

Die Störereigenschaft des Internet-Access-Providers ist ebenfalls deshalb zweifelhaft, weil seine Leistung inhaltsneutral ist und sich seine „Herrschaft" bestenfalls auf die Telekommunikationsverbindung erstreckt.[105] Jedenfalls würde sich der Beitrag, wenn man einen solchen annimmt, auf die Handlung desjenigen beziehen, der den rechtsverletzenden Inhalt hochgeladen hat.[106] Noch konstruierter wirkt daher die Verantwortlichkeit des Zugangsvermittlers, wenn dieser nicht Dienstleister des rechtswidrig Handelnden ist, wie dies vom EuGH im Rahmen des Art. 8 Abs. 3 InfoSoc-RL angenommen wird.[107] Im Falle einer Urheberrechtsverletzung wird die ursprüngliche Störung regelmäßig in der unerlaubten öffentlichen Zugänglichmachung gem. § 19a UrhG liegen. Ob aufseiten der Nutzer durch den Abruf der Dateien eine Verletzung gegeben ist, ist hingegen insbesondere beim Abruf per Streaming äußerst fragwürdig.[108] So stellte die Bundesregierung im Zusammenhang mit den Abmahnungen von Nutzern des Portals „Redtube.com" klar, dass das „reine Betrachten eines Videostreams" keine Urheberrechtsverletzung sein könne.[109] Die bloße Ermöglichung des Zugriffs auf rechtsverletzende Inhalte ist daher an sich kein Anknüpfungspunkt für die Störerverantwortlichkeit.[110] Und auch wenn der EuGH den Internet-Access-Provider in einem solchen Fall als „Vermittler" einstuft, wird dessen Handlung dadurch nicht kausal im Sinne der Störerhaftung. Die Argumentation des OLG Köln, das einen adäquat-kausalen Beitrag aufgrund richtlinienkonformer Auslegung bejaht,[111] erscheint mithin äußerst fragwürdig. Weniger geht es hier um eine (Gesetzes-)Auslegung als vielmehr um die rechtliche Würdigung eines Sachverhalts. Ob etwas adäquat-kausal ist, lässt sich schwerlich anhand einer richtlinienkonformen Ausle-

---

104 So auch *Volkmann*, K&R 2015, 367, 371.
105 *Volkmann*, K&R 2015, 367, 368.
106 *Gercke*, CR 2006, 210, 215.
107 EuGH NJW 2014, 1577, 1579 Rn. 40 (*UPC Telekabel*).
108 Dagegen wird angeführt, der reine Werkgenuss sei grundsätzlich nicht dem Verbotsrecht des Rechteinhabers unterworfen und daher eine rechtmäßige Nutzung i. S. v. § 44a Nr. 2 UrhG, *Zurth*, InTeR 2014, 135, 141.
109 BT-Drucks. 18/246, S. 3.
110 So auch *Volkmann*, K&R 2015, 367, 368.
111 OLG Köln, GRUR 2014, 1081, 1090.

gung feststellen, sondern würde wohl einer „richtlinienkonformen Subsumtion" bedürfen.[112]

Ähnlich verhält es sich mit der Verantwortlichkeit von Suchmaschinen. Die Suchergebnisse bilden letztlich nur die Tatsache ab, welche Inhalte sich wo im Internet befinden. Legt man den Fokus der Betrachtung auf die Darstellung der Ergebnisse und die technischen Abläufe im Hintergrund, wie die Speicherung auf Servern der Suchmaschine, könnte man zu einer eigenen täterschaftlichen Handlung gelangen.[113] Dieser Ansatz berücksichtigt aber nicht, was das Hauptanliegen bei einem Vorgehen gegen Suchmaschinen ist. Es geht darum, dass diese sekundenschnell den Weg zu bestimmten Informationen im Internet weisen. Vorschaubilder mögen den Nutzern einen Überblick über die Ergebnisse verschaffen, sie ersetzen deshalb jedoch nicht das Quellbild. Dies wird auch im Rechtsstreit Mosley deutlich, betont doch der Kläger, dass ohne die Hilfe Googles insbesondere ausländische Internetseiten, die die kompromittierenden Bilder veröffentlichen, nicht gefunden würden. Diese Leistung ist jedoch nicht adäquatkausal für die eigentliche Rechtsverletzung, das Hochladen der Fotos.

Der spezifische Anknüpfungspunkt für die Haftung der Intermediäre kann letztlich nur ihre Stellung und Funktion im Netzwerk sein. Dies schimmert bereits in den ihnen zugeschriebenen Attributen durch: Der Intermediär „sitzt an der Quelle",[114] er befindet sich „in einer guten Position", um Hilfe zu leisten,[115] wobei seine „medialen Verflechtungen in Handlungszusammenhänge" entscheidend sind.[116] Internet-Access-Provider haben eine „Nadelöhr"-Eigenschaft.[117] Suchmaschinen kommt für die Navigation von Nutzern im Internet eine „Schlüsselfunktion" zu, weil sie das Auffinden von Inhalten häufig erst ermöglichen.[118]

Dieser äußerst extensive Störerbegriff lässt sich nicht durch das Kriterium der Prüfungspflichten präzisieren. Ihr Ziel, die reine Kausalitätshaftung des Störers auszuschließen und so die Haftung von an sich unbeteiligten Dritten als Störer zu beschränken,[119] kann jedenfalls dann nicht erreicht werden, wenn die Prüfungspflicht unmittelbar durch Information über die Rechtsverletzung entsteht. Setzt die Prüfungspflicht lediglich voraus, dass der

---

112 *Kuschel*, WRP 2016, 352, 353. Auch *Volkmann* kritisiert, das OLG mache es sich „etwas zu einfach, indem es sich zur Begründung der Zurechnung auf einen Verweis auf die Rechtsprechung des EuGH beschränkt.", *Volkmann*, K&R 2015, 367, 368.
113 *Gräbig*, MMR 2015, 365, 367.
114 *Ohly*, ZUM 2015, 308, 309.
115 *Czychowski/J.B. Nordemann*, GRUR 2013, 986, 988.
116 *Gruber*, ZGE 2014, 302, 323.
117 *Gercke*, CR 2006, 210, 213.
118 Spindler/Schuster/*Spindler/Volkmann* (Fn. 11), § 1004 BGB Rn. 49. Vgl. auch *von Lackum*, MMR 1999, 697, 701.
119 BGHZ 148, 13, 17 = NJW 2001, 3265, 3266; *Ensthaler/Heinemann*, GRUR 2012, 433, 436 f.; Spindler/Schuster/*Spindler/Volkmann* (Fn. 11), § 1004 BGB Rn. 21.

(potentielle) Störer über die (vermeintliche) Rechtsgutsverletzung informiert wurde,[120] wird die Anspruchsprüfung zum Zirkelschluss: Eine Pflicht zur Prüfung des Rechtsverstoßes entsteht erst in dem Moment, wenn ein entsprechender Hinweis eingeht. Eben dieser Hinweis soll aber die Störereigenschaft sofort begründen können. Folglich müsste in der gleichen Sekunde, in der die Pflicht entsteht, diese auch schon verletzt werden. Es besteht dann keine Möglichkeit, sich pflichtgemäß zu verhalten und der Haftung als Störer zu entgehen. Insbesondere in den hier interessierenden Fällen der Intermediärshaftung geht es um eine Verpflichtung aufgrund eines entsprechenden Hinweises des Rechteinhabers bzw. des Verletzten, so dass eine Prüfungspflicht stets gegeben wäre. Im Übrigen würde die Verantwortlichkeit von Intermediären auch nicht dadurch konkretisiert werden, dass Prüfungspflichten durch Verkehrspflichten ersetzt werden, denn die Haftung mittelbarer Verursacher soll hierdurch nur erweitert, aber nicht beschränkt werden.[121]

Erwägungen der Zumutbarkeit der Beseitigungspflicht können im konkreten Fall zwar durchaus die Störerhaftung ausschließen. So scheiterte schließlich auch der Anspruch gegen den Internet-Access-Provider vor dem OLG Köln an der Unzumutbarkeit der beantragten Maßnahmen.[122] Problematisch ist jedoch, dass im Rahmen der Zumutbarkeit bereits geprüft wird, ob die Maßnahmen, die der Intermediär zu ergreifen hätte, geeignet sind bzw. welche Maßnahmen er nur ergreifen muss.[123] Die Frage der Zumutbarkeit deckt sich insofern mit dem Inhalt der Störerhaftung. Obwohl die Zumutbarkeit anspruchsbegründende Voraussetzung sein soll,[124] wird bei der Bewertung bereits dem Ergebnis vorgegriffen.[125] Zudem geht es bei der Zumutbarkeit um eine Einzelfallbetrachtung,[126] so dass aus ihr keine generelle Leitlinie zur Bestimmung der Störereigenschaft in digitalen Netzwerken gewonnen werden kann.[127]

Der Netzwerk-Störer wird folglich in erster Linie durch seine Stellung im Netzwerk charakterisiert. Durch die von ihm unterhaltene Infrastruktur oder

---

120 BGH NJW 2012, 2345, 2346. Es genügt insofern eine „anlassbezogene, konkrete Beanstandung des Betroffenen", LG Hamburg, Urteil v. 24.1.2014 – Az. 324 O 264/11, Rn. 182.
121 *J.B. Nordemann* (Fn. 95), S. 225.
122 OLG Köln, GRUR 2014, 1081, 1090.
123 Dies wird sehr deutlich in einer Aussage des LG Hamburg: „Das Löschen einzelner Bilder unter den von dem Kläger benannten URLs hat den der Beklagten möglichen und zumutbaren Prüfpflichten in Anbetracht des schweren Eingriffs in das allgemeine Persönlichkeitsrecht des Klägers nicht genügt, da hierdurch weitere gleichartige Rechtsverletzungen nicht verhindert wurden.", LG Hamburg, Urteil v. 24.1.2014 – Az. 324 O 264/11, Rn. 187. Vgl. auch *Gounalakis*, NJW 2013, 2321, 2323.
124 OLG Köln, GRUR 2014, 1081, 1085.
125 Vgl. *Spindler* (Fn. 39), S. 698.
126 *Leistner/Stang*, WRP 2008, 533, 554.
127 *Gruber*, ZGE 2014, 302, 313.

erbrachte Dienstleistung wird die Kommunikation im Netzwerk ermöglicht oder zumindest erleichtert. Er besetzt Knotenpunkte des Netzwerks, entweder physisch wie bei Internet-Access-Providern oder faktisch wie bei Suchmaschinenbetreibern. In dieser Hinsicht hat er eine Herrschaftsposition. Dabei steht seine Leistung jedoch in keinem inhaltlichen Bezug zu den von ihm vermittelten Vorgängen. Dieser fehlende inhaltliche Bezug wird durch eine entsprechende Aufforderung des Rechteinhabers ersetzt. Ob die Haftung des Netzwerk-Störers wegen Unzumutbarkeit der Maßnahmen ausscheidet, kann dann erst auf einer späteren Ebene der Einzelfallbetrachtung entschieden werden.

C. Anordnungen gegen Intermediäre

I. Grundsatz: Beseitigung und Unterlassung

„Ziel des Anspruches ist die Beseitigung des das Eigenthum verletzenden Zustandes und Schutz gegen zu befürchtende künftige Eingriffe."[128] So lautet die Beschreibung der gemeinrechtlichen Doktrin der negatorischen Klage in den Motiven zum Entwurf des BGB. Man ging davon aus, die actio negatoria ziele im Grundsatz auf Naturalrestitution.[129] Ob hier ein weites Verständnis von Naturalrestitution angezeigt sei, also auch die Herstellung eines ähnlichen Zustands verlangt werden könne, überließ man der „Doktrin und Praxis".[130]

Mit dem Beseitigungsanspruch wird die Beendigung der gegenwärtigen Störung begehrt.[131] Der Unterlassungsanspruch zielt auf die Abwehr (weiterer) Verletzungen in der Zukunft.[132] Der Umfang eines Unterlassungsanspruchs soll sich anhand der Wiederholungsgefahr der konkreten Verletzungshandlung oder einer kerngleichen Tätigkeit bestimmen.[133] Die Differenzierung zwischen Unterlassung und Beseitigung ist dabei nicht gleichzusetzen mit dem Unterschied zwischen „schlichtem Nichtstun und aktiver Verhinderung der Beeinträchtigung".[134] Für Intermediäre bedeutet dies, dass eine Verurteilung zur Unterlassung mitunter den Einsatz kostenintensiver Präventionsmaßnahmen, also die Nutzung oder Entwicklung von

---

128 Mot. S. 422 = Mugdan, Die gesammten Materialien zum Bürgerlichen Gesetzbuch für das Deutsche Reich, Band III, S. 236.
129 Mot. S. 425 = Mugdan, Die gesammten Materialien zum Bürgerlichen Gesetzbuch für das Deutsche Reich, Band III, S. 237.
130 Mot. S. 425 = Mugdan, Die gesammten Materialien zum Bürgerlichen Gesetzbuch für das Deutsche Reich, Band III, S. 237.
131 Jauernig/*Berger*, BGB, 15. Aufl. 2014, § 1004 Rn. 7; BGHZ 28, 110, 113 = NJW 1958, 1580, 1581.
132 Spindler/Schuster/*Spindler*/*Volkmann* (Fn. 11), § 1004 BGB Rn. 65.
133 *Bölling*, GRUR 2013, 1092, 1093.
134 *Wagner* (Fn. 74), S. 603.

technischen Sicherungssystemen erfordert.[135] Inhalt des Unterlassungsanspruchs ist in den hier interessierenden Fällen mithin vielfach die Anordnung von aktiven Schutzmaßnahmen.[136]

Eine Beseitigungspflicht kommt nicht in Betracht, wenn diese unmöglich ist.[137] Dies entspricht dem Grundsatz „ultra posse nemo obligatur".[138] Bei störenden Anlagen kann der Beeinträchtigte allerdings die Einstellung des Betriebs verlangen, solange nicht die erforderlichen Maßnahmen zur Störungsbeseitigung erfolgen.[139] Handelt es sich um eine Mehrheit von Störern, so muss jeder seinen jeweiligen Beitrag beseitigen.[140] Grundsätzlich aber muss die Art der Beseitigung des rechtswidrigen Zustands dem Störer überlassen bleiben.[141] Dies bestätigt auch der EuGH in seiner Entscheidung zu Sperrverfügungen von Internet-Access-Providern.[142]

II. Netzsperren

Für die in Anspruch genommenen Intermediäre stellt sich mithin die Frage, welche Maßnahmen sie ergreifen müssen, und überhaupt ergreifen können, um dem geltend gemachten Anspruch auf Beseitigung und Unterlassung nachzukommen. Es gilt hier die technischen Möglichkeiten im Rahmen des Transportsystems Internet auszuloten.

1. Maßnahmen von Domain-Registrars

Der Datentransport im Internet vollzieht sich mittels des Internet Protocol (IP). Alle an das Internet angeschlossenen Rechner werden mit einer IP-Adresse identifiziert.[143] Auf diese Weise gelangen die angeforderten Informationen zu den beteiligten Rechnern. IP-Adressen sind quasi ähnlich der Anschrift eines Wohnhauses.[144] Unter dem bislang noch vorwiegend verwendeten IPv4 bestehen IP-Adressen aus einer Zahl mit 32 Binärstellen, unter IPv6 werden die Adressen 128 Binärstellen haben.[145] Weil es einfacher ist, einen Namen in die Browserzeile einzugeben (und sich zu merken) als eine Nummer, die aus acht Blöcken à vier Hexadezimalstellen besteht, werden IP-Adressen Domainnamen bzw. URLs[146] zugeordnet.

---

135 *Wagner* (Fn. 74), S. 603.
136 *Borges*, NJW 2010, 2624, 2626.
137 BGHZ 144, 200, 204 f., NJW 2000, 2901, 2902; Bamberger/Roth/*Fritzsche* (Fn. 91), § 1004 Rn. 70.
138 Siehe hierzu *Hassemer*, ZRP 2011, 192.
139 BGHZ 67, 252, 254 (Ls.) = NJW 1977, 146.
140 MüKoBGB/*Baldus*, 6. Aufl. 2013, § 1004 Rn. 232.
141 MüKoBGB/*Baldus* (Fn. 140), § 1004 Rn. 231.
142 EuGH NJW 2014, 1577, 1580 Rn. 64 (*UPC Telekabel*).
143 *Schnabel*, Sperrungsverfügungen gegen Access-Provider, 2002, S. 40.
144 *Sieber/Nolde*, Sperrverfügungen im Internet, 2008, S. 38.
145 *Köhntopp/Köhntopp*, CR 2000, 248.
146 Uniform Ressource Locator.

Ein Domainname ist also letztlich nur ein „alias" einer IP-Adresse. Domain-Registrars melden den spezifischen Namen bei der DENIC an. So wird ein zentraler Eintrag vorgenommen, der festlegt, welcher IP eine bestimmte Domain zugeordnet ist und somit nicht mehr von anderen verwendet werden kann. Die Zuordnung eines Domainnamens zu der dahinterstehenden IP-Adresse wird dann durch sog. Domain Name System-Server (DNS-Server) durchgeführt.[147] Nimmt der Domain-Registrar eine Dekonnektierung der Domain vor, also ihre Abmeldung, wird der Eintrag entfernt. Eine entsprechende Anfrage geht im Folgenden mangels Zuordnungsmöglichkeit ins Leere. Die Inhalte der Seite als solche sind davon jedoch nicht berührt, so dass sie sofort wieder unter einem neuen Domainnamen mit der Verknüpfung zur IP-Adresse im Internet verfügbar sein können.[148]

2. Maßnahmen von Internet-Access-Providern

Für Internet-Access-Provider sind zunächst drei Anknüpfungspunkte möglich, um den Zugang zu Informationen im Internet zu verhindern (bzw. zu erschweren): der Domainname, die IP-Adresse, und die spezifische URL einer Unterwebseite.[149]

Die meisten Internet-Access-Provider unterhalten einen eigenen DNS-Server.[150] Für den Intermediär besteht also zunächst die Option, den Eintrag im System zu manipulieren. Entweder wird der Eintrag komplett gelöscht oder ein bestimmter Domainname wird nicht mehr der entsprechenden IP-Adresse zugeordnet, sondern einer anderen Adresse. Der Nutzer wird dann beispielsweise zu einer Webseite geleitet, die eine Fehlermeldung anzeigt.[151]

Vorteil dieser Maßnahme ist ihre schnelle und einfache Umsetzbarkeit.[152] Sie ist allerdings sehr leicht zu umgehen und daher relativ ineffektiv. So kann nach wie vor durch eine direkte Eingabe der IP-Adresse, soweit diese dem Nutzer bekannt ist, auf die Webseite zugegriffen werden.[153] Ferner kann der Nutzer durch entsprechende Systemeinstellungen einen anderen DNS-Server (als den des Providers) wählen[154] oder die Anfrage über einen Proxy-

---

147 *Sieber/Nolde* (Fn. 144), S. 50.
148 *Post*, Law enforcement on the Internet – the role of the domain name registrars, The Washington Post, 16.11.2014, abrufbar unter: https://www.washingtonpost.com/news/volokh-conspiracy/wp/2014/11/16/law-enforcement-on-the-internet-the-role-of-the-domain-name-registrars, zuletzt abgerufen am 13.10.2015.
149 OLG Hamburg, MMR 2014, 625, 628.
150 *Stadler*, MMR 2002, 343, 345; *Schnabel* (Fn. 143), S. 41.
151 *Sieber/Nolde* (Fn. 144), S. 50.
152 *Schnabel* (Fn. 143), S. 41.
153 *Stadler*, MMR 2002, 343, 345.
154 *Frey/Rudolph*, Rechtsgutachten zur Evaluierung des Haftungsregimes für Host- und Access-Provider im Bereich der Telemedien im Auftrag des Bundesverband Digitale Wirtschaft (BVDW) e. V., 2008, S. 83 Rn. 162; *Stadler*, MMR 2002, 343, 345.

Server[155] laufen lassen.[156] Zudem kann natürlich der Betreiber der Seite einen anderen Domainnamen nutzen und unter diesem die verletzenden Inhalte zugänglich machen.

Bei der IP-Sperre wird eine Vergleichsregel für eine bestimmte IP-Adresse erstellt. Bei Anwahl der Adresse (direkt oder über den zugehörigen Domainnamen) greift die Regel und der Befehl „discard" wird ausgelöst, so dass der Nutzer eine Fehlermeldung erhält bzw. auf eine Fehlerseite umgeleitet wird. Möglichkeit der Umgehung ist für den Nutzer wiederum die Nutzung eines Proxy-Servers.[157] Der Betreiber der entsprechenden Seite kann seine IP-Adresse wechseln[158] oder seine Inhalte auf einen (kooperierenden) Server mit anderer Adresse spiegeln.[159]

Theoretisch möglich wäre die Filterung sämtlicher Inhalte, die im Internet übertragen werden.[160] Dies würde bedeuten, dass Internet-Access-Provider an zentralen Netzknoten den gesamten Internetverkehr über Proxies zwangsabwickeln müssten.[161] Eine konkrete URL könnte dann als Anknüpfungskriterium für eine Sperre dienen und der Datenverkehr entsprechend durchsucht werden. Relevante Anfragen würden dann vom Proxy-Server blockiert.[162] Durch diese Maßnahmen können einzelne Inhalte bzw. Seiten individuell anvisiert werden. Die Datenmenge wäre allerdings riesig.[163] Zudem kann auch bei dieser Sperre der Nutzer zu der gewünschten Seite gelangen, indem er Anonymisierungsdienste wie etwa Proxy-Server nutzt.[164] Dem Betreiber bleibt wiederum die Möglichkeit, eine andere Adresse zu wählen.[165] Im Ergebnis sind alle drei Möglichkeiten der Sperrungsmaßnahmen durch Internet-Access-Provider relativ leicht zu umgehen.[166]

---

155 Als Proxy-Server werden Computersysteme bezeichnet, die in einem digitalen Netzwerk zwischen Sender und Empfänger geschaltet werden und dadurch den Datenstrom unterbrechen, analysieren und umleiten können.
156 *Frey/Rudolph* (Fn. 154), S. 84 Rn. 163.
157 *Sieber/Nolde* (Fn. 144), S. 43.
158 *Stadler*, MMR 2002, 343, 345.
159 *Gerhard Schneider*, MMR 1999, 571.
160 Hierzu: *Adrian Schneider*, Netzsperren: Was geht technisch?, Telemedicus vom 2.4.2009, abrufbar unter: http://www.telemedicus.info/article/1232-Netzsperren-Was-geht-technisch.html, zuletzt abgerufen am 13.10.2015.
161 *Stadler*, MMR 2002, 343, 345 f. Zu den technischen Details siehe auch *Gerhard Schneider*, MMR 1999, 571, 574.
162 *Sieber/Nolde* (Fn. 144), S. 51.
163 *Gerhard Schneider*, MMR 1999, 571, 574.
164 *Frey/Rudolph* (Fn. 154), S. 87 Rn. 173.
165 *Gerhard Schneider*, MMR 1999, 571, 574.
166 Vgl. auch Begründung des Gesetzes zur Aufhebung von Sperrregelungen bei der Bekämpfung von Kinderpornografie in Kommunikationsnetzen, BT-Drucks. 17/6644, S. 6.

3. Maßnahmen von Suchmaschinen

Eine andere Form der Filterung würde bei Maßnahmen von Suchmaschinenbetreibern zum Einsatz kommen. Dabei ist allerdings zwischen der De-Indexierung konkret benannter Inhalte und einer automatisierten Filterung zu unterscheiden. Erstere wird von Suchmaschinenbetreibern bereits jetzt vorgenommen, wenn der Antragsteller eine konkrete URL benennt und der rechtsverletzende Charakter der Seite festgestellt wird.[167] Diese wird dann aus dem Suchindex gestrichen und in den Ergebnissen einer entsprechenden Suchanfrage nicht mehr angezeigt. Ob es darüber hinaus möglich ist, eine Filtersoftware einzusetzen, die mithilfe einer Bilderkennung o. Ä. automatisch auch Ergebnisse sperrt, die aus einer anderen Quelle stammen, also eine andere URL haben, ist unklar.[168] Ein vom Kläger eingeholtes Gutachten im Fall Mosley hält dies für möglich.[169] Google bestreitet hingegen, dass eine solche vollautomatische, präzise arbeitende Software existiere und verweist zudem auf die enorm große Datenmenge, die bei einer solchen Filtermaßnahme verarbeitet werden müsste.[170]

III. Zugangserschwerung statt Beseitigung

Um dem Anspruch auf Beseitigung und Unterlassung nachzukommen, stehen dem Netzwerk-Störer nur begrenzte Möglichkeiten zur Verfügung. Anordnungen gegen ihn können daher nicht auf die Beseitigung des rechtsverletzenden Zustands abzielen. Es kann immer nur darum gehen, den Informationsaustausch zu erschweren, also Netzsperren zu errichten. Bei Netzwerksachverhalten ersetzt die Zugangserschwerung die Beseitigung.

Im Falle von Urheberrechtsverletzungen liegt die Verletzung aufseiten desjenigen, der den Inhalt unerlaubt im Netzwerk zur Verfügung stellt. Er nimmt eine unerlaubte Vervielfältigung vor (§§ 15 Abs. 1 Nr. 1, 16 UrhG) und verletzt das Recht des Urhebers auf öffentliche Zugänglichmachung (§§ 15 Abs. 2 Nr. 2, 19a UrhG). Verletzungen des Persönlichkeitsrechts durch ehrverletzende Texte oder Bilder geschehen ebenfalls durch die Veröffentlichung und Abrufbarkeit. Werden Host-Provider (z. B. Share-Hoster) in Anspruch genommen, richtet sich der Anspruch auf die Beseitigung der Störung, nämlich auf die Beendigung des Zurverfügungstellens[171] bzw. der Verbreitung. Bei der Inanspruchnahme von Netzwerk-Störern ist dies anders. Keine der oben vorgestellten Maßnahmen verhindert oder unterbindet die verletzenden Handlungen.

---

167 Vgl. Google Support, Anträge auf Entfernung von Inhalten, abrufbar unter https://support.google.com/legal/answer/3110420?rd=2, zuletzt abgerufen am 13.10.2015.
168 Vgl. *Müller-Hengstenberg/Kirn*, MMR 2014, 307, 312.
169 LG Hamburg, Urt. v. 24.1.2014 – 324 O 264/11, Rn. 25.
170 LG Hamburg, Urt. v. 24.1.2014 – 324 O 264/11, Rn. 107 ff.
171 Vgl. BGHZ 194, 339 = NJW 2013, 784.

Anstatt die Verletzung zu beseitigen, kann mit Netzsperren also nur versucht werden, den Zulauf zu den rechtswidrigen Inhalten zu verringern. Dieser Weg erscheint dogmatisch fragwürdig, ist doch die Anordnung des Gesetzes eindeutig: Wer Störer ist, hat die Störung zu beseitigen bzw. zu unterlassen.

Dass dennoch auch Netzsperren als Anordnungen im Rahmen der Störerhaftung in Betracht kommen, wird damit begründet, dass es nach ganz herrschender Meinung ausreichen soll, dass sich das Ausmaß der Rechtsverletzung „verringert".[172] So stellt auch das OLG Hamburg fest: „Ein Schuldner haftet nach der Natur eines Unterlassungsanspruchs ohnehin nicht absolut auf einen Erfolg i. S.e. tatsächlichen Verhinderung eines jeden erneuten Verstoßes."[173] Eine solche Gefahrverminderungspflicht wurde auch im Rahmen der Haftung von Tonband-Herstellern,[174] Tonbandgeräte-Händlern[175] und Kopierladeninhabern[176] angenommen. Die Fälle sind jedoch nicht vergleichbar. Bringen Tonband-Hersteller oder Kopierladeninhaber Warnhinweise an und werden dadurch Kunden davon abgehalten, ein geschütztes Werk rechtswidrig zu vervielfältigen, werden (manche) Rechtsverletzungen tatsächlich verhindert. Indem der Zulauf zu einer Internetseite verringert wird, ändert sich hingegen nichts an dem rechtswidrigen Tatbestand. Das urheberrechtlich geschützte Werk ist nach wie vor öffentlich zugänglich; das ehrverletzende Bild immer noch online. Während sich bei Persönlichkeitsrechtsverletzungen vielleicht noch argumentieren lässt, dass die Schwere des Eingriffs sinkt, je weniger Personen, Kenntnis von dem rechtsverletzenden Inhalt nehmen, kennt das Urheberrecht solche Abstufungen (bislang) nicht, sondern stellt nur auf die Schwelle der „Öffentlichkeit" ab.[177]

Dieses Problem schafft der EuGH im Fall *UPC Telekabel Wien* durch sein weites Verständnis des Vermittlerbegriffs aus dem Weg. Bei einer „kollektiven Betrachtung"[178] der Access-Provider nutzt der Rechtsverletzter nicht nur seinen eigenen Access-Provider, sondern auch den Provider des Abrufenden.[179] Maßnahmen müssen demnach auch lediglich bewirken, , dass unerlaubte Zugriffe auf die Schutzgegenstände verhindert oder zumindest

---

172 *Leistner/Grisse*, GRUR 2015, 105, 111.
173 OLG Hamburg, MMR 2014, 625, 626.
174 BGH NJW 1963, 1736, 1737.
175 BGH NJW 1963, 1739, 1740.
176 BGH NJW 1984, 1106, 1107.
177 Um das Merkmal der Öffentlichkeit zu erfüllen, ist nicht erforderlich, dass das Werk jedem Teilnehmer des Internets tatsächlich zugänglich ist, sondern es genügt, wenn einer Mehrzahl von Mitgliedern der Öffentlichkeit der Zugriff auf das Werk eröffnet werden sollte, Dreier/Schulze/*Dreier*, UrhG, 5. Aufl. 2015, § 19a Rn. 7.
178 *Nazari-Khanachayi*, GRUR 2015, 115, 118 f.
179 EuGH NJW 2014, 1577, 1579 Rn. 40 (*UPC Telekabel*).

erschwert werden und dass die Internetnutzer, die die Dienste des Adressaten der Anordnung in Anspruch nehmen, zuverlässig davon abgehalten werden, auf die ihnen [rechtswidrig] zugänglich gemachten Schutzgegenstände zuzugreifen."[180]

Darüber, wie wirkungsvoll Netzsperren sind, herrscht jedoch Uneinigkeit. Eine absolut wirksame Sperre ist jedenfalls praktisch unmöglich.[181] Die Struktur des Internets sieht eine Inhaltskontrolle nicht vor. Denn „Aufgabe des Netzes ist es, Daten zum Zielort zu transportieren, nicht jedoch, eine inhaltliche Kontrolle vorzunehmen".[182] Befürworter verweisen hingegen auf vermeintliche Erfolge in Ländern, die bereits Sperrverfügungen erlassen haben.[183] Insbesondere Großbritannien wird hier als Vorbild angeführt.[184] Auf der anderen Seite stehen empirische Studien, die Zugangssperren keine effektiven Erfolge attestieren.[185] Vor diesem Hintergrund hat der Gerichtshof Den Haag Anordnungen gegen Internet-Access-Provider, Zugang zu der Seite „The Pirate Bay" zu sperren, aufgehoben.[186]

Unabhängig von der exakten Bewertung der Wirksamkeit von Sperrverfügungen gegen Access-Provider wird eines deutlich: Es geht vor allem darum, den Zugang zu einer Rechtsverletzung zu drosseln bzw. Verweise zu unterbinden. Die Informationsmenge des Internets sowie die Struktur des Netzwerks sind der Grund, dass Nutzer auf „Wegweiser" angewiesen sind. Hieraus erklärt sich die überwältigende Machtposition von Suchmaschinen. Auch in der Entscheidung des EuGH zum „Recht auf Vergessenwerden" war Adressat der Verfügung nicht der Betreiber der Internetseite, auf der die Informationen gespeichert waren, sondern Google.[187] Google sollte den Verweis auf die Webseite einer Tageszeitung, deren Eintrag über den Betroffenen korrekt war und zulässigerweise veröffentlicht wurde, aus dem Index von Suchabfragen entfernen.[188] Rechtliche Grundlage der Ent-

---

180 EuGH NJW 2014, 1577, 1580 Rn. 62 (*UPC Telekabel*).
181 OLG Köln, GRUR 2014, 1081, 1084.
182 *Gerhard Schneider*, MMR 1999, 571, 576.
183 So wird im IFPI Digital Music Report 2014, basierend auf Daten von comScore/Nielsen, angeführt, in Ländern mit Sperrverfügungen sei die Nutzung von BitTorrent-Seiten zwischen Januar 2012 und Juli 2013 um insgesamt 11 % zurückgegangen, in Ländern ohne Sperre um 15 % angestiegen. IFPI Digital Music Report 2014, S. 41, abrufbar unter: http://www.ifpi.org/downloads/Digital-Music-Report-2014.pdf, zuletzt abgerufen am 13.10.2015.
184 Dort soll der Internetverkehr zu gesperrten Webseiten um ca. 71 % zurückgegangen sein. Vgl. High Court of Justice, Chancery Division, Urt. v. 17.10.2014 – [2014] EWHC 3354 (Ch), Rn. 228, welches ein Gutachten, das von der Klägerin beigebracht wurde, zitiert.
185 Zum Beispiel *Poort/Leenheer/van der Ham/Dumitru*, Baywatch: two Approaches to Measure the Effects of Blocking Access to The Pirate Bay, 22.8.2013.
186 Gerechtshof Den Haag, Urt. v. 28.1.2014 – ECLI:NL:GHDHA:2014:88.
187 EuGH v. 13.5.2014 – Rs. C-131/12, (noch nicht veröffentlicht) Allg. Slg. (*Google Spain*).
188 EuGH v. 13.5.2014 – Rs. C-131/12, (noch nicht veröffentlicht) Allg. Slg., Rn. 14 f. (*Google Spain*).

scheidung des EuGH war das Europäische Datenschutzrecht und nicht die Störerhaftung. Das Urteil ist aber für die vorliegende Betrachtung insofern interessant, als es Aussagen über die Position des Suchmaschinenbetreibers und die Hintergründe seiner Sperrpflicht enthält. Laut der spanischen Datenschutzagentur, der Beklagten des Ausgangsverfahrens, fungieren Suchmaschinen als „Mittler der Informationsgesellschaft".[189] Der EuGH greift dies auf und stellt als unstreitig heraus, dass die „Tätigkeit der Suchmaschinen maßgeblichen Anteil an der weltweiten Verbreitung personenbezogener Daten hat" und vor allem ihre Nutzer auch zu Informationen führen, die sie ansonsten nicht gefunden hätten.[190]

D. Die Gefahren der Netzwerk-Störerhaftung

Sowohl der sehr weite Störerbegriff als auch die Rechtsfolge der Netzwerk-Störerhaftung machen diese zu einer heiklen Haftungsfigur. Negative Folgen ergeben sich zunächst aus der unpräzisen Wirkung von Netzsperren (Streuwirkung). Die privatrechtliche Inpflichtnahme von Intermediären birgt zudem die Gefahr, dass Netzsperren auch dort eingesetzt werden, wo gar keine Rechtsverletzung vorliegt ((Über-)Steuerungswirkung). Schließlich ist eine Ausdehnung der Netzwerk-Störerhaftung auf das allgemeine Zivilrecht zu befürchten (Präzedenzwirkung).

I. Streuwirkung

Die Position des Intermediärs im Netzwerk und die für ihn in Betracht kommenden Maßnahmen bringen es zwingend mit sich, dass zugleich legale Inhalte gesperrt werden. Von DNS-Sperren und Dekonnektierungen sind sämtliche Unter-Webseiten,[191] die unter einer Domain zu erreichen sind, mitbetroffen.[192] Selbst wenn die Aufforderung des Rechteinhabers sich also nur gegen einen spezifischen verletzenden Inhalt richtete, beispielsweise eine abrufbare Datei, wird zwingend nicht nur dieser konkrete Inhalt gesperrt, sondern alles, was unter einer bestimmten Domain zu erreichen war.

Bei IP-Sperren ist dieser Effekt noch gravierender, denn sie erlauben nur „sehr grobe Sperrungen".[193] Abgesehen von den gleichen Auswirkungen wie bei DNS-Sperren, können hier möglicherweise auch noch viele andere

---

189 EuGH v. 13.5.2014 – Rs. C-131/12, (noch nicht veröffentlicht) Allg. Slg., Rn. 17 (*Google Spain*).
190 EuGH v. 13.5.2014 – Rs. C-131/12, (noch nicht veröffentlicht) Allg. Slg., Rn. 36 (*Google Spain*).
191 Beispielsweise hat das Forum www.reddit.com, eine Webseite, auf der registrierte Nutzer Inhalte einstellen können, ungefähr 100.000 aktive Unterforen.
192 *Brinkel/Osthaus*, CR 2014, 642, 644.
193 *Sieber/Nolde* (Fn. 144), S. 50.

Domains betroffen sein. Dies ist der Fall beim sog. virtuellen Hosting.[194] Dort ist unter einer IP-Adresse zwar ebenfalls nur ein Server erreichbar, allerdings beherbergt dieser (virtuell) eine Vielzahl weiterer Server. Mit einer IP-Sperre werden dann alle Webseiten, die auf dem Server liegen und unter der IP erreichbar sind, gesperrt. Hier sind also Inhalte betroffen, die mit dem verletzenden Tatbestand in keiner Verbindung stehen.

Soweit sich Anordnungen gegen Suchmaschinen, wie im Fall Mosley[195] nicht darauf beschränken, einzelne konkrete Einträge aus der Trefferliste zu entfernen, sondern darüber hinaus auch präventiv tätig zu werden, ist ebenfalls eine Streuwirkung zu befürchten. Automatisierte Bilderkennungsprogramme sind möglicherweise nicht präzise genug, um persönlichkeitsrechtsverletzende Bilder von solchen, die ihnen lediglich ähneln, zu unterscheiden.[196] Es besteht dann die Gefahr des Overblocking, also der Sperrung auch vollkommen rechtskonformer Seiten.[197]

Die grundrechtliche Relevanz von Netzsperren und der Inpflichtnahme von Intermediären ist kaum zu übersehen. Ohne in diesem Rahmen vertieft auf verfassungsrechtliche Fragen einzugehen, sind zumindest kurz die verschiedenen Betroffenen und deren jeweilige Grundrechtspositionen zu nennen. Aufseiten der Nutzer geht es vor allem um die Einschränkung ihrer Kommunikationsfreiheit.[198] Von den Netzsperren betroffene (unbeteiligte) Webseitenbetreiber können in ihrer Berufsfreiheit (Art. 12 GG) oder, je nachdem welche Inhalte sie bereitstellen, in der Meinungs-, Presse- oder Rundfunkfreiheit (Art. 5 GG) eingeschränkt werden.[199] Schließlich sind die als Störer in die Pflicht genommenen ebenfalls in ihrer Berufsfreiheit sowie in ihrer Eigentumsfreiheit (Art. 14 GG) betroffen.[200] Darüber hinaus werden Verstöße gegen das Fernmeldegeheimnis (§ 88 TKG, Art. 10 GG) befürchtet, wenn Domainnamen, IP-Adressen oder URLs in Bezug zu einem Übertragungs- oder Verbindungsvorgang gesetzt werden.[201] Besonders URL-Sperren sind in diesem Zusammenhang relevant, weil aus der URL Schlüsse auf den angefragten Inhalt ermöglicht werden.[202] Im Übrigen treffen die Bedenken, die im Zusammenhang mit dem Zugangserschwerungsgesetz geäußert wur-

---

194 *Frey/Rudolph* (Fn. 154), S. 79 Rn. 150.
195 LG Hamburg, Urteil v. 24.1.2014 – Az. 324 O 264/11.
196 *de la Durantaye*, Max Mosley und die „Zensurmaschine", in Ich. Heute. 10 vor 8.
197 *de la Durantaye* (Fn. 196). Hierzu ferner unter 4.b).
198 *Sieber/Nolde* (Fn. 144), S. 77 ff. Im Rahmen der europäischen Grundrechte ist die Informationsfreiheit nach Art. 11 der Charta der Grundrechte der Europäischen Union betroffen, vgl. EuGH NJW 2014, 1577, 1580 Rn. 55 (*UPC Telekabel*).
199 *Holznagel*, Notice and Take-Down-Verfahren als Teil der Providerhaftung, 2013, S. 224 ff.
200 *Sieber/Nolde* (Fn. 144), S. 61 ff. Im Rahmen der europäischen Grundrechte ist das Recht auf unternehmerische Freiheit nach Art. 16 der Charta der Grundrechte der Europäischen Union betroffen, vgl. EuGH NJW 2014, 1577, 1579 Rn. 47 f. (*UPC Telekabel*).
201 *Sieber/Nolde* (Fn. 144), S. 83; OLG Hamburg, MMR 2014, 625, 629.
202 OLG Köln, GRUR 2014, 1081, 1088.

den zumindest teilweise auch auf privatrechtliche Netzsperren zu. So wurde etwa davor gewarnt, dass „die freie Nutzung des Internets und das Vertrauen der Bevölkerung in die offene Gesellschaft" beschädigt würden.[203]

Die mit Netzsperren verbundenen „Kollateralschäden"[204] übersieht auch der EuGH nicht und fordert, dass die Maßnahmen des Internet-Access-Providers „streng zielorientiert" sind.[205] Eine Konkretisierung dieses Maßstabs erfolgt jedoch nicht. Bisher geht der BGH bei der Frage, wann es sich bei einem Internetangebot um ein auf Rechtsverletzungen angelegtes bzw. diese förderndes Geschäftsmodell handelt, davon aus, dass es sich nicht um eine absolut illegale Seite handeln muss.[206] Andere Vorschläge zielen auf eine Gesamtbewertung der betroffenen Webseite ab, indem die Relation von legalen und illegalen Inhalten bemessen wird und nicht lediglich auf den absoluten Anteil legaler Inhalte abgestellt wird.[207] Dabei bleibt allerdings unberücksichtigt, dass möglicherweise auch Webseiten betroffen sind, die unter einer anderen Domain (aber der gleichen IP-Adresse) zu erreichen sind und dementsprechend in die Bewertung nicht einbezogen werden können.

Die Frage lautet also: Ist es gerechtfertigt, „lieber zu viel als zu wenig" zu sperren? Es geht hierbei offensichtlich um Entscheidungen, die einer umfassenden Interessenabwägung im Einzelfall bedürfen. Vom EuGH wird das Thema der Grundrechtskollision denn auch thematisiert und bestätigt, dass die Interessen der Nutzer von den Maßnahmen betroffen sind und berücksichtigt werden müssen.[208] Es wird daher gefordert, dass diese die Möglichkeit bekommen, ihre Interessen gerichtlich geltend zu machen.[209] In dem Rechtsstreit zwischen Rechteinhaber und Intermediär besteht hierfür allerdings kaum die Gelegenheit. Das deutsche Zivilverfahrensrecht kennt kein Instrument, das die Beteiligung an einem fremden Prozess erlaubt, wenn diese lediglich Auswirkungen auf tatsächliche Interessen des Dritten hat.[210] Der Beitritt nach den Grundsätzen der Nebenintervention kommt nur dann in Betracht, wenn sich der Prozess auf die Rechtsstellung des Dritten auswirken kann.[211] Steht der Intermediär in keiner rechtlichen Beziehung zum Nutzer, scheidet diese Option also aus. Die Rechtsschutzmöglichkeiten,

---

203 *Eva Lichtenberger*, EU-Abgeordnete, zitiert nach: EU-Zwang für Netzsperren öffnen Tür für Zensur, 29.3.2010, Die Presse, abrufbar unter: http://diepresse.com/home/techscience/internet/554880/EUZwang-fur-Netzsperren-offnen-Tur-fur-Zensur, zuletzt abgerufen am 13.10.2015.
204 *Brinkel/Osthaus*, CR 2014, 642, 643.
205 EuGH NJW 2014, 1577, 1580 Rn. 56 (*UPC Telekabel*).
206 Vgl. BGHZ 194, 339, 347 f. = NJW 2013, 784, 785 f. Rn. 23 ff.; NJW 2013, 3245, 3247 f. Rn 36 ff.
207 *Leistner/Grisse*, GRUR 2015, 105, 109.
208 EuGH NJW 2014, 1577, 1579 f. Rn. 47 und 55 (*UPC Telekabel*).
209 EuGH NJW 2014, 1577, 1580 Rn. 57 (*UPC Telekabel*).
210 *Kühne*, Amicus Curiae, 2015, S. 268.
211 MüKoZPO/*Schultes*, 4. Aufl. 2013, § 66 Rn. 1.

während des Prozesses um die Netzsperre, sind für Anschlussinhaber in Deutschland somit unzureichend.[212]

Ein Anspruch der Kunden gegen den Initiator der Netzsperre, also den Rechteinhaber, ist auch nicht ersichtlich. Bei Sperrungen aufgrund unrichtiger Verdachtsmeldungen wird vorgeschlagen, die Haftungsregelungen für unbegründete Abmahnungen anzuwenden.[213] Diese Regelungen können für die hier angesprochenen Fälle jedoch nur bedingt fruchtbar gemacht werden, denn die Schäden treten auch dann ein, wenn die Meldung des Rechteinhabers begründet war.

Betroffenen bliebe gegebenenfalls nur ein nachträgliches Vorgehen gegen den Intermediär. Soweit es sich um Schäden handelt, die durch die Netzsperre eines Domain-Registrars oder einer Suchmaschine entstehen, ist ein entsprechender Anspruch jedoch mangels vertraglicher Beziehung zu den Nutzern nicht ersichtlich. Nur bei Zugangssperren durch Internet-Access-Provider könnten die Nutzer unter Umständen gegen ihren (eigenen) Internetanbieter wegen nicht ordnungsgemäßer Vertragserfüllung vorgehen.[214] Allerdings ist auch hier unklar, ob ein Anspruch besteht. Das OLG Hamburg geht davon aus, Internet-Access-Provider machten sich ihren Kunden gegenüber schadensersatzpflichtig, wenn deren Zugriff auf (legale) Internetseiten eingeschränkt wird.[215] Doch finden sich in den allgemeinen Geschäftsbedingungen mancher Internetanbieter Klauseln, in denen diese sich vorbehalten, den Zugang zu sitten- oder rechtswidrigen Inhalten zu sperren.[216] Möglicherweise sind von diesen Klauseln auch (kollaterale) Sperrungen zu legalen Inhalten umfasst, wenn diese unvermeidbar sind.[217]

Im Übrigen ist dieser Weg keinesfalls golden. Der Rechtsstreit müsste zwischen Personen ausgetragen werden, die weder Rechteinhaber noch Verletzer sind.[218] Zudem erscheint es unbillig, den Nutzern und Anbietern legaler Inhalte aufzugeben, dafür zu sorgen, dass diese wieder zugänglich gemacht werden. Sie würden damit belastet, entweder die Gründe für die Sperrung grundsätzlich zu widerlegen oder zumindest nachzuweisen, dass sie von einer Maßnahme, die auf andere Inhalte abzielte, mitbetroffen sind.

---

212 So auch *Marly*, GRUR 2014, 468, 473.
213 *Holznagel* (Fn. 199), S. 268.
214 Vgl. *Marly*, GRUR 2014, 468, 473.
215 OLG Hamburg, MMR 2014, 625, 629.
216 Vgl. unitymedia, Besondere Geschäftsbedingungen Internet und Telefonie, Abschnitt B, Ziffer 3.5, abrufbar unter: https://www.unitymedia.de/content/dam/unitymedia-de/assets-de/extern/documents/ume/besgb-internet-und-telefonie-unitymedia.pdf, zuletzt abgerufen am 13.10.2015.
217 A. A. *Schnabel*, K&R 2008, 26, 29 f.
218 *Marly* fügt hier noch hinzu: „Eine Klage des Nutzers gegen seinen Provider auf Zugang zu einer (unrechtmäßig) gesperrten Webseite erscheint aber mehr als nur ein wenig realitätsfern." GRUR 2014, 468, 473.

II. (Über-)Steuerungswirkung

Es besteht die Befürchtung, dass Intermediäre Netzsperren auch dort einsetzen, wo gar kein Rechtsverstoß vorliegt. Die Netzwerk-Störerhaftung hätte dann, über ihre Anwendungsfälle hinaus, faktische Auswirkungen auf die Kommunikationsfreiheit; sie würde zu einem *chilling effect* führen.

Sowohl Internet-Access-Provider als auch Suchmaschinenbetreiber zeichnen sich dadurch aus, dass ihre Leistungen das Leben von einer unüberschaubaren Anzahl von Menschen tangieren. Suchmaschinen können beinah an jedem Ort auf der Welt aufgerufen werden. Internet-Access-Provider sind, nach der Definition des EuGH, Vermittler für sämtliche Inhalte, die sich im Internet finden lassen.[219] Dementsprechend ist zu erwarten, dass diese Intermediäre mit einer überwältigenden Masse von Verfahren konfrontiert werden. Jedermann, der beispielsweise seine Persönlichkeits- oder Urheberrechte im Internet verletzt sieht, könnte potentiell auf den Intermediär zugehen und ein entsprechendes Eingreifen verlangen.[220] Eine individuelle (persönliche) Bearbeitung jeder einzelnen Anfrage ist wirtschaftlich kaum zu leisten.[221]

Als weiterer Faktor neben die hohe Anzahl der Vorgänge tritt der Zeitdruck. Selbst wenn die Anbieter wesentlich mehr Personal für die anfallenden Aufgaben zur Verfügung stellen würden, verginge sicherlich einige Zeit, bis jede einzelne Anfrage persönlich bearbeitet worden ist. Hieraus kann unter Umständen ein Haftungsrisiko entstehen, weil die Störerhaftung zur Garantenpflicht werden kann. So entschied das OLG Hamburg, dass ein Hostprovider, billigend in Kauf nimmt, dass eine Rechtsverletzung andauert, wenn er mehrfach davon in Kenntnis gesetzt wurde, dass unter einer bestimmten URL ein urheberrechtlich geschütztes Werk abrufbar ist und er dennoch untätig bleibt.[222] Dass in so einem Fall nicht nur eine Störerverantwortlichkeit, sondern eine Haftung auf Schadensersatz möglich ist, wird auch auf § 280 BGB gestützt, wobei die Störerhaftung ein gesetzlich begründetes Schuldverhältnis darstellen soll.[223] Die Störerhaftung wäre dann ein „Durchgangsstadium"[224] zur Schadensersatzhaftung. Jeder Störer könnte bei Verzögerung der ihm obliegenden Maßnahmen zum Gehilfen des Täters

---

219 EuGH NJW 2014, 1577, 1579 Rn. 40 (*UPC Telekabel*).
220 So gingen bei Google unmittelbar nach dem Urteil des EuGH zum „Recht auf Vergessenwerden" 12.000 Anträge ein, Newsticker heise online vom 31.5.2014, abrufbar unter: http://www.heise.de/newsticker/meldung/Recht-auf-Vergessen-12-000-Antraege-auf-Loeschung-von-Google-Links-am-ersten-Tag-2213533.html, zuletzt abgerufen am 13.10.2015.
221 So bereits in Bezug auf ein vorgeschlagenes Warnhinweismodell, *Hoeren* (Fn. 70), S. 11.
222 OLG Hamburg, MMR 2013, 533, 534.
223 *Ensthaler/Heinemann*, GRUR 2012, 433, 440.
224 *Rempe*, MMR 2013, 533, 535.

werden.²²⁵ Gleiches gilt soweit Prüfungspflichten als deliktsrechtliche Verkehrspflichten angesehen werden. Hier droht ebenfalls eine täterschaftliche Haftung. Aus Sicht der Vermittler muss also eine möglichst zügige Bearbeitung der Anfragen erfolgen, um einem Schadensersatzanspruch zu entgehen.

Die einzige Möglichkeit die dann bleibt, ist der Einsatz automatisierter Abläufe. Zum einen können dies formalisierte Verfahren sein, bei denen (potentiell) Verletzte die Inhalte benennen, die ihre Rechte berühren und der Anbieter diese daraufhin ohne weitere inhaltliche Prüfung löscht bzw. sperrt.²²⁶ Dies würde zunächst im Grundsatz einem *Notice-and-take-down*-Verfahren²²⁷ entsprechen, wie es beispielsweise von eBay in Form des VeRI-Programms²²⁸ eingesetzt wird. Ein solches „Selbsthilfesystem" für Rechteinhaber wurde vom BGH positiv bewertet und als Erfüllung von Prüfungspflichten angesehen.²²⁹ Was *Notice-and-take-down*-Verfahren zu einem relativ ausgewogenen Instrument macht, ist die Möglichkeit des Betroffenen, sich gegen die Sperrung durch eine *counter-notice* zu wehren. Dieses Element würde bei formalisiert eingesetzten Netzsperren jedoch fehlen. Die Intermediäre stehen in keiner Beziehung zu den Betroffenen und würden diese dementsprechend auch nicht von der Sperre informieren.

Ein weiterer Automatisierungsgrad würde erreicht, wenn nicht nur der konkret vom Verletzten benannte Inhalt, sondern darüber hinaus sämtliche ähnlichen Informationen gesperrt werden. Hierfür müssten Programme eingesetzt werden, die in der Lage sind, Inhalte miteinander zu vergleichen und bei ausreichender Ähnlichkeit, automatisch eine Sperre zu aktivieren. Diese Forderung wurde in Bezug auf ein automatisiertes Bilderkennungs- und Filterprogramm im Fall Mosley gestellt.²³⁰

Die Prognose, dass Intermediäre in Zukunft zunehmend automatisierte Verfahren einsetzen werden, kann sich auf eine weitere Tatsache stützen: Der Netzwerk-Störer hat kein eigenes Interesse an den Inhalten und wird daher sowohl Haftungsrisiken, als auch die Kostenlast eines etwaigen Pro-

---

225 *Rempe*, MMR 2013, 533, 535. *Rempe* kritisiert dies und meint, stattdessen müsste das Bereitstellen der Leistung (im Fall der Hosting-Plattform) bereits das „gefährliche Tun" sein, was es allerdings anerkanntermaßen nicht ist.
226 Vgl. *Breyer*, MMR 2009, 14, 17.
227 Als *Notice and take-down* werden Verfahren bezeichnet, die regeln, auf welche Weise Rechteinhaber eine angebliche Verletzung ihrer Rechte gegenüber Providern anzeigen und durchsetzen und wie Betroffene sich gegen die Löschung verteidigen können (*counter-notice*). Hierzu *Holznagel* (Fn. 199), S. 1 et passim.
228 Dieses Programm ermöglicht Inhabern von Schutzrechten, die Plattform nach rechtsverletzenden Angeboten zu durchsuchen und diese zu melden. Teilnehmern des VeRI-Programms werden dann die Daten der Mitglieder, die das rechtsverletzende Produkt anbieten herausgegeben.
229 BGH GRUR 2011, 152, 155 Rn. 42.
230 LG Hamburg, Urteil v. 24.1.2014 – Az. 324 O 264/11.

zesses zu vermeiden suchen.²³¹ Insbesondere erscheint es lebensnah, dass Intermediäre ihre Geschäftstätigkeit so einrichten werden, dass sie Haftungsrisiken minimieren können. Hierfür sind Maßnahmen erforderlich, die die Inanspruchnahme möglichst generell ausschließen und nicht nur darauf hoffen lassen, dass sie im Einzelfall wegen Unzumutbarkeit ausscheidet. Anstatt die Sperre abzulehnen oder ein gerichtliches Feststellungsverfahren zu betreiben, wird der Intermediär wohl eher die generelle Geschäftsentscheidung treffen, Netzsperren auf Anfrage ohne besonderen Widerstand zu implementieren. Welche Schritte er konkret ergreift, dürfte ohnehin weitestgehend ihm selbst überlassen bleiben, stellt doch der EuGH fest, dass er die Mittel selbst auswählen und abwägen darf.²³²

Ein Beispiel für die übermäßige Sperrung von Inhalten findet sich bei Googles Dienst „AdWords". Google nimmt die Deaktivierung von Anzeigen vor, sobald ein Markeninhaber Widerspruch einlegt; die Anzeige wird nur dann wieder geschaltet, wenn eine Zustimmung von diesem vorgelegt wird.²³³ Die Angemessenheit dieses Verfahrens wird ebenfalls mit der (wirtschaftlichen) Unzumutbarkeit einer Einzelfallprüfung begründet.²³⁴ Allerdings führt dieses automatisierte Verfahren auch dazu, dass etwa die Anzeigen von Wiederverkäufern zu Unrecht gesperrt werden. ²³⁵ Wenn aber bereits bei einem Geschäftsmodell, bei dem der Anbieter (hier Google) ein Interesse daran hat, so viele Inhalte wie möglich online zu lassen, eine Übersteuerungswirkung zu verspüren ist, dann ist dies erst recht zu befürchten, wenn es um Inhalte geht, an denen der Intermediär kein wirtschaftliches Interesse hat.

Der Ansatz bei Intermediären in einer höheren Ebene des Netzwerks führt auch deshalb zu einem übermäßig rigiden Umgang mit Inhalten im Netz, weil hier keine feinjustierten Maßnahmen möglich sind. Richten sich Unterlassungsansprüche gegen Störer, die sich dichter an der Quelle der Rechtsverletzung befinden, ist dies anders. Anbieter von Bewertungsportalen könnten die widerstreitenden Grundrechte beispielsweise dadurch angemessen zum Ausgleich bringen, dass sie besondere Voreinstellungen treffen.²³⁶ Eine etwaige Betroffenheit der allgemeinen Persönlichkeitsrechte eines „Bewerteten" würde zum Beispiel dadurch gemildert, dass die Bewertung nur für angemeldete Personen des Portals und nicht die Allgemeinheit sichtbar ist und dementsprechend auch nicht in der Ergebnisliste von Suchmaschinen erscheint.²³⁷ Ebenfalls in diesem Zusammenhang zu nennen ist

---

231 Vgl. *Nolte/Wimmers*, GRUR 2014, 16, 20.
232 EuGH NJW 2014, 1577, 1580 Rn. 64 (*UPC Telekabel*).
233 *Scheuerl*, GRUR 2014, 1167, 1171.
234 *Scheuerl*, GRUR 2014, 1167, 1170 f.
235 OLG Köln, MMR 2010, 761.
236 *Kaiser*, K&R 2015, Beihefter 2/2015 zu Heft 6, 9, 10.
237 *Kaiser*, K&R 2015, Beihefter 2/2015, zu Heft 6, 9, 10.

das „Stellungnahmeverfahren", das der BGH in seiner Entscheidung „Blog-Eintrag" entwickelt hat.[238] Hiernach hat der Blog-Betreiber zur Sachverhaltsaufklärung beizutragen. Wird er auf eine Persönlichkeitsrechtsverletzung hingewiesen, muss er eine Stellungnahme des Verfassers einholen und sodann eine Prüfung der Beanstandung des Betroffenen vornehmen.[239] Solche ausgewogenen Verfahren sind für Netzwerk-Störer nicht einsetzbar; Netzsperren führen zwingend zu einer „Alles-oder-nichts-Lösung".

III. Präzedenzwirkung

Die Ausweitungen der Störerhaftung werden möglicherweise nicht auf die hier untersuchten Fälle beschränkt bleiben.[240] Der quasinegatorische Beseitigungs- und Unterlassungsanspruch und die Störerdogmatik sind Teil des allgemeinen Zivilrechts. Entscheidungen, die zur Störerhaftung ergehen, und Literatur, die sich hiermit beschäftigt, können daher in das allgemeine Zivilrecht zurückwirken, mögen sie auch ursprünglich von Einzelfallgerechtigkeitserwägungen geleitet gewesen sein.[241] Auf das Immaterialgüterrecht ist die Netzwerk-Störerhaftung ohnehin nicht mehr beschränkt; Gegenstand der Entscheidungen zur Verantwortlichkeit von Suchmaschinenbetreibern und Domain-Registrars waren bereits das allgemeine Persönlichkeitsrecht und das Recht am eingerichteten und ausgeübten Gewerbebetrieb.[242]

Darüber hinaus sind die Gründe, die für die Haftung von Intermediären angeführt werden, nicht zwingend auf das Internet beschränkt. Access-Provider, Suchmaschinenbetreiber sowie auch die DENIC und Domain-Registrars erbringen Infrastrukturleistungen. Außerhalb des Internets kommen dementsprechend Lieferanten von Strom, Gas und Wasser sowie Anbieter von Telekommunikations- und Rundfunkleistungen in Betracht. Typischer Vergleich zu der Haftung von Internet-Intermediären bei Wettbewerbsverletzungen sind Telefonanbieter, über deren Leitungen wettbewerbswidrige Telefonanrufe getätigt werden.[243] Etwas weniger intuitiv ist es dann schon, die Leistungen der Post[244] oder eines Transporteurs von Presseerzeugnis-

---

[238] BGHZ 191, 219, 235 f. = NJW 2012, 148, 150 Rn. 25 ff.
[239] KG Berlin, Urteil v. 7.3.2013 – 10 U 97/12, MMR 2013, 659.
[240] Dagegen *Spindler/Volkmann* (Fn. 11), § 1004 BGB Rn. 33: „Mangels gesetzlicher Grundlage ist eine Übernahme des Veranlasserbegriffs des EuGH, der eine Haftung ohne jede kausale Veranlassung bereits dann ermöglicht, wenn der Provider zur Beseitigung der Störung nur eine Hilfestellung zu leisten in der Lage ist, in andere Rechtsgebiete [z. B. allgemeines Persönlichkeitsrecht, Wettbewerbsrecht] ohne weitere Begründung nicht möglich."
[241] *Volkmann*, K&R 2014, 375, 380.
[242] EuGH, GRUR 2014, 895 (*Google*); KG Berlin, NJW 2015, 795; LG Köln, CR 2015, 616.
[243] *Volkmann*, K&R 2015, 367, 368; Spindler/Schuster/*Spindler/Volkmann* (Fn. 11), § 1004 BGB Rn. 33.
[244] *Ohly*, ZUM 2015, 308.

sen²⁴⁵ mit Verletzungen, die über die verbreiteten Medien vorgenommen werden, in Verbindung zu bringen. Immerhin hätten diese Fälle noch insofern Ähnlichkeit mit der Haftung von Intermediären im Internet, als es um die Weiterleitung von (rechtsgutsverletzenden) Informationen geht.

Doch ist diese Begrenzung keinesfalls zwingend.²⁴⁶ Mit den oben festgestellten Merkmalen von Netzwerk-Störern könnte genauso eine Verantwortlichkeit der Betreiber von Strom- oder Wassernetzen²⁴⁷ begründet werden. Sie erbringen ebenfalls Leistungen, die von Dritten genutzt und dabei auch zu illegalen Zwecken verwendet werden können. Zugleich sind sie in der Position, durch das Unterlassen der Belieferung bzw. das Abschalten eines Anschlusses, ihren Beitrag an der Rechtsgutsverletzung zu unterbinden. Angenommen ein Grundstücksbesitzer unterhält direkt an seiner Grundstücksgrenze einen unerträglich lauten Springbrunnen, dessen Beseitigung oder Abschaltung der Eigentümer des angrenzenden Grundstücks erwirken will. Kann dieser sich an die Wasserbetriebe, die das Grundstück des Störers mit Wasser versorgen wenden und verlangen, dass sie die Wasserzuleitung abstellen? Und könnte der Inhaber einer Marke sich an den Stromlieferanten wenden, weil in einer Fabrikhalle, die von diesem beliefert wird, mithilfe des Stroms verletzende Produkte hergestellt werden?

In diesen Fällen wirkt es zweifellos absurd, dass der Verletzte den Betreiber in Anspruch nimmt. Dies mag daran liegen, dass es hier ohne Schwierigkeiten möglich wäre, unmittelbar gegen den Täter vorzugehen und sich nur subsidiär an den mittelbaren Störer zu halten. Einen entsprechenden Grundsatz der Subsidiarität gibt es bei der Störerhaftung allerdings nicht.²⁴⁸ Vorschläge, die die Haftung von Intermediären im Internet von einer vorrangigen Inanspruchnahme des unmittelbaren Verletzers abhängig machen wollen,²⁴⁹ scheitern daran, dass die Haftung des Störers unabhängig von

---

245 *Nolte/Wimmers*, GRUR 2014, 16, 25.
246 Eine Begrenzung könnte im Übrigen im Hinblick auf das Gleichbehandlungsgebot aus Art. 3 GG problematisch sein. So *Breyer*, MMR 2009, 14, 15: „Anbietern elektronischer Dienste dürfen keine Pflichten auferlegt werden, die vergleichbare Dienste außerhalb der Telekommunikation nicht treffen."
247 Der Vergleich eines Internetzugangs mit der Wasserversorgung ist nicht neu. So wird auch die damalige stellvertretende Ministerin für digitale Wirtschaft Frankreichs, Fleur Pellerin, zitiert: „Today, it's not possible to cut off Internet access, [...]. It's something like cutting off water." Zitiert nach New York Times vom 2.6.2013, „French Appear Ready to Soften Law on Media Piracy", abrufbar unter: www.nytimes.com/2013/06/03/technology/03iht-piracy03. html?pagewanted=all&_r=0, zuletzt abgerufen am 13.10.2015.
248 *J.B. Nordemann*, GRUR 2011, 977. Vgl. auch OLG Köln, GRUR 2014, 1081, 1091, wobei aber zumindest im Rahmen der Zumutbarkeit berücksichtigt werden soll, ob das Vorgehen gegen den Intermediär eine effektive Beseitigung der Störung ermöglicht.
249 *Frey/Rudolph* (Fn. 154), S. 167 Rn. 372; *Leistner/Stang*, WRP 2008, 533, 545; *Nazari-Khanachayi*, GRUR 2015, 115, 120; *Nolte/Wimmers*, GRUR 2014, 16, 24.

einem etwaigen Vorgehen gegen den Täter ist.[250] Wenn also bei der Netzwerk-Störerhaftung im Internet die Subsidiarität abgelehnt wird, ist streng genommen nicht ersichtlich, warum dies in den genannten Fällen anders sein sollte. Die aufgeworfenen Fragen wären dann konsequenterweise positiv zu beantworten. Entsprechende Verpflichtungen von Wasserbetrieben, Stromanbietern u. a. könnten dann nur noch im Einzelfall wegen Unzumutbarkeit abgelehnt werden. Es wäre eine generelle Verantwortlichkeit von Netzwerk-Störern im Zivilrecht geschaffen.

E. Fazit

Die Haftung von Intermediären im Internet lässt sich mit dem Instrument der Störerhaftung nicht begründen. Werden die anerkannten Voraussetzungen derart gedehnt, dass auch neutrale Infrastrukturleistungen darunterfallen, gelangt man zu einem neuartigen, zu weitgreifenden Störerbegriff. Unter die Charakteristika dieses Netzwerk-Störers ließen sich auch Sachverhalte in der analogen Welt fassen, was zu äußerst ungewöhnlichen Ergebnissen führt.

Der Inpflichtnahme von Intermediären vorzugswürdig wäre vor allem ein Vorgehen gegen die unmittelbaren Täter.[251] Das häufig heraufbeschworene Problem der Anonymität im Internet muss dabei relativiert werden. Das Internet basiert auf einer Ende-zu-Ende-Kommunikation; um Informationen austauschen zu können, müssen die versendeten Daten ihren Bestimmungsort im Netzwerk finden.[252] Dies geschieht über die IP-Adressen der Anschlüsse.[253] Diese Adressen können einer bestimmten Handlung im Internet und unter Umständen auch der dahinterstehenden Person zugeordnet werden.[254] Dass diese Person sich möglicherweise im Ausland befindet, kann in der Tat zu Schwierigkeiten führen. Die Antwort hierauf sollten jedoch Bemühungen auf internationaler Ebene sein und nicht der Versuch, internationale Probleme durch nationale Maßnahmen zu lösen.[255]

Sofern eine Mitwirkung der Intermediäre, insbesondere vor dem Hintergrund europäischer Richtlinien und der Rechtsprechung des EuGH unumgänglich erscheint, wird der deutsche Gesetzgeber eine explizite Regelung erlassen müssen.[256] Hierbei sollte er berücksichtigen, dass er Private zur

---

250 BGH NJW 2007, 2558, 2559; *Czychowski/J.B. Nordemann*, GRUR 2013, 986, 991.
251 *Wimmers*, AfP 2015, 202, 209. Vgl. auch *Heidrich/Brinkert*, InTeR 2013, 203, 209, die ein Vorgehen gegen gewerbliche kriminelle Anbieter fordern.
252 *Schneider*, MMR 1999, 571.
253 *Frey/Rudolph* (Fn. 154), S. 78 f. Rn. 148.
254 Siehe hierzu: *Nietsch* (Fn. 1), S. 59 ff.
255 *G. Schneider*, MMR 1999, 571, 577. Ähnlich auch *Ladeur*, der feststellt, dass nationale Vorschriften lediglich einen Beitrag zu einer internationalen Regulierung des Internet leisten können, *Ladeur*, ZUM 1997, 372, 377.
256 So auch OLG Hamburg, MMR 2014, 625, 630; *Ohly* (Fn. 22), S. 66.

Erfüllung staatlicher Aufgaben in Anspruch nimmt.[257] Nach Maßstab des Ordnungsrechts wären Intermediäre als „Nicht-Störer" einzuordnen.[258] Diese Einordnung mag der zivilrechtlichen Bewertung zwar nicht vorgreifen können,[259] zumindest sollte ihr aber der Gedanke entnommen werden, die Störerhaftung gegenüber unbeteiligten Dritten nur behutsam einzusetzen.[260]

Dies könnte zum einen dadurch geschehen, dass einer Inanspruchnahme des unmittelbaren Verletzers Priorität eingeräumt wird, indem die Intermediärshaftung lediglich subsidiär ist. Insofern diese Voraussetzung zu unbilligen Härten führt,[261] könnte ein vereinfachtes Verfahren implementiert werden. Beispielsweise wäre an eine Änderung der Zivilprozessordnung zu denken, um Anordnungen gegen anonyme Personen zu ermöglichen.[262]

Die Entscheidung, neutrale Intermediäre in die Pflicht zu nehmen, muss in dem Bewusstsein der hiervon zu erwartenden Folgen getroffen werden. Insbesondere ist zu beachten, dass das gezielte Löschen tatsächlich verletzender Inhalte den hier betrachteten Intermediären nicht möglich ist. Anstatt die Auswahl der Maßnahmen zur Zugangserschwerung den in Anspruch Genommenen zu überlassen, in der Hoffnung, dass sie ausgewogen sein werden, sind konkrete Richtlinien für das anzuwendende Verfahren zu schaffen. Dabei sind insbesondere die schweren grundrechtlichen Eingriffe, die mit Netzsperren verbunden sein können, zu berücksichtigen. Der Gesetzgeber muss hier entscheiden, welche Rechtsgüter er für besonders schutzwürdig erachtet und daher im Zweifelsfall den grundrechtlichen Freiheiten der Nutzer und Anbieter vorziehen würde. Die Grundrechtsabwägung darf nicht auf den Vermittler als privaten Marktakteur abgewälzt werden, weil dies eine Übertragung von Hoheitsbefugnissen darstellen würde, deren Rechtsstaatlichkeit zweifelhaft ist.[263] Der Intermediär darf nicht zum „ungesetzlichen Richter"[264] werden.

---

257 So für Warnhinweise von Internet-Access-Providern an Nutzer, *Hoeren* (Fn. 70), S. 27.
258 VG Köln, ZUM-RD 2012, 168, 172; VG Düsseldorf ZUM-RD 2012, 362, 366.
259 OLG Hamburg, MMR 2014, 625, 627; *Schmitz/Dierking*, CR 2005, 420, 423.
260 Vgl. die Aussage der damaligen Bundesjustizministerin *Sabine Leutheusser-Schnarrenberger*: „Internetprovider sind keine Hilfs-Sheriffs", Handelsblatt vom 10.12.2012, Deutschland legt ACTA auf Eis, abrufbar unter: http://www.handelsblatt.com/technik/it-internet/umstrittener-vertrag-internetprovider-sind-keine-hilfssheriffs/6195702-2.html, zuletzt abgerufen am 13.10.2015.
261 Nach *Leistner/Grisse* soll hier eine Einzelfallbewertung erfolgen, in die u. a. Kriterien wie die Identifizierung und Erreichbarkeit des Täters oder die Erfolgsaussichten eines Vorgehens im Ausland einbezogen werden. GRUR 2015, 105, 108.
262 *Nolte/Wimmers*, GRUR 2014, 16, 27.
263 Vgl. *Nazari-Khanachayi*, GRUR 2015, 115, 116.
264 So *Nolte/Wimmers*, GRUR 2014, 16, 27.

Um dies zu vermeiden, könnte zum einen eine unabhängige Stelle, beispielsweise nach Vorbild des neuseeländischen „Copyright-Tribunal",[265] geschaffen werden, bei der entsprechende Anordnungen beantragt und rechtlich geprüft werden. Zum anderen könnte durch konkrete Verfahrensvorgaben sichergestellt werden, dass die negativen Auswirkungen so gering wie möglich sind.[266] Dem Einsatz automatisierter Verfahren bei der Entscheidung über Netzsperren sollte in jedem Fall entgegengewirkt werden.

---

[265] Dieses Greminum ist dem Justizministerium untergeordnet und eine staatliche Kontrolle dadurch abgesichert. Vgl. Ministry of Justice, Copyright Tribunal, About the Tribunal, abrufbar unter: http://www.justice.govt.nz/tribunals/copyright-tribunal/about-the-tribunal, zuletzt abgerufen am 13.10.2015.

[266] Auch der EuGH weist in diese Richtung: „[D]ie Modalitäten der von den Mitgliedstaaten nach Art. 8 III dieser Richtlinie vorzusehenden Anordnungen, wie zB Anordnungen in Bezug auf die zu erfüllenden Voraussetzungen und das einzuhaltende Verfahren [sind] im nationalen Recht zu regeln.", EuGH NJW 2014, 1577, 1579 Rn. 43 (*UPC Telekabel*).

Der (gesetzliche) Vertragsübergang in Netzwerken – dargestellt anhand urheberrechtlicher Lizenzketten

Patrick Zurth[*]

Inhalt

A.	Einführung	296
B.	Bestand der Sublizenz bei Erlöschen der Hauptlizenz	298
I.	Rechtscharakter des Nutzungsrechts	299
II.	Irrelevanz von Kausalitäts- und Abstraktionsprinzip	299
III.	Zustimmung des Urhebers	300
IV.	Fehlende Absicherung und Insolvenzrisiko	301
V.	Wertung des § 33 S. 2 UrhG	302
VI.	Wertung des § 876 BGB	302
VII.	Zwischenergebnis	303
C.	Ansprüche des Urhebers gegen den Sublizenzgeber	304
I.	Anspruch auf Schadensersatz	304
II.	Anspruch auf Abtretung des Vergütungsanspruchs	305
	1. Abtretungsanspruch aus Lizenzvertrag	305
	2. Abtretungsanspruch aus Geschäftsbesorgung	306
	3. Anspruch aus § 32a Abs. 2 UrhG analog	306
	4. Bereicherungsrechtlicher Abtretungsanspruch	307
	a) Erlangtes Etwas ohne Rechtsgrund	307
	b) Eingriff in den Zuweisungsgehalt	307
	c) Insolvenzrechtliche Untauglichkeit	309
III.	Abschöpfung von beim Sublizenzgeber eingehenden Zahlungen	311
IV.	Zwischenergebnis	312
D.	Ansprüche des Urhebers gegen den Sublizenznehmer	312
I.	Anspruch aus § 32a Abs. 2 UrhG analog	312
II.	Ansprüche aus gesetzlichen Schuldverhältnissen	313
E.	Vertragsübergang in Ketten von Nutzungsbefugnissen	313
I.	Übergang von Pflichten	314
	1. Lösung vom Nutzungsvertrag durch Kündigung	315
	2. Missbrauchsgefahr?	315

[*] Humboldt-Universität Berlin. Der Autor ist Rechtsreferendar am Kammergericht Berlin und war wissenschaftlicher Mitarbeiter am Lehrstuhl für Bürgerliches Recht, Gewerblichen Rechtsschutz und Urheberrecht, Internationales Privatrecht und Rechtsvergleichung von Prof. Dr. Eva Inés Obergfell. Der Autor dankt allen Kolleginnen und Kollegen, die an den Proben zur Vorbereitung des Tagungsvortrages mit Geduld teilnahmen und wertvolle Hinweise gaben, insb. Frau *Nina Elisabeth Herbort* und Herrn *Matthias Roßbach, LL.M. (Yale).*

II.	Unterschied zu § 33 S. 2 UrhG	316
III.	Vertragsübergang aus ergänzender Vertragsauslegung	316
IV.	Gesetzlicher Vertragsübergang	319

    1. Vertragsübergang bei gewerblich vermieteten Wohnungen (§ 565 BGB) 319
        a) Hintergrund des § 565 BGB 319
        b) Übertragung des Rechtsgedankens 320
    2. Vertragsübergang nach Weiterverpachtung von Kleingärten (§ 10 Abs. 3 BKleingG) 321
        a) Hintergrund des § 10 Abs. 3 BKleingG 321
        b) Übertragung des Rechtsgedankens 322
    3. Vertragsübergang nach Vermietung oder Verpachtung durch Nießbraucher eines Grundstücks (§ 1056 Abs. 1 i. V. m. § 566 BGB) 322
        a) Hintergrund des § 1056 Abs. 1 BGB 322
        b) Übertragung des Rechtsgedankens 323
    4. Schutz durch Zustimmungserfordernis als Gegenentwurf .. 323
    5. Gesamtanalogie bei urheberrechtlichen Lizenzketten 324
    6. Neuer Nutzungsvertrag kraft Gesetzes 325

F. Schlussbetrachtung 326

A. Einführung

Personen in einem privatrechtlichen Netzwerk können in unterschiedlichen Vertragsbeziehungen miteinander verbunden sein. Existieren diese Beziehungen jeweils nur zwischen zwei Personen, entsteht eine Kette. Eine Kette ist fragiler, aber auch überschaubarer als ein multilaterales Netzwerk. Möchte der Inhaber eines Gegenstandes diesen wirtschaftlich verwerten und zu dieser Verwertung weitere Personen einbeziehen, benötigt er dafür eine vertragliche Basis. Überlässt er die Organisation der wirtschaftlichen Verwertung und damit die rechtliche Interaktion mit Dritten einem anderem, hat er nur einen Vertragspartner und es entsteht eine Kette.

In dieser Weise gestalten sich häufig die Rechtsbeziehungen bei der Verwertung urheberrechtlicher Werke. Die Schaffung eines urheberrechtlichen Werkes durch einen Urheber, beispielsweise das Schreiben eines Buches oder die Programmierung von Software, erfolgt häufig mit der Absicht, dieses in den Rechtsverkehr zu geben und daraus Erlöse zu erzielen. Dafür ist der Urheber jedoch auf spezialisierte Partner, auf Verwerter, angewiesen, die über die – angesichts des stetigen technischen Fortschritts – erforderlichen Mittel und Ressourcen verfügen. Diese Verwertung erfolgt durch die Einräumung von Nutzungsrechten. An der Verwertung eines urheberrechtlichen Werkes sind dabei regelmäßig mehrere Personen beteiligt, um die Vermarktung umfassender gestalten zu können. Weitere Verwerter erhalten dabei ihre Nutzungsrechte häufig nicht vom Urheber, sondern von dessen Lizenznehmer. Beispielsweise treten die zahlreichen an der Schaffung eines Filmes beteiligten Kreativen mit den Kinos nicht selbst in Kontakt, sondern räumen einem Produzenten die Rechte an ihrem Werk ein, der dann wiederum die Verwertung und Vermarktung des Filmes organisiert und durchführt.

Im Urhebervertragsrecht gilt das dem deutschen Zivilrecht immanente Trennungsprinzip.[1] Zu unterscheiden ist daher die Ebene des schuldrechtlichen Nutzungsvertrags von der Ebene des Nutzungsrechts i. S. d. § 31 UrhG. Diese Vorschrift beschreibt wiederum zwei verschiedene Formen von Nutzungsrechten, nämlich ausschließliche und einfache Nutzungsrechte.[2] Während der Inhaber eines ausschließlichen Nutzungsrechts berechtigt ist, das Werk unter Ausschluss aller anderen Personen auf die ihm erlaubte Art zu nutzen (§ 31 Abs. 3 S. 1 UrhG), mithin nur ein ausschließliches Nutzungsrecht für eine bestimmte Nutzungsart eingeräumt werden kann, ermöglicht ein einfaches Nutzungsrecht lediglich, das Werk auf die erlaubte Art zu nutzen, ohne dass eine Nutzung durch andere untersagt werden kann (§ 31 Abs. 2 UrhG). Gemäß § 35 Abs. 1 S. 1 UrhG kann der Inhaber eines ausschließlichen Nutzungsrechts mit Zustimmung des Urhebers weitere Nutzungsrechte einräumen. So kann etwa ein Verlag als Inhaber des ausschließlichen Rechts zur Vervielfältigung (§ 16 UrhG) und Verbreitung (§ 17 UrhG) mit Zustimmung des Autors einem weiteren Verlag den Vertrieb des Buches gestatten. Üblich ist dies für Taschenbücher, deren Herstellung und Absatz häufig auf Sublizenzen beruhen. Diese Lizenzketten stellen privatrechtliche Netzwerke dar. Um die verschiedenen Nutzungsrechte zu unterscheiden, bezeichnet man das erste Kettenglied als „Hauptlizenz" oder „Tochterrecht" und das weitere Glied als „Sublizenz", „Unterlizenz" oder „Enkelrecht".

Aus der Organisation eines Netzwerks als Kette von Rechtsbeziehungen ergeben sich einige Probleme. So wird etwa seit langer Zeit eine rechtswissenschaftliche Debatte geführt, die mit drei Entscheidungen des für das Urheberrecht zuständigen Zivilsenats des BGH ihren Höhepunkt, nicht jedoch ihr Ende fand. Diskutiert wird die Frage, ob ein Enkelrecht mit dem Erlöschen der Hauptlizenz automatisch wegfällt, an deren Bestand also gekoppelt ist. Gegenstand dieser Untersuchung soll sein, welche Rechtsbe-

---

[1] HK/*Kotthoff*, UrhG, 3. Aufl. 2013, § 31 Rn. 18; *Rehbinder/Peukert*, Urheberrecht, 17. Aufl. 2015, Rn. 899; Schricker/Loewenheim/*Schricker/Loewenheim*, UrhG, 4. Aufl. 2010, Vor § 28 Rn. 98. Das Trennungsprinzip bringen etwa §§ 31a Abs. 1 S. 1, 40 Abs. 3 UrhG zum Ausdruck.

[2] Der Begriff „Lizenz" wird zu dem Terminus „Nutzungsrecht" synonym gebraucht. Wenngleich der Begriff der Lizenz primär dem Gewerblichen Rechtsschutz entstammt (vgl. § 15 Abs. 2, Abs. 3 PatG, § 30 MarkenG), erwähnt ihn das UrhG in § 32a Abs. 2 S. 1, § 69e Abs. 1 Nr. 1 sowie in der Überschrift des § 42a. Entsprechend der gesetzlichen Vorgabe werden die Termini hier gleichbedeutend verwendet.

ziehungen sich in einer urheberrechtlichen Lizenzkette ergeben, wenn ein Glied herausgelöst wird. Dabei wird eine vergleichende Betrachtung zu anderen Ketten von Nutzungsbefugnissen angestellt, um ein allgemeines Prinzip des Vertragsübergangs in privatrechtlichen Netzwerken nach der Herauslösung eines Gliedes aus der Kette aufzuzeigen. Die Untersuchung beschränkt sich auf den „klassischen" Aufbau einer dreigliedrigen Lizenzkette mit einem ausschließlichen Nutzungsrecht als Hauptlizenz und einem einfachen Nutzungsrecht als Sublizenz. Andere Konstruktionen, etwa mit mehr Gliedern oder mit einem weiteren ausschließlichen Nutzungsrecht, sollen zunächst außer Betracht bleiben.

B. Bestand der Sublizenz bei Erlöschen der Hauptlizenz

Eine lange Zeit weit verbreitete Auffassung ließ die urheberrechtliche Unterlizenz automatisch mit dem Tochterrecht wegfallen.[3] Der BGH hat demgegenüber mittlerweile für drei verschiedene Sachverhaltskonstellationen entschieden, dass das Enkelrecht bestehen bleibt, mithin ein selbstständiges Recht darstellt. Der Entscheidung „Reifen Progressiv" aus dem Jahr 2009 lag ein Sachverhalt zugrunde, in dem die Hauptlizenz wegen Nichtausübung in der Insolvenz des Hauptlizenznehmers zurückgerufen wurde (§ 41 UrhG).[4] Die Entscheidung „M2Trade" hatte eine Kündigung des Hauptlizenzvertrages zum Gegenstand,[5] während im Sachverhalt zur Entscheidung „Take Five" eine vertragliche Aufhebung erfolgte[6]. Die beiden letzteren Entscheidungen ergingen im Jahr 2012. Gemeinsam ist den drei Sachverhalten, dass die Hauptlizenz aus Gründen zurückfiel, die der Sublizenznehmer nicht beeinflussen konnte.

Das Ergebnis dieser drei Entscheidungen des BGH überzeugt sowohl in dogmatischer als auch in normativer Hinsicht. Zu Recht haben sich daher zahlreiche Stimmen dem BGH angeschlossen.[7]

---

3 So etwa OLG Hamburg, GRUR 2002, 335, 336 f.; LG Hamburg, ZUM 1999, 858, 859 f.; *Bauer/Sopp*, ZUM 2004, 112, 118; *W. Nordemann*, GRUR 1970, 174, 175 f.; *Pahlow*, Lizenz und Lizenzvertrag im Recht des Geistigen Eigentums, 2006, S. 461–464; *Picot*, Abstraktion und Kausalabhängigkeit im deutschen Immaterialgüterrecht, 2007, S. 140–151; *Scherenberg*, CR 2007, 9, 10. A. A. OLG Köln, GRUR-RR 2007, 33, 34; OLG Stuttgart, FuR 1984, 393, 397; LG Stuttgart, FuR 1983, 608, 611 f.; *Berger*, in: Berger/Wündisch, Urhebervertragsrecht, 1. Aufl. 2008, § 1 Rn. 195; *Esser*, Urheberrechtliche Lizenzen in der Insolvenz, 2009, S. 116–120; *Hoeren*, CR 2005, 773, 775–777; *Schwarz/Klinger*, GRUR 1998, 103, 110–112.
4 Vgl. BGHZ 180, 344 = GRUR 2009, 946.
5 Vgl. BGHZ 194, 136 = GRUR 2012, 916.
6 Vgl. BGH GRUR 2012, 914. Abweichend von den beiden anderen Entscheidungen bestand die Sublizenz hier in einem ausschließlichen Nutzungsrecht.
7 Etwa *Dieselhorst*, CR 2010, 69, 70; *Esser*, FD-InsR 2012, 336622; *Haedicke*, Mitt. 2012, 429, 433; HK/*Kotthoff* (Fn. 1), § 35 Rn. 8; *Metzger*, ITRB 2013, 239, 240 f.; *Raeschke-Kessler/Christopeit*, ZIP 2013, 345, 348; *Rauer/Ettig*, WRP 2012, 1198, 1200; *Reber*, ZUM 2009, 855, 857; *Scholz*,

I. Rechtscharakter des Nutzungsrechts

In der Entscheidung „Reifen Progressiv" stützte der BGH den Bestand des Enkelrechts wesentlich darauf, dass der Sublizenzgeber die Nutzungsbefugnis an dem urheberrechtlichen Werk dem Sublizenznehmer nicht fortwährend vermitteln muss.[8] Er grenzte ein urheberrechtliches Nutzungsrecht daher von einem rein schuldrechtlichen Rechtsverhältnis wie der Vermietung oder Verpachtung ab. In einer Kette von obligatorischen Nutzungsbefugnissen werden Rechte fortwährend vermittelt, so dass im Falle des Wegfalls einer Nutzungsbefugnis die von dieser abgeleiteten Nutzungsbefugnisse, also die weiteren Kettenglieder, ebenfalls erlöschen, weil ohne eigene Rechtsinhaberschaft kein weiteres Recht vermittelt werden kann. In einer urheberrechtlichen Lizenzkette hingegen hat der Wegfall der Hauptlizenz aus dogmatischer Sicht keinen Einfluss auf den Fortbestand der Unterlizenz, weil diese in einem einmaligen Akt eingeräumt wird.

Auf Grund der Rechtsnatur eines urheberrechtlichen Nutzungsrechts ist auch der Vorschlag, dem Urheber einen Anspruch auf den Wegfall der Sublizenz aus §§ 581 Abs. 2, 546 Abs. 2 BGB analog zu gewähren,[9] abzulehnen. Denn während die Gebrauchsgewährung im Untermiet- oder Unterpachtverhältnis als dauerhafter Vorgang zu charakterisieren ist, muss der Bestand eines urheberrechtlichen Enkelrechts nicht fortwährend vermittelt werden.

II. Irrelevanz von Kausalitäts- und Abstraktionsprinzip

Entgegen einem früher teilweise zu beobachtenden Missverständnis[10] ist die Frage der Geltung des Kausalitäts- oder Abstraktionsprinzips im Urheberrecht[11] für die Diskussion um den Fortbestand der Sublizenz ohne Belang.[12]

GRUR 2009, 1107, 1108–1111; BeckOK-UrhR/*Soppe*, UrhG, 2015, § 35 Rn. 17; *Wandtke*, in: Wandtke, Urheberrecht, 4. Aufl. 2014, Kap. 4 Rn. 72. Für eine Beurteilung im Einzelfall Wandtke/Bullinger/*Wandtke*/*Grunert*, UrhG, 4. Aufl. 2014, § 35 Rn. 9. Dem BGH widersprechend hingegen *Brandenburg*, Die Rückrufsrechte des Urhebers im Kontext allgemeiner Vertragsbeendigungsgründe, 2014, S. 158–228; *McGuire*, Die Lizenz, 2012, S. 566 f.; Schricker/Loewenheim/*Schricker*/*Loewenheim* (Fn. 1), § 35 Rn. 23; *Stier*, Die Unterbrechung urheberrechtlicher Lizenzketten, 2014, S. 139–162; Ulmer-Eilfort/Obergfell/*Ulmer-Eilfort*, VerlG, 2013, Kap. 1 C Rn. 13 f.; *Vranckx*, Der Rückruf urheberrechtlicher Nutzungsrechte nach §§ 41, 42 UrhG und sein Einfluss auf den Bestand von Lizenzketten, 2013, S. 219, 249 f.

8 Vgl. BGHZ 180, 344 = GRUR 2009, 946 Rn. 19. Zustimmend *Brandenburg* (Fn. 7), S. 167; *Ehle*/*Schwiddessen*, MMR 2012, 355, 356; *Scholz*, GRUR 2009, 1107, 1110; *Stier* (Fn. 7), S. 140.

9 So *Adolphsen*/*Daneshzadeh Tabrizi*, GRUR 2011, 384, 388; dahin gehend auch *McGuire* (Fn. 7), S. 566. Dagegen zu Recht *Brandenburg* (Fn. 7), S. 185 f.; *Stier* (Fn. 7), S. 68 f.

10 So etwa bei LG Hamburg, ZUM 1999, 858, 859; *Haberstumpf*, in: FS Hubmann, 1985, S. 127, 138; *Hoeren*, CR 2005, 773, 777.

11 Zum Streitstand s. Schricker/Loewenheim/*Schricker*/*Loewenheim* (Fn. 1), Vor § 28 Rn. 100.

12 So auch *Scholz*, GRUR 2009, 1107, 1111. Die Bemerkung von BGHZ 194, 136 = GRUR 2012, 916 Rn. 19, nach Ansicht des I. Zivilsenats gelte im Urheberrecht das Kausalitätsprinzip, erfolgte daher obiter.

Denn das Abstraktionsprinzip hat lediglich die Unabhängigkeit einer Verfügung vom zu Grunde liegenden Verpflichtungsgeschäft zum Gegenstand[13] und wird somit nur bei einem Wegfall des Letzteren relevant. Vorgänge im Hauptlizenzverhältnis wirken sich aber nicht unmittelbar auf das Verpflichtungsgeschäft im Sublizenzverhältnis aus. Das Erlöschen des ersten Verpflichtungsgeschäfts hat nicht ohne Weiteres das Erlöschen einer weiteren Vereinbarung zur Folge.[14] Zudem geht es bei der Unterscheidung zwischen Abstraktions- und Kausalitätsprinzip nicht um die Verknüpfung zweier Verfügungen. Auch wenn der schuldrechtliche Sublizenzvertrag – womöglich nur im Einzelfall – ein Dauerschuldverhältnis darstellt, werden (dauerhafte) Pflichten des Sublizenzgebers bei Verlust seiner Rechte lediglich unmöglich gem. § 275 Abs. 1 BGB. Die Unmöglichkeit lässt aber den Bestand des Schuldverhältnisses unangetastet,[15] weshalb ein Erlöschen des Tochterrechts den schuldrechtlichen Sublizenzvertrag nicht berührt. Das Abstraktionsprinzip greift also nicht ein. Die Einräumung eines weiteren Enkelrechts hat ihre Grundlage nicht in der Vereinbarung zwischen Urheber und Hauptlizenz, sondern im Sublizenzverhältnis.[16]

III. Zustimmung des Urhebers

Für den Fortbestand des Enkelrechts spricht ferner wesentlich, dass es gem. § 35 Abs. 1 S. 1 UrhG grundsätzlich nur mit Zustimmung des Urhebers eingeräumt werden kann.[17] Letztlich wirkt die Zustimmung des Urhebers wie die Einräumung eines Nutzungsrechts durch ihn. In einer Interessenabwägung muss berücksichtigt werden, dass der Wegfall einer Nutzungsbefugnis den Sublizenznehmer in erhebliche wirtschaftliche Schwierigkeiten bringen kann.[18] Womöglich hat er sein gesamtes Geschäftsmodell auf eine bestimmte Lizenz ausgerichtet. Im Gegensatz zu anderen Wirtschaftsgütern ist die urheberrechtliche Nutzungsbefugnis nicht substituierbar.[19] Demgegenüber stellt ein einfaches Nutzungsrecht keine große Belastung für Urhe-

---

13 Sog. äußere Abstraktion, Jauernig/*Berger*, BGB, 15. Aufl. 2014, Vor § 854 Rn. 13; *Grigoleit*, AcP 199 (1999), S. 379 (380 f.); *Jauernig*, JuS 1994, 721, 722.
14 BGHZ 180, 344 = GRUR 2009, 946 Rn. 18.
15 *Canaris*, JZ 2001, 499, 506; MüKoBGB/*Ernst*, 6. Aufl. 2012, § 275 Rn. 1. Deutlich wird dies in § 311a Abs. 1 BGB.
16 BGHZ 180, 344 = GRUR 2009, 946 Rn. 18.
17 BGHZ 180, 344 = GRUR 2009, 946 Rn. 24; BGH GRUR 2012, 914 Rn. 19; *Dieselhorst*, CR 2010, 69, 70; HK/*Kotthoff* (Fn. 1), § 35 Rn. 8; *Pfingsten*, Das Schicksal von Enkelrechten bei Fehlen bzw. nach Wegfall des Tochterrechts, 2014, S. 160; *Rauer/Ettig*, WRP 2012, 1198, 1200; *Reber*, ZUM 2009, 855, 857; *Schwarz/Klingner*, GRUR 1998, 103, 111.
18 BGHZ 194, 136 = GRUR 2012, 916 Rn. 30; *Haedicke*, Mitt. 2012, 429, 429; *Rauer/Ettig*, WRP 2012, 1198, 1198; *Seegel*, CR 2013, 205, 210; *Stier* (Fn. 7), S. 130.
19 *Stier* (Fn. 7), S. 106, 129.

ber dar, weil dieses ihm keine anderweitige Werknutzung versperrt und ihn nicht an der Vergabe weiterer Nutzungsrechte hindert.[20]

Wegen der stets erforderlichen Zustimmung des Urhebers greift auch der Einwand, ein Lizenznehmer könne sich auf der Grundlage der BGH-Rechtsprechung durch eine konzerninterne Vergabe von Sublizenzen eine unabänderliche Lizenzposition verschaffen und somit gesetzliche oder vertragliche Erlöschungsgründe (z. B. § 41 UrhG) umgehen,[21] nicht durch.

Dominik Stier wendet gegen das Argument aus der Zustimmung des Urhebers ein, auch ein Vermieter müsse gem. § 540 Abs. 1 BGB einer Untervermietung zustimmen, die Nutzungsbefugnis des Untermieters sei aber grundsätzlich nicht unabhängig von der des Mieters.[22] Die mietrechtliche Systematik kann jedoch insofern nicht auf eine Argumentation zu urheberrechtlichen Lizenzketten übertragen werden, weil sie vom Gesetzgeber in sich abschließend gestaltet wurde. Denn § 546 Abs. 2 BGB gewährt dem Vermieter einen unmittelbaren Herausgabeanspruch gegen den Untermieter. Das Ergebnis der Abhängigkeit des Untermietrechts vom Hauptmietrecht ergibt sich also schon aus § 546 Abs. 2 BGB. Das Regelungskonstrukt der §§ 540 Abs. 1, 546 Abs. 2 BGB besagt daher lediglich, dass trotz Zustimmungserfordernis die Unternutzungsbefugnis abhängig sein *kann*, nicht hingegen abhängig sein *muss*. Existiert in einem Bereich keine § 546 Abs. 2 BGB entsprechende Regelung, bestimmt sich der Fortbestand der Unternutzungsbefugnis nach einer Gesamtabwägung. Und hier ist das Zustimmungserfordernis in der eben beschriebenen Weise zu berücksichtigen. Schwerer wiegende Wertungsaspekte sind möglich, für das Urheberrecht aber nicht ersichtlich. Hinzu kommt, dass dem Mieter unter bestimmten Umständen ein Anspruch auf die Erteilung der Zustimmung zusteht (§ 553 BGB). In diesen Fällen kann dem formalen Zustimmungserfordernis aus § 540 Abs. 1 BGB keine Wertung entnommen werden.

IV. Fehlende Absicherung und Insolvenzrisiko

Knüpft man den Bestand der Sublizenz an das Tochterrecht, bleiben dem Sublizenznehmer lediglich schuldrechtliche Ansprüche gegen den Sublizenzgeber. Eine bloß vertragsrechtliche Absicherung im Sublizenzverhältnis ist jedoch nicht insolvenzfest und damit unzureichend.[23] Wenngleich der Sublizenznehmer das Insolvenzrisiko seines Vertragspartners, also des Sub-

---

20 BGHZ 180, 344 = GRUR 2009, 946 Rn. 23 f.; *Pfingsten* (Fn. 17), S. 159.
21 So *Klawitter*, GRUR-Prax 2012, 425, 427; *McGuire/Kunzmann*, GRUR 2014, 28, 32.
22 *Stier* (Fn. 7), S. 134 f.
23 Dennoch verweisen einige Gegner des Sublizenzfortbestandes den Sublizenznehmer auf eine mögliche vertragliche Absicherung, vgl. etwa OLG Hamburg, GRUR 2002, 335, 337; *Bauer/Sopp*, ZUM 2004, 112, 118; *McGuire* (Fn. 7), S. 566; dahin gehend auch *Klawitter*, GRUR-Prax 2012, 425, 426.

lizenzgebers, trägt, gilt dies ebenso für den Urheber.[24] Auch ein Hinweis auf die Möglichkeit einer Absicherung durch eine Vereinbarung mit dem Hauptlizenzgeber, dem Urheber,[25] vermag die Interessenabwägung nicht umzukehren. Warum sich der Urheber hierauf ohne Weiteres einlassen sollte, ist nicht ersichtlich. Zudem widerspräche eine derartige Vereinbarung der Kettenkonstruktion. Treffen Urheber und Sublizenznehmer eine solche Abrede, könnten sie ebenso gut ein eigenes Lizenzverhältnis begründen.

V. Wertung des § 33 S. 2 UrhG

Darüber hinaus lässt sich der Sublizenzbestand auf die vom Gesetzgeber in § 33 S. 2 UrhG vorgenommene Wertung stützen.[26] Danach bleibt ein Nutzungsrecht bestehen, wenn derjenige, der es eingeräumt hat, seine Rechtsposition überträgt oder auf diese verzichtet. Zwar ließ der Gesetzgeber bei der Neufassung des § 33 UrhG das Problem des Wegfalls der Unterlizenz bewusst offen und wies dessen Lösung der Rechtsprechung zu.[27] Dennoch hat er hier die Schutzwürdigkeit des Sublizenznehmers in zwei Fällen der Veränderung des Tochterrechts aus Gründen außerhalb der Sublizenznehmersphäre zum Ausdruck gebracht. Diese Wertung ist auf den Wegfall des Tochterrechts aus anderen Gründen, die nicht im Einflussbereich des Sublizenznehmers liegen, übertragbar.

VI. Wertung des § 876 BGB

Ein Recht an einem Grundstück, das wiederum mit dem Recht eines Dritten belastet ist, kann nur mit Zustimmung dieses Dritten aufgehoben werden (§ 876 S. 1 BGB). *Stier* folgert im Umkehrschluss aus § 876 S. 1 BGB, dass das zweite dingliche Recht zunächst in Abhängigkeit vom Recht am Grundstück stehe, da die Vorschrift anderenfalls überflüssig wäre.[28] Um den aus dem dogmatischen Charakter dieser Konstellation folgenden Wegfall des ersten dinglichen Rechts zu verhindern, habe sich der Gesetzgeber für das Zustimmungserfordernis entschieden. Dieser Umkehrschluss berücksichtigt

---

24 *J. B. Nordemann*, in: FS Wandtke, 2013, S. 187, 193.
25 So *Adolphsen/Daneshzadeh Tabrizi*, GRUR 2011, 384, 389; *Loewenheim*, in: FS Wandtke, 2013, S. 199, 206.
26 BGHZ 180, 344 = GRUR 2009, 946 Rn. 19; BGH GRUR 2012, 914 Rn. 16; BGHZ 194, 136 = GRUR 2012, 916 Rn. 24; *Berger*, in: Berger/Wündisch, Urhebervertragsrecht, 2. Aufl. 2015, § 1 Rn. 195; *Dieselhorst*, CR 2010, 69, 70; *Metzger*, ITRB 2013, 239, 241; *Pfingsten* (Fn. 7), S. 94 f.; *Reber*, ZUM 2009, 855, 857. A. A. *Dietrich/Szalai*, MMR 2012, 687, 688; *Loewenheim*, in: FS Wandtke, 2013, S. 199, 203; Fromm/Nordemann/*J. B. Nordemann*, UrhG, 11. Aufl. 2014, § 31 Rn. 36; *ders.*, in: FS Wandtke, 2013, S. 187, 192 f.; *Pahlow* (Fn. 3), S. 461 f.; *Stier* (Fn. 7), S. 155–157.
27 Vgl. BT-Drucks. 14/6433, S. 16.
28 Vgl. *Stier* (Fn. 7), S. 158 f.

jedoch nicht, dass urheberrechtliche Unterlizenzen keine Rechte am Tochterrecht sind, sondern die Nutzung des Werkes gestatten. In der von § 876 BGB geregelten Konstellation besteht demgegenüber ein Recht an einem Recht und nicht ein weiteres Recht am Grundstück. Ein dingliches Recht kann in der Tat nicht existieren, wenn das Recht, auf das es sich bezieht, aufgehoben wird. Vielmehr spricht die in § 876 BGB vom Gesetzgeber zum Ausdruck gebrachte Wertung dafür, dass in Kettenrechtsverhältnissen Vorgänge in einem Kettenglied, auf die andere Beteiligte der Kette keinen Einfluss nehmen können, deren Rechtspositionen nicht ohne Weiteres auslöschen.

VII. Zwischenergebnis

Im Rahmen einer Interessenabwägung sprechen vor allem das Erfordernis der Zustimmung des Urhebers (§ 35 Abs. 1 S. 1 UrhG) und die Wertung des § 33 S. 2 UrhG entscheidend für den Bestand der urheberrechtlichen Sublizenz im Falle des Wegfalls der Hauptlizenz. Der BGH beschränkte das von ihm gefundene Ergebnis jeweils auf die zugrunde liegende Konstellation.[29] Da er in den beiden Entscheidungen aus dem Jahr 2012 zu anderen Ursachen des Erlöschens der Tochterrechte jedoch nicht nur zum selben Ergebnis gekommen ist, sondern dieses jeweils auch auf ähnliche Erwägungen und Argumente gestützt hat, ist von einem Grundsatz des Bestandes der Sublizenz in sämtlichen Lizenzketten auszugehen.[30] Schließlich führt der BGH aus:

„Es kommt für die Frage des Fortbestehens der Unterlizenz beim Erlöschen der Hauptlizenz im Blick auf die betroffenen Interessen des Hauptlizenzgebers und des Unterlizenznehmers nicht entscheidend darauf an, ob die Hauptlizenz auf Grund eines wirksamen Rückrufs des Nutzungsrechts durch den Urheber wegen Nichtausübung (§ 41 UrhG) oder aus anderen Gründen, die nicht in der Sphäre des Unterlizenznehmers liegen [...], erlischt."[31]

Sowohl der für das Patentrecht zuständige X. Zivilsenat als auch der für das Insolvenzrecht zuständige IX. Zivilsenat haben auf Anfrage des I. Zivilsenats keine Einwände gegen dessen Entscheidung zum Erhalt der Unterli-

---

29 Vgl. etwa BGHZ 180, 344 = GRUR 2009, 946 Rn. 17: „Jedenfalls für den hier zu beurteilenden Fall [...]".
30 So auch *Becker*, ZUM 2012, 786, 786; *Raeschke-Kessler/Christopeit*, ZIP 2013, 345, 348. Teilweise wird ein automatischer Wegfall der Sublizenz, also eine Ausnahme vom Grundsatz des Sublizenzfortbestandes, für den Fall des Rückrufs des Tochterrechts wegen gewandelter Überzeugung (§ 42 UrhG) auf Grund der besonderen persönlichkeitsrechtlichen Belange des Urhebers vertreten (so etwa *Dietrich/Szalai*, MMR 2012, 687, 689; dagegen *Dieselhorst*, CR 2010, 69, 71).
31 BGH GRUR 2012, 914 Rn. 22. Nahezu identisch BGHZ 194, 136 = GRUR 2012, 916 Rn. 29.

zenz erhoben.[32] Auf Grund der klaren Linie des BGH in seinem Argumentationsweg aus der Urheberzustimmung, der Wertung des § 33 S. 2 UrhG und der Interessenabwägung im Übrigen wird sich der Bestand der Sublizenz in der Rechtspraxis etablieren. Zu untersuchen ist daher die Rechtslage nach der Unterbrechung einer Lizenzkette durch den Wegfall des mittleren Kettengliedes.

C. Ansprüche des Urhebers gegen den Sublizenzgeber

I. Anspruch auf Schadensersatz

Der Urheber hat keinen Anspruch auf Schadensersatz gegen den Sublizenzgeber aus § 97 Abs. 2 UrhG.[33] Denn erforderlich für diesen deliktischen Anspruch ist eine vorsätzliche oder fahrlässige widerrechtliche Urheberrechtsverletzung. Wenngleich der Sublizenzgeber sein eigenes Recht verloren hat, war er zum Zeitpunkt der Einräumung der Unterlizenz zu diesem Rechtsgeschäft berechtigt. Die weitere Entgegennahme von Zahlungen des Sublizenznehmers stellt keine Werknutzung und somit keine Urheberrechtsverletzung dar.[34] § 97 UrhG betrifft lediglich Verletzungen des Urheberrechts in Persönlichkeits- (vor allem §§ 12–14 UrhG) und Verwertungsrechten (§§ 15–22, 69c UrhG).[35]

Denkbar ist jedoch, dass der Urheber entgangenen Gewinn (§ 252 BGB) in Höhe der nach der Lizenzkettenunterbrechung ausbleibenden Zahlungen der im Sublizenzverhältnis erwirtschafteten Lizenzgebühren im Wege des Schadensersatzes statt der Leistung erhält (§§ 280 Abs. 1, Abs. 3, 281 oder 282 BGB).[36] Erforderlich ist, dass der Lizenznehmer die vorzeitige Vertrags-

---

32 Vgl. BGHZ 194, 136 = GRUR 2012, 916 Rn. 23 und auch *Raeschke-Kessler/Christopeit*, ZIP 2013, 345, 345.

33 Ebenso *Stier* (Fn. 7), S. 78.

34 *Stier* (Fn. 7), S. 78.

35 Dreier/Schulze/*Dreier*, UrhG, 5. Aufl. 2015, § 97 Rn. 4 f., 8; Fromm/Nordemann/*J. B. Nordemann* (Fn. 26), § 97 Rn. 9, 11.

36 *Stier* (Fn. 7), S. 71, stützt den Anspruch hingegen auf § 280 Abs. 1 BGB (Schadensersatz neben der Leistung), da die zukünftigen Zahlungen noch nicht fällig und damit die Voraussetzungen des § 281 Abs. 1 BGB nicht erfüllt seien. Darauf kommt es für die Abgrenzung von Schadensersatz statt und neben der Leistung aber nicht an. Vielmehr ist entscheidend, dass eine hypothetische Nachleistung in angemessener Frist den Schaden abwenden würde bzw. das Erfüllungsinteresse betroffen ist (s. dazu *Medicus/Lorenz*, Schuldrecht I – Allgemeiner Teil, 20. Aufl. 2012, Rn. 352; *Ostendorf*, NJW 2010, 2833). Darüber hinaus kommt es nicht auf die Fälligkeit der Lizenzzahlungen, sondern auf die vorzeitige Beendigung des Lizenzvertrages berechtigt. Die Lizenzzahlungen sind Schadensinhalt. Richtig ist hingegen, dass der Lizenzgeber keinen Ersatz für zukünftige Schäden beanspruchen kann. Der Schaden ist jeweils erst dann entstanden, wenn eine Lizenzgebühr nach dem Lizenzvertrag fällig gewesen wäre. Es bleibt lediglich Klage auf künftige Zahlung nach §§ 257–259 ZPO.

beendigung durch Verletzung einer fälligen Pflicht aus dem Lizenzvertrag (§ 281 BGB) oder durch Unzumutbarkeit der Vertragsfortsetzung für den Lizenzgeber (§ 282 BGB) gem. § 280 Abs. 1 S. 2 BGB zu vertreten hat. Dies schränkt den Anwendungsbereich des Schadensersatzanspruchs ein. Der Lizenzgeber ist dann so zu stellen, wie er bei ordnungsgemäßer Vertragserfüllung stünde. Zum Know-how-Lizenzvertrag hat der BGH entschieden, dass ein Lizenzgeber, der einen Lizenzvertrag wegen Pflichtverletzung des Lizenznehmers aus wichtigem Grund kündigt, Anspruch auf Ersatz des infolge der vorzeitigen Vertragsauflösung erlittenen Schadens hat.[37] Der Schadensersatzanspruch umfasst sämtliche nach dem gewöhnlichen Lauf der Dinge mit Wahrscheinlichkeit zu erwartenden Lizenzgebühren (§ 252 S. 2 BGB), mithin auch Erträge aus dem Sublizenzverhältnis.[38] Bei der Schadensberechnung ist ferner zu berücksichtigen, dass der Lizenzgeber im Rahmen seiner Schadensminderungspflicht aus § 254 Abs. 2 BGB zur Neulizenzierung verpflichtet ist.[39] Problematisch neben den zahlreichen Einschränkungen des Schadensersatzanspruchs ist, dass dieser als schuldrechtlicher Anspruch in der Insolvenz des Unterlizenzgebers weitgehend leerzulaufen droht.[40]

Der Urheber soll daher nicht bloß auf Schadensersatzansprüche verwiesen werden.

II. Anspruch auf Abtretung des Vergütungsanspruchs

Eine andere Lösung bestünde darin, dem Urheber einen Anspruch auf Abtretung des Vergütungsanspruchs aus dem Sublizenzverhältnis zu gewähren. So ließe sich die Urhebervergütung (§ 32 UrhG) sicherstellen und auf eine rechtliche Grundlage stellen.

1. Abtretungsanspruch aus Lizenzvertrag

Möglich ist zunächst, dass die Partien des Hauptlizenzverhältnisses eine ausdrückliche Vereinbarung zur Abtretung von Vergütungsansprüchen gegen Dritte nach Vertragsbeendigung treffen. Im Übrigen kann eine Abtretung jedoch nicht aus einer nachvertraglichen Nebenpflicht verlangt werden, weil diese in die Zukunft gerichteten Ansprüche nicht die Abwicklung des vergangenen Vertrages betreffen.[41]

---

[37] Vgl. BGH GRUR 2011, 455 Rn. 32. Nach der Rechtsprechung des BGH umfasst dieser Anspruch den Zeitraum bis zum frühesten Termin, zu dem der Lizenznehmer sich durch ordentliche Kündigung vom Vertrag hätte lösen können. Besteht keine Kündigungsmöglichkeit, ist Schadensersatz für die gesamte Vertragslaufzeit zu leisten.
[38] *Stier* (Fn. 7), S. 72, der sich – soweit ersichtlich – bisher als einziger mit einer Anwendung der Vorschriften auf urheberrechtliche Lizenzketten befasst hat.
[39] *Stier* (Fn. 7), S. 72.
[40] *Stier* (Fn. 7), S. 74.
[41] *Stier* (Fn. 7), S. 76.

2. Abtretungsanspruch aus Geschäftsbesorgung

Handelt es sich beim Hautlizenzvertrag um einen Geschäftsbesorgungsvertrag, ergibt sich der Abtretungsanspruch aus §§ 675 Abs. 1, 667 BGB. Regelmäßig ist das jedoch nicht der Fall, weil der Hauptlizenznehmer primär keine fremden Vermögensinteressen wahrnimmt, sondern ein eigenes wirtschaftliches Risiko trägt.[42] Eine wichtige Ausnahme bilden Wahrnehmungsverträge mit Verwertungsgesellschaften, die Elemente eines Geschäftsbesorgungsverhältnisses enthalten.[43]

3. Anspruch aus § 32a Abs. 2 UrhG analog

Neben dem Anspruch auf eine angemessene Vergütung aus § 32 UrhG kann der Urheber eine Vertragsänderung verlangen, wenn die zunächst vereinbarte Vergütung in einem auffälligen Missverhältnis zu den Erträgen und Vorteilen aus der Nutzung des Werkes steht (§ 32a Abs. 1 S. 1 UrhG). § 32a UrhG betrifft daher Fälle, in denen sich die Verwertung eines urheberrechtlichen Werkes nachträglich als unerwartet erfolgreich erweist.[44] § 32a Abs. 2 UrhG erweitert diese Haftung auf Inhaber weiterer Nutzungsrechte in Lizenzketten. Die Inanspruchnahme eines Dritten schließt dabei die Haftung des Hauptlizenznehmers aus (§ 32a Abs. 2 S. 2 UrhG). *Louis Pahlow* hat vorgeschlagen, § 32a Abs. 2 UrhG analog anzuwenden, um dem Urheber im Falle des Wegfalls der Hauptlizenz einen Anspruch auf Beteiligung an den oder Abtretung der Lizenzgebühren zu gewähren.[45] Das Missverhältnis ergebe sich daraus, dass der Urheber an den Lizenzeinnahmen aus dem Sublizenzverhältnis nicht mehr beteiligt wird und dem Hauptlizenznehmer diese nach dem Verlust seines Nutzungsrechts nicht mehr zustünden.

Das Regelungssystem des § 32a UrhG ist für einen Anspruch gegen den Hauptlizenznehmer auf Beteiligung an den Lizenzeinnahmen oder auf Abtretung der Vergütungsansprüche jedoch ungeeignet, da § 32a Abs. 2 UrhG eine Durchgriffshaftung gegen den Sublizenznehmer zum Gegenstand hat.[46] Eine Haftung des Hauptlizenznehmers schließt diese Norm gerade aus. Der Vorschlag läuft daher auf eine Änderung der Rechtsfolgen hinaus, was eine Analogie gerade nicht bewirkt, und ist daher abzulehnen.[47] Denn eine Analogie ist die Übertragung der für einen Tatbestand gegebenen Rechtsfolge auf einen anderen, diesem gleich zu bewertenden Tatbestand.[48]

---

42 *Stier* (Fn. 7), S. 76 f.
43 BGH GRUR 1982, 308, 309; Schricker/Loewenheim/*Schricker/Loewenheim* (Fn. 1), Vor § 28 Rn. 70.
44 Fromm/Nordemann/*J. B. Nordemann* (Fn. 26), § 32a Rn. 1.
45 *Pahlow*, GRUR 2010, 112, 118. Ebenso *Witte*, ITRB 2011, 93, 94.
46 So auch *Stier* (Fn. 7), S. 82.
47 *Stier* (Fn. 7), S. 82 f. Gegen die Analogie auch *Brandenburg* (Fn. 7), S. 192 f.; *Pfingsten* (Fn. 17), S. 166.
48 *Larenz*, Methodenlehre der Rechtswissenschaft, 6. Aufl. 1991, S. 381.

Eine analoge Anwendung von § 32a Abs. 2 UrhG kann somit allenfalls einen direkten Vergütungsanspruch gegen den Sublizenznehmer begründen (siehe unten D. I.).

4. Bereicherungsrechtlicher Abtretungsanspruch

In der Entscheidung „M2Trade" trat der BGH der Kritik an seiner Entscheidung „Reifen Progressiv" entgegen, der Fortbestand der Unterlizenz führe zu dem unbilligen Ergebnis, dass der nunmehr unberechtigte Sublizenzgeber und nicht der Urheber Lizenzgebühren erhalte. Diese in der Tat unbillige Rechtslage werde dadurch vermieden, dass dem Urheber aus § 812 Abs. 1 S. 1 Alt. 2 UrhG ein Anspruch auf Abtretung des gegen den Sublizenznehmer bestehenden Anspruchs auf ausstehende Lizenzzahlungen zustehe.[49] Nach dem Erlöschen der Hauptlizenz greife der fortbestehende Erfüllungsanspruch des Sublizenzverhältnisses in den Zuweisungsgehalt der nunmehr wieder dem Hauptlizenzgeber zur alleinigen Verwertung zugewiesenen Nutzungsbefugnis ein. Der Anspruch sei als Masseverbindlichkeit darüber hinaus insolvenzfest gem. § 55 Abs. 1 Nr. 3 InsO.

In der Literatur wird dieser Lösungsansatz unterschiedlich bewertet.[50]

a) Erlangtes Etwas ohne Rechtsgrund

Der Sublizenzgeber erlangte eine Forderung gegen den Sublizenznehmer und somit eine vermögenswerte Rechtsposition. Nach der rechtlichen Güterzuordnung stehen Erlöse aus der Werkverwertung nunmehr allein dem Urheber zu und nicht demjenigen, der die Befugnis zur Vergabe von Lizenzen (§§ 33 Abs. 3 S. 1, 35 Abs. 1 S. 1 UrhG) verloren hat. Gemäß § 11 S. 2 UrhG dient das Urheberrecht der Sicherung einer angemessenen Vergütung für die Werknutzung.

b) Eingriff in den Zuweisungsgehalt

Ohne nähere Ausführungen ging der BGH zudem von einem Eingriff in den Zuweisungsgehalt der Rechtsposition des Hauptlizenzgebers durch die Existenz der Ansprüche im Sublizenzverhältnis aus.[51] Dem wird entgegengehalten, dass der Anspruch ursprünglich berechtigt begründet wurde und der bloße Fortbestand keinen Eingriff in den Zuweisungsgehalt einer Rechtsposition darstellen könne.[52]

---

49 BGHZ 194, 136 = GRUR 2012, 916 Rn. 26 f.
50 Dem BGH zustimmend *Haedicke*, Mitt. 2012, 429, 432; Dreier/Schulze/*Schulze* (Fn. 35), § 41 Rn. 37. Dagegen *Stier* (Fn. 7), S. 79–82. Krit. auch *Dammler/Melullis*, GRUR 2013, 781, 788. Vor dem BGH hat bereits *Esser* (Fn. 3), S. 121, auf § 812 Abs. 1 S. 1 Alt. 1 BGB abgestellt, dabei aber nicht konsequent zwischen den Ansprüchen des Sublizenzgebers und den vom Sublizenznehmer getätigten Zahlungen unterschieden.
51 Zustimmend *Brandenburg* (Fn. 7), S. 194 f.
52 So *Stier* (Fn. 7), S. 79 f. Dahin gehend auch *Becker*, ZUM 2012, 786, 788; *Dietrich/Szalai*, MMR 2012, 687, 688.

In der Tat wäre zu erwarten gewesen, dass sich der BGH angesichts der Bedeutung seines Ausspruchs für die Rechtspraxis mit dieser bereicherungsrechtlichen Problematik ausführlicher auseinandergesetzt hätte. Dennoch steht der Ansatz des I. Zivilsenats zumindest im Ergebnis in Einklang mit der Rechtsprechung anderer Senate. Zwar lehnen die für das Mietrecht zuständigen Zivilsenate einen bereicherungsrechtlichen Anspruch des Vermieters gegen einen unberechtigt untervermietenden Mieter auf Herausgabe des Untermietzinses ab, da der Vermieter selbst die Mietsache einem Dritten nicht mehr überlassen könnte und ihm keine Verwertungs- oder Gebrauchsmöglichkeiten entgehen, deren er sich nicht schon ohnehin entäußert hätte.[53] Sachverhalte einer unberechtigten Untervermietung sind mit der hier zu untersuchenden Problematik jedoch nicht vergleichbar, weil der Urheber nach dem Erlöschen der Hauptlizenz durchaus Verträge zur Nutzung seines Werkes abschließen kann. Demgegenüber hat der XII. Zivilsenat einen Anspruch aus §§ 546 Abs. 1, 292 Abs. 2, 987 Abs. 1 BGB auf den durch Untervermietung erzielten Mehrerlös zuerkannt, nachdem die Räume zunächst berechtigt untervermietet worden waren und dann ein Rückgabeanspruch des Vermieters rechtshängig wurde.[54] Ferner bejahte der V. Zivilsenat einen Eingriff in den Zuweisungsgehalt und damit einen Anspruch aus § 812 Abs. 1 S. 1 Alt. 2 BGB in einem Fall, in dem der Besitzer eines Grundstücks sein *Besitzrecht* nicht aus einem Mietvertrag mit dem Eigentümer, sondern aus *gesetzlicher Anordnung*[55] ableitete und dieses Grundstück vermietete.[56] Die Möglichkeit der Nutzung durch Vermietung und Verpachtung sei der Eigentümerin weiterhin zugeordnet gewesen, da der Besitz nur zur Verwirklichung bestimmter öffentlicher Zwecke überlassen worden sei und die Gebrauchs- und Verwertungsmöglichkeiten der Besitzer nur insoweit zugewiesen worden seien.

Ungeachtet der Übereinstimmung mit anderen Senaten hätte der I. Zivilsenat aber untersuchen sollen, ob der Fortbestand eines schuldrechtlichen Anspruchs einen Eingriff in den Zuweisungsgehalt darstellen kann. Dies wäre zu bejahen gewesen. Denn „Eingriff" ist hier nicht in dem Sinne zu verstehen, dass es einer aktiven Handlung gegen eine Rechtsposition bedarf. Ein die Nichtleistungskondiktion begründender Eingriff kann auch in der Entgegennahme von Leistungen liegen.[57] Deutlich wird dies in § 816 BGB. Entscheidend ist allein, dass der erlangte Vermögensvorteil von der Rechts-

---

53 Vgl. für den XII. Senat BGHZ 131, 297 = NJW 1996, 838, 840; für den VIII. Senat BGH NJW 1964, 1853; s. auch für den XII. Senat BGHZ 167, 312 = NJW 2006, 2323 Rn. 38.
54 BGH NJW-RR 2009, 1522 Rn. 17 ff. Die Vorinstanz bejahte einen Bereicherungsanspruch, vgl. OLG Brandenburg, BeckRS 2009, 24215.
55 In diesem Fall § 8 Abs. 3 DDR-Berufsschulgesetz vom 13.8.1990.
56 BGH NJW 2002, 60, 61.
57 Palandt/*Sprau*, BGB, 74. Aufl. 2015, § 812 Rn. 41.

ordnung dem Bereicherungsgläubiger zugewiesen ist.[58] Dies ist ab dem Zeitpunkt des Erlöschens der Hauptlizenz der Fall.

c) **Insolvenzrechtliche Untauglichkeit**

Wenngleich man dem I. Zivilsenat des BGH zustimmen mag, dass der Tatbestand des § 812 Abs. 1 S. 1 Alt. 2 BGB erfüllt ist, gehen seine insolvenzrechtlichen Ausführungen fehl. Der insolvenzrechtlichen Einordnung des Bereicherungsanspruchs auf Forderungsabtretung kommt eine erhebliche praktische Bedeutung zu, weil das Insolvenzverfahren über das Vermögen des Hauptlizenznehmers nicht selten eröffnet wird.[59]

Ist das Insolvenzverfahren über das Vermögen eines Schuldners eröffnet, erfolgt die Befriedigung der Gläubiger aus der Insolvenzmasse. Insolvenzmasse ist das gesamte Vermögen, das dem Schuldner zur Zeit der Eröffnung des Verfahrens gehört und das er während des Verfahrens erlangt (§ 35 Abs. 1 InsO). Auszusondernde Gegenstände sind nicht Teil der Insolvenzmasse (§ 47 InsO). Es erfolgt dann eine Verwertung von beweglichen Sachen oder Forderungen des Schuldners durch den Insolvenzverwalter. Im Anschluss daran sind die absonderungsberechtigten Gläubiger – nach Abzug der Feststellungs- und Verwertungskosten – unverzüglich zu befriedigen (§ 170 Abs. 1 InsO). Zur Absonderung (§§ 49–52 InsO) sind etwa berechtigt Inhaber von Pfandrechten (§ 50 Abs. 1 InsO), Gläubiger nach einer Sicherungsübereignung und -abtretung (§ 51 Nr. 1 InsO) oder Bund, Länder, Gemeinden und Gemeindeverbände, soweit ihnen zoll- und steuerpflichtige Sachen nach gesetzlichen Vorschriften als Sicherheit für öffentliche Abgaben dienen (§ 51 Nr. 4 InsO). Sodann erfolgt die Befriedigung der Massegläubiger. Diese nehmen ebenfalls eine bevorzugte Stellung ein. Denn wer eine Forderung erst nach Eröffnung des Insolvenzverfahrens begründet hat und somit Massegläubiger ist, erhält eine Zahlung aus der Insolvenzmasse, bevor diese unter den Insolvenzgläubigern aufgeteilt wird (vgl. § 53 InsO). Masseverbindlichkeiten sind beispielsweise Kosten, die vom Insolvenzverwalter im Rahmen der Verwaltung, Verwertung und Verteilung der Insolvenzmasse verursacht wurden (§ 55 Abs. 1 Nr. 1 InsO) sowie Verbindlichkeiten aus gegenseitigen Verträgen, soweit deren Erfüllung zur Insolvenzmasse verlangt wurde oder für die Zeit nach der Eröffnung des Insolvenzverfahrens erfolgen musste (§ 55 Abs. 1 Nr. 2 InsO). Auch Forderungen aus einer ungerechtfertigten Bereicherung der Masse stellen Masseverbindlichkeiten dar (§ 55 Abs. 1 Nr. 3 InsO). Erst nach der Erfüllung der Masseverbindlichkeiten werden aus der verbleibenden Insol-

---

58 BGHZ 107, 117 = GRUR 1990, 221, 222; Staudinger/*Lorenz*, BGB, 15. Aufl. 2007, § 812 Rn. 23; *Medicus/Petersen*, Bürgerliches Recht, 25. Aufl. 2015, Rn. 706; MüKoBGB/*Schwab* (Fn. 15), § 812 Rn. 244.

59 So etwa im Sachverhalt von BGHZ 180, 344 = GRUR 2009, 946. Auch im Fall „M2Trade" meldete der Hauptlizenznehmer nach der Kündigung durch den Urheber Insolvenz an.

venzmasse die Insolvenzgläubiger befriedigt. Insolvenzgläubiger ist, wer zur Zeit der Eröffnung des Insolvenzverfahrens einen begründeten Vermögensanspruch gegen den Schuldner hat (§ 38 InsO). Alle Insolvenzgläubiger werden nach einer einheitlichen Quote befriedigt, so dass jeder den prozentual selben Teil seiner eigentlich bestehenden Forderung erhält. Zur Abgrenzung von Masse- und Insolvenzgläubiger ist also auf den Zeitpunkt der Entstehung einer Forderung abzustellen.[60]

Der I. Zivilsenat hat den Bereicherungsanspruch auf Abtretung der Forderungen gegen den Sublizenznehmer als Masseverbindlichkeit gem. § 55 Abs. 1 Nr. 3 InsO[61] und somit letztlich als insolvenzfest eingestuft, da der Urheber nicht quotenmäßig und dem Werte nach, sondern vorrangig befriedigt werden würde, seinen Bereicherungsanspruch auf Abtretung also durchsetzen könnte. Dabei ließen die Richter des I. Zivilsenats jedoch die ständige Rechtsprechung ihrer Kollegen aus dem IX. Zivilsenat außer Acht. Denn nach Auffassung des für das Insolvenzrecht zuständigen IX. Zivilsenats und der Literatur begründet eine vor Eröffnung des Insolvenzverfahrens erlangte Bereicherung des Schuldners keine Masseschuld nach § 55 Abs. 1 Nr. 3 InsO, sondern eine bloße Insolvenzforderung.[62] Dies gilt auch dann, wenn der Rechtsgrund erst nach der Verfahrenseröffnung wegfällt. Dass eine vor Eröffnung des Insolvenzverfahrens erlangte Bereicherung keine Masseverbindlichkeit darstellt, ergibt sich schon aus dem Wortlaut des § 55 Abs. 1 Nr. 3 InsO, der von einer „Bereicherung der Masse" spricht. Dies folgt zudem aus dem systematischen Zusammenhang und dem Normzweck. Denn charakteristisch für eine Masseschuld ist es gerade, dass die Verbindlichkeit nicht das Vermögen vor der Verfahrenseröffnung betrifft, sondern erst gegen die Insolvenzmasse begründet wird. Dies rechtfertigt die bevorzugte Befriedigung. Wer hingegen vor der Eröffnung des Insolvenzverfahrens eine Forderung gegen den Schuldner erlangt, muss sich auf die Beteiligung an der gemeinschaftlichen Befriedigung aller Gläubiger beschränken und kann nicht privilegiert werden.

Der Insolvenzmasse des Hauptlizenzgebers mögen einige Zahlungen aus Sublizenzverhältnissen nach der Eröffnung des Insolvenzverfahrens zufließen. Einen Anspruch gegen einen Sublizenznehmer, dessen Abtretung der Urheber begehren könnte, erlangte der Sublizenzgeber aber in jedem Fall

---

60 Uhlenbruck/Sinz, InsO, 14. Aufl. 2015, § 38 Rn. 26.
61 BGHZ 194, 136 = GRUR 2012, 916 Rn. 26.
62 BGHZ 155, 199 = NJW 2003, 3345, 3347; BGH NZI 2009, 475 Rn. 12; BGH NZI 2011, 143 Rn. 10; BGHZ 204, 74 = NZI 2015, 273 Rn. 15 f.; Braun/*Bäuerle*/*Schneider*, InsO, 16. Aufl. 2014, § 55 Rn. 64; MüKoInsO/*Hefermehl*, 2. Aufl. 2008, § 55 Rn. 209, 212, 215; Andres/Leithaus/Leithaus, InsO, 3. Auf. 2014, § 55 Rn. 10; HK/*Lohmann*, InsO, 7. Aufl. 2014, § 55 Rn. 25; Uhlenbruck/*Sinz* (Fn. 60), § 55 Rn. 85.

vor der Verfahrenseröffnung.⁶³ Der bereicherungsrechtliche Ansatz des BGH zum Verhältnis von Urheber und Sublizenznehmer nach Wegfall der Hauptlizenz versagt daher im Insolvenzfall und ist insofern untauglich. Denn das UrhG ist von der Intention geleitet, eine angemessene Vergütung für die Werknutzung sicherzustellen (§ 11 S. 2 UrhG). Es garantiert etwa einen unabdingbaren Anspruch auf angemessene Vergütung (§§ 32, 32a UrhG). Diese Gewährleistung stellte das Herzstück der Urhebervertragsrechtsreform aus dem Jahr 2002 dar.⁶⁴ Eine Aufbürdung des Insolvenzrisikos, indem die fortdauernde Werknutzung ohne Vergütung bliebe, widerspräche diesem Leitbild.

Es ist nicht davon auszugehen, dass der I. Zivilsenat in Kenntnis der entgegenstehenden Rechtsprechung des IX. Zivilsenats und ganz herrschenden Ansicht von dieser abweichen oder eine Ausnahme für urheberrechtliche Lizenzketten machen wollte. Dann wäre er darauf eingegangen.

III. Abschöpfung von beim Sublizenzgeber eingehenden Zahlungen

Teilweise wird dem Urheber ein Anspruch auf beim Sublizenzgeber eingehende Zahlungen aus einem Sublizenzverhältnis gem. § 816 Abs. 2 BGB gewährt.⁶⁵ Diese Verfügungen sind dem Urheber gegenüber zwar wirksam. Auch würde ein derartiger Bereicherungsanspruch eine Masseverbindlichkeit nach § 55 Abs. 1 Nr. 3 InsO darstellen, weil die Bereicherung jeweils nach Verfahrenseröffnung eintritt. Berechtigt i. S. d. § 816 Abs. 2 BGB zur Entgegennahme der Leistungen aus dem Sublizenzverhältnis ist jedoch der Sublizenzgeber, weil er Vertragspartner ist.⁶⁶ Zwar weist die gesetzliche Güterzuordnung den Anspruch auf Lizenzzahlungen dem Urheber zu (siehe hierzu C. II. 4. a)). Der Sublizenznehmer muss die Leistung jedoch an den Sublizenzgeber bewirken, um seinen Verpflichtungen aus dem Nutzungsvertrag nachzukommen, da der schuldrechtliche Sublizenzvertrag nicht ohne Weiteres erlischt.

Obwohl die Inhaberschaft von Ansprüchen aus dem Sublizenzverhältnis also einen Eingriff in den Zuweisungsgehalt nach § 812 Abs. 1 S. 1 Alt. 2 BGB darstellt, ist der Sublizenzgeber Berechtigter i. S. d. § 816 Abs. 2 BGB. Dies ist kein Widerspruch, sondern erklärt sich daraus, dass es nach mittlerweile herrschender Auffassung für die Bestimmung des Tatbestands-

---

63 Anders *Abel*, NZI 2003, 121, 126, der für den Zeitpunkt der Bereicherung auf das Entstehen des Bereicherungsanspruchs abstellt. Er verwechselt dabei den Wegfall des Rechtsgrundes, der den Bereicherungsanspruch entstehen lässt, mit dem Erlangen eines Vermögensvorteils, auf den abzustellen ist.
64 Vgl. BT-Drucks. 14/6433, S. 1; BT-Drucks. 14/8058, S. 1.
65 So *Pfingsten* (Fn. 17), S. 163. Angedacht auch von *Becker*, ZUM 2012, 786, 788.
66 So auch *Loewenheim*, in: FS Wandtke, 2013, S. 199, 205; *Pahlow*, GRUR 2010, 112, 118.

merkmals „auf dessen Kosten" in § 812 Abs. 1 S. 1 Alt. 2 BGB nicht mehr – wie früher überwiegend vertreten – auf die Rechtswidrigkeit des Eingriffs in eine Rechtsposition, sondern auf eine normativ zu betrachtende gesetzliche Güterzuordnung ankommt.[67]

Auch ein Anspruch aus § 816 Abs. 1 BGB besteht nicht, weil der Sublizenzgeber nicht als Unberechtigter verfügt hat.[68] Ebenfalls scheitert ein Anspruch aus §§ 687 Abs. 2, 681 S. 2, 667 BGB, weil die Entgegennahme von Lizenzgebühren kein objektiv fremdes Geschäft für den Sublizenzgeber ist, sondern diese in seinen eigenen Pflichten- und Interessenkreis fällt.[69]

IV. Zwischenergebnis

Der Urheber kann beim Sublizenzgeber eingehende Zahlungen aus dem Sublizenzverhältnis nicht abschöpfen, weil jener zur Entgegennahme aus dem Sublizenzverhältnis berechtigt ist. Ein Anspruch auf Abtretung des Vergütungsanspruchs ist ihm zwar zu gewähren (§ 812 Abs. 1 S. 1 Alt. 2 BGB), stellt jedoch entgegen der Auffassung des I. Zivilsenats des BGH keine Masseverbindlichkeit nach § 55 Abs. 1 Nr. 3 UrhG dar, weshalb dieser bereicherungsrechtliche Lösungsansatz insolvenzrechtlich untauglich und damit abzulehnen ist. Der Urheber kann entgangenen Gewinn in Höhe der nach der Lizenzkettenunterbrechung ausbleibenden Zahlungen der im Sublizenzverhältnis erwirtschafteten Lizenzgebühren im Wege des Schadensersatzes statt der Leistung geltend machen (§§ 280 Abs. 1, Abs. 3, 281 oder 282 BGB, § 252 BGB). Der Anwendungsbereich dieses Anspruchs ist jedoch erheblich eingeschränkt. Zudem begründet der Schadensersatzanspruch im Insolvenzfall eine bloße Insolvenzforderung.

D. Ansprüche des Urhebers gegen den Sublizenznehmer

I. Anspruch aus § 32a Abs. 2 UrhG analog

Eine Analogie aus § 32a Abs. 2 UrhG könnte allenfalls einen direkten Vergütungsanspruch gegen den Sublizenznehmer begründen (siehe oben C. II. 3.).[70] Dies würde aber nicht dem Problem Abhilfe verschaffen, dass der Sublizenznehmer weiterhin seinen Verpflichtungen gegenüber dem Sublizenzgeber nachkommen muss, obwohl jener kein eigenes Nutzungsrecht mehr innehat. Der Anspruch aus § 32a Abs. 2 UrhG ist nach vorzugswürdiger Auffassung nämlich nur auf die weitere Vergütung gerichtet, also auf das, was über die im Sublizenzverhältnis vereinbarte Vergütung bis zu

---

67 S. dazu *Larenz/Canaris*, Schuldrecht II/2, 13. Aufl. 1994, § 69 I 1 b); *Medicus/Petersen* (Fn. 58), Rn. 704, 706; MüKoBGB/*Schwab* (Fn. 15), § 812 Rn. 238 ff.
68 *Brandenburg* (Fn. 7), S. 193.
69 A. A. *Pfingsten* (Fn. 17), S. 161.
70 Dafür wohl Dreier/Schulze/*Schulze* (Fn. 35), § 41 Rn. 37.

einer insgesamt angemessenen Vergütung hinausgeht, und nicht auf die gesamte Summe.[71] Dies wird aus der gesetzlichen Formulierung der Haftung „unter Berücksichtigung der vertraglichen Beziehungen in der Lizenzkette" deutlich. Wenn die Gegenansicht auf den systematischen Zusammenhang mit § 32 UrhG verweist,[72] berücksichtigt sie dabei nicht, dass § 32 UrhG im Gegensatz zu § 32a UrhG gerade keine Regelung zu Lizenzketten enthält, in denen sich das Problem des Anspruchsumfangs ja gerade stellt. Und im Gegensatz zu § 34 Abs. 4 UrhG hat der Gesetzgeber in § 32a Abs. 2 UrhG keine gesamtschuldnerische Haftung vorgesehen. Auf Grund seines Anspruchsumfangs ist § 32a Abs. 2 UrhG nicht geeignet, die Problematik des Verhältnisses von Urheber und Sublizenznehmer nach dem Wegfall der Hauptlizenz zu lösen. Denn schließlich kann die Rechtsfolge einer Norm nicht im Wege deren analoger Anwendung geändert werden (siehe oben C. II. 3.).

II. Ansprüche aus gesetzlichen Schuldverhältnissen

Auch andere Ansprüche aus gesetzlichen Schuldverhältnissen (§ 97 Abs. 2 UrhG, § 687 Abs. 2 BGB, § 812 Abs. 1 S. 1 Alt. 2 BGB) kommen nicht gegen den Sublizenznehmer in Betracht, weil dieser auf Grund des Fortbestehens seiner urheberrechtlichen Lizenz weiterhin zur Werknutzung berechtigt ist.[73]

E. Vertragsübergang in Ketten von Nutzungsbefugnissen

Vorzugswürdig gegenüber einer Inanspruchnahme des Hauptlizenznehmers auf Schadensersatz oder Abtretung der Vergütungsansprüche ist ein Übergang des Sublizenzvertrages auf den Urheber. Dieser muss auf diese Weise keine Ansprüche gegen den Sublizenzgeber geltend machen, sondern erhält eigene Ansprüche gegen den Sublizenznehmer unmittelbar. Dies gilt vor allem für den Zahlungsanspruch. Auch wenn der Sublizenzgeber nicht in Zahlungsschwierigkeiten gerät, wird es doch häufig Streit zwischen ihm und dem Urheber geben. Der Urheber müsste seinen Bereicherungsanspruch also oftmals gerichtlich durchsetzen. Zudem wird die Sublizenz durch einen Vertragsübergang auf eine schuldrechtliche Grundlage gestellt.

---

71 *Berger*, GRUR 2003, 675, 680 f.; Fromm/Nordemann/*Czychowski* (Fn. 26), § 32a Rn. 35; Büscher/Dittmer/Schiwy/*Haberstumpf*, Gewerblicher Rechtsschutz, Urheberrecht, Medienrecht, 3. Aufl. 2015, § 32a UrhG Rn. 12; HK/*Kotthoff* (Fn. 1), § 32a Rn. 36; *Rehbinder/Peukert* (Fn. 1), Rn. 968; Schricker/Loewenheim/*Schricker/Haedicke* (Fn. 1), § 32a Rn. 33. A. A. OLG Nürnberg, ZUM 2015, 515, 518 f.; Reber, GRUR Int. 2015, 802, 805); *Reinhard/Distelkötter*, ZUM 2003, 269, 271; *Schack*, Urheber- und Urhebervertragsrecht, 7. Aufl. 2015, Rn. 1100.
72 So OLG Nürnberg, ZUM 2015, 515, 518 f.
73 *Brandenburg* (Fn. 7), S. 139; *Esser* (Fn. 3), S. 121; *Stier* (Fn. 7), S. 69.

Diese Lösung entspricht auch den Interessen des Sublizenznehmers. Er erhält Klarheit über die Person seines Vertragspartners, an den er sich zu halten hat, und über den korrekten Empfänger der Lizenzgebühren. Ansonsten wäre er einerseits dem Sublizenzgeber – zumindest bis zu einer Abtretung durch diesen an den Urheber – vertraglich verpflichtet, dem aber andererseits nach dem Verlust seines Nutzungsrechts keine Ansprüche aus der Werkverwertung mehr zustehen, was den Sublizenznehmer in einen Konflikt bringen kann.

I. Übergang von Pflichten

Auf den Urheber gehen neben dem Anspruch auf die Lizenzgebühren auch die Pflichten des Sublizenzgebers aus dem Nutzungsvertrag über.[74] Angesichts der Zustimmung des Urhebers nach § 35 UrhG erscheint dies jedoch nicht unbillig. Die Pflichten eines Lizenzgebers aus einem urheberrechtlichen Nutzungsvertrag beschränken sich zudem im Wesentlichen auf die Lizenzeinräumung. Allerdings kann vereinbart werden, dass der Lizenzgeber Dritten zukünftig keine besseren Konditionen gewährt (sog. Meistbegünstigungsklausel). Tut er dies dennoch, werden die dem weiteren Lizenznehmer eingeräumten Bedingungen grundsätzlich automatisch Teil des Nutzungsvertrages, der eine Meistbegünstigungsklausel enthält.[75] Damit geht grundsätzlich ein entsprechender Informationsanspruch des Lizenznehmers über den Abschluss und den Inhalt weiterer Nutzungsverträge einher.[76]

Es ist darüber hinaus durchaus sachgerecht, dass den Urheber und den Sublizenznehmer jeweils vertragliche Nebenleistungspflichten treffen, weil beide weiterhin an der Werkverwertung beteiligt sind. Sie sind sich also dazu verpflichtet, alles zu unterlassen, was den Zweck des Nutzungsvertrages zu vereiteln droht.

Wird im Rahmen einer Softwareüberlassung ein Gesamtvertrag geschlossen, d. h. neben der Einräumung eines Nutzungsrechts zusätzlich Programmupdates, eine Programmpflege, Datensicherung oder ein Hotlineservice vereinbart, handelt es sich um mehrere selbstständige Regelungskomplexe.[77] Der BGH hat entschieden, dass es sich dann um einen zusammengesetzten Vertrag handelt, bei dem jeder Vertragsteil nach dem Recht des auf ihn zutreffenden Vertragstypus zu beurteilen ist.[78] Wurden zwischen Sublizenzgeber und -nehmer im Rahmen einer Softwareüberlassung also entsprechende Pflichten vereinbart, gehen diese nach Erlöschen der Hauptlizenz nicht auf

---

74 Aus diesem Grund gegen einen Vertragsübergang *Loewenheim*, in: FS Wandtke, 2013, S. 199, 205.
75 BGH GRUR 1965, 591, 595, zum Patentrecht.
76 Wandtke/Ohst/*Fock*, Handbuch Medienrecht, 2. Aufl. 2011, Band 1 Kap. 6 Rn. 195.
77 *Marly*, Praxishandbuch Softwarerecht, 6. Aufl. 2014, Rn. 1063.
78 BGH NJW 2007, 2394 Rn. 21.

den Urheber über. Der Vertragsübergang beschränkt sich auf den Nutzungsvertrag. Denn eine Weiterentwicklungspflicht des Schutzgegenstandes ist nicht Teil eines Nutzungsvertrages.[79]

1. Lösung vom Nutzungsvertrag durch Kündigung

Bestehen in einem Nutzungsvertrag dauerhafte Pflichten des Lizenzgebers, kann sich der Urheber gem. § 314 BGB von unzumutbaren Pflichten durch Kündigung lösen.[80] Eine Kündigung kann sich dabei aber nur auf dauerhafte Pflichten aus dem Lizenzvertrag beziehen, nicht also auf den Bestand des Nutzungsrechts.

Sollte dem Inhaber einer Unterlizenz, etwa an einem Softwarewerk, ein Festhalten an dem Nutzungsvertrag nicht zumutbar sein, weil er Lizenzgebühren an den Urheber entrichten muss, ohne Anspruch auf regelmäßige Programmupdates gegen diesen zu haben, kann er sich über eine Kündigung auf Grund des Wegfalls der Geschäftsgrundlage vom Vertrag lösen (§ 313 Abs. 3 BGB). Ist sein Nutzungsrecht an der Software ohne die Updates oder andere Dienstleistungen faktisch wertlos und können diese Leistungen von keinem anderen Unternehmen erbracht werden, haben sich Umstände, die zur Grundlage des Nutzungsvertrags geworden sind, nach dem Vertragsschluss schwerwiegend verändert. Die Parteien hätten den Vertrag nicht oder mit anderem Inhalt geschlossen, wenn sie diese Veränderung vorausgesehen hätten.

2. Missbrauchsgefahr?

Gegen einen Vertragsübergang wird eingewendet, ihm wohne die Gefahr inne, dass Sublizenzgeber und -nehmer ihr Rechtsverhältnis bewusst so gestalten, dass dessen Inhalt nach dem Vertragsübergang für den Urheber nachteilig ist, etwa auf Grund einer geringen Vergütung.[81] Auch hierzu ist jedoch anzumerken, dass Unterlizenzen grundsätzlich nur mit Zustimmung des Urhebers vergeben werden können (§ 35 Abs. 1 S. 1 UrhG). Seine Zustimmung kann der Urheber an bestimmte Bedingungen, mithin auch an im Sublizenzverhältnis zu vereinbarende Konditionen, knüpfen. Außerdem ist der Anspruch des Urhebers auf angemessene Vergütung nicht abdingbar (§ 32 Abs. 3 S. 1 UrhG). Eine angemessene Vergütung ist ihm garantiert.

---

79 Büscher/Dittmer/Schiwy/*Schmoll* (Fn. 71), Lizenzvertragsrecht Rn. 191.
80 *Esser* (Fn. 3), S. 121, befürwortet keinen Vertragsübergang, sondern einen Anspruch des Urhebers gegen den Sublizenzgeber aus § 812 BGB (s. Fn. 50), möchte dem Urheber aber die vertraglichen Rechtsbehelfe des Sublizenzgebers gegen den Sublizenznehmer zusprechen. So soll der Urheber den Vertrag im Falle einer Pflichtverletzung des Sublizenznehmers kündigen oder Schadensersatz verlangen können. Eine dogmatische Grundlage dafür bleibt er aber schuldig.
81 So *Brandenburg* (Fn. 7), S. 192.

II. Unterschied zu § 33 S. 2 UrhG

Überträgt der Hauptlizenznehmer sein Nutzungsrecht nach § 34 UrhG und bleibt das Enkelrecht somit gem. § 33 S. 2 UrhG bestehen, geht eine in der Literatur vertretene Ansicht davon aus, dass der schuldrechtliche Nutzungsvertrag nicht übergehe.[82] Die Rechtsfolge des § 33 S. 2 UrhG wird also auf das Nutzungsrecht beschränkt und nicht auf Verträge obligatorischer Art angewendet.

Auch wenn man dem folgt, führt dies nicht zu einem Widerspruch zu dem hier vertretenen Vertragsübergang nach dem Erlöschen der Hauptlizenz. Denn der entscheidende Unterschied zwischen den Konstellationen liegt darin, dass bei Übertragung des Tochterrechts Vereinbarungen zum Schicksal des schuldrechtlichen Nutzungsvertrages getroffen werden können. Hier kann durch eine dreiseitige, möglicherweise konkludente, Vereinbarung eine Vertragsübernahme bestimmt werden. Ebenso können einzelne Ansprüche abgetreten werden (§ 398 BGB). Im Falle einer Herauslösung des mittleren Kettengliedes, etwa durch einen Rückruf oder eine Kündigung, besteht diese Möglichkeit hingegen nicht.

III. Vertragsübergang aus ergänzender Vertragsauslegung

Um den vorzugswürdigen Vertragsübergang des Sublizenzverhältnisses auf eine rechtliche Grundlage zu stellen, wird eine ergänzende Vertragsauslegung vorgeschlagen.[83] Zu prüfen sei daher im konkreten Einzelfall, was die Parteien bei angemessener Interessenabwägung nach Treu und Glauben als redliche Vertragsparteien vereinbart hätten, ob also die Zustimmung zur Einräumung einer Sublizenz nach § 35 UrhG zugleich eine Zustimmung zu einer späteren Vertragsübernahme darstellt sowie der Sublizenzvertrag einen entsprechende Parteiwillen enthält.[84] In der Regel sei dies gegeben, da den Unterlizenznehmer der Wechsel seines Vertragspartners weniger stark beeinträchtige als das Erlöschen seines Nutzungsrechts und der Hauptlizenzgeber der Sublizenzerteilung zugestimmt habe.[85] Etwas anderes ergebe sich jedoch aus der Vereinbarung eines geringeren Entgelts im Sublizenzverhältnis.[86]

Problematisch an diesem Vorschlag ist, dass dem alleinigen Abstellen auf eine ergänzende Vertragsauslegung ein Element der Unsicherheit inne-

---

82 So Schricker/Loewenheim/*Schricker/Loewenheim* (Fn. 1), § 33 Rn. 25. A. A. *McGuire/Kunzmann*, GRUR 2014, 28, 33.
83 So *McGuire/Kunzmann*, GRUR 2014, 28, 34.
84 *McGuire/Kunzmann*, GRUR 2014, 28, 34. Allgemein zur ergänzenden Vertragsauslegung etwa BGHZ 185, 166 = NJW 2010, 1742 Rn. 18.
85 *McGuire/Kunzmann*, GRUR 2014, 28, 34.
86 *McGuire/Kunzmann*, GRUR 2014, 28, 34.

wohnt.⁸⁷ Der Übergang des Sublizenzvertrages bietet zwar entscheidende Vorteile gegenüber anderen Lösungsansätzen. Und im Wege der ergänzenden Vertragsauslegung wird ein Vertrag um das erweitert, was für die Parteien am vorteilhaftesten ist, weil sie im Falle einer Einigung diese Bestimmung getroffen hätten.⁸⁸ Jedoch darf das Rechtsinstitut der ergänzenden Vertragsauslegung nicht zu einer Oktroyierung vertragsexterner, von Dritten für sinnvoll befundener Regelungen missbraucht werden.⁸⁹ Der „hypothetische Wille" darf nicht zu einem Synonym für eine „gerechte" Lösung werden.⁹⁰ Eine Auslegung impliziert eine Einzelfallbetrachtung und sollte nicht verallgemeinert werden.⁹¹ Es gilt, eine ergänzende Regelung für jeweils „diesen" Vertrag und nicht für „einen solchen" Vertrag zu finden.⁹²

Das Ergebnis einer ergänzenden Vertragsauslegung lässt sich nicht schematisch auf nahezu jede Lizenzkette anwenden. Eine ergänzende Auslegung bedarf einer differenzierten Vorgehensweise. Sie muss dann ausscheiden, wenn zur Ausfüllung einer vertraglichen Regelungslücke verschiedene Gestaltungsmöglichkeiten in Betracht kommen und kein Anhaltspunkt dafür besteht, welche Regelung die Parteien getroffen hätten.⁹³ Verhandeln die Parteien des Hauptlizenzvertrages über das Schicksal von Enkelrechten nach Erlöschen der Hauptlizenz, kommen sie mitunter zu der Übereinkunft, dass die Sublizenz wegfallen soll. Denkbar ist auch, dass die Parteien eine differenzierte Regelung treffen oder bestimmte Bedingungen vereinbaren.

---

87 Vgl. *Medicus*, Allgemeiner Teil des BGB, 10. Aufl. 2010, Rn. 344: „Bei der ergänzenden Auslegung wird also wenigstens auf drei verschiedenen Ebenen argumentiert: hypothetischer Parteiwille, Üblichkeit und Billigkeit. Ein klares Rangverhältnis zwischen diesen Argumentationsebenen gibt es nicht […]. Daher lässt sich das Ergebnis der Argumentation kaum voraussehen. Das schafft Rechtsunsicherheit".

88 *Kötz*, JuS 2013, 289, 295.

89 *Bork*, Allgemeiner Teil des Bürgerlichen Gesetzbuchs, 3. Aufl. 2011, Rn. 537; *Cziupka*, JuS 2009, 103, 104 f.; *Medicus* (Fn. 87), Rn. 344; Staudinger/*Roth*, BGB, 2005, § 157 Rn. 4; *Wolf/Neuner*, Allgemeiner Teil des Bürgerlichen Rechts, 10. Aufl. 2012, § 35 Rn. 66.

90 *Cziupka*, JuS 2009, 103, 104 f.

91 Demgegenüber geht die andere Ansicht davon aus, dass eine ergänzende Auslegung keine Auslegung im eigentliche Sinne, sondern eine auf Treu und Glauben (§ 242 BGB) beruhende Rechtsfortbildung durch Ermittlung des an heteronomen Gerechtigkeitsvorstellungen orientierten Vertragssinns darstelle, so MüKoBGB/*Busche* (Fn. 15), § 157 Rn. 20; *Wiedemann*, in: FS Canaris, 2007, Band 1, S. 1281, 1287. Dem ist entgegenzuhalten, dass die ergänzende Auslegung im Wege einer Auslegung des durch den Vertrag geschaffenen objektiven Sinnganzen durch Berücksichtigung der schon vorhandenen Regelungen und Wertungen erfolgen kann (vgl. BGHZ 158, 201 = NJW 2004, 1590, 1592; *Larenz/Wolf*, Allgemeiner Teil des Bürgerlichen Rechts, 9. Aufl. 2004, § 33 Rn. 9; Staudinger/*Roth*, BGB, 2015, § 157 Rn. 31 f.).

92 Staudinger/*Roth* (Fn. 91), § 157 Rn. 31 f. A. A. *Flume*, Allgemeiner Teil des Bürgerlichen Rechts, 4. Aufl. 1992, Band 2 § 16 Rn. 4 b).

93 BGH NJW 1990, 115, 116; BGHZ 143, 103 = NJW 2000, 1110, 1114; BGHZ 180, 221 = NJW 2009, 1962 Rn. 36; Erman/*Armbrüster*, BGB, 14. Aufl. 2014, § 157 Rn. 25; Staudinger/*Roth* (Fn. 89), § 157 Rn. 43.

Den Parteien steht hier ein weiterer Spielraum zu: Der Urheber kann seine nach § 35 UrhG erforderliche Zustimmungserklärung auf Sublizenzen beschränken, deren Bestand durch Vereinbarung einer auflösenden Bedingung (§ 158 Abs. 2 BGB) im Sublizenzverhältnis an den der Hauptlizenz geknüpft wird.[94] Dabei wird die Zustimmung ihrerseits nur bedingt erteilt.[95]

Die ergänzende Vertragsauslegung ist ein methodisch falsches Instrument zur Begründung einer richtigen Rechtsfolge. Der Einritt des Urhebers in den Sublizenzvertrag kann nur dann auf eine ergänzende Auslegung gestützt werden, wenn sich aus den vorhandenen Bestimmungen im Hauptlizenzverhältnis bzw. zur Urheberzustimmung nach § 35 UrhG sowie im Sublizenzverhältnis ergibt, dass die Parteien einen Fortbestand der Sublizenz nach Wegfall des Tochterrechts durch den Übergang des Sublizenzvertrages vereinbart hätten. Dies kommt insbesondere bei Wahrnehmungsverträgen mit Verwertungsgesellschaften in Betracht.[96] Denn diese zeichnen sich durch einen treuhänderischen Charakter aus.[97] Es steht somit nicht ein eigenes wirtschaftliche Interesse des Hauptlizenzgebers im Vordergrund. Die Tätigkeit der Verwertungsgesellschaften gründet vielmehr darauf, dass ein direkter rechtsgeschäftlicher Kontakt von Urhebern und Verwertern bzw. Nutzern äußerst umständlich und daher in der Praxis kaum umsetzbar ist. Hat eine Verwertungsgesellschaft diesen Zweck erfüllt und verliert sie ihr Nutzungsrecht, entspricht es dem Interesse der Beteiligten, dass Verträge mit den Verwertern bzw. Nutzern auf den Urheber übergehen. So sieht § 11 Nr. 2 S. 2 des Wahrnehmungsvertrages der VG Wort etwa ausdrücklich vor:

„Die vor Beendigung dieses Wahrnehmungsvertrags für die Nutzung von Werken des Berechtigten abgeschlossenen Verträge mit Dritten sind mit Wirkung für und gegen den Berechtigten auch über den Zeitpunkt des Ablaufs des Wahrnehmungsvertrags abgeschlossen."

Demgegenüber überzeugt es nicht, Sublizenzverträge, die nur geringe Lizenzgebühren enthalten, stets vom Anwendungsbereich des Vertragsübergangs auszunehmen. Mitunter wird die Gesamtsumme für den Urheber durch eine Vielzahl von Lizenzverträgen mit geringem Entgelt erreicht.

---

94 *Greifeneder/Veh*, WRP 2014, 17, 23; *Heidenhain/Reus*, CR 2013, 275, 278. Eine ausdrückliche Regelung ist möglich, eine konkludente Vereinbarung aber nicht ohne Weiteres anzunehmen. Der BGH hat eine derartige Auslegung im Fall „M2Trade" abgelehnt: Allein der Umstand, dass einer Konzerngesellschaft eine Konzernlizenz mit dem Recht der Unterlizenzierung an konzernabhängige Unternehmen eingeräumt wird, bedeute nicht, dass die Unterlizenzen der Konzernunternehmen bei einem Wegfall der Hauptlizenz automatisch erlöschen (BGHZ 194, 136 = GRUR 2012, 916 Rn. 34).

95 Einwilligungen nach § 158 BGB können unter einer Bedingung erteilt werden (Staudinger/ Gursky, BGB, 2014, § 183 Rn. 5; *Wolf/Neuner* (Fn. 89), § 52 Rn. 25).

96 So auch *Brandenburg* (Fn. 7), S. 191 Fn. 872.

97 Fromm/Nordemann/*W. Nordemann/Wirtz* (Fn. 26), § 1 UrhWahrnG Rn. 1; Dreier/Schulze/ *Schulze* (Fn. 35), § 1 UrhWahrnG Rn. 10.

Dann sollten sämtliche Verträge auf den Urheber übergehen können. Daher ist auch im Falle eines geringen Entgelts im Einzelfall eine differenzierte Betrachtung anzustellen.

IV. Gesetzlicher Vertragsübergang

Der Vertragsübergang in Ketten von Nutzungsbefugnissen ist unserer Rechtsordnung nicht unbekannt. Einige Vorschriften durchbrechen den allgemeinen Grundsatz, dass ein Schuldverhältnis Rechte und Pflichten nur zwischen den Personen schafft, die dieses begründeten.[98] Zu untersuchen ist daher, inwiefern der diesen Regelungen zugrunde liegende Rechtsgedanke auf urheberrechtliche Lizenzketten übertragen werden kann.

1. Vertragsübergang bei gewerblich vermieteten Wohnungen (§ 565 BGB)

In einer Kette von schuldrechtlichen Nutzungsbefugnissen werden Rechte fortwährend vermittelt, so dass im Falle des Wegfalls einer Nutzungsbefugnis die von dieser abgeleiteten Nutzungsbefugnisse grundsätzlich ebenfalls erlöschen, weil ohne eigene Rechtsinhaberschaft kein weiteres Recht vermittelt werden kann (s. B. I.). Dies gilt auch für die Nutzungsbefugnis einer Sache aus einer Untervermietung. Diese Befugnis hat nur für die Dauer des Hauptmietvertrages Bestand.

a) Hintergrund des § 565 BGB

Eine Ausnahme schuf der Gesetzgeber jedoch mit § 565 BGB für gewerbsmäßig vermieteten Wohnraum. Vermietet der Hauptmieter den gemieteten Wohnraum gewerblich einem Untermieter zu Wohnzwecken weiter, so tritt der (Haupt-)Vermieter bei der Beendigung des Mietverhältnisses in die Rechte und Pflichten aus dem Untermietverhältnis ein (§ 565 Abs. 1 S. 1 BGB). Denn durch die Konstruktion einer gewerbsmäßigen Weitervermietung droht eine Umgehung des sozialen Mietrechts, indem der Kündigungsschutz des Wohnraummieters durch eine Kündigung des (Haupt-)Mieters ausgehebelt wird. Nach der Rechtsprechung des BVerfG verstieß es gegen den Art. 3 Abs. 1 GG, einem Mieter, der Wohnraum von einem gewerblichen Zwischenmieter und nicht unmittelbar vom Eigentümer gemietet hat, den Kündigungsschutz des sozialen Mietrechts zu versagen.[99] Die Interessenlage der Vertragsparteien im Falle einer gewerblichen Weitervermietung unterscheide sich hingegen von einem typischen Untermietverhältnis, weil dort der Untermieter zu dem die Wohnung selbst nutzenden Hauptmieter in einer wesentlich engeren Beziehung stehe.[100] Das Schutzbedürfnis des Mieters, der eine Wohnung vom Zwischenmieter mietet, entspreche vielmehr

---

[98] Vgl. zu §§ 571 a. F., 1056 BGB OLG Köln, NJW 1968, 2148, 2148.
[99] Vgl. BVerfGE 84, 197 = NJW 1991, 2272.
[100] BVerfGE 84, 197 = NJW 1991, 2272, 2273.

dem eines Mieters, der unmittelbar vom Eigentümer mietet. Den von der früheren Rechtsprechung entwickelten Mieterschutz in derartigen Fällen durch Zugestehen des Einwandes des Rechtsmissbrauchs gegenüber dem Räumungsanspruch des Eigentümers erachtete das BVerfG als nicht dem für Wohnraummieter vorgesehenen Kündigungsschutz gleichwertig.[101] Daraufhin schuf der Gesetzgeber mit Wirkung zum 1.9.1993 auf Vorschlag des Bundesrates den § 549a BGB a. F., dessen Regelungsgegenstand sich mittlerweile in § 565 BGB befindet. Der Gesetzgeber löste den vom BVerfG geforderten Fortbestand der Nutzungsbefugnis mit einem Vertragsübergang. Der Bundesrat begründete seinen Vorschlag mit der Beseitigung von damals bestehenden Rechtsunsicherheiten.[102] Ein vertragsloser Zustand sollte vermieden werden. Als weitere Rechtsfolge ist der neue Vertragspartner zur Informierung über die neue Rechtslage verpflichtet.[103]

b) Übertragung des Rechtsgedankens

Einer analogen Anwendung des § 565 BGB wird häufig eine Absage erteilt,[104] etwa im Falle einer Weitervermietung durch karitative Organisationen[105]. Für urheberrechtliche Nutzungsrechte weist die Norm des § 565 Abs. 1 S. 1 BGB dennoch einen Lösungsweg auf.[106] Zwar stellt die Vermietung im Gegensatz zur urheberrechtlichen Nutzungsrechtseinräumung einen dauerhaften Vorgang dar. § 565 BGB kann und soll jedoch nicht zur Begründung des Fortbestandes der Sublizenz in einer urheberrechtlichen Lizenzkette, sondern als Grundlage für den Vertragsübergang herangezogen werden. Maßgeblich ist allein, dass in dem Fall des Erhalts einer Unternutzungsbefugnis trotz Wegfalls des Hauptnutzungsvertrages der Gesetzgeber diese Kettenunterbrechung durch einen Vertragsübergang löst (siehe unten E. IV. 5.).

Im Übrigen sei erwähnt, dass eine Gemeinsamkeit im gesetzlich angeordneten Sukzessionsschutz besteht. Denn sowohl bleiben urheberrechtliche Nutzungsrechte gegenüber später eingeräumten Nutzungsrechten wirksam (§ 33 S. 1 UrhG) als auch tritt der Erwerber eines vermieteten Wohnraums anstelle des Vermieters in die sich aus dem Mietverhältnis ergebenden Rechte und Pflichten ein (§ 566 Abs. 1 BGB). Die Wohnraummiete ist somit

---

101 BVerfGE 84, 197 = NJW 1991, 2272, 2273.
102 Vgl. BT-Drucks. 12/3254, S. 37. Die Bundesregierung hielt die Regelung hingegen für zu starr, vgl. BT-Drucks. 12/3254, S. 47.
103 Staudinger/*Emmerich*, BGB, 2014, § 565 Rn. 10b. Die Rechtsfolge der Mitteilung des Eigentumsübergangs ergibt sich aus § 565 Abs. 2 i. V. m. § 566e BGB.
104 Zum engen Anwendungsbereich einer entsprechenden Heranziehung von § 565 s. MüKoBGB/*Häublein* (Fn. 15), § 565 Rn. 9–11; *ders.*, WuM 2010, 391, 396 f.
105 So etwa BGHZ 133, 142 = NJW 1996, 2862; KG NZM 2013, 313, 313 f.; *Gregor*, WuM 2008, 435, 438; Palandt/*Weidenkaff* (Fn. 57), § 565 Rn. 2; Erman/*Lützenkirchen* (Fn. 93), § 565 Rn. 4 f. A. A. AG Frankfurt a. M., WuM 1994, 276. Zweifelnd BGH NJW 2003, 3054, 3055.
106 Auf diese Norm wiesen auch *McGuire/Kunzmann*, GRUR 2014, 28, 34, und zuvor schon *McGuire* (Fn. 7), S. 567, hin. Gegen eine Analogie *Stier* (Fn. 7), S. 70.

teilverdinglicht. Ein wesentliches Charakteristikum obligatorischer Rechtsverhältnisse ist für die Wohnraummiete aufgehoben.[107]

2. Vertragsübergang nach Weiterverpachtung von Kleingärten (§ 10 Abs. 3 BKleingG)

Mit Erlaubnis des Verpächters darf ein Pächter die Nutzung der Pachtsache einem Dritten überlassen (§ 589 Abs. 1 Nr. 1 BGB). Überwiegend wird davon ausgegangen, dass § 565 BGB von der allgemeinen Verweisung des § 581 Abs. 2 BGB umfasst wird und somit auf Pachtverhältnisse über Wohnraum Anwendung findet.[108] Daneben hat der Gesetzgeber für die Verpachtung von Kleingärten eine eigene Regelung geschaffen, die in ihrer Rechtsfolge der des § 565 BGB entspricht.

a) Hintergrund des § 10 Abs. 3 BKleingG

Es überrascht nicht, dass die deutsche Rechtsordnung auch gesetzliche Vorschriften zu Kleingärten bereitstellt.[109] Ungeachtet der eher geringen Aufmerksamkeit, die das Bundeskleingartengesetz vom 28.2.1983 bisher erfahren hat, enthält es eine bemerkenswerte und für die hier zu untersuchende Problematik bedeutsame Bestimmung.

Zunächst ist ein Kleingarten gem. § 1 Abs. 1 BKleingG ein Garten, der dem Nutzer (Kleingärtner) zur nicht erwerbsmäßigen gärtnerischen Nutzung und zur Erholung dient (kleingärtnerische Nutzung) und der in einer Anlage liegt, in der mehrere Einzelgärten mit gemeinschaftlichen Einrichtungen zusammengefasst sind (Kleingartenanlage). In seinem zweiten Abschnitt (§§ 4 ff.) regelt das BKleingG die Verpachtung von Kleingärten.[110] Als Zwischenpachtverträge bezeichnet § 4 Abs. 2 S. 1 BKleingG Pachtverträge über Grundstücke zu dem Zweck, die Grundstücke aufgrund einzelner Kleingartenpachtverträge weiterzuverpachten. Ein Zwischenpachtvertrag muss mit einer als gemeinnützig anerkannten Kleingärtnerorganisation oder der

---

[107] So führt etwa *Schön*, JZ 2001, 119, 122, zu § 571 BGB a. F., der Vorgängernorm des § 566 BGB, aus: „Indem der Gesetzgeber mit der Entscheidung für den § 571 BGB die Kohärenz seines eigenen dogmatischen Systems aus Gründen der Wahrung vorrangiger Mieterinteressen selbst aufgegeben hat, macht er zugleich den Weg frei zu einer Übertragung dieser pragmatischen Methode auf andere Vertragstypen." Der BGH hat § 566 BGB etwa analog auf einen gesetzlichen Eigentumserwerb angewendet (vgl. BGH NJW 2008, 2773).

[108] So AG Köln WuM 1996, 408, 409; Schmidt-Futterer/*Blank*, Mietrecht, 12. Aufl. 2015, § 565 BGB Rn. 5; Staudinger/*Emmerich* (Fn. 103), § 565 Rn. 3; MüKoBGB/*Häublein* (Fn. 15), § 565 Rn. 4.

[109] BVerfG NJW 1998, 3559: „Der Kleingarten hat eine wichtige soziale Funktion. Die Kleingartenpächter sind zum überwiegenden Teil Mieter von Wohnungen ohne Hausgärten. Der Kleingarten bietet ihnen einen Ausgleich für Mängel im Wohnbereich und Wohnumfeld sowie für oft einseitige Berufstätigkeit. Besonders wichtig ist das für Familien mit Kleinkindern, für kinderreiche Familien und für Angehörige der unteren Einkommensschichten."

[110] Für Kleingartenpachtverträge gelten die Vorschriften des Bürgerlichen Gesetzbuchs über den Pachtvertrag, soweit sich aus diesem Gesetz nichts anderes ergibt (§ 4 Abs. 1 BKleingG).

Gemeinde abgeschlossen werden (§ 4 Abs. 2 S. 2 BKleingG). Gemäß § 10 Abs. 3 BKleingG tritt der Verpächter in die Verträge des Zwischenpächters mit den Kleingärtnern ein, wenn ein Zwischenpachtvertrag durch eine Kündigung des Verpächters nach § 10 Abs. 1 BKleingG beendet wird.[111] Der Gesetzgeber wollte sicherstellen, dass Pflichtverletzungen des Zwischenpächters gegenüber dem Verpächter die Nutzungsbefugnis des pflichtbewussten Kleingärtners unberührt lassen.[112] Umgesetzt hat er den Kleingärtnerschutz durch einen gesetzlichen Vertragsübergang.[113]

b) Übertragung des Rechtsgedankens

Nach seinem Sinn und Zweck findet § 10 Abs. 3 BKleingG auch auf ein mehrfach gestuftes Pachtverhältnis Anwendung. Kündigt der Verpächter dem ersten Zwischenpächter, so tritt er in den Vertrag mit dem zweiten Zwischenpächter und nach dessen Kündigung in den mit dem weiteren Pächter ein.[114] Eine entsprechende Anwendung auf eine Kündigung nach § 9 BKleingG hat der BGH hingegen abgelehnt.[115] § 10 Abs. 3 BKleingG kann ebenfalls nicht entsprechend angewendet werden, wenn der Hauptpachtvertrag nach § 4 Abs. 2 S. 2 BKleingG nichtig ist.[116] Entsprechendes gilt für eine Kündigung durch den Zwischenpächter.[117]

Wie bei § 565 BGB steht eine analoge Anwendung von § 10 Abs. 3 BKleingG nicht zur Begründung des Fortbestandes einer urheberrechtlichen Sublizenz im Raum. Die Norm verdeutlicht dennoch die Präferenz des Gesetzgebers, den Erhalt einer Unternutzungsbefugnis mit einem Vertragsübergang einhergehen zu lassen.

3. Vertragsübergang nach Vermietung oder Verpachtung durch Nießbraucher eines Grundstücks (§ 1056 Abs. 1 i. V. m. § 566 BGB)

a) Hintergrund des § 1056 Abs. 1 BGB

Der Gesetzgeber hat den Vertragsübergang darüber hinaus in einer weiteren Konstellation von Nutzungsketten festgelegt. Hat der Nießbraucher ein Grundstück über die Dauer des Nießbrauchs hinaus vermietet oder verpachtet, findet nach der Beendigung des Nießbrauchs § 566 BGB entsprechende Anwendung (§ 1056 Abs. 1 BGB). § 566 BGB führt die bekannte Überschrift

---

111 § 10 Abs. 3 BKleingG stellt eine zulässige Inhalts- und Schrankenbestimmung des Grundeigentums und somit verfassungskonforme Regelung dar (BVerfG NJW 1998, 3559).
112 BT-Drucks. 9/1900, S. 17.
113 BGHZ 119, 300 = NJW 1993, 55, 56.
114 BGHZ 119, 300 = NJW 1993, 55, 56.
115 BGHZ 119, 300 = NJW 1993, 55, 56; bestätigt durch BGH NJW-RR 1994, 779. Diese Auffassung teilt BVerfG NJW 1998, 3559, 3360; zustimmend auch Ernst/Zinkahn/*Bielenberg*/Krautzberger, BauGB, 117. EL. 2015, § 19 BKleingG Rn. 5.
116 BGHZ 101, 18 = NJW 1987, 2865, 2865.
117 *Harke*, ZMR 2004, 87, 90.

"Kauf bricht nicht Miete" und weist eine gewisse Verwandtschaft zu § 565 BGB auf. Ihm liegt jedoch keine Kettenkonstruktion, sondern die Übertragung des Wohnungseigentums zugrunde. Durch die Anordnung des § 1056 Abs. 1 BGB wird die Rechtsfolge des § 566 BGB auf eine Kette von Nutzungsbefugnissen übertragen. Indessen spielt das Vorliegen von Wohnraum für die Anwendung von § 1056 BGB keine Rolle.[118] Die Norm bewirkt den Übergang des Miet- oder Pachtvertrages. Der Regelungsgrund liegt in der wirtschaftlichen Bedeutung von Grundstücken.[119] Der Mieter oder Pächter soll vor einem Wegfall des Nießbrauchrechts geschützt werden.

b) Übertragung des Rechtsgedankens

Vor der Einführung des § 549a BGB a. F. (zu dieser Norm siehe E. IV. 1. a)) war die analoge Anwendung von § 1056 BGB auf weitervermieteten Wohnraum umstritten.[120] Nach Ansicht des BGH ist § 1056 Abs. 1 BGB nicht auf die Überlassung der Nießbrauchausübung (§ 1059 S. 2 BGB) anwendbar.[121] Wie § 565 BGB und § 10 Abs. 3 BKleingG bringt § 1056 Abs. 1 BGB die Vorzüge der Sicherstellung einer Nutzungsbefugnis im Wege des Vertragsübergangs zum Ausdruck.[122]

4. Schutz durch Zustimmungserfordernis als Gegenentwurf

Den Schutz von Rechteinhabern erreichen auf andere Weise § 1276 Abs. 1 BGB (zu Pfandrechten an Rechten) sowie § 876 S. 1 BGB (allgemein zu Rechten an Rechten an Grundstücken). Hier ist jeweils die Zustimmung des Inhabers des dinglichen Rechts an einem Recht zur Aufhebung jenes erforderlich. Die den §§ 876, 1276 BGB zugrunde liegenden Konstellationen entsprechen aber nicht urheberrechtlichen Lizenzketten und den Sachverhalten, die von den §§ 565, 1056 BGB, § 10 Abs. 3 BKleingG geregelt werden. Der Unterschied besteht darin, dass im Falle der §§ 876, 1276 BGB ein Recht an einem Recht besteht und keine Nutzungsbefugnis am ursprünglichen Gegenstand eingeräumt wird (zu § 876 BGB siehe B. VI.). Bezieht sich die Befugnis auf ein Recht, ist es sachgerecht, dass dieses nur mit Zustimmung desjenigen aufgehoben werden kann, der ein Recht an diesem innehat. Dieser Gedanke kann hingegen nicht fruchtbar gemacht werden, wenn sich die Unternutzungsbefugnis auf das Urheberrecht bezieht.

---

118 Bei § 1056 Abs. 1 BGB handelt es sich um eine partielle Rechtsgrundverweisung, weil das Tatbestandsmerkmal der Überlassung der Sache aus § 566 BGB übernommen wird (MüKoBGB/*Pohlmann* (Fn. 15), § 1056 Rn. 8).
119 MüKoBGB/*Pohlmann* (Fn. 15), § 1056 Rn. 2.
120 S. dazu OLG Köln, NJW 1968, 2148; *Fritz*, WuM 1991, 13, 14; *Matthies*, NJW 1988, 1631.
121 BGHZ 109, 111 = NJW 1990, 443, 444; zustimmend Prütting/Wegen/Weinreich/*Ahrens*, BGB, 10. Aufl. 2015, § 1056 Rn. 2. A. A. MüKoBGB/*Pohlmann* (Fn. 15), § 1056 Rn. 5.
122 Für die Analogie zu Lizenzketten *Pfingsten* (Fn. 17), S. 167; dagegen *Stier* (Fn. 7), S. 70 f.

5. Gesamtanalogie bei urheberrechtlichen Lizenzketten

Wenn eine Unternutzungsbefugnis an einem Gegenstand begründet wird und diese trotz des Wegfalls des Hauptnutzungsvertrages bestehen bleibt, dann ordnet der Gesetzgeber einen Vertragsübergang zur Sicherstellung des Fortbestandes an. Dieses vom Gesetzgeber jeweils gewählte Instrument sollte auf Grund seiner Vorzüge auch in urheberrechtlichen Lizenzketten angewendet werden. Erreicht wird dies anhand einer Gesamtanalogie aus den §§ 565, 1056 BGB, § 10 Abs. 3 BKleingG. Wird mehreren Normen, die an verschiedene Tatbestände die gleiche Rechtsfolge knüpfen, ein allgemeiner Rechtsgrundsatz entnommen, der auf einen gesetzlich nicht geregelten Sachverhalt in seiner Wertung zu übertragen ist, handelt es sich um eine Gesamtanalogie.[123]

Diese Analogie betrifft lediglich den schuldrechtlichen Sublizenzvertrag, nicht hingegen die Sublizenz als solche. Der den §§ 565, 1056 BGB, § 10 Abs. 3 BKleingG zugrunde liegende Rechtsgedanke kann nicht zur Begründung des Fortbestandes herangezogen werden. Erst wenn man außerhalb einer Argumentation mit den §§ 565, 1056 BGB, § 10 Abs. 3 BKleingG den Erhalt des Enkelrechts feststellt, führt die Gesamtanalogie zu einem Übergang des schuldrechtlichen Sublizenzvertrages. Dem steht auch nicht entgegen, dass die §§ 565, 1056 BGB, § 10 Abs. 3 BKleingG einen Schutz des Inhabers der Unternutzungsbefugnis intendieren, der Vertragsübergang in urheberrechtlichen Lizenzketten jedoch vor allem den Urheber begünstigen soll. Denn den §§ 565, 1056 BGB, § 10 Abs. 3 BKleingG sind zwei Aussagen zu entnehmen, die insofern getrennt werden müssen. Der erste Umstand ist der Fortbestand der Unternutzungsbefugnis, die zweite Festlegung ist die Lösung der Kettenunterbrechung, die sich aus dem Rechtebestand ergibt, durch einen Vertragsübergang. Überlegungen zur Schutzintention der §§ 565, 1056 BGB, § 10 Abs. 3 BKleingG werden nur in der ersten Aussage relevant. Die zweite Aussage stellt das von Gesetzgeber gewählte Instrument zur Umsetzung dar.

Da der Gesetzgeber das Problem der Unterlizenz nach dem Wegfall des Tochterrechts bewusst offenließ, stellte er keinerlei Überlegungen zur Behandlung einer unterbrochenen Lizenzkette an. Die Planwidrigkeit der Regelungslücke ist daher gegeben. Daran ändert auch ein vom Bundesjustizministerium am 23.1.2012 vorgelegter Referentenentwurf nichts. Dieser Entwurf sah im zweiten Absatz des § 108a InsO-RefE eine Regelung für den Fall der Nichterfüllungswahl des Insolvenzverwalters des Sublizenzgebers im Hauptlizenzverhältnis vor.[124] Der Sublizenznehmer sollte vom Hauptlizenz-

---

[123] *Larenz* (Fn. 48), S. 384, 386. Teilweise auch als Rechtsanalogie bezeichnet. *Canaris*, Die Feststellung von Lücken im Gesetz, 2. Aufl. 1983, §§ 89–93, nennt dies hingegen nicht Analogie, sondern „Induktion".

[124] Der Referentenentwurf ist abrufbar unter http://rsw.beck.de/docs/librariesprovider5/rsw-dokumente/RefE_InsoII.

geber den Abschluss eines Lizenzvertrages zu angemessenen Bedingungen verlangen können. Zum einen blieb dieser Vorstoß jedoch im Stadium eines Referentenentwurfs stecken und war im darauf folgenden Regierungsentwurf nicht mehr enthalten,[125] so dass sich der Bundestag mit dieser entworfenen Norm nie beschäftigt hat. Zum anderen handelte es sich um einen insolvenzrechtlichen Vorschlag, der sich zwar auf einen wichtigen Anwendungsbereich der Kettenunterbrechung, nicht aber auf sämtliche urheberrechtliche Lizenzketten bezog.

6. Neuer Nutzungsvertrag kraft Gesetzes

Im Wege der Gesamtanalogie werden die Rechtsfolgen der §§ 565, 1056 BGB, § 10 Abs. 3 BKleingG auf urheberrechtliche Lizenzketten übertragen.

Zu § 565 BGB geht die überwiegende Ansicht zu Recht davon aus, dass es zu einer Zäsur kommt, mithin der bisherige Mietvertrag ex nunc endet und ein neuer Mietvertrag kraft Gesetzes mit demselben Inhalt zustande kommt (sog. Novationslösung).[126] Der alte Mietvertrag endet per gesetzlicher Anordnung und wird durch einen neuen ersetzt. Alle vor der Zäsur begründeten Rechte und Pflichten, beispielsweise Mietzinsansprüche, sind daher weiterhin zwischen den bisherigen Parteien abzuwickeln und werden nicht übernommen.[127] Die Verjährung von Ansprüchen ist mithin getrennt zu berechnen. Ebenso verbleiben andere Einwendungen und Einreden in dem ursprünglichen Rechtsverhältnis. Ferner gehen zusätzliche Abreden, die zwar wirtschaftlich, aber nicht rechtlich mit dem Untermietvertrag verbunden sind, nicht über.[128]

Gegen diese Zäsur scheint zunächst zu sprechen, dass § 565 BGB die in § 566 BGB gewählte Formulierung („während der Dauer seines Eigentums") vermissen lässt. Zu § 566 BGB ist nahezu unstrittig, dass Ansprüche, die zum Zeitpunkt des Eigentumsübergangs bereits *entstanden und fällig* waren, in dem bisherigen Rechtsverhältnis verbleiben.[129] Da der Gesetzgeber die Vorgängernorm des § 565 BGB aber „nach dem Modell" der Vorgängernorm des § 566 BGB geschaffen hat,[130] ist insofern von einem Gleichlauf der

---
125 Der Entwurf ist veröffentlicht unter BR-Drucks. 467/12 sowie BT-Drucks. 17/11268.
126 So Schmidt-Futterer/*Blank* (Fn. 108), § 565 BGB Rn. 18, 25; Staudinger/*Emmerich* (Fn. 103), § 565 Rn. 9f.; Erman/*Lützenkirchen* (Fn. 93), § 565 Rn. 7; MüKoBGB/*Häublein* (Fn. 15), § 565 Rn. 15f.; BeckOK/*Herrmann*, BGB, 2015, § 565 Rn. 9f.; *Kunze*, NZM 2012, 740, 750f. A. A. LG Darmstadt, WuM 2003, 31; *Derleder/Bartels*, JZ 1997, 981, 985f.
127 Staudinger/*Emmerich* (Fn. 103), § 565 Rn. 10a.
128 Schmidt-Futterer/*Blank* (Fn. 108), § 565 BGB Rn. 24; Staudinger/*Emmerich* (Fn. 103), § 565 Rn. 10a.
129 Vgl. BGH NJW 2005, 1187, 1187; BGH NJW 2008, 2256 Rn. 17; MüKoBGB/*Häublein* (Fn. 15), § 566 Rn. 30; Palandt/*Weidenkaff* (Fn. 57), § 566 Rn. 21; Erman/*Lützenkirchen* (Fn. 93), § 565 Rn. 14; Staudinger/*Emmerich* (Fn. 103), § 566 Rn. 4, 37, 48.
130 Vgl. BT-Drucks. 12/3254, S. 37.

beiden Normen auszugehen.[131] Für die Zäsur spricht außerdem der Verweis von § 565 Abs. 2 BGB auf die §§ 566a–566e BGB.[132] Durch die Inkorporation der Rechtsfolgen von § 566 BGB führt auch § 1056 Abs. 1 BGB zu einer Zäsur. Alle vor dem Nießbrauchwegfall begründeten Rechte stehen dem Nießbraucher zu und alle zuvor fälligen Ansprüche sind von ihm zu erfüllen.[133]

Für urheberrechtliche Lizenzketten bedeutet dies, dass nach dem Erlöschen des Tochterrechts ein schuldrechtlicher Nutzungsvertrag zwischen dem Urheber und dem Sublizenznehmer kraft Gesetzes mit dem Inhalt des bisherigen Sublizenzvertrages zustande kommt. In diesem bisherigen Sublizenzverhältnis begründete Ansprüche sind zwischen dessen Vertragspartnern abzuwickeln. Der Vertragsübergang lässt deren Verjährung und andere Einwendungen oder Einreden unberührt. Dies ist sachgerecht. Der Vertragsübergang dient im Wesentlichen dazu, das Nutzungsrecht auf eine schuldrechtliche Grundlage zu stellen und dem Urheber einen eigenen Anspruch auf Zahlung von Lizenzgebühren zu verschaffen. Eine Haftung für Ansprüche gegen den Sublizenzgeber ist dafür nicht erforderlich. Sie geht vielmehr zu weit. Wie bei Mietverträgen gehen selbstständige Abreden nicht über. Dies betrifft bei Softwareverträgen etwa Programmupdates oder eine Programmpflege (siehe oben E. I.).

F. Schlussbetrachtung

In urheberrechtlichen Lizenzketten stellt die Sublizenz ein selbstständiges Recht dar. Die Zustimmung des Urhebers (§ 35 Abs. 1 S. 1 UrhG), die Wertung des § 33 S. 2 UrhG sowie eine Interessenabwägung im Übrigen sprechen entscheidend für den Fortbestand der urheberrechtlichen Sublizenz im Falle des Wegfalls der Hauptlizenz.

Die vom BGH entwickelte bereicherungsrechtliche Lösung zur Behandlung der Lizenzkette nach Wegfall des mittleren Kettengliedes ist nicht ausgeschlossen, aber unzureichend. Denn bei dem Anspruch auf Abtretung der Vergütungsansprüche aus § 812 Abs. 1 S. 1 Alt. 2 BGB handelt es sich entgegen der Auffassung des BGH nicht um eine Masseverbindlichkeit gem. § 55 Abs. 1 Nr. 3 InsO, sondern um eine bloße Insolvenzforderung. Der Lösungsansatz des BGH versagt daher im Insolvenzfall. Auch über andere Ansprüche gegen den Haupt- oder Sublizenznehmer ist die Problematik des Rechtsverhältnisses zwischen Urheber und Sublizenznehmer nicht zu lösen.

---

131 So auch Schmidt-Futterer/*Blank* (Fn. 109), § 565 BGB Rn. 18; Staudinger/*Emmerich* (Fn. 103), § 565 Rn. 9; BeckOK/*Herrmann* (Fn. 127), § 565 Rn. 9.
132 MüKoBGB/*Häublein* (Fn. 15), § 565 Rn. 15; BeckOK/*Herrmann* (Fn. 127), § 565 Rn. 9.
133 MüKoBGB/*Pohlmann* (Fn. 15), § 1056 Rn. 8.

Vielmehr geht der Sublizenzvertrag über, so dass der Urheber einen unmittelbaren Vergütungsanspruch gegen den Sublizenznehmer erhält. Dieser Vertragsübergang kann sich im Einzelfall aus einer ergänzenden Vertragsauslegung ergeben. Im Übrigen folgt aus einer Gesamtanalogie zu §§ 565 Abs. 1 S. 1, 1056 Abs. 1 BGB, § 10 Abs. 3 BKleinG, dass zwischen Urheber und Sublizenznehmer ein neuer schuldrechtlicher Nutzungsvertrag mit dem Inhalt des bisherigen Sublizenzvertrages kraft Gesetzes entsteht. Diesen Vorschriften liegt der Gedanke zugrunde, dass im Falle der Unterbrechung mehrgliedriger Nutzungsbefugnisse ein Vertragsübergang die einträglichste Lösung darstellt.

IT-Kreativität in Netzwerken: die Open-Source-Software

Elena Dubovitskaya[*]

Inhalt

A.	Einführung	329
I.	Zur Philosophie der Open Source	329
II.	Typischer Inhalt der Open-Source-Lizenz	332
III.	Insbesondere: Haftung und Gewährleistung	333
B.	**Die Rechtsnatur der Beziehungen im Netzwerk**	335
I.	Das Modell des „Rechtsverzichts"	335
II.	Das Modell der dinglichen Verfügung ohne schuldrechtliches Grundgeschäft	337
III.	Kombination der Verfügung mit einem kausalen Vertrag	339
C.	**Das Verfügungsgeschäft**	340
I.	Beschränkte v. unbeschränkte Rechteeinräumung	340
II.	Das Verhältnis zum Erschöpfungsgrundsatz	343
D.	**Das Verpflichtungsgeschäft**	344
I.	Vertrag *sui generis* mit einem schenkungsähnlichen Charakter	344
II.	Auswirkungen auf die Haftung und Gewährleistung	353
E.	**Fazit**	354

A. Einführung

I. Zur Philosophie der Open Source

„Die Kathedrale und der Basar" lautet der Titel eines bekannten Essays von *Eric Raymond* über Linux.[1] Darin verglich *Raymond* die herkömmliche Software mit einer Kathedrale, sorgfältig aufgebaut „von einzelnen Zauberern oder kleinen Gruppen von Magiern, die in herrlicher Isolation arbeiten und keine Betaversionen veröffentlichen, bevor die Zeit reif wird"[2]. Der Bauplan der Software – ihr Quellcode[3] – werde dabei geheim gehalten. Ganz anders

---

[*] Dr. iur., Max-Planck-Institut für ausländisches und internationales Privatrecht, Hamburg.
[1] *Raymond,* The cathedral and the bazaar, Knowledge, Technology & Policy (12) 1999, 23; siehe auch *ders.*, The cathedral and the bazaar: Musings on linux and open source by an accidental revolutionary, 2001.
[2] *Raymond,* Knowledge, Technology & Policy (12) 1999, 23, 24: „I believed that the most important software [...] needed to be built like cathedrals, carefully crafted by individual wizards or small bands of mages working in splendid isolation, with no beta to be released before its time."
[3] Der Quellcode (engl. source code) ist der in einer Programmiersprache geschriebene Text des Computerprogramms, der vom Computer in die Maschinensprache übersetzt wird.

gestalte sich die Entwicklung der Open-Source-Software, bei der der Quellcode in jedem Entwicklungsstadium frei zugänglich sei: Die Linux Community erinnere an einen großen Basar, auf dem verschiedene Ideen und Lösungsansätze wie durch ein Wunder rasant zu einem stimmigen und stabilen System zusammenwüchsen, anstatt in einem heillosen Chaos unterzugehen.[4] *Raymond* war von der Überlegenheit des Basars gegenüber dem Kathedralbau überzeugt. Die gegenwärtige Lage zeichnet sich indes durch das Nebeneinander beider Entwicklungsmodelle aus. Dies dürfte darin liegen, dass die Open-Source-Software nicht nur Vorteile wie höhere Qualität und Sicherheit, Anbieterunabhängigkeit, mangelnde Lizenzkosten, sondern auch Nachteile hat. Bei der Umstellung auf Open Source muss man mit einem höheren Schulungsaufwand, mangelnder Gewährleistung und ungewisser Weiterentwicklung der Software rechnen. Häufig bekommt der Benutzer nicht die gewünschten Applikationen oder wird mit der fehlenden Interoperabilität der Open-Source-Software mit der kommerziellen Software konfrontiert, wie etwa im Fall von Microsoft Office und Open Source Office.[5] Die Koexistenz der kommerziellen und der vergleichsweise jungen[6] Open-Source-Software sorgt allerdings für die Pluralität auf dem Markt und bereichert das Urheberrecht um eine ganz neue Sicht darauf, wie sich die Beziehungen zwischen dem Urheber, seinem Werk und der Öffentlichkeit gestalten können.

Aus der Sicht des herkömmlichen Urheberrechts handelt es sich bei Computerprogrammen grundsätzlich um urheberrechtlich geschützte Werke. Nach § 2 Abs. 1 Nr. 1 UrhG genießen sie den Schutz als „Sprachwerke"; die Schutzvoraussetzungen, zu denen insbesondere das Erfordernis einer gewissen Gestaltungshöhe zählt, werden von § 69a UrhG aufgestellt.[7] An Computerprogrammen, die diese Voraussetzungen erfüllen, erwirbt der Programmierer als Urheber ausschließliche Verwertungsrechte, die ihn in die Lage versetzen, die Software unter Ausschluss Dritter zu nutzen und Dritte von jeglicher Nutzung auszuschließen. Insofern erlangt der Urheber in Bezug auf die Software eine ähnliche Monopolstellung wie der Eigentümer in Bezug auf die Sache.[8] Die Philosophie der Open Source geht in die entgegengesetzte Richtung. Durch die Offenlegung des Quellcodes und den Ver-

---

4 *Raymond* (Fn. 2), 23, 24.
5 Zu den Vor- und Nachteilen der Open Source siehe *Renner* u. a., Open Source Software: Einsatzpotentiale und Wirtschaftlichkeit – Eine Studie der Fraunhofer-Gesellschaft, 2005.
6 Zur Geschichte der Open-Source-Software *Jaeger/Metzger*, Open Source Software: Rechtliche Rahmenbedingungen der Freien Software, 3. Aufl. 2011, Rn. 12 ff.; *Schiffner*, Open Source Software: Freie Software im deutschen Urheber- und Vertragsrecht, 2005, S. 57 ff.
7 Dreier/Schulze/*Dreier*, UrhG, 5. Aufl. 2015, § 69a Rn. 1; BeckOK UrhR/*Kaboth/Spies*, Stand: 10/2015, § 69a UrhG Rn. 1; ausführlich zum Schutz von Computerprogrammen unter Einbeziehung der geschichtlichen Entwicklung *Ulmer/Kolle*, GRUR Int. 1982, 489 ff.
8 Vgl. Dreier/Schulze/*Dreier* (Fn. 7), Einl. Rn. 3.

zicht auf Nutzungsgebühren gibt der Programmierer sein geistiges Werk der Öffentlichkeit frei, statt es zu schützen. Dies soll einen ungehinderten Austausch von Informationen, Ideen oder künstlerischen Schöpfungen im Softwarebereich ermöglichen, der zur Entstehung einer leistungsstarken und zuverlässigen Software führt. Dieses Ziel, nämlich die eher pragmatische Ausrichtung der Open-Source-Philosophie, unterscheidet sie insbesondere von der Philosophie der Freien Software. Zwar geht auch die Open Source auf die Free-Software-Bewegung der 1980er zurück, deren Vordenker *Richard Stallmann* ist und die sich zum Ziel gesetzt hat, ein System Freier Software mit einem allgemein zugänglichen Quellcode zu entwickeln. Im Jahr 1998 trennten sich jedoch die Wege. Während die Free-Software-Bewegung sich als eine soziale Bewegung versteht, die um die Freiheit der Softwarenutzer von der Kontrolle seitens der Softwareindustrie und der staatlichen Überwachung kämpft[9], konzentriert sich die Open Source auf die Frage, wie man die Software im technischen Sinne „besser" macht: benutzerfreundlicher, leistungsstärker, konkurrenzfähiger.[10] Trotz dieser systemimmanenten Unterschiede ergänzen sich die beiden Bewegungen jedoch in ihrem Bestreben, den Nutzer von den Vorteilen der quelloffenen gegenüber der proprietären Software zu überzeugen.

Da die Open-Source-Software ähnlich wie die Freie Software auf dem Grundsatz der freien Weitergabe der geistigen Schöpfung basiert, spricht man in diesem Zusammenhang vom „Copyleft", um den Gegensatz zum Begriff „Copyright" zu betonen. Während der Inhaber eines Copyright Dritten das Kopieren seines Werkes grundsätzlich nicht erlaubt, überlässt der Urheber beim Copyleft die Vervielfältigungsrechte der Allgemeinheit („left" ist zugleich eine grammatische Form von „(über)lassen"). Was hat aber der Programmierer vom Copyleft? Folgt man der Open-Source-Philosophie, so geht es ihm hauptsächlich darum, ein gutes Produkt zu entwickeln. Und hier gilt der Grundsatz: „Viele Köpfe sind immer besser als einer". Mit der möglichst frühzeitigen Veröffentlichung von Betaversionen der Software samt ihrem Quellcode im Internet gewinnt man eine große Gruppe von Nutzern, die gleichzeitig Betatester und Mitentwickler sind. Die Vorteile der Internet-Kommunikation führen dazu, dass fast jedes Problem schnell erkannt und die Lösung gefunden wird. Die Software wird auf diese Weise schnell und effizient weiterentwickelt.[11] Neben diesem Thinktank-Effekt

---

9 Dazu sehr prägnant *Stallmann*, Why Free Software Is More Important Now Than Ever Before, Wired v. 9.28.2013, abrufbar unter: http://www.wired.com/2013/09/why-free-software-is-more-important-now-than-ever-before, zuletzt abgerufen am 8.4.2016.

10 Auch dazu *Stallmann*, Why Open Source misses the point of Free Software, abrufbar unter: https://www.gnu.org/philosophy/open-source-misses-the-point.en.html, zuletzt abgerufen am 8.4.2016; *Jaeger/Metzger* (Fn. 6), Rn. 4; *Marly*, Praxishandbuch Softwarerecht, 6. Aufl. 2014, Rn. 939.

11 Siehe dazu *Raymond* (Fn. 2), 23, 27 ff.

sind auch wirtschaftliche Vorteile denkbar. Setzt sich die Software etwa auf dem Markt durch, wird ihr Urheber bekannt und kann wirtschaftlich von der Distribution und den Supportleistungen (Schulung, Benutzerhilfe und Wartung) profitieren.[12] In der Open Source Philosophie ist die Softwareindustrie eben keine Fertigungs-, sondern eine Dienstleistungsindustrie.

II. Typischer Inhalt der Open-Source-Lizenz

Um an dieser Stelle den Missverständnissen vorzubeugen: Eine typische Open-Source-Lizenz gibt es nicht. Vielmehr existieren viele verschiedene Arten von Open-Source-Lizenzen, die sich bereits im Hinblick auf die jeweiligen Copyleft-Anforderungen zum Teil erheblich unterscheiden. Manche von ihnen verzichten sogar gänzlich auf das Copyleft (sog. Non-Copyleft-Lizenzen) und erlauben eine beliebige Nutzung der Modifikationen des ursprünglichen Programms, unter anderem dessen Einbindung in eine proprietäre Software mit einem geschlossenen Quellcode. Das neue, auf der Basis der Open-Source-Software entwickelte Gesamtprodukt ist dann keine quelloffene Software mehr. Zu den Non-Copyleft-Lizenzen zählen z. B. die BSD-License, Apache License und Academic Free License. Das Gegenteil sind die Open-Source-Lizenzen mit strengem Copyleft-Effekt wie die GNU General Public License (GPL), Common Public License, Deutsche Freie Softwarelizenz oder European Union Public License. Bei diesen Lizenzen wird der Lizenznehmer verpflichtet, die von der ursprünglichen Software abgeleitete Software nur unter den Bedingungen der Ursprungslizenz weiterzuverbreiten.[13] Dadurch wird sichergestellt, dass der Quellcode der Software immer offen bleibt. Eine Verbindung oder Verlinkung mit kommerzieller Software ist damit praktisch nicht möglich, es sei denn, der Quellcode der proprietären Software wird ebenfalls offengelegt. Auf diese Weise erstreckt sich die Lizenz auch auf die kommerzielle Software, die vom Copyleft „infiziert" wird. Aufgrund dieses viralen Effekts hat der Microsoft CEO *Steve Ballmer* seinerzeit Linux als ein „Krebsgeschwür" bezeichnet, „das in Bezug auf geistiges Eigentum alles befällt, was es berührt"[14]. Die Open-Source-Lizenzen mit eingeschränktem Copyleft-Effekt (etwa Mozilla Public License, NASA Open Source Agreement und Yahoo! Public License) haben zwar

---

12 Häufig werden jedoch die Distribution und Supportleistungen nicht vom Softwareentwickler selbst, sondern von spezialisierten kommerziellen Anbietern übernommen wie etwa dem US-amerikanischen Unternehmen Red Hat Inc. oder der deutschen Firma SuSe Linux GmbH, die Linux-Produkte vertreiben.
13 Vgl. LG Hamburg, CR 2013, 498; LG Köln, CR 2014, 704.
14 Siehe *Greene*, „Ballmer: Linux is a cancer", The Register v. 2.6.2001, abrufbar unter: http://www.theregister.co.uk/2001/06/02/ballmer_linux_is_a_cancer/, zuletzt abgerufen am 8.4.2016; *Söbbing*, Jura 2010, 915, 918. Zum viralen Effekt der GPL bei Software *Wiebe*, in: Spindler/Schuster, Recht der elektronischen Medien, 3. Aufl. 2015, § 69c UrhG Rn. 54 ff.; *Keppeler*, CR 2015, 9 ff., bei Firmware *Kreutzer*, CR 2012, 146 ff.

grundsätzlich einen Copyleft-Effekt, gestatten aber die Verbreitung von Modifikationen der ursprünglichen Software auch unter anderen, z. B. proprietären Lizenzbedingungen, wenn diese Modifikationen in eigenen Dateien realisiert (gespeichert) werden. Für die restliche Software gelten dagegen die ursprünglichen Lizenzbedingungen.[15]

Die nachfolgenden Ausführungen beschränken sich im Wesentlichen auf die GNU General Public License in ihrer inzwischen dritten Version von 2007 (GPLv3)[16]. Die GPL ist den bisherigen Schätzungen zufolge die vorherrschende Lizenz auf dem Markt und deckt mehr als 70% aller als Open Source qualifizierter Software ab.[17] Der Linux-Kernel, das Herzstück des Betriebssystems Linux[18], steht unter der Version 2 der GPL. Die GPLv3 erlaubt dem Lizenznehmer, die unter der Lizenz stehende Software zu nutzen, zu verbreiten und zu modifizieren. Bei der Weiterverbreitung unveränderter Kopien muss der Lizenznehmer insbesondere auf jeder Kopie deutlich auf das Copyright hinweisen und allen Empfängern ein Exemplar der Lizenz zukommen lassen. Er darf dabei für jede übertragene Kopie ein Entgelt verlangen und Support- oder Garantieleistungen gegen Entgelt anbieten. Bei der Verbreitung von eigenen Modifikationen der Software gilt zusätzlich Folgendes: Der Lizenznehmer muss deutlich unter Angabe des Datums darauf hinweisen, dass er die Software verändert hat. Er darf das gesamte Werk „als Ganzes" nur unter den Bedingungen der GPLv3 verbreiten (strenger Copyleft-Effekt). Ferner hat er den Nutzern den entsprechenden Quellcode zur Verfügung zu stellen (vgl. Ziff. 4 ff. GPLv3).

III. Insbesondere: Haftung und Gewährleistung

Fast alle gängigen Open-Source-Lizenzen (und nicht nur die GPL) sehen einen kompletten Ausschluss jeglicher Haftung und Gewährleistung vor. Dies erklärt sich dadurch, dass die meisten dieser Lizenzen aus den USA stammen[19] und ein solcher Ausschluss aus der Sicht des dortigen Rechts

---

15 Zu diesen und weiteren Lizenztypen siehe die Informationen des Instituts für Rechtsfragen der Freien und Open Source Software unter: http://www.ifross.org/lizenz-center, zuletzt eingesehen am 8.4.2016.
16 Text der GPLv3 abrufbar unter: http://www.gnu.org/licenses/gpl.html, zuletzt eingesehen am 8.4.2016.
17 Schricker/Loewenheim/*Spindler*, UrhR, 4. Aufl. 2010, vor §§ 69a ff. Rn. 7.
18 Ein Kernel (auch Betriebssystemkern) ist der zentrale Bestandteil eines Betriebssystems, in dem die Prozess- und Datenorganisation festgelegt wird, auf der alle weiteren Softwarebestandteile des Betriebssystems aufbauen. Er bildet die unterste Softwareschicht des Systems und hat einen direkten Zugriff auf die Hardware.
19 Die Anwendbarkeit des deutschen Urheberrechts folgt aus dem sog. Schutzlandprinzip, wonach das Recht desjenigen Staates zur Geltung kommt, für den urheberrechtlicher Schutz beansprucht wird, *Marly* (Fn. 9), Rn. 943; Schricker/Loewenheim/*Spindler* (Fn. 17), § 34 f.; *Jaeger/Metzger* (Fn. 6), Rn. 356 ff.; *Metzger/Jaeger*, GRUR Int. 1999, 839, 842; *Deike*, CR 2003, 9, 11.

grundsätzlich kein Problem darstellt.[20] Die Gründe für den Ausschluss der Haftung und Gewährleistung sind nachvollziehbar, denn die Software wird den Nutzern in der Regel kostenlos zur Verfügung gestellt. Zudem handelt es sich häufig um Betaversionen, die noch einige Fehler aufweisen und erst durch die Nutzer perfektioniert werden sollen. Dass der Entwickler in dieser Situation nicht wie für ein fertiges Produkt haften will, liegt auf der Hand. Ferner muss man bedenken, dass der Nutzer durch die Offenlegung des Quellcodes anders als bei proprietärer Software in die Lage versetzt wird, die von der Software ausgehenden Risiken selbst zu beurteilen. Diese Mühe sollte er in jedem Fall auf sich nehmen und den Code Schritt für Schritt nachvollziehen; kann er das nicht, so soll er lieber „die Finger davon lassen"[21]. Gegen eine vertragliche Verantwortlichkeit des Lizenzgebers spricht schließlich der Umstand, dass er nicht weiß, was der Lizenznehmer mit der überlassenen Software tatsächlich anfangen will.[22]

Deutschen Juristen bereiten die Haftungs- und Gewährleistungsausschlussklauseln allerdings Kopfschmerzen, denn es wird überwiegend angenommen, dass zwischen dem Lizenzgeber und Lizenznehmer ein Vertrag zustande kommt, dessen vorformulierte Bedingungen AGB darstellen.[23] Diese werden in den Vertrag wirksam einbezogen: Zwar liegt die offizielle Fassung der Lizenzbedingungen meist nur in englischer Sprache vor, jedoch ist Englisch in der Computerbranche die gängige Fachsprache; außerdem gibt es meist eine deutsche Übersetzung, auch wenn diese nicht offiziell sein mag.[24] Die Konflikte mit dem deutschen AGB-Recht tauchen aber spätestens bei der Inhaltskontrolle auf. So verstößt der Gewährleistungsausschluss gegen § 309 Nr. 8b) aa) BGB, wonach die Gewährleistungsansprüche nicht insgesamt oder bezüglich einzelner Teile ausgeschlossen werden

---

20 Nach UCC muss dieser Ausschluss allerdings nicht nur explizit im Vertrag vereinbart, sondern auch in auffallender Weise gegenüber dem übrigen Vertragstext hervortreten. Dementsprechend erscheinen Haftungsausschlussklauseln immer vollständig in Großschrift.
21 So zu Recht *Heussen*, MMR 2004, 445, 449.
22 *Heussen*, MMR 2004, 445, 449.
23 Siehe nur LG München I, GRUR-RR 2004, 350; LG Frankfurt, CR 2006, 729; Schricker/Loewenheim/*Spindler* (Fn. 17), Rn. 30; *Schulz*, Dezentrale Softwareentwicklungs- und Softwarevermarktungskonzepte, 2005, Rn. 684; *Koch*, CR 2000, 333, 339; *Spindler*, K&R 2004, 528, 532; *Plaß*, GRUR 2002, 670, 678.
24 LG München I, GRUR-RR 2004, 350; LG Frankfurt, CR 2006, 729, 731; Wandtke/Bullinger/ *Grützmacher*, Praxiskommentar zum Urheberrecht, 4. Aufl. 2014, § 69c Rn. 73; Schricker/Loewenheim/*Spindler* (Fn. 17), Rn. 30; *Jaeger/Metzger* (Fn. 6), Rn. 180 f.; *Sester*, CR 2000, 797, 804 f.; *Spindler*, K&R 2004, 528, 532; als problematisch wird teilweise die Einbeziehung gegenüber Verbrauchern gesehen, dazu Schricker/Loewenheim/*Spindler* (Fn. 17), Rn. 30 m. w. N.; Wandtke/Bullinger/*Grützmacher* (Fn. 24), § 69c Rn. 73; *Kreutzer*, MMR 2004, 695, 697; *Plaß*, GRUR 2002, 670, 678 f.

dürfen.²⁵ Die Haftungsfreizeichnung verstößt gegen § 309 Nr. 7 BGB, der einen Haftungsausschluss bei Verletzung von Leben, Körper, Gesundheit und bei grobem Verschulden verbietet. Bei einem B2B-Geschäft käme man aufgrund von § 307 Abs. 1, 2 BGB zu den entsprechenden Ergebnissen. Die Folge ist, dass die Haftungs- und Gewährleistungsausschlüsse der Open-Source-Lizenzen nach deutschem Recht unwirksam sind.²⁶ An diesem Ergebnis vermag auch die in GPLv3 neu eingefügte Ziff. 17 nichts zu ändern, wonach die Gerichte bei Unwirksamkeit der Haftungs- und Gewährleistungsausschlussklauseln das lokale Recht anwenden sollen, das einem vollständigen Ausschluss jeglicher zivilrechtlicher Haftung am nächsten kommt.²⁷ Die unwirksamen Klauseln werden durch die Haftungsregelungen des einschlägigen Vertragstyps ersetzt. Vor diesem Hintergrund kommt der rechtlichen Qualifizierung der Open-Source-Verträge eine große Bedeutung zu. Die h. M. stuft diese Verträge als Schenkungen ein, soweit es nur um die unentgeltliche Überlassung der Software geht und keine entgeltlichen Leistungen wie Schulung und Support vereinbart werden; der Softwareentwickler haftet danach wie Schenker für Vorsatz und grobe Fahrlässigkeit (§ 521 BGB).²⁸

Die AGB-Problematik ist ein derart wunder Punkt der Open-Source-Lizenzen, dass im deutschen Schrifttum teilweise Modelle entwickelt werden, welche die Beziehungen im Netzwerk der Nutzer und Entwickler nicht als Vertrag qualifizieren. §§ 307 ff. BGB sind in diesem Fall nicht anwendbar: Kein Vertag, keine AGB-Kontrolle. Erwogen wird allenfalls eine deliktische Haftung des Softwareentwicklers für etwaige Schäden nach ProdHaftG und §§ 823 ff. BGB. Diese Modelle sollen nachstehend etwas näher betrachtet werden.

B. Die Rechtsnatur der Beziehungen im Netzwerk

I. Das Modell des „Rechtsverzichts"

Teilweise wird in der Literatur die Frage aufgeworfen, ob es sich bei der Open-Source-Software um einen Verzicht des Entwicklers auf seine Verwer-

---

25 Zur Qualifizierung der Software als einer „neu hergestellten Sache" siehe *Jaeger/Metzger* (Fn. 6), Rn. 220; *Spindler*, Rechtsfragen bei Open Source, 2004, Kap. D Rn. 17, beide m. w. N.
26 Schricker/Loewenheim/*Spindler* (Fn. 17), vor §§ 69a ff. Rn. 54; *Deike*, CR 2000, 9, 14; *Jaeger/Metzger* (Fn. 6), Rn. 220 f., 224; *Spindler* (Fn. 25), Kap. D Rn. 17, 22; a. A. *Koch*, CR 2000, 333, 335, 340 f.
27 „If the disclaimer of warranty and limitation of liability provided above cannot be given local legal effect according to their terms, reviewing courts shall apply local law that most closely approximates an absolute waiver of all civil liability in connection with the Program [..]"
28 Schricker/Loewenheim/*Spindler* (Fn. 17), vor §§ 69a ff. Rn. 35, 54; *Metzger/Jaeger*, GRUR Int. 1999, 839, 847; *Deike*, CR 2000, 9, 14 f.; *Jaeger/Metzger* (Fn. 6), Rn. 205 ff.; *Spindler* (Fn. 25), Kap. D Rn. 4 ff.; *Sobola*, ITRB 2011, 168, 170.

tungsrechte – ähnlich einer Dereliktion im Sachenrecht – handeln könnte. Die Verwertungsrechte (§ 15 UrhG) sind als Teil des Urheberrechts ausschließliche Rechte des Urhebers und beinhalten die Befugnis, das urheberrechtlich geschützte Werk zu nutzen (positives Benutzungsrecht) und Dritte von der Benutzung auszuschließen (negatives Verbietungsrecht).[29] Ein Verzicht bei der Open Source komme deshalb in Betracht, weil der Programmierer seine urheberrechtlich geschützte Software dergestalt in die Freiheit entlassen wolle, dass jeder das Recht zu beliebiger Vervielfältigung und Bearbeitung bekomme.[30] Betrachtet man die Open-Source-Lizenz als Verzicht des Programmierers auf seine Verwertungsrechte zugunsten der Allgemeinheit, so hat man die AGB-Problematik aus dem Weg geräumt: Da es beim Verzicht keine Rechtsbeziehungen zwischen dem Urheber und den Nutzern gibt, sind die §§ 305 ff. BGB nicht anwendbar.

Es stellt sich aber dann die Frage, ob ein solcher Verzicht urheberrechtlich überhaupt möglich ist. Nach § 29 Abs. 1 UrhG ist das Urheberrecht unter Lebenden nicht übertragbar, und zwar weder im Ganzen noch in seinen Teilen.[31] Dogmatisch folgt die Unübertragbarkeit aus dem in Deutschland herrschenden monistischen Modell des Urheberrechts. In diesem Modell ist die vermögensrechtliche Komponente des Urheberrechts mit der persönlichkeitsrechtlichen Komponente untrennbar verbunden, und da die Letztere nicht übertragbar ist, wird angenommen, dass auch die Vermögensrechte des Urhebers unübertragbar sind.[32] Aus dem Grundsatz der Unübertragbarkeit wird vielfach abgeleitet, dass auch ein Verzicht auf das Urheberrecht unzulässig sei. „Ebensowenig wie der leibliche Vater darauf ‚verzichten' kann, Vater zu sein, kann auch der Schöpfer eines Werkes auf sein Urheberrecht Verzicht leisten."[33] Der Urheber könne dabei weder auf sein Urheberrecht im Ganzen, noch auf einzelne Verwertungsrechte verzichten. Der „Verzicht" des Urhebers zugunsten der Allgemeinheit sei also nichts weiter als die Einräumung einfacher Nutzungsrechte[34] an jedermann nach § 31 Abs. 2 UrhG.[35] Andere halten den Verzicht auf einzelne Verwertungsrechte dage-

---

29 Schricker/Loewenheim/*v. Ungern-Sternberg* (Fn. 17), § 15 Rn. 1.
30 *Metzger/Jaeger*, GRUR Int. 1999, 839, 842.
31 Vgl. die amtliche Begründung, BT-Drucks. IV/270, S. 55.
32 *Schricker/Loewenheim*, in: dies. (Fn. 17), § 29 Rn. 11; das monistische Modell wurde einst von *Ulmer* als ein Baum beschrieben: Das einheitliche Urheberrecht bildet dessen Wurzeln und Stamm, die einzelnen urheberrechtlichen Befugnisse dessen Äste, *Ulmer*, Urheber- und Verlagsrecht, 3. Aufl. 1980, § 18 II 4.
33 *Nordemann*, GRUR 1969, 127, 128.
34 In der urheberrechtlichen Terminologie werden als „einfach" Nutzungsrechte am Werk bezeichnet, wenn dessen Nutzung durch andere Personen nicht ausgeschlossen wird; das Gegenstück sind ausschließliche Nutzungsrechte (§ 31 Abs. 2, 3 UrhG).
35 Dreier/Schulze/*Schulze* (Fn. 7), § 29 Rn. 10; *v. Gamm*, Urheberrechtsgesetz, 1968, § 29 Rn. 6; *Schack*, Urheber- und Urhebervertragsrecht, 7. Aufl. 2015, Rn. 611; BeckOK UrhR/*Spautz/Götting* (Fn. 7), § 29 Rn. 5.

gen für zulässig, weil sie meinen, dass aus dem Urheberrecht Teile abgespalten werden können. Der Urheber könne auf einzelne Verwertungsrechte generell durch Erklärung gegenüber Allgemeinheit verzichten, etwa auf das Vervielfältigungs- und das Verbreitungsrecht durch den Vermerk „Nachdruck gestattet". Neben den sonstigen Rechten verbleibe dabei dem Urheber das Urheberpersönlichkeitsrecht, das ihm erlaube, gegen Entstellungen des Werkes und falsche Angaben über die Urheberschaft vorzugehen.[36]

Abgesehen von diesem alten urheberrechtlichen Streit darf nicht übersehen werden, dass die Figur des Rechtsverzichts auf die Open-Source-Lizenzen nicht richtig passt. Bereits die Verwendung des Begriffs „Lizenz" spricht dafür, dass es dem Entwickler um die Einräumung von Nutzungsrechten und nicht um einen Verzicht gehe.[37] Auf einen entsprechenden Willen des Entwicklers deuten ferner die Formulierungen wie *„Therefore, by modifying or propagating a covered work, you indicate your acceptance of this License [...]"* (Ziff. 9 GPLv3). Dadurch wird deutlich, dass der Urheber von einem Antrag und einer Annahme („acceptance") ausgeht.[38] Schließlich würde die Software infolge eines Verzichts in dessen Grenzen gemeinfrei und könnte von jedermann genutzt werden.[39] Das würde aber bedeuten, dass der Urheber dem Nutzer keinerlei Vorschiften bezüglich der Nutzung der Software machen könnte. Er könnte weder verlangen, dass der Quellcode offengelegt wird, noch darauf bestehen, dass das gesamte Werk nur unter den Bedingungen der Ursprungslizenz verbreitet wird. Somit würde die Verzichtskonstruktion den Copyleft-Effekt unmöglich machen.

II. Das Modell der dinglichen Verfügung ohne schuldrechtliches Grundgeschäft

Eine andere Lösung des AGB-Problems bestünde darin, die Open-Source-Lizenz als reine Verfügung des Programmierers anzusehen, mit der er jedermann einfache Nutzungsrechte nach § 31 Abs. 2 UrhG einräumt. Regelmäßig liegt einem solchen Verfügungsgeschäft ein schuldrechtlicher Vertrag als causa zugrunde.[40] Bei der Open-Source-Lizenz soll die Lage anders sein. Ein Kausalgeschäft soll es hier nicht geben; dieses sei nicht notwendig, da nach dem Lebenssachverhalt der Verfügende keine Ansprüche (insbesondere keinen Vergütungsanspruch) erwerben solle, die in einem schuldrechtlichen Austauschvertrag zu regeln wären. Die in der Lizenz enthaltenen Bedingungen knüpften kein schuldrechtliches Band zwischen den Beteiligten, son-

---

36 *Schricker/Loewenheim*, in: dies. (Fn. 17), § 29 Rn. 26; *Ulmer* (Fn. 32), § 84 V; *Seetzen*, Der Verzicht im Immaterialgüterrecht, 1969, S. 46 ff., 64 ff.
37 *Metzger/Jaeger*, GRUR Int. 1999, 839, 842; gegen Verzicht ferner *Koch*, CR 2000, 333.
38 Vgl. *Metzger/Jaeger*, GRUR Int. 1999, 839, 842.
39 Vgl. *Seetzen* (Fn. 36), S. 47.
40 *Schricker/Loewenheim*, in: dies. (Fn. 17), § 31 Rn. 8.

dern erschöpften sich darin, die Grenzen des Rechts, über das verfügt wird, näher zu beschreiben. Die Klauseln zum Haftungs- und Gewährleistungsausschluss würden daher in Wirklichkeit nicht die vertragliche Haftung beschränken, sondern nur klarstellen, dass es „ohne Vertrag auch keine Gewährleistung für Qualität oder sonstige vertragliche Haftung geben kann: Wo kein Schuldner ist, kann auch kein Gläubiger sein!"[41] Was bleibt, sei die deliktische Haftung, also insbesondere die Haftung nach § 3 ProdHaftG (der Entwickler sei „Hersteller" i. S. d. § 4 ProdHaftG) und §§ 823 ff. BGB. Verschenke jemand etwa vorsätzlich gefährliche Software, um anderen damit zu schaden, so richte sich die Haftung nach § 823 Abs. 2 BGB i. V. m. einem Strafgesetz.[42]

Anders als das Verzichtsmodell lässt sich diese Auffassung mit dem Begriff „Lizenz" problemlos vereinbaren. Das Verfügungsmodell kann auch die Pflichten des Lizenznehmers erklären: Es sind eben keine schuldrechtlichen Pflichten, sondern lediglich die Beschreibung des einzuräumenden Nutzungsrechts nach Art, Umfang und Zeitdauer.[43] Allerdings sind solche Beschränkungen, die nach § 31 Abs. 1 S. 2 UrhG grundsätzlich erlaubt sind, nur in gewissen Grenzen möglich. Bei der Open-Source-Software wäre ihre Zulässigkeit jedenfalls problematisch (dazu sogleich unter C. I.). Außerdem wirkt die Umqualifizierung der Klauseln zum Haftungs- und Gewährleistungsausschluss in eine Klarstellung, dass mangels Vertrags keine vertragliche Haftung greift, sehr künstlich. Warum sollte der Lizenzgeber solche Klauseln verwenden, wenn er davon ausgeht, dass er sich nicht vertraglich bindet, sondern nur über seine Rechte verfügt? Eine Klarstellung wäre dadurch nicht zu erreichen, eher das Gegenteil. Gerade die Verwendung der fraglichen Klauseln spricht für einen Vertragswillen, den die kritisierte Auffassung ignoriert und damit über die Grenzen zulässiger Auslegung von Willenserklärungen hinausgeht. Ferner stellt sich die Frage, wie man die Konstruktion der Verfügung ohne Grundgeschäft dogmatisch in den Griff bekommt: Nach überwiegender Auffassung gilt im Urheberrecht das Abstraktionsprinzip nicht, so dass beim Fehlen einer wirksamen Verpflichtung auch das Verfügungsgeschäft unwirksam ist.[44] Folgt man dieser Auffassung nicht, so wird man mit dem Problem konfrontiert, dass Verfügungen, die ohne Rechtsgrund erfolgen, nach §§ 812 ff. BGB kondiziert werden können. Eine solche Folge würde aber bei der Open-Source-Software erkennbar dem Parteiwillen widersprechen.

---

41 *Heussen*, MMR 2004, 445, 447 f.; ähnlich Wandtke/Bullinger/*Grützmacher* (Fn. 24), Rn. 75: Ein schuldrechtlicher Vertrag sei nicht erforderlich (wobei *Grützmacher* den Rechtsgrund für die Verfügung in einem Gefälligkeitsverhältnis sieht).
42 *Heussen*, MMR 2004, 445, 448 f.
43 *Heussen*, MMR 2004, 445, 448.
44 Dazu *Schricker/Loewenheim*, in dies. (Fn. 17), § 31 Rn. 8, vor §§ 28 ff. Rn. 99 ff. m. w. N.; vgl. auch Dreier/Schulze/*Schulze* (Fn. 7), § 31 Rn. 19.

III. Kombination der Verfügung mit einem kausalen Vertrag

Es bleibt daher nur die Möglichkeit, die Rechtsbeziehungen im Open-Source-Netzwerk als eine Verfügung über die Nutzungsrechte in Kombination mit einem kausalen Vertrag anzusehen.[45] Die Beziehungen entstehen dabei unmittelbar zwischen den jeweiligen Urhebern und dem Nutzer. Bei der GPLv3 ergibt sich das aus ihrer Ziff. 10, wonach der Nutzer die Lizenz automatisch vom ursprünglichen Lizenzgeber erhält, wenn die Software unverändert oder mit Modifikationen übertragen wird (*„Each time you convey a covered work, the recipient automatically receives a license from the original licensors, to run, modify and propagate that work, subject to this License."*). Dies lässt sich am besten an einem Beispiel erläutern. Nehmen wir an, der Programmierer A entwickelt ein Betriebssystem, das er „Doors" nennt, denn „Windows" gibt es bereits, und stellt es als Open-Source-Software unter der GPLv3 ins Netz. Der Empfänger B lädt die Software herunter, verbessert diese und verbreitet die neue Version als „Doors 2.0". Der Empfänger C entwickelt sodann „Doors 3.0". In diesem Beispiel erwirbt B seine Rechte von A. C wiederum erwirbt die Lizenz zum einen von A als Urheber der ursprünglichen Version, zum anderen von B als Urheber von Modifikationen. Käme nun ein weiterer Nutzer D hinzu, so würde dieser die Lizenz jeweils von A, B und C erwerben. Je größer das Netzwerk wird, desto komplexer werden die Vertragsbeziehungen. Wichtig ist dabei, dass die Rechte stets vom jeweiligen Rechtsinhaber erworben werden und deshalb keine Lizenzkette entsteht.[46] Dies hat den Vorteil erhöhter Rechtssicherheit. Eine Kette von Rechtsübertragungen ist brüchig: Wenn ein Glied in der Kette defekt ist, wirkt sich das auf alle nachfolgenden Glieder der Kette aus. Ist also eine Rechtsübertragung unwirksam, so erfasst die Unwirksamkeit alle nachfolgenden Übertragungen, weil es keinen gutgläubigen Erwerb von (Urheber-)Rechten gibt.[47] Das Open-Source-Netzwerk kennt das Problem in der Form nicht, da die Rechte jeweils vom ursprünglichen Rechtsinhaber eingeräumt werden. Es entsteht somit keine brüchige Kette, sondern ein engmaschiges Netz.

Wie lassen sich diese Beziehungen in den Kategorien des BGB abbilden? Der Erstentwickler (in unserem Beispiel A), der sein Programm unter einer Open-Source-Lizenz ins Netz stellt, erklärt damit ein Angebot zum Vertragsabschluss mit einem unbestimmten Personenkreis, *invitatio ad incertas personas*.[48] Der Rechtsbindungswille ist dabei unproblematisch, da bei unkör-

---

45 So *Schulz* (Fn. 23), Rn. 688 ff.; *Jaeger/Metzger* (Fn. 6), Rn. 172 ff.; *Marly* (Fn. 10), Rn. 953, 961; *Spindler* (Fn. 25), Kap. D Rn. 2; *Deike*, CR 2003, 9, 11; *Metzger/Jaeger*, GRUR Int. 1999, 839, 842 ff.; *Koch*, CR 2000, 333, 335; *Sester*, CR 2000, 797, 799 ff.
46 *Jaeger/Metzger* (Fn. 6), Rn. 175, 178 (Direktlizenzierung); *Deike*, CR 2003, 9, 11, 13; *Heussen*, MMR 2004, 445, 449; *Schiffner* (Fn. 6), S. 169; *Meyer*, CR 2011, 560, 564.
47 Dreier/Schulze/*Schulze* (Fn. 7), § 31 Rn. 24.
48 *Kreutzer*, MMR 2004, 695, 696.

perlicher Software die Überprüfung des Bestands nicht erforderlich ist, der Anbieter also immer leistungsfähig ist. Die Bonität des Empfängers muss ebenfalls nicht geprüft werden, da die Software in der Regel kostenlos weitergegeben wird.[49] Der Empfänger B nimmt das Angebot konkludent an, indem er die Software herunterlädt. Auf den Zugang der Annahmeerklärung wird gem. § 151 S. 1 BGB verzichtet.[50] Aus diesem Grund läuft Ziff. 9 GPLv3, wo es heißt: *„Therefore, by modifying or propagating a covered work, you indicate your acceptance of this License [...]"* weitestgehend leer; der Vertragsschluss erfolgt bereits bevor der Nutzer die Software modifiziert oder weiterverbreitet.[51] Die nächste Ebene der Vertragsbeziehungen ist der Vertragsschluss mit dem Nutzer C. Hier handelt B zunächst im eigenen Namen, was die Modifikationen von „Doors" betrifft. Soweit das geistige Werk des Entwicklers A betroffen ist, handelt B als dessen Vertreter, wobei von einer konkludenten Bevollmächtigung auszugehen ist. Die Offenlegung der Vertretung erfolgt durch den Hinweis auf das Copyright des A.[52] Die Vertragsbeziehungen kommen also nach den allgemeinen rechtsgeschäftlichen Regeln zustande.

C. Das Verfügungsgeschäft

I. Beschränkte v. unbeschränkte Rechteeinräumung

Das Verfügungsgeschäft, nämlich die Einräumung einfacher Nutzungsrechte, hat bei der GPL die Besonderheit, dass der Lizenznehmer beim Verstoß gegen die Lizenzbedingungen seine Nutzungsrechte automatisch verliert. Ziff. 8 der GPLv3 formuliert insoweit wie folgt: *„You may not propagate or modify a covered work except as expressly provided under this License. Any attempt otherwise to propagate or modify it is void, and will automatically terminate your rights under this License."* Das engmaschige Netz der Rechtsbeziehungen wird vor Kollateralschäden bewahrt, indem bestimmt wird, dass die Rechte weiterer Lizenznehmer vom automatischen Rechtsverlust unberührt bleiben: *„Termination of your rights under this section does not terminate the licenses of parties who have received copies or rights from you under this License."* Außerdem bestehen verschiedene Möglichkeiten der Wiederherstellung der Lizenz. So wird die Lizenz durch den Rechtsinhaber wiederhergestellt, wenn der Betroffene alle Verlet-

---

[49] *Sester*, CR 2000, 797, 804; a. A. insbesondere im Hinblick auf die mögliche Haftung Wandtke/Bullinger/*Grützmacher* (Fn. 24), Rn. 75.
[50] LG Frankfurt, CR 2006, 729; *Jaeger/Metzger* (Fn. 6), Rn. 176 f.; *Marly* (Fn. 10), Rn. 961; *Schiffner* (Fn. 6), S. 169; *Spindler* (Fn. 25), Kap. C Rn. 39 ff.; *Metzger/Jaeger*, GRUR Int. 1999, 839, 843; *Deike*, CR 2003, 9, 11, 13.
[51] Vgl. mit ausführlicher Begründung *Deike*, CR 2003, 9, 11, 13.
[52] Vgl. *Deike* CR 2003, 9, 11, 13; *Koch*, CR 2000, 333, 339; für die Botenlösung dagegen *Plaß*, GRUR 2002, 670, 678; offen lassend *Spindler/Wiebe*, CR 2003, 873.

zungen beendet, zunächst vorübergehend, dann dauerhaft, wenn der Rechtsinhaber versäumt, den Verletzer auf sinnvolle Weise auf die Lizenzverletzung innerhalb von sechzig Tagen nach deren Beendigung hinzuweisen. Ferner wird die Lizenz endgültig wiederhergestellt, wenn der Rechtsinhaber den Verletzer auf sinnvolle Weise auf die Verletzung hinweist, der Hinweis zum ersten Mal erfolgt und der Verletzer innerhalb von dreißig Tagen nach dem Hinweis die Verletzungshandlungen einstellt.

Über die urheberrechtliche Einordnung der GPL-Bestimmungen zum automatischen Rechtsverlust herrscht Streit. Eine schuldrechtliche Verknüpfung wird indes kaum in Betracht gezogen, da die GPL von einem „automatischen" Wegfall der Nutzungsrechte spricht und somit erkennbar eine dinglich wirkende Sanktion anstrebt.[53] Erwogen wird aber eine beschränkte Rechtseinräumung.[54] In der Tat kann ein Nutzungsrecht räumlich, zeitlich oder inhaltlich beschränkt eingeräumt werden (§ 31 Abs. 1 S. 2 UrhG), wobei Ziff. 8 der GPLv3 als eine inhaltliche Beschränkung anzusehen wäre. Dem Nutzer würde also von vornherein nur das Recht eingeräumt, die Software gemäß den Bedingungen der GPL zu nutzen. Eine solche nicht nur schuldrechtlich, sondern dinglich wirkende Beschränkung des Nutzungsrechts ist indes an strenge Voraussetzungen gebunden, weil sie die Verkehrsfähigkeit der betreffenden Werkstücke einschränken kann. Zwar gibt es im Urheberrecht, anders als im Sachenrecht, keinen *Numerus clausus* der Urheberrechte. Auch hier ist es jedoch anerkannt, dass gegenständliche Rechte durch die Parteien nicht beliebig kreiert werden können. Eine inhaltliche Beschränkung des Nutzungsrechts wird deshalb nur dann zugelassen, wenn das Verbreitungsrecht in unterschiedliche selbstständige Nutzungsarten aufgespalten werden kann. Dies ist wiederum nur dann der Fall, wenn es sich nach der Auffassung der betreffenden Verkehrskreise um übliche, technisch und wirtschaftlich eigenständige und damit klar abgrenzbare Nutzungsarten handelt.[55] Teilweise wird dies – zumindest für Linux und linuxbasierte Applikationsprogramme – bejaht und in der Nutzung der Software als Open Source eine technisch und wirtschaftlich eigenständige Nutzung gesehen.[56] Dabei wird aber nicht beachtet, dass sich die verschiedenen Nutzungsarten komplementär ergänzen, d. h. gegenseitig ausschließen müssen. Es muss also möglich sein, die Software sowohl in kommerzieller Form als auch – parallel – unter der GPL zu vertreiben. Diese Voraussetzung dürfte nicht erfüllt sein: Es wäre wirtschaftlich unsinnig, die Nutzungsrechte an der Software in frei zugängliche und kommerziell zu

---

53 So *Metzger/Jaeger*, GRUR Int. 1999, 839, 843; siehe aber *Koch*, CR 2000, 333, 336.
54 *Heussen*, MMR 2004, 445, 448; *Koch*, CR 2000, 333, 335 f.
55 BGH GRUR 2001, 153, 154 (OEM-Version) m. w. N.; NJW 1992, 1320 (Taschenbuch-Lizenz); OLG Hamburg, NJW-RR 1995, 1324; OLG Köln, CR 1996, 725; *Schricker/Loewenheim*, in: dies. (Fn. 17), § 31 Rn. 18 f.
56 *Koch*, CR 2000, 333, 336.

erwerbenden aufzuspalten, denn es besteht kein Bedürfnis nach kommerzieller Software, solange das gleiche Produkt frei zugänglich ist. Software wird nicht „kommerziell und frei verwertet, sondern nur kommerziell oder frei"[57].
Aus diesem Grund wird eine inhaltliche Beschränkung des Nutzungsrechts überwiegend abgelehnt und stattdessen angenommen, dass die Verfügung über die Nutzungsrechte unter einer auflösenden Bedingung i. S. v. § 158 Abs. 2 BGB erfolgt.[58] Nach der deutschen urheberrechtlichen Dogmatik führt der Eintritt der auflösenden Bedingung dazu, dass die Nutzungsbefugnis an den Urheber zurückfällt und sich mit dem Stammrecht verbindet, wodurch der Kreis seiner Verwertungsrechte wieder komplettiert wird (sog. „Heimfall" des Nutzungsrechts).[59] Die Konstruktion der auflösenden Bedingung wird insbesondere darauf gestützt, dass dingliche Rechtsgeschäfte (und damit auch die Rechtseinräumung nach § 31 UrhG) grundsätzlich nicht bedingungsfeindlich sind. Auf der anderen Seite muss man aber bedenken, dass eine Rechtseinräumung unter auflösender Bedingung nicht ungefährlich ist. Der Eintritt der auflösenden Bedingung und der damit verbundene Wegfall der Berechtigung können etwa bei einer Lizenzkette einen großen Teil davon beschädigen, weil der Betroffene dann als Nichtberechtigter verfügt (vgl. oben B. III.). Außerdem sind auflösende Bedingungen ebenfalls geeignet, den Verkehr der betreffenden Werkstücke einzuschränken.[60] Das LG München I hat sich mit dieser Problematik eingehend auseinandergesetzt und die Qualifikation der entsprechenden GPL-Klausel als auflösende Bedingung letztendlich bestätigt.[61] Die Gefahr einer „Kettenreaktion" bestehe bei der GPL-Lizenzierung nur bedingt, da die GPL ausdrücklich vorsehe, dass die Lizenzen Dritter nicht beendet werden, solange diese die GPL voll anerkennen und befolgen. Die Verkehrsfähigkeit der Rechte sei ebenso wenig beeinträchtigt, da der Dritte bei Anerkennung der GPL jederzeit die erforderlichen Nutzungsrechte unmittelbar vom Urheber erwerben könne (bzw. ohnehin nur von ihm erwerbe). Die Folgen des Rechterückfalls träfen daher ähnlich wie bei einer rein schuldrechtlichen Beschränkung vorwiegend den Vertragspartner des Urhebers. Es sei auch zu berücksichtigen, dass das dingliche Angebot bei Verstößen nicht erlösche, sondern der Verletzer die Rechte durch Annahme und Befolgung der Bedingungen jederzeit

---

57 *Metzger/Jaeger*, GRUR Int. 1999, 839, 843; ihnen folgend LG München I, GRUR-RR 2004, 350, 351; *Spindler/Wiebe*, CR 2003, 873, 875.
58 LG München I, GRUR-RR 2004, 350, 351; Dreier/Schulze/*Dreier* (Fn. 7), § 69c Rn. 38; *Marly* (Fn. 10), Rn. 958; *Schack* (Fn. 35), Rn. 612; *Teupen*, „Copyleft" im deutschen Urheberrecht, 2007, S. 207 ff.; *Metzger/Jaeger*, GRUR Int. 1999, 839, 843; *Deike*, CR 2003, 9, 16; *Omsels*, in: FS Hertin, 2002, S. 141 ff.; *Wiebe*, in: Spindler/Schuster (Fn. 14), Rn. 49.
59 *Schricker/Loewenheim*, in: dies. (Fn. 17), § 29 Rn. 28.
60 *Kreutzer*, MMR 2004, 695, 698; vgl. auch *Marly* (Fn. 10), Rn. 958.
61 GRUR-RR 2004, 350, 351.

wieder erwerben könne. Der automatische Verlust sei daher auch für ihn nicht besonders gravierend.

II. Das Verhältnis zum Erschöpfungsgrundsatz

Bei der Open-Source-Software wird dem Lizenznehmer regelmäßig das Recht eingeräumt, die Software zu verbreiten. Wegen der auflösend bedingten Rechtseinräumung fällt auch dieses Verbreitungsrecht bei der GPL automatisch weg, wenn der Nutzer gegen die Lizenzbedingungen verstößt. Das Verbreitungsrecht des Nutzers ist also dinglich beschränkt. Diese Konstruktion ist allerdings im Hinblick auf den Erschöpfungsgrundsatz des Urheberrechts nicht unproblematisch. Der Erschöpfungsgrundsatz ist allgemein in § 17 Abs. 2 UrhG und für Computerprogramme in § 69c Nr. 3 S. 2 UrhG geregelt. Er betrifft das Verbreitungsrecht, d. h. das Recht, das Original oder Vervielfältigungsstücke des Werkes der Öffentlichkeit anzubieten oder in Verkehr zu bringen. Das Recht steht ursprünglich dem Urheber zu. Wird aber ein Vervielfältigungsstück eines Computerprogramms mit Zustimmung des Urhebers im Wege der Veräußerung in Verkehr gebracht, so erschöpft sich das Verbreitungsrecht in Bezug auf dieses Vervielfältigungsstück mit Ausnahme des Vermietrechts. Das bedeutet praktisch, dass der Urheber die Kontrolle über die Werkexemplare verliert, die mit seiner Zustimmung in Verkehr gebracht werden. Ihre Weiterverbreitung (außer Vermietung) ist dann ohne Beschränkungen möglich. Der Erschöpfungsgrundsatz dient der Verkehrsfreiheit und -sicherheit, weil die weitere Verbreitung rechtmäßig veräußerter Werkstücke nicht durch daran fortbestehende Rechte unzumutbar erschwert werden darf. Der Urheber wird dadurch nicht unangemessen benachteiligt, denn er hat ja die Möglichkeit, seine Zustimmung zum ersten Inverkehrbringen von der Zahlung eines Entgelts abhängig zu machen.[62]

Wie verträgt sich der Erschöpfungsgrundsatz mit der dinglichen Beschränkung des Verbreitungsrechts des Lizenznehmers bei der GPL? Zunächst sei angemerkt, dass die Erschöpfung zwar auch bei Online-Übertragung eintreten kann[63], nicht aber, wenn die Software vom Nutzer verändert wurde, weil es sich dann bei der Weitergabe um eine Erstverbreitung handelt, bei der das Verbreitungsrecht noch nicht erschöpft ist.[64] Die Frage der Erschöpfung stellt sich bei der Open-Source-Software also nur dann, wenn diese unverändert verbreitet wird. Wenn der Programmierer A aus unserem obigen Beispiel sein Programm „Doors" im Internet veröffentlicht, liegt darin ein Inverkehrbringen i. S. v. § 69c Nr. 3 S. 2 UrhG. Obwohl A die Software der Allgemeinheit unentgeltlich zur Verfügung stellt, wäre von

---

62 Schricker/Loewenheim/*Loewenheim* (Fn. 17), § 17 Rn. 44.
63 Dazu Dreier/Schulze/*Dreier* (Fn. 7), § 69c Rn. 24; Fromm/Nordemann/*Czychowski*, UrhR, 11. Aufl. 2014, § 69c Rn. 13 f.
64 *Spindler/Wiebe*, CR 2003, 873, 876.

einer „Veräußerung" im Sinne dieser Norm auszugehen, da der Begriff weit zu verstehen ist. Gemeint ist nicht nur der Verkauf, sondern jede Entäußerung des Eigentums; bei Lizenzverträgen über Software ist die Veräußerung dann gegeben, wenn der Lizenznehmer die Software nach Vertragsende nicht zurückgeben oder vernichten muss.[65] Würde nun B die von A erhaltene Software an C unverändert weitergeben, könnte die Erschöpfung eintreten. Während B als Ersterwerber an die dingliche Beschränkung noch gebunden wäre (er würde die Software nicht „mit Zustimmung" des Urhebers in Verkehr bringen, wenn er sich nicht daran halten würde), wäre es C als Zweiterwerber nicht. Er könnte also „Doors" weiterverbreiten, ohne dinglich an die GPL-Bedingungen gebunden zu sein. Zu diesem Ergebnis käme jedenfalls der Teil der Literatur, der von einem Verstoß der GPL gegen den Erschöpfungsgrundsatz des Urheberrechts ausgeht. Es wird argumentiert, dass nach dem ersten Inverkehrbringen der Open-Source-Software die Erschöpfung eintrete. Diese hafte jeder Kopie der Software an, so dass der Zweiterwerber bei Weitergabe der unveränderten oder veränderten Software grundsätzlich frei wäre: Ihm gegenüber würden die urheberrechtlich-dinglichen Beschränkungen der GPL betreffend die Weitergabe der Software nicht wirken. Es bleibe nur die Möglichkeit, sie als rein schuldrechtliche Beschränkungen anzusehen, die aber der Inhaltskontrolle unterliegen würden. Maßstab der Inhaltskontrolle sei wiederum der Erschöpfungsgrundsatz als tragender Grundsatz des Urheberrechts.[66] Die Konsequenz wäre wohl, dass die schuldrechtlichen Beschränkungen nach § 307 BGB unwirksam wären. Diese Auffassung lässt aber außer Acht, dass die Rechte an der Open-Source-Software immer „aus erster Hand", d. h. vom jeweiligen Urheber und nicht sukzessiv erworben werden. Es gibt daher keinen Zweiterwerb. Die Entwickler B und C erwerben ihre Rechte an „Doors" unmittelbar von A, der damit in der Lage ist, die Verbreitungsrechte von B und C dinglich zu beschränken. Die bedingte Rechteeinräumung kommt also nicht in den Konflikt mit dem Erschöpfungsgrundsatz.[67]

D. Das Verpflichtungsgeschäft

I. Vertrag sui generis mit einem schenkungsähnlichen Charakter

Die Rechtsnatur des Verpflichtungsgeschäfts wirft ebenfalls zahlreiche spannende Fragen auf. Wie oben (unter A. III.) bereits angemerkt, handelt es sich nach der herrschenden Meinung um eine Schenkung, wenn die Software

---

65 Schricker/Loewenheim/*Loewenheim* (Fn. 17), § 69c Rn. 35.
66 *Spindler* (Fn. 25), Kap. C Rn. 93 ff.; Wandtke/Bullinger/*Grützmacher* (Fn. 24), § 69c UrhG Rn. 78; *Wiebe*, in: Spindler/Schuster (Fn. 14), Rn. 52; *Spindler/Wiebe*, CR 2003, 873, 876 ff.; *Schulz* (Fn. 23), Rn. 482 ff.
67 *Heussen*, MMR 2004, 445, 449 m. w. N.; in diese Richtung argumentiert schon LG München I, GRUR-RR 2004, 350, 351.

unentgeltlich überlassen wird. Aber was wird hier eigentlich verschenkt? Ist das die Software selbst als ein immaterielles Gut?[68] Sind das die Nutzungsrechte an der Software einschließlich des Rechts zu ihrer Weiterverbreitung und Modifizierung? Zwar bestehen dogmatisch keine Bedenken, solche Güter als zulässige Schenkungsgegenstände einzuordnen, weil auch unkörperliche Güter und Rechte verschenkt werden können.[69] Eine Schenkung zeichnet sich aber nach allgemeiner Auffassung dadurch aus, dass der Schenker durch die schenkungsweise Zuwendung ärmer wird. Seine gegenwärtige Vermögenssubstanz muss dauerhaft vermindert werden.[70] Diese Entreicherung des Schenkers ist bei der Open-Source-Software höchst problematisch.[71] Als immaterielles Gut verbleibt die Software (auch) bei ihrem Urheber. Dasselbe gilt auch für die Nutzungsrechte, weil der Rechtsinhaber den Nutzern lediglich eine einfache und gerade keine ausschließliche Lizenz einräumt. Durch die Überlassung der Software als Open Source wird der Entwickler also nicht ärmer als zuvor. Teilweise wird allerdings argumentiert, die Entreicherung läge in dem Verzicht auf einen möglichen Verdienst.[72] Im Schuldrecht wird aber eine Entreicherung überwiegend verneint, wenn jemand auf einen möglichen Vermögenserwerb verzichtet.[73] Dafür spricht auch die Vorschrift des § 517 BGB, die das Unterlassen eines vorteilhaften Vermögenserwerbs ausdrücklich aus dem Schenkungsbegriff herausnimmt. Schuldrechtlich wäre also der Umstand, dass der Entwickler sich entschließt, seine Software als Open Source der Allgemeinheit kostenlos zur Verfügung zu stellen, anstatt sie als kommerzielle Software zu vertreiben und dabei Lizenzgebühren zu erzielen, nicht als Entreicherung aufzufassen. Die Situation ist die gleiche wie bei einem zinslosen Darlehen, das ebenfalls nicht als Schenkung gilt. Um die Schenkungslösung zu stützen,

---

68 Die Rechtsnatur der Software ist umstritten. Sie soll jedenfalls dann keine Sache i. S. d. § 90 BGB sein, wenn sie nicht auf einem Datenträger verkörpert ist. Bei Verkörperung wird dagegen die Sacheigenschaft teilweise bejaht: BGH NJW 2007, 2394 Tz. 15 m. w. N.; *Palandt/Ellenberger*, BGB, 75. Aufl. 2016, § 90 Rn. 2; Soergel/*Marly*, BGB, 13. Aufl. 2000, § 90 Rn. 3; *Bydlinski*, AcP 198 (1998), 287, 307; *König*, NJW 1993, 3121, 3124; eingehend *Marly* (Fn. 10), Rn. 717 ff., vom größten Teil der Literatur aber zu Recht abgelehnt, vgl. Staudinger/Jickeli/Stieper, BGB (2012), § 90 Rn. 12; MüKoBGB/*Stresemann*, 7. Aufl. 2015, § 90 Rn. 25; BeckOK BGB/*Fritzsche*, Stand: 1.2.2016, § 90 Rn. 26; Erman/*J. Schmidt*, BGB, 14. Aufl. 2014, § 90 Rn. 3; *Redeker*, NJW 1992, 1739; *Kort*, DB 1994, 1505; *Bormann/Bormann*, DB 1991, 2641, 2644; *Müller-Hengstenberg*, NJW 1994, 3128.
69 MüKoBGB/*Koch*, 6. Aufl. 2012, § 516 Rn. 5.
70 MüKoBGB/*Koch* (Fn. 69), § 516 Rn. 6.
71 So auch *Koch*, CR 2003, 333, 335; *Sester*, CR 2000, 797, 800.
72 *Deike*, CR 2003, 9, 15.
73 BGHZ 82, 354, 356 ff. = BGH NJW 1982, 820, 821 zur Gebrauchsüberlassung (vgl. aber BGHZ 101, 229, 232 f. = BGH NJW 1987, 2816, 2817 zur Arbeitsleistung); MüKoBGB/*Koch* (Fn. 69), § 516 Rn. 6; Jauernig/*Mansel*, BGB, 15. Aufl. 2014, § 516 Rn. 6; *Staudinger/Chiusi*, BGB, 2013, § 516 Rn. 23 f.; BeckOK BGB/*Gehrlein*, Stand: 1.2.2016, § 516 Rn. 4.

wird ferner vorgeschlagen, die Entreicherung in der Weitergabe einer Kopie der Software zu sehen.[74] Dabei wird argumentiert, die Entreicherung sei naheliegend, wenn die Software auf einem Datenträger gespeichert und dieser weggegeben werde. Von hier aus sei es nur ein gedanklicher Sprung zur Annahme, die Entreicherung trete auch dann ein, wenn die Software nicht verkörpert sei, denn schließlich könne „die Verbindung der Software mit einem physischen Datenträger für die Bestimmung des Vertragstyps nicht ausschlaggebend sein"[75]. Nun kann aber bereits der Prämisse, durch das Weggeben des Datenträgers werde die *Software* geschenkt, nicht gefolgt werden. Wenn ein Autor dem Leser ein Buch mit seinem Roman schenkt, verschenkt er nicht sein geistiges Werk. Der Beschenkte kann den Roman lesen und auf diese Weise nutzen, aber er kann darin keine Änderungen vornehmen. Bei der Open Source ist aber genau das Letztere bezweckt und wird durch die Offenlegung des Quellcodes auch technisch möglich gemacht. Es geht dabei um die *Freigabe* der Software als geistiges, unkörperliches Gut und nicht um die *Weggabe* des körperlichen Datenträgers mit einer darauf gespeicherten Kopie. Der Versuch, den Open-Source-Vertrag in den Korsett der Schenkung hineinzupressen, indem man – zumindest gedanklich – die Software versachlicht, geht also an der Natur der betroffenen Verhältnisse vorbei.

Die Pflichten des Nutzers, die in den Open-Source-Lizenzen enthalten sind, sorgen für weitere Ungereimtheiten. Das vom Schrifttum vorgeschlagene Modell der Handschenkung (§ 516 Abs. 1 BGB)[76] passt, wenn überhaupt, nur dann, wenn der Lizenznehmer die Software lediglich nutzt und nicht weiterverbreitet. Schon bei der Weiterverbreitung unveränderter Kopien muss der Lizenznehmer regelmäßig auf das Copyright hinweisen und allen Empfängern ein Exemplar der Lizenz zukommen lassen (oben A. III.). Im Fall der Verbreitung modifizierter Versionen entstehen weitere Pflichten, bei den Lizenzen mit strengem Copyleft-Effekt etwa die Offenlegung des gesamten Quellcodes. Diese Pflichten müssen schenkungsrechtlich erklärt werden. Das Argument, sie stünden nicht im unmittelbaren Zusammenhang mit der Zuwendung selbst und seien erst an die Vornahme zusätzlicher Handlungen geknüpft[77], bringt genauso wenig Licht in die Sache wie die Aussage, es werde „ein bedingtes Recht"[78] verschenkt. Diese rhetorischen Figuren sind nicht in der Lage, die Pflichten des „Beschenkten" in den Kategorien des Schenkungsrechts zu erklären.[79] Zudem ist die Bezeichnung „bedingtes Recht" irreführend; man müsste vielmehr von auf-

---

74 *Jaeger/Metzger* (Fn. 6), Rn. 207; *Deike*, CR 2003, 9, 15.
75 *Deike*, CR 2003, 9, 15.
76 *Metzger/Jaeger*, GRUR Int. 1999, 839, 847.
77 So *Metzger/Jaeger*, GRUR Int. 1999, 839, 847.
78 *Metzger/Jaeger* (Fn. 77).
79 Zu Recht kritisch *Sester*, CR 2000, 797, 800.

schiebend bedingten Pflichten sprechen. Weiterführend ist dagegen die Überlegung, diese Pflichten als eine schenkungsrechtliche Auflage (§ 525 BGB) aufzufassen. Eine Auflage wäre allerdings beurkundungspflichtig.[80] Mangels Beurkundung wären die in der Lizenz enthaltenen Verpflichtungen nichtig. Ferner wird bei der Nutzung der Open-Source-Software in so mancher Konstellation das Wertverhältnis zwischen der „Schenkung" und der „Auflage" nicht stimmen.[81] Grundsätzlich muss die Leistung des Beschenkten auf der Grundlage oder aus dem Wert der Zuwendung erbracht werden. Zwar werden insoweit keine strengen Anforderungen gestellt. Die Zuwendung und Auflage können sogar gleichwertig sein; es genügt, wenn dem Beschenkten laut subjektivem Parteiwillen nach Erfüllung der Auflage noch eine geringfügige Bereicherung, die auch in einem Zeitvorteil bestehen kann, verbleiben soll.[82] Wird aber eine unter der GPL stehende Open-Source-Software vom Nutzer mit einer proprietären Software verbunden, deren Wert den Wert des Open-Source-Programms erheblich übersteigt, so stünde die „Auflage", den Quellcode des gesamten Produkts der Allgemeinheit zur Verfügung zu stehen („viraler Effekt"), in keinem Verhältnis zur Zuwendung mehr. Schließlich passt die Auflagenlösung nicht zum dinglichen Sanktionsmodell der GPL. Beim Verstoß gegen die Verpflichtungen aus der GPL verliert der Lizenznehmer seine Nutzungsrechte automatisch (oben C. I.), während ein Beschenkter bei Nichtvollzug der Auflage mit einem bereicherungsrechtlichen Anspruch auf Rückgabe des Geschenks konfrontiert wird (§ 527 Abs. 1 BGB).[83]

Angesichts dieser Schwächen kann man die Auflagenkonstruktion für die Erklärung der Verpflichtungen des Nutzers von Open-Source-Software nicht fruchtbar machen. Vielmehr müssten diese Verpflichtungen als Gegenleistung für die kostenlose Überlassung der Software qualifiziert werden.[84] Sie wären mit der Softwareüberlassung zwar nicht synallagmatisch, wohl aber konditional verknüpft. Eine solche Verknüpfung zeichnet sich dadurch aus, dass die Gegenleistung im Rahmen einer finalen Bindung mit der eigenen Leistung erstrebt wird. Zu diesem Zweck wird die Leistung des anderen zur Wirksamkeitsbedingung für die eigene Leistungspflicht gemacht.[85] Diese Konstruktion passt im Gegensatz zur Auflage gut zur Einräumung der Nutzungsrechte unter auflösender Bedingung, die bei der GPL praktiziert wird. Sie nötigt allerdings dazu, die vertragliche Beziehung in einen unentgelt-

---

80 BeckOK BGB/*Gehrlein* (Fn. 73), § 518 Rn. 3; MüKoBGB/*Koch* (Fn. 69), § 525 Rn. 1; Soergel/Eckert, 13. Aufl. 2014, § 525 Rn. 2; *Koch*, CR 2003, 333, 335; zweifelnd Erman/*Herrmann* (Fn. 68), § 525 Rn 2.
81 Vgl. *Sester*, CR 2000, 797, 800.
82 BeckOK BGB/*Gehrlein* (Fn. 73), § 525 Rn. 3.
83 *Sester*, CR 2000, 797, 800.
84 Vgl. *Koch*, CR 2003, 333, 335.
85 MüKoBGB/*Koch* (Fn. 69), § 516 Rn. 27.

lichen und einen entgeltlichen Teil aufzuspalten. Der unentgeltliche Teil würde nur einen reinen Gebrauch der Software umfassen; der entgeltliche Teil würde dem Nutzer darüber hinaus das Recht auf Weiterverbreitung und Veränderung gewähren, verknüpft mit der Verpflichtung, die Lizenzbestimmungen zu erfüllen. Der Gesamtvertrag wäre dann als eine gemischte Schenkung einzuordnen, wobei der erste Teil dem Schenkungsrecht zu unterstellen wäre (was aber eine sehr große Flexibilität im Umgang mit dem Merkmal der Entreicherung voraussetzen würde), für den zweiten Teil aber ein anderer Vertragstypus gesucht werden müsste.

Probleme ergeben sich auch im Hinblick auf die Ziele des „Schenkers". Vor dem Hintergrund der Philosophie der Open-Source-Software könnte man durchaus argumentieren, die Einräumung von Nutzungsrechten erfolgt nicht aus reiner Freigiebigkeit, sondern in der Erwartung, dass die Nutzer-Community das Programm verbessert und ihm zu einer großen Verbreitung verhilft. Der Umstand, dass viele Nutzer dazu nicht in der Lage sein werden, schadet nicht. Dank der globalen Vernetzung besteht eine absolut realistische Chance, viele kluge Köpfe zu finden, die Interesse am Projekt haben werden. *Sester* bringt dies (allerdings in einem anderen Zusammenhang) auf den Punkt: „Mögen zahlreiche Nutzer auch zu unbegabt oder zu uninteressiert sein, um sinnvolle Innovationen zu entwickeln, so ändert dieser Umstand jedoch nichts an der folgenden Strategie: Das Ziel der Preisgabe vorhandenen Know-hows besteht in der Akquisition neuen Know-hows."[86] Die Tätigkeit der Community geschieht wiederum zum Vorteil des Erstentwicklers, der dadurch ideell (Berühmtheit) und wirtschaftlich (Einnahmen aus Serviceleistungen, Werbung etc.) profitieren kann. Die Situation erinnert etwas an die Abgrenzung zwischen Schenkungen und ehebezogenen Zuwendungen. Schenkungen erfolgen nach dem Willen der Parteien unentgeltlich im Sinne einer echten Freigebigkeit und werden nicht an die Erwartung des Fortbestands der Ehe geknüpft. Ehebezogene Zuwendungen liegen dagegen vor, wenn ein Ehegatte dem anderen einen Vermögenswert um der Ehe willen und als Beitrag zur Verwirklichung und Ausgestaltung, Erhaltung oder Sicherung der ehelichen Lebensgemeinschaft zukommen lässt, wobei er die Vorstellung oder Erwartung hegt, dass die eheliche Lebensgemeinschaft Bestand haben und er innerhalb dieser Gemeinschaft am Vermögenswert und dessen Früchten weiter teilhaben werde (Geschäftsgrundlage der Zuwendung).[87] Man würde sicherlich zu weit gehen, wenn man die Erwartung des Entwicklers, durch die Community unterstützt zu werden, wie bei einer ehebezogenen Zuwendung zur „Geschäftsgrundlage" der Softwareüberlassung küren würde. Man sollte aber diesen Umstand als Indiz für eine eigenständige Rechtsnatur des Open-Source-Vertrags werten. Die For-

---

86 *Sester*, CR 2000, 797, 800.
87 MüKoBGB/*Koch* (Fn. 69), § 516 Rn. 62.

mulierung „sollte" ist mit Bedacht gewählt worden. Dogmatisch könnte man der Erwartung des Programmierers auch dadurch Rechnung tragen, dass man eine Zweckschenkung annimmt. Eine lediglich tatsächliche Willensübereinstimmung der Beteiligten über den verfolgten Zweck, die eine Zweckschenkung auszeichnet, ist hier gegeben. Diese Kategorisierung würde aber die Akzente falsch setzen und die soziale Wirklichkeit nur unzureichend abbilden.

Zusammenfassend lässt sich sagen, dass der Vertragstypus der Schenkung auf die Rechtsbeziehung zwischen Entwicklern und Nutzern im Open-Source-Netzwerk nicht richtig passt. Die größten Probleme bereitet dabei das Merkmal der Entreicherung des Schenkers. Ferner müsste man, wenn überhaupt, von einer gemischten Schenkung sprechen, wobei nur der bloße Softwaregebrauch dem Schenkungsrecht unterfallen würde (als Handschenkung nach § 516 Abs. 1 BGB). Auf diese (Zweck-)Schenkung würden aber wiederum nicht alle Rechtsfolgen der Schenkung passen. So scheint hier sowohl die Rückforderung wegen Verarmung des Schenkers (§§ 528 f. BGB) als auch das Widerrufsrecht bei grobem Undank des Beschenkten (§§ 530 ff. BGB) nicht anwendbar zu sein. Die einzigen Rechtsfolgen, die einen Sinn ergeben würden, sind die Haftungsprivilegierungen der §§ 521, 523 und 524 BGB. Der Ertrag wäre also recht überschaubar, vor allem wenn man bedenkt, dass sich die Haftungsprivilegierung auch mit weniger Aufwand erreichen lässt, etwa durch eine bloße Analogie zum Schenkungsrecht.

Die Unzulänglichkeiten der Schenkungslösung haben im Schrifttum eine andere Rechtsfigur zutage gefördert, nämlich die Gesellschaft bürgerlichen Rechts. Die GbR wird vor allem deshalb in Betracht gezogen, weil das BGB insoweit keine großen Anforderungen stellt und „seine Gesellschaft bis an die Grenzen des Vorstellbaren ausdehnt"[88]. Es müssen lediglich zwei Voraussetzungen erfüllt sein: ein gemeinsamer Zweck und die Pflicht, diesen Zweck zu fördern. Zum gemeinsamen Zweck kann dabei jeder erlaubte, dauernde oder vorübergehende Zweck gemacht werden, sofern er durch Leistungen gefördert werden kann.[89] Ein solcher gemeinsamer Zweck wird bei der Open-Source-Software in deren (Weiter-)Entwicklung, Verbreitung und Verbesserung gesehen.[90] Die zweite Voraussetzung einer BGB-Gesellschaft ist die vertragliche Verpflichtung der Gesellschafter, den gemeinsamen Zweck zu fördern (die allgemeine Förderpflicht). Es handelt sich hierbei um eine Kardinalpflicht, d. h. um ein wesentliches Element des

---

[88] *Wiedermann*, Gesellschaftsrecht, Bd. II, 2004, S. 595.
[89] MüKoBGB/*Ulmer*/*Schäfer*, 6. Aufl. 2013, § 705 Rn. 144 ff.; Palandt/*Sprau* (Fn. 68), § 705 Rn. 20.
[90] *Sester*, CR 2000, 797, 801; *Schiffner* (Fn. 6), S. 234.

Gesellschaftsvertrages, das unbedingt vorhanden sein muss.[91] Allerdings zeigt sich das BGB auch hier großzügig und lässt Förderpflichten mit unterschiedlichstem Inhalt zu. Als Gegenstand der Förderpflicht kommt daher nicht nur die Leistung von gegenständlichen Beiträgen[92], sondern jede Art von Handlungen und sogar von vertraglich geschuldeten Unterlassungen in Betracht (z. B. ein vertragliches Wettbewerbsverbot). Der Gesellschaftsvertrag muss allerdings irgendwelche Tätigkeitspflichten im Rahmen der Gesellschaft statuieren, und sei es die mittelbare Förderung durch Stärkung der Kreditgrundlage oder des *good will* der Gesellschaft als Folge des Gesellschafterbeitritts.[93] Diejenigen, die das Open-Source-Netzwerk als Gesellschaft ansehen, bejahen die Förderpflicht vor dem Hintergrund, dass die Verbreitung der Software an bestimmte Lizenzbedingungen geknüpft ist. Die Verpflichtung der Lizenznehmer, diese Bedingungen zu erfüllen, stelle ihre gesellschafterliche Förderpflicht dar.[94] Die Qualifizierung des Netzwerks als Gesellschaft führt dazu, dass das AGB-Recht nach § 310 Abs. 4 BGB nicht anwendbar ist. Die Haftung der Beteiligten bestimmt sich nach § 708 BGB, so dass sie für die eigenübliche Sorgfalt, also grundsätzlich nur für Vorsatz und grobe Fahrlässigkeit haften (§ 277 BGB). Im Ergebnis bestehen daher keine Unterschiede zur Schenkungslösung.

Trotz der Subsumtion der Entwicklergemeinschaft unter die Merkmale der BGB-Gesellschaft haben manche doch Unbehagen, das Netzwerk tatsächlich als GbR zu bezeichnen. Sie weisen auf die Unterschiede hin, die das Open-Source-Netzwerk im Vergleich zum gesetzlichen Leitbild der GbR aufweist (eine unbegrenzte Zahl von „Gesellschaftern", die sich nicht versammeln können und wollen; kein Gesellschaftsvermögen; keine Vertretungsbefugnisse; keine Ansatzpunkte für eine Haftungsgemeinschaft), und sprechen lieber von „der Nähe zur BGB-Gesellschaft".[95] Nun sind aber weder die regelmäßig stattfindenden Gesellschafterversammlungen noch ein Gesellschaftsvermögen für eine GbR zwingend. Aufgrund der lockeren Tatbestandsvoraussetzungen gibt es in der Praxis unterschiedlichste Erscheinungsformen der BGB-Gesellschaft.[96] Daran soll also die Qualifizierung des Netzwerks als GbR nicht scheitern. Schwieriger ist die Frage, ob die Eingangsthese stimmt, d. h. ob die Tatbestandsmerkmale einer GbR wirklich vorliegen. Zweifel bestehen schon im Hinblick darauf, ob der gemeinsame Zweck – die Softwareentwicklung, -verbreitung und -verbesserung – verbindlich festgelegt wird. Durch diese Festlegung unterscheidet

---

91 *Wiedermann* (Fn. 88), S. 594; Henssler/Strohn/*Servatius*, Gesellschaftsrecht, 2. Aufl. 2014, § 705 BGB Rn. 20.
92 *Grunewald*, Gesellschaftsrecht, 9. Aufl. 2014, § 1 Rn. 8.
93 MüKoBGB/*Ulmer*/*Schäfer* (Fn. 89), § 705 Rn. 154.
94 *Sester*, CR 2000, 797, 801; *Schiffner* (Fn. 6), S. 235.
95 So *Sester*, CR 2000, 797, 801.
96 Dazu *Wiedermann* (Fn. 88), S. 605 ff.

sich der Gesellschaftszweck von bloß gleichgerichteten, nicht zum Gegenstand rechtsgeschäftlicher Bindungen gemachten Interessen der Beteiligten.[97] Im Zusammenhang mit der Schenkung wurde bereits erwähnt, dass der Urheber zwar mit der Hilfe der Nutzer rechnet, insoweit aber keine Ansprüche stellt oder Erwartungen hegt, die die Qualität einer Geschäftsgrundlage hätten. Daher wäre es auch verkehrt, von einer rechtsverbindlichen Festlegung eines gemeinsamen Zwecks zu sprechen. Noch problematischer erscheint die Annahme einer Förderpflicht der Nutzer. Nimmt man den Wortlaut der Open-Source-Lizenzen ernst, so sind die Nutzer gerade *nicht verpflichtet*, den „gemeinsamen Zweck" zu fördern.[98] Die Verbreitung und Weiterentwicklung der Software geschieht auf freiwilliger Basis, und zwar auch dann, wenn es sich bei den Nutzern um erfahrene Programmierer handelt. Diese Freiwilligkeit schließt die Förderpflicht zwingend aus. Der Umstand, dass die Nutzer bestimmte Verpflichtungen haben, *falls* sie sich entschließen, zur Verbesserung der Software beizutragen (man denke an die Plicht zur Offenlegung des Quellcodes der modifizierten Software), ändert nichts daran, dass sie zu einer solchen Verbesserung nicht verpflichtet sind. Man kann insoweit von einem Förderrecht bzw. einer Fördermöglichkeit, nicht aber von einer Förderpflicht sprechen.

Gegen die gesellschaftsrechtliche Lösung spricht außerdem, dass ihre Vertreter geneigt sind, die rechtliche Qualifizierung der Vertragsbeziehungen davon abhängig zu machen, wer als Vertragspartner des Urhebers auftritt. Die BGB-Gesellschaft soll nur dann in Frage kommen, wenn der Vertragspartner als (Mit-)Entwickler tätig sein will. Eine Gesellschaft entsteht also zwischen Software-Experten bzw. fortgeschrittenen Nutzern.[99] Will der Vertragspartner dagegen das Programm lediglich zum privaten Gebrauch nutzen, was bei einem Laien regelmäßig der Fall sein wird, so weicht das einschlägige Schrifttum wieder auf eine Schenkung bzw. auf eine „Gefälligkeit mit rechtsgeschäftlichem Charakter" aus.[100] Die Trennung wird durch unterschiedliche Vertragsschlusskonstruktionen vergrößert. Soll die Software nur zum privaten Gebrauch genutzt werden, so genüge ein einziges Rechtsgeschäft, wobei das Angebot des Rechtsinhabers *ad incertas personas* durch Gebrauchshandlungen des Nutzers angenommen werde, ohne dass die Annahme dem Rechtsinhaber zugehen müsse (§ 151 S. 1 BGB). Soll der Nutzer dagegen auch das Recht zur Modifizierung der Software bekommen,

---

97 MüKoBGB/*Ulmer*/*Schäfer* (Fn. 89), § 705 Rn. 148.
98 So auch *Jaeger*/*Metzger* (Fn. 6), Rn. 197 f., die zutreffend darauf hinweisen, dass Open-Source-Projekte nur dann als Gesellschaften eingeordnet werden können, wenn neben den Lizenzen bestehende, zusätzliche Vereinbarungen dies rechtfertigen; fehle es an solchen Vereinbarungen, so verbiete sich der Rückgriff auf gesellschaftsrechtliche Strukturen.
99 *Schiffner* (Fn. 6), S. 235; vgl. auch *Sester*, CR 2000, 797, 801, der von „Linux"-Experten spricht.
100 *Schiffner* (Fn. 6), S. 230 ff.

so müsse er ein zusätzliches Rechtsgeschäft abschließen. Hierzu bedarf es konsequenterweise eines zweiten Angebots und in der Tat wird ein solches bejaht: „In jeder Freigabe als Open Source Software ist das Angebot der Rechtsinhaber auf Einräumung der erweiterten Möglichkeiten enthalten."[101] Dieses (Zusatz-)Angebot werde konkludent durch die Modifizierung der Software angenommen, wobei der Zugang der Annahmeerklärung wiederum entbehrlich sei.[102] Die Konstruktion der zwei Verträge ist nicht nur relativ kompliziert; sie spaltet einen einheitlichen Lebenssachverhalt in mehr oder weniger willkürlich abgegrenzte Teile auf, ohne dass eine dringende Notwendigkeit dazu besteht. Es ist lebensfremd anzunehmen, dass der Rechtsinhaber der Allgemeinheit verschiedene Angebote macht. Wäre dem so, dann würde er gar nicht wissen, mit welchen Nutzern er welche Verträge abgeschlossen hat, da die Annahmeerklärungen der Nutzer ihm nicht zugehen. Schon aus diesem Grund muss man davon ausgehen, dass der Rechtsinhaber *ein* Angebot mit verschiedenen Nutzungsbefugnissen macht. Die Position des Lizenznehmers kann man mit der eines Restaurantbesuchers vergleichen: Er kann sich anhand der Speisekarte verschiedene Menüs zusammenstellen, aber er bekommt nicht mehrere Speisekarten mit je einem Menü vorgelegt. Die Aufspaltung in zwei Verträge erfolgt ferner willkürlich, weil auch andere Differenzierungen denkbar sind, etwa eine eigene Vertragsart für den Fall, dass der Nutzer das Programm ohne Änderungen weiterverbreiten will. Da sich verschiedene Nutzungsbefugnisse beliebig kombinieren lassen, könnte man sogar weitere Vertragsarten konstruieren, sodass man nicht bei zwei oder drei stehen bleiben würde. Fraglich ist auch die Rechtslage des Nutzers, der zur Entwicklung des Programms nur als Beta-Tester beitragen will, indem er dem Entwickler Fehlermeldungen übermittelt. Soll er nur als „Beschenkter" oder bereits als „Gesellschafter" und Mitentwickler angesehen werden? Die Übergänge dürften fließend sein, was ebenfalls gegen die gespaltene Lösung spricht.

Da weder Schenkung noch Gesellschaft oder ein anderer im BGB geregelter Vertragstyp auf die Beziehungen im Open-Source-Netzwerk passt, muss man von einem Vertrag *sui generis* ausgehen. Dagegen wird vorgebracht, dass die Zuordnung der Rechtsbeziehungen zu einem oder mehreren bekannten Vertragstypen einen Gewinn an Rechtssicherheit mit sich bringe. Diese Rechtssicherheit habe man nicht, wenn man den Open-Source-Vertrag als Vertrag *sui generis* ansehe.[103] Diese Angst kann man nur schwer nachvollziehen. Die Wirtschaftspraxis in Deutschland hat es noch nie gestört, dass im BGB nicht alle denkbaren Vertragstypen geregelt sind. Sie hat bei

---

101 *Schiffner* (Fn. 6), S. 238.
102 *Schiffner* (Fn. 6), S. 238.
103 *Schiffner* (Fn. 6), S. 238; auch *Koch*, CR 2000, 333, 335 sieht bei einem Vertrag *sui generis* das Problem reduzierter Rechtssicherheit, allerdings vor dem Hintergrund der (damals) noch fehlenden Rechtsprechung.

Bedarf neue Lösungen entwickelt oder Vertragsarten aus fremden Rechtsordnungen übernommen (man denke an Leasing, Factoring oder Franchise-Vertrag). Die Rechtsprechung hat ihrerseits solche unbenannten Vertragstypen anerkannt. Auch im Bereich der Open Source hat sie sich bisher immer bemüht, den Vereinbarungen der Parteien so weit wie möglich Rechnung zu tragen. Schon angesichts dieser Rechtsprechung kann man kaum von einer unsicheren Rechtslage ausgehen. Das Schrifttum geht daher sehr konservativ und positivistisch vor, indem es versucht, den Vertrag gewaltsam in die vorhandenen Vertragstypen hineinzupressen. Dadurch kann man mehr Schaden anrichten als Nutzen ziehen. Der Gewinn an Rechtssicherheit, der dabei propagiert wird, ist jedenfalls illusorisch, denn von den Normen, die den jeweiligen Vertragstyp regeln (Schenkung, Gesellschaft); werden in Wirklichkeit nur die Haftungsbeschränkungen genutzt. Für diese Illusion zahlt man aber einen realen Preis: Die Chancen, im Bereich der Open-Source-Verträge neue, kreative Lösungen zu entwickeln, werden vertan.

II. Auswirkungen auf die Haftung und Gewährleistung

Die Qualifizierung des Open-Source-Vertrags als *Vertrag sui generis* kann uns z. B. einen freieren Blick auf die Haftung und Gewährleistung verschaffen. *De lege lata* käme allerdings auch dieses Modell zum gleichen Ergebnis wie die Schenkungslösung. Die Vertragsbedingungen würden der AGB-Kontrolle nach §§ 305 ff. unterfallen und ihr nicht standhalten. Auch unter der Berücksichtigung der altruistischen Motivation des Rechtsinhabers würde man annehmen, dass dieser wie ein Schenker zumindest für Vorsatz und grobe Fahrlässigkeit haftet.

De lege ferenda könnte man allerdings über eine Regelung nachdenken, die eine möglichst umfassende Haftungsfreizeichnung bei einer unentgeltlichen Überlassung der Open-Source-Software ermöglicht. Technisch wäre dies durch die Herausnahme der entsprechenden Verträge aus dem Anwendungsbereich des AGB-Rechts zu erreichen. Eine „unverrückbare" Grenze würde auch dann § 276 Abs. 3 BGB darstellen, wonach die Haftung wegen Vorsatzes vertraglich nicht abbedungen werden kann. Die Haftung für Fahrlässigkeit könnte aber durch Vertrag ausgeschlossen werden; das Gleiche gälte auch für die Deliktsansprüche.[104] Solche Ausschlussmöglichkeiten würden den Bedingungen der Open-Source-Lizenzen mehr Rechnung tragen. Man muss bedenken, dass die derzeit geltende Haftung für Vorsatz und grobe Fahrlässigkeit den Betroffenen ohnehin wenig nutzt. Sie kann die Risiken, die beim Einsatz der Open-Source-Software entstehen können[105], nicht aufwiegen. Deshalb geht die Praxis ohnehin eigene Wege: Die

---

104 Dazu MüKoBGB/*Wagner* (Fn. 89), vor §§ 823 ff Rn. 74.
105 *Heussen*, MMR 2004, 445 f. bringt als Beispiel den Einsatz einer fehlerhaften Krankenhaus-Software, bei dem Patienten durch falsch dosierte Strahlungen verletzt werden.

Nutzer (Unternehmen, Kommunen etc.) beschäftigen entweder eigene Experten, die die Risiken der Open-Source-Software vor ihrem Einsatz zuverlässig beurteilen können, oder beziehen die Software über einen externen IT-Dienstleister, der diese Risiken ebenfalls einschätzen kann und vertraglich für eventuelle Schäden und Mängel haftet. Ein solcher Dienstleister kann darüber hinaus Supportleistungen wie Beratung, Installation der Software, Migration von Daten, Schnittstellenprogrammierung und Schulung von Mitarbeitern erbringen.[106] Die Möglichkeit, in den Lizenzbedingungen die Fahrlässigkeitshaftung auszuschließen, wäre also keine rechtliche Revolution, sondern ein symbolischer Schritt, der die Rechtswirklichkeit an die Lebensrealität annähern würde.

E. Fazit

Die Rechtsbeziehungen im Open-Source-Netzwerk lassen sich durch die klassische Kombination vom Verfügungs- und Verpflichtungsgeschäft beschreiben. Gegenstand des Verfügungsgeschäfts ist die Einräumung einfacher Nutzungsrechte nach § 31 Abs. 2 UrhG. Diese Rechtseinräumung ist bei der GPL durch die Lizenzverletzung auflösend bedingt (§ 158 Abs. 2 BGB). Die Rechte werden ferner vom jeweiligen Rechtsinhaber direkt erworben (Direktlizenzierung), es entsteht keine Lizenzkette.

Dank der Direktlizenzierung kommt die auflösende Bedingung, die eine dingliche Beschränkung des Verbreitungsrechts darstellt, nicht in Konflikt mit dem Erschöpfungsgrundsatz des Urheberrechts.

Das Verpflichtungsgeschäft lässt sich im Falle der unentgeltlichen Überlassung der Software keinem im BGB geregelten Vertragstypus zuordnen. Insbesondere handelt es sich dabei weder um eine Schenkung noch um eine BGB-Gesellschaft. Der Vertrag ist daher als ein unentgeltlicher Vertrag *sui generis* einzustufen. Diese Qualifizierung erlaubt *de lege ferenda* neue Gestaltungsmöglichkeiten, insbesondere einen Ausschluss der Haftung wegen Fahrlässigkeit.

---

[106] *Sobola*, ITRB 2011, 168, 170.

Familienmitglieder als gemeinsam vorgehende Rechtsträger?

Sixtus-Ferdinand Kraus[*]

Inhalt

A.	**Einführung**	356
B.	**Der Garten der Übernahmekommission („ÜbK")**	356
I.	Stellungnahme A. AG	357
II.	Bescheid CWI	360
III.	Zusammenfassung	361
C.	**Der Garten der Lehre**	362
D.	**Der Garten des ÜbG**	363
I.	Einführung	363
II.	Vorbemerkungen zum Regelungskonzept gemeinsam vorgehender Rechtsträger	364
III.	Fragestellung	365
IV.	Gemeinsam vorgehende Rechtsträger	365
	1. Grundtatbestand (§ 1 Nr. 6 S. 1 ÜbG)	365
	2. Vermutung bei Aufsichtsratswahlen (§ 1 Nr. 6 S. 2 2. Fall ÜbG)	367
	3. Vermutung bei Beherrschungsverhältnis (§ 1 Nr. 6 S. 2 1. Fall ÜbG)	367
	4. Zusammenfassung	368
V.	Befreiung von der Angebotspflicht	368
	1. Ausnahmen gem. § 24 ÜbG	369
	2. Ausnahmen gem. § 25 ÜbG	371
	3. Übertragung auf unentgeltlicher Grundlage (§ 25 Abs. 1 Nr. 4 1. Fall ÜbG)	371
	a) Einführung	371
	b) Die Vorgängerbestimmung	373
	c) Grundwertung des Befreiungstatbestands	373
	d) Der Sonderfall aufsichtsrechtlicher Interventionen (§ 25 Abs. 3 ÜbG)	374
	e) Zwischenergebnis	376
	4. Mittelbare Übertragung von Aktien auf Angehörige (§ 25 Abs. 1 Nr. 5 ÜbG)	376
	5. Übertragung auf beherrschte Privatstiftung (§ 25 Abs. 1 Nr. 5 2. Fall ÜbG)	380
	6. Zusammenfassung	381
E.	**Zusammenführende Überlegungen**	382

[*] Dr. iur., Universität Wien.

A. Einführung

Das Organisationsteam der 26. Jahrestagung der Gesellschaft Junger Zivilrechtswissenschaftler fasst unter das Generalthema „Netzwerke im Privatrecht" einen „ganzen Strauß von Problemen". Einzelne Blumen dieses Straußes – um in der bildlichen Sprache des Call for Papers zu bleiben – sind das Acting in Concert und der Familienverband. Zwei Blumen, die jede für sich ganz unterschiedliche Blüten von Problemen tragen. Wohl aber zögert man beim Zusammenstellen eines Straußes, diese beiden Blumen zu kombinieren. Und doch, es sind auch solche Sträußchen schon gebunden worden.

B. Der Garten der Übernahmekommission („ÜbK")

Bewegt man sich durch den gepflegten Garten der Übernahmekommission („ÜbK"),[1] stellt man zunächst recht schnell fest, wie häufig dort die Blume des gemeinsamen Vorgehens i. S. d. § 1 Nr. 6 ÜbG gesät wurde.[2] Kommt sie auch zur Blüte, oder um in eine rechtliche Terminologie zu wechseln, sind Beteiligungspapierinhaber gemeinsam vorgehende Rechtsträger, sind ihnen ihre Beteiligungen wechselseitig zuzurechnen (§ 23 Abs. 1 ÜbG). Führt die wechselseitige Beteiligungszurechnung zum Erlangen übernahmerechtlicher Kontrolle (s. § 22 Abs. 2 f ÜbG)[3], entsteht die Angebotspflicht (s. § 22 Abs. 1 ÜbG). Das ist grosso modo die Pflicht, allen übrigen Beteiligungspa-

---

[1] Alle veröffentlichten Entscheidungen (= Bescheide und Stellungnahmen) der ÜbK sind abrufbar unter www.takeover.at, zuletzt eingesehen am 06.04.2016.

[2] *Winner*, in: FS Jud, 2012, S. 801, 803, Vorsitzender der ÜbK, schätzt, dass das gemeinsame Vorgehen „*ein Schlüsselthema für ca 50% der Erledigung der ÜbK*" sei.

[3] Das ÜbG unterscheidet zwischen der unmittelbar (§ 22 Abs. 2 ÜbG) und der mittelbar kontrollierenden Beteiligung (§ 22 Abs. 3 ÜbG). Die unmittelbar kontrollierende Beteiligung folgt seit dem ÜbRÄG 2006 dem Konzept einer formellen Kontrollschwelle (vgl. allg. zur Unterscheidung zwischen materiellem und formellem Kontrollbegriff statt vieler *Diregger/Winner*, WM 2002, 1583, 1584; *Gall*, Die Angebotspflicht nach dem Übernahmegesetz, 2003, S. 125 ff). Dabei wird aber zugunsten des Aktionärs berücksichtigt, wenn seine formell kontrollierende Beteiligung materiell/faktisch keine Kontrolle über die Zielgesellschaft ermöglicht (s. dazu unten Kapitel D. V.). Unmittelbar (formell) kontrollierend ist eine Beteiligung, sofern sie mehr als 30 Prozent der auf die ständig stimmberechtigten Aktien entfallenden Stimmrechte vermittelt. Bei der mittelbar kontrollierenden Beteiligung ist diese formelle Kontrollschwelle stets auch für die Beurteilung der unmittelbaren Kontrolle über die Zielgesellschaft maßgeblich. Dagegen muss für die Kontrolle über den vermittelnden Rechtsträger, also jenen, der nicht unmittelbar an der Zielgesellschaft beteiligt ist, differenziert werden. Ist der vermittelnde Rechtsträger eine börsennotierte AG (§ 2 ÜbG), ist für die Kontrolle über diesen ebenfalls die formelle Kontrollschwelle maßgeblich. Hat der vermittelnde Rechtsträger dagegen eine andere Rechtsform, ist das Bestehen eines „beherrschenden Einflusses" über diesen zu prüfen, sodass neben Stimmrechten aus ständig stimmberechtigten Anteilen auch andere Beherrschungsmittel für das Bestehen von Kontrolle relevant werden.

pierinhabern den Kauf ihrer Beteiligungspapiere zu einem gesetzlich festgelegten, insofern also nach der Bewertung des Gesetzgebers „fairen" Preis (s. § 26 ÜbG) anzubieten. Bei gemeinsam vorgehenden Rechtsträgern trifft die Angebotspflicht zwar grundsätzlich (§ 23 Abs. 3 S. 1 ÜbG, siehe aber auch die Ausnahme von den Bieterpflichten gem. Abs. 3 S. 2 leg. cit.) jeder von diesen, sie können die Angebotspflicht allerdings durch die Abgabe eines gemeinsamen Kaufangebots erfüllen.

Naturgemäß liegen den Entscheidungen zum gemeinsamen Vorgehen mannigfaltige Sachverhalte zu Grunde. Auf einer höheren Abstraktionsebene[4] betreffen sie jedoch oft das koordinierte Stimmverhalten (bei der Wahl von Aufsichtsratsmitgliedern [s. dazu § 1 Nr. 6 S. 2 ÜbG]) und Änderungen von bereits bestehenden Stimmbindungsverträgen (s. dazu § 22a Nr. 3 ÜbG). Gemeinsames Vorgehen bei Aufsichtsratswahlen oder auch bei der Umgestaltung von Syndikatsverträgen wird zwar häufig in Kombination mit der hier zu untersuchenden Fragestellung auftreten, es soll aber nicht Gegenstand dieses Beitrags sein. Vielmehr widmet sich diese Untersuchung ausschließlich der Frage, ob Rechtsträger gemeinsam vorgehende Rechtsträger i. S. d. § 1 Nr. 6 ÜbG schon allein deswegen sind, weil sie Mitglieder derselben Familie sind.

Für das Binden dieses Blumenstraußes geben trotz der Vielzahl der Entscheidungen zum gemeinsamen Vorgehen lediglich zwei jüngere Erkenntnisse Anleitungen. Diese Anleitungen finden sich einerseits in der Stellungnahme A. AG[5] und andererseits im Bescheid CWI der ÜbK.[6] Sie sollen einführend in gebotener Kürze dargestellt werden.

I. Stellungnahme A. AG

Im Jahr 2013 hatte der 1. Senat der ÜbK[7] eine geplante Änderung in der Gesellschafterstruktur der A. AG zu beurteilen.[8]

---

4 *Winner* (Fn. 2, S. 805) warnt davor, aus Entscheidungen der ÜbK abstrakte Rechtssätze ohne den Hintergrund des jeweils zu Grunde liegenden Sachverhalts zu berücksichtigen.
5 ÜbK vom 14.10.2013, GZ 2013/1/5–16.
6 ÜbK vom 18.3.2015, GZ 2014/1/8–74.
7 Den Vorsitz des 1. Senats führte wegen Befangenheit von Univ.-Prof. Dr. Martin Winner der Vorsitzende des 2. Senats, o. Univ.-Prof. Dr. Josef Aicher.
8 ÜbK vom 14.10.2013, GZ 2013/1/5–16.

Die Ausgangsposition war folgende:

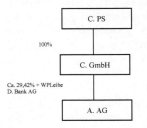

Die C. GmbH war mit cirka 29,42 Prozent an der börsenotierten A. AG beteiligt. Außerdem hatte sie eine Wertpapierleihe mit der D. Bank AG über cirka 2,31 Prozent an der A. AG geschlossen. Einzige Gesellschafterin der C. GmbH war die C. Privatstiftung. Stifter der C. Privatstiftung war das Ehepaar W. L. und C. L.. W. L. konnte die C. Privatstiftung i. S. d. ÜbG beherrschen (s. dazu gleich unten), war außerdem Geschäftsführer der C. GmbH und Vorstandsvorsitzender der A. AG.

Erster Schritt der Änderung der Gesellschafterstruktur:

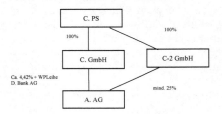

Von der C. GmbH sollten unter anderem mindestens 25 Prozent der Beteiligung an der A. AG auf eine C-2 GmbH abgespalten werden, die von der P. Privatstiftung gegründet werden sollte. Bei der C. GmbH sollten daher eine Beteiligung von cirka 4,4 Prozent an der A. AG und eine Wertpapierleihe mit der Deutschen Bank verbleiben.

Zweiter Schritt der Änderungen der Gesellschafterstruktur:

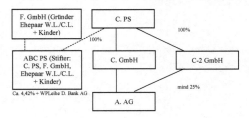

Es sollte die ABC-Privatstiftung gegründet werden. Stifter der ABC-Privatstiftung sollen das Ehepaar W. L., C. L., ihre beiden großjährigen Kinder, die C. Privatstiftung und eine F. GmbH sein. Die F. GmbH sollte vom Ehepaar W. L, C. L. und ihren beiden großjährigen Kindern gegründet werden.

Dritter Schritt der Änderung der Gesellschafterstruktur:

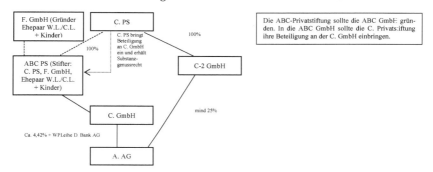

Diesen Sachverhalt zu Grunde gelegt untersuchte die ÜbK, ob die ABC-Privatstiftung – genauso wie die C. Privatstiftung – von W. L. bzw. von ihm und seiner Ehefrau (C. L.) im übernahmerechtlichen Sinn kontrolliert werden konnte. Denn wäre das der Fall, wären die ABC-Privatstiftung und die C. Privatstiftung gemeinsam vorgehende Rechtsträger und die von ihnen mittelbar gehaltenen Anteile an der A. AG daher zusammenzurechnen. Das hätte das Überschreiten der Kontrollschwelle und damit das Entstehen der Angebotspflicht zur Folge gehabt.

Die rechtlichen Ausführungen der ÜbK bewegen sich zunächst auf bekanntem Terrain. In mehreren Vorentscheidungen[9] hatte die ÜbK nämlich bereits judiziert, dass die Privatstiftung zwar idealtypisch ein eigentümerloser Vermögensträger sei.[10] Aus Sicht des Übernahmerechts sei jedoch anzuerkennen, dass das Privatstiftungsgesetz dem Stifter einen Gestaltungsspielraum eröffnet, der es ihm ermöglicht, sich eine Position zu verschaffen, die jener eines Gesellschafters einer Kapitalgesellschaft materiell ähnelt.[11] Ob

---

9 Der Vollständigkeit halber ist zu erwähnen, dass die Bescheide der ÜbK vom 19.4.2011, GZ 2001/1/3–27 und vom 26.11.2001, GZ 2001/2/8–24 zwar noch zur Rechtslage vor dem Übernahmerechts-Änderungsgesetz 2006 („ÜbRÄG 2006", BGBl I 2006/75) ergangen sind, die ÜbK ihre darin vertretene Rechtsansicht inzwischen aber auch zur geltenden Rechtslage bestätigt hat (vgl. Übk vom 31.1.2008, GZ 2007/3/3–157 [RHI AG]).

10 Vgl. auch RIS-Justiz RS0052195.

11 Vgl. ÜbK vom 19.4.2001, GZ 2001/1/3–27, S. 5 unter Verweis auf ErlRV 1276 BlgNR 20. GP 42, wo im Zusammenhang mit dem mittelbaren Kontrollwechsel betont wird, dass sich dieser nicht nur durch den Erwerb von Anteilsrechten, sondern auch von sonstigen Rechten an einem Rechtsträger vollziehen kann, der ein Mehrheitspaket von Aktien an der börsennotierten AG hält. Als Beispiel eines Rechtsträgers, bei dem der Erwerb sonstiger Rechte maßgeblich ist, erwähnt der Gesetzgeber die Privatstiftung. Seit dem ÜbRÄG 2006 findet sich ein deutlicher Anhaltspunkt für die Wertung, dass Privatstiftungen übernahmerechtlich beherrscht werden können, unmittelbar im Gesetz. § 25 Abs. 1 Nr. 5 ÜbG verlangt nämlich für die Ausnahme von der Angebotspflicht, dass die nahen Angehörigen (§ 32 Abs. 1 IO) einen „*beherrschenden*

und wann das der Fall ist, sei grundsätzlich aufgrund der Umstände des Einzelfalls zu beurteilen.[12] Kriterien, die für die Beurteilung der Beherrschungsmöglichkeit besondere Bedeutung haben, seien das Bestehen eines Widerrufsvorbehalts, eines unbeschränkten Änderungsvorbehalts und das Recht auf Bestellung oder Abberufung von Vorstandsmitgliedern oder anderen Organmitgliedern, die wesentlichen Einfluss auf deren Auswahl oder die Geschäftsführung nehmen können.[13]

An dieser Stelle muss nicht dazu Stellung genommen werden, welche Rechte es ermöglichen, eine Privatstiftung im übernahmerechtlichen Sinn zu beherrschen, weil dies für die hier zu beurteilende Frage keine Rolle spielt.[14] Stattdessen interessieren im gegebenen Zusammenhang allein die Ausführungen der ÜbK, die an das Bestehen solcher Rechte anschließen. Das umso mehr, als die ÜbK mit diesen Zeilen Neuland betritt. Bestehen Rechte, die eine Beherrschung der Privatstiftung (hier: ABC-Privatstiftung) ermöglichen, sei es – so die ÜbK – unerheblich, welchem Mitglied bzw. welchen Mitgliedern einer Familie (hier: Familie L.) sie zustehen. Den Wertungen, die dem Ausnahmetatbestand des § 25 Abs. 1 Nr. 5 ÜbG zu Grunde liegen, sei nämlich zu entnehmen, dass nahe Angehörige i. S. v. § 32 Abs. 1 IO übernahmerechtlich im Regelfall als gemeinsam vorgehende Rechtsträger zu betrachten sind.

II. Bescheid CWI

Circa eineinhalb Jahre später unterbrach das Handelsgericht Wien ein Beschlussanfechtungsverfahren. Gegenstand des Anfechtungsverfahrens waren Beschlüsse, mit denen zwei vom Verwaltungsrat der conwert SE vorgeschlagene Kandidaten in dieses Organ gewählt worden waren. Sie setzten sich gegen Personen durch, die als vom Großaktionär der conwert SE unabhängige Fachleute beworben und unter anderem von Mitgliedern der Familie E. unterstützt worden waren. Entscheidend für den Wahlerfolg war, dass die Verwaltungsratsvorsitzende der conwert SE in ihrer Funktion als Vorsitzende der Gesellschafterversammlung die Stimmrechte der Mitglieder der Familie E. mit der Begründung sperrte, es seien börsegesetzliche Meldepflichten verletzt worden. Das Handelsgericht Wien legte dem 1. Senat[15] als Vorfrage für die Beurteilung der Meldepflicht gemäß § 92 Nr. 7 BörseG

Einfluss auf die Geschäftsführung" der Privatstiftung haben, auf die die Anteile übertragen werden. Insofern geht das ÜbG von der Möglichkeit einer Beherrschung der Privatstiftung aus.
12 ÜbK vom 19.4.2001, GZ 2001/1/3–27.
13 ÜbK vom 19.4.2001, GZ 2001/1/3–27; s. auch ÜbK 31.1.2008, GZ 2007/3/3–157 (RHI AG): Bei Vorbehalt eines Änderungsrechts betreffend Begünstigte, Stiftungsorgane und Stiftungszweck sei grundsätzlich von einer beherrschten Privatstiftung auszugehen.
14 Aus der Literatur vgl. dazu insbesondere ausführlich *N. Arnold/Schuster* in: FS Bruckner 2008, S. 14, 20 ff; *dies.*, GesRZ 2007, 303, 304 ff.
15 Diesmal unter dem Vorsitzenden Univ.-Prof. Dr. Martin Winner.

vor, ob die Aktien der Familie E. gemäß § 23 Abs. 1 oder Abs. 2 ÜbG zuzurechnen sind.

Die ÜbK nimmt im Bescheid CWI[16] zu verschiedenen vieldiskutierten Themenkomplexen des ÜbG Stellung. Herauszugreifen sind die rechtlichen Ausführungen zur Beurteilung der Frage, ob zwischen den Mitgliedern der Familie E. eine Absprache i. S. d. § 1 Nr. 6 ÜbG vorliegt. Hierbei wandelt die ÜbK zunächst auf bekanntem Pfad. Im Einklang mit ihrer ständigen Rechtsprechung und unter Verweis auf zahlreiche Stimmen der Lehre führt die ÜbK nämlich aus, dass dem Begriff der Absprache ein weites Verständnis zu Grunde liege (s. dazu unten Kapitel D.IV.1.). Diesen sicheren Pfad verlässt die ÜbK jedoch alsbald. Sie fährt nämlich weiter fort, dass zwar keine ausdrückliche gesetzliche Vermutung bestehe, wonach die Beteiligungen einzelner Mitglieder einer Familie an der Zielgesellschaft gleichsam durch eine Absprache verbunden sind, es umgekehrt aber nicht ausgeschlossen sei, dass sich das Vorliegen einer Absprache aus anderen Umständen ergibt. Solche Umstände erblickt die ÜbK im konkreten Fall neben der engen familiären Verbundenheit in den gemeinsamen geschäftlichen Aktivitäten der Mitglieder der Familie E. Diese gemeinsamen geschäftlichen Aktivitäten würden sich – so die ÜbK – im gemeinsamen Engagement als Investoren bei bestimmten Projekten zeigen. So etwa in einer gemeinsamen Investition der Familie in KWG und in der gemeinsamen Veräußerung dieser Beteiligung an conwert SE im Rahmen der KWG-Transaktion, bei der Dkfm. K. E. als Verhandlungsführer die Interessen seiner Söhne wahrgenommen habe, eine Art der familieninternen Herangehensweise bei gemeinsamen Investments, die sich bei conwert SE fortgesetzt habe. So sei Dkfm. K. E. erste Quelle, wenn sich seine Söhne über verschiedene Tagesordnungspunkte bei Hauptversammlungen der conwert SE informieren möchten und Vorschläge zum gemeinsamen Abstimmungsverhalten würden in erster Linie von ihm stammen und dann im Vorfeld von Hauptversammlungen regelmäßig familienintern diskutiert. Einer Absprache stehe im Übrigen nicht entgegen, dass das Vermögen der Mitglieder der Familie E. rechtlich und wirtschaftlich getrennt sei, weil eine einheitliche Zusammensetzung des Vermögens für das Vorliegen einer Absprache nicht relevant sei.

III. Zusammenfassung

Hält man bildlich gesprochen in dem Garten der ÜbK noch kurz inne, um sich die Stellungnahme A. AG und den Bescheid CWI noch einmal zu vergegenwärtigen, lassen diese (zumindest) auf den ersten Blick geradezu gegensätzliche Rechtsstandpunkte der ÜbK vermuten.

In der Stellungnahme A. AG leitet die ÜbK aufgrund von Wertung ab, die sie aus Tatbeständen außerhalb der Legaldefinition der gemeinsam vorge-

---
16 ÜbK vom 18.3.2015, GZ 2014/1/8–74.

henden Rechtsträger herauskristallisiert, dass Familienmitglieder im Regelfall als gemeinsam vorgehend zu qualifizieren sind und untersucht daher das Vorliegen einer Absprache zwischen den Mitgliedern der Familie L. nicht näher.

Demgegenüber verneint der Bescheid CWI das Bestehen einer (expliziten) Vermutung des gemeinsamen Vorgehens ausschließlich aufgrund familiärer Verbundenheit. Das schließe aber ein gemeinsames Vorgehen zwischen Mitgliedern einer Familie auf der Grundlage von Umständen, die für eine Absprache zwischen diesen Rechtsträgern sprechen, nicht aus. Konsequenterweise prüft die ÜbK daher das Vorliegen einer Absprache zwischen den Mitgliedern der Familie E. als Grundvoraussetzung für ein gemeinsames Vorgehen dieser Personen. Dabei qualifiziert sie als absprachenrelevanten Aspekt unter anderem die „enge familiären Verbundenheit".

Wie sich im Folgenden zeigen wird, mehren sich aber bei eingehenderem Studium dieser Entscheidungen die Zweifel, dass der erste Eindruck von unterschiedlichen Rechtsstandpunkten tatsächlich zutrifft.

C. Der Garten der Lehre

Betritt man nun aus dem Garten der ÜbK den benachbarten Garten der Lehre, liegt der Bescheid CWI (zumindest der Sache nach) auf einer Linie mit der herrschenden Ansicht. Zur österreichischen Rechtslage wird das aufgeworfene Problem kaum behandelt. Vereinzelt finden sich Stellungnahmen, wonach das bloße familiäre Naheverhältnis allein noch keine Vermutung des gemeinsamen Vorgehens bewirke.[17]

Das deckt sich mit einer breiten Front in der deutschen Lehre, die ebenfalls einer Stimmrechtszurechnung gemäß § 30 Abs. 2 WpÜG bloß aufgrund eines familiären Naheverhältnisses ablehnend gegenübersteht. Die deutsche Lehre führt dabei das grundgesetzliche Diskriminierungsverbot ins Treffen, also das Verbot einer Schlechterstellung von Ehegatten und Familienangehörigen gegenüber Ledigen und Nicht-Familienangehörigen, sofern dafür nach der Natur der familiären Verbundenheit keine sachgerechten Gründe bestehen. Einer Vermutung, dass innerhalb eines Familienverbands gesteigerter Einfluss auf die anderen Familienmitglieder besteht, widerspreche die allgemeine Lebenserfahrung. Das allein schon wegen der Vielzahl möglicher, unterschiedlicher familiärer Beziehungen, die erfasst wären. Zudem sei ein guter Teil von Familien(-stämmen) zerstritten oder über mehrere Kontinente verteilt.[18]

---

[17] *Gall*, GesRZ 2008, 139, 140; s. auch *S.-F. Kraus*, Die Angebotspflicht im Syndikat, 2011, S. 199 in Fn. 958; zu § 30 Abs. 2 WpÜG: *Leser*, Acting in Concert, 2009, S. 109 f.

[18] Vgl. z. B. *Pentz*, ZIP 2003, 1478, 1485; *Schockenhoff/Schumann*, ZGR 2005, 568, 591; *Löhdefink*, Acting in Concert und Kontrolle im Übernahmerecht, 2007, S. 266; *Raloff*, Acting in Concert, 2007, S. 276; *Weiß*, Der wertpapierhandelsrechtliche und übernahmerechtliche

D. Der Garten des ÜbG

Das bisher Gesagte legt, um ein letztes Mal die blumenlastige Wortwahl zu bemühen, nahe, sich beim Binden eines Straußes im Garten der Tatbestände des ÜbG auf zwei Blumen zu konzentrieren und diese zu sezieren. Das ist einerseits die Legaldefinition für den Begriff „gemeinsam vorgehende Rechtsträger" des § 1 Nr. 6 ÜbG und andererseits die Regelung der Befreiung von der Angebotspflicht, insbesondere jene gemäß § 25 Abs. 1 Nr. 4 und Nr. 5 ÜbG.

I. Einführung

Seit dem ÜbRÄG 2006 definiert § 1 Nr. 6 ÜbG den Begriff „gemeinsam vorgehende Rechtsträger" wie folgt:

„natürliche oder juristische Personen, die mit dem Bieter auf der Grundlage einer Absprache zusammenarbeiten, um die Kontrolle über die Zielgesellschaft zu erlangen oder auszuüben, insbesondere durch Koordination der Stimmrechte, oder die aufgrund einer Absprache mit der Zielgesellschaft zusammenarbeiten, um den Erfolg des Übernahmeangebots zu verhindern. Hält ein Rechtsträger eine unmittelbare oder mittelbare kontrollierende Beteiligung (§ 22 Abs. 2 und 3) an einem oder mehreren anderen Rechtsträgern, so wird vermutet, dass alle diese Rechtsträger gemeinsam vorgehen; dasselbe gilt, wenn mehrere Rechtsträger eine Absprache über die Ausübung ihrer Stimmrechte bei der Wahl der Mitglieder des Aufsichtsrats getroffen haben."

Der Gesetzgeber gliedert die Legaldefinition „gemeinsam vorgehende Rechtsträger" also in einen Grundtatbestand (§ 1 Nr. 6 S. 1 ÜbG) und zwei Vermutungstatbestände (§ 1 Nr. 6 S. 2 ÜbG). Vermutet wird gemeinsames Vorgehen bei einer kontrollierenden Beteiligung an einem anderen Rechtsträger (2. S 1. HS leg. cit.) und bei einer Absprache über die Stimmrechtsausübung bei Aufsichtsratswahlen (2. S 2. HS leg. cit.). Da keiner der beiden Vermutungstatbestände bestimmt, dass Rechtsträger, die einem Familienverband angehören, durch eine Absprache miteinander verbunden sind, kann bereits an dieser frühen Stelle einem Rechtsstandpunkt des Bescheids CWI zugestimmt werden. Es gibt keine *„ausdrückliche gesetzliche Vermutung"*,

---

Zurechnungstatbestand des acting in concert, 2007, S. 160 ff; *Gaede*, Koordiniertes Aktionärsverhalten im Gesellschafts- und Kapitalmarktrecht, 2008, S. 265 f; Haarman/Schüppen/*Schüppen/Walz*, Frankfurter Kommentar zum Wertpapiererwerbs- und Übernahmegesetz, 3. Aufl. 2008, § 30 Rn 72 a. E.; *Prasuhn*, Der Schutz von Minderheitsaktionären bei Unternehmensübernahmen nach dem WpÜG, 2009, S. 211; Baums/Thoma/*Diekmann*, WpÜG, Stand: Mai 2015, § 30 Rn. 68; wohl auch *Casper*, ZIP 2003, 1469, 1475; s. auch OLG Stuttgart, NZG 2005, 432.

nach der „*die Beteiligungen einzelner Familienmitglieder an einer Zielgesellschaft gleichsam durch eine Absprache miteinander verbunden sind*".[19]
§ 23 ÜbG knüpft an die Legaldefinition des § 1 Nr. 6 ÜbG und regelt die Rechtsfolgen, die eintreten, wenn Rechtsträger i. S. d. § 1 Nr. 6 ÜbG gemeinsam vorgehen. § 23 ÜbG lautet auszugsweise wie folgt:

„(1) Gemeinsam vorgehenden Rechtsträgern (§ 1 Z 6) sind bei der Anwendung von §§ 22 bis 22b die von ihnen gehaltenen Beteiligungen wechselseitig zuzurechnen.
[…]
(3) Die Pflicht zur Stellung eines Angebots sowie alle sonstigen Pflichten eines Bieters gelten für alle gemeinsam vorgehenden Rechtsträger (§ 1 Z 6). Für Parteien einer Absprache über die Ausübung von Stimmrechten (§ 1 Z 6 zweiter Satz) gilt dies nur insofern, als sie an der Kontrollerlangung mitwirken und das Stimmrecht nicht bloß nach Weisung des Beteiligten ausüben."

Demzufolge ist die primäre Rechtsfolge des gemeinsamen Vorgehens, dass die Beteiligungen, die die gemeinsam vorgehenden Rechtsträger halten, diesen wechselseitig zugerechnet werden (Abs. 1 leg. cit.).[20] Zudem stellt § 23 ÜbG klar, dass die Bieterpflichten grundsätzlich für alle gemeinsam vorgehenden Rechtsträger gelten (Abs. 3 S. 1 leg. cit.). Diese Erstreckung der Bieterpflichten schränkt Abs. 3 S. 2 leg. cit. aber sogleich auf jene Parteien einer Absprache über die Stimmrechtsausübung ein, die an der Kontrollerlangung mitwirken und ihr Stimmrecht nicht bloß weisungskonform ausüben.

II. Vorbemerkungen zum Regelungskonzept gemeinsam vorgehender Rechtsträger

Dieses Regelungskonzept – Legaldefinition (§ 1 Nr. 6 ÜbG) gepaart mit wechselseitiger Beteiligungszurechnung und grundsätzlicher Pflichtenerstreckung auf jeden gemeinsam vorgehenden Rechtsträger (§ 23 Abs. 1 und Abs. 3 ÜbG) – baut auf der Grundüberlegung auf, dass übernahmerechtliche Pflichten entstehen, wenn eine kontrollierende Beteiligung erlangt wird. Eine kontrollierende Beteiligung liegt vor, wenn „Beherrschungsmittel" im gesetzlich determinierten Umfang gehalten werden. Primäres „Beherrschungsmittel" ist das Stimmrecht aus ständig stimmberechtigten Anteilen

---

19 ÜbK vom 18.3.2015, GZ 2014/1/8–74, S. 12.
20 Die wechselseitige Zurechnung erfasst die Beteiligungen aller gemeinsam vorgehenden Rechtsträger, somit auch die Beteiligungen „untergeordneter" gemeinsam vorgehender Rechtsträger. Eine teleologische Reduktion der Zurechnung bloß zu Lasten des „herrschenden" gemeinsam vorgehenden Rechtsträgers ist dogmatisch unzulässig, weil infolge dessen § 23 Abs. 3 S. 2 ÜbG ins Leere laufen würde (vgl. *F. Bydlinski*, Juristische Methodenlehre und Rechtsbegriffe, 2. Aufl. 1991, S. 444).

(s. § 22, § 24 Abs. 2 ÜbG).[21] Es wäre daher ein Leichtes, übernahmerechtliche Pflichten (insbesondere die Angebotspflicht) auszuhebeln bzw. zu umgehen, würden „Beherrschungsmittel" von Rechtsträgern nicht kumuliert, die einander „nahestehen" und daher rechtlich oder tatsächlich auf die Ausübung der „Beherrschungsmittel" des anderen Rechtsträgers Einfluss nehmen (können).[22] Eine solche Möglichkeit zur Vermeidung des Entstehens übernahmerechtlicher Pflichten würde umso schwerer wiegen, als allenfalls ein gradueller Unterschied zwischen der das Pflichtangebot rechtfertigenden Gefährdung der Minderheitsgesellschafter besteht, die von der Interessenverfolgung eines einzelnen kontrollierenden Rechtsträgers ausgeht, und jener Gefahr, die eine koordinierte Interessenverfolgung mehrerer Rechtsträger bewirkt, die zwar möglicherweise nicht jeder für sich, aber gemeinsam über eine ebensolche Kontrolle verfügen. Im Fall der Kontrolle durch einen einzelnen Rechtsträger hängt die Gefährdung der Interessen der Minderheit nämlich von seiner autonomen Willensbildung ab, bei der koordinierten Interessenverfolgung dagegen von einer heteronomen. Dieser Unterschied wiegt aber nicht schwer genug, um eine unterschiedliche übernahmerechtliche Behandlung zu rechtfertigen. Denn die Minderheit sieht sich in beiden Konstellationen mit den Gefahren einer Beherrschung der Zielgesellschaft durch eine – autonom oder heteronom gebildete – Mehrheit konfrontiert. Dagegen soll die Angebotspflicht aber gerade Abhilfe schaffen.

III. Fragestellung

All das vor Augen sind zwei Fragen zu trennen: Erstens, wo zieht der Gesetzgeber die Grenze, ab deren Überschreiten eine hinreichende „Nähe/Verbindung" zwischen Rechtsträgern besteht, die es rechtfertigt, ihre Mittel zur Beherrschung der Zielgesellschaft zu kumulieren? Und zweitens, in welchem Umfang greift diese Kumulierung Platz? Die erste Frage ist im gegebenen Zusammenhang zu beantworten, weil der Beitrag untersucht, ob das Familienverhältnis, mit anderen Worten das familiäre Band, das zwischen Rechtsträgern besteht, per se eine Kumulierung ihrer „Beherrschungsmittel" auf die Zielgesellschaft rechtfertigt; sie also gemeinsam vorgehende Rechtsträger sind.

IV. Gemeinsam vorgehende Rechtsträger
1. Grundtatbestand (§ 1 Nr. 6 S. 1 ÜbG)

Tatbestandsmerkmal des Grundtatbestands der Legaldefinition „gemeinsam vorgehende Rechtsträger" ist die „Absprache" zwischen mindestens zwei

---

21 Vgl. dazu Fn. 3.
22 Vgl. *Zollner*, RdW 2001, 457, 459 f; *Gall* (Fn. 3), 57; Huber/*Huber*, ÜbG, 2007, § 23 Rn 1; *Gall* (Fn. 17), 139; *Huber*, GesRZ 2010, 13, 16; *Kalss/Oppitz/Zollner*, Kapitalmarktrecht, 2. Aufl. 2015, § 24 Rn. 32 und Rn. 162; s. auch allg. *Koppensteiner*, wbl 2005, 293.

Rechtssubjekten, die entweder darauf gerichtet sein muss, Kontrolle über die Zielgesellschaft zu erlangen bzw. auszuüben, oder darauf abzielen muss, den Erfolg eines Übernahmeangebots zu verhindern. Es ist jenes Tatbestandsmerkmal, das für den Grundtatbestand die „Nähe/Verbindung" zwischen Rechtsträgern umschreibt, die rechtfertigt, dass ihre Beherrschungsmittel kumuliert werden.

Nach ständiger Rechtsprechung der ÜbK[23] ist eine „Absprache" jede, auch nur schlüssige und/oder bloß einmalige Kommunikation zwischen Rechtsträgern über ihr jeweiliges (Stimm-)Verhalten[24], aufgrund der jeder beteiligte Rechtsträger vernünftigerweise ein kommunikationskonformes Verhalten des/der anderen Beteiligten erwarten darf. Nach gesicherter Spruchpraxis spielt die Form der Kommunikation und die rechtliche Durchsetzbarkeit des Kommunizierten keine Rolle.[25]

Diese Auslegung des Tatbestandsmerkmals „Absprache" fügt sich harmonisch in die einführenden Überlegungen zu den Grundlagen des Regelungskonzepts der gemeinsam vorgehenden Rechtsträger. Denn haben Rechtsträger untereinander vorab, allenfalls auch bloß schlüssig, kommuniziert, wie sie ihren (durch Gesellschafterrechte vermittelten) Einfluss auf die Zielgesellschaft ausüben werden und durften sie sich darauf verlassen, dass das Kommunizierte eingehalten wird, verfolgen sie gemeinsam bestimmte Interessen und werden in der Regel aufeinander Einfluss nehmen. Die „Beherrschungsmittel" können dann zwar noch immer formal, nicht aber wirtschaftlich betrachtet verschiedenen Rechtsträgern zugeordnet werden, weil diese nicht (mehr) unabhängig voneinander agieren. Zudem begründet diese Kommunikation, die sich auf einen geschlossenen Kreis von Gesellschaftern beschränkt, für die außenstehenden Gesellschafter eine Gefahr, die wertungsmäßig jener der Anteilsbündelung in der Hand eines Rechtsträgers entspricht. Eine solche Gefahr besteht dagegen nicht, wenn sich Rechtsträger bloß zufällig gleich verhalten, d. h. ohne eine vorangehende (hinreichend qualifizierte) Kommunikation Gesellschafterrechte gleichgerichtet wahrnehmen. Denn in diesem Fall bilden die Gesellschafter ihren Gesellschafterwillen autonom. Resultiert aus dem autonom geformten Willen mehrerer

---

23 Vgl. z. B. ÜbK vom 31.8.2008, GZ 2007/3/3–157, S. 33 (RHI AG); ÜbK 8.5.2013, GZ 2013/2/1–146, S. 40 (S&T AG); ÜbK vom 16.12.2013, GZ 2015/1/5–12, S. 27 (AMAG); ÜbK vom 27.11.2014, GZ 2014/1/10–18, S. 16 (Erste).

24 Eine Koordinierung des Stimmverhaltens liegt nicht nur vor, wenn die Parteien der Absprache ihr Stimmrecht gleichsinnig ausüben, sondern auch bei unterschiedlicher Wahrnehmung des Stimmrechts, weil auch dadurch das gewünschte Beschlussergebnis herbeigeführt werden kann; s. dazu ÜbK vom 31.8.2008, GZ 2007/3/3–157, S. 33 (RHI AG); s. auch bereits ÜbK 09.11.2004, GZ 2004/3/8 – 145, S. 9.

25 Vgl. z. B. *Diregger/Kalss/Winner*, Das österreichische Übernahmerecht, 2. Aufl. 2007, Rn. 44; *Gall* (Fn. 17), S. 140; *Leser* (Fn. 17), S. 45 f.; *Köppl*, wbl 2012, 1, 4; s. auch ErlRV 1334 BlgNR 22. GP 5.

Gesellschafter im Zuge einer kollektiven Willensbildung eine Mehrheit, ist das eine unabdingbare, quasi naturgemäße Konsequenz einer kollektiven Willensbildung, für die das Mehrheitsprinzip gilt. Das schließt eine übernahmerechtliche Sanktionierung aus.

Damit ist zugleich ein weiterer Rechtsstandpunkt der ÜbK verifiziert. Zuzustimmen ist dem Bescheid CWI nämlich auch insoweit, als jedenfalls die Mitglieder einer Familie, die untereinander entsprechend kommuniziert oder mit den Worten des Gesetzes eine „Absprache" geschlossen haben, gemeinsam vorgehende Rechtsträger sind. Es gibt nämlich keine sachlichen Gründe, die es rechtfertigen, Familienmitglieder gegenüber Rechtsträgern, die nicht familiär verbunden sind, bei Nachweis einer Absprache anders/privilegiert zu behandeln.

Der schwer kaschierbare Schönheitsfehler dieser Zwischenerkenntnis ist freilich, dass an diesem Standpunkt wohl niemand zweifeln dürfte. Der neuralgische Punkt der zu untersuchenden Frage ist also nicht die Qualifikation von Familienmitgliedern als gemeinsam vorgehende Rechtsträger, wenn und insoweit sie durch eine Absprache i. S. d. § 1 Nr. 6 ÜbG verbunden sind, sondern ob Familienmitglieder nach den Wertungen des ÜbG auch dann als gemeinsam vorgehend zu betrachten sind, wenn eine solche Absprache fehlt.

2. Vermutung bei Aufsichtsratswahlen (§ 1 Nr. 6 S. 2 2. Fall ÜbG)

Gemeinsames Vorgehen wird widerleglich[26] vermutet, wenn Rechtsträger eine Absprache über die Ausübung ihrer Stimmrechte bei der Wahl der Mitglieder des Aufsichtsrats getroffen haben. Für den hier untersuchten Gesichtspunkt der „Nähe/Verbindung" zwischen Rechtsträgern, die es rechtfertigt, ihre Mittel zur Beherrschung der Zielgesellschaft zu kumulieren, erübrigen sich nach dem bisher Gesagten nähere Ausführungen zu diesem Vermutungstatbestand. Denn Vermutungsbasis ist eine Absprache (i. S. d. § 1 Nr. 6 ÜbG) über die Stimmrechtsausübung bei der Aufsichtsratswahl. Insofern knüpft sich an die Absprache ein gesetzlicher Erfahrungsschluss und nicht von einer (anderen) Vermutungsbasis ein gesetzlicher Erfahrungsschluss zur Absprache.[27]

3. Vermutung bei Beherrschungsverhältnis (§ 1 Nr. 6 S. 2 1. Fall ÜbG)

Schließlich wird widerleglich[28] vermutet, dass wenn ein Rechtsträger eine (un-)mittelbar kontrollierenden Beteiligung (s. dazu in Fn. 3) an einem

---

26 Vgl. ErlRV 1334 BlgNR 22. GP 5.
27 Vgl. allg. zur Funktion von gesetzlichen Vermutungen: Rechberger/*Rechberger*, ZPO, 4 Aufl. 2014, § 270 Rn. 1.
28 Wird gemeinsames Vorgehen aufgrund eines beherrschenden Einflusses vermutet, ist fraglich, wie der Beweis erbracht werden kann, dass trotz Vorliegens der Vermutungsbasis das vermu-

oder mehreren anderen Rechtsträgern hält, all diese Rechtsträger gemeinsam vorgehen. Eine (un-)mittelbar kontrollierende Beteiligung führt erfahrungsgemäß nämlich dazu, dass diese Rechtsträger dieselben Interessen verfolgen. Denn ein Rechtsträger, der einen anderen beherrscht, kann und wird in der Regel darüber entscheiden, in welcher Art und Weise der beherrschte Rechtsträger Beherrschungsmittel aus seiner Gesellschafterstellung ausübt. Die Vermutung des gemeinsamen Vorgehens rechtfertigt also der Erfahrungsschluss, dass aus einer übernahmerechtlich kontrollierenden Einflussmöglichkeit auf einen Rechtsträger eine gemeinsame Interessenverfolgung aufgrund diktierter Ausübung von Gesellschafterrechten folgt. Deshalb ist konsequenterweise eine Absprache zwischen dem kontrollierenden und dem kontrollierten Rechtsträger nicht notwendig und auch nicht Teil der Vermutungsbasis des § 1 Nr. 6 S. 2 1. Fall ÜbG.

4. Zusammenfassung

Abschließend ist für die Beantwortung der Frage, wo der Gesetzgeber die Grenze zieht, ab deren Überschreiten eine hinreichende „Nähe/Verbindung" zwischen Rechtsträgern besteht, die es rechtfertigt, ihre Mittel zur Beherrschung der Zielgesellschaft zu kumulieren, festzuhalten: Beim Grundtatbestand und bei der Vermutung zur Wahl von Aufsichtsratsmitgliedern bedarf es stets einer Absprache, d. h. einer qualifizierten Kommunikation. Gibt es keine Absprache, handeln Rechtsträger nicht tatbestandsmäßig und gehen daher nicht gemeinsam vor. Die Vermutung gemeinsamen Vorgehens bei „Beherrschungsverhältnissen" belegt aber, dass die Absprache nicht zwingende gesetzliche Voraussetzung für das Vermuten eines gemeinsamen Vorgehens ist. Vielmehr können nach der übernahmerechtlichen Wertung neben einer Absprache auch andere Tatsachen ein gemeinsames Vorgehen vermuten lassen. Dafür bedarf es jedoch Tatsachen, die erfahrungsgemäß dazu führen, dass Rechtsträger gleichgerichtete Interessen verfolgen und einander daher beeinflussen. Damit ist zugleich das Fundament gelegt, ein gemeinsames Vorgehen ohne Absprache zu vermuten, sofern sich eine dementsprechende Wertung im ÜbG findet.

V. Befreiung von der Angebotspflicht

Bei diesem Stand der Dinge dürfte es sich lohnen, Tatbestände in die Überlegungen miteinzubeziehen, die eine Befreiung von der Angebotspflicht regeln. Denn die Stellungnahme A. AG hat gerade aus einem Befreiungstatbestand darauf geschlossen, dass bestimmte Familienmitglieder, nämlich

---

tete gemeinsame Vorgehen nicht eingetreten ist. Zumindest bleibt aber die Möglichkeit, die Vermutungsbasis, also das Vorliegen beherrschenden Einflusses, durch einen Gegenbeweis zu erschüttern; vgl. allg. zur Wirkung von Vermutungen Rechberger/*Rechberger* (Fn. 27), § 270 Rn. 2.

Angehörige i. S. v. § 32 Abs. 1 IO, im Regelfall als gemeinsam vorgehende Rechtsträger zu betrachten sind (oben Kapitel B.I.).

Die ganz herrschende Meinung ordnet die Tatbestände, die eine Befreiung von der Angebotspflicht vorsehen, zwei Ausnahmentypen zu. Das sind einerseits Fälle, in denen bei materieller Betrachtung keine Änderung der Kontrollsituation eintritt (s. § 24 ÜbG), und andererseits Fälle sogenannter „echter" Ausnahmen, wo trotz Kontrollwechsels aus unterschiedlichen Gründen Vermögensinteressen der Beteiligungspapierinhaber nicht gefährdet werden (s. § 25 ÜbG).[29]

1. Ausnahmen gem. § 24 ÜbG

Im Kern regelt § 24 ÜbG mit einer Generalklausel (Abs. 1) und demonstrativen Beispielen (arg: insbesondere; Abs. 2 und Abs. 3)[30] eine Befreiung von der Angebotspflicht, wenn sich trotz Erlangens einer (formell) kontrollierenden Beteiligung die Kontrollsituation nicht geändert hat.

Nach der Generalklausel des Abs. 1 leg. cit. hat der Gesetzgeber folgende Alternativen vor Augen, in denen keine Angebotspflicht entsteht:
— Erstens, wenn eine (formell kontrollierende) Beteiligung an der Zielgesellschaft erlangt wurde, aber keinen beherrschenden Einfluss über die Zielgesellschaft gewährt, also keine materielle Kontrolle gibt (§ 24 Abs. 1 1. HS ÜbG, zu § 24 Abs. 2 ÜbG sogleich).
— Und zweitens, wenn sich bei einer wirtschaftlichen Betrachtung der Rechtsträger nicht ändert, der den beherrschenden Einfluss (= materielle Kontrolle) ausüben kann (§ 24 Abs. 1 2. HS ÜbG, zu § 24 Abs. 3 ÜbG weiter unten).[31]

§ 24 Abs. 2 ÜbG führt demonstrativ die folgenden Beispielen für eine Befreiung von der Angebotspflicht an, wenn und weil eine (formell) kontrollierende Beteiligung erlangt wurde, die keinen beherrschenden Einfluss gewährt (§ 24 Abs. 1 1. HS ÜbG):
— Ein anderer Aktionär verfügt (zusammen mit den mit ihm gemeinsam vorgehenden Rechtsträgern) über zumindest gleich viele Stimmrechte an der Zielgesellschaft wie der Bieter (Nr. 1 leg. cit.).

---

29 Vgl. *Diregger/Kalss/Winner* (Fn. 25), Rn. 225; *Winner*, ÖJZ 2006, 659, 664; Huber/*Gall* (Fn. 22), § 24 Rn. 4; *Kalss/Oppitz/Zollner* (Fn. 22), § 24 Rn. 188.
30 ErlRV 1334 BlgNR 22. GP 15; vgl. statt vieler Huber/*Gall* (Fn. 22), § 24 Rn. 7.
31 ErlRV 1334 BlgNR 22. GP 15: „Ausnahmen von der Angebotspflicht [bestehen], wenn zwar die formelle Kontrollschwelle überschritten wurde, in materieller Hinsicht aber kein kontrollrelevantes Ereignis eingetreten ist. [...] Wird die Schwelle zwar überschritten, vermitteln die Aktien aber nicht die Möglichkeit, einen beherrschenden Einfluss auszuüben, so besteht keine Angebotspflicht. [...] Die Angebotspflicht scheidet auch dann aus, wenn derjenige Rechtsträger, der den beherrschenden Einfluss ausüben kann, nicht wechselt; [...]."

- Die Aktien vermitteln aufgrund der üblichen Anwesenheit der anderen Aktionäre keine Stimmrechtsmehrheit in der Hauptversammlung (Nr. 2 leg. cit.).
- Die Stimmrechtsausübung ist aufgrund eines satzungsmäßigen Höchststimmrechts auf höchstens 30 Prozent beschränkt (Nr. 3 leg. cit.).

§ 24 Abs. 3 ÜbG nennt demonstrativ folgende Beispiele für die Befreiung von der Angebotspflicht, wenn und weil wirtschaftlich betrachtet der Rechtsträger nicht wechselt, der den beherrschenden Einfluss ausüben kann (§ 24 Abs. 1 2. HS ÜbG):
- Die Übertragung auf eine Konzerntochter (Nr. 1 leg. cit.).
- Die Übertragung auf eine Konzernmutter (Nr. 2 leg. cit.).
- Die Übertragung auf eine Privatstiftung, auf deren Geschäftsführung ausschließlich bisher kontrollierend Beteiligte einen beherrschenden Einfluss haben (Nr. 3 leg. cit.).
- Den Abschluss oder die Auflösung von Stimmbindungsverträgen, sofern die Willensbildung in der Zielgesellschaft nicht von einem/-r anderen (Gruppe von) Rechtsträgern beherrscht werden kann.

Diese Beispiele veranschaulichen, dass die Systematisierung der Ausnahmetatbestände in zwei Typen (s. oben)[32] nicht darüber hinwegtäuschen darf, dass auch innerhalb des Befreiungstyps gemäß § 24 ÜbG die Befreiungsalternativen des Abs. 1 leg. cit. unterschiedliche Stoßrichtungen haben. Die Befreiung von der Angebotspflicht gem. § 24 Abs. 1 1. HS ÜbG ist primär eine Konsequenz des mit dem ÜbRÄG 2006 geänderten Konzepts des Kontrollbegriffs (vgl. oben Fn. 3). Nach dem geltenden Recht ist zugunsten einer größeren Planungssicherheit nämlich die Möglichkeit, die Zielgesellschaft tatsächlich zu kontrollieren – d. h. materiell Kontrolle auszuüben – nicht (mehr) schon für die Beantwortung der Frage, ob eine Angebotspflicht entsteht, sondern erst auf der nachgelagerten Stufe der Befreiung von einer wegen Erlangens formeller Kontrolle entstandenen Angebotspflicht relevant.[33] Insofern korrigiert die Befreiungsalternative gem. § 24 Abs. 1 1. HS ÜbG allfällige Härten der formellen Kontrollschwelle zugunsten (aber nicht zulasten) materieller Kontrollkriterien. Hingegen zielt die Ausnahme von der Angebotspflicht gem. § 24 Abs. 1 2. HS ÜbG darauf ab, von der Angebotspflicht zu befreien, wenn trotz formaler Anteilsverschiebung die Interessen der übrigen Beteiligungspapierinhaber nicht gefährdet werden, weil tatsächlich der Rechtsträger, der den beherrschenden Einfluss ausüben kann, gleich bleibt/nicht wechselt.[34] Insofern bringt auch diese Befreiungsalternative materielle Aspekte in die Beurteilung des Bestehens

---

32 Vgl. die Nachweise in Fn. 29.
33 Vgl. *Winner*, ÖJZ 2006, 659, 660 f.; Huber/*Gall* (Fn. 22), § 24 Rn. 3.
34 Vgl. Huber/*Gall* (Fn. 22), § 24 Rn. 22.

einer Angebotspflicht ein. Sie zielt jedoch nicht auf eine materielle Korrektur allfälliger Härten des formellen Kontrollbegriffs, sondern auf eine wirtschaftliche Betrachtung der beteiligten Rechtsträger.

2. Ausnahmen gem. § 25 ÜbG

Zum Ausnahmetatbestand des § 25 ÜbG halten die Materialien fest, dass dieser Sachverhalte von der Angebotspflicht ausnimmt, in denen eine (formell) kontrollierende Beteiligung, die auch beherrschenden Einfluss (= materiell Kontrolle) gewährt, wechselt, *„aber aus verschiedenen Gründen eine Privilegierung geboten scheint"*.[35] Die Fälle dieses Befreiungstyps sind vielseitig (s. § 25 Abs. 1 Nr. 1 bis Nr. 6 ÜbG), auf Einzelne wird im Folgenden noch näher einzugehen sein. Als Beispiel für diese Befreiungstatbestände, das jüngst sogar den OGH[36] beschäftigt hat und von Beteiligungspapierinhabern zuletzt vermehrt versucht wurde, in Anspruch zu nehmen, mag die Sanierungsausnahme dienen (s. § 25 Abs. 1 Nr. 1 1. Fall ÜbG: *„wenn Aktien zu bloßen Sanierungszwecken erworben wurden"*). Bei dieser wird die Ausnahme von der Angebotspflicht trotz Wechsels/Entstehens der Beherrschungsmöglichkeit damit gerechtfertigt, dass betriebswirtschaftlich funktionsfähige Einheiten und die damit zusammenhängenden Arbeitsplätze möglichst gesichert sowie wertzerstörende Zerschlagung von Unternehmen verhindert werden sollen.[37]

3. Übertragung auf unentgeltlicher Grundlage (§ 25 Abs. 1 Nr. 4 1. Fall ÜbG)

Wendet man sich – den Ansatz der Stellungnahme A. AG vor Augen – jenen Befreiungstatbeständen zu, bei denen sogenannte Angehörige eine Rolle spielen, stößt man zunächst auf § 25 Abs. 1 Nr. 4 ÜbG. Dieser bestimmt:

„Keine Angebotspflicht, aber eine Pflicht zur Anzeige des Sachverhalts an die Übernahmekommission besteht, wenn Aktien durch Schenkung zwischen Angehörigen (§ 32 Abs. 1 IO), Erbgang oder Teilung von Vermögen aus Anlass einer Scheidung, Aufhebung oder Nichtigerklärung einer Ehe erworben werden."

a) Einführung

Die drei Fälle des Abs. 1 Nr. 4 leg. cit. nehmen somit Sachverhalte von der Angebotspflicht aus, in denen eine (formell) kontrollierende Beteiligung, die auch einen beherrschenden Einfluss (= materielle Kontrolle) vermittelt, von einem Rechtsträger auf einen anderen übergegangen ist (s. vorheriges Kapitel), sofern erstens die beteiligten Rechtsträger in einer besonderen „persönlichen" Beziehung stehen und zweitens der Übertragung ein

---

[35] ErlRV 1334 BlgNR 22. GP 16.
[36] OGH 6 Ob 37/14 f GesRZ 2014, 254 (*Huber*).
[37] ErlRV 1276 BlgNR 20. GP 45.

bestimmter Titel zu Grunde liegt. Nach dem Gesetzeswortlaut müssen die beteiligten Rechtsträger im ersten Fall nahe Angehörige i. S. d. § 32 Abs. 1 IO und der Titel der Übertragung eine Schenkung sein. Im zweiten Fall müssen die Beteiligten Erblasser bzw. Erbe[38] und Titel der Übertragung ein erbrechtlicher sein. Im letzten Fall müssen die Beteiligten ehemalige[39] EhegattInnen[40] sein und der Titel der Übertragung aus der ehelichen Vermögensaufteilung herrühren.

Für den Zweck der gegebenen Untersuchung ist der 1. Fall von § 25 Abs. 1 Nr. 4 ÜbG herauszugreifen. Dieser befreit Kontrollerwerbe aufgrund von Schenkung unter nahen Angehörigen von der Angebotspflicht. Das ÜbG verweist für den Begriff der nahen Angehörigen – das ist hier jene Personengruppe, die beschenkt werden muss – auf § 32 Abs. 1 IO.[41] § 32 Abs. 1 IO definiert folgenden Angehörigenbegriff:

„Als nahe Angehörige sind der Ehegatte[42] *und Personen anzusehen, die mit dem Schuldner oder dessen Ehegatten in gerader Linie oder bis zum vierten Grad der Seitenlinie verwandt oder verschwägert sind, ferner Wahl- und Pflegekinder sowie Personen, die mit dem Schuldner in außerehelicher Gemeinschaft leben. Außereheliche Verwandtschaft ist der ehelichen gleichzustellen."*

Etwas verallgemeinert sind nahe Angehörige also Personen, die verwandt sind, der Ehegatte und dessen Verwandte. § 25 Abs. 1 Nr. 4 1. Fall ÜbG befreit damit cum grano salis Schenkungen unter Familienmitgliedern von der Angebotspflicht, nicht aber Schenkungen an Personen außerhalb des

---

38 Nach verbreiteter Ansicht (Huber/*Huber* [Fn. 22], § 25 Rn. 63; *Diregger/Kalss/Winner* [Fn. 25], Rn. 271) ist es dagegen nicht notwendig, dass die Beteiligten nahe Angehörige sind.

39 Die gewählte Formulierung ist insofern ungenau, als bei besonders schwerwiegenden Mängeln die Ehe ex tunc für nichtig erklärt werden kann, in diesem Fall die Beteiligten daher niemals EhegattInnen waren.

40 § 25 ÜbG ist sinngemäß auf ehemalige eingetragene Partner i. S. d. Eingetragene Partnerschaft-Gesetzes anzuwenden (s. § 43 Abs. 1 Nr. 19 EPG). Außerdem spricht sich die h. L. für eine analoge Anwendung auf Partner einer ehemaligen nicht ehelichen Lebensgemeinschaft aus (*Diregger/Kalss/Winner* [Fn. 22], Rn. 270; Huber/*Huber* [Fn. 22], § 25 Rn. 64; *Kalss/Oppitz/Zollner* [Fn. 22], § 24 Rn. 206 a. E.).

41 Der Verweis auf § 32 Abs. 1 IO wird in der Literatur (vgl. *N. Arnold/Schuster* [Fn 14] S. 20 ff.; *dies.* [Fn 14] 309 in Fn. 60) kritisch gesehen, weil er auf einen möglichst weiten Zurechnungskreis abziele, um Umgehungskonstruktionen zu verhindern, was jedoch wegen der Grundwertung des Ausnahmetatbestands (dazu sogleich im Text) sachwidrig sei; gleichwohl lehnen diese Stimmen eine einschränkende Auslegung des Angehörigenbegriffs aufgrund des erkennbar gegenteiligen Willens des Gesetzgebers ab.

42 § 32 Abs. 1 IO ist sinngemäß auf eingetragene Partner i. S. d. EPG anzuwenden (§ 43 Abs. 1 Nr. 8 EPG).

Familienverbands.⁴³ Was aber hat den Gesetzgeber dazu bewogen, unentgeltliche Zuwendungen an Angehörige zu privilegieren?

b) Die Vorgängerbestimmung

Wendet man sich dieser Frage zu, ist zunächst entstehungsgeschichtlich hervorzuheben, dass das ÜbRÄG 2006 diesen Befreiungstatbestand aus § 24 Abs. 1 Nr. 1 ÜbG a. F. übernommen hat.⁴⁴ Gemeinsam ist der alten und neuen Rechtslage, dass sie das Erlangen einer materiell kontrollierenden Beteiligung voraussetzen.⁴⁵ Hingegen angepasst und eingeschränkt hat das ÜbRÄG 2006 den Verweis auf den Angehörigenbegriff.⁴⁶ Neu ist die aufsichtsrechtliche Möglichkeit der ÜbK, in Fällen des § 25 Abs. 1 Nr. 4 1 Fall ÜbG diejenigen Auflagen auszusprechen, die erforderlich sind, um nach den tatsächlichen Verhältnissen des Einzelfalls eine Gefährdung der Vermögensinteressen der Beteiligungspapierinhaber der Zielgesellschaft zu vermeiden (§ 25 Abs. 3 ÜbG); die Stellung eines Pflichtangebots kann die ÜbK aber (weiterhin) nicht anordnen (s. dazu § 25 Abs. 2 ÜbG).

c) Grundwertung des Befreiungstatbestands

Die Materialien zur Stammfassung des ÜbG begründen die Befreiung bei unentgeltlicher Zuwendung an Angehörige damit, dass bei einem Aktienerwerb, der auf *„familienrechtliche(n) oder erbrechtliche(n) Tatbestände(n)"* beruht, *„der neue kontrollierende Aktionär keine andere Geschäftspolitik verfolgt und daher kein Schutzbedürfnis für Minderheitsaktionäre besteht"*.⁴⁷ Fraglich ist, ob der Gesetzgeber diese Wertung im Zuge des ÜbRÄG 2006 beibehalten hat.

Ein klarer Anhaltspunkt für den Fortbestand dieser Wertung der Stammfassung in der geltenden Rechtslage ist, dass ausweislich der Materialien § 25 Abs. 1 Nr. 4 ÜbG *„die Schenkung von Anteilen zwischen Angehörigen aus dem bisherigen § 24"*⁴⁸ übernimmt, ohne einen von der alten Rechtslage abweichenden Regelungszweck darzulegen. Außerdem nehmen die Materialien Bezug darauf, dass seit dem ÜbRÄG 2006 die ÜbK zwar weiterhin nicht die Möglichkeit hat, ein Pflichtangebot anzuordnen, dafür aber Auflagen zur Vermeidung der Gefährdungen der Vermögensinteressen der Beteiligungspapierinhaber der Zielgesellschaft anordnen kann. Von der Möglichkeit, Auflagen zu erteilen, soll die ÜbK z. B. dann Gebrauch machen, *„wenn die Familienmitglieder, auf die übertragen wird, andere wirtschaft-*

---

43 *Kalss/Oppitz/Zollner* (Fn. 22), § 24 Rn. 205.
44 ErlRV 1334 BlgNR 22. GP 16; s auch *Winner* (Fn. 29), 665 in Fn. 58.
45 ErlRV 1276 BlgNR 20. GP 44.
46 Angepasst und beschränkt wurde der Verweis von „§ 32 KO" auf „§ 32 Abs. 1 IO".
47 ErlRV 1276 BlgNR 20. GP 44; krit. *Hausmaninger/Herbst*, Übernahmegesetz, 1999, § 24 Rn. 3: Es sei zweifelhaft, ob der neue kontrollierende Aktionär tatsächlich keine andere Geschäftspolitik verfolgt.
48 ErlRV 1334 BlgNR 22. GP 16.

liche Aktivitäten verfolgen".[49] Was „*andere wirtschaftliche Aktivitäten*" sind, konkretisieren die Materialien zwar nicht näher. Die Formulierung lässt sich aber durchaus so verstehen, dass Auflagen zum Beispiel dann angeordnet werden können, wenn die Familienmitglieder, auf die übertragen wird, andere wirtschaftliche Interessen bzw. eine andere Geschäftspolitik verfolgen. Denn in diesem Fall ist eine Gefährdung der zu schützenden Interessen der Beteiligungspapierinhaber der Zielgesellschaft zu erwarten, was stets Voraussetzung für die Anordnung von Auflagen ist.[50]

All das spricht dafür, dass nach dem Willen des Gesetzgebers seine Annahme, der Beschenkte verfolge dieselbe Geschäftspolitik, und nicht das Fehlen einer Kontrollprämie der tragende Grund für die Befreiung ist. Dafür spricht außerdem, dass Schenkungen unter Personen, die nicht Angehörige sind, vom Befreiungstatbestand nicht erfasst werden, obwohl auch in diesen Fällen keine Kontrollprämie fließt.[51]

d) Der Sonderfall aufsichtsrechtlicher Interventionen (§ 25 Abs. 3 ÜbG)

Nach dem Gesagten unterscheidet sich die tragende Wertung, die hinter dem österreichischen Befreiungstatbestand gem. § 25 Abs. 1 Nr. 4 ÜbG steht, von jener, auf der § 36 Nr. 1 WpÜG beruht. § 36 Nr. 1 WpÜG ermöglicht, auf Antrag bei erbrechtlichen und familienrechtlichen Sachverhalten Stimmrechte von der Berechnung des Stimmrechtsanteils auszunehmen. Sie basiert nicht auf der Wertung, Angehörige verfolgen die gleiche Geschäftspolitik, sondern bezweckt die Erleichterung der Nachfolge bei Familienunternehmen, weil dort die Angebotspflicht eine Unternehmensfortführung häufig wirtschaftlich unmöglich machen würde.[52]

Mag dieser Zweck der deutschen Regelung auch nicht der tragende Gedanke der österreichischen Privilegierung sein, sprechen gute Gründe dafür, dass er seit dem ÜbRÄG 2006 in Österreich nicht gänzlich außen vor bleibt. Der Gedanke, Unternehmensnachfolgen im Familienverband zu erleichtern, kommt bei einer Kontrollerlangung auf unentgeltlicher Grundlage zwischen Angehörigen jedoch (erst) dann zum Tragen, wenn die ÜbK berechtigt ist, jene Auflagen anzuordnen, die erforderlich sind, um eine Gefährdung der Vermögensinteressen der anderen Beteiligungspapierinha-

---

49 ErlRV 1334 BlgNR 22. GP 16.
50 Vgl. ErlRV 1334 BlgNR 22. GP 17.
51 *Kalss/Oppitz/Zollner*, Kapitalmarktrecht, 2005, § 24 Rn. 205; a. A. *Huber/Löber*, Übernahmegesetz, 1999, § 24 Rn. 2: Entscheidend sei der Gedanke, dass keine Kontrollprämie gewährt wird und damit die Beteiligungspapierinhaber nicht unmittelbar finanziell ungleichbehandelt werden; dagegen *Kaindl*, Das Pflichtangebot im ÜbG, 2001, S. 160; s. nunmehr aber auch Huber/*Huber* (Fn. 22), § 25 Rn. 58: Der Gedanke der fehlenden Kontrollprämie steht nicht mehr zentral in den Mittelpunkt der Rechtfertigung des Ausnahmetatbestands.
52 Vgl. BT-Drucks 14/7034, 60; ÜbK 27.5.2015, GZ 2015/1/7–42, S. 8 f (BENE AG); Huber/*Huber* (Fn. 22), § 25 Rn. 22.

ber zu vermeiden (§ 25 Abs. 3 ÜbG). Das ist – wie bereits erwähnt – der Fall, *"wenn die Familienmitglieder, auf die übertragen wird, andere wirtschaftliche Aktivitäten verfolgen"*.[53] Nach dem zuvor entwickelten Verständnis also, sofern sich entgegen der gesetzlichen Grundannahme, auf dem die Befreiung von der Angebotspflicht aufbaut, die wirtschaftlichen Interessen bzw. die Geschäftspolitik der Angehörigen unterscheiden. Nichtsdestotrotz besteht weder eine Angebotspflicht noch die aufsichtsrechtliche Möglichkeit, die Legung eines Pflichtangebots anzuordnen. In diesem Sonderfall ist die Befreiung von der Angebotspflicht und das Fehlen der aufsichtsrechtlichen Möglichkeit, die Stellung eines Angebots anzuordnen, nicht mehr damit erklärbar, dass trotz geänderter tatsächlicher Kontrollverhältnisse die Geschäftspolitik gleich bleibt und daher keine Gefährdung übernahmerechtlich geschützter Interessen außenstehender Beteiligungspapierinhaber zu befürchten ist. Was aber rechtfertigt in dieser Konstellation, die vom Regelfall der gesetzlichen Grundwertung abweicht, die Privilegierung?

Die Gesetzesmaterialien antworten darauf nicht explizit. Allgemein rechtfertigen die Erläuterungen zur Regierungsvorlage der Stammfassung des ÜbG die Ausnahmen von der Angebotspflicht unter anderem mit *"typischerweise gesamtwirtschaftlichen Interessen"*.[54] Sie begründen namentlich die Sanierungsausnahme (s. § 25 Abs. 1 Nr. 2 1. Fall ÜbG) mit der Sicherung der mit funktionsfähigen Unternehmen zusammenhängenden Arbeitsplätze und der Verhinderung wertzerstörender Zerschlagung von Unternehmen.[55] Wenn sich die Sanierungsausnahme aber aus dem Gedanken rechtfertigen lässt, dass der mit einer Angebotspflicht verbundene zusätzliche Liquiditätsbedarf eine volkswirtschaftlich wünschenswerte Unternehmensfortführung nicht gefährden soll,[56] dann ist es nur ein verhältnismäßig kleiner Schritt, Ausnahmen für andere Sachverhalte damit zu rechtfertigen, dass nach der gesetzlichen Wertung auch in diesen eine Befreiung von der Angebotspflicht aus volkswirtschaftlich wünschenswert ist. Eine Wertung, die mit Normen in anderen Bereichen zumindest insoweit konsistent ist, als auch dort die Übertragung von Vermögen innerhalb der „Familie" gegenüber Vermögensübertragungen unter Nicht-Familienangehörigen begünstigt ist (s. §§ 4, 7 GrEStG i.d.g.F.; s. auch § 4 Abs. 2 Nr. 1, § 7 Abs. 1 Nr. 1 lit. c GrEStG i. d. F. BGBl I 2015/118).[57]

---

53 ErlRV 1334 BlgNR 22. GP 16.
54 Vgl. ErlRV 1276 BlgNR 20. GP 45.
55 Vgl. ErlRV 1276 BlgNR 20. GP 45.
56 Vgl. ÜbK 27.1.2014, GZ 2013/2/4–74, S. 14 (HSAG); ÜbK 27.5.2015, GZ 2015/1/7–42, S. 8 (BENE AG); Huber/*Huber* (Fn. 22), § 25 Rn. 22.
57 Die Frage der Verfassungskonformität derartiger Normen soll an dieser Stelle nicht behandelt werden.

e) Zwischenergebnis

Zusammenfassend bleibt festzuhalten: Bei einem Kontrollwechsel entsteht typischerweise die Gefahr, dass das Management umbesetzt, Unternehmensziele neu definiert und Interessen der Zielgesellschaft jenen des nun kontrollierenden Aktionärs untergeordnet werden, wogegen die durch das Pflichtangebot gewährte Deinvestitionsmöglichkeit Abhilfe schaffen soll.[58] Diese typische Gefahrenlage entsteht nach der Wertung des Gesetzgebers nicht, wenn Aktien einem Angehörigen i. S. d. § 32 Abs. 1 IO geschenkt werden und dadurch eine (formell) kontrollierende Beteiligung, die auch beherrschenden Einfluss gewährt, an der Zielgesellschaft wechselt. Denn der Beschenkte verfolgt – so die Wertung des Gesetzgebers – dieselbe „Geschäftspolitik" wie der Schenker, sodass „materiell gewertet" kein kontrollrelevantes Ereignis vorliegt.[59]

Das bedeutet aber auch, dass eigentlich ein Sachverhalt privilegiert wird, der jenen nahesteht, die die Generalklausel gem. § 24 Abs. 1 2. Fall ÜbG von einer Angebotspflicht befreit (= Nichtwechsel der Person, die den beherrschenden Einfluss ausüben kann). Von den Sachverhalten, die dieser Generalklausel unterfallen, unterscheidet sich der vorliegende Sachverhalt allerdings dadurch, dass die Person, die nach dem Übertragungsvorgang den beherrschenden Einfluss ausüben kann, in keinem gesellschaftsrechtlichen Beherrschungsverhältnis zum Überträger steht. Insofern wechselt formal und materiell unter dem Gesichtspunkt des Beherrschungsverhältnisses zwischen den an der Übertragung Beteiligten der Rechtsträger, der die Zielgesellschaft beherrschen kann. Die Beherrschungsverhältnisse wechseln aber nicht nach der materiellen Grundannahme des Gesetzgebers. Denn der „beschenkte" Rechtsträger ist zwar tatsächlich ein anderer als der bisher beherrschende Rechtsträger, er substituiert diesen aber bloß, weil er – so die materielle Grundannahme des Gesetzgebers – dieselbe Geschäftspolitik (weiter-)verfolgt.

4. Mittelbare Übertragung von Aktien auf Angehörige (§ 25 Abs. 1 Nr. 5 ÜbG)

Sofern der Gesetzgeber als Grundfall der Privilegierung von § 24 Abs. 1 Nr. 1 ÜbG idF vor ÜbRÄG 2006 bzw. § 25 Abs. 1 Nr. 4 ÜbG die Schenkung einer kontrollierenden Beteiligung an einen Angehörigen, der davor keine Anteile an der Zielgesellschaft gehalten hat, vor Augen gehabt haben sollte,[60] scheint fraglich, ob aus der Wertung, die der Regelung dieses Sachverhalts zu Grunde liegt, Rückschlüsse auf die hier zu untersuchenden Konstellationen gezogen werden dürfen, in denen die Angehörigen gleichzeitig und nicht nacheinander an der Zielgesellschaft beteiligt sind. Das

---

58 Vgl. statt vieler *Gall* (Fn. 3), S. 76 ff.
59 So zu den Ausnahmen gemäß § 24 ÜbG ErlRV 1334 BlgNR 22. GP 15.
60 So wohl *Huber/Löber* (Fn. 51), § 24 Rn. 2.

wirft die Frage auf, ob es auch eine übernahmerechtliche Wertung gibt, dass nahe Angehörige bei gleichzeitiger Gesellschafterstellung dieselbe Geschäftspolitik verfolgen.

Die Suche leitet zu § 25 Abs. 1 Nr. 5 1. Fall ÜbG. Dieser bestimmt:

„Keine Angebotspflicht, aber eine Pflicht zur Anzeige des Sachverhalts an die Übernahmekommission besteht, wenn Aktien auf einen anderen Rechtsträger übertragen werden, an dem mittelbar oder unmittelbar neben den bisherigen Gesellschaftern ausschließlich deren Angehörige (§ 32 Abs. 1 IO) beteiligt sind; [...]"

Dieser Wortlaut erinnert an § 24 Abs. 1 Nr. 2 ÜbG i. d. F. vor ÜbRÄG 2006, der von der Angebotspflicht befreite,

„wenn Aktien auf einen anderen Rechtsträger übertragen werden, an dem mittelbar oder unmittelbar ausschließlich dieselben Gesellschafter oder deren Angehörige (§ 32 KO) im selben Beteiligungsverhältnis beteiligt sind; [...]"

Zwischen dem Wortlaut des § 24 Abs. 1 Nr. 2 ÜbG i. d. F. vor ÜbRÄG 2006 und § 25 Abs. 1 Nr. 5 1. Fall ÜbG i. d. g. F. besteht jedoch ein augenscheinlicher Unterschied. Nach dem Wortlaut der geltenden Fassung hängt die Befreiung nämlich nicht davon ab, dass dieselben Gesellschafter oder deren Angehörige im selben Beteiligungsverhältnis am Rechtsträger beteiligt sind, auf den die Aktien übertragen werden.[61] Gerade die Einschränkung der Privilegierung der alten Rechtslage auf Übertragungen im *identen Beteiligungsverhältnis* war aber essentiell für diesen Befreiungstatbestand. Denn aufgrund dieses Tatbestandsmerkmals wurden (nur) Fälle von der Angebotspflicht befreit, in denen zwar formal betrachtet ein Wechsel materieller Kontrolle eintrat, nicht aber bei einer wirtschaftlichen Betrachtungsweise.[62] Deshalb wurde zur Rechtslage vor dem ÜbRÄG 2006 auch vertreten, dass die Befreiung von der Angebotspflicht bei Umstrukturierungen unter Wahrung der Beteiligungsidentität keine echte Ausnahme von der Angebotspflicht ist, sondern „eher Konkretisierung(en) des generalklauselhaften Kontrolltatbestands".[63]

Wie das folgende Beispiel veranschaulichen soll, ist der Entfall dieses Tatbestandsmerkmals, den die Materialien mit keinem Wort erwähnen, problematisch. So etwa wenn man vom Verständnis ausgeht, dass der Be-

---

[61] Vgl. Huber/*Huber* (Fn. 22), § 25 Rn. 66.
[62] *Diregger/Kalss/Winner*, Das österreichische Übernahmerecht, 2003, Rn. 154; *Kalss/Oppitz/Zollner* (Fn. 51), § 23 Rn. 143.
[63] *Diregger/Kalss/Winner* (Fn. 62), Rn. 149; s. auch ÜbK 26.11.2001, GZ 2001/2/8–24, S. 3.

freiungstatbestand die Übertragung einer kontrollierenden Beteiligung durch mehrere natürliche Personen erfasst:[64]

An der Zielgesellschaft sind A mit 31 Prozent und B mit 1 Prozent beteiligt, der Rest der Anteile ist im Streubesitz. In der Ausgangssituation hält also A eine unmittelbar kontrollierende Beteiligung i. S. d. § 22 Abs. 2 ÜbG. A und B übertragen ihre Anteile auf eine GmbH, sodass die GmbH zu 33 Prozent an der Zielgesellschaft beteiligt ist. An der GmbH ist A zu 0,1 Prozent und B zu 99,9 Prozent beteiligt. B könnte daher die GmbH beherrschen. Da die GmbH 33 Prozent an der Zielgesellschaft hält, hat nicht mehr A eine unmittelbare, sondern B eine mittelbare Kontrolle über die Zielgesellschaft. Somit ist eine kontrollierende Beteiligung, die auch tatsächlich beherrschenden Einfluss vermittelt, gewechselt.[65] Nach dem Wortlaut des § 25 Abs. 1 Nr. 5 ÜbG wäre B von der Angebotspflicht befreit, weil an der GmbH neben den bisherigen Gesellschaftern A und B niemand anderer beteiligt ist. Was diese Befreiung rechtfertigen soll, bleibt unergründlich.

Das gilt auch, sofern man den Sachverhalt dahingehend modifiziert, dass A und B bereits vor der Übertragung auf die GmbH auf Grund eines Gleichordnungssyndikats gemeinsam vorgehen. Denn auch dann wechselt die Kontrolle, diesmal allerdings von gemeinsamer unmittelbarer Kontrolle zur mittelbaren Alleinkontrolle des B, der aber nach dem Gesetzeswortlaut von der Angebotspflicht befreit wäre.

Seinem Wortlaut nach befreit – wie soeben gezeigt – § 25 Abs. 1 Nr. 5 1. Fall ÜbG Sachverhalte von der Angebotspflicht, in denen eine kontrollierende Beteiligung, die beherrschenden Einfluss vermittelt, auch bei wirtschaftlicher Betrachtungsweise wechselt. Ein solcher Systembruch kann vom Gesetzgeber nicht beabsichtig gewesen sein. § 25 Abs. 1 Nr. 5 1. Fall ÜbG ist daher systematisch-teleologisch dahingehend zu interpretieren, dass die Übertragung einer kontrollierenden, beherrschenden Einfluss vermittelnden Beteiligung auf einen Rechtsträger, an dem neben den bisherigen Gesellschaftern ausschließlich ihre Angehörigen beteiligt sind, von der Angebotspflicht befreit ist, sofern bei einer wirtschaftlichen Betrachtungsweise kein Kontrollwechsel stattfindet. Dafür lassen sich die Materialien zu § 24 Abs. 3 ÜbG ins Treffen führen. Danach soll die Angebotspflicht bei der Einbringung in eine Holdinggesellschaft selbst dann nicht bestehen, wenn sich die Beteiligungsverhältnisse verschieben oder wenn andere Aktionäre hinzutreten, sofern sich dadurch letztlich der oder die beherrschenden Rechtsträger nicht ändern. Bloß geringfügige Verschiebungen sollen die Angebotspflicht nicht auslösen.[66] Diese Passage der Materialien zu § 24 Abs. 3. ÜbG spricht

---

64 So Huber/*Huber* (Fn. 22), § 25 Rn. 70.
65 Vgl. ErlRV 1334 BlgNR 16.
66 Vgl. ErlRV 1334 BlgNR 15.

für die hier vertretene systematisch-teleologische Interpretation des § 25 Abs. 1 Nr. 5 1. Fall ÜbG, weil § 24 Abs. 3 ÜbG demonstrativ Beispiele für den generalklauselartigen Befreiungstatbestand gem. § 24 Abs. 1 2. Fall ÜbG regelt. Die Generalklausel ordnet eine Befreiung für den Fall an, dass der Rechtsträger, der den beherrschenden Einfluss bei wirtschaftlicher Betrachtungsweise letztlich ausüben kann, nicht wechselt. Ein Befreiungstatbestand, dem – wie sich sogleich zeigen wird – § 25 Abs. 1 Nr. 5 1. Fall ÜbG (und seine Vorgängerbestimmung [§ 24 Abs. 1 Nr. 2 ÜbG i. d. F. vor ÜbRÄG 2006]) nahesteh(t)/-en.

Kehrt man zum eigentlichen Thema, nämlich der Rolle der Angehörigen zurück, stellt sich die Frage: Warum schadet bei der Übertragung einer kontrollierenden, beherrschenden Einfluss vermittelnden Beteiligung auf einen Rechtsträger nicht die Gesellschafterstellung naher Angehöriger neben dem bzw. anstelle des Überträgers? Auch dahinter kann nur die in den Materialien zu § 24 Abs. 1 Nr. 1 ÜbG i. d. F. vor ÜbRÄG 2006 zum Ausdruck kommende Wertung stehen, dass Angehörige des Überträgers keine andere Geschäftspolitik als dieser verfolgen, und zwar unabhängig davon, ob der Überträger am kontrollvermittelnden Rechtsträger beteiligt bleibt oder nicht.[67] Ist nach der Übertragung auf den kontrollvermittelnden Rechtsträger, an diesem statt oder neben dem Überträger auch zumindest einer seiner nahen Angehörigen beteiligt, geht der Gesetzgeber von der Wertung aus, dass der/die nahen Angehörigen jetzt (gemeinsam mit dem Überträger) die Geschäftspolitik verfolg(t)/-en, die der Überträger bereits zuvor verfolgt hat.

Das bedeutet, dass auch (s. oben Kapitel D.II.3.d.) § 25 Abs. 1 Nr. 5 1. Fall ÜbG ein Befreiungstatbestand ist, der Sachverhalte privilegiert, die jener der Generalklausel gem. § 24 Abs. 1 2. Fall ÜbG (Nichtwechsel der Person, die den beherrschenden Einfluss ausüben kann) nahestehen. Der Unterschied zu den Sachverhalten, die die Generalklausel privilegiert, liegt darin, dass bei § 25 Abs. 1 Nr. 5 1. Fall ÜbG die Rechtsträger, die nach dem Übertragungsvorgang den beherrschenden Einfluss ausüben können, zuvor in keinem gesellschaftsrechtlichen Beherrschungsverhältnis zum Überträger standen. Insofern wechseln formal und materiell unter dem Gesichtspunkt des Beherrschungsverhältnisses zwischen den an der Übertragung Beteiligten (teilweise) die Rechtsträger, die die Zielgesellschaft beherrschen können, nicht aber unter Zugrundelegung der materiellen Grundannahme des Gesetzgebers, dass sie dessen Geschäftspolitik (weiter-)verfolgen und insofern den Überträger substituieren.

---

67 Vgl. ErlRV 1276 BlgNR 44; Huber/*Huber* (Fn. 22), § 25 Rn. 65.

5. Übertragung auf beherrschte Privatstiftung (§ 25 Abs. 1 Nr. 5 2. Fall ÜbG)

Schließlich liefert noch die Befreiung von der Angebotspflicht bei Übertragung auf eine beherrschte Privatstiftung einen Anhaltspunkt dafür, dass der Gesetzgeber übernahmerechtlich davon ausgegangen ist, dass Angehörige bei gleichzeitiger Beteiligung an einer Gesellschaft grundsätzlich dieselbe Geschäftspolitik verfolgen. § 25 Abs. 1 Nr. 5 2. Fall ÜbG bestimmt sinngemäß:

Keine Angebotspflicht, aber eine Pflicht zur Anzeige des Sachverhalts an die Übernahmekommission besteht für die Übertragung auf eine Privatstiftung, auf deren Geschäftsführung die Angehörigen einen beherrschenden Einfluss ausüben können.

Die Vorgängerregelung zu diesem Befreiungstatbestand findet sich in § 24 Abs. 1 Nr. 3 ÜbG i. d. F. vor dem ÜbRÄG 2006.[68] Diese stellte allerdings darauf ab, dass Begünstigte der Privatstiftung ausschließlich bisherige Gesellschafter oder Angehörige (§ 32 KO ÜbG) der Gesellschafter sind. Dagegen ist nach dem Wortlaut der geltenden Rechtslage entscheidend, dass die Angehörigen auf die Privatstiftung, auf die übertragen wird, einen beherrschenden Einfluss ausüben können. Damit unterscheidet sich die geltende Rechtslage von der Vorgängerbestimmung einerseits in Bezug auf die Stellung, die bestimmte Personen einnehmen müssen, und anderseits in Bezug auf den erfassten Personenkreis. Dieser Personenkreis unterscheidet sich nach dem Gesetzeswortlaut auch von jenem, der gemäß § 25 Abs. 1 Nr. 5 1. Fall ÜbG maßgeblich ist. Denn dieser Befreiungstatbestand nennt die Angehörigen i. S. d. § 32 Abs. 1 IO nicht ausschließlich, sondern neben den bisherigen Gesellschaftern. In den Materialien fehlt ein Anhaltspunkt für eine Differenzierungsabsicht des Gesetzgebers. Vielmehr sprechen die Erläuterungen dafür, dass die Befreiung bei der Übertragung auf eine Gesellschaft und die Befreiung bei der Übertragung auf eine Privatstiftung bei demselben Kreis von Personen greift, die Gesellschafter bzw. Begünstigte sind.[69] Das spricht dafür, § 25 Abs. 1 Nr. 5 2. Fall ÜbG auf Fälle der Übertragung auf eine Privatstiftung zu erstrecken, auf deren Geschäftsführung neben dem bisherigen (übertragenden) Gesellschafter ausschließlich seine Angehörigen einen beherrschenden Einfluss haben.[70]

---

[68] Huber/*Huber* (Fn. 22), § 25 Rn. 73.
[69] Vgl. ErlRV 1334 BlgNR 22. GP, 16: „*das gilt nach Nr. 5 auch für die Übertragung auf Gesellschaften oder Privatstiftungen, in denen neben den bisherigen Gesellschaftern ausschließlich deren Angehörigen Beherrschungsmöglichkeiten zustehen*".
[70] Der Fall, dass der übertragende Gesellschafter allein beherrschenden Einfluss auf die Privatstiftung hat, ist bereits durch § 24 Abs. 1 ÜbG erfasst, weil sich in diesem Fall bei wirtschaftlicher Betrachtungsweise der Rechtsträger nicht ändert, der diesen Einfluss ausüben kann.

Unabhängig von der Frage, ob man diese „korrigierende" Auslegung des Befreiungstatbestands befürwortet, besteht bereits nach dem Gesetzeswortlaut keine Angebotspflicht, wenn auf die Geschäftsführung der Privatstiftung die Angehörigen (gemeint: des Überträgers) einen beherrschenden Einfluss ausüben können. Somit also auch dann, wenn der beherrschende Einfluss nicht von einem Angehörigen, sondern von mehreren Angehörigen ausgeübt wird. Auch daraus erschließt sich die gesetzliche Grundwertung, dass mehrere Angehörige den beherrschenden Einfluss auf die Privatstiftung und mittelbar auf die Zielgesellschaft regelmäßig koordiniert ausüben und bei wirtschaftlicher Betrachtung kein kontrollrelevantes Ereignis eingetreten ist, weil sie gemeinsam die bisherige Geschäftspolitik des Überträgers perpetuieren. Insofern regelt auch (s. vorherige Kapitel) § 25 Abs. 1 Nr. 5 2. Fall ÜbG eigentlich die Privilegierung von Sachverhalten, die den nach der Generalklausel des § 24 Abs. 1 2. Fall ÜbG Privilegierten ähnlich sind. Denn der/die Rechtsträger, der/die beherrschenden Einfluss auf die Privatstiftung hat/haben, auf die die Aktien übertragen werden, sind zwar formal und tatsächlich (ein) andere(r) als der Rechtsträger, der bisher die Zielgesellschaft beherrschen konnte. Allerdings substituiert der/die neu beherrschende(n) Rechtsträger diesen bloß, weil er/sie – so die materielle Grundannahme des Gesetzgebers – dieselbe Geschäftspolitik (weiter-)verfolgt bzw. verfolgen.

6. Zusammenfassung

Zusammenfassend regeln die Befreiungstatbestände § 25 Abs. 1 Nr. 4 1. Fall ÜbG und § 25 Abs. 1 Nr. 5 ÜbG also Sachverhalte, in denen aufgrund einer materiellen Grundannahme des Gesetzgebers sich der beherrschende Einfluss nicht ändert. Für den Regelfall geht der Gesetzgeber nämlich davon aus, dass Angehörige i. S. d. § 32 Abs. 1 IO dieselbe Geschäftspolitik verfolgen. Das bedingt, dass Angehörige Beherrschungsmittel, die sie aufgrund der Beteiligungsübertragung vom bisherigen Gesellschafter erlangen, so ausüben, dass sie dieser (gemeinsamen) Geschäftspolitik dienlich sind. Strukturell basieren diese Befreiungstatbestände also auf einer materiellen Betrachtung, nämlich der „Austauschbarkeit" von Rechtsträgern, die nahe Angehörige i. S. d. § 32 Abs. 1 IO sind, wegen typischerweise gleichgerichteter Geschäftspolitik. Damit stehen die Befreiungstatbestände § 25 Abs. 1 Nr. 4 1. Fall ÜbG und § 25 Abs. 1 Nr. 5 ÜbG dem generellen Befreiungstatbestand gemäß § 24 Abs. 1 2. Fall ÜbG nahe. Danach besteht nämlich keine Angebotspflicht, wenn der Rechtsträger, der den beherrschenden Einfluss bei wirtschaftlicher Betrachtung letztlich ausüben kann, nicht wechselt.

E. Zusammenführende Überlegungen

Abschließend bleibt noch, die bisher gewonnenen Ergebnisse zusammenzuführen. Ergebnis der Untersuchung zum Tatbestand gemeinsam vorgehender Rechtsträger ist, dass eine Absprache nicht zwingende gesetzliche Voraussetzung für das Vermuten eines gemeinsamen Vorgehens ist. Vielmehr können auch andere Tatsachen ein vermutetes gemeinsames Vorgehen rechtfertigen, wenn aus ihnen erfahrungsgemäß der Schluss zu ziehen ist, dass Rechtsträger dieselben Interessen verfolgen und einander daher beeinflussen. Andererseits ist die Untersuchung der Ausnahmetatbestände § 25 Abs. 1 Nr. 4 und Nr. 5 ÜbG auf die grundlegende materielle Wertung des ÜbG gestoßen, dass Angehörige i. S. d. § 32 Abs. 1 IO dieselben geschäftlichen Interessen verfolgen,[71] was nahelegt, dass sie einander beeinflussen. Das impliziert die Gefahr, dass die Interessen Nichtangehöriger untergeordnet werden, was eine Kumulierung der Einflussmöglichkeiten jener rechtfertigt. Da diese Grundwertung im Wortlaut der Legaldefinition gemeinsam vorgehender Rechtsträger keinen Niederschlag gefunden hat, obwohl den dort unmittelbar geregelten Fällen eine ähnliche Wertung zu Grunde liegt, ist analog § 1 Nr. 6 S. 2 ÜbG widerleglich zu vermuten, dass Angehörige i. S. d. § 32 Abs. 1 IO gemeinsam vorgehende Rechtsträger sind.

Ein gewichtiger Gegeneinwand scheint mir, dass eine Privilegierung für den Fall der Übertragung auf Angehörige wenig helfen würde, wenn die Angehörigenstellung per se schon vor einer Übertragung eine Zurechnung begründet, die Befreiungstatbestände also ins Leere liefen, wenn die Beteiligungen von Angehörigen stets zugerechnet würden.[72] Das ist allerdings nicht der Fall. Gerade auch bei der Behandlung naher Angehöriger als gemeinsam vorgehende Rechtsträger noch bevor Anteile zwischen ihnen übertragen werden, verbleibt für die gegenständlichen Befreiungstatbestände des ÜbG ein bedeutender Anwendungsbereich. Sie stellen nämlich klar, dass durch die formale Änderung der Beteiligungsverhältnisse der Angehörigen bei wirtschaftlicher Betrachtung keine Änderung der Beherrschungsverhältnisse eintritt. Deshalb werden Interessen der Minderheitsgesellschafter nicht gefährdet und eine Angebotspflicht lässt sich nicht rechtfertigen.

Zugleich verifiziert all das die Rechtsansicht der ÜbK in der Stellungnahme A. AG, wonach „*nahe Angehörige i. S. v. § 32 Abs. 1 IO übernahmerechtlich im Regelfall als gemeinsam vorgehende Rechtsträger zu betrachten sind*"[73]. Damit soll und kann nicht (soziologisch) beurteilt werden, ob

---

71 Demgegenüber verneint das deutsche Schrifttum (vgl. die Nachweise in Fn. 18) gerade den Erfahrungsgrundsatz, den der österreichische Gesetzgeber dem ÜbG zu Grunde gelegt hat, dass die Mitglieder derselben Familien eine gemeinsame Geschäftspolitik verfolgen/betreiben.
72 Vgl. in diese Richtung zu § 36 Nr. 1 WpÜG *Schockenhoff/Schumann* (Fn. 18), 593.
73 ÜbK vom 14.10.2013, GZ 2013/1/5–16, S. 11.

die Wertung, Angehörige verfolgen grundsätzlich dieselbe Geschäftspolitik, eine Stütze in den tatsächlichen Verhältnisse findet. Der Gesetzgeber hat sie de lege lata für den Regelfall dem ÜbG zu Grunde gelegt; sie ist daher zu akzeptieren. Aus Sicht des Minderheitenschutzes hat dieses Ergebnis in der praktischen Handhabung des ÜbG den Vorteil, dass das Problem des Nachweises, auf das Ermittlungen der ÜbK beim gemeinsamen Vorgehen häufig stoßen,[74] entschärft wird. Denn es liegt an den Angehörigen, die Vermutung zu entkräften. Damit mag auch zusammenhängen, dass die Rechtsansichten der Entscheidungen CWI und A. AG auf den ersten Blick so unterschiedlich anmuten. Denn in dieser hat sich die ÜbK, wohl auf Grund der besonderen Verfahrensart[75], möglicherweise aber auch aus Nachweisproblemen auf die Vermutung gemeinsamen Vorgehens zurückgezogen, während sie bei jener den Nachweis einer Absprache führen konnte und das gemeinsame Vorgehen daher auf Grund des Vorliegens einer Absprache bejaht hat.

Eine untersuchenswerte Frage ist, ob die hier vertretene Ansicht, dass bei nahen Angehörige i. S. d. § 30 Abs. 1 IO ein gemeinsames Vorgehen zu vermuten ist, kraft Verweises des § 92 Nr. 7 BörseG auch für die börsenrechtliche Feststellung der Stimmrechtsanteile gilt.[76] *„Aber das ist eine andere Geschichte."*[77]

---

[74] Vgl. *Winner* (Fn. 2), S. 803.

[75] Der Stellungnahme A. AG lag der Antrag eines Mitglieds der Familie L. zu Grunde, dass die ÜbK gemäß § 29 Abs. 1 ÜbG zu beabsichtigten, verschiedenen gesellschaftsrechtlichen Umstrukturierungen Stellung nehmen möge. Eine solche Vorgehensweise ist üblich, um noch vor Umsetzung von Schritten, die unter Umständen übernahmerechtliche Konsequenzen nach sich ziehen, die unverbindliche Rechtsauffassung der ÜbK dazu in Erfahrung zu bringen. Sollte die ÜbK in ihrer Stellungnahme Bedenken äußern, ist es dem Antragsteller möglich, diesen noch rechtzeitig Rechnung zu tragen, wodurch die Gefahr einer Angebotspflicht gemindert wird.

[76] Zur Frage, ob das gemeinsame Vorgehen im börsenrechtlichen Kontext abweichend zu interpretieren ist, s. ÜbK vom 18.3.2015 GZ 2014/1/8–74, S. 17 ff.

[77] *Andreas Steppan*, „SelfMan", www.youtube.com, zuletzt abgerufen am 06.04.2016.

Kollektivschäden am Kapitalmarkt: Analyse und Regulierungskonzepte

Marius Rothermund[*]

Inhalt

A.	Einführung	385
B.	Ökonomische Analyse von Kollektivschäden	387
I.	Verhaltenssteuerung (Abschreckung)	387
	1. Die Funktion der Kapitalmarktinformationshaftung	387
	2. Das Problem der rationalen Apathie	389
	3. Das Problem der Übermaßhaftung	393
II.	Verfahrenseffizienz	395
III.	Der Zielkonflikt zwischen Abschreckung und Verfahrenseffizienz	395
C.	Das Kapitalanleger-Musterverfahrensgesetz (KapMuG)	396
I.	Grundzüge des Musterverfahrens	397
II.	Die „Rückindividualisierung" des Anlegernetzwerkes	398
III.	Rechtspraktische Erfahrungen	401
D.	Alternative Kollektivklageverfahren	402
I.	Verbandsklage	402
II.	Gruppenklage	404
E.	Leitlinien für ein neues Konzept	409
I.	Das Gruppenverfahren als Basismodell	409
II.	Teilnahme am Gruppenverfahren: opt-in- oder opt-out-Modell?	410
III.	Organisation des Gruppenverfahrens	413
	1. Der Richter als Verfahrensorganisator („managing judge")	413
	2. Der Anwalt als Gruppenorganisator („managing lawyer")	414
	3. Kostentragung und Anwaltshonorar	415
F.	Zusammenfassung und Ausblick	417

A. Einführung

Als die Hypo Real Estate Holding AG (HRE) am 15. Januar 2008 im Zuge der Hypothekenkrise in den USA einen Abschreibungsbedarf in Höhe von 390 Mio. Euro auf amerikanische *Collateralized Debt Obligations* (CDOs) bekanntgab, brach der Aktienkurs der HRE innerhalb weniger Minuten um

---

[*] Ludwig-Maximilians-Universität München.

ca. ein Drittel ein.[1] Zuvor hatte das Management in Ad-hoc-Meldungen[2] und Pressemitteilungen[3] noch bestritten, von der Hypothekenkrise betroffen zu sein. Rund 80 Anleger sahen sich infolge dieser Fehlinformation und des anschließenden Kursabsturzes geschädigt und reichten Klage gegen die Bank ein. Bis zum heutigen Tag wurde kein Cent Schadensersatz an die Anleger gezahlt.

Der HRE-Prozess ist nur eines von vielen Beispielen für Schadensersatzprozesse infolge fehlerhafter Kapitalmarktinformation. Bevor Wertpapiere (z. B. Aktien) öffentlich angeboten werden dürfen, müssen Emittenten den Kapitalmarkt in Wertpapierprospekten über die Art und die Risiken ihrer Wertpapiere informieren (§ 3 Abs. 1 WpPG). Sobald die Papiere auf dem Kapitalmarkt gehandelt werden, sind Emittenten verpflichtet, nicht bekannte kursrelevante Informationen, die das Unternehmen betreffen, unverzüglich in Ad-hoc-Meldungen zu veröffentlichen (§ 15 WpHG). Diese sog. Publizitätspflichten dienen dazu, die Effizienz und Preisintegrität der Märkte zu gewährleisten. Verletzen Emittenten diese Pflichten, so erfolgen Transaktionen am Kapitalmarkt auf falscher Informations- und damit auf falscher Preisgrundlage. Handelnde Kapitalanleger erleiden somit einen Schaden, weil sie Wertpapiere entweder zu teuer kaufen oder zu billig verkaufen. Es liegt in der Natur des Kapitalmarktes, dass diese Preisverzerrungen nicht nur einen, sondern oft Hunderte oder gar Tausende von Investoren betreffen. Es handelt sich daher um *Kollektivschäden*. Kapitalmarktrechtliche Schadensersatzvorschriften (§§ 21, 22 WpPG[4], §§ 37b, 37c WpHG[5]) erfüllen wegen ihrer Abschreckungswirkung neben der Schadenskompensation eine wichtige Präventions- und Steuerungsfunktion. Diese gelangt aber nur dann zur vollen Geltung, wenn die Kollektivschäden vor Gericht möglichst effizient und wirkungsvoll eingeklagt werden können. Dies erfordert eine Vernetzung der Kapitalanleger und ein koordiniertes Vorgehen gegen den Emittenten. Da das klassische Prozessrecht jedoch für Massenverfahren nicht ausgelegt ist, hat der deutsche Gesetzgeber mit dem Kapitalanleger-Musterverfahrensgesetz (KapMuG) eine Regelung zur kollektiven Geltendmachung

---

1 Vgl. RP Online vom 15.1.2008: „Krise bei DAX-Unternehmen Hypo Real Estate: Aktie bricht um 36 Prozent ein", abrufbar unter http://www.rp-online.de/wirtschaft/unternehmen/aktie-bricht-um-36-prozent-ein-aid-1.2332377, zuletzt abgerufen am 8.4.2016.

2 Ad-hoc-Mitteilung vom 11.7.2007, 11:47 Uhr: „Prognose für das Geschäftsjahr angehoben".

3 Vgl. Handelsblatt vom 7.11.2007: „Hypo Real Estate zeigt sich unbeeindruckt von der US-Hypothekenkrise. [...] Die HRE-Gruppe sei 'aus der Marktkrise der vergangenen Monate gestärkt hervorgegangen', sagte Vorstandschef Georg Funke.", abrufbar unter http://www.handelsblatt.com/unternehmen/banken-versicherungen/quartalszahlen-hypo-real-estate-trotzt-der-krise/2883258.html); Die Welt vom 8.11.2007: „Hypo Real Estate sieht sich als Gewinner", abrufbar unter http://www.welt.de/welt_print/article1341643/Hypo-Real-Estate-sieht-sich-als-Gewinner.html, zuletzt abgerufen am 8.4.2016.

4 Früher: §§ 44 f. BörsG a. F.

5 Bis zum Jahr 2002 wurden Schäden am Sekundärmarkt über § 826 BGB geltend gemacht.

von Kapitalmarktschäden erlassen. Das zehnjährige Jubiläum des KapMuG gibt Anlass, sich mit Kollektivschäden am Kapitalmarkt und ihrer Regulierung näher zu befassen.

Der Beitrag wird das Thema zunächst aus einer ökonomischen Perspektive beleuchten (B.). Es folgt eine kritische Betrachtung des KapMuG (C.), bevor eine rechtsvergleichende Umschau alternative Kollektivklageverfahren vorstellt (D.). Ausgehend von diesen Ausführungen werden Leitlinien für ein neues Konzept erarbeitet, welches die ökonomischen Erkenntnisse aufgreift und die Schwächen der beschriebenen Modelle vermeidet (E.). Der Beitrag schließt mit einer Zusammenfassung und einem Ausblick (F.).

B. Ökonomische Analyse von Kollektivschäden

Im ersten Teil des Beitrages sollen die Kapitalmarkthaftung im Allgemeinen und Kollektivschäden im Besonderen aus einem ökonomischen Blickwinkel betrachtet werden. Dabei werden zunächst die Funktion der Haftung herausgearbeitet und die Probleme im Zusammenhang mit Kollektivschäden erörtert. Anschließend befasst sich der Abschnitt mit der Durchsetzung der Ansprüche im Prozess.

I. Verhaltenssteuerung (Abschreckung)
1. Die Funktion der Kapitalmarktinformationshaftung

In der deutschen Schadensersatzdogmatik wird traditionell die Kompensationsfunktion der Schadensersatzhaftung betont. Ziel des Schadensersatzes sei es, dem Geschädigten einen Ausgleich für seine erlittenen Einbußen zu verschaffen.[6] Neben diesem privaten Nutzen für den Geschädigten hat der Schadensersatz aber auch einen gesellschaftlichen, d. h. volkswirtschaftlichen Nutzen: Die drohende Ersatzpflicht hält potenzielle Schädiger davon ab, sich regelwidrig zu verhalten und hat somit eine präventive (abschreckende) Wirkung. Die Prävention oder Verhaltenssteuerung ist somit ein externer Effekt der privaten Geltendmachung von Schadensersatzansprüchen.[7] Diese Präventionswirkung wird mitunter als subsidiär hinter dem Ausgleichsgedanken gesehen und kurzerhand als „erwünschtes Nebenprodukt" der Haftung abgetan.[8] Als reines Ausgleichsinstrument wäre das Haftungsrecht aus volkswirtschaftlicher Sicht jedoch sehr teuer. Denn es führte zu keinem gesellschaftlichen Gewinn – schließlich wird ein bereits entstandener Schaden nur von einem Rechtssubjekt auf das andere umgewälzt –

---

6 Siehe nur *Larenz*, Lehrbuch des Schuldrechts, Bd. I, 14. Aufl. 1987, § 27 I, S. 423 f.; *Lange/Schiemann*, Schadensersatz, 3. Aufl. 2003, Einl. III 2, S. 9 f. Dieser auf dem Prinzip der sog. *iustitia correctiva* beruhende Kompensationsgedanke wird in den Motiven zum Entwurf des BGB ausdrücklich angesprochen, siehe Mot. II, S. 17.

7 *Cooter/Ulen*, Law and Economics, 5. Aufl. 2008, S. 325; *Shavell*, 11 J. Legal Stud. 333, 334 (1982).

8 *Larenz* (Fn. 6), § 27 I, S. 423.

und brächte zusätzlich noch die Durchsetzungskosten mit sich (etwa Gerichts- und Anwaltskosten), wäre also insgesamt ein Wohlfahrtsverlust.[9] Einen Wohlfahrtsgewinn bewirkt das Haftungsrecht hingegen durch die Prävention, denn sie verhindert, dass ein zukünftiger Schaden überhaupt *entsteht*. Deswegen haben Rechtsgelehrte bereits lange vor Inkrafttreten des BGB die Präventionsfunktion des Haftungsrechts betont.[10] Rechtsökonomischer Forschung ist es zu verdanken, dass der Präventionsgedanke im Haftungsrecht (erneut) in den Mittelpunkt rückt.[11] Nur weil neben dem Ausgleich eines Schadens, der in der Vergangenheit entstanden ist, auch die Schadensprävention in der Zukunft angestrebt wird, hat das Haftungs- und Schadensersatzrecht eine volkswirtschaftliche Dimension.

Mithilfe dieser Erkenntnis lässt sich nun die Funktion der Kapitalmarktinformationshaftung näher beleuchten. Wenn ein Emittent unter Verwendung fehlerhafter Prospekte am Primärmarkt Geld von Investoren für ein wertloses oder minderwertiges Projekt einsammelt, dann entsteht ein sog. Ressourcenschaden. Die Transaktionen sind volkswirtschaftlich schädlich, denn der Kapitalmarkt soll Kapital dorthin führen, wo es am sinnvollsten eingesetzt werden kann, und es nicht für unsinnige Projekte verschwenden.[12] Der (vollständige) Ersatz des Primärmarktschadens im Wege der Prospekthaftung ist bereits deshalb gerechtfertigt, weil der private Schaden der Anleger auch dem volkswirtschaftlichen Schaden entspricht.

Schäden aufgrund fehlerhafter Sekundärmarktinformation sind hingegen reine Umverteilungsschäden. Wenn etwa ein Anleger aufgrund einer Fehlinformation des Emittenten ein Wertpapier zu einem überteuerten Preis auf dem Sekundärmarkt erwirbt, so entspricht sein Schaden exakt dem Gewinn des (zu teuer) verkaufenden Anlegers. Das Geld wird von einem auf den

---

9 *Schäfer/Ott*, Lehrbuch der ökonomischen Analyse des Zivilrechts, 5. Aufl. 2012, Kap. 5.3, S. 151; *Miller*, Das Haftungsrecht als Instrument der Kontrolle von Kapitalmärkten, Eine vergleichende Analyse, 2003, S. 109. Man spricht bei den Durchsetzungskosten auch von „tertiären Kosten".

10 Schon der berühmte Marburger Jurist *Friedrich Carl von Savigny* hat – unter Bezugnahme auf das römische Recht – die verhaltenssteuernde Funktion der Haftung hervorgehoben, siehe *Savigny*, Das Obligationenrecht als Theil des heutigen Römischen Rechts, Bd. II, 1853, S. 301 f.

11 In der deutschen Literatur ist v. a. *Gerhard Wagner* als Vorreiter des Präventionsgedankens im Haftungsrecht zu nennen, siehe nur *Wagner*, AcP 206 (2006), 352; *Wagner*, Neue Perspektiven im Schadensersatzrecht: Kommerzialisierung, Strafschadensersatz, Kollektivschaden, in: Verhandlungen des 66. Deutschen Juristentages, Bd. I, 2006, S. A 14 f.; außerdem *Schäfer/Ott* (Fn. 9), Kap. 5.3, S. 149 ff. Siehe bereits *Kötz/Schäfer*, AcP 189 (1989), 501, 502: „Schadensverhütung ist besser als Schadensvergütung". Aus den USA vgl. *MacKaay*, Law and Economics for Civil Law Systems, 2013, S. 373 ff.; *Berry*, 80 Colum. L. Rev. 299, 300 (1980).

12 Siehe nur *Kübler/Assmann*, Gesellschaftsrecht, Die privatrechtlichen Ordnungsstrukturen und Regelungsprobleme von Verbänden und Unternehmen, 6. Aufl. 2006, § 32 II, S. 469; *Lenenbach*, Kapitalmarktrecht und kapitalmarktrelevantes Gesellschaftsrecht, 2. Aufl. 2010, Rn. 1.72.

anderen Anleger umverteilt; es handelt sich um ein Nullsummenspiel.[13] Die Kompensation des Anlegers durch den Emittenten drängt sich aus rechtsökonomischer Sicht zunächst nicht auf; sie ist sogar in Teilen schädlich, denn sie benachteiligt langfristige (und unschuldige) Aktionäre, die – als Eigentümer – die Schadensersatzpflicht des Emittenten wirtschaftlich tragen.[14] Man spricht auch vom Zirkularitätsproblem (*circularity problem*).[15] Die Haftung des Emittenten lässt sich aber aus Präventionsgesichtspunkten rechtfertigen. Denn obwohl die Transaktion an sich neutral ist, liegt ein volkswirtschaftlicher Schaden vor. Er besteht darin, dass die Fehlinformation am Sekundärmarkt zu falschen Preisen und damit zu Effizienz- und Vertrauensverlusten am Kapitalmarkt (im Folgenden: „Effizienzschaden") führt und somit eine effiziente Kapitalallokation auf lange Sicht beeinträchtigt.[16] Zwar stehen dem Staat eigene Mittel zur Verfügung, um regelwidrigem Verhalten des Emittenten entgegenzuwirken.[17] Alleine kann der Staat die Einhaltung der kapitalmarktrechtlichen Informationspflichten aber – aufgrund von hohen Verfolgungskosten, mangelnden Anreizstrukturen im öffentlichen Sektor etc. – nicht garantieren. Darum bedarf es ergänzend der Durchsetzung durch Private im Wege zivilrechtlicher Schadensersatzklagen (sog. *private public attorneys*).[18]

2. Das Problem der rationalen Apathie

Ein rationaler Anspruchsinhaber wird die Klage gegen den Schädiger nur betreiben, wenn der (erwartete) Klageaufwand niedriger ist als der (erwartete) Klageertrag.[19] Die Höhe des Klageaufwands bzw. Klageertrags hängt

---

13 *Easterbrook/Fischel*, 52 U. Chi. L. Rev. 611, 641 (1985); *Bratton/Wachter*, 160 U. Penn. L. Rev. 69, 93 (2011); aus der deutschen Literatur *Schäfer*, in: Basedow/Hopt/Kötz/Baetge, Die Bündelung gleichgerichteter Interessen im Prozess, Verbandsklage und Gruppenklage, 1999, S. 67, 93; *Klöhn*, AG 2012, 345, 353. Dasselbe gilt natürlich, wenn die Preise zu niedrig sind und ein Anleger folglich zu billig verkauft und der andere zu billig kauft. Im Folgenden wird aus Platzgründen nur auf den im Text genannten Fall Bezug genommen.
14 *Fisch*, 2009 Wisc. L. Rev. 333, 337; *Klöhn*, AG 2012, 345, 353.
15 *Fisch*, 2009 Wisc. L. Rev. 333.
16 *Bergmeister*, Kapitalanleger-Musterverfahrensgesetz (KapMuG), Bestandsaufnahme und Reformempfehlung aus der Perspektive von Recht und Praxis der US-amerikanischen Securities Class Action, 2009, S. 21 f.
17 Etwa Bußgelder und sonstige aufsichtsrechtliche Instrumente. Überblick bei *Möllers*, AcP 208 (2008), 1, 11 ff.
18 So die wiederholten Ausführungen des US Supreme Court, vgl. Blue Chip Stamps v. Manor Drug Stores, 421 U.S. 723, 730 (1975); Ernst & Ernst v. Hochfelder, 425 U.S. 185, 196 (1976); Basic v. Levinson, 485 U.S. 224, 231 (1988). Vgl. auch Begr. RegE KapMuG, BT-Drucks. 15/5091, S. 16. Grundlegend zu Anreizmängeln im öffentlichen Sektor *Becker/Stigler*, 3 J. Legal Stud. 1 (1974); *Klöhn*, in: Schulze, Compensation of Private Losses, The Evolution of Torts in European Business Law, 2011, S. 179, 189.
19 *Shavell*, Foundations of Economic Analysis of Law, 2004, S. 390; aus der deutschen Literatur etwa *Van den Bergh/Keske*, in: Casper/Janssen/Pohlmann/Schulze, Auf dem Weg zu einer

von der Kostentragung ab. In Deutschland gilt die sog. *loser-pays*-Regelung, nach der die unterlegene Partei die gesamten Verfahrenskosten (vor allem Gerichtskosten, eigene Anwaltskosten und Anwaltskosten der Gegenseite) trägt (§ 91 ZPO). Der Klageertrag besteht hier in der zu erwartenden Schadensersatzsumme (S) im Falle des Obsiegens multipliziert mit der Wahrscheinlichkeit (p) eines Sieges. Der Klageaufwand sind die Verfahrenskosten (K_{Verf}), die bei einer Niederlage vor Gericht fällig werden, multipliziert mit der Wahrscheinlichkeit (1 − p) einer Niederlage. Hinzu kommt in beiden Fällen der nicht erstattungsfähige Aufwand in Form von Zeitaufwand und Informationskosten, die sog. Fixkosten (K_{Fix}).[20] Ein rationaler potenzieller Anspruchsinhaber wird Klage erheben, wenn gilt:

$$p * (S - K_{Fix}) > (1 - p) * (K_{Verf} + K_{Fix})$$

Es liegt dann ein positiver *Klageerwartungswert* (= Klageertrag minus Klageaufwand) vor. Ist hingegen der (erwartete) Klageertrag niedriger als der (erwartete) Klageaufwand (liegt also ein negativer Klageerwartungswert vor), wird der Anspruchsinhaber von einer Klage absehen, selbst wenn sie eine hohe Erfolgswahrscheinlichkeit hat. Man spricht dann von „rationaler Apathie" der Geschädigten.[21] Kollektivschäden treten oftmals dergestalt auf, dass die Gesamtschadenssumme beachtlich ist, die jeweils individuellen Schäden aber so klein, dass aufgrund der rationalen Apathie der Geschädigten der Schaden insgesamt oder größtenteils nicht geltend gemacht wird. Solche Konstellationen bezeichnet man als „Streuschäden".[22] Auf Kollektivschäden am Kapitalmarkt übertragen bedeutet dies: Sofern sie nur mit niedrigen Kapitaleinsätzen beteiligt sind, bleiben anspruchsberechtigte Kapital-

---

europäischen Sammelklage?, 2009, S. 17, 20; *Bergmeister* (Fn. 16), S. 23. Hier und im Folgenden wird angenommen, dass Anleger und Emittenten risikoneutral sind und sich vollständig rational verhalten. Zu dieser Theorie des sog. homo oeconomicus *Schäfer/Ott* (Fn. 9), Kap. 4.1, S. 95 ff.; zur Kritik siehe nur *Fezer*, JZ 1986, 817.

20 *Schäfer* (Fn. 13), S. 69.

21 So z. B. *Fleischer*, Empfiehlt es sich, im Interesse des Anlegerschutzes und zur Förderung des Finanzplatzes Deutschland das Kapitalmarkt- und Börsenrecht neu zu regeln?, in: Verhandlungen des 64. Deutschen Juristentages, Bd. I, 2002, S. F 116; *Wagner*, in: Casper/Janssen/Pohlmann/Schulze (Fn. 19), S. 41, 53; *Möllers/Pregler*, ZHR 176 (2012), 144, 151. *Schäfer* (Fn. 13), S. 69 spricht gleichbedeutend von „rationalem Desinteresse"; ebenso *Reuschle*, NZG 2004, 590, 590; *Van den Bergh/Keske* (Fn. 19), S. 20. Grundlegend zur rationalen Apathie von Aktionären *Coffee*, 84 Colum. L. Rev. 1145, 1190 (1984); *Choi/Fisch*, 113 Yale L. J. 269, 278 (2003).

22 *Kalss*, Anlegerinteressen, Der Anleger im Handlungsdreieck von Vertrag, Verband und Markt, 2001, S. 229, 336 f.; *Dühn*, Schadensersatzhaftung börsennotierter Aktiengesellschaften, 2003, S. 321; *Fleischer* (Fn. 21), S. F 115 f.; *Wagner* (Fn. 21), S. 51; *Möllers/Pregler*, ZHR 176 (2012), 144, 150. Geläufig ist auch der Begriff „Bagatellschäden", vgl. *Stadler*, in: Brönneke, Kollektiver Rechtsschutz im Zivilprozessrecht, Gruppenklagen, Verbandsmusterklagen, Verbandsklagebefugnis und Kosten des kollektiven Rechtsschutzes, 2001, S. 1, 3.

anleger inaktiv.[23] Dieses Problem hat auch der KapMuG-Gesetzgeber gesehen. In der Regierungsbegründung heißt es:

„Wenn jeder einzelne Kapitalanleger einen relativ geringen Verlust erlitten hat, besteht bei ihm schon wegen des auch bei Obsiegen nicht erstattungsfähigen Privataufwands und des Prozessverlustrisikos oft kein Interesse daran, seinen an sich bestehenden Anspruch auch gerichtlich durchzusetzen."[24]

Rechtsökonomisches Ziel der Haftung ist es, das Verhalten des potenziellen Schädigers so zu beeinflussen, dass die Summe aus den Schadenskosten und seinen Schadensvermeidungskosten (im Folgenden: „Gesamtkosten") minimal ist.[25] Der Schaden ist im vorliegenden Zusammenhang der Effizienzschaden am Kapitalmarkt.[26] Die Schadensvermeidungskosten bestehen in den Aufwendungen, die der Schädiger tragen muss, um eine pflichtgemäße Information der Anleger sicherzustellen. „Schädigerkosten" schließlich beschreiben im Folgenden die Kosten, die sich für den Schädiger als Konsequenz seines Verhaltens insgesamt ergeben, also die Summe aus seinen Vermeidungskosten und der (verbleibenden) Schadensersatzpflicht. Die folgenden Beispiele illustrieren das Problem rationaler Apathie aus rechtsökonomischer Sicht:

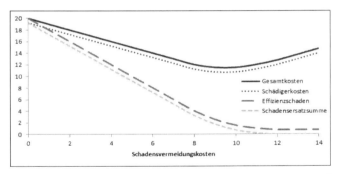

Abbildung 1: Gesamtkosten und Schädigerkosten, wenn der Effizienzschaden zu 100% geltend gemacht wird

---

23 *Coffee*, 95 Colum. L. Rev. 1343, 1351 f. (1995); *Fisch*, 39 Ariz. L. Rev. 533, 551 (1997); *Kalss* (Fn. 22), S. 229; *Fleischer* (Fn. 21), S. F 116; *Hopt/Voigt*, in: Hopt/Voigt, Prospekt- und Kapitalmarktinformationshaftung, Recht und Reform in der Europäischen Union, der Schweiz und den USA, 2005, S. 9, 104; *Wundenberg*, ZEuP 2007, 1097, 1104.
24 Begr. RegE KapMuG, BT-Drucks. 15/5091, S. 1.
25 Hierzu im Einzelnen *Arlen*, in: Bouckaert/De Geest, Encyclopedia of Law and Economics, Vol. II, 2000, S. 682, 684; *Schäfer* (Fn. 13), S. 74; *Wagner*, AcP 206 (2006), 352, 451; *Schäfer/Ott* (Fn. 9), Kap. 5.4.1, S. 154 f.
26 Im Folgenden soll zunächst unterstellt werden, dass der Effizienzschaden und die Summe der Anlegerschäden identisch sind. Dies ist jedoch in der Praxis zweifelhaft, siehe unten B. I. 3.

Abbildung 1 zeigt eine Situation, in der es keine rationale Apathie gibt und der Effizienzschaden in voller Höhe durch die Anleger geltend gemacht und zugesprochen wird. Der Effizienzschaden entspricht also der Schadensersatzsumme. Bei einem Vermeidungsaufwand von 10 sind in Abbildung 1 die Gesamtkosten am niedrigsten. Weil in diesem Beispiel die Gesamtkosten auch den Schädigerkosten entsprechen, wird der Schädiger auch genau diesen Aufwand betreiben. Die Anreize sind hier optimal, das Schadensersatzsystem ist effizient.

Die rationale Apathie der Anleger bewirkt jedoch, dass der geltend gemachte Schaden unterhalb des tatsächlichen Schadens liegt. Dies hat zur Folge, dass Gesamtkosten und Schädigerkosten auseinanderfallen:

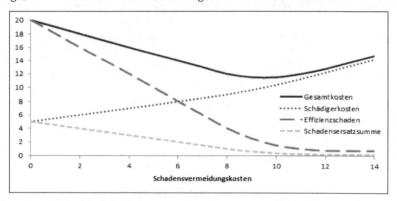

Abbildung 2: Gesamtkosten und Schädigerkosten, wenn der Effizienzschaden zu 25 % geltend gemacht wird.

Der Verzicht auf jede Schadensvermeidung ist für den Schädiger in Abbildung 2 die billigste, für die Gesellschaft hingegen die teuerste Lösung. Mangelnde Abschreckung kann also zu einem volkswirtschaftlich ineffizienten Vermeidungsverhalten des Schädigers führen; er wird nämlich keinen Vermeidungsaufwand betreiben, der für ihn teurer ist als der Schadensersatz. In einer solchen Situation droht die Kapitalmarkthaftung ihre Steuerungswirkung zu verlieren. Die erwähnten Effizienz- und Vertrauensverluste am Kapitalmarkt wären die Folge.[27] In den Worten der Regierungsbegründung:

> *„[Die rationale Apathie] kann dazu führen, dass die Kapitalanleger sich von einer Klage abhalten lassen und dadurch die kapitalmarktrechtlichen Haftungsnormen ihre ordnungspolitische Steuerungsfunktion zu einem Gutteil einbüßen."*[28]

---

27 *Fleischer* (Fn. 21), S. F 116; *Wundenberg*, ZEuP 2007, 1097, 1098.
28 Begr. RegE KapMuG, BT-Drucks. 15/5091, S. 1 (Hervorhebungen nur hier).

Will man nicht die Schäden der inaktiven Anleger auf die klagenden Anleger verteilen und diese damit überkompensieren (*windfall profits*),[29] so muss man Anreize dafür schaffen, dass die restlichen geschädigten Anleger ebenfalls aktiv werden, damit die Schadensersatzpflicht und somit die Abschreckung höher wird. Ein naheliegender Ansatzpunkt dafür ist das Prozessrecht.[30] Hier kann der Gesetzgeber mit gezielten Eingriffen das gewünschte Maß an Klagebereitschaft erzielen, indem er eine Vernetzung der Anleger ermöglicht und ihre Ansprüche bündelt ("kollektiviert"). Die Kollektivierung von Ansprüchen reduziert die Durchsetzungskosten des Einzelnen, indem sie die Gerichtskosten, vor allem die im Kapitalmarktrecht regelmäßig anfallenden beachtlichen Gutachterkosten, und die Anwaltskosten auf die einzelnen Anleger innerhalb des Netzwerkes verteilt. Weil die Klage des Einzelnen dadurch billiger wird, sinkt ihre Hemmschwelle, sodass potenzielle Schadensersatzansprüche eher verfolgt werden.[31] Damit unterstützt der kollektive Rechtsschutz die Finanzmarktaufsicht bei der Durchsetzung von Informationspflichten als sog. „zweite Spur".[32] Besonders bei Streuschäden wird deutlich, dass es beim kollektiven Rechtsschutz in erster Linie um Verhaltenssteuerung und erst nachrangig um die Kompensation der Anleger geht.[33] Der Gedanke der Einzelfallgerechtigkeit spielt dabei nur eine sehr untergeordnete Rolle, denn die Streuschäden wären ohne kollektive Rechtsschutzmöglichkeiten ohnehin nicht geltend gemacht worden.[34]

3. Das Problem der Übermaßhaftung

Der Schaden der Anspruchsinhaber entspricht nicht zwingend dem volkswirtschaftlichen Schaden.[35] Deutlich wird dies bei der Sekundärmarkthaftung. Die Verzerrung der Kapitalmarktpreise bewirkt eine Umverteilung von denen, die zu teuer kaufen, zu denen, die zu teuer verkaufen. Da der umverteilte Gesamtbetrag auch von der Anzahl und Größe der einzelnen Transaktionen abhängt, ist er nicht notwendig identisch mit dem Effizienz-

---

29 Dies wird teilweise diskutiert, vgl. nur *Wagner* (Fn. 21), S. 57 ff. In den USA erfolgt die Überkompensation durch sog. *punitive damages* oder *treble damages*.
30 *Bergmeister* (Fn. 16), S. 22 f.
31 *Silver*, in: Bouckaert/De Geest (Fn. 25), Vol. V, 2000, S. 194, 202; *Van den Bergh/Keske* (Fn. 19), S. 17, 22.
32 Vgl. Begr. RegE KapMuG, BT-Drucks. 15/5091, S. 16.
33 *Baetge/Wöbke*, in: Basedow/Hopt/Kötz/Baetge (Fn. 13), S. 363, 368; *Zimmer/Höft*, ZGR 2009, 662, 688; *Wagner* (Fn. 21), S. 53; aus den USA *Berry*, 80 Colum. L. Rev. 299, 300 (1980): „[T]he primary goal of many small-claim class damage actions is to deter wrongdoing rather than to compensate individuals."; *Fisch*, 39 Ariz. L. Rev. 533, 553 (1997).
34 Treffend *Baetge/Eichholtz*, in: Basedow/Hopt/Kötz/Baetge (Fn. 13), S. 287, 298: „wenig ist besser als gar nichts".
35 Grundlegend *Shavell*, 11 J. Legal Stud. 333, 334 (1982); *Easterbrook/Fischel*, 52 U. Chi. L. Rev. 611 (1985).

schaden, den der Kapitalmarkt (und damit die Gesellschaft) infolge der Preisverzerrung erleidet. Es besteht aber ein systematischer Zusammenhang zwischen diesen Größen, da Kapitalmärkte umso effizienter sind, je näher die Marktpreise am Fundamentalwert sind, und der Anlegerschaden umso größer, je weiter der Transaktionspreis vom Fundamentalwert entfernt ist.[36] Da der Effizienzschaden nur sehr schwer zu bestimmen ist, kann man sich näherungsweise am Gesamtschaden der Anleger orientieren. Fällt der Schadensersatz zu niedrig aus, besteht – zumindest in der Tendenz – die Gefahr der Unterabschreckung (*under-deterrence*). Die Kollektivierung von Ansprüchen verringert dieses Risiko, weil sie die Schadensersatzpflicht und die Prävention erhöht. Auf der anderen Seite birgt sie jedoch auch das Risiko der Überabschreckung (Übermaßhaftung bzw. *over-deterrence*), insbesondere durch missbräuchliche Klagen.[37] Dies ist volkswirtschaftlich ebenso schädlich wie Unterabschreckung, denn mit steigendem Schadensvermeidungsaufwand steigen auch die Gesamtkosten. Weil der gesellschaftliche Schaden der Pflichtverletzung gleich bleibt, führt die Übermaßhaftung zu falschen Verhaltensanreizen. In Abbildung 3 liegt der für den Schädiger optimale Vermeidungsaufwand bei 14, der gesellschaftlich wünschenswerte Aufwand hingegen nach wie vor bei 10. Um eine volkswirtschaftlich erwünschte Steuerungswirkung zu erreichen, muss daher auch das Risiko missbräuchlicher Klagen minimiert werden. Ziel ist nicht eine größtmögliche, sondern eine optimale Prävention.[38]

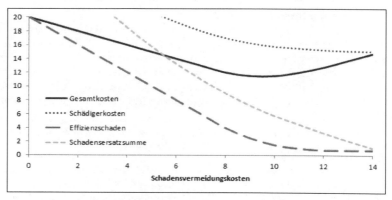

Abbildung 3: Gesamtkosten und Schädigerkosten, wenn der geltend gemachte Schaden größer ist als der Effizienzschaden

---

36 Zur Vereinfachung sei hier unterstellt, dass es keine anderen Ursachen für die Diskrepanz zwischen Fundamentalwert und Börsenpreis gibt.
37 *Schäfer* (Fn. 13), S. 68; *Dühn* (Fn. 22), S. 321.
38 *Zimmer/Höft*, ZGR 2009, 662, 688 f.; *Klöhn* (Fn. 18), S. 185; vgl. allg. *Wagner* (Fn. 11), S. 120.

II. Verfahrenseffizienz

Als die Telekom AG bei ihrer dritten Kapitalerhöhung im Jahr 2000 falsche Prospektangaben zu Immobilienwerten machte, sah sich das LG Frankfurt am Main mit nicht weniger als 17.000 Klagen konfrontiert. Nach drei Jahren ohne eine einzige mündliche Verhandlung regte das zwischenzeitlich angerufene BVerfG an, „einen Weg [zu] finden, der es ermöglicht, in einigen wenigen Verfahren über die ganze 'Fallbreite' zu entscheiden".[39] Der Gesetzgeber reagierte prompt mit dem Erlass des KapMuG.[40] Das Telekom-Verfahren macht deutlich, dass kollektive Anspruchsdurchsetzung nicht nur den Zweck hat, wirtschaftliche Barrieren der Klage zu überwinden, sondern auch für einen effizienten Verfahrensablauf sorgen soll. Es handelt sich hierbei um ein Gebot von Verfassungsrang. Aus Art. 2 Abs. 1 i. V. m. Art. 20 Abs. 3 GG ergibt sich ein Anspruch auf effektiven Rechtsschutz. Rechtsverhältnisse müssen demzufolge in *angemessener Zeit* geklärt werden.[41] Dies kommt letztlich auch der rechtsökonomischen Funktion zugute, denn zur optimalen Prävention gehört auch, dass die steuernde Wirkung privatrechtlicher Haftung sich nicht in langwierigen Gerichtsverfahren verliert. Die Verfahrenseffizienz tritt somit als weiteres rechtspolitisches Ziel neben die Abschreckungsfunktion.[42]

III. Der Zielkonflikt zwischen Abschreckung und Verfahrenseffizienz

In Situationen wie dem Telekom-Verfahren – wenn es also eine Vielzahl von Anlegern mit jeweils hohen Einzelschäden gibt – spricht man von „Massenschäden".[43] Massenschäden verursachen gänzlich andere Probleme als Streuschäden.[44] Sie unterscheiden sich von Letzteren dadurch, dass die Anleger nicht rational apathisch sind, sondern rational *aktiv* ihre Ansprüche verfolgen. Sobald der Klageerwartungswert positiv ist, geht die rationale Apathie also in ein rationales Klageinteresse über. Je größer aber das Anlegernetzwerk ist, desto schwerer lässt es sich durch das Verfahren manövrie-

---

39 BVerfG NJW 2004, 3320, 3321.
40 Art. 1 des Gesetzes zur Einführung von Kapitalanleger-Musterverfahren vom 16.8.2005, BGBl. I, S. 2437. Zur Genese des KapMuG KK/*Möllers/Leisch*, WpHG, 2. Aufl. 2014, §§ 37b, c Rn. 523 ff.; *Zimmer/Höft*, ZGR 2009, 662, 665; *Meller-Hannich*, ZBB 2011, 180, 180.
41 Siehe hierzu allgemein BVerfGE 88, 118, 124 = NJW 1993, 1635; BVerfGE 93, 99, 107 = NJW 1995, 3173.
42 Siehe Begr. RegE KapMuG, BT-Drucks. 15/5091, S. 16 f. (Effektivität und Justizentlastung). *Halfmeier/Wimalasena*, JZ 2012, 649, 651 sprechen von Rechtsdurchsetzungsfunktion und Effizienzfunktion.
43 *Zimmer/Höft*, ZGR 2009, 662, 664; *Wagner* (Fn. 21), S. 54; *Möllers/Pregler*, ZHR 176 (2012), 144.
44 *Wagner* (Fn. 21), S. 54, 82 (Probleme bei Massen- und Streuschäden seien „diametral entgegen gesetzt").

ren. Die erhöhte Abschreckung geht folglich zulasten der Verfahrenseffizienz; Prozessverzögerungen sind die Folge. Damit steht der kollektive Rechtsschutz insgesamt vor einem Zielkonflikt. Er will den Zugang zu den Gerichten für Anspruchsinhaber einerseits vereinfachen, andererseits eine Überlastung der Gerichte verhindern. Auf eine einfache Formel gebracht, könnte man sagen: Bei Streuschäden klagen zu wenige Geschädigte, bei Massenschäden zu viele.[45] Letzteres gilt jedoch nur aus Sicht der Prozessökonomie. Aus Sicht der Verhaltenssteuerung hingegen ist entscheidend, ob ein ausreichendes Abschreckungspotenzial vorliegt und der eingeforderte Schadensersatz die richtigen Steuerungseffekte hat. Um effektiven Rechtsschutz auch bei Massenverfahren zu gewährleisten, muss das Prozessrecht Instrumentarien bereitstellen, mit Hilfe derer die Klagen effektiv bewältigt werden können.[46] Die Beseitigung rationaler Apathie als Ziel kollektiver Anspruchsdurchsetzung bleibt also auch angesichts prozessökonomischer Herausforderungen bestehen.

C. Das Kapitalanleger-Musterverfahrensgesetz (KapMuG)

Das deutsche Prozessrecht hält eine Vielzahl von Möglichkeiten bereit, um Verfahren mehrerer Prozessteilnehmer zu bündeln. Aus verschiedenen Gründen sind diese althergebrachten Institute der ZPO für kapitalmarktrechtliche Massenverfahren jedoch ungeeignet.[47] Da sie von der klassischen Situation *ein Kläger gegen einen Beklagten* ausgeht, fehlte es an einem Verfahren, das speziell auf Kollektivschäden mit vielen Klägern zugeschnitten ist.[48] Als diese Probleme im Zuge des Telekom-Prozesses offenbar wurden, wollte der Gesetzgeber diese Lücke im Jahr 2005 mit dem Erlass des

---

45 *Wagner* (Fn. 21), S. 54.
46 *Schmitz*, in: Habersack/Mülbert/Schlitt, Handbuch der Kapitalmarktinformation, 2. Aufl. 2013, § 33 Rn. 401.
47 Die Streitgenossenschaft (§§ 59, 60 ZPO) ist nur möglich, wenn für alle geltend gemachten Ansprüche dasselbe Gericht zuständig ist; zudem erfordert sie, dass sich die Parteien bis zu einem gewissen Grad organisieren können. Die Nebenintervention (§ 66 ZPO) verlangt ein materiell-rechtliches Alternativverhältnis, welches jedoch hier nicht gegeben ist. Die Verfahrensverbindung (§ 147 ZPO) ist nur innerhalb derselben Instanz beim selben Gericht möglich und daher ebenso wie die Streitgenossenschaft wenig zielführend für Kapitalanlegerschäden. Die Verfahrensaussetzung (§ 148 ZPO) schließlich erfordert, dass es in einem anderen Rechtsstreit um vorgelagerte Fragen geht, die in dem auszusetzenden Verfahren relevant werden. Kollektivklagen am Kapitalmarkt betreffen hingegen gleichgelagerte Fragen. Siehe zum Ganzen den Bericht der Regierungskommission „Corporate Governance", Unternehmensführung – Unternehmenskontrolle – Modernisierung des Aktienrechts („Corporate Governance"), BT-Drucks. 14/7515, S. 89; *Reuschle*, WM 2004, 966, 967 f.; *Hopt/Voigt* (Fn. 23), S. 99 f.; *Stadler* (Fn. 22), S. 4 ff.
48 So bereits *Stadler*, Empfehlen sich gesetzgeberische Maßnahmen zur rechtlichen Bewältigung der Haftung bei Massenschäden?, in: Verhandlungen des 62. Deutschen Juristentages, Bd. II, 1998, S. I 41. A. A. *Schäfer* (Fn. 13), S. 71 (es sei „nicht ohne weiteres ersichtlich", weshalb

KapMuG (auch als „Lex Telekom" bezeichnet) schließen, welches als Experimentiergesetz nach fünf Jahren überprüft werden sollte und seit einer moderaten Reform[49] nun bis zum 1. November 2020 in Kraft ist (§ 28 KapMuG).

I. Grundzüge des Musterverfahrens

Der Anwendungsbereich des Musterverfahrens ergibt sich aus § 1 KapMuG, wonach für Klagen auf Haftung für fehlerhafte Kapitalmarktinformation ein Musterverfahren durchgeführt wird, vgl. § 1 Abs. 1 Nr. 1 KapMuG.[50] Nachdem die Klage auf dem herkömmlichen Wege beim Prozessgericht eingegangen ist, können der Kläger sowie der Beklagte einen Musterverfahrensantrag einreichen. Im Antrag müssen die öffentliche Kapitalmarktinformation genannt und die begehrten sog. „Feststellungsziele", d. h. die strittigen Fragen, bezeichnet werden (§ 2 KapMuG). Das Verfahren vor dem Prozessgericht wird durch die Bekanntmachung des Musterverfahrensantrages unterbrochen (§ 5 KapMuG). Weitere Anspruchsteller haben nun sechs Monate Zeit, um ebenfalls Musterverfahrensanträge zu stellen. Kommen mindestens neun weitere Musterverfahrensanträge innerhalb dieser Frist hinzu, erfolgt die Vorlage an das Oberlandesgericht (§ 6 KapMuG). Alle Verfahren vor den Prozessgerichten, die sich mit diesem Sachverhalt beschäftigen, werden ab diesem Zeitpunkt ausgesetzt (§ 8 KapMuG). Durch Beschluss bestimmt das Oberlandesgericht aus den Reihen der Kläger einen „Musterkläger", die übrigen Kläger werden „Beigeladene" des Musterverfahrens (§ 9 Abs. 2 und 3 KapMuG). Die Parteien verhandeln im Musterverfahren über diejenigen Fragen, die in allen Einzelverfahren relevant sind und daher gemeinsam beantwortet werden können, also etwa das Vorliegen anspruchsbegründender Voraussetzungen oder Rechtsfragen (Feststellungsziele, s. o.). Die Entscheidung im Musterverfahren über die behandelten Fragen (der sog. „Musterentscheid") ergeht durch Beschluss des Oberlandesgerichts (§ 16 KapMuG). Dieser Bescheid ist für alle gem. § 8 KapMuG ausgesetzten Verfahren bindend (§ 22 KapMuG). Der Musterentscheid hat keine *direkte* Auswirkung auf die Ansprüche der Anleger. Vielmehr werden die einzelnen Verfahren anschließend vor den Prozessgerichten fortgesetzt. Alle Beteiligten des Musterverfahrens (dies sind gem. § 9 Abs. 1 KapMuG einerseits Musterkläger und Musterbeklagter, andererseits die Beigeladenen) können gem. § 20 KapMuG Rechtsbeschwerde gegen den Musterentscheid einlegen.

---

bei Massenschäden Bündelungsmodelle notwendig seien, weil das deutsche Recht bereits ausreichende Möglichkeiten bereitstelle).

49 Gesetz zur Reform des Kapitalanleger-Musterverfahrensgesetzes und zur Änderung anderer Vorschriften vom 19.10.2012, BGBl. I, S. 2182.

50 Gem. Nr. 2 und 3 gilt das KapMuG auch für Ansprüche wegen fehlerhafter Anlageberatung und Ansprüche aus dem WpÜG. Da diese nicht Thema dieses Beitrages sind, sollen sie hier vernachlässigt werden.

Außerdem eröffnet § 17 KapMuG den Beteiligten die Möglichkeit eines Vergleichs, aus dem die Beteiligten jedoch austreten können.

II. Die „Rückindividualisierung" des Anlegernetzwerkes

Bewertet man das KapMuG am Maßstab seines erklärten Hauptziels (Überwindung der rationalen Apathie), stößt man schnell auf ein konzeptionelles Defizit: Es findet keine vorprozessuale (materielle) Anspruchsbündelung, sondern eine (rein prozessuale) Verfahrensbündelung statt. Jeder Anleger muss seinen Anspruch zunächst individuell geltend machen. Der Weg zum Gericht wird ihm nicht erspart.[51] Er geht damit in jedem Fall ein beachtliches Kostenrisiko ein, da er zu diesem Zeitpunkt noch gar nicht weiß, ob es überhaupt zu einem Musterverfahren und damit zu einer Verfahrensbündelung kommt. Weil das KapMuG ihm über diese erste Hürde nicht hinweghilft, bleibt die rationale Apathie des Anlegers nahezu unberührt. Das Gesetz hat daher keine ordnungspolitische Steuerungsfunktion, weil es die Durchschlagskraft der Kapitalmarkthaftung nicht erhöht. Damit verfehlt das KapMuG sein in der Regierungsbegründung geäußertes Ziel.[52]

Unter der Prämisse, dass Kapitalanleger tatsächlich rational apathisch bleiben, wenn es um die Durchsetzung ihrer Schäden geht, führt allein dieses Ergebnis bereits zu einem negativen Gesamtfazit. Die Prämisse ist jedoch umstritten. In der Literatur wird vermehrt infrage gestellt, ob geschädigte Kapitalanleger in der Praxis wirklich rational apathisch bleiben oder ob es sich bei Kollektivschäden am Kapitalmarkt nicht regelmäßig um Massenschäden handelt, bei denen der individuelle Klageanreiz ausreichend groß ist.[53] Unterstellte man dies für einen Moment als zutreffend, würde die Gesetzeskonzeption zumindest nachvollziehbar: Ein zusätzlicher Klageanreiz wäre überhaupt nicht beabsichtigt und eine materielle Anspruchsbündelung aus diesem Grund auch nicht erforderlich. Folglich handelte es sich beim KapMuG um ein bloßes Instrument zur Rechtsvereinheitlichung, Justizentlastung und Verfahrensbeschleunigung und es wäre ausschließlich anhand dieser Ziele zu bewerten.

---

51 Kritisch KK/*Möllers/Leisch* (Fn. 40), §§ 37b, c Rn. 526; *Möllers/Weichert*, NJW 2005, 2737, 2738; *Halfmeier/Wimalasena*, JZ 2012, 649, 652; *Bergmeister* (Fn. 16), S. 303 ff.; *Halfmeier/Rott/Feess*, Evaluation des Kapitalanleger-Musterverfahrensgesetzes, Forschungsvorhaben im Auftrag des Bundesministeriums der Justiz, 2009, S. 86.

52 So auch *Wagner* (Fn. 11), S. A 122; *Wundenberg*, ZEuP 2007, 1097, 1119; *Zimmer/Höft*, ZGR 2009, 662, 693 f. Vgl. auch *Schäfer* (Fn. 13), S. 70, demzufolge Modelle zur Bündelung von Streuschäden daran zu messen sind, inwieweit sie die rationale Apathie überwinden.

53 So etwa *Schäfer* (Fn. 13), S. 70; *Zimmer/Höft*, ZGR 2009, 662, 695; *Hess*, JZ 2011, 66, 72; deutlich *Wagner* (Fn. 11), S. A 121 vor dem Hintergrund des Telekom-Verfahrens: „Die durch falsche Kapitalmarktinformationen Geschädigten müssen nicht erst zur Klage angereizt werden, sie kommen von selbst."

Ob vor diesem Hintergrund ein positiveres Fazit angebracht wäre, ist jedoch zweifelhaft.[54] Weil das KapMuG die Individualverfahren nicht ersetzt, sondern durch eine zusätzliche Verfahrensstufe („Zwischenverfahren") ergänzt, produziert es sogar einen Mehraufwand im Justizapparat. Nach wie vor müssen sich die Prozessgerichte mit jeder einzelnen Klage auseinandersetzen, bevor sie einen aufwendigen Aussetzungsbeschluss formulieren. Auch die spätere Entscheidung in den jeweiligen Einzelfällen erfolgt durch die Prozessgerichte, weil aus dem Musterverfahren noch kein vollstreckbarer Anspruch hervorgeht.[55] Selbst unter der (zweifelhaften) Annahme, dass ein Oberlandesgericht die strittigen Fragen schneller klären kann als ein Landesgericht: Der Zeitgewinn dürfte durch die Aussetzung und spätere Wiederaufnahme der Individualverfahren, die jeweils einen zusätzlichen zeitlichen und bürokratischen Aufwand mit sich bringen, aufgezehrt werden.[56]

Auch das Musterverfahren selbst trägt wenig zur Beschleunigung der Verfahren bei. Dies liegt vor allem an den großzügigen Anhörungs- und Verfahrensrechten der Beteiligten.[57] Sie ergeben sich gesetzestechnisch daraus, dass § 9 Abs. 3 KapMuG jeden Kläger zu einem Beigeladenen mit vollem Anspruch auf rechtliches Gehör macht. Während einige sogar eine Gleichstellung der Beigeladenen mit Streitgenossen fordern und in der jetzigen Regelung eine Verletzung des Anspruchs auf rechtliches Gehör sehen,[58] sieht *Wagner* zu Recht bereits die bestehenden Rechte der Beigeladenen als zu weitgehend an. Denn würde jeder Beteiligte eines Musterverfahrens seine im KapMuG verbrieften prozessualen Rechte geltend machen, müsste jedes noch so üppig ausgestattete Gericht vor der Antragsflut kapitulieren.[59]

Dass das KapMuG im Ergebnis sowohl seine expliziten als auch seine impliziten Ziele verfehlt, lässt sich im Kern auf einen grundlegenden Systemfehler zurückführen: Anstatt das Kapitalanlegernetzwerk von Anfang an als solches zu behandeln, führt das KapMuG die Klagen lediglich auf einer

---

54 Deutlich die Stellungnahme des Bundesrates zum RegE KapMuG, BT-Drucks. 15/5091, S. 39: „Das [...] Ziel einer Entlastung der Justiz kann mit der Einführung des [...] Musterverfahrens nicht erreicht werden".
55 Kritisch auch *Meller-Hannich*, ZBB 2011, 180, 190.
56 So auch die Stellungnahme des Bundesrates zum RegE KapMuG, BT-Drucks. 15/5091, S. 39 f.; ebenso *Schmitz* (Fn. 46), § 33 Rn. 403. Vor allem der Aussetzungsbeschluss zieht die Verfahren offenbar in die Länge, weil die Beklagten unermüdlich Gründe gegen die Aussetzung vorbringen, *Zimmer/Höft*, ZGR 2009, 662, 696; KK/*Hess*, KapMuG, 2. Aufl. 2014, Einl. Rn. 58.
57 So dürfen die Beteiligten gem. § 14 KapMuG Angriffs- oder Verteidigungsmittel geltend machen und alle Prozesshandlungen vornehmen sowie gem. § 15 Abs. 1 KapMuG einen Antrag auf Erweiterung des Musterverfahrens stellen. Vgl. auch *Wundenberg*, ZEuP 2007, 1097, 1101: „weitgehende Einflussmöglichkeiten".
58 So *Maier-Reimer/Wilsing*, ZGR 2006, 79, 109 ff.
59 *Wagner* (Fn. 11), S. A 123. Kein Problem sehen hierin anscheinend *von Bernuth/Kremer*, ZIP 2012, 413, 418 (etwaige Verzögerungen seien zugunsten der Richtigkeitsgewähr von Entscheidungen „schlicht hinzunehmen").

zusätzlichen Verfahrensstufe – unter Beibehaltung individualklagerechtlicher Elemente – zeitweise zusammen und zerlegt es anschließend wieder in seine Einzelteile.[60] Diese „Rückindividualisierung"[61] ist die Folge des apodiktischen Festhaltens am individualistischen Prinzip des deutschen Prozessrechts. Ausgehend vom Grundsatz des Zwei-Parteien-Prozesses[62] lehnt der KapMuG-Gesetzgeber Elemente eines echten Kollektivverfahrens mit der Begründung ab, dass sie „den individualistisch geprägten Rechtsgrundsätzen des deutschen Verfassungs- und Prozessrechts fremd" seien.[63] Dabei übersieht er, dass sich die Prinzipien des Individualverfahrens und des Zwei-Parteien-Prozesses nicht annähernd auf Massenkonflikte anwenden lassen.[64] Zu Recht konstatiert ein Anfang 2015 in den deutschen Bundestag eingebrachter Gegenentwurf zur Bewältigung von Kollektivschäden, dass

„die Durchsetzung des Privatrechts heute noch mit den Mitteln des 19. Jahrhunderts stattfindet, d. h. mit einem Prozessrecht, welches fast ausschließlich die individuelle Rechtsdurchsetzung durch die einzelnen Bürgerinnen und Bürger im Blick hat".[65]

Um Massenverfahren effizienter zu machen und die rationale Apathie der Anleger zu überwinden, wären eine Loslösung vom System des Individualprozesses und eine starke Verkürzung der individuellen Verfahrensrechte der Kläger vorzugswürdig gewesen. Kläger können kein voll entwickeltes Verfahren bekommen, wenn sie zu Hunderten oder Tausenden auftreten. Der Gesetzgeber opfert hier „die Effizienz des Rechtsschutzes auf dem Altar des rechtlichen Gehörs".[66] Der „Individualisierungsballast"[67] des klassi-

---

60 Ähnlich kritisch zu dieser Struktur *Meller-Hannich*, ZBB 2011, 180, 182.
61 Der Begriff stammt von *Fabian Schirmer*, dem für seine wertvollen Anregungen zu diesem Beitrag der herzliche Dank des Autors gilt.
62 Hierzu grundlegend MüKoZPO/*Lindacher*, 4. Aufl. 2013, Vorbem. §§ 50 ff. Rn. 9; siehe auch *Stadler* (Fn. 22), S. 24; *Hopt/Voigt* (Fn. 23), S. 99; *Wundenberg*, ZEuP 2007, 1097, 1097; *Hess*, JZ 2011, 66, 66.
63 Begr. RegE KapMuG, BT-Drucks. 15/5091, S. 16 in Bezug auf eine automatische Rechtskrafterstreckung des Musterentscheides auf nicht am Verfahren beteiligte Dritte.
64 Treffend *Higgins/Zuckerman*, Class actions in England? Efficacy, autonomy and proportionality in collective redress, Legal Research Paper No. 93/2013, abrufbar unter http://ssrn.com/abstract=2350141, zuletzt abgerufen am 8.4.2016, S. 23: „No modern legal system [...] can allow a large number of litigants to insist on individual resolution of issues that are common to many"; ebenso *E. Schmidt*, KritV 4 (1989), 303, 305 der auf die „Individualisierungsfeindlichkeit von Massenkonflikten" hinweist; kritisch zum Festhalten am Leitbild des Zwei-Parteien-Prozesses auch *Koch*, KritV 4 (1989), 323, 328.
65 Begr. Ges. Entw. der Fraktion Bündnis 90/Die Grünen über die Einführung von Gruppenverfahren (Gruppenverfahren), BT-Drucks. 18/1464, S. 13 (Hervorhebungen nur hier).
66 *Micklitz/Stadler*, in: Micklitz/Stadler, Das Verbandsklagerecht in der Informations- und Dienstleistungsgesellschaft, Gutachten für das Bundesministerium für Ernährung, Landwirtschaft und Verbraucherschutz, 2005, S. 1386; *Wagner* (Fn. 11), S. A 123.
67 *E. Schmidt*, KritV 4 (1989), 303, 307.

schen Zivilprozesses ist prozessökonomisch schädlich und in letzter Konsequenz nachteilig für jene, die der Gesetzgeber offenbar schützen wollte – die Anleger selbst. Denn effektiven Rechtsschutz suchen sie unter dem Dach des KapMuG vergeblich.

III. Rechtspraktische Erfahrungen

Die Bewertung des KapMuG fällt in der Literatur sehr unterschiedlich aus. Einige Vertreter ziehen ein tendenziell positives Fazit.[68] Diese Einschätzung ist allerdings vor dem Hintergrund offenbar recht zurückhaltender Erwartungen zu sehen.[69] Die Mehrheit der Stimmen wertet das KapMuG hingegen als nur bedingt erfolgreich oder als Fehlschlag.[70] Die Zahlen sprechen hinsichtlich des Ziels der Verfahrenseffizienz eine deutliche Sprache: Zum heutigen Tag wurden 450 Musterverfahrensanträge eingereicht.[71] Diese vergleichsweise hohe Zahl ergibt sich schlicht daraus, dass das Gesetz den Beteiligten keine andere Wahl lässt, als sich dem Musterverfahren anzuschließen, wollen sie ihre Ansprüche gerichtlich durchsetzen. Ernüchternd ist die Zahl der tatsächlich ergangenen Musterentscheide. Hier datiert der Erste zwar bereits von 2007; er erging in der Sache Geltl/Daimler, der seither als überzeugendes (wenngleich bisher einziges) Beispiel dafür angeführt wird, dass das KapMuG effiziente und schnelle Verfahren ermöglicht.[72] Bis dato sind allerdings nur 11 weitere Musterentscheide hinzugekommen.[73]

---

68 Siehe nur *Halfmeier/Rott/Feess* (Fn. 51), S. 3; *Tamm*, ZHR 174 (2010), 525, 555.
69 So hält es die vom Bundesministerium für Justiz in Auftrag gegebene Studie für erwähnenswert, dass das Musterverfahren zumindest nicht zu einer „nennenswerten Mehrbelastung" der Justiz geführt habe und die Probleme „nicht unlösbar" seien, siehe *Halfmeier/Rott/Feess* (Fn. 51), S. 3.
70 Gespaltene Resümees bei *Wundenberg*, ZEuP 2007, 1097, 1119 f.; *Zimmer/Höft*, ZGR 2009, 662, 696; *Meller-Hannich*, ZBB 2011, 180, 190; *Vorwerk*, WM 2011, 817; *Möllers/Pregler*, ZHR 176 (2012), 144, 148 f.; KK/*Hess* (Fn. 56), Einl. Rn. 58; KK/*Möllers/Leisch* (Fn. 40), §§ 37b, c Rn. 524; sehr kritisch *Schirp/Kondert*, NJW 2010, 3287, 3289: „Wäre ein böser Geist beauftragt worden, ein möglichst unhandliches, komplexes, praxisuntaugliches Instrument zum Quälen beider Parteien, vor allem aber der Justiz selbst auszuhecken, hätte er mit nichts Besserem aufwarten können als mit dem KapMuG in seiner jetzigen Form."
71 Quelle: www.bundesanzeiger.de, zuletzt abgerufen am 8.4.2016. Es ist darauf hinzuweisen, dass sich mit der Novelle von 2012 die Terminologie geändert hat. Bis 2012 war die Rede von einem „Musterfeststellungsantrag" (vgl. § 1 KapMuG a. F.). Daraus wurde der „Musterverfahrensantrag" (vgl. § 2 KapMuG n. F.). Das Klageregister des Bundesanzeigers weist sie separat auf, inhaltlich sind sie identisch.
72 Siehe nur KK/*Hess* (Fn. 56), Einl. Rn. 60. *Zimmer/Höft*, ZGR 2009, 662, 698 halten den Fall für weniger umfangreich als typische Kapitalanlegerklagen. Der weitere Verfahrensgang belegt indes eher das Gegenteil. Für eine Übersicht siehe *Ihrig/Kranz*, AG 2013, 515.
73 Quelle: www.bundesanzeiger.de, zuletzt abgerufen am 8.4.2016. Hier wurden nur die Musterentscheide berücksichtigt, die eine inhaltliche Entscheidung beinhalten. Darüber hinaus wurde ein Vergleich erzielt.

Grund hierfür ist die viel zu lange Verfahrensdauer.[74] Die Zeitspanne zwischen Musterverfahrensantrag und Musterentscheid – also die bloße Dauer der Musterverfahren an sich, ohne die Dauer der Individualverfahren im Vorfeld und im Anschluss – beträgt in acht von zwölf Fällen über vier Jahre, teilweise noch deutlich darüber (bis zu acht Jahren).[75] Nur das Musterverfahren in der Sache Geltl/Daimler konnte in weniger als einem Jahr abgeschlossen werden. Diese praktischen Erfahrungen sind das Ergebnis des oben beschriebenen Strukturproblems und bestätigen, dass das KapMuG das Ziel der Verfahrenseffizienz verfehlt hat.

D. Alternative Kollektivklageverfahren

Die rechtsvergleichende Umschau belegt: Das deutsche Musterverfahren stellt einen Sonderweg dar. In anderen Rechtsordnungen werden hauptsächlich zwei Modelle zur Bündelung von Ansprüchen angewandt, die im Folgenden vorgestellt werden sollen: die Verbandsklage und die Gruppenklage.

I. Verbandsklage

Bei einer Verbandsklage macht ein mit speziellen Klagebefugnissen ausgestatteter Verband im eigenen Namen Rechte der Allgemeinheit geltend. Im deutschen Recht kann ein Verband nur auf Beseitigung einer Belästigung oder auf Unterlassung klagen (vgl. § 8 Abs. 3 Nr. 2 UWG, § 3 Abs. 1 Nr. 2 UKlaG). Auf Schadensersatz gerichtete Verbandsklagen kennt das deutsche Recht bislang nicht. Sie sind aber Bestandteil vieler europäischer Rechtsordnungen (etwa Frankreich, Griechenland und Spanien). Das französische Kapitalmarktrecht sieht eine Verbandsklage vor, die speziell auf den Ersatz von Kapitalanlegerschäden zugeschnitten ist.[76] Nach Art. L. 452–2 Code monétaire et financier sind Aktionärsvereinigungen berechtigt, Kapitalanlageschäden stellvertretend für eine Gruppe von Anlegern bzw. Verbrauchern geltend zu machen.

---

74 So auch *Vorwerk*, WM 2011, 817, 821; KK/*Möllers/Leisch* (Fn. 40), §§ 37b, c Rn. 525. Bezeichnend ist, dass die „Lex Telekom" auch nach 16 Jahren nicht zu einem endgültigen Abschluss des Telekom-Verfahrens geführt hat (trotz zweier zwischenzeitlicher Musterentscheide nach sechs bzw. sieben Jahren).

75 Im Vergleich: In den USA beträgt die Zeitspanne von der Anmeldung eines Anspruchs (*filing*) bis zum dort üblichen Vergleich (*settlement*), also die gesamte (!) Verfahrensdauer, ca. drei Jahre, vgl. Securities Class Action Settlements (2014), Review and Analysis, abrufbar unter http://securities.stanford.edu/research-reports/1996-2014/Settlements-Through-12-2014.pdf, zuletzt abgerufen am 8.4.2016, S. 19.

76 Zur Verbandsklage in Frankreich *Fleischer/Jänig*, RIW 2002, 729, 735; *Hess*, AG 2003, 113, 118 f.

Ordnungspolitische Gründe sprechen dafür, die Verbandsklage auch hierzulande auf Schadensersatzansprüche auszuweiten. Denn während die Unterlassungsklage nur in die Zukunft reicht, kann die Schadensersatzklage Verhalten in der Vergangenheit sanktionieren und hat deshalb einen höheren Abschreckungseffekt.[77] Eine Schadensersatz-Verbandsklage könnte ein wirksames Steuerungsinstrument bei Streuschäden am Kapitalmarkt sein. Sie könnte bewirken, dass auch solche Schäden geltend gemacht werden, die von den Anlegern aufgrund ihrer rationalen Apathie ignoriert werden. Die erstrittene Schadensersatzsumme könnte der Finanzierung der Verbandsstruktur dienen und Überschüsse an die Allgemeinheit ausgekehrt werden. Auf die Kompensation der Anleger könnte man in diesem Modell verzichten, weil die Ausschüttung der Kleinstbeträge unverhältnismäßige Kosten verursachen würde und die Anleger ihre Bagatellschäden ohnehin nicht geltend gemacht hätten.[78]

Problematisch ist aber, dass sie deshalb auch keine Motivation haben, den Verband zu kontrollieren und die Klage voranzutreiben. Seitens des Verbandes kann nämlich ein Anreizproblem bestehen, da sich viele Klagen aus Sicht des Verbandes wegen des hohen Kostenrisikos kaum lohnen werden.[79] Passivität der Verbände – so auch die Erfahrungen in Frankreich –[80] könnte dazu führen, dass Kollektivschäden nicht geltend gemacht werden und sich daher keine ordnungspolitische Steuerungswirkung entfaltet.

Bei Massenschäden besteht die Gefahr des fehlenden *Willens* zur Kontrolle der Verbände seitens der Anleger zwar nicht, da für sie genug Geld auf dem Spiel steht. Deshalb wäre der Ersatz für Massenschäden – anders als für Streuschäden (s. o.) – auch an die Anleger abzuführen. Allerdings sind die *Möglichkeiten* zur Kontrolle wegen der Mediatisierung der Ansprüche eingeschränkt. Der ohnehin zwischen einem Kläger und seinem Anwalt bestehende Prinzipal-Agent-Konflikt (auch Agenturkonflikt oder *agency*-Problem)[81] wird bei Zwischenschaltung eines Verbandes um eine Ebene erweitert, sprich: „Bei der Verbandsklage wird die *agency*-Kette verlängert."[82] Der Anleger kann den Verband (und erst recht dessen Anwalt) weder effektiv kontrollieren noch seine Arbeit bewerten oder nennenswert beeinflussen. Wie stark sich dieser Prinzipal-Agent-Konflikt auswirkt, hängt davon ab, wie viel Druck auf den Verband ausgeübt wird.[83] Zwar verfügen die Öffentlichkeit und die Politik über entsprechende Steuerungsmechanis-

---

77 *Hopt/Baetge*, in: Basedow/Hopt/Kötz/Baetge (Fn. 13), S. 1, 45.
78 Zum diesem Modell *Wagner* (Fn. 21), S. 53, 78 f. Allerdings bleibt die Frage, wie Streuschäden in der Praxis von Massenschäden abzugrenzen sind, vgl. *Stadler* (Fn. 22), S. 25.
79 *Van den Bergh/Keske* (Fn. 19), S. 38.
80 *Hess*, AG 2003, 113, 119.
81 Für eine Einführung siehe *Mackaay* (Fn. 11), S. 101 f.
82 *Schäfer* (Fn. 13), S. 78, 86; *Dühn* (Fn. 22), S. 327; ähnlich *Van den Bergh/Keske* (Fn. 19), S. 38.
83 Hierzu ausführlich *Schäfer* (Fn. 13), S. 86 ff.

men; ob sie zugunsten von Kapitalanlegern genutzt würden, ist aber zumindest fraglich. Auf reinigende Marktmechanismen kann man sich ebenfalls kaum verlassen, da ein Wettbewerb zwischen Verbänden meist nur schwach oder gar nicht vorhanden ist.[84] Auch das Scheitern der Verbandsklage in Frankreich wird zum Teil auf Agenturkonflikte zurückgeführt, vor allem auf mangelnde Abstimmung zwischen dem Verband und den Anlegern.[85]

Ungeachtet dieser Bedenken sind Verbände auch ein allzu kostspieliges Vehikel, um Anleger- oder Gesellschaftsinteressen durchzusetzen. Denn ein Großteil der Ressourcen müsste bereits für die Organisation des Verbandes (Werbung, Mitgliederverwaltung etc.) verwendet werden. Es ist daher zu diskutieren, ob es effizientere Wege gibt, um Kollektivschäden am Kapitalmarkt durchzusetzen.

II. Gruppenklage

Die Gruppenklage existiert in zwei Varianten: In der ersten Variante wird ein gemeinsamer externer Vertreter bestellt (deshalb im Folgenden: Vertreterklage), der die Ansprüche der Anleger für die Gruppe geltend macht. In der zweiten Variante macht ein Kläger aus den Reihen der Anleger die Ansprüche für die gesamte Gruppe geltend.

Vor Inkrafttreten des KapMuG hatte die Regierungskommission „Corporate Governance" im Jahr 2001 vorgeschlagen, für kapitalmarktrechtliche Streitigkeiten – in Anlehnung an §§ 26, 308 UmwG a. F. – eine Vertreterklage einzuführen. Ein von den Anspruchsinhabern vorgeschlagener und vom Gericht bestellter Vertreter sollte als Partei kraft Amtes die Ansprüche der Anleger geltend machen.[86] Im Schrifttum wurde die Lösung der Regierungskommission vielfach kritisiert und die Einführung einer Vertreterklage für Kapitalmarktstreitigkeiten im deutschen Recht mehrheitlich abgelehnt. Die Zwischenschaltung eines Vertreters stelle – so der Hauptkritikpunkt – eine „unnötige Mediatisierung" der Ansprüche dar.[87] Wie man die Vertreterklage bewertet, hängt maßgeblich davon ab, welche Vorstellung man von dem Vertreter hat. Im Vorschlag der Regierungskommission finden sich hierzu nur wenige Hinweise. Offenbar schwebte der Kommission das Bild eines professionellen Anlegervertreters vor. Dessen Bestellung sollte durch das Gericht auf Antrag eines oder mehrerer Anleger erfolgen. Im Ergebnis

---

84 *Van den Bergh/Keske* (Fn. 19), S. 38.
85 *Hess*, AG 2003, 113, 119.
86 Bericht der Regierungskommission „Corporate Governance", BT-Drucks. 14/7515, S. 89 f. Rechtsvergleichende Vorbilder finden sich etwa in Österreich und in der Schweiz, siehe hierzu *Hess*, AG 2003, 113, 117 f.
87 *Hess/Michailidou*, WM 2003, 2318, 2320; *Reuschle*, WM 2004, 966, 974; der Kritik folgend Begr. RegE KapMuG, BT-Drucks. 15/5091, S. 15; mit Vorbehalten auch *Wundenberg*, ZEuP 2007, 1097, 1113. Damit beschreiben die Kritiker der Sache nach einen Prinzipal-Agent-Konflikt, ähnlich dem, der bereits bei der Verbandsklage festgestellt wurde.

würde es sich – zumindest bei einem Vertreter von Amts wegen – um eine andere Art staatlicher Kontrolle handeln, bei der sich die üblichen Durchsetzungsdefizite bemerkbar machen würden.[88] Zwar scheint das Missbrauchsrisiko gegenüber einer Verbandsklage deutlich reduziert, weil der Vertreter nur Prozesspartei, aber nicht Empfänger der Ansprüche ist. Die Motivation des Vertreters, den bestmöglichen Ertrag für die Anleger herauszuholen und damit eine hinreichende Abschreckung zu bewirken, ist aber nicht zuletzt aus diesem Grund zweifelhaft.

Die US-amerikanische Gruppenklage (*Class Action*) ermöglicht es Klägern, Ansprüche stellvertretend für alle Betroffenen einer spezifischen Gruppe (*class*) geltend zu machen.[89] Die *Class Action* ist in Rule 23 F.R.C.P. (Federal Rules of Civil Procedure) geregelt. Bei Massenklagen untersucht das Gericht zunächst, ob die allgemeinen Voraussetzungen (*Prerequisites*) gem. Rule 23(a) F.R.C.P. für eine *Class Action* erfüllt sind.[90] Sodann erfolgt die Zuordnung des Sachverhaltes zu einer der in Rule 23(b) F.R.C.P. genannten Fallkonstellationen. Gruppenklagen im Kapitalmarktrecht fallen unter die sog. „*common question class action*" gem. Rule 23(b)(3) F.R.C.P. Das Gericht wählt anschließend einen Gruppenkläger aus, der die übrigen anspruchsberechtigten Personen repräsentiert. Die repräsentierten Personen werden weder Klagepartei noch müssen sie vor Gericht erscheinen. Die Entscheidung des Gerichts ist für sie bindend (automatische Rechtskrafterstreckung). Dieser Bindung können sie in der Regel nur entgehen, wenn sie innerhalb einer bestimmten Frist dem Gericht anzeigen, dass sie nicht an der Sammelklage teilnehmen wollen (sog. *opt-out*-Modell). Nachdem das Verfahren beendet ist (durch eine Entscheidung des Gerichts oder durch Vergleich), wird die erstrittene Summe auf die Teilnehmer der Gruppenklage verteilt.

Anhand der *Class Action* lassen sich die Risiken im Zusammenhang mit Gruppenklagen gut illustrieren. Im Zentrum der Kritik stehen vor allem das

---

[88] Vgl. *Kalss* (Fn. 22), S. 410, die von einem „vormundschaftliche[n] Fürsorgemodell" spricht; zust. *Hess*, AG 2003, 113, 117.

[89] Zur *Class Action* in den USA *Baetge/Eichholtz* (Fn. 34), S. 287 ff.; *Baetge/Wöbke* (Fn. 33), S. 363 ff.; *Stadler* (Fn. 22), S. 13 ff.; *Hess*, AG 2003, 113, 115 f.; *Wundenberg*, ZEuP 2007, 1097, 1107 f.

[90] Zu diesen Voraussetzungen gehört, dass a) die Anzahl der potenziell Klageberechtigten oder Beklagten so hoch ist, dass es nicht praktikabel wäre, wenn alle der Klage beiträten („*numerosity*"); b) es offene Tatsachen- oder Rechtsfragen gibt, die für die gesamte Gruppe von Klageberechtigten oder Beklagten relevant sind („*commonalty of facts or law*"); c) die Situation der stellvertretenden Partei typisch für die gesamte Gruppe der Klageberechtigten oder Beklagten ist („*typicalty*"); und d) die stellvertretende Partei die Interessen der gesamten Gruppe von Klageberechtigten oder Beklagten adäquat vertreten kann und wird („*adequacy of representation*").

hohe Missbrauchspotenzial und Agenturkonflikte.[91] Klagen werden in den USA auch dann betrieben, wenn die Rechtslage an sich nahezu aussichtlos ist. Denn die Vergleichskosten sind für amerikanische Unternehmen in der Regel deutlich geringer als die Kosten des Verfahrens (wozu auch der Reputationsverlust[92] zählt). Deshalb werden zahlreiche Klagen erhoben, die nur eine begrenzte Erfolgswahrscheinlichkeit haben und nur auf den frühzeitigen Abschluss eines lukrativen Vergleichs zielen (*strike suits*).[93] Diese sog. „Beutetheorie"[94] wird durch empirische Forschung und die hohe Vergleichsquote in den USA gestützt.[95] Kritisiert wird auch, dass die Klagen in den USA zumeist aktiv durch die Kanzleien betrieben werden und diese die Klagen bewusst initiieren (*lawyer-driven litigation*).[96] In der Konsequenz geht man davon aus, dass die Geltendmachung von Kollektivschäden in wirtschaftlicher Hinsicht in den USA vor allem den Klägeranwälten dient und diese eher ihre eigenen Interessen als die ihrer Mandanten verfolgen.[97]

In den USA ist die *Class Action* aufgrund dieser Erfahrungen seit Jahrzehnten umstritten.[98] Sie befindet sich – zwar nicht als Institution an sich, aber in ihrer konkreten Ausgestaltung – auf dem Prüfstand.[99] Die Mehrheit

---

91 Überblick über die Gefahren der Class Action bei *Stadler* (Fn. 22), S. 18 ff.; *Wundenberg*, ZEuP 2007, 1097, 1108 ff.
92 Hierzu *Wundenberg*, ZEuP 2007, 1097, 1108 f.; *Klöhn/Schmolke*, NZG 2015, 689.
93 Hierzu *Coffee*, 86 Colum. L. Rev. 669, 698 ff. (1986).
94 Siehe hierzu mit eingängigem Beispiel *Schäfer* (Fn. 13), S. 72 f.
95 Studien in den 80er und 90er Jahren haben ergeben, dass nur ca. 1–6% aller *Class Action*-Verfahren mit einer Verurteilung für die Kläger endete, siehe etwa *Jones*, 60 B. U. L. Rev. 542, 544 f. (1980); *Romano*, J. L. E. & Org. 55, 60 (1991). Dies deutet darauf hin, dass der Klageerwartungswert von vornherein recht gering ist und sich die Beklagten nur deshalb auf Vergleiche einlassen, weil sie billiger sind als ein am Ende gewonnenes Verfahren. Zur Rolle des Vergleichs in den USA *Baetge/Wöbke* (Fn. 33), S. 364; *von Bernuth/Kremer*, NZG 2012, 890, 891.
96 Zu sog. *entrepreneurial attorneys Coffee*, 54 U. Chi. L. Rev. 877, 882 ff. (1987); *Coffee*, 86 Colum. L. Rev. 669, 678 (1986): „the lawyer as a calculating entrepreneur"; *Fisch*, 39 Ariz. L. Rev. 533 (1997); *Sherman*, 52 DePaul L. Rev. 401, 411 f. (2002). *Möllers/Pregler*, ZHR 176 (2012), 144, 173 sprechen von der „Kommerzialisierung des Anwaltsberufes".
97 *Coffee*, 86 Colum. L. Rev. 669, 701 ff. (1986); *Fisch*, 39 Ariz. L. Rev. 533, 552 (1997).
98 Kritisch etwa *Berry*, 80 Colum. L. Rev. 299 (1980): „major source of inefficiency, unfairness, and uncertainty"; *Fisch*, 39 Ariz. L. Rev. 533 (1997); *Miller*, 92 Harv. L. Rev. 664 (1979); *Williamson*, 19 J. Econ. Lit. 1545 (1981); positiver dagegen *Dalla Pellegrina/Saraceno*, 7 Rev. L. & Econ. 214 (2011); *Bai/Cox/Thomas*, 158 U. Pa. L. Rev. 1878 (2010).
99 Eine Reform durch den Private Securities Litigation Reform Act (P.S.L.R.A.) aus dem Jahr 1995 sollte die faktische Macht der Anwaltskanzleien sowie das Missbrauchspotenzial der *Class Action* einschränken. Deshalb wurden „Berufskläger", die im Auftrag von Anwaltskanzleien Wertpapiere bereithalten, um für diese jederzeit klagen zu können, ausgeschlossen. Außerdem werden seit der Reform bevorzugt institutionelle Anleger ausgewählt, um die betroffene Anlegergruppe zu repräsentieren. Sie sollen dafür sorgen, dass die Anwaltskanzleien stärker überwacht werden. Für den Fall missbräuchlicher Klagen ist eine Überwälzung der Kosten auf die Kläger vorgesehen. Die herrschende Meinung sieht die Reform jedoch als weitgehend fehlgeschlagen an, siehe nur *Hensler/Rowe*, 64 Law & Cont. P. 137 (2001); *Cox/Thomas*, 80 Wash. U.

der Vertreter aus der deutschen Literatur lehnt es aufgrund der amerikanischen Erfahrungen ab, ein Gruppenklagemodell für das deutsche Recht einzuführen.[100] Dabei wird oft übersehen, dass es vor allem die Eigenarten des Prozessrechts der Vereinigten Staaten sind, die eine erhöhte Missbrauchsgefahr, die Gefahr der Überabschreckung und Interessenkonflikte mit sich bringen. Zu erwähnen sind die klägerfreundliche Regel zur Kostentragung (*american rule*),[101] niedrige Substantiierungserfordernisse für Kläger,[102] hohe Schadensersatzsummen (*punitive damages*),[103] weitreichende vorgerichtliche Ausforschungsmöglichkeiten (*pre-trial-discovery*),[104] eine vielfach imageschädigende Vermarktung der Klage[105] und schließlich klägerfreundliche Jurys, die im Zweifel gegen die „reichen" Unternehmen entscheiden (*deep-pocket*-Theorie).[106] Kläger in den USA können aufgrund dieser Verfahrenscharakteristika mit geringem Risiko und wenig Aufwand ein beachtliches Drohpotenzial aufbauen und stattliche Entschädigungen mitnehmen. All dies sorgt für eine hohe Durchschlagskraft der *Class Action*.[107] Im Sinne der Rechtsdurchsetzung ist dies zwar zu begrüßen, allerdings birgt es die Gefahr unerwünschter Steuerungseffekte, die bereits im Zusammenhang mit der Überabschreckung diskutiert wurden (s. o. B. I. 3.). Die Risiken des Modells der Gruppenklage an sich sollten deswegen aber nicht pauschal höher bewertet werden als die Risiken anderer Rechtsschutzformen.[108] Die

---

L. Q. 855, 867 ff. (2002); *Perino*, 2003 U. Ill. L. Rev. 913; einschränkend *Choi/Fisch/Pritchard*, 83 Wash. U. L. Q. 869, 902 (2005); positiver dagegen *Johnson/Nelson/Pritchard*, 23 J. L. Econ. & Org. 627 (2007).

100 So bereits *Mertens*, ZHR 139 (1975), 438, 469 ff.; ferner *Haß*, Die Gruppenklage, Wege zur prozessualen Bewältigung von Massenschäden, 1996, S. 320; ebenso das Votum des 66. Deutschen Juristentages, 2006, Beschluss A. VIII. Nr. 3 a).

101 Der Beklagte trägt seine Anwaltskosten unabhängig vom Ausgang des Verfahrens, *Schäfer* (Fn. 13), S. 72; *Hess*, AG 2003, 113, 116; *Wundenberg*, ZEuP 2007, 1097, 1109.

102 *Stürner/Stadler*, IPRax 1990, 157, 159; *Hess*, AG 2003, 113, 116.

103 *Stadler* (Fn. 22), S. 20 f.; *Hess*, AG 2003, 113, 116.

104 *Baetge/Eichholtz* (Fn. 34), S. 334; *Hess*, AG 2003, 113, 116.

105 *Bellinghausen/Patheenthararajab*, ZIP 2008, 492, 493.

106 *Hirte*, NJW 2002, 345, 345 f.

107 Vgl. das Zitat des englischen Richters *Lord Denning* zum amerikanischen Zivilprozess in Smith Kline & French Laboratories Ltd. V. Bloch, [1983] 2 All ER 72, 74 (1982): „As a moth is drawn to the light, so is a litigant drawn to the United States." Aus der deutschen Literatur *Hess*, AG 2003, 113, 116; *Dühn* (Fn. 22), S. 327.

108 So auch *Stadler* (Fn. 22), S. 16; *Hopt/Baetge* (Fn. 77), S. 49; ähnlich *Wundenberg*, ZEuP 2007, 1097, 1117. Gegen eine pauschale Ablehnung der Gruppenklage auch *Halfmeier/Wimalasena*, JZ 2012, 649, 658: „Ein derartiger Missbrauch von Sammelklagen ist in Deutschland [...] kaum zu befürchten"; *Wagner*, 127 L. Quarterly Rev. 55, 73 (2011); *Wagner* (Fn. 21), S. 66; für England *Higgins/Zuckerman* (Fn. 64), S. 39: „[T]he absence of the jury system in England and the unavailability of punitive damages on the same scale as in the US, makes it unlikely that class actions will have the same effect here".

Gruppenklage lässt sich nämlich unterschiedlich ausgestalten, auch so, dass die oben genannten Schwächen abgemildert oder beseitigt werden.

Gruppenklagemodelle gibt es auch in anderen Rechtsordnungen (etwa in England, den Niederlanden, Kanada und China). Hervorzuheben ist die englische Gruppenklage i. S. v. Part 19.10–16 C.P.R. (Civil Procedure Rules). Sie zeichnet sich dadurch aus, dass das Gericht dank weitreichender Befugnisse durch eine sog. *Group Litigation Order* (GLO) ein aktives Verfahrensmanagement betreiben kann.[109] Es kann die Tatsachen- und Rechtsfragen, die im Gruppenverfahren behandelt werden, bestimmen und jederzeit ändern, Testverfahren zulassen und den prozessführenden Anwalt auswählen (Rule 19.13(a)-(c) C.P.R.). Durch eine GLO kann das Gericht flexibel in das Verfahren eingreifen, Missbräuchen und Interessenkonflikten entgegenwirken, eine adäquate Vertretung der Gruppe durch den Gruppenkläger gewährleisten und sicherstellen, dass das Verfahren effizient ist und eine möglichst große Breitenwirkung hat. Weil die englische Gruppenklage aber ebenso wie das KapMuG eine rein prozessuale Anspruchsbündelung organisiert – jeder Anspruchsberechtigte also individuell Klage einreichen muss – eignet sie sich nicht zur Überwindung rationaler Apathie bei Streuschäden.

Auch der bereits erwähnte kürzlich in den Bundestag eingebrachte Gesetzesentwurf sieht ein Gruppenverfahren – auch für kapitalmarktrechtliche Streitigkeiten – vor. Der Entwurf will eine stärkere Rechtsdurchsetzung erreichen, indem er Zugangsschranken zu den Gerichten abbaut. Zusätzlich soll er bei Massenschäden einer strukturellen Überforderung der Gerichte entgegenwirken.[110] Dazu soll die ZPO um Vorschriften zum Gruppenverfahren ergänzt werden (§§ 606 bis 631 ZPO-E). Anders als die US-amerikanische *Class Action* sollen Anspruchsinhaber ausdrücklich ihren Beitritt zum Gruppenverfahren erklären (sog. *opt-in*-Modell) und nicht automatisch teilnehmen (§ 615 ZPO-E). Ein durch das Gericht ausgewählter Gruppenkläger soll das Gruppenverfahren mit Wirkung für die übrigen Gruppenmitglieder (§ 619 Abs. 1 ZPO-E) führen. Ein im Gruppenverfahren erzielter Vergleich oder gefälltes Urteil soll automatisch für die gesamte Gruppe wirken (§§ 626 und 628 ZPO-E).

---

109 Zur englischen Gruppenklage *Nordhausen Scholes*, in: Casper/Janssen/Pohlmann/Schulze (Fn. 19), S. 193, 199 ff.; *Hess*, AG 2003, 113, 119; *Reuschle*, WM 2004, 966, 970 f. Die weitreichenden Befugnisse werden vielfach als Vorteil der englischen Gruppenklage gesehen, vgl. nur *Higgins/Zuckerman* (Fn. 64), S. 12.

110 Begr. Ges. Entw. Gruppenverfahren, BT-Drucks. 18/1464, S. 16.

E. Leitlinien für ein neues Konzept

I. Das Gruppenverfahren als Basismodell

Es hat sich gezeigt, dass Verfahrensmodelle, die auf dem individualistischen Rechtsschutzprinzip beruhen, nicht geeignet sind, um Kollektivschäden am Kapitalmarkt prozessual in den Griff zu bekommen. Sie erzeugen keinen Mobilisierungseffekt bei Streuschäden, bei Massenschäden sind sie ineffizient. Die Verbandsklage vermag beide Schwächen zu vermeiden. Sie bringt aber Anreizdefizite und Agenturprobleme mit sich. Das einzige Klagemodell, das gleichzeitig präventive Durchschlagskraft und Verfahrenseffizienz gewährleisten kann, ist nach hier vertretener Auffassung das Modell der Gruppenklage.[111] Eine Gruppenklage einzuführen hieße freilich, den Anspruch auf rechtliches Gehör teilweise einzuschränken. Dieser Anspruch hat zwar Verfassungsrang (Art. 103 Abs. 1 GG). Wenn er bei Massenklagen aber zu einer unzumutbaren Verfahrensverzögerung führt, kollidiert er seinerseits mit dem Anspruch auf effektiven Rechtsschutz (Art. 2 Abs. 1 i. V. m. Art. 20 Abs. 3 GG). Dieser garantiert, dass Rechtsschutz nicht nur überhaupt, sondern auch in angemessener Zeit erreicht werden kann (siehe oben B. II.). Die Gruppenklage, wie jedes Kollektivklagemodell, steht damit im Spannungsfeld zwischen Einzelfallgerechtigkeit und Effizienz.[112] Je größer die Gruppe, desto wichtiger ist es, das Effizienzziel im Auge zu behalten. Die Anhörung eines einzelnen Anlegers mag zwar ohne nennenswerte Einschränkungen des Anspruchs auf rechtliches Gehör erfolgen; für die Anhörung eines Anleger*netzwerkes* müssen hingegen – wie erörtert (siehe oben B. II. und C. II.) – andere Grundsätze gelten.

Die Gruppenklage hat den Vorteil, dass alle relevanten Fragen in der Regel in einem einzigen Verfahren zu klären sind und nicht in Einzelverfahren vor- und nachbereitet werden müssen. So leistet die Gruppenklage einen wichtigen Beitrag zur Anlegermobilisierung, Justizentlastung, Rechtsvereinheitlichung und Verfahrensbeschleunigung. Je mehr Anspruchsvoraussetzungen für das Kollektiv geklärt werden, desto kostengünstiger und einheitlicher ist die Rechtsfindung. Haftungsbegründende Voraussetzungen (etwa ein Prospektfehler, eine falsche Ad-hoc-Information) stellen zwar im Hinblick auf Einheitlichkeit auch für das geltende KapMuG keine Probleme dar. Hinsichtlich der haftungsausfüllenden Kausalität sind Rechtsprechung und Literatur zum KapMuG aber bislang noch zurückhaltend.[113] Dabei kön-

---

111 Für eine Gruppenklage im Kapitalmarktrecht auch *Wagner* (Fn. 11), S. A 123 ff.; prinzipiell für eine Gruppenklage bei Kollektivschäden *Micklitz/Stadler* (Fn. 66), S. 1386; *Stadler* (Fn. 22), S. 24 ff.; *Hopt/Baetge* (Fn. 77), S. 47 ff.; *Casper*, in: Schulze (Fn. 18), S. 91, 111 f.
112 *Baetge/Eichholtz* (Fn. 34), S. 297.
113 OLG München, Beschl. v. 20.12.2010 – W Kap 4/10 – juris; aus der Literatur statt vieler *Maier-Reimer/Wilsing*, ZGR 2006, 79, 99 ff.; *Wardenbach*, GWR 2013, 35, 35; *Schmitz/Rudolf*, NZG 2011, 1201, 1202; in diese Richtung auch die Regierungsbegründung, BT-Drucks. 15/

nen auch auf Rechtsfolgenseite viele Fragen einheitlich geklärt werden.[114]
So könnte in einem Kollektivprozess zur Sekundärmarkthaftung z. B. ein
hypothetischer Börsenkurs (*value line*) ermittelt werden, der Grundlage für
die Berechnung des (individuellen) Kursdifferenzschadens (*out-of-pocket-damages*) bei fehlerhafter Sekundärmarktinformation i. S. v. §§ 37b, 37c
WpHG ist.[115] Hierdurch werden Kosten eingespart, weil es nur eines Sachverständigengutachtens bedarf, das dann für alle Fälle verbindlich ist.[116] Hat
man die wichtigsten Punkte der haftungsbegründenden und haftungsausfüllenden Tatbestandsvoraussetzungen geklärt, wird man auf dieser Basis oft
einen Vergleich erzielen können und weitere gerichtliche Auseinandersetzungen über die Höhe der Einzelansprüche vermeiden können.[117] Mathematische Präzision bei der Schadensberechnung kann gem. § 287 ZPO ohnehin
weder erwartet noch verlangt werden.

II. Teilnahme am Gruppenverfahren: opt-in- oder opt-out-Modell?

Eine zentrale Frage im Zusammenhang mit Kollektivklagen ist, ob sich die
Teilnehmer hierfür anmelden müssen, damit die Gerichtsentscheidung Wirkung für sie entfaltet (*opt-in*), oder ob sie aktiv austreten müssen, um der
Entscheidung zu entgehen (*opt-out*), oder ob sie zwangsweise teilnehmen.
Die strengste Regelung sieht das KapMuG vor. Nach der Bekanntmachung
des Vorlagebeschlusses gibt es für geschädigte Anleger keine Möglichkeit,
ihre Ansprüche individuell geltend zu machen. Die Vermutung liegt nahe,
dass dies der Hauptgrund dafür ist, dass die Kläger mit großzügigen Verfahrensrechten ausgestattet werden, weil man in einem Zwangsverfahren vor
zu großen Einschnitten in die Verfahrensrechte zurückschreckte. Die Regierungskommission „Corporate Governance" sprach sich für eine *opt-in*-Lösung aus, wie sie das heutige SpruchG enthält und wie sie auch in der

---

5091, S. 20; einschränkend *Sessler*, WM 2004, 2344, 2347 f.: „Die Frage der haftungsausfüllenden Kausalität dürfte [...] nur selten Gegenstand des Musterverfahrens werden".

114 KK/*Kruis* (Fn. 56), § 2 Rn. 34 ff.; KK/*Möllers/Leisch* (Fn. 40), §§ 37b, c Rn. 539; *Möllers/Weichert*, NJW 2005, 2737, 2738.

115 Zur Berechnung des Kursdifferenzschadens siehe nur *Cornell/Morgan*, 37 UCLA L. Rev. 883 (1990); *Adams/Runkle*, 145 U. Pa. L. Rev. 1097 (1997); *Ferrell/Saha*, 7 J. Corp. L. 365 (2011); aus der deutschen Literatur jüngst *Klöhn/Rothermund*, ZBB 2015, 73; zuvor etwa KK/*Möllers/Leisch* (Fn. 40), §§ 37b, c Rn. 374 ff.; *Wagner*, ZGR 2008, 495; monographisch *Barth*, Schadensberechnung bei Haftung wegen fehlerhafter Kapitalmarktinformation, 2006, S. 212 ff.; *Weichert*, Der Anlegerschaden bei fehlerhafter Kapitalmarktpublizität, 2008, S. 209 ff.

116 *Barth* (Fn. 115), S. 250 f.; a. A. *Rössner/Bolkart*, WM 2003, 953, 957: „keine Synergieeffekte".

117 So auch Begr. Ges. Entw. Gruppenverfahren, BT-Drucks. 18/1464, S. 16. Wiederum symptomatisch für die Kurzsichtigkeit des KapMuG-Gesetzgebers ist der ursprüngliche Regierungsentwurf. Hier war in § 14 Abs. 3 S. 2 KapMuG-E noch die vergleichsweise Einigung ausdrücklich ausgeschlossen.

englischen Gruppenklage praktiziert wird.[118] Auch das Europäische Parlament bevorzugt für zukünftige Gruppenverfahren ein *opt-in*-Modell.[119] Auf einem *opt-out*-Modell basiert hingegen die *Class Action* in den USA, ebenso wie die niederländische Gruppenklage (*groepsaktie*).

Gegen das *opt-out*-Modell sind in der Literatur verfassungsrechtliche Bedenken im Hinblick auf die Dispositionsmaxime und den Anspruch auf rechtliches Gehör erhoben worden, da Anspruchsinhaber möglicherweise ohne ihr Wissen und mit deutlich reduzierten Mitwirkungsrechten an einem Gruppenverfahren teilnehmen.[120] Die Bedenken greifen jedoch nicht durch. Denn erstens wird die Entscheidung im Gruppenverfahren zwangsläufig eine Präjudizwirkung entfalten, egal ob der Geschädigte nun in der Gruppe vertreten ist oder nicht. Zweitens kann eine Einschränkung der Dispositionsmaxime durch das *opt-out*-Modell verfassungsrechtlich gerechtfertigt sein, sofern es der Anspruch auf effektiven Rechtsschutz gebietet (siehe oben E. I.).[121] Drittens kennt das deutsche Recht seit vielen Jahren Verfahren, in denen die Betroffenen nicht persönlich informiert werden, ja teilweise nicht mal eine theoretische *opt-out*-Möglichkeit haben.[122] Entscheidend ist, wie im Einzelnen eine möglichst lückenlose Information der Anspruchsinhaber sichergestellt werden kann. Ist diese gegeben, kann der Geschädigte auch im *opt-out*-Modell frei entscheiden, was ihm wichtiger ist: der Anspruch auf rechtliches Gehör (Individualverfahren) oder effizienter Rechtsschutz (Gruppenverfahren).

Da beim *opt-out*-Modell somit im Ergebnis keine verfassungsrechtlichen Bedenken bestehen, könnte es dem *opt-in*-Modell vorzuziehen sein. Hierfür werden vielfach rechtsökonomische Argumente vorgebracht: Das *opt-out*-Modell habe die geringeren wirtschaftlichen Barrieren, weise die größte Prozesseffizienz auf und sorge für Rechtssicherheit.[123] Eine *opt-in*-Lösung berge hingegen die Gefahr unterschiedlicher Entscheidungen, wenn Gruppenklage und Individualklage in zwei verschiedenen Verfahren behandelt würden.[124] Kläger könnten die Entscheidung im Gruppenverfahren abwarten und von der faktischen Präjudizwirkung profitieren (*freerider*-Problem). Damit lasse die individuelle Klagebereitschaft nach, solange die Kostener-

---

118 Bericht der Regierungskommission „Corporate Governance", BT-Drucks. 14/7515, S. 89 f.
119 Resolution des Europäischen Parlaments vom 2.2.2012 zum Thema „Kollektiver Rechtsschutz: Hin zu einem kohärenten europäischen Ansatz", Nr. 20.
120 Etwa *Stadler* (Fn. 48), S. I 50; *Stadler* (Fn. 22), S. 16 f., 26; *Haß* (Fn. 100), S. 337 ff.; *Hess*, JZ 2011, 66, 72; *Scholz*, ZG 2003, 248, 258.
121 So auch *Wundenberg*, ZEuP 2007, 1097, 1114.
122 Hierzu im Einzelnen *Halfmeier/Wimalasena*, JZ 2012, 649, 654. Dort auch zur Vereinbarkeit einer *opt-out*-Lösung mit Art. 6 EMRK.
123 *Higgins/Zuckerman* (Fn. 64), S. 20 f.; in diese Richtung auch *Van den Bergh/Keske* (Fn. 19), S. 24.
124 *Reuschle*, WM 2004, 966, 973.

sparnis den Mangel an prozessualen Einflussmöglichkeiten aufwiege. Dies könne dazu führen, dass irgendwann niemand mehr eine eigene Klage erhebe.[125] Zudem beseitige eine *opt-in*-Klage die rationale Apathie nicht vollständig, da der Anspruchsinhaber von sich aus tätig werden muss, um am Gruppenverfahren teilzunehmen und somit mindestens einen Zeitaufwand erbringen muss.[126] Aus diesen Gründen ist das *opt-out*-Modell in der US-amerikanischen Rechtsprechung weitgehend etabliert.[127]

Man kann die Effizienzvorteile allerdings auch infrage stellen. Im *opt-out*-Modell der USA müssen immense Ressourcen darauf verwendet werden, die Anspruchsinhaber zu informieren, damit möglichst jeder von seinem Austrittsrecht Gebrauch machen kann (*best notice practicable*).[128] Zuvor muss die Gruppe überhaupt erst bestimmt oder wenigstens bestimmbar gemacht werden. Die *opt-in*-Methode hat hier einen großen Vorteil: Sie erspart dem Gericht die aufwändige Recherche. Wer Gruppenmitglied werden will, meldet sich beim Gericht und nicht umgekehrt. Nebenbei stellt dieses Modell sicher, dass die teilnehmenden Anspruchsinhaber ihre Gruppenzugehörigkeit substantiell belegen.[129] Aus Effizienzgesichtspunkten ist dieses Vorgehen sinnvoll, denn die Anspruchsinhaber sind, wenn es darum geht, ihre Ansprüche darzulegen, die *cheapest cost avoider*. In Kapitalmarkthaftungsprozessen brauchen die Gruppenteilnehmer lediglich darzulegen, im relevanten Zeitraum Transaktionen über die betreffenden Wertpapiere getätigt zu haben. Bei der Prospekthaftung sind die ersten sechs Monate nach Ausgabe der Wertpapiere relevant (§ 21 Abs. 1 S. 1 WpPG), bei der Sekundärmarkthaftung die Phase, in der es eine durch Fehlinformation induzierte Preisverzerrung gab (§§ 37b Abs. 1, 37c Abs. 1 WpHG). Dies sollte die Kläger in Kapitalmarkthaftungsprozessen vor keine großen Probleme stellen, da sich Zeit und Umfang einer Wertpapiertransaktion relativ leicht rekonstruieren lassen.[130] Von einem Anwaltszwang für die Anmeldung kann und sollte man absehen, da das repräsentierte Gruppenmitglied

---

125 *Eisenberg/Miller*, 53 UCLA L. Rev. 1303, 1306 (2006); *Kobayashi/Ribstein*, 2 J. Bus. & Tech. 369, 378 (2007); grundlegend zum *freerider*-Problem *Cooter/Ulen* (Fn. 7), S. 470; aus der deutschen Literatur knapp *Möllers/Pregler*, ZHR 176 (2012), 144, 165 („Trittbrettfahrer-Problem").

126 *Wagner* (Fn. 21), S. 75 ff.

127 Vgl. etwa Phillips Petroleum Co. v. Shutts, 472 U.S. 797, 814 (1985): „[W]e do not think that the Constitution requires the State to sacrifice the obvious advantages in judicial efficiency resulting from the 'opt out' approach".

128 *Wundenberg*, ZEuP 2007, 1097, 1113; vgl. für die USA *Stadler* (Fn. 22), S. 14 f.

129 Für die Substantiierungserfordernisse kann man sich an der „verbesserte Individualisierungstheorie" orientieren, nach der ein potenzieller Anspruchsinhaber bei Klageerhebung gem. § 253 Abs. 2 Nr. 2 Fall 2 ZPO seinen Anspruch soweit konkretisieren muss, dass er sich von anderen unterscheiden lässt. Zur verbesserten Individualisierungstheorie MüKoZPO/*Becker-Eberhard* (Fn. 62), § 253 Rn. 77.

130 Vgl. *Higgins/Zuckerman* (Fn. 64), S. 18.

nicht Prozessbeteiligter ist und der Anwaltszwang eine potenzielle Hürde für die Teilnahme am Gruppenverfahren darstellt.[131]

Auch für das *opt-in*-Modell gibt es daher ökonomische Gründe. Am sinnvollsten ist es, die Frage ins Ermessen des Gerichts zu stellen, um flexibel auf die Gegebenheiten des Sachverhaltes reagieren zu können. Bei Massenschäden könnte die *opt-in*-Lösung vorzugswürdig sein, weil hier nicht die Gefahr besteht, dass Anleger rational apathisch bleiben. Bei Streuschäden spricht viel für ein *opt-out*-Modell, weil hier die Gefahr der Unterabschreckung evident ist. Unabhängig davon sollten starke Anreize zur Beteiligung an dem Gruppenverfahren geschaffen werden.[132] Sie ergeben sich aber vielfach von selbst aus dem deutlich reduzierten Kostenrisiko, welches gerade bei kapitalmarktrechtlichen Streitigkeiten immens ist. Die Individualverfahren wären außerdem für die Dauer des Gruppenverfahrens auszusetzen. Dies gibt geschädigten Anlegern einen weiteren Grund, sich der Gruppe anzuschließen, weil es Individualklagen einen eventuellen Zeitvorteil nimmt.[133] Ist das Gruppenverfahren hinreichend attraktiv und effizient gestaltet, werden viele Anleger davon absehen, selbst Klage einzureichen und insofern Einschnitte in ihr Recht auf rechtliches Gehör zugunsten der Effizienz in Kauf nehmen.

III. Organisation des Gruppenverfahrens
1. Der Richter als Verfahrensorganisator („managing judge")

Ebenso wichtig wie die Gestaltung des Verfahrens selbst sind die organisatorischen Rahmenbedingungen. Kollektivverfahren stellen andere organisatorische Anforderungen an die Justiz als herkömmliche ZPO-Verfahren. Die Länder sollten ermächtigt sein, eine örtliche Zuständigkeitskonzentration für Gruppenverfahren vorzunehmen, um eine Spezialisierung bestimmter Gerichte und Spruchkörper zu bewirken (vgl. für das KapMuG § 32b Abs. 2 ZPO). Aber auch innergerichtliche Maßnahmen stehen zur Disposition. Die positiven Erfahrungen in England belegen die Vorteile einer aktiven gerichtlichen Verfahrensorganisation. Sie muss nicht zu einer Überlastung der Justiz führen, wenn man die Vorzüge der Arbeitsteilung in Anspruch nimmt. Nach Vorbild des englischen Rechts (Rule 19.11(2)(c) C. P.R.) könnte man z. B. einen Richter abstellen, der (ausschließlich) für die Organisation des Verfahrens verantwortlich ist (ein sog. *managing judge*).[134] Der *managing judge* könnte etwa die Auswahl eines Gruppenklägers treffen,

---

131 Anders der erwähnte Vorschlag für ein ZPO-Gruppenverfahren, der ohne ersichtlichen Grund eine Anwaltspflicht vorsieht (vgl. § 615 S. 2 ZPO-E).
132 *Stadler* (Fn. 48), S. I 53; *Stadler* (Fn. 22), S. 26, 35.
133 So auch der Vorschlag von *Stadler* (Fn. 22), S. 35.
134 Für die Einsetzung eines *managing judge* wie im englischen Recht auch *Zimmer/Höft*, ZGR 2009, 662, 697; vgl. KK/*Hess* (Fn. 56), Einl. Rn. 58.

die Art des Gruppenbeitritts (*opt-in-* oder *opt-out*-Verfahren) bestimmen[135] und die angemeldeten Ansprüche auf Plausibilität überprüfen. Im Optimalfall wird er die einzelnen Verfahren so organisieren, dass ein rechtsökonomisch effizientes Maß an Abschreckung erreicht wird.

2. Der Anwalt als Gruppenorganisator ("managing lawyer")

Im Gruppenverfahren muss die Rolle des Klägeranwalts neu gedacht werden. Vorbehalte gegenüber unternehmerisch tätigen Anwälten sind – auch aufgrund der Erfahrungen in den USA – verständlich. Die größte Herausforderung und Chance besteht darin, dass ein weitgehend unabhängiger Anwalt ein großes eigenes Interesse in den Prozess einbringt.[136] Während die Kläger mit steigender Gruppengröße zunehmend in den Hintergrund treten, wächst der Einfluss des Anwalts. Da hierdurch die Kontroll- und Überwachungsmöglichkeiten der Kläger schwinden, steigen ihre Agenturkosten.[137] Bei Streuschäden kann dieser Nachteil aus Präventionsgesichtspunkten aber hingenommen werden. Denn von den Geschädigten können in diesen Fällen ohnehin keine nennenswerten Impulse erwartet werden.[138] Aber auch bei Massenschäden ist der Anwalt – vor allem im Hinblick auf Verfahrenseffizienz – als treibende Kraft von Bedeutung. Ein spezialisierter Anwalt kann aufgrund seiner Expertise Rechtsverstöße kostengünstig identifizieren und entscheiden, wann eine Klage erfolgversprechend ist. Ihm obliegt nach Eröffnung des Gruppenverfahrens die Aufgabe, das Anlegernetzwerk zusammenzuhalten und die Gruppe zu organisieren und zu informieren. Auch die spätere Abwicklung des Netzwerkes, etwa die Verteilung des erzielten Erlöses bzw. die Eintreibung von Kosten, fällt in seinen Aufgabenbereich. Er muss – in Parallele zum *managing judge* – ein *managing lawyer* sein.[139] Der Einwand liegt nahe, dass die Ansprüche der Anleger dadurch in ähnlicher Weise mediatisiert werden wie bei der Verbands- oder Vertreterklage. Im Gegensatz zum besonderen Vertreter hat der Anwalt aber einen handfesten eigenen wirtschaftlichen Anreiz, erfolgversprechende Klagen konsequent zu betreiben; im Gegensatz zum Verband unterliegt er dabei – wenigstens zu einem gewissen Grad – der Kontrolle durch Markt und Wettbewerb.

---

135 So der Vorschlag von Lord *Woolf*, Access to Justice, Final Report to the Lord Chancellor on the Civil Justice System in England and Wales, 1996, Ch. 17 sub. 46.
136 *Coffee*, 86 Colum. L. Rev. 669, 714 (1986)
137 *Macey/Miller*, 87 Nw. U. L. Rev. 485 (1993); *Coffee*, 86 Colum. L. Rev. 669, 679 f. (1986); *Schäfer* (Fn. 13), S. 68, 77 f.; *Van den Bergh/Keske* (Fn. 19), S. 28 f.
138 *Fisch*, 39 Ariz. L. Rev. 533, 553 (1997).
139 So *Micklitz*, in: Micklitz/Stadler, Gruppenklagen in den Mitgliedstaaten der Europäischen Gemeinschaft & den Vereinigten Staaten von Amerika, Gutachten im Auftrag des Vereins für Konsumenteninformation Wien, 2005, S. 83, 88.

3. Kostentragung und Anwaltshonorar

Eine wichtige regelungspolitische Stellschraube zur Veränderung von Anreizstrukturen stellt die Kostentragung dar.[140] Die in Deutschland geltende *loser-pays*-Regelung verringert den Klageerwartungswert, denn der Kläger trägt nach dieser Regelung bei einer Niederlage nicht nur seine eigenen Kosten, sondern auch die des Gegners sowie die Gerichtskosten. Dieses Prinzip beugt Klagemissbräuchen vor, weil der (erwartete) Klageaufwand steigt und Klagen mit zweifelhaften Erfolgsaussichten dadurch riskanter werden.[141] Attraktiver sind solche Klagen unter der sog. *american rule*, bei der jede Prozesspartei ihre eigenen Kosten trägt. Eine Klage mit einer Erfolgswahrscheinlichkeit von 20% kann sich hier z. B. lohnen, wenn der Streitwert mehr als fünfmal so hoch ist wie die eigenen Kosten. Dies ist ein Grund für die hohe Anzahl missbräuchlicher Klagen in den USA. Das hier vorgestellte Konzept lässt daher die bestehenden Kostentragungsregeln des deutschen Rechts unangetastet.

Denn unter Steuerungsgesichtspunkten ist vor allem die *Art* der Prozessfinanzierung von Bedeutung. Seit einiger Zeit werden – gerade im Zusammenhang mit kollektiven Rechtsschutzmodellen – verstärkt Erfolgshonorare diskutiert.[142] Während sie vor allem in den USA regelmäßig vereinbart werden,[143] stößt ihre Einführung hierzulande auf Widerstand.[144] Tatsächlich gibt es einige Bedenken. Der Anwalt hat einen wirtschaftlichen Anreiz, genau den Aufwand zu betreiben, bei dem die Differenz zwischen dem Honorar und seinen Kosten am größten ist. Dies muss aber nicht zwangsläufig der für den Mandanten vorteilhafte Aufwand sein. Es kann sein, dass mit zusätzlichem Arbeitsaufwand zwar der erwartete Prozessertrag, nicht aber der Netto-Verdienst des Anwalts (Honorar im Erfolgsfall abzüglich Aufwendungen) steigt. Darüber hinaus können Erfolgshonorare auch dazu führen, dass eine erfolgversprechende Klage nicht bis zum Ende durchgefochten wird. Stattdessen könnte sich der Anwalt auf einen Vergleich einlassen, weil die Restgefahr besteht, dass die Klage dennoch abgewiesen wird und

---

140 Zum Folgenden *Bergmeister* (Fn. 16), S. 24.
141 Etwa *Halfmeier/Wimalasena*, JZ 2012, 649, 658. Dies ist auch der Grund, weshalb der eingebrachte Gesetzesentwurf die hergebrachten Regelungen zur Kostentragung beibehält, vgl. Begr. Ges. Entw. Gruppenverfahren, BT-Drucks. 18/1464, S. 18.
142 Siehe nur *Schäfer* (Fn. 13), S. 79; *Wagner* (Fn. 11), S. A 123; *Möllers/Pregler*, ZHR 176 (2012), 144, 172 f. Siehe auch die Grundsatzentscheidung des BVerfG, die rechtsökonomische Argumente für Erfolgshonorare anführt und ein Verbot von Erfolgshonoraren für verfassungswidrig erklärt, BVerfGE 117, 163, 181 ff. = NJW 2007, 979.
143 Die Anwälte erhalten in den USA regelmäßig etwa 25 bis 30% der zugesprochenen Summe, vgl. *Baker/Perino/Silver*, 66 Vand. L. Rev. 1677, 1692 (Table 1) (2013). Auch in den USA sind Erfolgshonorare aber keineswegs unumstritten, siehe hierzu die Nachweise in Fn. 145.
144 Ablehnend *Hess/Michailidou*, ZIP 2004, 1381, 1386; *Stadler* (Fn. 48), S. I 48; *Stadler* (Fn. 22), S. 19; unentschlossen *Van den Bergh/Keske* (Fn. 19), S. 28 f.

der Anwalt folglich leer ausgeht. Es besteht das Risiko, dass Anwalt und Schädiger deshalb kollusiv zusammenwirken.[145]

Insgesamt aber sprechen rechts- und prozessökonomische Erwägungen für die Einführung von Erfolgshonoraren.[146] Erstens vermeiden sie den im Rahmen einer Gruppenklage bei Anwendung der *loser-pays*-Regelung grundsätzlich bestehenden Nachteil, dass die Beiträge unter hohem Organisations- und Kostenaufwand von jedem einzelnen Gruppenmitglied eingeholt werden müssen.[147] Denn im Falle einer Niederlage trägt der Anwalt die Kosten komplett selbst. Weil Anleger deshalb mit der Klage nur ein geringes Risiko eingehen, führen Erfolgshonorare zweitens vor allem bei Streuschäden zu positiven Steuerungseffekten, da sie helfen, die rationale Apathie zu überwinden. Die Gefahr missbräuchlicher Klagen ist dabei deutlich reduziert, denn der Anwalt als Prozessfinancier[148] wird nur solche Mandate annehmen, die erfolgversprechend sind. Er kann die Erfolgsaussichten am besten einschätzen und ungerechtfertigte Klagen schon im Vorfeld herausfiltern.[149] Drittens hat der Anwalt durch die erfolgsabhängige Vergütung auch die optimalen Anreize, sich an der Aufdeckung von Rechtsverstößen zu beteiligen, die Organisation der Gruppe im Sinne eines oben beschriebenen *managing lawyer* so effizient wie möglich zu gestalten und sich für den Prozesssieg zu engagieren.[150]

---

145 Zu diesen Anreizproblemen ausführlich *Schäfer* (Fn. 13), S. 80 ff. Zum Problem des frühzeitigen Vergleichs außerdem *Stadler* (Fn. 22), S. 19; mit eingängigem Beispiel *Van den Bergh/Keske* (Fn. 19), S. 29 f. Aus den USA grundlegend *Berry*, 80 Colum. L. Rev. 299, 300 ff. (1980); *Coffee*, 86 Colum. L. Rev. 669, 684 ff. (1986); *Macey/Miller*, 54 U. Chi. L. Rev. 1, 7 ff. (1987).
146 *Hopt/Baetge* (Fn. 77), S. 28; *Schäfer* (Fn. 13), S. 79; *Wagner* (Fn. 11), S. A 123 f.
147 *Schäfer* (Fn. 13), S. 79.
148 Eine Alternative oder Ergänzung hierzu stellt die Finanzierung durch professionelle Prozessfinanzierungsgesellschaften (*litigation funding*) dar. So hat etwa der internationale Prozessfinanzierer Bentham Europe Limited angekündigt, die Klage der deutschen Aktionäre gegen die Volkswagen AG aufgrund von Publizitätspflichtverstößen vor dem Hintergrund der Manipulation von Abgaswerten zu koordinieren, vgl. DGAP.de vom 2.10.2015, abrufbar unter http://www.dgap.de/dgap/News/corporateall/bentham-europe-koordiniert-aktionaersklage-gegen-volkswagen-deutschland/?companyID=386279&newsID=901681, zuletzt abgerufen am 8.4.2016.
149 *Dana/Spier*, 9 J. L. Econ. & Org. 349 (1993); *Halfmeier*, Stellungnahme zum Gesetzentwurf „Einführung von Gruppenverfahren" (BT-Drucks. 18/1464) – Öffentliche Anhörung am 18. März 2015 –, abrufbar unter http://www.bundestag.de/blob/364596/5cfe56980addbfc f3922975acae90b8f/halfmeier-data.pdf, zuletzt abgerufen am 8.4.2016, S. 6; *Van den Bergh/Keske* (Fn. 19), S. 24; vgl. auch BVerfGE 117, 163, 181 ff. = NJW 2007, 979.
150 *Wagner* (Fn. 11), S. A 123. Bislang gewährt § 41a RVG dem Anwalt des Musterklägers lediglich eine Zusatzvergütung. Als Mittelweg zwischen der jetzigen und der hier diskutierten Kostenregelung hat *Wagner* vorgeschlagen, sich am englischen Recht zu orientieren. Hier erhält der Anwalt zusätzlich zu seiner Aufwandsentschädigung einen Bonus (*uplift*) im Erfolgsfall, vgl. *Wagner* (Fn. 21), S. 84.

F. Zusammenfassung und Ausblick

Kollektivschäden am Kapitalmarkt haben eine große volkswirtschaftliche Bedeutung und sie stellen die Justiz vor ebenso große Herausforderungen. Die Primärfunktion der Kapitalmarkthaftung ist die Verhaltenssteuerung durch Abschreckung. Das Maß der Abschreckung ist aufgrund der großen Anzahl Geschädigter und der damit verbundenen Unwägbarkeiten stark einzelfallabhängig und kann je nach Einzelfall zu gering oder zu hoch sein. Aufgabe des Prozessrechts ist es, die Klageanreizstrukturen so zu modellieren, dass ein Anlegernetzwerk entsteht, dem ein aus rechtsökonomischer Sicht angemessenes Maß an Präventionspotenzial innewohnt. Gleichzeitig müssen effiziente Wege gefunden werden, um das Anlegernetzwerk durch das Verfahren zu manövrieren. Das geltende deutsche Prozessrecht muss sich dafür zumindest in Teilen neu erfinden, da sein individualistisches Konzept nicht für die Bewältigung von Kollektivschäden und Massenklagen geeignet ist. Prävention, Verfahrenseffizienz und Individualrechtsschutz müssen dabei gegeneinander abgewogen werden. Das KapMuG hat nur einen kleinen Teil dieser Strecke zurückgelegt und sich insgesamt als ungeeignet erwiesen. Beispiele für alternative Kollektivklagemodelle finden sich im rechtsvergleichenden Panorama in großer Zahl und in verschiedenen Ausprägungen. Die Verbandsklage ist eine denkbare, die Gruppenklage eine vorzugswürdige Lösung. Die negativen, aber nicht repräsentativen Erfahrungen im Zusammenhang mit der US-amerikanischen *Class Action* sollten der Einführung einer Gruppenklage nicht entgegenstehen. Werden die hier vorgestellten Elemente – wie etwa ein aktives Verfahrensmanagement durch das Gericht und Erfolgshonorare für Anwälte – behutsam in die bewährten Verfahrensprinzipien eingeflochten, stellt die Gruppenklage eine effiziente und flexible Lösung für den Umgang mit Kollektivschäden am Kapitalmarkt dar.

Die Einführung eines Gruppenverfahrens im Kapitalmarktrecht bietet eine ideale Gelegenheit, um die Möglichkeiten des kollektiven Rechtsschutzes weiter zu erforschen. Die hieraus gewonnenen Erfahrungen können die Grundlage für ein späteres breitflächiges Gruppenverfahren bilden. Auf Input aus der Europäischen Union oder auf das Außerkrafttreten des KapMuG im Jahr 2020 braucht und sollte nicht gewartet werden. Stattdessen sollte das deutsche Recht hier eine Vorreiterrolle übernehmen, um die Effizienz der Kapitalmärkte zu verbessern und den Justizstandort Deutschland zu stärken.

Stakeholderinteressen zwischen interner und externer Corporate Governance

Christoph Andreas Weber[*]

Inhalt

A.	Einleitung	420
B.	Rechtsvergleichender Seitenblick über den Atlantik	421
C.	Rechtsökonomische Skizze	425
I.	Shareholder-Value-Ansatz	425
II.	Teamproduktionstheorie	428
	1. Die Teamproduktionstheorie im US-amerikanischen Regelungskontext	428
	2. Teamproduktionstheorie und bundesdeutsche Wirtschaftsordnung	430
III.	Bewertung des Meinungsstands	432
D.	Das deutsche Stakeholdermodell im Licht der Teamproduktionstheorie	433
I.	Kreis und Gewicht der zu berücksichtigenden Interessen	433
II.	Leitungsmacht des Vorstands oder weitergehende Bindung an Stakeholderbelange?	434
III.	Materielle Regulierung oder Gestaltungsfreiheit – Teil 1: Innenverhältnis der Gesellschaft	438
	1. Teamproduktionstheorie und aktienrechtliche Satzungsstrenge	438
	2. Teamproduktionstheorie und Mitbestimmung	439
IV.	Materielle Regulierung oder Gestaltungsfreiheit – Teil 2: Außenrechtsbeziehungen	441
	1. Ausgangspunkt	441
	2. Covenants in Kreditverträgen als Beispiel schuldrechtlich vermittelten Stakeholdereinflusses	441
	3. Das sog. Vorwegbindungsverbot als gesellschaftsrechtliche Grenze schuldrechtlicher Bindungen	442
	4. Das AGB-Recht als praktisch wichtigste Grenze der Gestaltung im Außenverhältnis	445
	a) AGB-Charakter von Covenants im gewerblichen Darlehensvertrag	445
	b) Maßstab der Inhaltskontrolle	446

---

[*] Dr. iur., Ludwig-Maximilians-Universität München.

5. Die Grundsätze über verdeckte Beherrschungsverträge als
   größtes Gestaltungsrisiko 447
6. Bewertung der Gestaltungsgrenzen im Außenverhältnis ... 449
   a) Perspektive des Shareholder-Value-Ansatzes 449
   b) Bewertung auf der Grundlage der Teamproduktionstheorie 451
      aa) Vorwegbindungsverbot 451
      bb) AGB-Inhaltskontrolle 452
      cc) Behandlung der sog. verdeckten Beherrschungs-
          verträge 454

E. **Abschließende Betrachtung** 455

A. Einleitung

Die Aktiengesellschaft lässt sich als gemeinsamer Ankerpunkt einer Vielzahl von Verträgen mit Eigenkapitalgebern und weiteren sog. Stakeholdern (z. B. Gläubigern, Arbeitnehmern, Lieferanten und Standortgemeinden) auffassen.[1] Die Bedeutung der Interessen derartiger Stakeholder in der Corporate Governance ist ein „Jahrhundertthema".[2] Ausgehend von Walther Rathenaus Schrift „Vom Aktienwesen" aus dem Jahr 1918[3] über die Weltwirtschaftskrise, den Nationalsozialismus, die Begründung der sozialen Marktwirtschaft, die Debatten über die Mitbestimmung und später den Shareholder-Value-Ansatz bis hin zur sog. Subprime-Krise und zur aktuellen Diskussion über „Corporate Social Responsibility" stellen sich immer wieder ähnliche Grundfragen.[4] Im Zentrum steht die Kontroverse, ob Vorstand und Aufsichtsrat sich an einer „monistischen", auf die Aktionäre ausgerichteten Zielkonzeption orientieren müssen oder ob diese Zielvorgabe pluralistisch ausgestaltet ist und die Belange weiterer Stakeholder mit umfasst (Bindung an ein vom Aktionärsinteresse zu unterscheidendes „Unternehmensinteresse"), wie es die deutschen Aktienrechtler bekanntlich mehrheitlich vertreten.[5]

---

[1] *Alchian/Demsetz*, 62 Am. Econ. Rev. 777 (1972); *Jensen/Meckling*, 3 J. Fin. Econ. 305 (1976); *Fischel*, 35 Vand. L. Rev. 1259 (1982).
[2] *Hommelhoff*, in: FS Lutter, 2000, S. 95, 103.
[3] *Rathenau*, Vom Aktienwesen. Eine geschäftliche Betrachtung, 1918, S. 38 f.
[4] Zu Ablauf und Inhalt der Diskussion s. etwa *Rittner*, in: FS Geßler, 1971, S. 139; *T. Raiser*, in: FS R. Schmidt, 1976, S. 101; aus US-amerikanischer Sicht *Dodd*, 45 Harv. L. Rev. 1145 (1932); *Berle*, 45 Harv. L. Rev. 1365 (1932); zusammenfassend aus heutiger Perspektive *Fleischer*, in: Hommelhoff/Hopt/v. Werder (Hrsg.), Handbuch Corporate Governance, 2009, S. 185 ff.
[5] Für das *interessenpluralistische* Modell etwa OLG Frankfurt, AG 2011, 918, 919; *Semler*, in: FS Raisch, 1995, S. 291, 294 ff.; *Raisch*, in: FS Hefermehl, 1976, S. 347 ff.; *Baas*, Leitungsmacht und Gemeinwohlbindung, 1976, S. 79 ff.; *M. Roth*, Unternehmerisches Ermessen und Haftung des Vorstands, 2001, S. 23 ff.; *v. Werder*, ZGR 1997, 69; *v. Werder*, in: FS Schwark, 2009, S. 285 ff.; *Steinmann*, Das Großunternehmen im Interessenkonflikt, 1969, S. 166 ff.; *Schilling*, ZHR 244 (1980), 136, 143 f.; *Mertens*, NJW 1970, 1718, 1719; *v. Nell-Breuning*, in: FS Kronstein, 1967, S. 47 ff., insb. 69; *T. Raiser* (Fn. 4), S. 113 ff.; *U. H. Schneider*, ZIP 1996, 1769, 1771 f.; Hüffer/

Zwei Ansätze sollen in der Folge genauer betrachtet werden: die sogenannte Teamproduktionstheorie aus dem Stakeholder-Lager, unter deren Blickwinkel die Corporate Governance der deutschen AG in der Folge analysiert wird, und der Shareholder-Value-Ansatz als Gegenmodell. Der Beitrag zielt darauf, die Grundlagen des Stakeholder-Modells und ihre Implikationen für konkrete dogmatische Streitfragen zu beleuchten, womit zugleich gesagt ist, dass nicht alle Detailfragen erschöpfend behandelt werden können.

B. Rechtsvergleichender Seitenblick über den Atlantik

Die Gesellschaftsrechtsordnungen der US-amerikanischen Bundesstaaten gelten manchen als Eldorado des Shareholder-Value-Denkens.[6] Diese Sichtweise trifft für einen Teil der Literatur sicherlich zu,[7] soll hier aber in Form eines kurzen rechtsvergleichenden Seitenblicks konkretisiert und zumindest etwas relativiert werden. Als *lead case* wird häufig der vom Michigan Supreme Court entschiedene Fall Dodge v. Ford Motor Co. genannt.[8] In der Entscheidung heißt es:

„A business corporation is organized and carried on primarily for the profit of the stockholders. The powers of the directors are to be employed for that end. The discretion of directors is to be exercised in the choice of means to attain that end, and does not extend to a change in the end itself, to the

---

Koch, AktG, 11. Aufl. 2014, § 76 Rn. 30; *Kort*, AG 2012, 605; Großkommentar AktG/*Kort*, 5. Aufl. 2015, § 76 Rn. 59 ff. Gemäßigter Ulmer/Habersack/Henssler/*Ulmer/Habersack* Mitbestimmungsrecht, 3. Aufl. 2013, § 25 MitbestG Rn. 93 ff.; *Goette*, in: FS 50 Jahre BGH, 2000, S. 123, 127; Henssler/Strohn/*Dauner-Lieb*, Gesellschaftsrecht, 2. Aufl. 2014, § 76 Rn. 10 f. Grundlegend in der US-amerikanischen Literatur *Dodd*, 45 Harv. L. Rev. 1145 (1932). Monistische Zielkonzeptionen befürworten demgegenüber z. B. *Zöllner*, Die Schranken mitgliedschaftlicher Stimmrechtsmacht bei den privaten Personengesellschaften, S. 23 ff. und insb. 59 ff.; *Zöllner* AG 2003, 2, 7 f.; *Paefgen*, Unternehmerische Entscheidungen und Rechtsbindung der Organe in der AG, Köln, 2002, S. 38 ff.; *v. Bonin*, Die Leitung der Aktiengesellschaft zwischen Shareholder Value und Stakeholder-Interessen, 2004, S. 76 ff.; *Hopt* ZHR 175 (2011), 444, 476 ff.; *Mülbert* ZGR 1997, 129, 140 ff.; *Birke*, Das Formalziel der Aktiengesellschaft 2005, S. 155 ff., 199 ff.; Spindler/Stilz/*Fleischer*, AktG, 3. Aufl. 2015, § 76 Rn. 37 ff.; Hölters/*M. Weber*, AktG, 2. Aufl. 2014, § 76 Rn. 19 ff. Vgl. ferner die Antwort von *Berle*, 45 Harv. L. Rev. 1365 (1932) auf den zitierten Beitrag von *Dodd*. Aus dem neueren US-Schrifttum exemplarisch *Hansmann/Kraakman*, 89 Geo. L.J. 439, 440–54 (2001) mit Proklamation des Endes der Geschichte im Gesellschaftsrecht; ferner *Easterbrook/Fischel*, 89 Colum. L. Rev. 1416, 1446–48 (1989); *dies.*, The Economic Structure of Corporate Law, 1991, S. 35–39; *Macey*, 21 Stetson L. Rev. 23 (1991).

6 So z. B. *Timm*, ZIP 2010, 2125 ff.; vgl. auch *Kort*, AG 2012, 605, 606; differenzierter mit eingehender Aufbereitung des Fallmaterials *Klöhn*, ZGR 2008, 110, 120 ff.
7 Vgl. etwa *Hansmann/Kraakman*, 89 Geo. L.J. 439 (2001).
8 Er nimmt die erste Stelle ein in der Falldarstellung der ALI Principles of Corporate Governance, 1994, § 2.01, S. 67. Vgl. aus deutscher Sicht *Fleischer* (Fn. 4), S. 210. Dezidiert gegen die ihm beigelegte Bedeutung argumentiert jedoch *Stout*, 3 Va. L. & Bus. Rev. 163 (2008).

reduction of profits, or to the non-distribution of profits among stockholders in order to devote them to other purposes."[9]

Die scheinbar unmissverständliche Klarheit dieser Äußerung relativiert sich etwas, wenn man berücksichtigt, dass es um einen Streit zwischen Mehrheits- und Minderheitsgesellschaftern über die Dividenden- bzw. Thesaurierungspolitik von *Henry Ford* ging und damit um einen Problemkreis, der aus heutiger Sicht nur wenig mit der Frage zu tun hat, ob der Gesellschaft eine monistische, auf die Aktionärsinteressen bezogene Zielvorstellung eigen ist oder ob sie breiter angelegte Ziele verfolgen soll.[10] Der Fall Dodge v. Ford Motor Co. hat wieder an Bedeutung gewonnen, seit seine Grundsätze in der eBay-Entscheidung im Jahr 2010 erneut bestätigt worden sind.[11] In den Urteilsgründen heißt es, zu den Pflichten der *directors* gehöre es, den Wert der Gesellschaft im Interesse ihrer Aktionäre zu steigern. Jedes auf andere Belange ausgerichtete Handeln müsse in irgendeiner Weise Ausdruck der Wertschöpfung zugunsten der Aktionäre sein.[12] Prominente Stimmen im US-amerikanischen Schrifttum lesen diese Formulierungen als Bekenntnis zum Shareholder-Value-Ansatz.[13] Aus Sicht der Kritiker fehlt es hingegen auch der eBay-Entscheidung an Aussagekraft für die Zielbestimmung der Gesellschaft, weil es in diesem Fall ebenfalls primär um die Pflichten eines Mehrheitsgesellschafters ging, die Aktionärsminderheit nicht in ihrer Rechtsposition zu beschneiden.[14]

Vom Kontext her eher einschlägiger erscheint insofern eine Entscheidung des Delaware Court of Chancery aus dem Jahr 1986. Darin heißt es, die *directors* müssten ihr Handeln ebenfalls an den langfristigen Interessen der Aktionäre ausrichten. Wenn sie dadurch gelegentlich Nachteile für andere Bezugsgruppen wie die Gläubiger verursachten, liege darin keine Verletzung ihrer Organpflichten. Sofern dieses Verhalten keine gesetzlichen Pflichten verletze, müssten die Gläubiger vielmehr – etwa durch Vereinbarung von *Covenants* mit der Gesellschaft – selbst für den Schutz ihrer Inte-

---

9 Dodge v. Ford Motor Co., 170 N.W. 668 (Mich. 1919).
10 Eingehend *Stout*, 3 Va. L. & Bus. Rev. 163 (2008); s. auch *Blair/Stout*, 85 Va. L. Rev. 247, 301–302 (1999) mit Hinweis, dass es *Henry Ford* darum gegangen sei, durch eine Thesaurierungspolitik den Gebrüdern *Dodge* Liquidität vorzuenthalten, die diese zum Aufbau eines Konkurrenzunternehmens nutzen wollten.
11 Ebay Domestic Holdings, Inc. v. Newmark, 16 A.3d 1, 33–34 (Del. Ch. 2010).
12 Ebay Domestic Holdings, Inc. v. Newmark, 16 A.3d 1, 33–34 (Del. Ch. 2010).
13 *Strine*, 114 Colum. L. Rev. 449, 454 n.16 (2014).
14 Vgl. *Stout*, 3 Va. L. & Bus. Rev. 163, 168 (2008) zum Fall Dodge v. Ford Motor Co. Der *Verfasser* dankt Frau Prof. *Stout* für den Hinweis, dass sie auch im Hinblick auf den eBay-Fall die Ansicht vertritt, dass es dort um die Pflichtenbindung von Mehrheits- und Minderheitsgesellschaftern untereinander gehe und nicht um diejenige der Organwalter.

ressen Sorge tragen.¹⁵ Auch dieser Fall lässt sich als Ausprägung des Shareholder-Value-Gedankens verstehen.¹⁶

Jedoch hat der Delaware Court of Chancery in älteren Entscheidungen zumindest vereinzelt andere Töne angeschlagen, wie sich etwa am Fall Theodora Holding Corp. v. Henderson zeigen lässt, der die Zulässigkeit einer Spende zum Gegenstand hatte:

„*It is accordingly obvious, in my opinion, that the relatively small loss of immediate income otherwise payable to plaintiff and the corporate defendant's other stockholders, had it not been for the gift in question, is far outweighed by the overall benefits flowing from the placing of such gift in channels where it serves to benefit those in need of philanthropic or educational support, thus providing justification for large private holdings, thereby benefiting plaintiff in the long run. Finally, the fact that the interests of the Alexander Dawson Foundation appear to be increasingly directed towards the rehabilitation and education of deprived but deserving young people is peculiarly appropriate in an age when a large segment of youth is alienated even from parents who are not entirely satisfied with our present social and economic system.*"¹⁷

In Bezug auf Spenden findet sich jedoch – und dies mag die gänzlich andere Tendenz der Entscheidung zumindest teilweise erklären – eine ausdrückliche Bestimmung im Delaware General Corporation Law, die „*donations for the public welfare or for charitable, scientific or educational purposes* [...]" ausdrücklich zulässt, ohne sie an den Nachweis der (zumindest langfristigen) Förderlichkeit für die Aktionärsinteressen zu knüpfen.¹⁸

Aber auch in einem anderen Bereich – Abwehr feindlicher Übernahmen – hat mit dem Supreme Court ein Gericht des Bundesstaats Delaware die Berücksichtigung von anderen Interessen als solchen der Aktionäre ausdrücklich gebilligt:

Die *directors* dürfen danach u. a. folgende Gesichtspunkte berücksichtigen: „*the impact on ‚constituencies' other than shareholders (i.e., creditors, customers, employees, and perhaps even the community generally)* [...]".¹⁹

---

15 Katz v. Oak Indus., Inc., 508 A.2d 873, 879 (Del. Ch. 1986); dazu etwa *Stout*, 3 Va. L. & Bus. Rev. 163, 169–70 (2008).
16 Vgl. *Stout*, 3 Va. L. & Bus. Rev. 163, 169 (2008), die die wiedergegebenen Grundsätze jedoch als bloßes *obiter dictum* einordnet.
17 Theodora Holding Corp. v. Henderson, 257 A.2d 398, 405 (Del. Ch. 1969); vgl. dazu die Erläuterung in den ALI Principles of Corporate Governance (Fn. 8), S. 68; s. ferner *Blair/Stout*, 85 Va. L. Rev. 247, 303 (1999).
18 Del. Code Ann. tit. 8 § 122 (9) (2015); vgl. dazu die Erläuterung in den ALI Principles of Corporate Governance (Fn. 8), S. 69 f. und aus deutscher Sicht *Fleischer* (Fn. 4), S. 210.
19 Unocal Corp. v. Mesa Petroleum Co., 493 A.2d 946, 955 (Del. 1985); dazu *Stout*, 3 Va. L. & Bus. Rev. 163, 170 (2008); *Blair/Stout*, 85 Va. L. Rev. 247, 284, 308 (1999).

In anderen Bundesstaaten – als Beispiel soll hier New York dienen – finden sich neben vergleichbaren Bestimmungen über die Zulässigkeit von Spenden[20] auch Vorschriften, welche – insb. in Übernahmesachverhalten – die Berücksichtigung von Stakeholderbelangen ausdrücklich zulassen:

„*In taking action, including, without limitation, action which may involve or relate to a change or potential change in the control of the corporation, a director shall be entitled to consider, without limitation,[...] the effects that the corporation's actions may have in the short-term or in the long-term upon any of the following: [...] (ii) the corporation's current employees;(iii) the corporation's retired employees [...]; (iv) the corporation's customers and creditors; and (v) the ability of the corporation to provide, as a going concern, goods, services, employment opportunities and employment benefits and otherwise to contribute to the communities in which it does business.*"[21]

Zudem heißt es in den einflussreichen, wenngleich nicht mit Gesetzeskraft ausgestatteten *Principles of Corporate Governance*:

„*Even if corporate profit and shareholder gain are not thereby enhanced, the corporation [...] (2) May take into account ethical considerations that are reasonably regarded as appropriate to the responsible conduct of business; and (3) May devote a reasonable amount of resources to public welfare, humanitarian, educational, and philanthropic purposes.*"[22]

Insgesamt wird man – auch unter Berücksichtigung des Gewichts der Stellungnahmen im Schrifttum – gleichwohl sagen müssen, dass jedenfalls das Aktienrecht des Bundesstaats Delaware im Grundsatz dem Shareholder-Value-Ansatz folgt,[23] wenngleich er – das ist der Kritik zuzugeben – nicht derart zweifelsfrei abgesichert und lupenrein verwirklicht ist, wie man es aus kontinentaleuropäischer Sicht erwarten mag. Aus praktischer Sicht ändert das wenig. Soweit die Business Judgment Rule der maßgebliche *standard of review* ist, bleibt die Entscheidung des *board*, inwieweit es den Interessen außenstehender Stakeholder entgegenkommt, in äußerst weitem Umfang von einer materiellen gerichtlichen Kontrolle abgeschirmt, weshalb es de facto möglich ist, Stakeholderbelange auch über das konkret greifbare

---

20 N.Y. Bus. Corp. Law § 202 (a) (12) (McKinney 2015) („*power* [...] *to make donations, irrespective of corporate benefit, for the public welfare or for community fund, hospital, charitable, educational, scientific, civic or similar purposes*") (Hervorhebung hinzugefügt).
21 N.Y. Bus. Corp. Law § 717(b)(2)(ii)-(v) (McKinney 2015); vgl. zum Ganzen auch die Erläuterung in den ALI Principles of Corporate Governance (Fn. 8), S. 72 f. und aus deutscher Sicht *Fleischer* (Fn. 4), S. 210 f.
22 ALI Principles of Corporate Governance (Fn. 8), § 2.01 (b); dazu *Fleischer* (Fn. 4), S. 211; *Wiedemann*, ZGR 2011, 183, 190 f.
23 Vgl. *Strine*, 114 Colum. L. Rev. 449, 454 n.16 (2014) m. w. N.

Interesse der Aktionäre hinaus zu berücksichtigen, ohne ein greifbares Haftungsrisiko einzugehen.[24]

C. Rechtsökonomische Skizze

I. Shareholder-Value-Ansatz

Der Shareholder-Value-Ansatz stellt nur einen von mehreren interessenmonistischen Ansätzen dar,[25] soll aber hier – im Interesse der Kürze, aber auch, weil seine ökonomischen Grundlagen besonders gründlich beleuchtet sind – als pars pro toto für alle interessenmonistischen Konzeptionen stehen.

Der Shareholder Value-Ansatz sieht das Ziel des Vorstandshandelns in der Maximierung des Marktwerts des Eigenkapitals der Aktiengesellschaft, der im Falle ihrer Börsennotierung aus dem Aktienkurs abgeleitet werden kann.[26] Dafür werden, um kurz die ökonomischen Grundlagen in den Blick zu nehmen, die zu erwartenden künftigen Cash Flows der Gesellschaft mit einem Zinssatz auf den heutigen Tag abgezinst, der sich u. a. mit dem Capital Asset Pricing Model (CAPM) bestimmen lässt.[27] Dementsprechend gehört zu den Prämissen des Shareholder-Value-Ansatzes auch die sog. Effizienzmarkthypothese.[28] Dies ist ein Ansatzpunkt der Kritik,[29] der hier jedoch nicht weiter zu verfolgen ist. Auch die weiteren Einzelheiten müssen an dieser Stelle ausgespart bleiben. Der Exaktheit halber soll nur festgehalten

---

24 Das wird auch in der eBay-Entscheidung eingeräumt, vgl. Ebay Domestic Holdings, Inc. v. Newmark, 16 A.3d 1, 33 (Del. Ch. 2010); s. ferner *Stout*, 3 Va. L. & Bus. Rev. 163, 170–71 (2008) („*In the rare event that such a decision is challenged on the grounds that the directors failed to look after shareholder interests, courts shield directors from liability under the business judgment rule so long as any plausible connection can be made between the directors' decision and some possible future benefit, however intangible and unlikely, to shareholders. If the directors lack the imagination to offer such a 'long-run' rationalization for their decision, courts will invent one.*"). Vgl. aus deutscher Sicht auch *Ulmer*, ZHR 163 (1999), 290, 308; *Fleischer* (Fn. 4), S. 199; *Wiedemann*, ZGR 2011, 183, 190 f.
25 Eine andere monistische Konzeption findet sich z. B. bei *Zöllner*, Schranken (Fn. 5), S. 23 ff., 52 ff.
26 Grundlegend *Rappaport*, Creating Shareholder Value, 2. Aufl. 1998; s. ferner *Brealy/Myers/Allen*, Principles of Corporate Finance, 10. Aufl. 2011, S. 29–47; exzellente Darstellung aus deutscher Sicht etwa bei *Mülbert*, ZGR 1997, 129, 131 ff.; s. ferner *R.H. Schmidt/Weiß*, in: Hommelhoff/Hopt/v. Werder (Hrsg.), Handbuch Corporate Governance, 2009, S. 161 ff.
27 Grundlegend zum CAPM *Sharpe*, 19 J. Fin. 425 (1964); *Lintner*, 47 Rev. Econ. & Statistics 13 (1965); zur Umsetzung im Rahmen der Leitungsstrategie *Rappaport* (Fn. 26), *passim*; überblicksweise *Brealy/Myers/Allen* (Fn. 26), S. 213 ff., 241 ff.; aus deutscher juristischer Sicht *v. Bonin* (Fn. 5), S. 53 ff.
28 Grundlegend *Fama*, 25 J. Fin. 383 (1970); zusammenfassend mit Darlegung der Bedeutung für die Zielkonzeption der Aktiengesellschaft *Birke* (Fn. 5), S. 62 ff.
29 Vgl. etwa *Beyhagi/Hawley*, Modern Portfolio Theory and Risk Management: Assumptions and Unintended Consequences, 2011, http://ssrn.com/abstract=1923774, S. 15–16, zuletzt abgerufen am 11.4.2016.

werden, dass es eine nicht ganz zutreffende Vereinfachung wäre, insoweit von „Gewinnmaximierung" zu sprechen, und dass der Shareholder-Value-Ansatz ein finanzierungstheoretisch abgesichertes Konzept ist, aus dem sich – im Modell – präzise Vorgaben für einzelne Investitionsentscheidungen der Gesellschaft ableiten lassen.[30]

In der Möglichkeit, präzise Handlungsanweisungen zu geben, liegt einer der Hauptvorteile des Shareholder-Value-Ansatzes.[31] Die Stakeholder-Modelle können typischerweise nicht mit derart präzisen Anweisungen aufwarten, weshalb der Vorstand im interessenpluralistischen Modell einen weiteren Handlungsspielraum genießt. Diesen kann er prinzipiell auch zum eigenen Vorteil ausnutzen und seine Entscheidung mit der vorgeschobenen Behauptung rechtfertigen, er wolle außenstehenden Stakeholdern der Gesellschaft etwas Gutes tun.[32] Er könnte etwa eine monumentale Firmenzentrale in bester Innenstadtlage einer Metropolregion errichten und das u. a. damit begründen, zu den relevanten Stakeholdern zähle auch die jeweilige Standortgemeinde. Darüber hinaus wird für den Shareholder-Value-Ansatz u. a. das Argument ins Feld geführt, die Aktionäre unterlägen als Träger der residualen Chancen und Risiken den besten Entscheidungsanreizen, weshalb sie und ihre Belange im Zentrum des Entscheidungsprozesses stehen sollten.[33]

Für den Shareholder-Value-Ansatz lassen sich damit durchaus gute Argumente anführen. Er entspricht dem Mainstream in der US-amerikanischen Law and Economics-Literatur[34] und ist entgegen manchen Stellungnahmen des Schrifttums[35] auch nicht durch die Subprime-Krise widerlegt, hinter der – jedenfalls aus Sicht des *Verfassers* – primär andere Ursachenzusammenhänge stehen.[36]

---

[30] Zur Bedeutung des Cash Flows (und nicht etwa des Jahresüberschusses oder vergleichbarer Kennziffern) *Brealy/Myers/Allen* (Fn. 26), S. 108; zur Bewertung von Investitionsprojekten auf der Grundlage des Shareholder Value-Ansatzes *dies.*, S. 241 ff., 268 ff.; zum Ganzen aus deutscher Sicht MüKoAktG/*Spindler*, 4. Aufl. 2014, § 76 Rn. 70, 71 ff.

[31] *Birke* (Fn. 5), S. 82, 71, 89 f.

[32] Vgl. *Macey*, 21 Stetson L. Rev. 23, 31–32 (1991); *Clark*, Corporate Law, S. 20 (1986); *Easterbrook/Fischel*, 26 J.L. & Econ. 395, 403–406 (1983); s. ferner *Bebchuk*, 113 Colum. L. Rev. 1637, 1643 (2013); aus deutscher Sicht *Birke* (Fn. 5), S. 90.

[33] *Easterbrook/Fischel*, Economic Structure, (Fn. 5), S. 67–70; aus deutscher Sicht *Birke* (Fn. 5), S. 52. A. A. mit Hinweis, dass Teile der Residualrisiken bei anderen Stakeholdern lägen, *Blair*, Ownership and Control, 1995, S. 15–16, 20–21, 26–27, 230–32, 239, 257.

[34] Vgl. etwa *Hansmann/Kraakman*, 89 Geo. L.J. 439, 440–54 (2001) mit Proklamation des Endes der Geschichte im Gesellschaftsrecht; ferner *Easterbrook/Fischel*, 89 Colum. L. Rev. 1416, 1446–48 (1989); *Macey*, 21 Stetson L. Rev. 23 (1991).

[35] *Timm*, ZIP 2010, 2125 ff.

[36] Vgl. *Chr. A. Weber*, Die insolvenzfeste Refinanzierung von Forderungen durch Asset-Backed Securities, 2011, S. 93 ff.; vgl. auch Spindler/Stilz/*Fleischer* (Fn. 5), § 76 Rn. 35.

Darüber hinaus wäre es ein Vorurteil zu unterstellen, dass Shareholder-Value-orientiert geführte Gesellschaften überhaupt nichts für soziale oder ökologische Belange und dergleichen täten. „Gutes tun und darüber reden" ist erlaubt, sofern es sich bezahlt macht, Kundenerwartungen entgegenzukommen oder politische Entscheidungen positiv zu beeinflussen (sog. *Enlightened-Shareholder-Value*).[37] Es muss nur – legt man ein deontologisches Moralverständnis wie dasjenige *Kants* zugrunde[38] – Heuchelei bleiben, weshalb *green washing*, sofern es nicht als solches erkennbar ist, z. B. echtem Engagement für den Umwelt- und Klimaschutz vorzuziehen wäre.[39] Es erscheint mir jedoch nicht angebracht, das Verwerfungsurteil der kantianischen Ethik über derartige Aktivitäten vorbehaltlos zu unterschreiben, denn nimmt man die konsequentialistische Position ein, bewirkt ein zur Schau gestelltes Engagement immer noch mehr als gar kein Engagement. Ungeachtet der Möglichkeit eines *Enlightened-Shareholder-Value*-Ansatzes ist die Kontroverse um die Zielvorgabe der Aktiengesellschaft allerdings nicht bedeutungslos; dies erschließt sich insbesondere, wenn man ihre (möglichen) Implikationen für die weitere Ausgestaltung der Corporate Governance der Aktiengesellschaft (einschließlich des Einflusses der Aktionäre) vor Augen hält.[40]

Darüber hinaus darf nicht unterstellt werden, dass das Gemeinwohl den Anhängern des Shareholder-Value-Modells gleichgültig sei. Sie setzen insoweit lediglich stärker auf die Kraft der unsichtbaren Hand des Marktes, gepaart mit einer geeigneten Regulierung durch den Gesetzgeber, und meinen, auf diesem Weg erreiche man letztlich in jeder Hinsicht mehr: „*Soviet plants pollute*[d] *more than American ones and produce*[d] *less, because they give less attention to profit rather than despite the difference.*"[41]

Klarstellenswert ist außerdem, dass es dem Shareholder-Value-Ansatz nur darum geht, eine dispositive Regelung für den Normalfall zu formulieren.

---

37 *Fleischer* (Fn. 4), S. 196; MüKoAktG/*Spindler* (Fn. 30), § 76 Rn. 73 ff.
38 Zu den verschiedenen deontologischen und konsequentialistischen Ethikkonzepten vgl. *Mathis*, Effizienz statt Gerechtigkeit?, 3. Aufl. 2009, S. 125 f.
39 Von Heuchelei spricht etwa *Milton Friedman* im Zusammenhang mit scheinbar altruistischen Vorgehensweisen, die in Wirklichkeit ganz dem Aktionärsinteresse entsprechen: „[T]here is a strong temptation to rationalize these actions as an exercise of ‚social responsibility.' In the present climate of opinion, with its wide spread aversion to ‚capitalism,' ‚profits,' the ‚soulless corporation' and so on, this is one way for a corporation to generate goodwill as a by-product of expenditures that are entirely justified in its own self-interest. It would be inconsistent of me to call on corporate executives to refrain from this hypocritical window-dressing because it harms the foundations of a free society. That would be to call on them to exercise a ‚social responsibility'! If our institutions, and the attitudes of the public make it in their self-interest to cloak their actions in this way, I cannot summon much indignation to denounce them" (*Friedman*, N.Y. Times Magazine, Sept. 13, 1970).
40 Zum Ganzen vgl. *v. Werder*, ZGR 1998, 69, 74 ff. m. w. N.
41 *Easterbrook/Fischel*, Economic Structure (Fn. 5), S. 38.

Gegen anderweitige „Experimente" wenden sich seine Anhänger nicht, sofern die Spielregeln nicht während der laufenden Partie geändert werden, das Kapital der Aktionäre also von vornherein unter dem Vorzeichen eingeworben wird, dass die Gesellschaft einer alternativen Leitungsphilosophie folge (deren Erfolgsaussichten sie allerdings anzweifeln).[42]

II. Teamproduktionstheorie

Ein Alternativmodell, das dem Shareholder-Value-Ansatz zumindest in Teilen widerspricht, ist die sog. Teamproduktionstheorie, die in unterschiedlichen Schattierungen vertreten wird. Hier wird das Modell nach *Blair* und *Stout* zugrunde gelegt.[43] Dieser Ansatz ist insofern besonders interessant, als seine Verfechter ihn auch rechtsökonomisch begründen, anstatt die Geldwechsler der Law-and-Economics-Bewegung, die überwiegend dem Shareholder-Value-Konzept anhängen, gleich komplett aus dem Tempel der Rechtswissenschaft hinausweisen zu wollen.

1. Die Teamproduktionstheorie im US-amerikanischen Regelungskontext

Die Teamproduktionstheorie beruht auf zwei Grundgedanken: Erstens bleiben – infolge der Ungewissheit der zukünftigen Entwicklung und der Schwierigkeit, komplexe Interessenlagen in rechtssicher handhabbaren Verträgen abzubilden – die Verträge der Gesellschaft mit wichtigen Stakeholdern notwendig punktuell unvollständig. D. h., Stakeholder haben berechtigte Erwartungen an das Unternehmen, die nicht vertraglich abgesichert sind (so z. B. ein Mitarbeiter, dem vor der Einstellung gesagt wird, wenn er sich bewähre, habe er gute Aufstiegschancen).[44] Zweitens tragen sog. spezifische Investitionen – mithin solche, die ihren Wert mit Beendigung der Geschäftsbeziehung verlieren – wesentlich zur Wertschöpfung bei (z. B.: ein Automobilzulieferer stimmt seine Produkte mit großem Aufwand opti-

---

42 *Easterbrook/Fischel*, Economic Structure, (Fn. 5), S. 35–39, die auf die Frage nach der „richtigen" Zielbestimmung der Gesellschaft antworten: „*[W]ho cares? If the New York Times is formed to publish a newspaper first and make a profit second, no one should be allowed to object. Those who came in at the beginning consented, and. those who came later bought stock the price of which reflected the corporation's tempered commitment to a profit objective. If a corporation is started with a promise to pay half of the profits to the employees rather than the equity investors, that too is simply a term of the contract. [...] The role of corporate law here, as elsewhere, is to adopt a background term that prevails unless varied by contract*" (S. 36).

43 *Blair/Stout*, 85 Va. L. Rev. 247 (1999); etwas anders akzentuiert noch *Blair* (Fn. 33), *passim*; grundlegend auch *Rajan/Zingales*, 113 Q.J. Econ. 387, 423–24 (1998). Der Begriff „Teamproduktionstheorie" wird z. T. auch für die allgemeineren Überlegungen von *Alchian/Demsetz*, 62 Am. Econ. Rev. 777 (1972) verwendet, bezeichnet hier jedoch ausschließlich den Ansatz nach *Blair/Stout* im eingangs zitierten Beitrag.

44 *Blair/Stout*, 85 Va. L. Rev. 247, 250 (1999); vgl. auch *Blair* (Fn. 33), S. 230; aus deutscher Sicht *v. Werder* (Fn. 5), S. 287.

mal auf die Fahrzeuge eines bestimmten Herstellers ab; ein Mitarbeiter investiert Zeit und Energie dafür, vertrauensvolle Arbeitsbeziehungen zu Kollegen aufzubauen und Experte für die Produkte seines Arbeitgebers zu werden).[45] Der jeweilige Stakeholder ist dem Risiko ausgesetzt, dass er derartige Anstrengungen vollbringt und die Gesellschaft danach seine berechtigten, aber nicht vertraglich absicherbaren und deshalb rechtlich nicht geschützten Erwartungen enttäuscht. Antizipiert er dies, so wird er von vornherein weniger in die Geschäftsbeziehung investieren, soweit diese Investitionen anderweitig ohne Wert, mithin im beschriebenen Sinne spezifisch sind.[46]

Auf dieser Grundlage wird argumentiert, das interessenpluralistische Modell ermutige die Stakeholder zu wertsteigernden spezifischen Investitionen. Denn selbst wenn sich ihre Erwartungen nicht im Einzelnen vertraglich absichern ließen, könne ihnen auf der Meta-Ebene der Corporate Governance durch das interessenpluralistische Modell Rechnung getragen werden.[47] Man kann insoweit von der Fortsetzung des Schuldrechts mit anderen, gesellschaftsrechtlichen Mitteln sprechen oder davon, dass das Gesellschaftsrecht in die Bresche springt, wo der schuldrechtliche Schutz externer Stakeholder lückenhaft bleibt.[48]

Deshalb – so das entscheidende Argument – müsse es schon im *Eigeninteresse* der Anteilseigner liegen, den Vorstand nicht zum willfährigen Vollstrecker von Aktionärsbelangen zu machen, sondern ihm die Möglichkeit zu geben, sein Handeln auch auf die Beachtung der Interessen der Stakeholder auszurichten und die Gesamtwohlfahrt aller Beteiligten einschließlich der Aktionäre zu maximieren.[49] Dementsprechend setzt die Teamproduktionstheorie ebenfalls auf Vertragsfreiheit und nicht auf paternalistische Vorgaben.[50] Die griechische Sagenwelt illustriert das Gemeinte: So wie sich Odysseus an den Mast binden ließ, um den Gesängen der Sirenen gefahrlos lauschen zu können, entmachten sich die Aktionäre gewissermaßen selbst,

---

45 *Blair/Stout*, 85 Va. L. Rev. 247, 271–76, 283, 305 (1999); *Blair* (Fn. 33), S. 15, 254; *v. Werder* (Fn. 5), S. 288.
46 Vgl. die Nachweise in voriger Fn.
47 *Blair/Stout*, 85 Va. L. Rev. 247, 250, 305 (1999); vgl. auch MükoAktG/*Spindler* (Fn. 30), § 76 Rn. 74 f.
48 Vgl. *Blair/Stout*, 85 Va. L. Rev. 247, 250 (1999), die das Gesellschaftsrecht als „*institutional substitute for explicit contracts*" bezeichnen; der Haupttext lehnt sich an *v. Clausewitz*, Vom Kriege I, 1, 24 an (Krieg als „Fortsetzung der Politik mit anderen Mitteln").
49 *Blair/Stout*, 85 Va. L. Rev. 247, 271, 281–82 (1999); *Stout*, 152 U. Pa. L. Rev. 667, 669 (2003); aus deutscher Sicht etwa *v. Werder* (Fn. 5), S. 285 ff.; MükoAktG/*Spindler* (Fn. 30), § 76 Rn. 74 ff. Dezidiert a. A. *Bebchuk*, 113 Colum. L. Rev. 1637 (2013), („myth that insulating boards serves long-term value").
50 *Blair/Stout*, 85 Va. L. Rev. 247, 250, 281–82 (1999).

indem sie eine Gesellschaft gründen, deren Leitungsorgan frei von Weisungen der Gesellschafter agiert („Odysseus-Prinzip").[51]
 Insoweit ist zwischen der Interessenlage der Aktionäre ex ante und ex post zu unterscheiden. Ex ante sind sie daran interessiert, den übrigen Stakeholdern das Signal zu senden, dass sie fair behandelt werden. Ex post kann es sich anders verhalten. So wie der an den Mast gefesselte Odysseus gerne zu den Sirenen gesegelt wäre, wenn es ihm möglich gewesen wäre, können die Aktionäre ex post ein Interesse an opportunistischem Verhalten zu Lasten von Stakeholdern haben, die ihre spezifische Investition bereits erbracht haben und sie nicht mehr rückgängig machen können; sie können dem Vorstand aber insoweit jedenfalls keine bindenden Weisungen erteilen. So sieht es zumindest die hier beleuchtete Variante der Teamproduktionstheorie, bei der letztlich nur ein geringer Unterschied zum Shareholder-Value-Ansatz besteht.[52] Es gibt daneben weitere Spielarten,[53] auf die hier nicht eingegangen werden soll. Wichtiger erscheint es, die Frage aufzuwerfen, ob die Aussagen der – im US-amerikanischen Regelungsumfeld ersonnenen – Teamproduktionstheorie im kontinentaleuropäischen Wirtschaftsumfeld überhaupt tragfähig sind. Ihr ist der nachfolgende Abschnitt gewidmet.

2. Teamproduktionstheorie und bundesdeutsche Wirtschaftsordnung

Welche Unterschiede zwischen kontinentaleuropäischen und US-amerikanischen Gesellschaften im Hinblick auf die Aktionärsstruktur bestehen, ist hinlänglich bekannt: Während sich börsennotierte Gesellschaften jenseits des Atlantischen Ozeans vielfach im Streubesitz befinden, begegnen hierzulande zwar nicht ausschließlich, aber doch in großem Umfang Großaktionäre.[54] Sie können – auch ohne förmliches Weisungsrecht gegenüber dem Vorstand – entscheidenden Einfluss auf den Gang der Geschäfte nehmen.[55] Die *prima facie* denkbare Schlussfolgerung, die Teamproduktionstheorie werde den Verhältnissen in der Bundesrepublik nicht gerecht, trägt beim näheren Hinsehen jedoch nicht. Die starke Stellung des Vorstands nach § 76 Abs. 1 AktG dämpft den Einfluss des Großaktionärs in der Tendenz gleichwohl. Hinzu kommt die unternehmerische Mitbestimmung, die die

---

51 *Stout*, 152 U. Pa. L. Rev. 667, 669 (2003); vgl. auch *Blair/Stout*, 85 Va. L. Rev. 247, 305 (1999); zur Originalquelle vgl. die Textausgabe der Odyssee von *Heubeck*, 14. Aufl. 2013, S. 325.
52 Vgl. *Blair/Stout*, 85 Va. L. Rev. 247, 292 (1999); *Stout*, 152 U. Pa. L. Rev. 667, 704–705 (2003); vgl. auch aus deutscher Sicht MüKoAktG/*Spindler* (Fn. 30), § 76 Rn. 74 f.
53 *Blair* (Fn. 33), S. 239, argumentiert in ihrem Buch stärker damit, dass auch externe Stakeholder wie die Arbeitnehmer am Residualrisiko teilhätten.
54 *Kraakman et al.*, The Anatomy of Corporate Law, 2. Aufl. 2009, S. 29–32.
55 Emmerich/Habersack/*Emmerich*, Aktien- und GmbH-Konzernrecht, 7. Aufl. 2013, § 17 AktG Rn. 6.

Rückbindung von Aufsichtsrat und Vorstand an die Aktionärsinteressen ebenfalls abschwächt und den Einfluss eines Großaktionärs damit tendenziell weiter verwässert.[56] Das kontinentaleuropäische Regelungsumfeld lässt sich damit prinzipiell ebenfalls in den Rahmen der Teamproduktionstheorie integrieren, wenn man sich das Aktionariat nicht monolithisch vorstellt, sondern zwischen Großaktionär und Minderheit unterscheidet. Denkt man den Ansatz von *Blair* und *Stout* in diesem Sinne weiter, so können neben anderen Stakeholdern wie den Arbeitnehmern auch die Minderheitsaktionäre von der tendenziellen Abschwächung der Einflussmöglichkeiten des Großaktionärs durch die Verfassung der Aktiengesellschaft profitieren.[57]

Allerdings entspricht es der Herangehensweise der Teamproduktionstheorie, insoweit nicht auf Zwang zu setzen, sondern auf den Marktmechanismus: Beim Börsengang in einem effizienten Kapitalmarkt lässt sich ein höherer Emissionserlös erzielen, wenn das Unternehmen in der am besten geeigneten Rechtsform an die Börse gebracht wird.[58] Treffen die Voraussagen der Teamproduktionstheorie auf das betreffende Unternehmen zu, so verspricht ein Börsengang in der Rechtsform der Aktiengesellschaft den höheren Emissionserlös, als er sich (z. B.) mit der GmbH & Co. KGaA[59] als Gestaltungsalternative erzielen ließe, und zwar (u. a.) deshalb, weil die Minderheitsgesellschafter und die übrigen Stakeholder es positiv bewerten, dass die Altgesellschafter ihren Einfluss im ersten Fall stärker verwässern als bei der GmbH & Co. KGaA. Insgesamt lässt sich das kontinentaleuropäische Umfeld daher prinzipiell in den Rahmen der Teamproduktionstheorie integrieren, wenn man auch (und gerade) die Minderheitsaktionäre gesondert in den Blick nimmt.[60]

---

56 Vgl. *Ecchia/Gelter/Pasotti*, Corporate Governance, Corporate and Employment Law, and the Costs of Expropriation, Olin Fellows' Discussion Paper No. 29, S. 3, abrufbar unter http://www.law.harvard.edu/programs/olin_center/fellows_papers/, zuletzt abgerufen am 11.4.2016.
57 Zum Ganzen vgl. in der Denkrichtung *Ecchia/Gelter/Pasotti* (Fn. 56), die Wechselwirkungen zwischen dem Schutz von Arbeitnehmerinteressen durch (z. B.) die unternehmerische Mitbestimmung und dem Schutz der Minderheitsgesellschafter im Verhältnis zum Mehrheitsaktionär ausmachen, diese Beziehung aber vornehmlich als Prinzipal-Agent-Problem verstehen; ferner *Stout*, 152 U. Pa. L. Rev. 667, 678 (2003).
58 Vgl. *Easterbrook/Fischel*, Economic Structure, (Fn. 5), S. 4–8 („Just as the founders of a firm have incentives to make the kinds of sewing machines people want to buy, they have incentives to create the kind of firm, governance structure, and securities the customers in capital markets want. The founders of the firm will find it profitable to establish the governance structure that is most beneficial to investors, net of the costs of maintaining the structure."); *Blair/Stout*, 85 Va. L. Rev. 247, 281–82 (1999); *Stout*, 152 U. Pa. L. Rev. 667, 689–702 (2003).
59 Zur Zulässigkeit dieser Gestaltung BGHZ 134, 392; Henssler/Strohn/*Arnold* (Fn. 5), § 278 Rn. 6.
60 Vgl. *Ecchia/Gelter/Pasotti* (Fn. 56), S. 3.

III. Bewertung des Meinungsstands

Es würde nicht weiterführen, an dieser Stelle in eine Diskussion darüber einzutreten, welche der beiden Sichtweisen aus rechtsökonomischer Sicht zutrifft. Auf diese Frage muss die Rechtswissenschaft, wie noch zu zeigen sein wird, auch gar keine Antwort geben.[61]

Nach der Teamproduktionstheorie sind gegenläufige Effekte am Werk. Zum einen bringt jede Abkoppelung des Vorstands von den Aktionärsinteressen einen erweiterten Handlungsspielraum mit sich, der suboptimale Investitionsentscheidungen, Schlendrian oder gar Vettern- und Günstlingswirtschaft begünstigt.[62] Auf der Habenseite kann die Teamproduktionstheorie aber verbuchen, dass ihre Überlegungen zu spezifischen Investitionen und unvollständigen Verträgen prinzipiell ebenfalls valide sind. Es kann, – gegebenenfalls auch von Unternehmen zu Unternehmen unterschiedlich[63] –, der eine oder der andere Faktor überwiegen, so dass sich abstrakt-theoretisch keiner Seite Recht geben lässt.[64]

Auf den ersten Blick liegt es nahe, die Streitentscheidung in der Empirie zu suchen, konkret in ökonometrischen Verfahren. Das ist – um es nur kurz anzudeuten – bislang nicht wirklich gelungen.[65] Es erscheint auch sehr schwierig, insoweit eine verlässliche empirische Klärung herbeizuführen. Grund hierfür ist, dass auch der Shareholder-Value-Ansatz (wie ausgeführt) die Rücksichtnahme auf Stakeholderinteressen und gemeinnütziges Engagement billigt, soweit es sich für die Aktionäre bezahlt macht. Dazu kann die Behauptung, einem Stakeholder-Ansatz zu folgen, selbst dann beitragen, wenn sie gar nicht zutrifft. Um die verschiedenen Ansätze wirklich aussagekräftig gegenüberstellen zu können, müsste eine empirische Untersuchung gleichsam die Wölfe im Schafspelz von den Lämmern sondern – ein schwieriges oder gar aussichtsloses Unterfangen.

Derartigen Problemen muss sich die Rechtswissenschaft jedoch nicht stellen. Zielführender erscheint es mir, die Entscheidung dem Markt und dem Wettbewerb zu überlassen. Darauf wird in der abschließenden Würdigung noch zurückzukommen sein.[66] Zunächst gilt es jedoch, die Corporate Governance der deutschen Aktiengesellschaft anhand der Teamproduktionstheorie zu durchdenken, um zu ergründen, welche Aspekte des geltenden

---

61 Vgl. *Easterbrook/Fischel*, Economic Structure, (Fn. 5), S. 36, die insoweit für Vertragsfreiheit plädieren, in Ermangelung anderweitiger Absprachen aber dem monistischen Modell folgen.
62 Dies räumen auch Blair/Stout ein, *Blair/Stout*, 85 Va. L. Rev. 247, 255, 283 (1999).
63 Vgl. *Blair* (Fn. 33), S. 237 ff., 245 ff.
64 Vgl. *Blair/Stout*, 85 Va. L. Rev. 247, 281–82 (1999); *Stout*, 152 U. Pa. L. Rev. 667, 690 (2003).
65 Vgl. etwa *Ntim/Opong/Danbolt*, 20 Corporate Governance 84 (2012), die für beide Leitungsansätze wertsteigernde Effekte finden, die allerdings im Fall des Shareholder-Value-Ansatzes höher ausgefallen sind; s. ferner *Ioannon/Serafeim*, 36 Strategic Mgmt. J. 1053 (2015); *Eccles/Ioannon/Serafeim*, 60 Mgmt. Sei. 2835 (2014); *Stout*, 152 U. Pa. L. Rev. 667, 698–710 (2003).
66 S. unten im Rahmen der abschließenden Würdigung.

Rechts sie erklären kann und ob sich Denkanstöße für seine Fortentwicklung ergeben.

D. Das deutsche Stakeholdermodell im Licht der Teamproduktionstheorie

I. Kreis und Gewicht der zu berücksichtigenden Interessen

Seit Langem streitet das Schrifttum darüber, ob der Vorstand im Rahmen seiner Leitungstätigkeit neben den Interessen konkreter Stakeholder auch abstrakte Gemeinwohlbelange zu berücksichtigen hat.[67] Dafür wird auf die sog. Gemeinwohlklausel in der Vorläufernorm des § 76 Abs. 1 AktG hingewiesen, welche es dem Vorstand aufgab, „unter eigener Verantwortung die Gesellschaft so zu leiten, wie das Wohl des Betriebes und seiner Gefolgschaft und der gemeine Nutzen von Volk und Reich es fordern" (§ 70 Abs. 1 AktG 1937).[68] Die eine Seite stützt sich (u. a.) darauf, dass diese Bestimmung nicht in die Neukodifikation im Jahr 1965 übernommen wurde und sich damit erledigt habe.[69] Dem halten andere entgegen, die maßgebliche Wertentscheidung gelte auch für das AktG 1965, weil sie nach den Gesetzesmaterialien ihre Bedeutung habe behalten sollen.[70] Richtigerweise liefert die historische Auslegung indes – gerade aus heutiger Sicht unter Einbeziehung späterer Aktienrechtsnovellen – kein eindeutiges Ergebnis.[71]

Befragt man die Teamproduktionstheorie, was sie zu diesem Meinungsstand beitragen kann, so ergibt sich eine einfache und verhältnismäßig klare Antwort: Relevanter Stakeholder ist, wer spezifische Investitionen in eine Geschäftsbeziehung zur Gesellschaft tätigt, die mithin in anderem Zusammenhang wertlos sind.[72] Dies mag zu einem gewissen Grad noch auf die Standortgemeinde zutreffen, die z. B. für eine Straßenanbindung des Werksgeländes Sorge trägt und, bei kleinen Gemeinden mit einem besonders wichtigen Unternehmen, ihre öffentlichen Einrichtungen mit Blick auf die

---

[67] Grundlegend zum Problem *Rittner* (Fn. 4), S. 139 ff.
[68] Abdruck bei *Kropff*, Aktiengesetz, Neuauflage 2005, S. 593 f. Dazu z. B. *Mülbert*, AG 2009, 766, 770.
[69] *Rittner* (Fn. 4), S. 139 ff.; vgl. auch *Kort*, NZG 2012, 926, 928; *Mülbert*, AG 2009, 766, 770.
[70] Vgl. etwa *Hüffer/Koch* (Fn. 5), § 76 Rn. 30; s. ferner MüKoAktG/*Spindler* (Fn. 30), § 76 Rn. 65; skeptisch insoweit aber *Kort*, NZG 2012, 926, 928; *Wiedemann*, ZGR 2011, 183, 189. Gestritten wird um die Begr. des RegE zu § 76 AktG 1965, abgedruckt bei *Kropff* (Fn. 68), S. 96 ff.
[71] Für alternative Deutungsmöglichkeiten zum RegE des AktG 1965 vgl. *Rittner* (Fn. 4), S. 142 ff.; *Mülbert*, AG 2009, 766, 770; zur fehlenden Eindeutigkeit des historischen Befunds vgl. ferner *Ulmer*, AcP 202 (2002), 143, 158 f.; *Wiedemann*, ZGR 2011, 183, 189; *Kort*, NZG 2012, 926, 928.
[72] *Blair* (Fn. 33), S. 239 („For this purpose, stakeholders should be defined as all parties who have contributed inputs to the enterprise and who, as a result, have at risk investments that are highly specialized to the enterprise."); vgl. auch (allerdings mit weiter ausgreifendem Ansatz) *v. Werder* (Fn. 5), S. 287 f.

große Zahl der Beschäftigten des Unternehmens dimensioniert.[73] So bedarf es keiner großen Phantasie, sich vorzustellen, dass die Schulen in der Gemeinde Walldorf ohne SAP verkleinert werden müssten.

Demgegenüber liefert die Teamproduktionstheorie keine Begründung dafür, abstrakte Gemeinwohlbelange wie Klimaschutz und soziale Gerechtigkeit in die Zielbestimmung der Aktiengesellschaft einzubeziehen.[74] Dies mögen wichtige Gesichtspunkte sein, und es mag andere Gründe geben, sie in die Zielvorgaben der Aktiengesellschaft zu integrieren oder auch nicht. Die Teamproduktionstheorie kann für ihre Berücksichtigung jedenfalls nicht in Anspruch genommen werden.

Auf den ersten Blick wäre es darüber hinaus möglich, die Organpflichten konkret an die Teamproduktionstheorie rückzubinden, etwa in der Form, dass Stakeholderbelange nur berücksichtigt werden dürfen, sofern ansonsten ein opportunistischer Bruch impliziter Verträge vorliegt.[75] So weit gehen *Blair* und *Stout* als Vertreter der Teamproduktionstheorie jedoch nicht, was richtig erscheint, weil es kaum möglich sein dürfte, diese Zusammenhänge in die Form subsumtionsfähiger Rechtsregeln zu gießen. – Verhält es sich anders, lässt sich das Problem zudem bereits im Rahmen der schuldrechtlichen Rechtsbeziehung der Gesellschaft zum jeweiligen Stakeholder sachgerecht lösen; eines ergänzenden Schutzes durch Governance-Regeln bedarf es in diesem Fall nicht.[76]

II. Leitungsmacht des Vorstands oder weitergehende Bindung an Stakeholderbelange?

Nach § 76 Abs. 1 AktG obliegt es dem Vorstand, die Gesellschaft unter eigener Verantwortung zu leiten, womit insbesondere gesagt ist, dass Hauptversammlung und Aufsichtsrat ihm keine Weisungen erteilen, sondern nur die ihnen im Gesetz eingeräumten begrenzten Einzelkompetenzen ausüben dürfen.[77] Der Vorstand unterliegt jedoch Sorgfalts- und Treuepflichten, deren Maßstab nach h. M. das bereits erwähnte Unternehmensinteresse bildet.[78]

Das Verhältnis der Eigenverantwortlichkeit des Vorstands zum Unternehmensinteresse wird dabei durchaus unterschiedlich bestimmt. Häufig liest man, der Vorstand sei gehalten, praktische Konkordanz zwischen den

---

73 Vgl. *Blair/Stout*, 85 Va. L. Rev. 247, 250, 276 n.61 (1999) mit (u. a.) dem im Haupttext bemühten Beispiel des Ausbaus von Schulen.
74 A. A. wohl *v. Werder* (Fn. 5), S. 287 f., der staatliche Interessen in weiterem Umfang einbeziehen will.
75 MükoAktG/*Spindler* (Fn. 30), § 76 Rn. 73 ff.
76 Vgl. Fn. 47 f. u. Begleittext.
77 Diese Erkenntnis erschließt sich für die Hauptversammlung aus § 119 Abs. 2 AktG und für den Aufsichtsrat u. a. mittelbar aus § 111 Abs. 4 S. 2 AktG, vgl. MükoAktG/*Habersack* (Fn. 70), § 111 Rn. 100 und zur Hauptversammlung Hüffer/*Koch* (Fn. 5), § 119 Rn. 1.
78 Vgl. Hölters/*Hölters* (Fn. 5), § 93 Rn. 26, 37 f.

Aktionärsinteressen und jenen anderer Stakeholder herzustellen.[79] Aber diese Formel löst die wirklich schwierigen Fragen nicht. Dass es z. B. nicht richtig sein kann, Arbeitnehmerbelange zurückzustellen, wenn damit keine Vorteile für die Aktionäre oder andere Stakeholder einhergehen, dürfte sich von selbst verstehen. Aber wie sind die Belange der verschiedenen Stakeholder in wirklichen Konfliktsituationen zu gewichten, wenn es z. B. darum geht, ob der Wert des Eigenkapitals durch sofortige Schließung eines unrentablen Werks gesteigert werden kann, dies aber nur um den Preis eines erheblichen Personalabbaus?[80] Folgen aus dem Begriff des Unternehmensinteresses subsumtionsfähige und justiziable Kriterien für die Kontrolle solcher Entscheidungen?

Richtigerweise wird man dies mit nur wenigen Vorbehalten verneinen müssen. Das Unternehmensinteresse wird nicht vom Richter anhand justiziabler Kriterien definiert, sondern vom Vorstand und – nach Maßgabe seiner Kompetenzen – auch vom Aufsichtsrat der Gesellschaft. Die Belange der verschiedenen Stakeholder müssen in das Entscheidungsverfahren einfließen, sich aber nicht in einer bestimmten Weise im Ergebnis niederschlagen.[81] Aus dogmatischer Sicht spricht für dieses sog. prozedurale Verständnis[82] des Unternehmensinteresses nicht nur die in § 76 Abs. 1 AktG festgeschriebene Eigenverantwortlichkeit des Vorstandshandelns, sondern auch das Recht der unternehmerischen Mitbestimmung, welches den Arbeitnehmern lediglich die Mitwirkung im Aufsichtsrat zugesteht, aber keine materiellen Anforderungen an die „Arbeitnehmerfreundlichkeit" der beschlossenen Maßnahmen formuliert.[83] Gänzlich lässt sich auf materielle Vorgaben insoweit jedoch nicht verzichten.[84]

---

79 Hüffer/*Koch* (Fn. 5), § 76 Rn. 33.
80 *V. Werder*, ZGR 1998, 69, 74 ff.; vgl. auch *Klöhn*, ZGR 2008, 110, 119 f.
81 Vgl. *Mertens*, NJW 1970, 1718, 1719; Ulmer/Habersack/Henssler/*Ulmer/Habersack* (Fn. 5), § 25 MitbestG Rn. 93, 94 f.; *Goette* (Fn. 5), S. 127; *M. Roth* (Fn. 5), S. 25 ff.; vgl. ferner *Ulmer*, AcP 202 (2002), 143, 155 ff.; MüKoAktG/*Spindler* (Fn. 30), § 76 Rn. 75 f.; *ders.*, in: FS Canaris II, 2007, S. 403, 421; tendenziell auch *Schilling*, ZHR 144 (1980), 136, 143 f. („weitgehend injustiziabel"); *Hüffer* ZHR 161 (1997), 214, 217 f.; Hüffer/*Koch* (Fn. 5), § 76 Rn. 33. Zur Möglichkeit eines prozeduralen Verständnisses des Unternehmensinteresses vgl. auch bereits *Brinkmann*, Unternehmensinteresse und Unternehmensrechtsstruktur, 1983, S. 216 ff. *Steinmann* (Fn. 5), S. 270 ff. Gegen justiziable Zielvorgaben für die Geschäftsleiter auch *Rittner* (Fn. 4), S. 146 f. A. A. wohl GK/*Kort* (Fn. 5), § 76 Rn. 46, 62 f., 66; *Birke* (Fn. 5), S. 167 f., 195.
82 Henssler/*Ulmer/Habersack* (Fn. 5), § 25 MitbestG Rn. 93.
83 Vgl. Henssler/*Ulmer/Habersack* (Fn. 5), § 25 MitbestG Rn. 93.
84 Ob der gängigen Formel zuzustimmen ist, der Vorstand habe für den „Bestand des Unternehmens und damit für dauerhafte Rentabilität zu sorgen" (s. etwa Hüffer/*Koch* (Fn. 5), § 76 Rn. 33 ff.; MüKoAktG/*Spindler* (Fn. 30), § 76 Rn. 69), soll hier offenbleiben. Faustregeln der Art, dass existenzgefährdende Risiken nur eingegangen werden dürften, um eine anderweitige Existenzgefährdung abzuwenden, sind jedenfalls zu undifferenziert und schießen über das Ziel hinaus. zutr. Hüffer/*Koch* (Fn. 5), § 93 Rn. 27; a. A. Hölters/*Hölters* (Fn. 5), § 93 Rn. 32.

So verstanden, liegt das deutsche Aktienrecht nahezu exakt auf der Linie der Teamproduktionstheorie, die sich das Leitungsorgan als einen neutralen Moderator zwischen den widerstreitenden Interessen der verschiedenen Stakeholder vorstellt, welcher bei seiner Entscheidung grds. nicht an justiziable Kriterien gebunden ist.[85] Ausnahmslos gilt dieser Grundsatz jedoch auch nach der Teamproduktionstheorie nicht, weshalb z. B. Treupflichtverstöße in Gestalt einer klaren monetären Selbstbereicherung zu Lasten der Gesellschaft auch in ihrem Modell pflichtwidrig sind.[86]

Aber bringt es den Stakeholdern überhaupt etwas, dem Vorstand lediglich zu gestatten, auf ihre Belange Rücksicht zu nehmen, ohne ihm dies auch vorzuschreiben? Bezieht man die Interessenlage der Organwalter in die Betrachtung mit ein, so lässt sich die Frage mit einem „Ja" beantworten.[87] Es entspricht der rechtsökonomischen Orthodoxie, dass der Vorstand tendenziell[88] zu risikoaverserem Verhalten neigt, als es den Interessen der Aktionäre entspricht, weil er sein – in gewissem Umfang mit dem Schicksal der Gesellschaft verknüpftes – Humankapital nicht diversifizieren kann, während die Aktionäre mit genau diesem Mittel ihr Risiko wirksam begrenzen können.[89] Außerdem darf man unterstellen, dass die meisten Organwalter keine Freude daran haben, Konflikte mit Arbeitnehmern, Standortgemeinden und anderen Stakeholdern auszutragen, zumal dies ihr Ansehen in der Öffentlichkeit beeinträchtigen kann, weshalb es oftmals ihrem Interesse entsprechen wird, derartigen Stakeholdern weiter entgegenzukommen, als es dem mutmaßlichen Willen der Aktionäre entspricht.[90] Zu einem gewissen Grad sind dies, neudeutsch ausgedrückt, *agency*-Kosten. Reflexartig begünstigt dieses Verhalten jedoch vielfach Gläubiger, Arbeitnehmer und weitere Stakeholder, weshalb es diesen bereits entgegenkommt, dem Vorstand mehr Freiraum zu eröffnen, ohne ihm inhaltliche Vorgaben zu Art und Maß der Berücksichtigung der verschiedenen Stakeholderbelange zu

---

Weiter ausgreifend ist selbstredend die Treuebindung des Vorstands; vgl. dazu die nachfolgende Fn. nebst Begleittext.

85 *Blair/Stout*, 85 Va. L. Rev. 247, 254–55, 290–92, 298–309 (1999); MükoAktG/*Spindler* (Fn. 30), § 76 Rn. 75.
86 *Blair/Stout*, 85 Va. L. Rev. 247, 298–309 (1999).
87 Vgl. *Blair/Stout*, 85 Va. L. Rev. 247, 281–83, 298–99, 305–309 (1999).
88 In manchen Konstellationen verhält es sich anders; darauf kann hier aus Platzgründen nicht eingegangen werden.
89 *Easterbrook/Fischel*, 52 U. Chi. L. Rev. 611, 641 (1985); *dies.*, The Economic Structure of Corporation Law (Fn. 5), S. 340; aus kontinentaleuropäischer Sicht *Eckert/Grechenig/Stremitzer*, in: Kalss (Hrsg.), Vorstandshaftung in 15 Europäischen Ländern, 2005, S. 96, 108, 113; *Wagner*, ZHR 178 (2014), 227, 253 f.; vgl. ferner *Hellgardt*, S. 382 f.; *Spindler*, AG 2013, 889, 894 f., 903.
90 *Blair/Stout*, 85 Va. L. Rev. 247, 305–309 (1999).

machen.⁹¹ Die Bedeutung dieses Effekts sollte allerdings nicht überschätzt werden, weil es marktmäßige Disziplinierungsmechanismen gibt, die verhindern, dass der Vorstand die Gesellschaft wie eine gemeinnützige Stiftung führt, und weil eine stark anreizorientierte Vergütung den genannten Präferenzen der Organwalter entgegenwirkt.⁹² Das läuft darauf hinaus, es in möglichst großem Umfang dem Marktmechanismus und nicht dem Richter zu überlassen, den Vorstand auf Kurs zu halten – eine Forderung, die auch von profilierten Vertretern des Shareholder Value-Ansatzes erhoben wird.⁹³ Letztlich wird es allerdings – das muss eingeräumt werden – bis auf Weiteres eine Glaubensfrage bleiben, ob man es den Gerichten zutraut, die Leitung der Aktiengesellschaft zum Besseren zu beeinflussen, oder die Nachteile einer gerichtlichen Kontrolle des Vorstandshandelns in den Vordergrund stellt.⁹⁴

In den Schlussfolgerungen kommt die Teamproduktionstheorie dem deutschen Recht insoweit sehr nahe. Ihr entspricht die starke, von Weisungen der Aktionäre abgekoppelte Stellung des Vorstands ebenso wie die nicht bindende Wirkung des Aktionärsvotums über das Vergütungssystems nach § 120 AktG, das Konzept des (prozedural verstandenen) Unternehmensinteresses und zudem der Haftungsschild der Business Judgment Rule des § 93 Abs. 1 S. 2 AktG.⁹⁵ Teamproduktionstheorie und Shareholder Value-

---

91 *Blair/Stout*, 85 Va. L. Rev. 247, 281–83, 298–99, 305–309 (1999); vgl. auch *Mertens*, NJW 1970, 1718, 1719, für den die Leitungsmacht des Vorstands „organisationsrechtlicher Ansatzpunkt für die Sozialbindung der AG" ist.
92 Zu marktmäßigen Disziplinierungsmechanismen (Wettbewerb in den Kapital- und Produktmärkten, im „Arbeits"-Markt für Manager, im Übernahmemarkt sowie in Form von Aktionärsaktivismus) und anreizorientierter Vergütung *Easterbrook/Fischel*, Economic Structure, (Fn. 5), S. 8–34, 91–97, 171–74, 205, 231 und aus deutscher Sicht etwa Spindler/Stilz/*Fleischer* (Fn. 5), § 93 Rn. 6; Hölters/*Hölters* (Fn. 5), § 93 Rn. 22; MükoAktG/*Spindler* (Fn. 30), § 76 Rn. 64; eingehend zur Vergütungsproblematik *Rappaport* (Fn. 26), S. 112–116. Zur Bedeutung der Marktdisziplin im Rahmen der Teamproduktionstheorie *Blair/Stout*, 85 Va. L. Rev. 247, 247, 252, 312 (1999).
93 Zu dieser Forderung aus der Perspektive des Shareholder Value *Easterbrook/Fischel*, Economic Structure, (Fn. 5), S. 99; s. auch *Macey*, 21 Stetson L. Rev. 23, 36 (1991) („It is best for all parties concerned if courts decline to intrude on the internal process of corporate governance, except where such decisions are clearly motivated by self-interest").
94 Zu den Nachteilen der gerichtlichen Kontrolle vgl. d. Nachweise in voriger Fn. – Ein Ausweg aus dieser Situation könnte in weiterer empirischer Forschung liegen. Vorliegende Studien legen nahe, dass es von der Branche und dem einzelnen Unternehmen abhängen könnte, ob sich eine vergleichsweise engmaschige gerichtliche Kontrolle eher positiv oder eher negativ auswirkt; vgl. *Fleischer*, ZIP 2014, 1305, 1315. Das wiederum legt nahe, auch insoweit Satzungsautonomie zu gewähren (dafür etwa *E. Vetter*, NZG 2014, 921; skeptisch insoweit aber *Fleischer* im zitierten Beitrag).
95 Vgl. *Blair/Stout*, 85 Va. L. Rev. 247, 298–309 (1999); MükoAktG/*Spindler* (Fn. 30), § 76 Rn. 74 ff..

Ansatz liegen immerhin im letzten Punkt auf einer Linie;[96] das Gegenmodell ist ein sozialpolitisch aufgeladenes Verständnis des Unternehmensinteresses, das anhand justiziabler Vorgaben für seine Ausgestaltung umgesetzt wird.

III. Materielle Regulierung oder Gestaltungsfreiheit – Teil 1: Innenverhältnis der Gesellschaft

1. Teamproduktionstheorie und aktienrechtliche Satzungsstrenge

Im vorhin bemühten Beispiel aus der griechischen Sagenwelt hat sich Odysseus freiwillig an den Mast binden lassen. Genauso ist der Grundgedanke der Teamproduktionstheorie die freiwillige Selbstentmachtung der Gesellschafter durch Gründung einer Aktiengesellschaft mit weisungsfrei agierendem Leitungsorgan.[97] Insoweit stellt sich die Frage nach der Vereinbarkeit dieses Gedankens mit dem aktienrechtlichen Prinzip der Satzungsstrenge, das, in § 23 Abs. 5 AktG verankert, Abweichungen vom Normtext nur erlaubt, wenn das Gesetz sie ausdrücklich zulässt, und auch gesetzesergänzende Satzungsbestimmungen an die Voraussetzung knüpft, dass das Gesetz keine abschließende Regelung trifft.[98] Manche Stimmen im Schrifttum meinen unter Verweis auf diese Vorschrift und den in § 76 Abs. 1 AktG zum Ausdruck kommenden Grundsatz der eigenverantwortlichen Leitung durch den Vorstand, dass die Satzung die Gesellschaft nicht auf den Shareholder-Value-Ansatz oder auf eine stakeholderorientierte Führungsphilosophie verpflichten dürfe.[99] Andere vertreten den gegenteiligen Standpunkt – Zulässigkeit derartiger Satzungsbestimmungen – mit dem Argument, die Aktionäre könnten das Verhalten des Vorstands durch die Festlegung des Unternehmensgegenstands steuern, weshalb es ihnen auch überlassen bleiben müsse, derartige Führungsprinzipien durch Satzungsregelung festzuzurren.[100]

Die Beurteilung auf der Grundlage der Teamproduktionstheorie fällt etwas ambivalent aus, denn einerseits ist ihr Leitgedanke privatautonome Selbstbindung und nicht heteronome Fremdbestimmung. Andererseits kann von einer Selbstbindung kaum gesprochen werden, wenn sie in Form einer Satzungsbestimmung erfolgt, die die Aktionäre jederzeit wieder abän-

---

96 Zur Deutung der Business Judgment Rule im Shareholder-Value-Modell *Easterbrook/Fischel*, Economic Structure, (Fn. 5), S. 93–94, 99–100; im deutschen Schrifttum *Fleischer*, in: FS Wiedemann, 2002, S. 827, 829 ff.; *Jungmann*, in: FS K. Schmidt, 2009, S. 831, 839 ff.; MüKoAktG/*Spindler* (Fn. 30), § 76 Rn. 74.
97 S. o. unter C.II.1.
98 Dazu Hüffer/*Koch* (Fn. 5), § 23 Rn. 34 ff.
99 *Paefgen* (Fn. 5), S. 65; *Mülbert*, ZGR 1997, 129, 164 f.; s. auch bereits *Mertens*, NJW 1970, 1718, 1719.
100 *Fleischer* (Fn. 4), S. 197.

dern können.¹⁰¹ Die besseren Gründe sprechen daher m. E. für die Unzulässigkeit derartiger Satzungsbestimmungen. Dogmatisch maßgeblich ist die Wertung des § 76 Abs. 1 AktG, also die Eigenverantwortlichkeit der Leitung durch den Vorstand; wertungsmäßig kommt der Gedanke der wirksamen Selbstbindung entsprechend der Teamproduktionstheorie hinzu. Der Gedanke der privatautonom eingegangenen Bindung ist mit dem Verbot derartiger Satzungsbestimmungen vereinbar, denn es steht den Gesellschaftern frei, eine andere Rechtsform zu wählen, die nicht dem Gebot der Satzungsstrenge unterliegt, also z. B. diejenige der GmbH & Co. KGaA.¹⁰² Die Privatautonomie der Gesellschafter bleibt insofern durchaus erhalten; sie wird lediglich auf die Ebene der Rechtsformwahl verlagert. Unter diesem Gesichtspunkt lässt sich auch zwingendes Gesellschaftsrecht, gepaart mit der Freiheit der Rechtsformwahl, als *enabling law* verstehen.¹⁰³ Auch der nachträgliche Formwechsel bleibt möglich (§§ 1 Abs. 1 Nr. 4, 190 ff. UmwG), zumal dieser einen derart großen Aufwand mit sich bringt, dass seine missbräuchliche Nutzung dieses Instruments unter Beeinträchtigung der Stakeholderinteressen wenig realistisch erscheint.¹⁰⁴ Um Missverständnissen vorzubeugen: Hier soll nicht behauptet werden, dass Aktiengesellschaften zwingend stakeholderorientiert geführt werden müssten, sondern nur, dass die Entscheidung über die Leitungsphilosophie in die Hände des Vorstands (und nach Maßgabe seiner Kompetenzen ggf. ergänzend in jene des Aufsichtsrats) gehört und nicht von den Aktionären vorgegeben werden kann.

2. Teamproduktionstheorie und Mitbestimmung

Werfen wir auch einen Blick auf die unternehmerische Mitbestimmung. Sie wird z. T. als Musterbeispiel einer stakeholderorientierten Corporate Gover-

---

101 Wenn – wie es der Grundannahme der Teamproduktionstheorie entspricht – der materiellen und formellen Unabhängigkeit des Leitungsorgans ein Wert zukommt, dann können die Aktionäre auch bei nachträglicher Änderung einen Wertverlust internalisieren, vgl. Easterbrook/Fischel, Economic Structure, (Fn. 5), S. 32–34; *Stout*, 152 U. Pa. L. Rev. 667, 700 (2003). Das spricht für die Zulassung einer Festlegung durch die Aktionäre in Gestalt geeigneter Satzungsbestimmungen. Anders kann es sich aber in sog. *last-Period*-Fällen verhalten (dazu *Blair* (Fn. 33), S. 51) und in bestimmten Situationen (*Blair* (Fn. 33), S. 259 mit dem Beispiel eines Unternehmens, das ohnehin Personal abbauen muss und sich deshalb weniger scheut, die Arbeitnehmerschaft zumindest temporär zu verprellen).
102 Zur Nichtgeltung des § 23 Abs. 5 AktG (Satzungsstrenge) für sie Hüffer/*Koch* (Fn. 5), § 278 Rn. 18; MüKoAktG/*Perlitt*, 3. Aufl. 2010, § 278 Rn. 129.
103 *Kraakman* et al. (Fn. 54), S. 22. Dies setzt jedoch ein hinreichendes Angebot an unterschiedlichen Rechtsformen voraus, weshalb unten für die Einführung einer Art aktienrechtlicher Unternehmergesellschaft plädiert wird, s. u. im Abschnitt E.
104 A. A. *Mülbert*, ZGR 1997, 129, 148 f. mit dem Argument, die Zulassung von Umwandlungsvorgängen spreche gegen die unternehmensrechtliche Konzeption bei der AG. Von einer solchen Bindung könne nicht ernsthaft ausgegangen werden, wenn man sie durch einen Formwechsel „an der Garderobe abgeben" könne.

nance angeführt,[105] lässt sich aber – jedenfalls in ihrer traditionellen Konzeption – nur vergleichsweise schwer in den Rahmen der Teamproduktionstheorie integrieren.[106] Denn die Teamproduktionstheorie begnügt sich mit dem Leitungsorgan als neutralem Mittler zwischen den Welten der verschiedenen Stakeholder, ohne z. B. den Arbeitnehmern eine derart starke, institutionalisierte Mitwirkungsmöglichkeit zu geben, wie sie jedenfalls für die paritätische Mitbestimmung typisch ist.[107]

Nun ließe sich argumentieren, im deutschen Regelungsumfeld dämpfe die unternehmerische Mitbestimmung den Einfluss der bei vielen Gesellschaften vorhandenen Großaktionäre und steigere deshalb die von der Teamproduktionstheorie angestrebte Unabhängigkeit des Vorstands.[108] Aber jedenfalls die zwingende Ausgestaltung des Mitbestimmungsrechts lässt sich nicht so, sondern nur durch ergänzende Heranziehung verteilungspolitischer Ziele erklären, deren nähere Bewertung den Rahmen dieses Beitrags sprengen würde.

Mit der Teamproduktionstheorie ließe sich allenfalls ein opt-in-Modell der Mitbestimmung als freiwilliger Selbstbindungsmechanismus begründen.[109] Traditionell folgt das deutsche Recht diesem Ansatz nicht, denn die Rechtsformalternativen der GmbH & Co. KGaA und der GmbH unterliegen ebenfalls der unternehmerischen Mitbestimmung (§§ 1 Abs. 1 Nr. 1 Alt. 2, 3 MitbestG, 1 Abs. 1 Nr. 2, 3 DrittelBG). Berücksichtigt man allerdings die Möglichkeit, das in einer Gesellschaft einmal erreichte Mitbestimmungsniveau durch Wahl der SE als Rechtsform zu „konservieren" und die verschiedenen weiteren Vermeidungsstrategien der Praxis, so lässt sich – jedenfalls für neu entstehende Gesellschaften – eine Entwicklung in Richtung eines derartigen opt-in-Modells konstatieren.[110] Die Teamproduktionstheorie ermöglicht es, ein solches Modell sinnvoll auszudeuten. Ihr entspricht darüber hinaus aber auch die Möglichkeit, das Mitbestimmungsniveau in der SE durch eine Mitbestimmungsvereinbarung festzulegen.[111]

---

105 So namentlich *Blair* (Fn. 33), S. 282 ff.; zur deutschen Diskussion über die Bedeutung der Mitbestimmung für die Zielkonzeption der Gesellschaft vgl. *Mülbert*, ZGR 1997, 129, 150 ff. m. w. N.
106 Das gilt nur für die hier zugrunde gelegte Variante nach *Blair/Stout*, nicht aber für *Blair* (Fn. 33), S. 282 ff.
107 Vgl. *Blair/Stout*, 85 Va. L. Rev. 247, 254–55, 272–74.
108 S. o., Fn. 56 u. Begleittext.
109 Vgl. *Blair/Stout*, 85 Va. L. Rev. 247, 250, 281–82 (1999).
110 Zur Möglichkeit (u. a.) einer solchen „Konservierung" *Habersack*, ZIP-Beilage zu Heft 48/2009, 1, 2; ausführlich auch zu weiteren Vermeidungsstrategien *Götze/Winzer/Arnold*, ZIP 2009, 245 ff., insb. 250.
111 Dazu eingehend *Habersack*, ZHR 171 (2007), 613, 626 ff. Zu entsprechenden Reformvorschlägen für das deutsche Recht vgl. *ders.*, ZIP-Beilage zu Heft 48/2009, 1 ff.; *Arbeitskreis „Unternehmerische Mitbestimmung"*, ZIP 2009, 885 ff.

IV. Materielle Regulierung oder Gestaltungsfreiheit – Teil 2: Außenrechtsbeziehungen

1. Ausgangspunkt

Nach den bis jetzt angesprochenen Beziehungen im Innenverhältnis der Gesellschaft soll nun das Außenverhältnis im Vordergrund stehen „Meta-Regeln", die den schuldrechtlichen Schutz von Stakeholdern auf der Ebene der Corporate Governance ergänzen, können zumindest prinzipiell auch in Schuldverträgen im Außenverhältnis der Gesellschaft enthalten sein. Z. B. ließen sich Regelungen über eine (ggf. anders ausgestaltete) Mitbestimmung der Mitarbeiter rein denklogisch – vorbehaltlich der rechtlichen Anerkennung solcher Absprachen – auch in Arbeits- oder Tarifverträge hineinschreiben, an die die Gesellschaft im Außenverhältnis gebunden ist.[112] Als praktisch relevanteres Beispiel sollen in der Folge sog. Covenants in Kreditverträgen betrachtet werden. An ihrem Beispiel ist zu ergründen, wie schuldrechtliche Regelungen im Außenverhältnis mit Corporate-Governance-Bezug vor dem Hintergrund der Teamproduktionstheorie zu würdigen sind.

2. Covenants in Kreditverträgen als Beispiel schuldrechtlich vermittelten Stakeholder-Einflusses

Als Covenants bezeichnet die Gestaltungspraxis Nebenabreden in wichtigen Vertragswerken mit dem Zweck der Risikosteuerung.[113] Im praktisch wichtigsten und hier alleine betrachteten Fall des Darlehensvertrags sind sie ein Mittel zur Abmilderung des Kreditrisikos, das zu den bekannten Möglichkeiten der Kreditsicherung hinzutritt und sich in der Adaption angloamerikanischer Gepflogenheiten mehr und mehr auch in der Bundesrepublik ausbreitet.[114] Mit Hilfe derartiger Covenants schützen sich Gläubiger – die als Stakeholder ebenfalls spezifische Investitionen erbringen – gegen opportunistisches Verhalten ihres Vertragspartners.[115]

---

112 Vgl. KK-AktG/*Mertens/Cahn*, 3. Aufl. 2010, § 76 Rn. 47, zu denkbaren Vereinbarungen über die Einrichtung sog. „Werksbeiräte" der Arbeitnehmer. In Arbeitsverträgen könnte dies allenfalls durch Bezugnahme auf andere Dokumente wie z. B. einen vorformulierten Mitbestimmungskodex geschehen. Ein weiteres Beispiel für schuldrechtliche Governance-Mechanismen zugunsten von Stakeholdern (Sicherung des Einflusses der Autohersteller bei der Formel 1) findet sich bei *Veil*, Unternehmensverträge, 2003, S. 239.

113 Zu Begriff und Funktion von Covenants eingehend *Thießen*, ZBB 1996, 19 ff.; *Wittig*, WM 1996, 1381; *Weitnauer*, ZIP 2005, 1443; *Fleischer*, ZIP 1998, 313; monographisch *Servatius*, Gläubigereinfluss durch Covenants, 2008, S. 33 ff. u. *passim*; *Achtert*, Dynamische Darlehenskonditionen mit bonitätsabhängigen Zinsänderungsklauseln und Covenants, 2007; s. ferner *Servatius*, CFL 2013, 14; BeckOGKBGB/*Chr. A. Weber*, 1. Ed. 2015, § 490 Rn. 163.6 ff.

114 *Thießen*, ZBB 1996, 19, 20; *Wittig*, WM 1996, 1381; *Nouvertné*, ZIP 2012, 2139, 2140.

115 Vgl. *Macey*, 21 Stetson L. Rev. 23, 26, 35 (1991); *ders.*, 1989 Duke L.J. 173, 189. Es geht dabei allerdings nicht allein um den Schutz spezifischer Investitionen (vgl. *Thießen*, ZBB 1996, 19, 25; *Servatius* (Fn. 113), S. 48 ff.), der hier jedoch im Vordergrund steht.

In typologischer Hinsicht unterscheidet man sog. positive (auch: affirmative) Covenants, die eine Handlungspflicht des Kreditnehmers begründen, von solchen, die ihm aufgeben, bestimmte, dem Gläubiger unerwünschte Maßnahmen zu unterlassen (sog. negative Covenants). Für Nebenabreden, nach denen sich die Finanzkennzahlen des Darlehensnehmers innerhalb bestimmter Schwellenwerte (etwa in Bezug auf die Eigenkapitalquote, den Verschuldungsgrad oder die Liquidität) halten müssen, hat sich der Terminus „financial covenants" eingebürgert. Typischer Gegenstand von Covenants sind darüber hinaus Informations- und Überprüfungsrechte des Darlehensgebers.[116] Auf der Rechtsfolgenseite sind Covenants in aller Regel nicht auf die Begründung durchsetzbarer Erfüllungsansprüche angelegt, sondern sie statuieren typischerweise Kündigungsrechte des Darlehensgebers, der jedoch in der Praxis meist nicht kündigen, sondern eine Nachverhandlung des Vertrags zur Anpassung an die geänderte Risikolage anbieten wird.[117]

Das Schrifttum fordert vielfach eine vergleichsweise strenge Beurteilung derartiger Abreden, wobei insoweit (u. a.[118]) drei Prüfungsmaßstäbe zur Anwendung kommen: Das Verbot einer Aushöhlung der Leitungsmacht des Vorstands nach § 76 Abs. 1 AktG (sogleich unter 3.), die AGB-Inhaltskontrolle (4.) und – last but not least – die Grundsätze zum verdeckten Beherrschungsvertrag (5.). Die daraus resultierenden Gestaltungsgrenzen werden in den folgenden Abschnitten zunächst dargestellt und dann in einem weiteren Abschnitt gewürdigt (6.).

3. Das sog. Vorwegbindungsverbot als gesellschaftsrechtliche Grenze schuldrechtlicher Bindungen

Der mit Covenants und vergleichbaren Abreden einhergehende Einfluss auf die Vorstandstätigkeit wird in der Literatur u. a. unter dem Gesichtspunkt der unzulässigen Modifikation der Leitungsstruktur nach § 76 Abs. 1 AktG problematisiert,[119] und zwar ausdrücklich auch für den Fall, dass der Berechtigte keine gesellschaftsrechtliche Beteiligung an der AG hält.[120] Der Vorschrift wird praktisch einhellig ein „Verbot einer rechtsgeschäftlichen Vor-

---

116 Zum Ganzen *Thießen*, ZBB 1996, 19, 21; *Nouvertné*, ZIP 2012, 2139, 2140 f.; *Servatius* (Fn. 113), S. 39 ff.; BeckOGKBGB/*Chr. A. Weber* (Fn. 113) § 490 Rn. 163.6 ff.

117 *Servatius* (Fn. 113), S. 45; *Nouvertné*, ZIP 2012, 2139, 2140 f., 2145; BeckOGKBGB/*Chr. A. Weber* (Fn. 113), § 490 Rn. 163.6 ff.

118 Zu weiteren Aspekten wie den §§ 138, 826 BGB unter dem Gesichtspunkt der Knebelung *Wittig*, WM 1996, 1381, 1389 f.; zur Problematik einer faktischen Organschaft *Servatius* (Fn. 113), S. 356 ff.

119 *Hüffer*, in: FS Schwark, 2009, S. 185, 196; mit rechtsvergleichender Umschau *Fleischer*, in: FS Schwark, 2009, S. 137, 149 ff.; Spindler/Stilz/*ders.* (Fn. 5), § 76 Rn. 79; GK-AktG/*Kort* (Fn. 5), § 76 Rn. 197 ff.; KK-AktG/*Mertens/Cahn* (Fn. 112), § 76 Rn. 42 ff.; Hüffer/*Koch* (Fn. 5), § 76 Rn. 27; Hölters/*Weber* (Fn. 5), § 76 Rn. 16; MüKoAktG/*Spindler* (Fn. 30), § 76 Rn. 25 ff.

120 KK-AktG/*Mertens/Cahn* (Fn. 112), § 76 Rn. 48.

wegbindung" entnommen,[121] das die Gesellschaft vor einer Aushöhlung der gesetzlich vorgesehenen Organisationsstruktur schützen soll, weshalb angenommen wird, dass abweichende Vereinbarungen nach § 134 BGB nichtig seien.[122] Zum Hintergrund ist zu lesen, das Verbot folge „aus der nicht disponiblen Rechtsstellung des Vorstands als eigenverantwortliches Leitungsorgan" und solle sicherstellen, dass Vorstandsentscheidungen der fortlaufenden Kontrolle mit der in § 93 Abs. 1 S. 1 AktG bestimmten Sorgfalt eines ordentlichen und gewissenhaften Geschäftsleiters unterlägen, und zwar durch den Vorstand „in seiner jeweils aktuellen Zusammensetzung".[123]

Was die Reichweite des damit beschriebenen „Vorwegbindungsverbots" angeht, so ist man sich weitgehend einig darüber, dass der Vorstand einerseits (außerhalb der §§ 291 ff. AktG) kein Weisungsrecht Dritter akzeptieren darf und andererseits Informationsrechte sowie Kündigungsrechte, die an einen Verstoß gegen bestimmte Finanzkennzahlen anknüpfen, jedenfalls nicht gegen den in § 76 Abs. 1 AktG festgelegten Grundsatz der eigenverantwortlichen Leitung durch den Vorstand verstoßen.[124] Im dazwischen liegenden Graubereich bereitet die Grenzziehung jedoch Schwierigkeiten.[125]

Die „Gefahrenzone" soll zum einen erreicht sein, sobald der Kreditgeber „in die gesetzliche Organisationsstruktur der Gesellschaft eindringt", was indes bei der gelegentlichen Teilnahme an Sitzungen des Vorstands oder einer bloßen „Konsultation" vor bestimmten Entscheidungen noch nicht der Fall sein soll,[126] wohl aber bei „Bindungen im Hinblick auf die Begründung, Veränderung oder Beibehaltung organisatorischer Strukturen der AG".[127] Als Beispiel einer demnach unzulässigen Beschränkung nennt *Spindler* die Einrichtung von Ausschüssen oder Gremien, die am Vorstand vorbei Entscheidungen treffen könnten, ohne dessen Einfluss zu unterliegen, und zwar insbesondere in dem Fall, dass ihnen neben Vorstandsmitgliedern auch Dritte angehören.[128] Ebenso wird verlangt, der Vorstand müsse wesentliche Personalentscheidungen frei von Bindungen treffen können.[129]

---

121 Ausdrücklich *Hüffer* (Fn. 119), S. 196; vgl. i. Ü. die Nachweise in Fn. 119. Für anderweitige dogmatische Herleitung *Herwig*, Leitungsautonomie und Fremdeinfluss, 2014, S. 72 f.
122 Ausdrücklich KK-AktG/*Mertens/Cahn* (Fn. 112), § 76 Rn. 46.
123 *Hüffer* (Fn. 119), S. 196.
124 *Fleischer*, in: FS Schwark (Fn. 119), S. 153; Spindler/Stilz/*Fleischer* (Fn. 5), § 76 Rn. 79; MüKoAktG/*Spindler* (Fn. 30), § 76 Rn. 25 ff.; vgl. auch KK-AktG/*Mertens/Cahn* (Fn. 112), § 76 Rn. 45.
125 *Fleischer*, in: FS Schwark (Fn. 119), S. 153; Spindler/Stilz/*ders.* (Fn. 5), § 76 Rn. 79.
126 *Fleischer*, in: FS Schwark (Fn. 119), S. 153; Spindler/Stilz/*ders.* (Fn. 5), § 76 Rn. 79; vgl. auch GK-AktG/*Kort* (Fn. 5), § 76 Rn. 198; KK-AktG/*Mertens/Cahn* (Fn. 112), § 76 Rn. 47.
127 GK-AktG/*Kort* (Fn. 5), § 76 Rn. 198; vgl. auch Hölters/*Weber* (Fn. 5), § 76 Rn. 16; KK-AktG/*Mertens/Cahn* (Fn. 112), § 76 Rn. 47.
128 MüKoAktG/*Spindler* (Fn. 30), § 76 Rn. 29 f.; Hölters/*Weber* (Fn. 5), § 76 Rn. 17; vgl. auch Bürgers/Körber/*Bürgers/Israel*, AktG, 3. Aufl. 2014, § 76 Rn. 5.
129 KK-AktG/*Mertens/Cahn* (Fn. 112), § 76 Rn. 47; Hölters/*Weber* (Fn. 5), § 76 Rn. 16.

Zu den Organisations- und Personalentscheidungen tritt als dritte Fallgruppe der Einfluss auf die inhaltliche Geschäftspolitik der Gesellschaft hinzu. So fordern manche z. B., der Vorstand dürfe keine vertragliche Bindung im Hinblick auf „sein künftiges Leitungsverhalten oder auch einzelne wesentliche Leitungsmaßnahmen" eingehen.[130] Insbesondere Einfluss Dritter auf die „langfristige Ausrichtung der Geschäftspolitik" wird für „äußerst bedenklich" gehalten, da sich die personelle Zusammensetzung des Vorstands ändern könne und es schon deshalb geboten sei, ihm die Möglichkeit einer Korrektur der Ausrichtung der Gesellschaft zu belassen.[131] Andere schlagen etwas zurückhaltendere Töne an. Sie argumentieren, die Möglichkeit einer wohlüberlegten Selbstbindung sei gerade Ausdruck der dem Vorstand zustehenden unternehmerischen Handlungsfreiheit. Eine solche Selbstbindung entspreche z. T. der ökonomischen Rationalität. Ferner stehe mit § 93 Abs. 1 AktG ein weiteres Korrektiv zur Verfügung, weshalb eine großzügige Betrachtung angebracht sei.[132] Diese Ansicht ist jedoch im Schrifttum auf Kritik gestoßen.[133]

Die Gegner einer großzügigen Zulassung von Vorwegbindungen sehen durchaus, dass mit schuldrechtlichen Abreden der Gesellschaft im Außenverhältnis, wie sie etwa im Zuge langfristiger Unternehmenskooperationen vorkommen, oftmals zugleich eine Beschneidung der unternehmerischen Handlungsmöglichkeiten des Vorstands verbunden sein wird, die mit der Organisationsverfassung der Aktiengesellschaft gleichwohl im Einklang steht.[134] Das insoweit bestehende Spannungsverhältnis zu den zuvor aufgestellten Autonomieanforderungen versuchen sie durch ergänzende Kriterien aufzulösen, indem sie etwa zwischen (zulässigem) indirektem und verbotenem direktem Einfluss differenzieren oder eine Art Verhältnismäßigkeitsprüfung konstruieren, nach der auch mittelbarer Dritteinfluss unzulässig ist, soweit er nicht in der Natur des jeweils im Außenverhältnis geschlossenen Geschäfts angelegt ist oder einen Kernbereich der Leitungsmacht betrifft, zu dem wichtige Organisations- und Personalentscheidungen zählen sollen.[135] Als weiteres Abgrenzungskriterium wird genannt, ob es sich um eine rechtsverbindliche oder nur faktische Preisgabe von Leitungsmacht

---

130 Hüffer/*Koch* (Fn. 5), § 76 Rn. 27; GK-AktG/*Kort* (Fn. 5), § 76 Rn. 197; vgl. auch Hölters/*Weber* (Fn. 5), § 76 Rn. 16.
131 GK-AktG/*Kort* (Fn. 5), § 76 Rn. 197.
132 *Fleischer*, in: FS Schwark (Fn. 119), S. 151 f.; vgl. auch *Paschos*, NZG 2012, 1142, 1143 f.
133 GK-AktG/*Kort* (Fn. 5), § 76 Rn. 197.
134 *Fleischer*, in: FS Schwark (Fn. 119), S. 151; GK-AktG/*Kort* (Fn. 5), § 76 Rn. 197; KK-AktG/*Mertens/Cahn* (Fn. 112), § 76 Rn. 47.
135 GK-AktG/*Kort* (Fn. 5), § 76 Rn. 197; das im Haupttext genannte Unmittelbarkeitskriterium findet sich auch bei Hölters/*Weber* (Fn. 5), § 76 Rn. 16. Zum Gedanken der Verhältnismäßigkeitsprüfung vgl. auch *Paschos*, NZG 2012, 1142, 1143, der damit argumentiert, die Bindung in dem von ihm behandelten Fall habe keine „überschießende Tendenz" aufgewiesen.

handelt.¹³⁶ Einen etwas anderen Ansatz wählen *Mertens/Cahn*, die danach differenzieren, ob die Gesellschaft zu konkreten Verhaltensweisen verpflichtet wird oder ob sie „ihre Geschäftspolitik gemäß den künftigen Entscheidungen eines Dritten auszurichten" hat.¹³⁷ Sie halten es jedoch für denkbar, weitergehende Bindungen (jedenfalls, wenn dann das Schutzinstrumentarium des § 311 AktG greift) zu akzeptieren, wenn die Überlebensfähigkeit der Gesellschaft anderweitig nicht gesichert werden kann.¹³⁸

Als letzte Fallgruppe einer unzulässigen rechtsgeschäftlichen Bindung sind Vereinbarungen zu nennen, mit denen die – durch den Vorstand vertretene – Gesellschaft Verpflichtungen eingeht, über deren Erfüllung andere Gesellschaftsorgane zu entscheiden haben. Unstatthaft sein soll nach einer im Schrifttum genannten Auffassung namentlich eine Bindung im Hinblick auf die Begründung, Aufrechterhaltung und Beendigung konzernrechtlicher Tatbestände, weil dadurch Mitwirkungsrechte des Aufsichtsrats und der Hauptversammlung beeinträchtigt würden. Danach wäre es z. B. einem herrschenden Unternehmen nicht möglich, dem Vertragspartner einer Tochtergesellschaft zuzusagen, dass die Konzernverbindung während der Vertragslaufzeit aufrechterhalten bleibe. Eine derartige Abrede soll jedoch der Umdeutung in eine Erfüllungsgarantie zugänglich sein.¹³⁹ In den Konzernkontext gehört auch die teilweise aus dem Vorwegbindungsverbot gezogene Schlussfolgerung, eine Tochtergesellschaft könne sich nicht rechtsgeschäftlich auf die Einhaltung einer Richtlinie über den konzerninternen Informationsaustausch verpflichten.¹⁴⁰

4. Das AGB-Recht als praktisch wichtigste Grenze der Gestaltung im Außenverhältnis

Die nach h. M. von § 76 Abs. 1 AktG gezogenen Grenzen sind dogmatisch interessant. Aus Sicht des Darlehensgebers praktisch wichtiger sind jedoch die Fußfesseln, die das AGB-Recht ihm anlegt.

a) AGB-Charakter von Covenants im gewerblichen Darlehensvertrag

Weil sich – auch durch Mitwirkung der in London ansässigen, von der Kreditwirtschaft gegründeten Loan Market Association (LMA) – ein internationaler Marktstandard mit verschiedenen gängigen Gestaltungen herausgebildet hat, befürworten viele Literaturstimmen eine sehr weitreichende Einordnung derartiger Abreden als Allgemeine Geschäftsbedingungen, die sie dann einer ebenso weitreichenden Inhaltskontrolle unterziehen möch-

---

136 *Fleischer*, in: FS Schwark (Fn. 119), S. 151.
137 KK-AktG/*Mertens/Cahn* (Fn. 112), § 76 Rn. 47.
138 KK-AktG/*Mertens/Cahn* (Fn. 112), § 76 Rn. 48.
139 KK-AktG/*Mertens/Cahn* (Fn. 112), § 76 Rn. 59.
140 *Hüffer* (Fn. 119), S. 196.

ten.[141] Dem ist entgegengehalten worden, dass der konkrete Inhalt der Covenants (also etwa im Fall von Financial Covenants die jeder Kennziffer zugeordneten Schwellenwerte) jeweils für den einzelnen Darlehensnehmer maßgeschneidert werde.[142] Dieser Einwand vermag jedoch – wenigstens auf Basis der höchstrichterlichen Rechtsprechung zum AGB-Recht – nicht zu überzeugen, weil der BGH „Lückentexte" in allgemeinen Geschäftsbedingungen nicht als Individualvereinbarung anerkennt, sofern das Ausfüllen der Lücke eine sog. „notwendige, unselbständige Vertragsergänzung" darstellt.[143] Dementsprechend sieht der LMA-Mustervertrag für Konsortialkredite unter Geltung des deutschen Rechts gerade keine Formulierungsvorschläge für Covenants mit Platzhaltern für die relevanten Kennzahlen vor.[144] Weil sich aber in der Gestaltungspraxis gleichwohl gängige Formulierungen herausgebildet haben, die dann Eingang in die Verträge finden, schließt auch dies die Anwendung der §§ 305 ff. BGB nicht aus.[145]

Es gelten damit – jedenfalls für die Praxis – die allgemeinen, vom BGH formulierten Anforderungen an eine Individualvereinbarung, welche voraussetzen, dass der Darlehensgeber den „in seinen AGB enthaltenen gesetzesfremden Kerngehalt inhaltlich ernsthaft zur Disposition [stellt] und dem Verhandlungspartner Gestaltungsfreiheit zur Wahrung eigener Interessen" einräumt, so dass dieser „die reale Möglichkeit [hat], den Inhalt der Vertragsbedingungen zu beeinflussen".[146] Damit wird – in Abhängigkeit von den Umständen des Einzelfalls – oftmals mehr als nur ein theoretisches Risiko bestehen, dass die Rechtsprechung die getroffenen Abreden am Maßstab der §§ 305 ff. BGB misst.

b) Maßstab der Inhaltskontrolle

Liegen danach AGB vor, so ist der maßgebliche Kontrollmaßstab der Generalklausel des § 307 BGB zu entnehmen, wobei die Literatur teilweise auf § 307 Abs. 2 Nr. 1 BGB i. V. m. den Wertungen des § 490 Abs. 1 BGB abstellt.[147] Danach kann ein auf bestimmte Zeit geschlossener Darlehensvertrag vom Darlehensgeber (nur) gekündigt werden, wenn sich die Vermögens-

---

141 *Nouvertné*, ZIP 2012, 2139, 2140, 2143 ff.; *Servatius* (Fn. 113), S. 125; *Weitnauer*, ZIP 2005, 1443, 1445 f.; a. A. *Merkel/Tetzlaff*, in: Schimansky/Bunte/Lwowski (Hrsg.), Bankrechts-Handbuch, 4. Aufl. 2011, § 98 Rn. 175.
142 *Merkel/Tetzlaff* (Fn. 141), § 98 Rn. 175.
143 So zum Bürgschaftsvertrag BGH NJW 1998, 2815, 2816; dazu *Nouvertné*, ZIP 2012, 2139, 2144; BeckOGKBGB/*Chr. A. Weber* (Fn. 113), § 490 Rn. 163.9.
144 BeckOGKBGB/*Chr. A. Weber* (Fn. 113), § 490 Rn. 163.9.
145 Vgl. *Weitnauer*, ZIP 2005, 1443, 1445.
146 S. etwa BGH NJW 2005, 2543, 2544 m. w. N.; dazu Ulmer/Brandner/Hensen/*Ulmer/Habersack*, AGB-Recht, 11. Aufl. 2011, § 305 Rn. 48; MüKoBGB/*Basedow*, 6. Aufl. 2012, § 305 Rn. 34 ff.
147 *Nouvertné*, ZIP 2012, 2139, 2145 f.; *Achtert* (Fn. 113), S. 283 f.; *Weitnauer*, ZIP 2005, 1443, 1447; tendenziell zurückhaltender BeckOGKBGB/*Chr. A. Weber* (Fn. 113), § 490 Rn. 163.10.

verhältnisse des Darlehensnehmers oder die Werthaltigkeit für das Darlehen gestellter Sicherheiten wesentlich verschlechtern oder zu verschlechtern drohen, sofern sich diese Umstände in einer Gefährdung der Darlehensrückzahlung niederschlagen.[148] Vor diesem Hintergrund werden Covenants, die dem Darlehensgeber bereits vor Eintritt dieser hohen Voraussetzungen zu einem Kündigungsrecht verhelfen, z. T. als mit wesentlichen Grundgedanken der gesetzlichen Regelung unvereinbar angesehen (§ 307 Abs. 2 Nr. 1 BGB), was zwar nicht denknotwendig, aber nach dem Gesetzeswortlaut „im Zweifel" ihre Unwirksamkeit nach sich zieht und solche Vereinbarungen damit erheblichen rechtlichen Risiken aussetzt.[149]

5. Die Grundsätze über verdeckte Beherrschungsverträge als größtes Gestaltungsrisiko

Der aus Sicht des Gläubigers größte anzunehmende Unfall droht jedoch, wenn er sich so weitreichende Mitwirkungsrechte hat einräumen lassen, dass die Vereinbarung als sog. verdeckter Beherrschungsvertrag zu qualifizieren ist.[150] Mit einem regulären, offenen Beherrschungsvertrag unterstellt sich eine Aktiengesellschaft der Leitung durch einen anderen (§ 291 Abs. 1 Alt. 1 AktG), was primär bei konzernverbundenen Unternehmen vorkommt, prinzipiell aber auch im Verhältnis zu nicht gesellschaftsrechtlich beteiligten Dritten vereinbart werden kann.[151] Mit dem Abschluss eines solchen Beherrschungsvertrags geht eine Pflicht des herrschenden Unternehmens einher, etwaige Verluste der beherrschten Gesellschaft während der Vertragslaufzeit auszugleichen (§ 302 Abs. 1 AktG) und die (übrigen) Aktionäre abzufinden (§ 305 Abs. 1 AktG).

Diese Vorschriften sollen nach einer teilweise vertretenen, aber auf Widerspruch stoßenden Ansicht auch Anwendung auf exzessive Covenants beanspruchen, die sich als verdeckter Beherrschungsvertrag darstellen,[152] obwohl die Vereinbarung dann im Regelfall nach § 294 Abs. 2 AktG in Ermangelung der für Beherrschungsverträge vorgeschriebenen Handelsregistereintragung (und ggf. aufgrund der o. g. Problematik der Aushöhlung

---

148 Zur Auslegung der Vorschrift im Einzelnen BeckOGKBGB/*Chr. A. Weber* (Fn. 113), § 490 Rn. 30 ff.
149 Vgl. die Nachweise in Fn. 147; ferner *Servatius* (Fn. 113), S. 87 ff., der von einer „prohibitive[n] Wirkung der Rechtsunsicherheit" spricht.
150 Dazu Emmerich/Habersack/*Emmerich* (Fn. 55), § 291 Rn. 24 ff.
151 Emmerich/Habersack/*Emmerich* (Fn. 55), § 291 Rn. 10.
152 Emmerich/Habersack/*Emmerich* (Fn. 55), § 291 Rn. 24c; vgl. auch *Schürnbrand*, ZHR 169 (2005), 35, 37, 44 f.; *Veil* (Fn. 112), 236 ff.; *Bachmann/Veil*, ZIP 1999, 348, 350, 353 ff.; a. A. Hölters/*Deilmann* (Fn. 5), § 291 Rn. 32; *Servatius* (Fn. 113), S. 351 ff.; Schmidt/Lutter/*Langenbucher*, AktG, 3. Aufl. 2015, § 291 Rn. 33; *Ederle*, Verdeckte Beherrschungsverträge, 2010, S. 119 ff., 130 ff.; *Ederle*, AG 2010, 273, 274 ff.; MüKoAktG/*Bayer*, 3. Aufl. 2008, § 17 Rn. 68; grds. auch KK-AktG/*Koppensteiner* (Fn. 112), § 291 Rn. 41 ff.; vgl. auch *Koppensteiner*, in: FS Canaris II, S. 209, 216; *Decher*, in: FS Hüffer, 2010, S. 145, 149 ff.

der Leitungsmacht des Vorstands nach § 76 Abs. 1 AktG) unwirksam ist, was z. T. mit einer Analogie zu den genannten Vorschriften begründet wird.[153] Wer sich zu weitreichende Mitwirkungsrechte einräumen lässt, riskiert also nicht nur die Nichtigkeit der getroffenen Abrede, die sich – angesichts des im AGB-Recht herrschenden Verbots der geltungserhaltenden Reduktion[154] – grds. auch nicht auf ihren unmittelbar AGB-rechtswidrigen Teil beschränken lässt. Er läuft vielmehr darüber hinaus Gefahr, alle während der Vertragslaufzeit entstandenen Verluste des anderen Teils ausgleichen und die Aktien der (übrigen) Aktionäre erwerben zu müssen. Die Gegenposition kommt auch in solchen Fallgestaltungen nur zur Nichtigkeit der betreffenden Abreden nach § 138 BGB bzw. (bei Vorliegen von AGB) § 307 BGB oder nach § 134 BGB i. V. m. den o. g. Grundsätzen zur Unzulässigkeit einer Aushöhlung der Leitungsmacht des Vorstands.[155]

Die Praxis fragt sich deshalb, wo (wenn potenziell überhaupt) die Grenze zum verdeckten Beherrschungsvertrag mit seinen desaströsen Rechtsfolgen verläuft. Folgt man einigen Literaturstimmen, so ist dies jedenfalls nicht erst bei der Vereinbarung eines umfassenden Weisungsrechts der Fall, sondern, weil die §§ 291 Abs. 1 Alt. 1, 302 Abs. 1 AktG nach verbreiteter Ansicht auch sog. Teilbeherrschungsverträge erfassen können,[156] schon bei Begründung einer faktischen Weisungsmöglichkeit im Hinblick auf einzelne Leitungsentscheidungen nach § 76 Abs. 1 AktG.[157] Das entspricht bei bloßen Zustimmungsrechten zugunsten des Vertragspartners zwar nicht dem Regelfall,[158] soll aber, insb. aufgrund des Summierungseffekts bei mehreren an sich unschädlichen Klauseln im Einzelfall gleichwohl in Betracht kommen.[159] Es handelt sich damit um keine Grenze, die leicht versehentlich überschritten werden kann. Gleichwohl mahnt die Praxisliteratur unter die-

---

153 Emmerich/Habersack/*Emmerich* (Fn. 55), § 291 Rn. 24c. Gegen direkte oder analoge Anwendung der Vorschriften hingegen OLG Schleswig, NZG 2008, 868, 872 ff.; eingehend *Schürnbrand*, ZHR 169 (2005), 35, 47 ff.; *Ederle*, Verdeckte Beherrschungsverträge (Fn. 152), S. 119 ff., 130 ff., 171 f.; so auch Hölters/*Deilmann* (Fn. 5), § 291 Rn. 32; Schmidt/Lutter/*Langenbucher* (Fn. 152), AktG, § 291 Rn. 33.
154 BGHZ 84, 109, 115 f.; 146, 377, 385; Jauernig/*Stadler*, BGB, 15. Aufl. 2014, § 306 Rn. 1.
155 *Habersack*, ZGR 2000, 384, 397 f. (§§ 138, 307 BGB); *Ederle*, Verdeckte Beherrschungsverträge (Fn. 152), S. 119 ff., 130 ff.; *Ederle*, AG 2010, 273, 274 ff. (unzulässige Beschränkung der Leitungsmacht).
156 Emmerich/Habersack/*Emmerich* (Fn. 55), § 291 Rn. 20 f.; Hölters/*Deilmann* (Fn. 5), § 291 Rn. 30.
157 Emmerich/Habersack/*Emmerich* (Fn. 55), § 291 Rn. 24b.
158 Emmerich/Habersack/*Emmerich* (Fn. 55), § 291 Rn. 24a f.; Hüffer/*Koch* (Fn. 5), § 291 Rn. 14a; vgl. auch *Habersack*, ZGR 2000, 384, 397 f.
159 Emmerich/Habersack/*Emmerich* (Fn. 55), § 291 Rn. 24a f.; *Bachmann/Veil*, ZIP 1999, 348, 351 ff.

sem Gesichtspunkt zur Zurückhaltung bei der Vereinbarung von Mitwirkungsrechten in Covenants und vergleichbaren Abreden.[160]

6. Bewertung der Gestaltungsgrenzen im Außenverhältnis
a) Perspektive des Shareholder-Value-Ansatzes

Die Vertreter des Shareholder-Value-Ansatzes räumen durchaus ein, dass Stakeholder wie die Arbeitnehmer ggf. spezifische Investitionen erbringen. Sie überantworten den Schutz der Stakeholder jedoch der Vertragsgestaltung im Außenverhältnis.[161] Wer sich als Arbeitnehmer vertraglich eine Abfindung ausbedinge, um dem aufgebauten, anderweitig aber wertlosen firmenspezifischen Humankapital Rechnung zu tragen, könne sich – so *Easterbrook/Fischel* – nicht beschweren, wenn die Gesellschaft ihn später gegen Leistung dieser Abfindung entlasse.[162] Ebenso bleibt es im Shareholder-Value-Modell den Gläubigern überlassen, ihre Interessen selbst durch Vereinbarung geeigneter Covenants mit dem Schuldner zu schützen, wenn sie sich nicht mit dem vom Gesetzgeber allgemein gewährleisteten Gläubigerschutzniveau zufrieden geben möchten. Einen weitergehenden Schutz ihrer Belange durch pluralistisch ausgeformte Organpflichten, in die auch Gläubigerschutzgesichtspunkte einfließen, gibt es im Shareholder-Value-Modell nicht.[163] Sofern es sich um freiwillige Gläubiger handelt, die in der Lage sind, die bestehenden Risiken einzuschätzen und zu bepreisen, liegt es durchaus im Interesse der Aktionäre, für einen effektiven Gläubigerschutz durch Covenants zu sorgen, weil Fremdkapital ansonsten für die Gesellschaft nicht oder nur zu vergleichsweise ungünstigen Konditionen erhältlich wäre.[164] Zu den effektiven und interessengerechten Vereinbarungen gehören nach dem Shareholder-Value-Ansatz grds. auch Zustimmungsrechte für besonders riskante Investitionsentscheidungen.[165] In der Konsequenz des Shareholder-Value-Ansatzes liegt es damit, in Bezug auf Covenants ein hohes Maß an Vertragsfreiheit zu gewähren und von den Möglichkeiten der AGB-Inhaltskontrolle nur sehr zurückhaltend Gebrauch zu machen. Damit soll nicht gesagt sein, dass es kein Missbrauchspotenzial und damit überhaupt kein Bedürfnis nach einer Inhaltskontrolle gäbe; darauf wird noch zurückzukommen sein.[166]

---

160 Hölters/*Deilmann* (Fn. 5), § 291 Rn. 32.
161 *Easterbrook/Fischel*, Economic Structure, (Fn. 5), S. 35–39; *Macey*, 21 Stetson L. Rev. 23, 25–26.
162 *Easterbrook/Fischel*, Economic Structure, (Fn. 5), S. 37.
163 Vgl. die oben in Fn. 15 zitierte Entscheidung Katz v. Oak Indus., Inc., 508 A.2d 873, 879 (Del. Ch. 1986); s. ferner *Macey*, 21 Stetson L. Rev. 23, 25–26, 36–41 (1991); *Easterbrook/Fischel*, Economic Structure, (Fn. 5), S. 6, 50–52, 68, 90–91.
164 *Easterbrook/Fischel*, Economic Structure, (Fn. 5), S. 50–52; *Servatius* (Fn. 113), S. 81.
165 *Easterbrook/Fischel*, Economic Structure, (Fn. 5), S. 6, 46, 50–52; vgl. auch *Macey*, 21 Stetson L. Rev. 23, 25–26, 36–41 (1991).
166 Zur AGB-Inhaltskontrolle s. in und bei Fn. 141 ff., 183 ff.; zur Missbrauchsgefahr s. Fn. 191.

Diese positive Bewertung von Covenants steht aus Sicht des Shareholder-Value-Ansatzes jedoch unter dem Vorbehalt, dass die Geschäftsleiter mit dem Abschluss solcher Vereinbarungen auch wirklich die Interessen der Aktionäre schützen möchten. Wie dargelegt, geht das Eigeninteresse von Managern vielfach[167] dahin, die Gesellschaft risikoaverser zu führen, als es den Interessen der Aktionäre entspricht und insbesondere nach Möglichkeit Risiken zu vermeiden, deren Verwirklichung ihre Stellung gefährden würde.[168] Insofern wurde oben bereits ein partieller Interessengleichlauf zwischen dem Management und den Gläubigern festgestellt, der aus Aktionärssicht *agency*-Kosten mit sich bringen kann.[169]

Starre Grundsätze zum akzeptablen Maß an Gläubigereinfluss erscheinen wenig geeignet, diesem Problem gerecht zu werden. Wenn die Gesellschaft beispielsweise kurz vor der Insolvenz steht und am Markt nur gegen Vereinbarung weitreichender Covenants noch einmal Kredit erhält, kann auch eine Vereinbarung den Aktionärsinteressen entsprechen, die ihnen unter anderen Umständen zuwiderliefe.[170] Einen im Vergleich zum Selbstbindungsverbot aus § 76 Abs. 1 S. 1 AktG flexibleren Maßstab bilden die allgemeinen, nach Maßgabe des § 93 Abs. 2 AktG haftungsbewehrten Organpflichten des Vorstands.[171] Diese entfalten unter den Voraussetzungen des Missbrauchs der Vertretungsmacht bekanntlich – ausnahmsweise – Außenwirkung.[172] Deshalb liegt es – wenn man dem Shareholder-Value-Ansatz folgt – nahe, das aus § 76 Abs. 1 AktG abgeleitete Selbstbindungsverbot als Rechtsfigur abzulehnen und die damit verfolgten Zielsetzungen im Rahmen der Organhaftung und (ausnahmsweise) über die Grundsätze zum Missbrauch der Vertretungsmacht zu verfolgen. Hält man sich vor Augen, dass prominente Vertreter des Shareholder-Value-Ansatzes den Vorstand an einer sehr langen Leine laufen lassen möchten,[173] ist dies ein stark zurückgenommener Kontrollmaßstab. Dies ist jedoch kein Hinderungsgrund für eine solche Lösung, wenn man sich vor Augen hält, dass daneben auf das AGB-Recht als Korrektiv zurückgegriffen werden kann, wenngleich es in der Ten-

---

167 Es gibt durchaus Konstellationen, in denen es sich anders verhält; für ihre Darstellung fehlt hier jedoch der Raum.
168 Vgl. Fn. 90 u. Begleittext.
169 Vgl. die Nachweise in Fn. 90 ff. u. den Begleittext.
170 Vgl. KK-AktG/*Mertens/Cahn* (Fn. 112), § 76 Rn. 48, die deshalb das Selbstbindungsverbot aus § 76 Abs. 1 AktG flexibel handhaben möchten, was nachvollziehbar erscheint, aber von diesem Ausgangspunkt her nur vergleichsweise schwer begründbar ist.
171 Sie werden in der Debatte zum Selbstbindungsverbot auch durchaus erwähnt, vgl. *Hüffer* (Fn. 119), S. 196; *Fleischer*, in: FS Schwark (Fn. 119), S. 151 f.; vgl. auch *Paschos*, NZG 2012, 1142, 1143 f.
172 Hüffer/*Koch* (Fn. 5), § 78 Rn. 9; Hölters/*M. Weber* (Fn. 5), § 78 Rn. 8; Henssler/Strohn/*Dauner-Lieb* (Fn. 5), § 78 Rn. 3.
173 S. o., Fn. 93 u. Begleittext.

denz des Shareholder-Value-Ansatzes liegt, dem privatautonomen Selbstschutz der Gläubiger durch Covenants breiten Raum zu lassen.[174]

b) Bewertung auf der Grundlage der Teamproduktionstheorie
aa) Vorwegbindungsverbot
Betrachtet man Covenants und vergleichbare Abreden aus Sicht der Teamproduktionstheorie, so ergibt sich eine ambivalente Bewertung. Zum einen sieht die Teamproduktionstheorie die von ihr vorgeschlagene Unabhängigkeit des Leitungsorgans als subsidiäre Auffanglösung für Unzulänglichkeiten der Vertragsgestaltung im Außenverhältnis.[175] Das bedeutet, dass sie privatautonomen schuldrechtlichen Abreden zwischen der Gesellschaft und externen Stakeholdern wie den Gläubigern prinzipiell erst einmal aufgeschlossen gegenübersteht, zumal sie ohnehin auf Privatautonomie setzt und nicht auf den paternalistisch angelegten Schutz der verschiedenen Stakeholder vor den Folgen frei getroffener Vereinbarungen.[176]

Zum anderen darf aber das Anliegen der Teamproduktionstheorie und die insoweit maßgebliche ex-ante-Perspektive nicht aus dem Blick geraten: Die verschiedenen Stakeholder sollen dadurch zu wertsteigernden spezifischen Investitionen in die Geschäftsbeziehung ermutigt werden, dass die Corporate Governance der Gesellschaft einer opportunistischen Beeinträchtigung der berechtigten, aber vertraglich nicht voll absicherbaren Erwartungen solcher Stakeholder entgegenwirkt.[177] Das ist aber nur der Fall, wenn das Leitungsorgan nicht dem bestimmenden Einfluss eines Stakeholders unterliegt, der opportunistisches Verhalten zu Lasten anderer Interessenträger durchsetzen kann.[178] Um im Bild der Odyssee zu bleiben: Odysseus tut sich leichter, Matrosen anzuheuern und eine Schiffsfinanzierung zu erhalten, wenn ex ante nicht zu befürchten steht, dass Skylla oder Charybdis es schafft, ihn zu sehr auf die jeweils eigene Seite zu ziehen.[179]

Hält man sich diese Grundsätze vor Augen, so kann die Teamproduktionstheorie das Vorwegbindungsverbot erklären,[180] und zwar auch in seiner zwingenden Ausgestaltung. Der Gedanke der Selbstbindung erfordert, dass die Spielregeln nicht einfach mitten im Spiel geändert werden können. Privatautonomie und Selbstbindung lassen sich auch hier miteinander vereinbaren, wenn man die freie Selbstbestimmung auf eine andere Ebene verschiebt. Zum einen besteht die Möglichkeit, auf eine Rechtsform auszuwei-

---
174 S. bei Fn. 183 ff. (AGB-Inhaltskontrolle) und Fn. 165 (Vertragsfreiheit).
175 *Blair/Stout*, 85 Va. L. Rev. 247, 250, 305 (1999); dazu bereits oben Fn. 48 u. Begleittext.
176 Vgl. *Blair/Stout*, 85 Va. L. Rev. 247, 250, 281–82 (1999); ferner *Blair* (Fn. 33), S. 332.
177 *Blair/Stout*, 85 Va. L. Rev. 247, 250, 271–76, 283, 305 (1999); dazu oben in und bei Fn. 45 ff.
178 *Blair/Stout*, 85 Va. L. Rev. 247, 254–55, 292, 305 (1999); vgl. ferner Fn. 49 u. Begleittext.
179 Zu diesem Bild vgl. Fn. 51 sowie *Heubeck* (Fn. 51), S. 327 ff.
180 Ob dieses Verbot seine dogmatische Grundlage wirklich in § 76 Abs. 1 AktG findet (beachtenswerte Kritik bei *Herwig* (Fn. 121), S. 72 ff.), soll hier wegen seiner (jedenfalls im Grundgedanken) praktisch allgemeinen Anerkennung offenbleiben.

chen, bei der das Vorwegbindungsverbot keine Geltung beansprucht.[181] Zum anderen kann unter Beachtung der vom Gesetz daran geknüpften Anforderungen ein (offen als solcher ausgewiesener) Unternehmensvertrag geschlossen werden.[182]

bb) AGB-Inhaltskontrolle

Ist das Vorwegbindungsverbot beachtet, so spricht auch vor dem Hintergrund der Teamproduktionstheorie viel für eine großzügige Handhabung der AGB-Inhaltskontrolle. Dafür lässt sich nicht nur die erwähnte Offenheit der Teamproduktionstheorie für privatautonome Vertragsgestaltung anführen, sondern auch der oben herausgearbeitete Grundgedanke, dass Corporate-Governance-Regeln in die Bresche springen, wo der schuldrechtliche Schutz externer Stakeholder wie der Gläubiger Lücken lässt.[183] Es liegt gewissermaßen im Wesen des Stakeholder-Ansatzes, über den schuldrechtlichen Schutz externer Bezugsgruppen hinauszugehen. Deshalb erscheint es z. B. problematisch, eine Vorverlagerung der Kündigungsmöglichkeit gegenüber § 490 Abs. 1 BGB von vornherein als Abweichung vom gesetzlichen Leitbild unter den Verdacht einer unangemessenen Benachteiligung des Darlehensnehmers zu stellen (§ 307 Abs. 2 Nr. 1 BGB).[184] Richtig ist zwar, dass Covenants schuldrechtliche Gestaltungen im Außenverhältnis sind und sich damit in ihrer Rechtsnatur von den gesellschaftsrechtlichen Beziehungen im Binnenbereich der Gesellschaft unterscheiden. Allerdings entspricht es gerade dem Grundgedanken des Stakeholder-Ansatzes, dass gesellschaftsrechtliche und schuldrechtliche Regeln insoweit zu einem gewissen Grad funktional substituierbar sind.[185] Richtet man die Pflichten der Organwalter nicht in justiziabler Weise auf die Belange externer Stakeholder aus, sondern belässt man es in der beschriebenen Weise bei einer vorsichtigen Öffnung dafür, so verlagert sich der Schutz externer Bezugsgruppen tendenziell stärker auf die Ebene schuldrechtlicher Vereinbarungen im Außenverhältnis.[186] Selbstverständlich sind Innenverhältnis und Außenverhältnis kategorial strikt zu trennen. Das ändert aber nichts daran,

---

181 Zum Gedanken der Gestaltungsfreiheit durch Rechtsformwahl *Kraakman* et al. (Fn. 54), S. 22; s. ferner oben, Fn. 103 u. Begleittext (auch zur Möglichkeit, die einmal getroffene Entscheidung durch Umwandlung zu ändern).
182 Dies ist auch ohne gesellschaftsrechtliche Verbindung möglich, vgl. Fn. 151. Zur Reichweite der Organisationsautonomie, insoweit auch atypische Vereinbarungen zu treffen, vgl. *Ederle* (Fn. 152), S. 160 ff.; s. auch *Veil* (Fn. 112), S. 236 ff.
183 Vgl. Fn. 48, 50 u. Begleittext.
184 Vgl. Fn. 147 ff. u. Begleittext.
185 Vgl. *Blair/Stout*, 85 Va. L. Rev. 247, 250 (1999), die das Gesellschaftsrecht als „*institutional substitute for explicit contracts*" bezeichnen; dazu bereits oben in und bei Fn. 48.
186 Dementsprechend verlagert sich der Stakeholderschutz im Shareholder-Value-Modell (also gewissermaßen bei Reduktion der Stakeholderausrichtung auf null) vollständig auf die schuldrechtliche Ebene; s. o. bei Fn. 163.

dass diese Überlegungen bei der AGB-Inhaltskontrolle von Covenants wertungsmäßig mit berücksichtigt werden können (sofern im jeweiligen Einzelfall überhaupt AGB vorliegen).

Für einen vergleichsweise großzügigen Umgang mit Covenants insoweit spricht ferner, dass der Gesetzgeber den gesellschaftsrechtlichen Gläubigerschutz mit dem MoMiG[187] und dem ARUG[188] in jüngerer Zeit deutlich zurückgeschnitten hat. Diese Entscheidung weist deutlich über die verabschiedeten Einzelregelungen hinaus und stellt einen Paradigmenwechsel mit weitreichenden Folgeimplikationen für andere Fragestellungen dar.[189] Dieses partielle Zurückweichen des Gesetzgebers erhöht das Bedürfnis nach ergänzenden vertraglichen Gläubigerschutzvorkehrungen ebenso wie die Legitimität derartiger Gestaltungen.

Ob der im Schrifttum postulierte Leitbildcharakter des § 490 Abs. 1 BGB überzeugt oder ob er (etwa angesichts der zu Beginn dieses Abschnitts angestellten Überlegungen) mit einem Fragezeichen versehen werden muss, kann hier nicht abschließend erörtert werden. Selbst wenn man eine Abweichung von wesentlichen Grundgedanken der gesetzlichen Regelung annimmt (§ 307 Abs. 2 Nr. 1 BGB), indiziert dies die Unangemessenheit der Gestaltung lediglich,[190] so dass das Gesetz im Prinzip genug Flexibilität bietet, um den hier angestellten Überlegungen Rechnung zu tragen. Eine solche Lösung hätte den Vorteil, dass sie es zugleich ermöglichen würde, dem – zweifellos ebenfalls vorhandenen – Potenzial des missbräuchlichen Einsatzes von Covenants[191] wirksam zu begegnen. Das würde jedoch voraussetzen, dass die Rechtsprechung das Instrument des § 307 Abs. 2 Nr. 1 BGB interessengerecht handhabt. Übergroßer Optimismus erscheint insoweit nicht angezeigt,[192] wenn man bedenkt, dass der BGH mitunter auch interessengerechte und sinnvolle Gestaltungen mit dem Dampfhammer des AGB-Rechts zerschlägt.[193]

---

[187] Gesetz zur Modernisierung des GmbH-Rechts und zur Bekämpfung von Missbräuchen (MoMiG) vom 23.10.2008, BGBl. I 2008, S. 2026.
[188] Gesetz zur Umsetzung der Aktionärsrechterichtlinie (ARUG) vom 30.7.2009, BGBl. I 2009, S. 2479.
[189] Zum Ganzen *Habersack/Weber*, ZGR 2014, 509, 531 f.; vgl. auch *Goette*, ZHR 177 (2013), 740, 748 ff; *Dauner-Lieb*, AG 2009, 217, 219; *Schall*, ZGR 2009, 126, 128 ff.
[190] Vgl. BGH NJW 2011, 2640, 2641 f.; *Chr. A. Weber*, BKR 2013, 450, 455.
[191] Ausführlich *Servatius* (Fn. 113), S. 80 ff.
[192] Kritisch zu den Möglichkeiten der AGB-Inhaltskontrolle aus grundsätzlichen Erwägungen auch *Servatius* (Fn. 113), S. 127 ff.
[193] So etwa BGH NJW 2014, 2420 zum Bearbeitungsentgelt im Kreditgeschäft; zur Interessengerechtigkeit der Gestaltung *Chr. A. Weber*, BKR 2013, 450, 453 m. w. N.

cc) **Behandlung der sog. verdeckten Beherrschungsverträge**
Die komplexe Problematik der sog. verdeckten Beherrschungsverträge kann an dieser Stelle nicht umfassend aufgearbeitet werden.[194] Der – je nach Konturierung der Anforderungen – überschießenden Tendenz dieser Rechtsfigur lässt sich aber jedenfalls auf Rechtsfolgenseite Einhalt gebieten. Insoweit ist denjenigen Stimmen im Schrifttum zu folgen, nach denen ein verdeckter Beherrschungsvertrag (sofern man sich überhaupt dazu durchringt, einen solchen zu bejahen) nicht die gleichen Rechtsfolgen nach sich zieht wie ein offen unter Beachtung der gesetzlichen Voraussetzungen geschlossener Unternehmensvertrag dieser Art. Sofern es an der Zustimmung der Hauptversammlungen der beteiligten Rechtsträger (§ 293 Abs. 1 S. 1, Abs. 2 S. 1 AktG) oder an der Handelsregistereintragung (§ 294 Abs. 2 AktG) fehlt, scheidet eine Anwendung der sog. Lehre vom fehlerhaften Unternehmensvertrag aus, weshalb der Vertrag unter diesem Gesichtspunkt keine Wirkungen entfaltet.[195] Ebenfalls abzulehnen ist die von einigen Vertretern des Schrifttums befürwortete analoge Anwendung (u. a.) der Verlustübernahmepflicht nach § 302 AktG.[196] Eine solche Lösung würde die Gesellschafter und die Gläubiger des abhängigen Unternehmens zwar wirksam schützen. Das Gesetz bewertet diese Rechtsfolge aber als besonders gefährlich für das herrschende Unternehmen und macht die Wirksamkeit des Beherrschungsvertrags deshalb von der Zustimmung seiner Hauptversammlung abhängig. Aus diesem Grund kann nicht (auch nicht partiell in Bezug auf § 302 AktG) über das Fehlen dieser Wirksamkeitsvoraussetzung hinweggegangen werden.[197]

Damit bewendet es grds. bei der – schon aus dem Vorwegbindungsverbot abzuleitenden – Unwirksamkeit dagegen verstoßender Abreden.[198] Zu bedenken ist allerdings, dass die Gesellschaft in bestimmten Konstellationen – ungeachtet der Unwirksamkeit der über das zulässige Maß hinausgehenden Covenants – faktisch gezwungen sein kann, sich dem Willen ihres Vertragspartners zu beugen.[199] In diesen Konstellationen bedarf es eines weitergehenden Schutzes der Gesellschaft.[200] Zu einem guten Teil lässt sich dieser Schutz bereits über die zivilrechtliche Haftung des Gläubigers für die (auf eine unwirksame Abrede gestützte und daher) pflichtwidrige Kündigung

---

194 Für eine eingehende Würdigung der Problematik vgl. z. B. *Ederle* (Fn. 152), S. 77 ff.
195 *Schürnbrand*, ZHR 169 (2005), 35, 47 ff. Für das Fehlen der Handelsregistereintragung ebenso, ansonsten aber a. A. *Ederle* (Fn. 152), S. 138 ff.; *Schäfer*, Die Lehre vom fehlerhaften Verband, 2002, S. 364 ff.
196 *Schürnbrand*, ZHR 169 (2005), 35, 56 f.; *Ederle* (Fn. 152), S. 150 ff.; a. A. *Kort*, Bestandsschutz fehlerhafter Strukturänderungen im Kapitalgesellschaftsrecht, 1998, S. 178 f.
197 *Schürnbrand*, ZHR 169 (2005), 35, 56 f.; *Ederle* (Fn. 152), S. 150 ff.
198 *Ederle* (Fn. 152), S. 130 ff.
199 *Bochmann*, Covenants und die Verfassung der Aktiengesellschaft, 2012, S. 60 ff.
200 So im Ausgangspunkt (mit abw. Lösung) auch *Bochmann* (Fn. 199), S. 60 ff. u. *passim*.

des Darlehensvertrags bewerkstelligen.[201] Es bietet sich an, darüber hinaus auf § 117 Abs. 1 AktG zurückzugreifen.[202] Dafür spricht, dass diese Lösung einerseits den ergänzenden Schutz der Gesellschaft ermöglicht und andererseits wegen der hohen Voraussetzungen des § 117 Abs. 1 AktG[203] nicht derart über das Ziel hinausschießt wie der Rückgriff auf § 302 AktG. Wenigstens ein Stück weit domestizieren ließen sich die Rechtsfolgen verdeckter Beherrschungsverträge (ungeachtet der Frage, wie damit auf Tatbestandsebene umzugehen ist) zwar auch durch die von *Schürnbrand* vorgeschlagene Anwendung der §§ 311 ff. AktG.[204] Dieser Lösung ist aber gleichwohl nicht zu folgen. Es erscheint problematisch, die §§ 311 ff. AktG in den hier vorliegenden Konstellationen trotz Fehlens einer gesellschaftsrechtlichen Verbindung analog anzuwenden,[205] und mit Blick auf § 117 Abs. 1 AktG erscheint zudem das Vorliegen einer planwidrigen Regelungslücke fraglich, weshalb die Anwendung des genannten § 117 Abs. 1 AktG vorzugswürdig ist. Inakzeptable Schutzlücken drohen bei dieser Lösung nicht, wenn man sich vor Augen hält, dass Covenants grds. durchaus Vorteile bieten und der Interessenlage gerecht werden können, selbst wenn sie wichtige Entscheidungen an die Zustimmung des Gläubigers binden,[206] zumal ihnen bereits das Vorwegbindungsverbot und das AGB-Recht bzw. § 138 BGB Grenzen setzen und es nur darum geht, neben der zivilrechtlichen Haftung für unberechtigte Kündigungen ein weiteres Korrektiv für besonders gelagerte Fälle in der Hinterhand zu behalten.

E. Abschließende Betrachtung

Die in diesem Beitrag näher betrachtete Teamproduktionstheorie besticht dadurch, dass sie eine Alternative zu einem sozialpolitisch aufgeladenen Stakeholder-Modell bietet, wie es etwa in den 1970er-Jahren vertreten worden ist.[207] Darüber hinaus bietet sie einen gedanklichen Rahmen, in den sich eine ganze Reihe von Eigenarten der Corporate Governance der deutschen Aktiengesellschaft einordnen lässt. Dazu gehört neben der starken, eigenverantwortlichen Stellung des Vorstands nach § 76 Abs. 1 AktG z. B. das sog. prozedurale Verständnis des Unternehmensinteresses und das sog. Vorweg-

---

201 Zur zivilrechtlichen Haftung insoweit *Chr. A. Weber*, DStR 2014, 213 ff.; zum Verhältnis zur Haftung nach § 117 Abs. 1 AktG *Servatius* (Fn. 113), S. 138.
202 Zur Anwendung der Vorschrift in solchen Konstellationen *Ederle* (Fn. 152), S. 154; *Herwig* (Fn. 180), S. 178 ff.; Schmidt/Lutter/*Langenbucher* (Fn. 152), § 291 Rn. 29. Kritisch bzgl. der Leistungsfähigkeit des § 117 AktG insoweit *Servatius* (Fn. 113), S. 131 ff.
203 Vgl. *Herwig* (Fn. 121), S. 178 ff.
204 *Schürnbrand*, ZHR 169 (2005), 35, 55 ff.
205 *Ederle* (Fn. 152), S. 155 ff.
206 *Easterbrook/Fischel*, Economic Structure, (Fn. 5), S. 6, 46, 50–52; vgl. auch *Macey*, 21 Stetson L. Rev. 23, 25–26, 36–41 (1991) und aus deutscher Sicht *Thießen*, ZBB 1996, 19, 22 ff.
207 Sozialpolitische Erwägungen finden sich etwa bei *v. Nell-Breuning* (Fn. 5), S. 61.

bindungsverbot. Das ist durchaus beachtlich, wenn man bedenkt, dass sich die Eigenverantwortlichkeit der Leitung durch den Vorstand im Shareholder-Value-Modell kaum überzeugend begründen lässt.[208] Beachtenswerte Argumente lassen sich aus der Teamproduktionstheorie z. B. auch für den Streit um den Kreis der in das Unternehmensinteresse einfließenden Belange und die Diskussion um eine Festlegung der Leitungsphilosophie in der Satzung entwickeln. Die unternehmerische Mitbestimmung lässt sich hingegen nur unvollkommen in den Rahmen der Teamproduktionstheorie integrieren.

Abschließend soll noch einmal hervorgehoben werden, dass der *Verfasser* weder behauptet, eine (etwa im Sinne der Teamproduktionstheorie ausgestaltete) stakeholderorientierte Unternehmensführung sei dem Shareholder-Value-Ansatz bereits in rechtsökonomischer Hinsicht überlegen noch den gegenteiligen Standpunkt von der Überlegenheit des Shareholder-Value-Ansatzes teilt, sondern Wert darauf legt, dass die Rechtsordnung es den Marktakteuren ermöglicht, mit beiden Modellen zu experimentieren.[209] Es gibt zwar keine Garantie, dass sich die beste Lösung – die nicht für alle Unternehmen dieselbe sein muss – wirklich im Marktprozess durchsetzt; dieser Ansatz erscheint aber doch besser als der Versuch, der Praxis den einen oder den anderen Weg aufzuzwingen. Der *Verfasser* schlägt deshalb vor, das Rechtsformen-Angebot des Gesetzes um eine gestaltungs- und kapitalmarktoffene aktienrechtliche Schwester der Unternehmergesellschaft (haftungsbeschränkt) zu ergänzen, für die § 23 Abs. 5 AktG keine Geltung beansprucht.[210] In einer solchen (allerdings „diskriminierungsfrei" zu benennenden) Gesellschaft ließe sich z. B. der Shareholder-Value-Ansatz (ggf. einschließlich einer Stärkung der Rolle der Hauptversammlung und der Aktionärsklagerechte) konsequenter verwirklichen, als es derzeit im Rahmen der Aktiengesellschaft deutscher Prägung möglich ist,[211] ohne dass die Akteure darauf verwiesen wären, mit ausländischen Rechtsformen zu

---

208 Vgl. die Diskussion zwischen *Bebchuk*, 118 Harv. L. Rev. 833 (2005) und *Bainbridge*, 119 Harv. L. Rev. 1735 (2006) zur *director primacy* im Recht des Bundesstaats Delaware.
209 Zum Gedanken des Experimentierens damit vgl. *Blair/Stout*, 85 Va. L. Rev. 247, 250, 281–82 (1999); dafür prinzipiell offen zeigen sich auch *Easterbrook/Fischel*, Economic Structure, (Fn. 5), S. 36.
210 Dafür auch *Luciano* und der *Verfasser* in Rivista di Diritto Societario (RDS) 2015, 539, 552; s. ferner *Mertens*, ZGR 1994, 426, 433.
211 Auch Vertreter des interessenpluralistischen Modells sehen de lege lata einen gewissen „Raum für Umsetzung des Shareholder Value-Gedankens i. S. tendenzieller Aufwertung der Aktionärsinteressen" (so beispielsweise Hüffer/*Koch* (Fn. 5), § 76 Rn. 33), aber die Zulassung einer klaren Festlegung auf das interessenmonistische Modell und den Shareholder-Value-Ansatz würde darüber hinausgehen. Zur hier vertretenen Unzulässigkeit einer Festlegung der Leitungsphilosophie in der Satzung der deutschen AG (die so ihr klares Profil gegenüber der neu zu schaffenden Rechtsform behielte) s. o. bei Fn. 99 ff.

arbeiten.[212] So ließen sich die oben dargestellten Gedanken der privatautonomen Selbstbestimmung durch Rechtsformwahl und der Selbstbindung durch Rechtsformwahl optimal miteinander verbinden.

Es bleibt die Frage nach dem Nutzen der Teamproduktionstheorie für das geltende deutsche Aktienrecht. Akzeptiert man, dass die lex lata dem interessenpluralistischen Modell folgt,[213] so kann man sie aufgrund der guten Übereinstimmung ihrer Forderungen mit dem deutschen Aktienrecht heranziehen, um ergänzende Argumente zu bestehenden Meinungsständen zu entwickeln. Darüber hinaus bietet sie die Chance, das Stakeholdermodell im Rahmen des dogmatisch Möglichen liberal und marktoffen zu deuten.

---

212 Vgl. *Luciano/Weber*, RDS 2015, 539, 552.
213 Zum Meinungsstand s. o., Fn. 5. Es entspricht nicht der Zielrichtung des Beitrags, auch die dogmatischen Argumente für und gegen das interessenpluralistische Modell ausführlich zu würdigen.